小公司做大做强 25 招

张卉妍 编著

北京联合出版公司
Beijing United Publishing Co.,Ltd.

图书在版编目（CIP）数据

小公司做大做强25招 / 张卉妍编著. -- 北京：北京联合出版公司，2015.10
（2016.1重印）

ISBN 978-7-5502-6297-3

Ⅰ.①小… Ⅱ.①张… Ⅲ.①企业管理 Ⅳ.①F270

中国版本图书馆CIP数据核字（2015）第233257号

小公司做大做强25招

编　　著：张卉妍

责任编辑：宋延涛

封面设计：李艾红

责任校对：胡宝林

图文制作：北京东方视点数据技术有限公司

北京联合出版公司出版

（北京市西城区德外大街83号楼9层　100088）

北京华平博印刷有限公司印刷　新华书店经销

字数750千字　　1020毫米×1200毫米　1/10　56印张

2016年1月第2版　2016年1月第2次印刷

ISBN 978-7-5502-6297-3

定价：59.80元

前　言

随着我国市场经济的快速发展，许多有志于投身商海的人，都将拥有自己的公司当作人生的一大追求。然而，把公司开起来并不难，如何让公司在竞争激烈的市场中生存下去并做大做强，却不是一件容易事。这不仅需要胆识、资金和人才，还需要有完善的创业战略和经商技法。现实情况是，茫茫商海，大小公司林立，真正的赢家却寥寥无几。市场风云变幻莫测，商海浪涛此起彼伏，适者生存、优胜劣汰是商场中永恒的竞争法则。每一天，都有大批的新企业如雨后春笋般出现在大家的面前；同样，每一天，也都有大批企业突然间消失在众人的视野中。有统计显示，在中国，集团公司的平均寿命为7~8岁，中小企业的平均寿命只有2~9岁。由于中国90%以上的企业是中小企业，据此推算，中国企业的平均寿命约为3~5岁。或许这些消失的企业各有缘由，但无法做大做强这个病症却是其中的首要因素。

美国著名管理专家吉姆·柯林斯说："对于企业而言，利润就像人体需要的氧气、食物、水和血液一样，它虽然不是生命的全部，但是，没有利润，就没有生命。"创办公司、从事经营的根本目的是为了赚钱，而公司能否做大做强却是一家公司经营成败的标志。所以，对企业管理者来说，将公司做大做强是始终不渝的追求目标。逆水行舟，不进则退，不能做大做强的企业将无法维持生存，自然会被市场淘汰。因此，如何让企业赚钱，不断做大做强，是企业管理者在变革时代寻求企业发展需要思考的根本问题。

创业初期的艰难时期如何度过？怎样让公司良性运作，步入正轨？资金周转不顺畅怎么办？管理和用人不到位怎么办？公司不赢利怎么办？……这些问题无时无刻不在困扰着每一位初涉商海的人，而这些问题，正是决定一家公司能否生存进而能否做大做强的关键。纵观世界上许多成就卓越的成功商人，无不拥有一套完整系统的创业战略、具体可行的经营方案以及独特的赚钱门道。倘若经营者没有掌握经营、用人、管理、提高公司竞争力等技巧，一家公司是难以在市场竞争中求得生存与发展的。

在这个商业竞争激烈、市场变幻莫测的年代，要想让公司拥有持续的成长能力，公司经营者必须不断提高商业素质，培养高超的创新能力，学习最新的经营管理知识。基于此，我们经过归纳、分析、整理，精心编写了这本《小公司做大做强25招》，它是揭示公司成长之道的指南，是茫茫商海中的寻宝秘籍。

我们将成功的大公司的经营之道和成长技法加以汇集、提炼，总结出了将小公司做大做强的25个绝招，几乎涵盖了小公司发展壮大过程中所遇到的各种难题及解决方案，希望能给广大的经营者以一定的启发和帮助。书中提到的一些问题，你可能现在没有碰到，并不当一回事，但是可以肯定，在经营的过程中一定会或多或少碰到相关的问题。书中既有深刻透彻的理论，又有趣味横生的案例；既有成功人士的经验之谈，也有失败之人的教训体会……本书力求避免以往商务用书枯燥的理论教条，而是从实际出发，深入浅出地告诉你一些具有指导性的意见、新鲜实用的点子以及放之四海而皆准的规律和法则。通过本书，你可以学到创业初始阶段的经营管理技巧，直至获得巨大财富的全套经营管理经验，它将使你拥有全面的经商技能，学到让企业赚钱的方法和技巧。如果一个创业者能将其中精华一一掌握、融会贯通并加以实践，定能在商海中纵横驰骋，实现赚钱赢利的目的，成为商战中的赢家。

小公司从小到大、由弱到强，其实往往也就那么关键的几步，关键的几步走好了，就可以使公司做大、做强、做久。关键的几步走错了，公司就必定走向下坡路。希望本书能为小公司的经营者们提供一些建议参考，让小公司的老板们在经营的过程中能少走一些弯路，并在此基础上能实现做大做强的目标。美国经济学家埃德蒙·菲尔普斯说："市场竞争不同情弱者，生死存亡靠自己。"优秀的公司经营者们在市场竞争中总是不断解决公司运营中出现的各种问题，并最终在分析问题与解决问题中一步步做大做强。

目 录
CONTENTS

第三招　人才之道：优秀人才是公司发展的重要助力

第四招　制度之道：建章立制，小公司发展需要制度护航

第五招 融资之道：吸纳资金的同时，并不放弃控制权

第六招 领导之道：笼住员工的心，小公司创业讲究同甘共苦

第七招　决策之道：决策失误是公司最大的损失

第八招　执行之道：没有彻底的执行，一切都等于零

第九招　质量之道：没有品质的公司明天就会破产

第十招　品牌之道：再小的公司，也要打造自己的金字招牌

第十一招 定价之道：会定价的企业家才是真正的企业家

第十二招 揽客之道：为顾客着想，就能赢取顾客的青睐

第十三招 营销之道：营销对路，发展才能对路

第十四招　创新之道：没有创新一定会被市场淘汰

第十五招　信息之道：信息越快越准，赚钱越快越多

第十六招　关系之道：经营公司就是经营人脉关系

第十七招　文化之道：积极向上的文化是最高层次的竞争力

第十八招　成本之道：降低成本就是为公司增加利润

第十九招　财务之道：让公司的每一分钱都产生价值

第二十招　专业之道：先做专做精，后才能做大做强

第二十一招　竞争之道：不要惧怕竞争，在竞争中超越对手

第二十二招 整合之道：小公司发展要善于资源整合

第二十三招 权术之道：管理的成败决定公司的兴衰

第二十四招 防败之道：在危机和忧患中不断成长壮大

第二十五招 自强之道：老板素质是小公司做强的核心动力

序章

你的公司
为什么做不大做不强

小公司发展的四大结局

在中国，每天都有无数的小公司上演着开业大吉的喜剧。相对于大公司而言，在资金、技术、品牌、影响力都处于弱势地位的小公司，都希望自己能做大做强，最终胜者为王。但是迎接他们的命运将会是怎样的呢？

理想很丰满，现实很骨感。小公司很少能成为恒星，多数都会变成流星，成功者寥寥无几。分析众多小公司的发展历程，从成立时的豪情万丈，到创业期的艰辛努力，在发展渐入正轨后，小公司最终会走向分裂、撑死、饿死、做强做大四种结局。

1. 分裂

"树大分权，儿大分家"，几乎是小公司发展壮大后不可逃避的宿命，只要抢占一个小山头，多数小公司就会搞点分裂或闹点内讧。

小公司在发展初期多依靠个人情感建立创业团队，在开始时为了共同的目标而团结奋斗。但是，随着公司的发展，完成最初的财富积累之后，创业团队的成员对于未来的发展各有看法，这往往导致团队分裂，进而导致公司分裂。

一家小公司，在没有任何产业优势的西部凭借着当时创业团队的集体努力，进入婴幼儿细分市场，不仅使其在激烈的竞争中脱颖而出，而且增长速度惊人，攻城掠地的速度让对手惧怕，甚至让领头羊"强生"都开始关注。在公司发展形势一片大好时，这家公司却上演了"胜利大逃亡"，副总裁、营销总监等高管纷纷离职，另组团队，从此这家公司发展渐显颓势。

公司的发展似乎已经进入了一个怪圈，一旦发展壮大，当初的创业团队往往会分崩离析。可想而知，走的人都是优秀人才，他们要么加盟你的竞争对手，要么自立门户。一人离开公司，往往带走一队人，再好的公司经过这种分裂通常也会元气大伤，有的甚至一蹶不振。

快速成长的小公司往往很难承受团队分裂带来的后果。这种分裂不仅要瓜分公司迫切需要的资金，而且还会带来整个企业的人员分裂。而那些因为公司分裂而导致企业不断走下坡路的案例则是数不胜数。但凡是成功的企业，都在发展的过程中恰当地处理了公司和团队分裂问题，如联想当年的柳倪之争、刘永好兄弟分家、新东方的王强和徐小平出走等。

2. 撑死

为什么国内的小公司生命周期短？究其内在原因发现，不少公司不是饿死的，而是由于太贪，消化不良撑死的。

一个不断发展壮大的小公司的陨落更可能是被太多机会撑死，而不是被太少机会饿死。小公司被撑死的背后，其实是一颗贪婪的心，也就是一种浮躁心态，期望一口吃个大胖子。贪多的结果是嚼不烂，消化不了，最后被活活撑死。翻开各类公司的发展史，撑死的案例随处可见。

　　小公司发展的过程中，资金本来就捉襟见肘，寻求快速发展的后果必然导致资金和管理方面的断层，在繁荣的背后隐藏着随时崩塌的危险。

　　追求不切实际的做大做强，就会有条件要搞多元化，没条件也要搞点多元化，这本身就是小公司挑战自己的极限。小公司的老板也许是能人，但不是神，时间与精力都是有限的，一件事顾得多，另一件事必然就顾得少，最后可能顾此失彼，走向失败之路。

　　小公司要追赶大公司，就必须比大公司更快地发展，否则永远只能踏着大公司的脚印，看大公司的背影。于是，就出现了这样的怪现象：基本市场还立足未稳，就已经在搞全国扩张；一个品牌还未获得认可，就衍生出一大堆子品牌；区域市场还没玩懂，全球化的口号就已经喊得震天响。

　　小公司必须立足于自己发展的实际，避免被撑死的命运，做深、做透、做绝才是生存根本。

3. 越做越小

　　小公司在发展初期通常增长速度很快，形势一片大好，但老板们猜到开头，却猜不到结尾，经历了高潮之后，就走向下坡路了。

　　每一位创业的小老板都是英雄，基本上可以以一当十，多数小老板还一专多能，是不可多得的通才式人物。在创业初期，凭借个人的能力往往能将公司"拉扯"大，但随着公司的壮大，公司却陷入了小老板自身的瓶颈中。

　　小老板可以赤手空拳打下一片天，可获得成功之后的他们往往难以取得更大的成功。有的昙花一现，多数拼命折腾，甚至越做越小，日子越过越难。

　　早上搞个政策，晚上出个方案；今天学习海尔，明天师从联想；本月鼓励狂飚猛进，下月提倡稳扎稳打；本季引入个职业经理人，下季老板又亲自出马……不懂得与时俱进，沉浸在过去的功劳簿上，在不断的折腾与试错中，最终只会消耗公司发展的后劲，公司只能越做越小了。

4. 做大做强

　　几乎每个公司都有做大做强的梦想，但真正能实现梦想的寥寥无几。马云说："今天很残酷，明天更残酷，后天会很美好，但绝大多数人都死在明天晚上，却见不到后天的太阳。"

　　中国市场超过十三亿人口，即使小众甚至微众市场也可养活一个大企业。道理如此，事实却不尽如人意，多数小老板拼命折腾，结果还是无法改变小老板的宿命。

　　市场经济给了每一个公司以平等竞争的机会，但如何在竞争中取胜，是一个非常严肃的问题。千千万万的公司，想要成长就必须要有自己的独门武器。其实也不复杂，就那么几条：顾客、产品质量、技术、资金等，但在成长的路上是痛苦的，把公司做大做强十分不易。

　　小公司做大做强正遭遇着"成长的烦恼"。面对激烈竞争，它们大多感觉"走到了十字路口"，对下一步靠什么去"闯世界"、"守家园"，如何打开更大的市场空间，如何进一步做大做强充满了困惑。

　　纵观世界500强企业和中国优秀的民营企业，正确的经营理念、明确的战略管理、杰出的核心能力、优秀的人才队伍、先进的企业文化、适度的政府支持都是公司做大做强不可或缺的要素。

　　按中国人民大学商学院教授杨杜的说法，造就大公司要"八会"：会挣钱，更要会花钱；会创业，更要会守业；会竞争，更要会合作；会做生意，更要会做企业。公司领导者也要"八会"：会用能人，更会用组织；会抓经营，更会抓管理；会用金钱，更会用规则；会用才智，更会用品德。唯有如此，小公司才能走上做大做强的道路。

小本经营常遇到的问题

　　对于那些怀揣着将公司做大做强梦想的小公司经营者而言，成长的道路并不是一帆风顺的。

　　在中国企业界，有这么一句话：大企业长不了，小企业长不大。这道出了中国的企业在发展过程中所普遍遭遇的"通病"。而反观西方国家的一些企业，从做快餐的麦当劳、肯德基，到做饮品的可口可乐、百事可乐，都已有几十年甚至上百年的历史。那么，中国的很多小公司为何做不大，或者说，为何做大了却长不了呢？

小公司的发展壮大无非是"硬件"和"软件"的问题，通常情况下，小本经营者将公司做大做强，往往会遇到如下几个问题：

1. 定位不准

很多小公司在对自己的品牌及企业定位上，存在误差。明明是小公司，却偏偏"以小充大"。再一点就是，不能有效地集中资源，攻其一点，做大做强，而是四处出击，结果往往是"四处碰壁"。

小公司作为小本经营者，其拥有的资源总是有限的。小公司图谋做大做强，必定导致将有限的资源分散于多个发展的产业领域，以期获得超常规发展。但是每个试图发展的领域往往难以得到充分的资源支持，有时甚至无法维持某一领域中的最低生存需求，结果在竞争中失去优势，进而导致破产的命运。如果这样的话，将有限的资源分配到不同的领域，本意是做到"东方不亮西方亮"，但是很可能导致"东方西方全不亮"，加大小公司经营失败的风险。避免资源配置过于分散，这是小本经营者在发展壮大时必须注意的。

2. 闭门造车

公司的发展策略缺乏可操作性。相当一部分小公司严重存在"想当然"现象，很多策略不是建立在科学的市场调研基础上，而是随心所欲。公司领导往办公室一坐，几个人一商量，不管可行不可行，便计划生产什么产品，定出什么营销规划或政策。结果可能会一炮打响，但更大的可能是不适销对路，或制定的政策不切合实际，结果造成很多资源的浪费。

某公司的经营者说，该公司更换了几任职业经理人，每个经理上任，不管三七二十一，都要开发一系列的产品，以显示自己的思路。但由于缺乏市场论证，造成产品销不出去，大批量的产品积压，致使流动资金周转不灵，企业陷入困境。

3. 领域选择误导

小公司进行规模扩大，往往会受到该领域预期投资收益率的"吸引"。无论是扩大规模或是转变经营策略，都将是未知的领域，一旦选择错误，可能步入万劫不复之地。

公司做大做强，往往从单一领域进入多元领域。只有当自己的单一领域地位非常稳固，已具备良好核心专长，并有剩余资源寻求更大投资收益时才应予以考虑。然而现实中的公司，往往在公司原来产业留有充分发展潜力、市场也可进一步拓展时，为其他领域的高预期收益所吸引，于是便抽出资金投入新产业。结果势必削弱原产业的发展势头，而原产业可能恰恰是公司最具竞争优势的领域。因此，此时的跨产业规模扩大可能使新的产业未发展好，原有的产业领域又被竞争对手抢了先，结果是得不偿失。

4. 资金匮乏问题

钱的问题是小公司做大做强的核心问题。小公司要扩大规模，必然涉及众多陌生的产业领域，必将使小公司的经营运作费用上升，而资金本来就是小公司的软肋。

从一个熟悉的经营领域到另一个陌生的领域发展，需要一个学习的过程。在这个过程中由不熟悉导致的低效率，必将使小公司付出较高的"学习"费用。学费付出甚至会使小公司在短期内无法取得高效益。在进入新领域后，成本必然加大，要在新领域中改变消费者原来的认知态度，不下点大投入是不行的，这反过来又使已分散的资源难以应付。

5. 人才难以支持

公司的竞争归根结底是人才的竞争，公司成功归根结底是依赖于优秀的人才。如果你想修长城，人才就是基石；如果你想建大厦，人才就是栋梁；如果你想搞企业，人才就是你成功的保证。如果你想把企业做大，不想当一个小企业主，那就必须重视人才。

还有一些小公司认为内部缺乏人才，抱着"外来的和尚会念经"的思想，高薪聘请一些人士。请来的人员虽然也不乏能很快扭转局面的"高人"，但大多数却是水土不服，或者是照抄照搬，不符合企业的实际情况，到头来只会将企业引入了歧途。

所以，小公司在进行规模扩大时，必须有与公司环境相应的经营管理和技术等全面专业人才的支持，做大做强才能成功，反之则可能受阻。如何吸引人才并留住人才，是小公司做大做强的最大难题。

6. 管理混乱

不少小公司起步于没有技术含量的传统行业。时过境迁，在现在转型升级的大环境下，没有研发意识、品牌意识以及借助外脑的意识是很难成功的。

小公司的管理历来饱受诟病。虽然小公司也会制定内部制度，但真正能够认真执行的却没有几条，有的企业更是"一支笔，一言堂"。这就造成小公司内部管理的混乱，混乱的结果是人浮于事，各种潜在的危机随时都可能爆发。

小公司还不同程度存在"有法不依"现象，各种制度如同虚设，全凭老总一人说了算。某家在当地还有点影响力的食品类公司，答应经销商的政策及营销人员的薪资制度朝令夕改，导致营销员牢骚满腹，背后评价老总"说了不算，算了不说"。这种"人治"的做法，让公司的管理一片混乱，公司人员全都看着老板的意思行事，公司发展也举步维艰。

小公司成长壮大的绝招

一些小微企业的年销售额几百万至几千万不等，有些经营了几十年，但却难以做强做大。这些小公司的老板不怕吃苦，白手起家，通过努力打拼成为企业家，有车有房有公司。但从做企业的角度来看，公司并没有做大做强，仍处在非常初级的阶段，离成功企业还有很远的距离。

这些小公司中有个共同的特点：规模多年维持现状，无法突破，甚至越做越小。其中的很多人当然想将公司进一步做大，最好成为上市大公司，然而却使得公司无法继续成长，心有余而力不足。

若要使公司的生意兴隆，从而做大做强，有没有秘诀呢？答案是肯定的。归纳起来，可概括为以下几点。

1. 成长企图

有这样一句话："取乎上，得乎中；取乎中，得乎下。"意思就是，如果你的目标定得高，得到的往往会低于目标，如果你的目标定得适中，结果获得的也会低于这个目标许多。如果没有做大老板的"欲望"，你就不会用发展的思维去思考，不会用发展的眼光去看待事物，更不会以老板的姿态去做事。试想，这样的公司不是永远只是个小公司吗？

做公司如果不追求成长，或不向更高的目标挑战的话，就无法品味公司成长后的喜悦了。如果小老板只想混口饭吃，抱着成不成长都无所谓的心态，在他底下做事的人，自然就会散漫了。

要想获得公司业务的成长，就必须加强有关活动，如销售、采购、门市、员工、资金等，而这些强化的工作必须建立在老板积极向上的总体经营理念上。

2. 确保利润

公司不是慈善机构或公益组织，必须获得合理的利润。希望公司发展壮大，就需要每时每刻都要投入相应的资源，如果它的产出不能弥补投入的资源，它也就不可能发展。如果它的产出小于投入的资源，生存的危机也就来临了。所以，盯住公司利润这一标准，公司才可能按照既定的目标生存、发展。

公司在任何时期都要关注利润的重要性，必须有更好的产品或服务，才能获得正常的利润。从正常的利润中抽取出部分再投资，以便长期性地对顾客提供更佳的产品或服务，这样公司才会获得持续发展的动力。

3. 以顾客为出发点

经营公司的成败在于消费者是否购买自己的产品或服务。所以，要以顾客的眼光为出发点，才能让他买到他所需要的东西。顾客的价值观念，不见得跟经营者相同，何况顾客还分男女老幼。但是，必须了解顾客的需要，然后去满足他们，这是公司得以成长的基础。

在日常经营上，以谦虚的态度，去倾听顾客的看法，以顾客为出发点，只要持之以恒，公司的生意必定会日益兴隆。

4. 力求创新

小公司的创新既包括技术创新，也包括管理创新、观念创新，只有努力创新的公司，才会有前途。墨守成规或一味模仿他人，到最后一定会失败。任何公司都必须表现出自己的特色，才能创造出附加价值，也才能壮大公司的品牌。

经营过程中总会遭遇到困难和挫折，这就要靠自己去突破了。小公司的经营者要拿出魄力和决断力，在创新方面寻求机会。

5. 眼光独到

由于现在市场竞争的加剧，很多企业"头痛医头，脚痛医脚"，缺乏发展规划。生意的成功，系于是否眼光独到，这样才能够掌握良机。

正如《孙子兵法》所说："打胜仗的军队总是事先创造取胜的条件，而后才同敌人作战；打败仗的军队，总是先同敌人作战，而后企求侥幸取胜。"抓住潜在契机，才能带领公司不断走向辉煌。

只有眼光独到，看得深远，才能抓住发展的良机。很多时候，一个公司之所以能够成功，一是因为有正确的想法，二是能将正确的想法坚持下去。眼光独到，做别人想不到的事情，就是要另辟蹊径，把别人不干的捡起来，通过独到的眼光和智慧从中淘金，就能有大的作为。

6. 发挥特色

经营同样业务的公司到处都是，要使顾客上门，非得要在同行中体现自己的特色不可。特色好比每个人的特点，公司没有特色，就变得不值得品味。

"同质化突围"关键在于找准自己的定位，树立自己独特的特点，并在这个区别于别人的特点上做足功夫。功夫到家了，开辟"同质化突围"的工程自然也就成了。

7. 分享利益

有些小公司做不大的重要原因在于一味追求自己利益最大化，没有利益共享的理念。在外部想方设法压榨供应商和合作伙伴，行业口碑越来越差，弄得大家都不愿意与其做生意了。在公司内部只有罚款没有奖励，克扣员工薪水奖金，甚至不签合同，不买社保。这样只会离心离德，加大员工流失率。

美国500强之一、世界零售企业巨头沃尔玛有条成功的经验：和你的同事们分享利益，把他们当成合作伙伴看待。反过来他们也会将你当成他们的合伙人，大家齐心合作的效益将大大出乎你的意料。

商场如战场，能分享利益的公司在激烈竞争中能够不断地发展壮大，财源滚滚而来。一个高明的老板，不会把利益独吞，而是会采取利益分享的策略激励能促进公司发展的那些人。

反思成功路上的疑问

任何一个公司的成长都有从小到大、从弱到强的发展过程，在这一过程中，每个企业所用的时间长短又大不相同。

在任何一个商业环境里，都有小公司创造大成功的经典案例。小公司也不会永远默默无闻，只要抓住机遇，走正确的道路，小公司也可以走向大成功。通过弄清小公司成功路上的几个疑问，从而使小公司更加顺畅地走向成功。

1. 公司成长惧怕"试错"吗？

很多小公司在成长过程中，总会走一些"弯路"，经营者艳羡那些从一开始就很成功的企业家，这些成功的企业家似乎没有经历试错阶段就直接成功了。但这只是表面上的现象，不少优秀公司的试错阶段是在创业之前，是企业创始人的个人试错，在找到明确的方向和机会后再创建企业。

成功不会这么容易的，优秀的企业经历"试错"阶段，也能最终成长为一个成功的企业。但这也并不是说小公司必然经历"试错"阶段，通过市场调查、市场学习等，尽量减少"试错"的频率，才是小公司经营者应该做的。

2. 公司经营者需要冒险吗？

对绝大多数小公司来说是这样的：守着自己的一亩三分田，没有开拓，自然公司也无从发展壮大。

小公司需要做大做强，需要在特定的时候做一些决定公司发展命运的决策。一方面，是因为小公司面对的机会很不确定，大企业会审慎研究，但是等到大企业来抢这个机会时，这个机会就不属于小公司了。所以，小公司必须赌一把，依靠公司经营者的商业直觉，大胆行动，先做起来再说，边做边调整。

小公司要想发展壮大，需要赌自己是否有能力抓住机会、有能力解决经营中的困难。

3. 进入正轨后还需要冒险吗？

对于小公司而言，战略决策不是数学运算。战略决策没有公理、定理、定律，企业面对的是一个不确定的市场，需要和竞争对手博弈，这就决定了冒险是不可避免的。尤其当一个公司希望成长得快一点时，就更要冒险了。

但是没有必要把冒险当作是一种常态化的行动，这种冒险在漫长的发展历程中也只有一两次，"赌"的前提是发现了千载难逢的巨大商机。多数情况下，还是需要"少赌、有限地赌"。

4. 公司发展的几个阶段需要注意什么？

公司发展需要经历成长阶段、突围阶段、转型阶段。在不断的成长过程中，很多公司都会不断地试错，最终形成了自己的风格。一旦进入到突围阶段，滚滚而来的财富，让公司发展迅速，经营者必须保持冷静，懂得适当控制住公司的不成比例的膨胀。进入转型阶段，企业增速明显放缓，经营者需要重新认识自己的企业，与时俱进，及时调整相对应的经营策略。

5. 过去的经验会持续有效吗？

进入迅速发展期后，小公司才迈出了成功的第一步，而各种危机也埋藏在这个阶段的成功要素中。很多小公司取得初步成功之后，就把自己的成功经验固化，失去了自我否定和自我革命的精神。然而，固化了的成功经验很容易走向反面，根本原因在于市场不是一成不变的，刻舟求剑式的发展注定失败。

一个优秀的小公司必须在取得突破之后敢于自我否定。过去的成功经验很重要，但是更要将精力放到学习新知识的过程中。

6. 小公司的运营方式还适合吗？

企业性格决定企业命运，转型阶段是企业继往开来的阶段，企业的性格在这个阶段基本上形成了。

小公司在"小"的时候，很多时候难免会做一些只有小公司才能做的事。这种做法虽然不值得赞赏，但是还可以理解。经过发展壮大之后，公司必须改掉原有的那些毛病。

那些在提升消费者价值、激励员工、鼓励创新等方面做出努力的企业，虽然有可能失败，但是它们具有继续成长为卓越企业的可能性。而那些无视社会责任、无视消费者利益，以"忽悠"的方式做市场的企业不会有前途；那些无视员工利益的公司也不会有前途。

7. 公司壮大之后还会变小吗？

小公司在成长壮大的过程中会犯很多错误，但是公司只要能够成功度过转型阶段，具备了各方面的能力，内部没有明显的管理短板，就会进入稳定的增长阶段，公司突然死亡的可能性就会变得非常低。

这时，公司如果能够"找到方向、认准机会"，就很有可能进入新一轮的高速发展。小公司要想成为卓越的企业，不是在短期内依靠抓住一两次机会就能实现的，必须做长期的准备和努力。

创业之道：
最重要的是活下来和赚钱

"活下来"才能赚钱

作为小公司的创业者，当务之急是怎样才能生存下去，而不是急功近利地想要一夜暴富，因为只有活下来才有赚钱的可能。

在市场经济中，经营风险是无时不在的。由于小公司的财力有限，承担风险的能力相对较弱，摆在小公司面前的第一件事就是好好活下来。

中国有句俗话叫"胜者为王"，对于小公司来说不如把它改为"剩者为王"更好。公司首先应当考虑的是生存的问题，只有在确保生存的基础上，才能求得更好的发展。如果生存都出现问题，何来发展。

小公司的发展存在着一个问题，那就是经营者对自己的发展前途通常都非常看好，有的甚至把公司的"五年规划""十年规划"都设计好了。实际上在创业的初期不能够节约每一寸金，生存的问题还没有解决好，就盲目设计未来，准备进行企业的"大跃进"，往往在发展的过程中就轰然崩塌。

有数据表明，中国企业平均寿命为7年左右，民营企业平均寿命只有3年，中关村电子一条街5000家民营企业生存时间超过5年的不到9%。相当多的中小企业"出师未捷身先死"，而它们不是死于激烈搏杀的竞争对手手里，而是由于自身在创业初期没有打好生存基础就盲目发展。

对于小公司来说，首要目标应当是快速获取企业的经营利润，获得生存的资本，为企业的发展奠定基础，注入新鲜血液。

一位做百货生意的经营者，认为该行业竞争太激烈，赚钱很不容易。他一门心思想赚大钱，对市场境况做过分析后，他认为建材生意应该比较挣钱。一位下属劝他说，现在建材这一行已经人满为患，需要大量资金注入才能实现盈利，我们贸然投入，有可能会栽在上面。这个小老板说："赚钱才是最重要的，不冒风险怎么能赚大钱。"他执意投入，结果因资金周转不灵，建材生意始终不见起色，老本几乎赔光。

这位小老板所犯的错误就是不懂得"有活下来的资本，才有赚钱的资本，不能'好好活'，也就不可能赚大钱"。

小公司成立之初，通常是小公司能否生存和发展下去的关键时期。公司赚钱的第一步是先要活下来，那么就需要做好以下准备工作。

1. 招合适的人

小公司要求创业者本身必须是一个多面手，既要管生产，又要管销售，还要管财务。而要当好这样一个多面手，是很难的。所以，寻求合适的合作伙伴，雇用精干的员工，是小公司活下来乃至成功的重要因素。

2. 不过分乐观

认为总会有人购买你的产品，是一个完全错误的观念。新建公司必须研究目标市场，找出有哪些竞争对手，并对他们的销售作出实事求是的估计，从而有的放矢把有限的资金投放到目标市场上。

3. 谨慎扩张

初期成长太快，许多人就以为扩大规模就没有问题了。但成长是一个持续的过程，并不表明你马上就要扩张。在成长初期，公司的规模和结构将迅速发生变化。随着销售量的增长，需要大量的资金支持。因此，这时公司如果发展过快，会超出公司现有的资金、资源和管理能力的界限。

4. 充分规划

通常在公司扩大规模之前，必须完成大量的前期调研和准备工作，这都需要作出充分的估计和规划，以便对资金和人手作出更好的分配。

5. 资金不能断

开始时务必估计好资金的需求量，并留有余地，以防不测之变。如果事先有预测并仔细安排好了现金流计划，将有助于你清楚地知道何时需要多少资金，从而心中有数，不会因现金流的问题而导致公司生存出现困境。

6. 控制成本

小公司不要在固定资产、装修及安装设备上投入过多、过早。要懂得控制成本，有利润才能保证公司活下去。

把赢利放在第一位

对很多人来说，创业的头几个月不赚钱，属于正常现象。但是，创业者必须对盈亏有所控制，如果企业迟迟不赚钱，处于一种盈亏失控的状态，那就是一个非常危险的信号。创业者最不应该放任一种现象：金钱回报远远低于自己的预期。

一位企业家曾直言不讳地表示："我很早就学到一个教训，与其为了面子而去维持一个不赚钱的事业，还不如放下身段，去从事现金流源源不断的生意。假如无法从市场获得合理的回报，利润不如预期，就表示你的创业点子可能有问题了。"

每一个企业的经营者都应该增加自己对金钱和数字的敏感度，用经济效益作为衡量事业成败的一个关键因素。离开了这一点，创业很难取得成功，所有与创业相联系的价值也将荡然无存。

当你努力让企业活了下来，那么必须要将赢利放在第一位，具体来说要做到：

1. 具备赚钱的欲望

日本"经营之神"松下幸之助就曾说过："企业家的使命就是赚钱，如果不赚钱那就是犯罪。"英特尔公司的前首席执行官格鲁夫也说过："一个企业家赚钱叫道德，企业家不赚钱就是缺德。相反，如果企业家不赚钱，肯定会给社会、给家庭、给个人、给团队、给员工造成严重伤害的。"

不管什么事业，成功的原理都只有一项，那就是"确保最低利润的获得"。公司一定要有利润，才能生存发展。每个人都要懂得这个道理。

当松下电器公司还是小工厂的时候，松下就带着产品四处兜售，客户中就有一位所谓的"杀价高手"。每次松下带东西给他看，他总是能还价下来，让松下无利润可图。

当松下准备"认输"的时候，心里突然浮出了一个画面。他突然想起一张张在松下工厂里勤奋工作人员的脸。因为他每天也有一半的时间在工厂同他们一起工作，所以能够充分体验到那种闷热和辛苦的感觉。当年轻员工们的脸浮现在松下心头的时候，他不得不把事情重新考虑一番。松下认为：如果让步到那种价钱，实在也对不起正在厂里工作的同仁们。

于是，松下就把这些情形说给对方听，并且说："这些好不容易才做出来的产品，价格都经过合理地计算，如果还遭到杀价，那岂不是糟糕透了？希望你别再杀价了。"对方一直盯着松下的脸，在听完他这么说以后，最后终于屈服了。

松下电器公司的产品不只品质优异，价格也很公道。从此，信用也逐渐建立起来了。

松下始终认为无论是商业或其经营策略，除非在正当的成本外，加上合理的利润，作为销售价格，否则就不是合理的定价策略。

2. 具备赚钱的本领

作为一个小公司的经营者，最应该做的事情就是在遵守法律和社会公德的前提下，努力地去赚钱。

在历史上，金钱曾被一些民族广泛地看作一种罪恶，但犹太人除外。犹太人认为，赚钱是最自然的事，如果能赚到的钱不赚，这简直是对钱犯了罪。小公司的老板一定要敢于挣钱，善于挣钱。

上海有一个文峰国际集团，老板姓陈名浩，当时是一个40多岁的男人。1995年，陈浩带着20万块钱来到上海，从一个小小的美容店做起，现在已经在上海拥有了30多家大型美容院、一家生物制药厂、一家化妆品厂和一所美容美发职业培训学校，并在全国建立了300多家连锁加盟店，个人资产超过亿元。

作为经营者，应该培养赚钱的本领，坚持自己的信念和目标，什么都别想，好好挣钱，这是经营者最大的生存智慧。

小本生意重在周转快

怎样才能让商人在他们所从事的行业中赚到比别人更多的钱？答案就是：资金周转快的生意最赚钱。

商品短缺时代，"囤积居奇"发大财，然而在商品过剩、现金为王的今天，最重要的经营手段就是在产品更新换代之前"快速出手，多多出手"。

1. 提高周转率

"转=赚"，这是这个时代最重要的商业特征。过去，最有效的赚钱手段是卖高价——提高利润率。今天，最显著的赚钱手段已变成提高周转率。过去利润高但是最终赚钱少，因为卖得少；今天利润低但是最终赚钱多，因为卖得多。

这个很好理解，一旦从事了某个行业，目标客户群就固定了，此时你所想的是如何将东西卖得更快。因为每周转一次，你才能达到企业经营的根本目的——赚钱。你周转得越快，赚的钱才越多。

在这个"快鱼吃慢鱼"的时代，你必须弹精竭虑，必须食不甘味，必须为改变资金周转率有所作为。

2. 薄利多销

薄利多销毫无疑问受到了众多公司热捧。采用薄利多销的策略吸引消费者和客户，是提升周转速度的高招。

台湾宏基电脑董事长施振荣少年时代曾有经商的经历，他曾经帮着母亲卖鸭蛋和文具。鸭蛋3元1斤，只能赚3角，只有10%的利润，而且容易变质；文具的利润高，做10元的生意至少可以赚4元，利润超过40%。看起来卖文具比卖鸭蛋赚钱。

但出乎意料，卖鸭蛋远比卖文具赚得多。这是为什么呢？鸭蛋虽然利润薄，但最多两天就能卖完积存；文具虽然利润高，但有时半年甚至一年都卖不掉。鸭蛋利薄多销，所得的利润远远大于周转慢的文具。

3. 不同的周转方式

不少小公司的老板把眼睛盯在了利润率上，而忽视了周转率，即集中在了利润空间大的项目（行业）上。但利润率大的项目，往往会因价高而周转较慢，此时资金很难良性地、快速地周转起来。

对于不同行业领域的老板们而言，不同行业有不同的周转方式和周转周期。比如，房地产几年才能交差，利润率相对较高，周转较快则能实现利润增加。对于中小企业而言，可以提高生产率，降低成本；可以刺激购买，实现周转；可以零库存等方式，让生意的每个环节都快起来，真正实现快速周转。

选择容易赚钱的领域

赚钱的领域多的是，只要肯多动动脑筋，就能找到赚钱的领域。事实证明，小公司能否在市场竞争中生机勃发，并不在于它产品的大小，关键在于产品是否适销对路，能否满足顾客的消费需求，适应市场需求。

有的经营者总是不断抱怨自己命运很差，做一个项目，不行，再换一个，不行，连续换了五六次，还是没有从失败的泥淖中挣扎出来。

就我国目前的现实讲，以下这些领域赚钱可能会相对容易一些：

1. **延年益寿领域**

当温饱问题解决后，人们首要关注的是如何延年益寿。虽然青春是花再多的钱也买不到的，但人们为了留住青春，防止衰老，是不惜金钱的。而且，相对来说，女性在这方面的倾向就更为明显。

2. **虚荣心领域**

中国人比较好面子，任何人都有虚荣心，人人都希望让别人觉得自己很优秀，自己很重要，很了不起，所以，满足人这方面的欲望的领域，就可能会大有作为。

3. **休闲娱乐领域**

随着社会经济的发展，吃喝已不再成为人们的主要追求。人们有了一点钱，休闲的欲望就产生了，随着钱越来越多，人的这种欲望就越强烈。

4. **"稀缺"的领域**

人们永远都会喜欢稀缺的东西。只要你的产品或服务相对稀缺，就总能吸引眼球，引来关注。只要你的东西真的"稀有"或者你能将它说得"稀有"，不愁没有买主。

5. **给人提供方便的领域**

第三产业的发展是大势所趋，只要你的产品或服务能够满足为他提供方便的愿望，你的产品或服务肯定会热销。

6. **婴幼儿领域**

计划生育下的中国家庭大多只有一个孩子，而父母无一例外都望子成龙、望女成凤，围绕着婴幼儿领域而开发的教育、游乐、培训等领域持续火热。

7. **高档领域**

无论什么样的社会，都存在着高收入阶层。高收入阶层自然会将自己的消费定位于高价物品之上，紧盯着他们的钱袋，是一个不错的方向。

8. **低档领域**

人们还是非常乐意购买廉价物品，因此低收入阶层的购买力也不容小觑。再便宜的东西也有人买，但是要体现实用性的原则，应把握住这种倾向。

9. **女性领域**

只要紧紧抓住"青春""美丽""魅力""身材""爱情"中的一个，就足以在女性领域大展拳脚。这时候，她们会自己抢着把钱从腰包里拿出来。

寻找市场空白

经营者不仅要关心自己能做什么，有什么样的创意，更应该关心消费者需要什么，谁是你的潜在客户。你是为自然人服务还是为机构服务？如果是自然人，他们是什么样的人？如果是机构，是什么样的机构？

服务对象一定要明确，最好只聚焦于一个群体。假如你把服务对象锁定为"女人"，那这个范围就太大了。你应该进一步描绘其年龄、职业、收入、消费习惯等情况，并针对这部分人制定市场策略。

对经营者而言，只有眼光独到，寻找到市场的空白，才能发现赚钱的目标。做别人想不到的事，就是要另辟蹊径。寻找市场空白的好处是可以减少竞争。市场有许许多多的空隙，就看你能不能发现。

1. 从供求差异入手

在市场经济条件下，宏观供求总是有一定差异的，供求差异正是企业的商机。必须把握市场的供求差异，才能找到缝隙市场。

（1）需求量与供应量的差额

市场需求总量与供应总量的差额就是企业可以捕捉的商机。假如城市家庭中某类产品的市场需求总量为100%，而市场供应量只有10%，那么，对企业来说就有90%的市场机会可供选择和开拓。

（2）供需结构的差异

市场供应产品结构和市场需求结构的差异是企业可以捕捉的商机。产品的结构包括品种、规格、款式、花色等，有时市场需求总量平稳，但结构不平衡，仍会留下市场"空隙"。企业如果能分析供需结构差异，便可捕捉到商机。

（3）需求层次的差异

消费者需求是不同的，即使面对同一类产品的需求也存在差异性，这是可以捕捉的商机。有的收入极高而社会上却没有可供消费的高档商品或服务；有的则消费水平过低而社会上却忽视了他们需求的极低档商品，而这些就是企业开拓市场的机会。

2. 从市场遗漏的方向入手

每个企业都有它特定的经营领域。比如木材加工公司所面对的是家具及其他木制品经营领域，广告策划公司所面对的是广告经营领域。对于出现在本企业经营领域内的市场机会，我们称之为行业市场机会；对于在不同企业之间的交叉与结合部分出现的市场机会，称之为边缘市场机会。

边边角角往往易被人忽视，而这也正是企业可以利用的空隙。小公司要充分发挥灵活多变、更新快的特点，瞄准边角，科学地运用边角，做到人无我有，通过合理的经营，增强自己的竞争实力，最终达到占领目标市场的目的。

有这样一个例子：

1990年，当海尔调查洗衣机市场时发现，夏天洗衣机卖得特别少。为什么夏天人们洗衣服洗得特别勤，洗衣机反而卖不动呢？经过市场调查才发现，当时市场上只有4公斤、5公斤的大洗衣机，消费者夏天的衬衣、袜子换下来天天洗，用大洗衣机洗又费水又费电，干脆用手洗就行了。

并不是夏天人们不需要洗衣机，而是没有适合洗衬衣和袜子的小洗衣机。根据消费者这个需求，海尔研制开发了一种"小小神童"洗衣机，洗衣容量为1.5公斤，3个水位，最低水位洗两双袜子。这种洗衣机夏天投入市场后很快就供不应求了。

正因如此，它不仅成为国内外市场的"明星产品"，也成为企业不断创新开拓市场的"典范之作"。"电风扇一转，洗衣机完蛋；电风扇一停，洗衣机准行"是洗衣机业内对洗衣机市场淡季和旺季阶段性特点进行概括的一句"顺口溜"，"小小神童"洗衣机使这句顺口溜变得过时。

海尔利用创新使夏天洗衣机销售的淡季做到了淡季不淡，而且把夏天人们的洗袜子、洗衬衣的问题解决了。

别人没有发现市场需求的生意往往隐藏着极大的机会。因为没有人跟你竞争，所以做起来就稳如泰山，钞票就会滚滚而来。

选择项目要精准定位

所谓"狼有狼道，蛇有蛇道"。新公司成立以后，一定要给自己经营的项目以明确的定位。实践中，在寻找商机的过程中，自然不会有人好心地告诉你哪里有钱赚。因此，要想寻找到适合自己的创业项目就得靠自己。

对创业者来说，项目的选择直接或间接地决定着其所创事业的将来。所以，创业者在进行选择时，一定要仔细斟酌，结合自身条件，选择一个适合自己创业的项目。

在选择项目的过程中，往往走过不少弯路，看似赚钱但实际并不赚钱。所以选择项目不是只靠勇气就能解决一切问题的，千万不能盲目，应该根据自己的实际情况来确定。

经营者应该找准适合自己的行业项目，千万不可人云亦云，盲目跟风，否则面临的可能就是创业失败。

在面对众多的创业项目信息时，创业者不要不愿意舍弃。要从市场以及自身实际条件出发进行选择。很多项目确实很好，但是其对投资者自身的要求已经超过了投资者自身能力范围之外。这样的选择就得不偿失了。

良好的创业项目，不是你到街上走一趟回来就能够发现的，而是要经过长期的考察，加上系统的分析才能够发现的。在寻找适合自己的项目时，切记关注以下几点：

1. 搞清楚你面临的市场是什么

寻找适合自己的项目，首先需要搞清楚你面临的市场是什么，然后就是你所做的项目在市场中的价值链的哪一端。只有提前确定好自己的市场位置，才能比较出是谁在和你竞争，你的机遇在哪里。

2. 对市场做出精确的分析

确定好你的市场位置之后，接下来你就要开始分析该市场了。你首先应该分析这个市场的环境因素是什么，哪些因素是抑制的，哪些因素是驱动的。此外，还要找出哪些因素是长期的，哪些因素是短期的。如果这个抑制因素是长期的，那就要考虑这个市场是否值得去做。只有经过对市场的正确分析，你才能进一步做出更好的选择。

3. 找出市场的需求点

经过一番细致的对市场的分析，你就很容易找出该市场的需求点在哪里，然后对该需求点进行分析、定位，对客户进行分类，了解每一类客户的增长趋势。如中国的房屋消费市场增长很快，但有些房屋消费市场却增长很慢。这就要对哪段价位的房屋市场增长快，哪段价位的房屋市场增长慢做出分析，哪个阶层的人是在买这一价位的，它的驱动因素是什么。要在需求分析中把它弄清楚，要了解客户的关键购买因素。

4. 及时了解市场的供应情况

在了解了市场需求后，应该及时地了解市场的供应情况，即多少人在为这一市场提供服务，在这些服务提供者中，哪些是你的合作伙伴，哪些是你的竞争对手。不仅如此，作为一名创业者，你还要结合对市场需求的分析，找出供应伙伴在供应市场中的优劣势。

5. 如何在市场份额中挖到商机

作为一名经营者，在了解了市场需求和供应后，所应该做的下一步是研究如何去覆盖市场中的每一块，如何在市场份额中挖到商机。对市场空间进行分析时最好的情况是，在关键购买因素增长极快的情况下，供应商却不能满足它。而新的创业模式正好能补充它，填补这一空白，这也就是创业机会。这一点对创业公司和大公司是同样适用的，对一些大公司的成功的退出也是适用的。对新创公司来讲，这一点就是要集中火力攻克的一点，这也是吸引风险投资的一点。

6. 根据自身的资本进行项目选择

资本少的公司经营者可以选择一些最简单的方法。如在大城市批发些服装、杂货等，去比较小的城市出售。对于特色类的东西，一般情况下市场虽小，但是利润还是很不错的。

资本中等的公司经营者可以选择依靠或者依托别人的现有资本、生产材料等方式创业。如现在很多的国有企业效益不是很好，你可以租赁他们的车间，或者在他们的企业附近生产制造同类的产品。因为你比他们小，成本自然会低些，自然价格比他们的便宜，这样顾客很有可能会选择购买你的产品或者选择你为他们的生产提供辅料、配件等。

资本雄厚的公司可以选择那些同类产品少的，远期的前景很好的项目。如环保行业、保健行业、妇幼行业等。这些行业市场的需求很大，但是产品很少或者不够完善，存在很大的发展空间。

7. 根据性格进行项目选择

经营者的性格是创业者是否成功的关键因素。如果经营者的性格是急躁型的，并且一时半会儿修正不了的话，适合做贸易型的项目，而不应该选择生产型的项目。因为生产型的项目需要很长时间的市场适应期，需要具有坚强的耐力，需要在市场上历练，需要一个市场对公司品牌的认知过程。为了确保项目的生存和可持续发展，需要不断地扩大公司的规模，但是一旦创业者撑不住的时候，他的设备、半成品就一文不值了，经营者必然会陷入累累纠纷的泥潭之中。性情急躁的创业者也不能选择娱乐服务型的项目，因为现在的客户是越来越挑剔了，有时候刁钻的客人会让创业者暴跳如雷，那样客人将越来越少，最终的结果必然是关门大吉。以上两类项目适合温柔耐力型性格的创业者。当然，创业者如果有合伙人，并且他们的性格能够互补，也可以选择与自己性格不符的项目。反之，千万不要冒险。

8. 根据专长进行项目选择

经营者的特长、专业、才智、阅历在某种情况下会成为选择项目的主要根据。这有利于经营者一开始就进入娴熟的工作状态，使他的初始创业成功率高出很多。当然，经营者如果具备较高的才智和较丰富的阅历，确认自己能力非凡，哪怕没有什么学历，也可以选择很好地适应创业者的初创项目，不一定要选择自己熟悉的东西。事在人为，因为经营者会在短期内就会熟悉那个行业，这样的成功案例也很多。

不主张一个人抛弃自己的专业特长来选项，要知道具备专业特长且不失才智和阅历的人比比皆是，他们在业内才是真正容易的成功者。

经营企业如同长跑比赛

很多人以为，经营企业是一场短跑比赛，重要的是拿到冠军。然而，拿到冠军之后呢？企业经营的过程并非一场短跑，而是一场跨栏，不是110米跨栏，而是一场长跑比赛。

一个企业的发展，就如同跨栏，跨一个栏以后，前面又有一连串的栏。将每一个栏杆比喻成企业的每一个短期目标再恰当不过了。跨过去一个栏杆就如同实现了一个目标，想要持续经营企业，总会有无数的目标等待被跨越。

1. 树立持久的目标

在企业马拉松跨栏的过程中，有一点是一定要注意的，那就是当跨完一个栏以后要看下面一个栏在哪里，甚至这个栏是否已经设立好。一个有理想的企业，或者说一个可持续发展的企业，应该一直有目标放在那里。

1990年，澳柯玛集团在详细的市场调查基础上，果断地提出了内部挖潜改造，自我约束，量力而行，走内涵或低成本扩张道路的经营战略目标。通过企业的产品调整、技术创新和管理创新相结合，设计和开发出BD-150型顶式家用小冰柜，填补了我国家用小冰柜市场的空白。

1996年，澳柯玛集团开始了第二次创业。他们针对内外环境的变化，调整了经营战略，确定了建立国际化大型企业集团的战略目标，制定了规模化、多元化、集团化的经营方式，树立了

"大、强、新"的经营思路，并设定了合理的短期目标，使集团在更高的起点上再次飞跃发展。

在1998年上半年全国家用电器产品市场占有率统计中，澳柯玛洗碗机、电冰柜分列同行业第一名，微波炉列第二名，电热水器列第三名，澳柯玛电冰箱已跻身同行业产销量前十名。另外，澳柯玛集团已分别在俄罗斯、新加坡等国家和地区设立了澳柯玛系列产品经贸公司。许多产品已远销南美、中东、南非等地。澳柯玛集团与美国阿凡提公司签订的2万台电冰箱出口合同已经启动。

从资不抵债，前后37次被告上法庭，到总资产63亿元，中国家电企业七强之一，澳柯玛集团在9年间经历了两次创业，为集团达到世界先进水平打下了坚实的基础。澳柯玛集团给了我们一个重要启示，即确立明确合理的企业发展目标，然后将目标进行分解，并实行严格的目标管理，是企业得以飞速发展，跻身领先地位的重要前提。

由此可见，制定合理的目标对企业经营有巨大的作用，目标就是指南针，能够指引企业一步一步走向成功。

2. 以危机感和创新为动力

企业如何才能不死？需要保持危机感，与此同时更要注重创新。"不创新，就灭亡"，这是福特汽车公司创始人在20世纪70年代，福特公司濒临破产的时候作出的总结。这个总结给出了答案。

亨利·福特是世界上唯一享有"汽车大王"美誉的人，他不但给美国装上了车轮子，甚至可以说，是他将人类社会带入了汽车时代。

福特从小就对机械充满了浓厚的兴趣，到30岁时，他的汽油机试验成功，两年多后，他的第一辆车也研制、试验成功。随后，他又成功地制作出了三辆汽车。虽然因为缺乏管理经验，福特前两次办汽车厂都以失败告终，但他并不放弃。1903年6月，福特第三次与别人合作，按股份制模式成立了汽车公司，此后，他的工厂先后制造出了性能稳定的A型、N型、R型、S型等车，销售情况极好。

而适用于广大农民使用的T型车，以其简单、耐用、低价的特点使福特汽车很快占据了世界汽车市场68%的份额。

在这个过程中，老福特不断创新，当时别的汽车制造厂的工人都是每天工作10小时，每天3美元。他却推出"八小时工作制"，"每天5美元"，表面上对他的原始积累很不利，但他吸收了很多熟练工人，提高了工作效率；另外，他还发明了"生产流水线"，还创造性地提出了"科学管理"的理念。在这些创新下，福特家族一度"富可敌国"。但是，老福特的创新逐渐走向了教条化。

20世纪20年代，美国进入了大众化富裕时代，当时的美国人更需要的是速度、造型、环保以及个性化，需求越来越多元。但固执的福特依旧坚持生产颜色单调，耗油量大，排气量大的T型车，完全不符合日益紧张的石油供应市场和日趋严重的环境保护状况。

小福特建议老福特推出豪华型轿车，却不为采纳，老福特甚至亲自用斧子劈毁了儿子的新车型。而通用汽车和其他几家公司紧扣市场需求，制定正确的战略规划，生产节能低耗、小型轻便的汽车。在70年代的石油危机中，通用汽车一跃而上，福特汽车却濒临破产。老福特这才意识到自己的错误判断，转而根据小福特的意见推出豪华型轿车，但是先机已失，老福特感慨地总结说："不创新，就灭亡。"

在福特公司发展的历程中，老福特是一个勇于创新的人，他具有敏锐的创新思维。然而，后期的教条化和不创新却让福特公司险些破产，"成也创新，败也创新"，不创新，就灭亡。

在经济形势良好的时代，管理者的首要工作是超越竞争对手，不被对手淘汰；在经济动荡危机的时代，管理者的首要任务是使企业活下来，努力在冬天里发现春天，在危险中发现崛起的机会。

作为管理者，在经营企业的过程中，要牢记一点：不死不仅仅是创业或危机时期的主题，更是一家企业永远的主题。

不追求盲目做大

"大"有大的好处，"大"意味着有规模，有品牌，有占有率；但"大"也有大的缺点，在这个不断变化的世界里，大企业往往很难快速改变固有的商业模式，容易错失良机。"小"的优势则在于灵活，小企业可以和客户有更多的互动，从而更快速地做出正确的决策。

而当小企业的经营者从一种宏观的角度进行思考时，小就是大。对于小公司而言，不能盲目追求做大。

1. 不做大店做小店

1873年，一场世界性的经济危机之后，企业明显向"大"的方向倾斜。一两个实力雄厚的家族企业开始垄断整个行业，它们就像滚雪球一样越滚越大，使集团之外的人很难有所作为，即使有人偶尔滚起一个小雪球，也会很快就被大雪球碾碎、吞并。比如在美国，洛克菲勒和摩根两大家族的影响力就几乎渗透到家家户户。

到了20世纪70年代，在世界经济版图上，少数大企业仍保持绝对的优势地位。人们普遍认为大企业提供了绝大多数的就业机会，是社会繁荣稳定的基础。

然而1973年第一次石油危机的爆发，迫使很多大企业大批裁员，大企业体制僵硬的缺点开始暴露出来，"大就是好"的观点受到了广泛质疑。

1979年，美国经济学家伯克发表了一项研究成果，揭示美国在1969年到1979年这十年间，百名员工以下的中小企业创造了81%的工作。也就是说，与大企业相比，中小企业才是美国社会经济发展最重要的推动力。

从数量上看，今天的中小企业也远远超过了大企业。据一份资料显示，在APEC（亚太经济合作组织）地区，95%的企业是中小企业，雇佣的劳动力总数占本地区就业总人口的80%以上。在美国、日本等国家，也存在数量庞大的微型企业，它们被定义为"穷人创办的企业"，却催生出一代代财富新贵，并提供了大部分的就业岗位。

2. 找到自己的特色

人常说："隔行如隔山。"现代社会分工愈来愈细，虽然各种行业之间紧密地联系在一起，但它们之间还存在着各种隐形的看不见的隔阂，有着独自的经营门道。

对于经营者来说，无论你是初涉商海，还是久经商海，从事一种自己不懂或不太熟悉的新行业，都要谨慎，不可盲目行事。道理很简单，让缝纫师去做家具，家具肯定做不好，同样，如果让木匠去裁衣，衣服穿起来肯定也不会合身。

李嘉诚先生说："当一个新生事物出现，只有5%的人知道时赶紧做，这就是机会，做早就是先机；当有50%的人知道时，你做个消费者就行了；当超过50%时，你看都不用去看了。"

今天，如果一件事大家都在做，成了"时髦"的行当，那么这块市场可能已趋于饱和。在这些地方投资或者创业，是非常困难的。因此，创业尽量不要赶时髦，而要另辟蹊径，寻找可钻的空子。

优秀的企业经营者善于发现并抓住市场空白，满足某一群体的特殊要求，他们擅长于钻空子，并从中找到自己的特色，将自己的生意做大。

3. 把小生意做到极致

在没有能力钓到大鱼之前，应该专心钓一些小鱼。从一种最简单的模式起步，经过不断的积累、磨炼，往往就能产生惊人的结果。

商业世界里，大企业家是少数，普通的经营者很多。这和自然界的食物链一样，越往上去动物越高级。做生意要从小投资开始，因为这是做大生意的基础。

在经营项目选择上，小投资比大项目有更多优势，制造业、商业、手工业、服务业等众多行业都是小投资大显身手的场所。

微不足道的小商品，往往却是生活中不可缺少的东西，居家过日子谁也离不开。因此，做小投资，不但所需资金少，而且由于受众面广，市场风险小，更能保本。

很多人都在谈论"规模化""大格局"，但对小本创业者而言，与其盯着大事业、大生意，还不如现实一点，多关注身边的小机会、小生意，充分把握"细分市场"这个概念，探索其中的生存之道。

别与大公司对着干

小公司并不一定是大公司的"天生冤家"，千万不能将自己置于与大公司对立的位置。不能与大公司对着干，这是一条重要的经验。

如果公司实力不强，没有比较完整和系统的资源积累，不妨通过借力，与大企业配套，来迈出成长的第一步。具体来说，小公司在成长的初期可以采用以下策略：

1. 采用跟随策略

一般来说，第一个推向市场的创新产品或经营模式，就具备了领先创新的竞争优势，就能成为未来市场的领导者。事实上，第一个进入市场的新产品，不一定能打开市场或优势长存，而后来的跟随者必将瓜分市场，甚至借助巨人的肩膀获得更丰厚的利润。

特别是处于创业之初的中小型企业，在开发新产品中受到资金、技术力量、人才储备等诸多因素制约，很难独立开发新产品。即使花很大本钱开发成功，投入市场后也难免存在这样那样的缺点，结果使企业处于困境。

事实上，尽管小公司有长远的规划和宏伟的理想，但路总归是要一步步走的。千头万绪，关键还是要迈出第一步，想方设法掘到第一桶金。但第一步往往是最艰难的，小公司的发展配套程度较低，不足以支撑功能完整的商业模式在较短时间内取得成功，项目的导入期会比较长，而且需要较大的资金量作为支撑。

但如果利用自己的独特优势，选择与大型企业或者政府部门配套，小公司的项目就可以比较容易地生存下来，大大缩短导入期，省去在导入期为弥补诸多不足而不得不进行的巨大投入，可以利用赚到的钱去实现滚动发展，进而上升到一个更高的发展层面。

2. 学会借力使力

英国著名作家约翰·德莱顿说："世界上没有什么事物是不可以利用的。"荀子也说："君子生非异也，善假于物也"。很多人都知道"借势"的妙处，如果认准了大势，但是自身力量太单薄，那就会毫不犹豫地借势。

很多成功的经营者都经历了资金匮乏、消息闭塞的困难。而他们解决这些难题最常用的方法就是"借"。做生意要懂得利用，才得以发展进步。利用他人之钱，学会借力使力，顺水推舟。我们可以将此称作"傍大模式"。

事实上，在过去很多年中，很多新兴企业都是通过这种模式来实现生存、发展和不断壮大的。比较典型的就有富士康和明基，还有沿海地区数以千计的服装、鞋袜、玩具代工企业，以及主流车厂的外协企业，都是靠"傍大模式"起家的。

尽管目前不少代工厂家遇到了非常大的问题，但这并不能否定"傍大模式"在创业过程中的有效性。这些遇到问题的企业，都曾靠此实现了生存和发展，只是他们过于沉湎于自己的成功经验，未能对模式进行调整，实现转型，没有把潜在的一些风险规避掉。

3. 与大企业实现配套

要想与大企业实现配套，就需要经营者在某一方面具有超强的专业素养。与此同时，越专业的东西，潜在的消费群体就越小，很大程度上难以做大做强，"傍大模式"当然也难以回避这一问题。但这一模式起码可以起到资本原始积累的作用，可以为你选择其他项目提供资金，并为你在目标领域积累资源提供缓冲，可以视作你财富生涯的阶段性成果。

这种"抱大腿"的借势生存本质上是一种合作，是寻求利益共赢。借势生存是站在巨人肩膀上发展自己的一种智慧性战略和策略。对千千万万的中小企业来说，躲在"大款"的庇护下，借他们的强大势力来快速发展自己，是一种智慧，更是一种经营哲学。只要你有靠近他们的自信和勇气，有获得他们青睐的创想和能力，"甘当小弟"没有什么不可以。

把小生意做精做透

从小本生意做起，经过一点一滴的努力，也能筑起自己的商业王国，最终成就自己的一番事业。

世界闻名的大企业家摩托车大王本田宗一郎和电器业大王松下幸之助在一次会面时，本田宗一郎对松下说："先有一个小目标，向它挑战，把它解决之后，再集中全力向大一点的目标挑战。把它完全征服之后，再进一步建立更大的目标，然后再向它展开激烈的攻击。这样苦苦搏击数十年，这样辛辛苦苦从山脚一步一步坚实而稳定地攀登，不知何时，我已成为了全世界的摩托车大王。"

的确如此，把自己手头的小生意做精做透，这是成就大公司的基础。对小公司的经营者而言：

1. 小本买卖也能做大

在历史上，有不少企业家开始搞的都是很不起眼的小本买卖，然而很快因此而发财。下面这个故事是我们大家都比较熟悉的。

1928年，有一对叫麦当劳的年轻兄弟，在美国东海岸西部的加利福尼亚，开了一个小电影院，同时兼营一个小食店，专卖汉堡包。说来也怪，汉堡包的生意比电影院的生意好得多。这种15美分一个的汉堡包，看起来不起眼，可年营业额竟高达25万美元。老板克罗齐认准了经营汉堡包有发展前途，买下了麦当劳公司的一个销售店。以后，他又买下了麦当劳兄弟的汉堡包和薯条两种食品的专利。1961年，又买下了麦当劳在美国的全部店铺。到1972年，麦当劳快餐店发展到2500多家。1982年，麦当劳快餐店发展到1.2万多家分店，克罗齐拥有的资产达3.2亿美元，建立起了世界上著名的快餐王国，这大概是他自己也始料不及的。

其实，不必非要举国外的例子，在我们身边，从不起眼的小事做起，逐渐滚动，逐渐积累而富甲一方的人也是大有人在。

2. 创业初期要专注

对于已经有了一定基础，且有多项业务的公司，为了赢得较多的利润，有时冒点险是必要的，也是可以承受的。因为企业有了较大规模和较多资金，只要不是孤注一掷，贴点钱是不会导致破产的。如果企业搞的是多元化经营，东方不亮西方亮，这儿赔了，那儿却赚了，企业还可以存在下去。

但是，对于较小规模的公司来说，应该是尽量避免干风险大的事情，而应该将为数不多的有限资金投于风险小、规模也较小的事业中去。先赚小钱，再赚大钱，聚沙成塔，集腋成裘，滚动发展，等资金雄厚了，再干大事业。

经济生活中有这样一条规律，风险与收益是成正比的。一般来说，风险大，收益也大，风险小，收益也小，这是不难理解的。通常一些前景不明确，利润情况不确定的行业或产品，资源投入量也不会大，提供的产品和服务必然供不应求，价格必然高于价值，收益也大。但是，正由于前景不明确，利润不确定，也可能投入资金，没有收益，这正是大多数人望而却步的原因。

所有的成功者做事业都不会操之过急。他们不会梦想一下子就跳到山顶，而是先从他们力所能及的范围着手。先从小事做起，从小商业起步，倾全力去做，脚踏实地地学习，一步一步地充实自己的实力。先把小事做成功，然后再进一步做更大的事情。这样迈着坚定的脚步前进、奋斗，事业才会渐渐兴旺壮大起来。

成长过快，死亡也快

管理学大师德鲁克认为："成长过快绝对是企业经营的一种危机。任何组织的规模在短期内迅速扩大了一倍或者两倍，这就代表着组织扩张的速度超过了它原本使用的企业认知的限度。"

小公司在成长壮大的过程中，一定要把控发展的速度，要让规模的扩张与企业的环境相适应。有时，过快发展并不一定是件好事。

1. 不宜过分追求速度

公司在创建以后，成长是一个必经的过程。然而，过分追求成长的速度无异于自找死路。

企业的发展仅靠规模扩张是不够的，规模扩大到一定程度，应放慢发展速度，使企业有个喘息的机会——这是客观事物发生和发展的必然。

针对这一问题，企业应把好两个"关"：一是企业发展速度要与企业管理水平相适应。企业发展速度太快而相应的企业管理水平未能提高、人才培养等跟不上，就有可能造成管理滑坡，影响企业经济效益。二是企业发展速度与企业资金的调转速度相适应。如果资金不能及时回笼，公司没有足够的资金支持企业的发展速度，企业将因为发展过快而陷入被动。

2. 不要把发胖误认为是成长

德鲁克说，企业最危险的错误就是把发胖误认为是成长。一个企业如果把不能做出贡献的活动抛开，那它将会遇到麻烦：那种活动只会消耗力量，损害成长的真正潜力。真正的成长绝不是简单的数量累加，而是必须在经济成就和经济成果方面有所增加。

老板厨房电器在经历了近三十年的市场磨炼后，其在吸油烟机市场已多年稳居全国第一。

和绝大多数的浙江民营企业家不同，老板厨房电器董事长任建华是一个不折不扣的改革派，他引进风险投资和期权制度，并坚决主张企业上市。任建华表示，公司上市的目的：第一是把核心员工留住，即使只做小股东，感觉也是不一样的。第二，上市后，消费者的信任度也会提高，公司上市本身就是一个广告。股民买我们的股票，也会买我们的产品。再次，资金充裕了，我们会更有实力扩大原有的规模，同时对企业的财务制度也是一种监督。

以前，总是有人呼吁要把企业做大做强。但是任建华却说："中国大部分企业都还停留在提供产品的阶段，每一天都有企业倒下去，也不断有新企业注册。最终我们要做长寿企业，做大并不是我们的目标。我们的目标是做行业第一的和长寿的企业，而不是虚胖的企业。"任建华认为，企业的大不是通过没有节制的投资，把产值做得多大，关键是要看你的企业在行业中的地位有多高。

他说："企业开发相关的延伸产品是可以的，但跨行业发展，把适合一种产品的名字，硬安到其他产品上去，消费者肯定是不认账的。这样的做法导致牌子倒掉、企业垮掉的例子太多了。"对于强，他更是有着自己独特的见解：衡量"强"的指标应该是产品的竞争力在行业中是不是强，而不是规模大。

正是源于对企业成长如此清醒的认识，没有执着于公司规模的扩张，老板厨房电器的业务规模却得到了持续增长，保持行业第一。

对于小公司经营者来说，不能把企业员工数量的增加或是办公地点的扩大看做是企业的成长，应该看企业是否在它的领域占据了更多的市场和资源，是否在某个领域有了实质性的成绩和突破。只有认清这个事实，才能让企业健康稳健地发展。

第二招

战略之道：
找对方向，为小公司插上腾飞的翅膀

没有战略注定会失败

如果企业在一种无序、无战略的状态下简单经营、粗放经营，这样的企业注定会失败。公司经营必须以一定的战略为前进方向，在现代企业管理中，"战略"一词演变为泛指统领性的、全局性的、左右胜败的谋略、方案和对策。企业战略可以理解成企业谋略，是对企业长期发展的计划和谋划。

对于小公司而言，没有明确的方向和目标是很危险的，稍有不慎就可能失败。这就要求公司经营者拓宽思路，懂得并运用战略管理。

1. 要明确战略方向

管理之父彼得·德鲁克说："每当你看到一个伟大的企业，必定有人做出过远大的决策。"这里，他强调了战略对公司发展的重要意义。

战略是以公司未来发展为基点，明确了公司的战略问题，也就明确了"我是谁"、"我在哪"、"我去哪"等公司的根本方向性问题。

制定战略的过程，就是为企业未来发展进行选择和定位的过程。战略确定企业的所为与不为，战略代表着未来商业的重点，战略为根据企业自身资源结合外部环境而选择的一个可获得持续竞争优势的空间。

战略很重要，对公司的发展思考一旦停止，企业就会驶向下滑的方向。这种思考，不是好高骛远，不是个人兴趣，不是一时冲动，是在正确评估企业资源和条件，科学对待企业发展前景的基础上为公司发展所做的深远思考。

一旦战略迷失，有可能会丧失自己的优势，在发展过程中逐渐沦为被动状态。乔布斯引领的苹果公司孤注一掷以创新战略引领全球时，微软的发展战略就受到其影响，并且出现了徘徊不前的境况。

2. 不能只注重业务管理

即使是小公司，也需要从业务管理向战略管理转变，不能只埋头拉车不抬头看路。在发展的历程中，要从机会思考向战略思考转变，不能再迷恋和期待一次机会的得失，而应注重长远发展的成功。

"现在是战略制胜的时代"，很多企业家也在摩拳擦掌跃跃欲试，小米公司的雷军就是一个优秀的战略家。

在雷军召开小米手机发布会之前，小米手机就已成为不少人的热点话题。小米手机推出后，预定就火爆异常，始终处于供不应求状态。

小米火热的表现超出了人们的想象，这一切源于掌门人雷军的战略运用。小米的战略定位是这样的，不靠硬件赚钱的模式上发展手机品牌，软硬件一体化，定位中档机市场2000元，价格向下看、配置向高端机上靠齐，甚至领先。这个产品空间以及利润空间的考虑，其他厂商不太好进入。

小米相对于一般的Android厂商的优势是有多个差异化竞争手段。而雷军运用自己的那些关联公司进行服务对接，就有了其他手机厂商都不具有的优势——低成本、高效率、整合速度快和双向推动作用。

集硬件、系统软件、云服务三位于一体的小米手机赢得了拥护的欢迎，这就不难想象为何出身只有数年的小米可以引起一阵旋风了。

一个小公司，当没有资源、品牌和用户的时候，就必须找到一块最适合的战场，让大公司看着眼馋，却不敢进来。

小公司需要找出自己与竞争对手的比较优势和劣势，在不确定性的环境中发现并抓住成功的机会。

3. 确定何所为，何所不为

成功的公司，必须确定自己何所为，何所不为。重新审视自己所处的行业环境和发展趋势，看看是朝阳产业还是夕阳产业，是限制性产业还是非限制性产业，是完全竞争、不完全竞争还是寡头垄断，以此做出自己的战略判断。

不管企业实施何种形式的战略，其目的都是在确定公司的未来发展重点。如同重拳出击一样，把自己主要的精力放到某种业务方向上。无论在企业的任何发展阶段，企业一定要清楚自己的发展重心。

公司经营者应该把发展重点放在具有竞争优势的业务上。稳定而具有相当竞争优势的主营业务，是企业利润的主要源泉和生存基础。公司应该通过保持和扩大自己熟悉与擅长的主营业务，尽力扩展市场占有率，以求规模经济效益，把增强企业的核心竞争力作为第一目标。

即使是规模过小的公司，也需要制定战略，一个企业的成功往往是战略管理的成功。如果战略有问题，单纯靠改善内部运营效率来做大做强的做法无异于缘木求鱼。

做好战略规划

公司战略决定着公司发展的目标和方向，制约着公司经营与发展的健康化，谋求着长远经济效益的最优化。

公司战略不仅对企业涉及全局的重大问题具有决定性意义，而且对企业的局部问题和日常性管理工作具有牵动、指导和规范的作用。

公司战略的广泛作用对小公司的发展而言是全方位的，具体可以归纳为以下几个方面：

1. 使企业顺利、快速成长

通过制定战略规划可以使企业经营者对企业当前和长远发展的经营环境、经营方向和经营能力有一个全面正确的认识，全面了解企业自身的优势和劣势、机会和威胁，做到知己知彼，采取相应办法，从而把握机会，利用机会，扬长避短，求得生存和发展。

2. 提高生产经营的目的性

管理学中有一个公式：工作成绩＝目标×效率。西方学者认为"做对的事情"要比"把事情做对"重要。因为"把事情做对"是个效率问题，而从一开始就设立正确目标，"做对的事情"，才是真正的关键。

战略规划就是要做对的事情，增强了公司运营的目的性。因而中国古代兵书有"运筹帷幄，决胜千里"之说。制定战略规划，就使企业有了发展的总纲，有了奋斗的目标，就可以进行人力、物力、财力以及信息和文化资源的优化配置，创造相对优势，解决关键问题，以保证生产经营战略目标的实现。

3. 增强管理活力

战略管理是一个全面性的管理，做好战略管理，就可以围绕企业经营目标进行组织等方面的相应调整，理顺内部的各种关系；还可以顺应外部的环境变化，审时度势，正确处理企业目标与国家政策、产品方向与市场需求、生产与销售、竞争与联合等一系列关系，从而增强企业的管理活力。

4. 提高企业家素质

实施战略谋划，使企业家能够集中精力于企业环境分析，思考和确定企业经营战略目标、战略思想、战略方针、战略措施等带有全局性的问题，造就优秀的企业家和战略人才。

战略管理的基本特征

战略管理广泛应用于市场营销、融资和财务、生产和操作、开发和研究等方面，目的是保证企业目标的实现和成功。公司要打造竞争力，就必须有好的战略。

概括起来，战略管理具有以下六个特征：

1. 导向性

企业战略界定了企业的经营方向、远景目标，明确了企业的经营方针和行动指南，并筹划了实现目标的发展轨迹及指导性的措施、对策，在企业经营管理活动中起着导向的作用。

2. 全局性

企业战略立足于未来，通过对经营环境的深入分析，结合自身资源，展现前瞻性，对公司发展轨迹进行全面的规划。

3. 长远性

建立在预期的基础上，企业战略更多的是着眼于长期生存和长远发展的思考。围绕企业的发展战略，必须经历一个持续、长远的奋斗过程，才能最终实现企业制定的战略。因此，制定后的战略通常不能朝令夕改，具有长效的稳定性。

4. 竞争性

竞争性是市场经济不可回避的现实，制定企业战略需要进行内外环境分析，明确自身的优劣势，增强企业的对抗性和战斗力，推动企业长远、健康的发展。

5. 系统性

战略管理包括三大阶段：战略设计、战略实施、战略评估。三个阶段相辅相成，融为一体。其中，战略设计是战略实施的基础，战略实施又是战略评估的依据，而战略评估反过来又为战略设计和实施提供经验和教训。

6. 风险性

企业做出任何一项决策都存在风险，战略决策也不例外。如果趋势预测准确，远景目标客观，资源调配得当，其中有一个环节没有做到位，就可能导致战略失败的危险。因此，仅凭个人主观判断就制定企业战略，就有可能带来企业失败的危险。

公司战略应结合自身特点

小公司在制定经营战略时，应结合自身的特点，分析市场中的情报，选择多样的发展战略，以便为企业创造制胜的条件。

小公司发展战略的特点是由小公司自身的特点所决定的，但是每一个具体的企业又具有不同的特点。因此，小公司需要根据企业的具体特点来正确地选择发展战略，才能在复杂的市场竞争中站稳脚跟，实现企业的生存与发展。特别是由于小公司承受风险的能力较弱，发展战略的正确与否对小公司生死存亡的决定意义更为重要。

在小公司的发展战略制定与选择中，需要注意以下几点：

1. 注重规模意识

小公司虽然具有一系列的优势，但其固有的劣势多半是由于企业的规模太小造成的。从本质上来讲，任何一个企业都具有发展规模的内在冲动。小公司惟有不断发展壮大，才能克服自身固有的缺点。在激烈的市场竞争中，得过且过、不求进取是站不住脚的。在现代市场经济条件下，企业随时需要准备应付新的挑战与变化。一个不思进取、不求发展的小公司是不可能获得成功的。

2. 避免急于求成

当小公司的进取心过强时，在战略上容易犯好大喜功、急于求成的冒进错误。正是由于企业的规模较小，小公司通常都急切地盼望进入大型企业的行列。过于雄心勃勃的发展计划往往使小公司在财务上陷入困难的境地，这是小公司破产的最常见的原因之一。因此，小公司的发展战略计划更需要从实际出发，对企业的内部和外部条件进行实事求是地分析，对市场的发展趋势作出科学、客观的预测和判断。

3. 不宜与大企业对着干

小公司的发展战略通常不宜采取与大型企业对着干的办法。由于小公司的规模小、实力不足，特别需要从自己的实际情况出发，避开市场上大型企业的竞争锋芒，争取在大型企业竞争的缝隙中求生存、求发展。在一般情况下，小公司与其和大型企业在市场上针锋相对，不如与相关的大型企业携手并进，甘当大型企业的配角，在相互协作中寻求发挥自身优势的机会。

4. 战略具有一定弹性

小公司的发展战略需要较强的适应性或弹性，以发挥小公司经营灵活、转产方便的优势。虽然小公司的发展战略同样是为解决长期发展问题而提出来的，但是由于客观上小公司的发展战略受到各种约束因素的制约，小公司的发展战略特别强调能够适应客观条件的变化，具有一定的弹性或灵活性。

5. 需要员工认同

小公司的发展战略更需要全体员工的认同和参与。小公司的约束机制不同于大型企业的约束机制。在小公司中，人与人之间的直接沟通较多，个人因素的作用要远远强于大型企业。因此，小公司发展战略目标的实现在更大程度上依赖于全体员工的认同与参与。

导致战略失败的原因

美国人马克·麦克内利写过一部名叫《经理人的六项战略修炼》的著作，封面有一句话非常醒目："忽视战略，仅关注战术和执行，就会给企业带来灾难。"

战略管理的制高点不在于抢夺，而在于选择。有研究分析发现：中国企业战略失败的主要原因是，企业领导对战略管理的价值认识不够和企业专业管理人员的缺乏，约占企业战略管理失败的60%以上。

总结起来，中国企业战略管理整体水平低下，对战略管理的价值认识不够、战略决策的随意性大、盲目追求市场热点。造成公司战略失败的原因一般有以下几点：

1. 互相推卸责任

很多公司的发展战略进入执行阶段后却最终失败，失败之后往往就是互相指责和推诿：领导能力太差，执行方法有问题，市场环境不给力，资金流短缺等，这样的理由随处可见。这种战略失败的症结是互相推卸责任。

既然发现战略有所偏差，为什么还在犹豫着是应该讲出来还是闭上嘴保持沉默，而非得等到战略失败后才来做"事后诸葛亮"呢。

2. 假设错误

公司树立某战略时都是基于一定的思考，但常常却是基于一些荒谬的假设基础上的战略。

制定战略时，你必须做一些基础判断：如竞争对手对我们的攻势会不会做强烈反应，消费者会不会对我们的广告做正面反应，或者新产品能不能受到顾客的欢迎。对一个公司来说，它的重要假设只会有几个，比如英特尔最重要的假设是：未来5~10年世界上仍以台式电脑为主流，因此每个PC都会配芯片。这些重要的假设成为了企业制定战略、对抗不确定性因素的重要手段。

问题在于，小公司在生机勃勃的创业期后，常常会基于荒谬的假设而做出一些相应的战略规划。在这方面，有不少例子：

福特：顾客只需黑色车；施乐：企业将永远需要操作复杂的大型复印机；柯达：柯达就是胶卷和照相机。这些错误的假设，使企业在错误的前提下展开运作，使公司的方向和它的目标南辕北辙。

3. 成员参与不足

大公司把制定发展战略视为一项年度活动，企业内的一群精英人士会把自己关在会议室里共同讨论。小公司往往就成了高层颁布给下级的命令，下属只能服从。

在有一个或几个大脑决策的过程中，有几个缺点：少数人的大脑并不一定驾御大多数人的大脑；决策者并不能感知战略执行过程中的问题；决策者在发展预测上，不可避免地存在盲区。

缺乏这种参与就是战略失败的重要因素之一。如果公司老板没有邀请相应的人员为制定的战略提意见——甚至完全不给他们质疑的权利，那么，公司的管理者可能会错过许多重要问题。因为，积聚多人之力，也许有更好的战略实现目标。

公司里的每个人都分享着战略，有必要调动每个人参与的积极性，但可惜的是，很多公司对这种交流通常并不主动。正确的做法应是集体评估信息，完善和修正预测，共同完成战略的制订。

4. 执行问题

在信息时代的今天，企业的战略目标、商业模式多为显性化并被快速传播。为了让企业的员工、客户、供应商、投资者充分熟悉企业战略，从而对企业发展满怀信心，企业战略前所未有地被"广而告之"。这无疑也方便了竞争对手轻松了解企业的战略目标与行动计划，而员工在行业内的频繁流动更加剧了这种信息传播。因此，战略非常容易被其他企业所模仿，但是，同样的战略对于具有不同执行力的企业来讲，成功的机会并不相同。

对企业高层而言，制定战略只是长征的开始，其更大的精力应该放在怎样保障战略的执行、如何提高执行力上，执行才是更为严峻的考验。

有一家企业因为经营不善而年年亏损，最后濒临破产的境地。后来这家企业被一家大型财团收购。企业所有的人都在翘首盼望大企业能带来什么先进的管理办法，从而摆脱困境。出乎意料的是，收购后，制度没变，人没变，机器设备没变。收购方就一个要求：把先前制定的制度坚定不移地执行下去。结果不到一年时间，企业就扭亏为盈了。

扭亏为盈的秘诀就是把制定好的制度很好地执行下去。很多企业，有完善的管理制度，有先进的技术、高素质的员工和正确的战略方针，但是效益总是不够理想，原因就在于当一道道命令下来，要么没有具体地执行，要么在执行的时候又只对过程负责而流于形式，而不对结果负责——这都不是优秀的执行。

而再好的战略如果得不到执行，就称不上真正的好战略。

走出战略定位的误区

可能许多企业经营者在战略认识上都存在一些误区，而这些误区，也导致许多企业在不正确的战略引导下，错失发展良机，或使企业陷入困境。

然而在现实中，要想准确给企业战略定位并不简单。战略上如果发生失误，往往会导致企业最终的失败。企业在战略上的常见误区有哪些呢？

1. 想当然

在现实经营中，企业往往会根据自己的核心专长来确定战略定位。但问题是，企业的核心专长究竟能不能适应市场的需求。而不少公司的管理者仍然坚持"自我导向"，自我感觉良好，而非坚持"消费导向"。而确立战略定位之时，首先要考虑的应该是尊重市场需求，其次才是竞争态势。

2. 战略泛化

战略的主要目的就是要让企业家想清楚到底怎么做。但问题在于，有太多企业家贪大求全，战略上将几乎所有的产业都包括了，这就导致战略定位空泛化。在他们看来，只要能够赚钱，卖什么产品都可以，你要让他去取舍，几乎是不可能。

如果战略仅仅是个概念，战略就无法落地。如果用这样的思维来做企业，结果必然是失败。

3. 取舍不当

TCL、长虹、康佳、方正、春兰等等上了规模的企业，在以目标定战略的前提下，纷纷陷入多元化的战略骑墙困境。因为他们认为，仅凭自己的一个主业（如长虹的彩电）是无法达成既定目标，为了实现宏图愿景，就自然而然地进入了其他行业，如电脑、空调、冰箱、手机等领域。从现实情况看，这些领域找到一个生存的定位都很难，要进入前三名更是困难。

战略的核心是选择，关键在于取舍。"取"相对容易，"舍"对于大多数企业来讲却是极其困难的，这就是不少企业的战略定位左右摇摆的原因所在。

4. 过于简单化

不少企业常常将战略定位理解为消费者提供什么档次或价格水平的产品。消费档次或价格仅仅是战略定位的一部分，一个完整的战略定位还应当包括对核心消费群体的界定、对核心价值需求的提炼、对品类业务的界定、对产品概念的界定、对品牌概念的提炼以及对渠道类型的界定，这样的战略定位才能对企业的各项运用活动提纲挈领。

也就是说，战略必须完整，只有完整才能够使战略具备可行性，而不能够被有效执行的战略并不是一个好战略。

战略目标要从实际出发

公司的战略规划，不是根据战略理论所描述的美好前景去生搬硬套，而是要根据自身的情况来制定。企业的发展就好比建筑楼阁，需要在坚固的地基上一层层、严谨有序地进行，每个步骤都应该认真对待，这样才能保证不会出现"豆腐渣"工程。

公司战略一旦脱离实际，很容易对整个企业造成冲击。目标难以达成，容易引发员工的无力感与挫败感，甚至导致人才的大量流失。更糟的是，企业高层通常认定战略正确，只是执行不力，从而"归罪于外"，不断强调执行，这样有可能促使公司在错误的道路上越走越远。

1. 战略不切实际会付出代价

制定不切实际的战略目标是不可取的。某些公司刚起步，就一心想做一个市值几百亿的公司，一心想设计一个没有天花板的舞台，其结果只能是，"企而不立，跨而不行"。

因为企业只有一步一个脚印地发展才能建成参天大厦。否则，假如企业设定了不切合实际的发展目标，必将付出沉重的代价，甚至被市场淘汰。企业的战略目标不应是空洞的策划、规划，而应该是符合企业发展规律和满足企业利益相关者的科学决策。战略规划应该根据企业的实际情况来进行。假如我们单凭着战略的理论和所谓案例去发展企业，那一切就只能是纸上谈兵，最终落得一败涂地。

有的中小型公司老板根本不相信什么战略规划。在他们的思维当中，他本人就是战略，他的思维驰骋到哪里，企业的战略就制定到哪里；还有的则沉溺于自己创业初期的成功，自我崇拜，贪大求快，请一些所谓的战略专家无限放大自己的愿望和理想，甚至把自己想象为"巨人"，标榜五年后将跻身××强行列……不切实际的幻想不是战略规划。

一些小公司老板在为实现其所谓的"心中梦想"时，大刀阔斧，不惜投入，结果却兵败城下。一些中小公司在没有充分考虑企业承受能力的前提下，超水平、超实力扩建，结果企业也因资金匮乏面临破产。由此可见，没有战略和不符合企业自身发展的战略同样害人。

2. 战略需要切合实际

战略目标要立足实际，看到自身的现实，跳出"圈子"看问题，从更高的层面把握企业的发展方向和目标，从而合理制定战略。战略目标不是冒进的宣言书，不是大跃进的口号，要切合企业发展的实际。

海尔公司的经营战略的脉络是：首先坚持七年的冰箱专业经营，在管理、品牌、销售服务等方面形成自己的核心竞争力，在行业占据领头羊位置。1992年开始，根据相关程度逐步从高度相关行业开始进入，然后向中度相关、无关行业展开。首先进入核心技术（制冷技术）同一、市场销售渠道同一、用户类型同一的冰柜和空调行业，逐步向黑色家电与知识产业拓展。这种符合企业现实情况的战略规划，保证了海尔品牌的长青。

小公司制定的战略规划必须立足实际，实施科学的战略规划，就必然能为企业的发展提供充足的动力。

用定位实现战略差异

很多企业失败的根源不在技术或产品上，而在战略定位上。比尔·盖茨在回答哈佛大学学生提问时强调："要站在行业的最高处来思考企业的发展"。只有站在行业的顶端看我们自己，才能正确地进行自我定位。

只有大的行业才有大的企业，好高骛远，不切实际的乱定目标，只会是做的越多，错的越多。

1. 战略定位与竞争优势

提到阿里巴巴，就想到了为中小企业服务的战略平台，提到格力就想到空调，提到麦当劳就想到餐饮，提到比亚迪就想到节能轿车，提到联想就想到电脑，提到万科就想到地产，提到华为就想到通讯设备，提到波司登就想到羽绒服。

这些企业符号与其所在的市场形成了紧密的关联，甚至成为它所在行业的标志和代名词，而这些企业也在消费市场具有绝对的话语权和影响力。这就是企业进行战略定位和战略规划的结果和例证。

2. 战略趋同与战略差异

在今天的市场环境下，如果不改变，不实施战略差异化，势必被扫地出门。不少行业都存在"同质"为主的模式，唯有实现战略差异，才能最终立足。

黄女士开发出独具特色的皮薄饺子馆在位于长安区城南街开门迎客了。皮薄饺子很快叫响长安，走红西安，员工由两人发展到九人，营业面积扩大一倍，饺子馆依旧天天爆满。随着规模的扩大，皮薄村味园正式开业。实现从皮薄饺子馆到皮薄村味园的跨越，营业面积扩大到500平方米，增加员工50多人。不久，皮薄餐饮有限公司正式成立。同时，还开了一个分店，发展了两个授权店。

公司面对庞大的市场，以及众多竞争对手，如果无法建立战略差异，显然会使自己的生存雪上加霜。

无论什么公司，要想做活生意，特别是赢得独家生意，取得超人的成效，就应树立强烈的市场观念和竞争观念，而取得市场竞争胜利的一个可靠办法，就是避开众多竞争对手，创立自己的独家市场。

3. 选准着力点

就是通过细分、定位找到公司的特色市场。怎样细分定位？细分不是常说的按地域分、按年龄分、按民族分、按性别分等。

这里的细分是一种发现，是一种察觉，是一种悟性，是企业家在事物的发展过程中，从潜在的需求和现实的需求中所找到的一种空位。一旦发现这种空位就会形成独特的市场。

20世纪60年代的美国，不管是在政治上、观念上还是社会问题上，人们都大做"we（我们）"对抗"they（他们）"的文章。所谓"we"代表的是反战、时尚、新潮、进取、不拘一格的年轻一代；而"they"则指的是死板、保守、落伍的群体，是"披头士"歌曲嘲讽的对象。

"非可乐"的促销活动正好代表了清凉饮料者的反权威态度。相反，七喜在"非可乐"的广告主题中，把可乐含蓄地定位为"they"，而把自己定位成"we"。这是商界首次采用这种反权威立场进行产品营销。

这种定位使七喜的销路大增，在一年内就增加了14%，到1973年增加了50%。这是七喜公司创立以来，知名度首次提高到足以出售附属产品的程度。

企业通过定位实现差异化战略，可以获得超过行业平均水平的利润。由于产品的特色，顾客对产品或服务具有很高的忠诚度，从而该产品和服务具有强有力的进入障碍。潜在的进入者要与该企业竞争，则需要克服这种产品的独特性。

找到了定位的着力点，顾客对该产品或服务具有某种程度的忠实性。当这种产品的价格发生变化时，顾客对价格的敏感程度不高，生产该产品的企业便可以运用产品差别化的战略，在行业的竞争中形成一个隔离带，避免竞争者的伤害。

企业的产品或服务具有特色，能够赢得顾客的信任，便可以在与替代品的较量中比同类企业处于更有利的地位。

确保战略的前瞻性

企业不仅需要对市场需求"快速反应"，企业更需要关注未来的发展，企业经营者更要有基于前瞻性的战略眼光，优秀的企业战略必须建立在掌握趋势的基础上。

要想有更好发展，就必然要看清潮流，超前思考，掌握发展趋势，确保自己战略的前瞻性。假如企业管理者对发展思路、目标都不明确，对发展趋势不敏感，不善于长远思考、规划未来，那么这样的企业就会从走弯路到走下坡路，又谈何发展呢？

凡事预则立，不预则废。俗话说"抢先一步赢商机"，如果不善于谋划未来，只是鼠目寸光，关注当前，那么就会失去未来潜在的效益，企业的发展就没有后劲。

1. 掌握市场的趋势

在市场竞争激烈的今天，企业管理者必须具备超前的战略意识，就必须提前了解、研究客户和消费者的潜在需求，通过不断挖掘市场潜力，拓宽产品的市场份额来获得更大的赢利空间，这样才能战胜对手，在市场竞争中取得优势。

"二战"爆发后，美国一家规模不大的缝纫机工厂的生意受战争影响，销售情况一直不好。工厂主汤姆当然知道军火生意最挣钱，但是军火生意却与自己无缘。于是，他把目光转向未来市场，一番思索后他决定改行，改成什么？他的回答是："改成生产残疾人使用的小轮椅。"一番设备改造后，工厂生产的一批批轮椅问世了。

因为战争的缘故，很多在战争中受伤致残的人都纷纷购买轮椅。工厂生产的产品不但在美国本土热销，连许多外国人也来购买。但随着战争的推进，人们也不禁发出疑惑："战争马上就要结束了，如果继续大量生产轮椅，还卖给谁？"

汤姆胸有成竹，他反问道："战争结束了，人们的想法是什么呢？一定是想要过上健康幸福的生活。而健康的体魄是人们追求的重点。因此，我们要准备生产健身器。"

一番改造后，生产轮椅的机械流水线被改造成了生产健身器的流水线。刚开始几年，工厂的销售情况并不好。这时老汤姆已经去世了，但他的儿子保罗坚信父亲的超前思维，依旧继续生产健身器材。十几年的时间，健身器材开始大量走销，不久就成为畅销货。由于走在了市场的前面，且这种产品的需求量随着时间的推移越来越大，由此推动企业规模的不断扩大，保罗也跻身到了亿万富翁的行列。

超前意识是一种以将来可能出现的状况面对现实进行弹性调整的意识。它可以创造前景，进行预测性思考，可以使我们调整现实事物的发展方向，从而帮助我们制订正确的计划和目标并实施正确的决策。那么，超前意识是怎样培养的呢？

一个成功的企业家，他绝不会轻易做出一项战略。在市场经济时代，能登高望远，对形势的发展有一定的预见性，在商业活动中才能占尽先机，获得的实惠便可以先人百步、千步。一个成功的企业不死咬着一个战略不放，因为他看得到更高更远的战略目标。

越是领先，空间就越大，越是挤在拥挤的人流大潮中，空间就越小，生活的道理本来就是如此简单。

2. 不要习惯于追逐热点

不少公司的老板总热衷于追逐热点，看别人现在干什么赚钱就去干什么，看哪里是热门区域就往哪里跑。可明明看上去不错的机会，好不容易削尖脑袋挤了进去，可又因为刚刚起步，竞争不过对手，有时候甚至挤都挤不进去。其实，事物发展总是有比较清晰的发展脉络和趋势。

在掌握趋势的基础上，提前占位和先期介入策略没有是非对错，但其实施的前提是要对发展趋势和时间节点有一个较为准确的把握。

如果我们在准确把握发展趋势的基础上，能够在别人还未行动甚至是浑然未觉之时出手，就能确保自己战略的前瞻性，让自己成为先行者。当别人发现热门之后再行进去，我们已经牢牢站稳脚跟，再难以同我们相抗衡。

当然，这样的战略也会带来一些负面效应，那就是先期介入的几年内，需要承受没有赢利或者利润很少的痛苦，对资金实力和个人毅力都有很大的考验。

3. 看准未来3~5年的前景

"要想好几十年，甚至上百年的战略规划"，这样的想法其实是一个毫无科学依据的伪命题。

哈佛商学院的约翰·文图拉教授，在对61209家失败企业研究之后，他得出一个数据：有50.7%左右的企业寿命最多只能够持续五年的时间；而持续十年以上的只有24.7%。制定战略的时候，瞄准未来三五年，能够做好、做到位，就很不错了。

制定发展战略，也需要求实精神，站在企业发展实际、结合自身成长规律，进行科学预测、分析，做好未来3~5年的规划。

战略就是取舍

战略管理大师迈克尔·波特认为，战略是定位、取舍和建立活动之间的一致性，就是企业在竞争中做出取舍，其实质是确定什么可以不做。

许多公司在战略上很模糊，他们有很多想法、问题和矛盾。什么都想做，结果错过了最重要的机会；什么都要解决，结果吃力不讨好。原因就在于他们没有抓住问题的关键，没有分清矛盾的主次。

有着全球头号经理之誉的美国通用电气公司董事长兼首席执行官杰克·韦尔奇是全球商界的一个传奇人物。有人说，他在担任通用电气总裁期间最大的成就是收购了上百家有价值的企业，可杰克·韦尔奇却说："不，我对公司最大的贡献是拒绝了至少1000个看上去很值得投资的机会。有时能否安然度过危机，决定于决策者是否懂得取舍之道。"

正是因为杰克·韦尔奇的这些理性的舍弃，对企业正确的认知，才使GE这样成熟的综合性大公司像新兴小公司那样蓬勃发展，成功摆脱了庞大多元商业帝国的痛疾，保持企业持续、稳定的健康增长。

目前，新一代的企业家不再需要靠敢打敢拼起家，而是需要有目光长远、思路超前、理念新颖、境界崇高的素质。只有逐渐成熟的稳健经营、扎实管理型的全新的经营者，才会懂得"明白什么不能做比明白什么能做更重要"，这样中小企业才能找准方向，看到真希望。

公司的经营者面对各种选择时，面对各种诱惑时，需要学会取舍。

1. 看清环境

市场大环境，决定企业这个小环境。管理者首先要看看企业擅长做什么，能够做什么；然后再瞄准市场大环境。

许多人制定战略没有看清自己所处的环境，结果盲目地把企业带上了绝路。要弄明白眼下消费潮流的走向，比如，饮料等一次性消耗品的市场优势在于：人们前一次的消费几乎不影响后来的消费，市场时时存在，并随着收入水平的增长而逐步扩大。而家电类等耐用品，就比前者呈现市场劣势，在人口没有重大增长的相对静态的条件下，市场容量会日益变小，这也是影响企业战略决策的一个重要因素。

2. 抵制诱惑

定战略，务必对眼前的机会说"不"，做最值得做的事。这需要管理者深谋远虑，在整个市场环境中寻找自己的位置。明基的蜕变与成长能带给我们很多启示。

明基掌门人李焜耀发现，仅靠自身积累发展成全球品牌是很困难的，取得超常规发展必须与国际大企业联姻，才能解决明基的发展之困。

2004年底，西门子考虑将持续亏损的手机业务剥离时，李焜耀主动找到了西门子。2005年10月，明基并购西门子手机，明基一跃成为全球第四大手机品牌。

然而，明基之后的发展并不是一帆风顺的。在明基正式接手西门子时，其亏损额已经超过5亿欧元；此后，明基又失去了沃达丰这个西门子原本最大的客户，随着其他大客户的不断离去，很快便把明基移动推向了悬崖边缘。种种原因造成了明基在手机业务上至少亏损了8.5亿欧元。

在这样的情势下，西门子手机部门最终会把明基拖垮，影响其企业国际化的努力。于是，明基决定放弃西门子手机业务，断尾求生。

这场经历对明基来说无异是一场噩梦，明基最终为此次草率的战略选择付出了代价。但换一个角度来说，明基及时地壮士断臂，放弃西门子，则是一个正确的战略抉择，有效地挽救了明基。

如联想放弃多元化重新回归PC业务、IBM剥离全球PC业务、高盛布局中国农业、明基放弃西门子……这些成功的企业家都曾围绕企业的核心能力做出布局，或进或退，从而实现企业的战略转型与定位。

3. 取舍得当

布局取舍得当，企业兴旺；布局取舍不当，企业遭殃。企业战略的实质就是如何布局和取舍，在产业布局和取舍的平衡中找到适合企业自身发展的成功之道。

2008年下半年，高盛斥资在我国湖南、福建收购了十余家专业养猪厂。高盛为什么要养猪？难道中国没有更具投资价值的公司了？

仔细分析，2006年4月，高盛以20.1亿元中标价格夺得双汇集团100%股权，之后虽然所持双汇股份下降到52.86%，但仍然处于绝对控股地位。随着中国养殖规模化、专业化大举推进，已抓住了加工环节的高盛当然不会放弃，这就比较看懂高盛为什么会养猪了。

高盛投资生猪业，是一种战略上的布局。这也给中小企业以启示，小公司在拟定战略的时候，切不可盲目大跃进，而应该审时度势，根据企业的实际需求和经济环境进行取舍。

很多公司发展到一定阶段，必然面临着战略选择的问题，如果无法保持创业时的清醒和冷静，缺乏战略规划的习惯和如何取舍的能力，企业就有可能步入万劫不复的深渊。

合理看待战略风险

再完美的战略也有可能遭遇失败，但是如果畏惧失败就会裹足不前，这样的战略在还没有开始前就已经失败了。如果一个人不愿冒险尝试，那么他永远只能拾到他人遗下的骨头。

世上没有万无一失的经营之道。市场是个气象万千、险象丛生、波涛汹涌的大海，能雄踞市场，非有冒险的勇气不可。认识到这一点，才能使经营者在小公司的成长之路上更加坚定。

小公司如果过度谨慎，那么就会失去机会，就会成为"安全赚钱"而实际上赚不到钱，公司也不可能有做大做强的可能。

1. 要有一定的冒险精神

在成功者的心目中，人在生意场上就是一项挑战，是一项本能的想战胜他人的挑战，是一项经过准备、要赢得胜利的挑战，因而显得生意场上人人具有强烈的竞争心态。

这里的关键是：如何把握好"一定"这个"冒险"的尺度。在纷繁复杂的经营过程中，面对良莠纷杂的市场格局，应当方向正确，头脑清醒，不能望而却步，也不能瞻前顾后，更不能铤而走险。正确的做法应该是该出手时就出手，该投资时就投资，该亏本时就亏本，该扬弃时就扬弃……

2. 大胆行动

一旦看准就大胆行动，这在如今是许多商界成功人士的经验之谈。冒险和出奇相联，出奇与制胜相伴，所以西方的谚语说："幸运喜欢光临勇敢的人。"许多以前是商界的人，现在常常失落于种种局限之中，面对着风险不敢冲刺。

2009年上半年，在金融危机影响最严重的时候，珠三角的印刷企业倒闭不少。然而永佳印刷厂却毅然引进高宝利必达162五色全张印刷机。如此大的投资，如果客源跟不上、设备使用效率低，企业破产也就是旦夕之间的事。

公司负责人马全辉不讳言自己是冒险的："在中山市，其他印刷厂都是有客源后或现有的设备忙不过来才会考虑新的投资，我却是引进设备后去开发新客户，所承受的压力的确非常大。但是没有"危"又怎么会有"机"？只有敢于"冒险"，企业才能得到发展。"

事实证明，马全辉当初的"冒险"就被证明是一项明智的选择。这台全新的利必达162五色印刷机为工厂招来了客户，以前面对的是小客户、小订单，业务来源也不稳定；后来则可以挑选优质的客户，拥有稳定的订单，向高端印刷市场进军。

从某种意义上说，人们冒的风险有多大，取得成功的机会也就有多大；人们冒风险有多少次，把握机遇的可能也就有多少次。

小公司做大做强需要的是把握机遇，而机遇平等地送到大家面前时，有勇气和胆略者才能抓住它，走向成功。勇气和胆略意味着能够担当风险。

不要心存过度投机心理

有很多老板最终创业失败了，究其原因，除了客观方面的，还有很重要的一点就是，他们中很多人在做战略决策时，对未来总是抱着赌一把的心态，其结果可想而知。最终失败的占多数，赢的人少得可怜。

对经营者来说，不要心存过度投机的心理，具体来说应该弄清以下几点：

1. 冒险不等于投机

从本质上来说，企业家应该有冒险精神，但不应是赌徒。赌博和企业投资之间的根本区别在于对结果的影响程度。买一张彩票赌上一把，人们对这件事毫无控制能力。相比之下，押注于一家小公司能否做大做强，它依靠的是战略方向，基于科学分析的基础上。

然而，一些企业家还是会选择投机的策略，这并不是建立在科学预测的基础上，纯粹是"赌一把"的心态。

2. 投机机会并不多

一些公司之所以热衷于投机，是由我国改革开放以来特殊的历史阶段决定的：我国长期处于经济短缺时期，市场空子很多。在这样一个新旧体制转轨的时期，容易让势造取胜甚至造假取胜的人钻空子。

正因为我国转轨时期的上述历史特点，公司的投机活动具有更广泛的空间。这些公司的投机行为主要有以下一些特征：

钻空子。在规范的市场经济社会，所谓钻空子，主要是钻价格的空子，通过价差发财。

赌一把。在投机活动中，输和赢的概率几乎是对等的。赢了算自己走运，亏了自认倒霉。

所赚的钱不是来自于财富的创造，而是来自于财富的分配，是通过掏别人的口袋赚钱。不是通过艰苦细致的工作勤劳致富，而是通过抓住某个对己有利机会一夜暴富。

随着市场经济的逐渐完善，市场上给小公司老板的投机机会并不多了。

3. 杜绝赌博心理

关于投机赌博心理，曾经在这方面吃过大亏的沈阳飞龙集团总裁姜伟说过这样一段话："凡是明白的事，自然会义无反顾地去做，问题是许多时候对市场前景的感觉朦朦胧胧，而市场竞争又不进则退，所以只有去赌。很多民营公司很少犯方向性错误，搭错车，住往是赌错了机会。

"从另一个角度说，民营公司的发迹大多是抓住一两个好产品，瞅准一个市场空当，然后押宝于市场促销，一举成功。这种偶然化的成功渐渐成为民营总经理一种思维定式，在决策时带有极强的赌性，但一两个产品赌赢了，并不意味着所有的产品都可以如法炮制。由于民营公司没有政府背景，所以也不敢轻易地押宝于国家的宏观形势，大多只是在市场上判断一些变化，寻个机会下注。"

毋庸置疑的是，任何战略都应该是建立在务本的基础之上的。那些只顾眼前利益，不管长远损失；只顾自己赚钱，不管别人受害；只顾公司利益，不顾社会利益的恶性投机行为不仅会危害社会，还会将自己带入绝境。

战略投机的确造就了一些赢家，正是这些赢家的不费吹灰之力"一夜暴富"，给许多公司产生了极强的示范效应。但我们应该看到：在投机活动中，赢家毕竟是少数，输家毕竟是多数。

任何一种过度投机，对公司都是得不偿失的。

善用SWOT战略分析

战略是一个整体规划，所有的战术策略都要围绕着战略转。所以进行战略管理与分析是个很重要的工作，利用SWOT分析是公司管理者必须要做的事情。

"优势"——Strengths、"劣势"——Weaknesses、"机会"——Opportunities、"威胁"——Threats四个方面组成了SWOT。通过SWOT分析，可以结合环境对企业的内部能力和素质进行评价，弄清企业相对于其他竞争者所处的相对优势和劣势，帮助企业制定竞争战略。

SWOT分析要达到两个目的：一是挖掘并确定一个或更多的发展机会，使企业的优势和长处得以发挥；二是发现并确定可能影响企业战略目标实现的外部威胁和内部劣势。在完成上述两步的基础上，就可以针对企业的内部优势和劣势、外部机会和威胁组合成四种不同的战略设想：优势与机会匹配的战略，劣势与机会匹配的战略，优势与威胁匹配的战略，劣势与威胁匹配的战略。

一个企业发展潜力和空间掌握在高层领导高瞻远瞩的战略决策中，管理者必须制定指导全局和长远发展的方针。这是针对竞争对手的优势和劣势，并在充分分析自身优势与劣势的基础上制定的。

一般而言，制定战略需要遵循以下程序：

1. 形成战略思想

战略思想是企业为谋求发展的指导思想，体现了全体成员对于未来的希望和看法。形成战略思想必要要求管理者具有战略思维，进行战略思维本身也是一种过程，即人们对处理问题的认识和态度，逐步从模糊到明确的过程，也就是战略思想的形成过程。

2. 进行环境调查

进行环境调查是注定和实施战略蓝图的前提，是十分重要的一项基础性工作。通过环境调研，明确企业本身的优势和劣势，企业所面临环境的机会和风险，为正确制定和实施班组战略方案，提供客观的依据。

认清企业所面临的机遇和威胁是十分重要的，因为这不仅涉及企业实力的强弱，而且影响到战略的制定。管理者在设计战略方案时，既要充分利用企业面临的一切机遇，使其与自身能力相适应；同时也要防御来自外部的威胁，尤其是对一切可能较为严重的威胁，要形成一整套有效的防御方法。

管理者不能纠正所有的劣势，也不必利用所有的优势，但必须确定，是否要发展某些优势，以便找到更好的市场机会。管理者在设计竞争战略时，要充分利用一切的机会，同时清醒地认识自身优势和劣势，采取正确的战略规划。

3. 落实战略方案

选择战略方案后，需要在时间和空间上加以落实，使之具体化。在战略方案的执行过程中，内外部环境可能会出现原先预料之外的变化，使战略方案中的某些部分失去指导作用，因而需要及时地对原方案进行必要的修改、调整，使其发挥正确的指导作用。

把成长放在第一位

有的公司老板把利润放在第一位，"五年规划""十年规划"中突出的只是利润，实际上这是在盲目设计未来，只重视利润而忽视成长，小公司做大做强也比较难。

企业的目标是利润，但利润都是有陷阱的，尤其是短期利润的诱惑常常会使企业丧失了获得长期利润的源泉。对短期利润的追逐会使企业的有限资源越摊越薄，会造成主业市场影响力、管理者精力以及综合竞争力的衰减。

企业的战略一定要把成长放在第一位，具体来说：

1. 适度利润

这个计划的主要任务是去获取一个"适度利润"，而不是去追求毫无价值的"利润极大化"，因为任何时期，成长第一战略是管理者应该遵循的。如果目标利润制定过高，将会把企业带进冒进、疯狂的境地。

比如，一个年投资十几万元的餐饮店，却想要达到"星级酒店水平"，这对它来说显然不合适；再如，一个十来个人的微型箱包生产企业，却有着去开拓欧美市场的远大战略，这看起来不理智；又或者一家年销售十几万元的初创企业，有人建议它"技术领先"，成立"单片机"研究开发部门，去申请ISO国际质量认证，而事实上这个公司目前连个专业技术人员都没有。

目标利润一旦被确定就成为管理的导向，并对预算的执行过程产生制约作用。市场是讲究平衡的，当你开始为追求高额利润而进行规划时，事实上你已经失去捕捉未来商机的机会。企业的资源和条件是有限的，当所有资源都在为追求高额利润努力时，企业也就全部或者部分放弃了对未来商业机会的关注。

2. 立足于当前

在企业发展的初期，切勿把"200%的年增长率""行业龙头""科技领先""多元化经营"这类远大抱负当做战略目标。应当着眼于当下的生存状况，特别是在经营战略上，应当以保生存为目标，不要盲目套用大企业的经营方法。而在公司经营管理上，企业重点的思考方向应该是，公司如何能够盈利？如何能够生存下去？如何能够取得自身独特的竞争优势？

企业在发展的不同阶段都需要确定战略，尤其是中小企业在发展初期，更需要制定合理的战略目标。有人认为，因为规模小，产品单一，面临的市场范围较小，所以影响企业的因素也相对较少，所以不需要什么正式的战略。既然以前的成功依赖某种"洞察"或"直觉"，以后至少在一段时间内也可以依赖这种天赋，而创业企业更是因为具有更多的不确定性，恐怕战略即使制定下来也是"计划赶不上变化"。事实上，这种观念显然是错误的，小企业的成功其实也是归因于当初的某种正确的战略选择。

3. 着眼于长远

对于初创期的企业来说，企业首要的目标是成长。如何以合适的价格将适合的产品送到目标客户手中是此时企业战略要考虑的中心议题，所以其战略的核心应当是企业生存的核心，也就是产品。企业有限的资源都要围绕这个目标来配置，配置的效率和效果决定企业未来的"生存质量"。此时，企业可以将一定的销售额和市场占有率作为衡量标准，将实现它们作为企业战略。

对企业的发展而言，利润无疑是重要的，但成长应该放到更加突出的位置。"稳胜求实，少用奇谋"是一代中兴名将曾国藩多年实战经验的总结。做企业也是如此，企业生存的根本是基础实力，企业领导者要有长远策略，一步一步、一个阶段一个阶段地发展，一味追求利润，反而最终追求不到利润。

如何实施蓝海战略

红海战略是指在现有的市场空间中竞争，是在价格中或者在推销中作降价竞争，他们是在争取效率，然而增加了销售成本或是减少了利润。红海有着极强的"感染性"，价格竞争的战火会蔓延到任何一个角落，自由竞争的市场上很难有一个能让某一家企业独享的市场机会。

很多公司的管理者认为，开拓蓝海市场是不错的选择。而蓝海战略是开创无人争抢的市场空间，超越竞争的思想范围，开创新的市场需求，开创新的市场空间，经由价值创新来获得新的空间。

小公司实施蓝海战略，需要了解什么呢？

1. 蓝海战略的高门槛

蓝海战略强调价值创新，但创新本身的风险并不比不创新的价值小。对于小公司而言，必须对此有个清晰的认识。

对大多数企业来说，"蓝海战略"有着很高的门槛。因此，也不是任何企业都可以向这个方向迈进。很多企业在现有的红海竞争中就已经难以招架，也就很难分出精力来进行价值创新，没有深邃的洞察力也就注定没有实施蓝海战略的能力。

企业家如果缺乏长远的战略目光，蓝海战略也救不了你，对缺乏"红海智慧"的企业来说，谈蓝海战略，无异于痴人说梦。

开拓蓝海市场，企业需要承担培育市场的任务，这需要极大的成本。即便如此，市场的培育具有极大的外部性，培育市场的企业未必能够享受到市场成熟的成果创新太小，市场接受程度高，但又达不到摆脱红海竞争的目的。

2. 蓝海究竟在哪儿

有不少人认为，代表未来发展趋势的新兴领域，有着广阔的机会，是一座未被开发的金矿。有一大堆例子可以佐证这个判断，比如石油行业崛起成就了一批人，钢铁行业迅猛发展成就了一批人，IT行业崛起成就了一批人，房地产行业兴起又成就了一批人，新兴领域似乎从来就直接等同于蓝海。

20世纪80年代，日本企业在世界上的名头很响亮，索尼、松下、丰田等企业成为世界级品牌。就在这个时候，美国以IBM为首的公司开始生产个人计算机及各种配件。美国公司首先找到日本企业，要求为美国代工。但只有NEC做了规模不大的投入。

此后，美国又去韩国和中国台湾寻找代工工厂，把辅助产品交给他们代工。结果，韩国的三星、LG得以迅速崛起，中国台湾新竹工业园也大规模地生产电脑配件，成为世界最大的代工基地。日本不少企业失去了一个发展机会，在笔记本市场奋起直追，最后在整个电脑硬件领域只有这块市场有一席之地。

20世纪90年代，美国开始了互联网的建设，日本企业觉得互联网只适合于军事应用，再次集体选择了放弃。在如今的互联网世界里，韩国和中国远远走在了日本的前面。

众所周知，日本曾经是全球领先的游戏产业大国。随着互联网的发展，网络游戏时代已经来临。但众多日本企业却坚守在以掌机、家用机为主的电子游戏市场。韩国近些年抓住机遇，在网游市场中独树一帜，中国网络游戏厂商们也凭借着多年来艰苦卓绝的努力获得了立足之地。

在互联网发展的浪潮中，日本企业的战略决策失误使得日本在全球的IT潮流中远远落后。与处在知识经济时代的美国相比，它已经落后了一个层次，因为日本企业丧失了蓝海战略的机遇。

事实上，无论是新行业还是老行业，如果投资规模和产能远远大于未来数年可预计的市场容量，整个行业都可以看成是一个红海。一个领域是否属于真正的蓝海，同然与该行业未来的成长性有很大关系，但更为关键的是投资和产能是否过剩。

3. 蓝海有风险

蓝海战略的风险在于，只要某种趋势被大家都认识到，甚至成为社会共识，就很容易导致一哄而上，投资和产能过剩，竞争的惨烈程度和生存下来的难度，可能会远远超过原本普遍不被看好的领域，甚至超过红海竞争的程度。

蓝海战略听起来是美妙的，但要注意，蓝海战略只是给整个行业的企业指明了方向，对于某个具体的企业来说，是没有任何实际意义的，它只是在众多的企业压成本、抢渠道、打广告、拼价格的时候，给大家提一个醒，还有一个领域可以"血战"，那就是价值创新。

提到蓝海战略的时候，实际上有一个假设前提，就是别人不会跟进或跟不上。但实际情况不是这样的，蓝海不是某个人的蓝海，前方虽然海阔天空，但你却未必能够先人一步。企业想尽千方百计减轻竞争的压力，但竞争却会如影随形伴着企业，哪怕是在通向蓝海的路上。

值得注意的是，单独的蓝海战略是难以成功的。一个想要通过价值创新获得成功的企业，必须还要接受一个事实，就是大量的模仿者和跟随者，没有足够的竞争手段来对付这些跟随者，蓝海战略只是一个空壳。

慎重采用多元化战略

有人认为，人不能在一棵树上吊死，做企业也必须多元化发展。多元化对于成熟企业或许有价值，但对于初创的小企业来说往往是很危险的。古人云："鱼，我所欲也；熊掌，亦我所欲也。二者不可得兼，舍鱼而取熊掌者也。"

世界500强企业中的绝大多数企业都会涉及不止一个业务方向，但他们都是依靠其强大的核心业务起家、发展，取得辉煌业绩，直至领导整个行业。如沃尔玛连锁超市、通用汽车、英特尔芯片、微软操作系统，等等。立足核心业务进行发展，已经成为优秀企业取得持续领先的秘诀。

许多失败的企业案例说明，偏离核心业务进行大规模扩张往往难以取得成功。但是，很多企业管理者看不到这一点，在某一领域取得成功的他们认为同样能够在多元化道路上取得成功。

企业如果想要走上多元化发展道路，需要注意两件事：一是做好内功，搭建完美的管理平台。二是紧抓核心业务不放，多元化道路上最能够成就的一般都是核心业务，如若遭遇失败，最先恢复元气的也必定是核心业务。

当李东生选择了走多元化的道路之后，TCL这个曾经是中国彩电业的龙头的企业，就在大踏步地走下坡路。三年时间里，在花费了令人咋舌的6个亿作为前期投资之后，TCL在信息产业上几乎"全军覆没"，很多项目更是血本无归。

以TCL为例，中国企业的多元化历程与一场血泪斑斑的征战差不多。多元化战略自有自己的优势和缺憾，怎样趋利避害，将它的缺憾转化为优势，是每一个实施多元化战略的企业所必须考虑的问题。

无数的企业在多元化的道路上败下阵来，又有更多的企业斗志昂扬地奔上去。这时，失败者的经验告诉我们：多元化是有前提条件的。

1. 内在条件

（1）核心竞争力。企业要实施多元化经营，一定要有核心竞争力。核心竞争力是企业多元化战略的基础与灵魂，是企业能否进行多元化经营的重要条件。评价企业是否有核心竞争力，主要看企业是否有核心的技术、是否有核心的管理能力。只要一个企业有了这两个方面的能力，就表明它已经在该行业具有了自己的核心竞争力，这就为企业实施多元化战略提供了战略基础。

（2）多元经营的行业相关性。企业的竞争优势可以扩展到新领域，实现资源转移和共享，所以当企业多元化经营的其他业务最好要与原有的业务有所关联，这样有助于在新行业站稳脚跟，成功的机会较大一些。

（3）足够的资金。企业进行多元化经营战略是需要资金的，有时光靠自有资金是无法满足需要的。因此企业必须具有较稳定的资金来源，否则一旦多元化后，资金接济不上就会陷入财务危机。

2. 外部机会

外部机会就是在多元化之前一定要研究是否有市场需求，市场容量如何，市场成熟度如何，未来的发展前景怎么样等关键问题。

只有在正确评估内在条件和外部机会的基础上，紧密结合自身的核心竞争力，全面分析多元化经营的利弊，制订出详细的发展规划，企业的多元化之路才能成功。

管理者如果无视企业的自身资源条件和环境的变化，一味为了多元化而多元化，不但达不到目的，反而会给企业带来更大风险。近年来多元化战略遭遇很多失败的例证，就证明了这个道理。

小公司遵循长尾战略

"长尾战略"描述了这样一个新的时代：一个小数乘以一个非常大的数字等于一个大数，许许多多小市场聚合在一起就成了一个大市场。

长尾战略的关键在于，小公司可以关注那些被大公司所疏忽的小市场。在被大公司所垄断的市场中，长尾战略为小公司提供了一种战略选择。

对小公司来说，需要了解长尾战略的一些内容：

1. 长尾理论

长尾理论是网络时代兴起的一种新理论。由于成本和效率的因素，当商品储存流通展示的场地和渠道足够宽广，商品生产成本急剧下降，以至于个人都可以进行生产，并且商品的销售成本急剧降低时，几乎任何以前看似需求极低的产品，只要有卖，都会有人买。这些需求和销量不高的产品所占据的共同市场份额，可以和主流产品的市场份额相比，甚至更大。

要使长尾理论更有效，应该尽量增大尾巴。也就是降低门槛，制造小额消费者。不同于传统商业的拿大单、传统互联网企业的会员费，互联网营销应该把注意力放在把蛋糕做大。通过鼓励用户尝试，将众多可以忽略不计的零散流量，汇集成巨大的商业价值。

在对目标客户的选择上，阿里巴巴总裁马云独辟蹊径，事实证明，马云发现了真正的"宝藏"。马云与中小网站有不解之缘，据说这与他自己的亲身经历有关。当年，竞争对手想要把淘宝网扼杀在"摇篮"中，于是同各大门户网站都签了排他性协议，导致几乎没有一个稍具规模的网站愿意展示有关淘宝网的广告。无奈之下，马云团队找到了中小网站，最终让多数的中小网站都挂上了他们的广告。此后，淘宝网歪打正着地红了，成为中国首屈一指的C2C商业网站。马云因此对中小网站充满感激，试图挖掘更多与之合作的机会，结果让他找到了重要的商机。

在中国所有的网站中，中小网站在数量上所占比重远远超过大型门户网站，尽管前者单个的流量不如后者，但它的总体流量仍是相当庞大。而且，中小网站由于过去一直缺乏把自己的流量变现的能力，因此，其广告位的收费比较平民化。这恰好符合中小企业广告主的需求。过去，一个网络广告如果想要制造声势，只能投放在门户网站上，但其高昂的收费令中小企业很难承受。2008年6月18日，马云的第七家公司阿里妈妈网站宣布正式上线。

在日常经济生活中常有一些颇有趣味的商业现象可以用"长尾理论"来解释。如在网上书店亚马逊的销量中，畅销书的销量并没有占据所谓的80%，而非畅销书却由于数量上的积少成多，而占据了销量的一半以上。

再如彩铃等数字音乐的出现，让深受盗版之苦的中国唱片业，找到了一个陡然增长的、心甘情愿地进行多次小额支付的庞大用户群。此前，有意愿进行金额可观的正版音乐消费的客户群，其数量少的可怜。

2. 长尾战略的弊端

如果说"长尾战略"是一种理论观点的探讨，甚至是经济生活中的一种经济业态，无可厚非，但如果以它引导企业行为，其效果未必是乐观的。

首先，长尾绝不意味着仅仅是把众多分散的小市场聚合为一个大尾巴，而是还需要一个坚强有力的头部，以及头部与尾巴之间的有效联系。

其次，无论怎么说，相对大公司的畅销品讲，"长尾"是非热销产品，属遗留产品或滞销品，无论在企业还是在市场上，都属"处理品"，任何企业都不可能有意或着力生产这些产品，更不可能把这些滞销品和处理品作为企业的利润来源甚至是利润支撑。否则，那就是本末倒置，舍近期大利去追逐远期小利。

再次，在传统商业现有的游戏规则下比较难实现。因为传统商业目前仍然是以"销售量带来的收益持平或者超过成本"这一商业常识作为指导，如果在自己的"零售网络"中最终聚集的用户数量还是非常少的话，依然无法通过这种产品赢利。这时要在"长尾市场"中做生意，不是为时已晚，就是压死企业的最后一根稻草。

长尾战略是把双刃剑，只有对它正确认识且能正确运用它的人，才能运用它来为自己创造财富。否则就会一败涂地。因此，对待"长尾理论"的正确态度是，要慎重，要因产品制宜，一般情况下，单一企业不宜使用。

灵活运用跟随战略

实力相对较弱的企业，为了尽快赶上领先的企业，经常采取"跟随战略"，选择一个跟随对象，然后在产品、定价、甚至包装等方面模仿领先企业。这是弱势的小公司避免被领先企业甩开的好战略。

小公司在运用跟随战略的过程中，需要注意什么呢？

1. 立志做挑战性企业

小公司在激烈的市场环境中，很少能成为领先型的公司，一般多采用跟随战略。但是，这类公司分为两种：一种是挑战型企业，即积极向市场上的领先者和其他竞争对手发起进攻，以获得更大市场份额的企业；另一种是跟随型企业，即满足于现有的市场地位，只是随着领先者的战略变化，做出相应的调整。挑战型企业和跟随型企业都会采取跟随者战略，但是内涵不同。

挑战型企业的跟随战略是一种主动的战略，其目的在于争取更大的市场份额；而跟随型企业小心谨慎，避免使用进攻性方式使顾客脱离领导型企业，因为这种方式很容易导致领导型企业的报复性措施。挑战性企业往往使用不至于引起领导型企业报复的集中和差异化方法。而跟随型企业的跟随战略则是一种被动的战略，它满足于现有的市场占有率和利润水平，因而没有紧迫的战略性问题，只是随领先者的变化而变化，以保持自身现有的地位。

2. 低调实施跟随战略

媒体形容蒙牛发展是火箭般的速度。殊不知，在蒙牛的起步阶段，其制定出来的发展战略相当"低调"，但是，没有人否认这个战略的正确性。

首先，他们在产品选择上，没有和伊利、光明等当时的强势品牌正面对立，选择在不为他们两家所重视的利乐枕产品上进行突破。这为蒙牛赢得了成长空间和时间。果然，后来他们很快就把利乐枕做到全国最大。

其次，在品牌定位上，他们非常"务实"地选择和利用了两个机会：一是人人知道内蒙古乳业第一品牌是伊利，但不知道第二品牌是谁；二是人人知道来自内蒙古大草原的牛奶就是好牛奶。于是，他们提炼出"争做内蒙古乳业第二品牌"、"请到我们草原来"、"自然，好味道"等品牌诉求点，通过把握"神五"、"超级女声"等大型事件，开展各种传播和促销活动，迅速获得消费者认知，产品快速覆盖到全国市场，一跃成为行业内最知名品牌。

分析蒙牛的战略，可以看到乳业竞争现实情况和自身资源情况——刚刚起步的蒙牛一穷二白，既没有资金实力，也没有生产实力——他们只好避开锋芒，选择利乐枕产品。正是看到一时无法超越伊利的发展现实，他们提出跟随战略，将自己定位在第二品牌上。

这种务实的战略规划和发展目标设计，使蒙牛在内蒙古大草原上迅速崛起，成为蒙古草原上的另一颗璀璨明珠。

结合自身特点进行战略规划

由于小公司的规模较小，所以小公司的发展战略有别于大中型企业的发展战略。小公司在选择自己的发展战略时，必须从企业内部和外部环境的具体条件出发，采用能够发挥优势、避免劣势的战略，以求得生存与发展。

条条大路通罗马，小公司发展战略也是多种多样的：

1. 自主经营的战略

自主经营的战略是指企业在生产经营与发展中，不依附于其他企业，不受其他企业经营活动的制约，主要是从企业自身条件出发，独立自主地选择产品、服务项目和目标市场，以满足市场的需要。

采用自主经营的战略，其特点是强调自主经营，有利于发挥企业内部员工的创造性和主动性，充分利用企业的内部资源，发挥自己的专长。独立经营发展战略是从自我出发的，对于一般的小公司来说，具有一定的风险。这是因为可能在市场上遇到大型企业强大的竞争压力；其次，可能受到市场波动的影响；第三，可能受到小公司自身发展潜力的限制。

因此，只有那些在设备、技术、人力、经营管理经验、产品或服务项目、市场等方面确实具有优势的小公司，才能够较好地运用独立经营发展战略，真正实现自主经营、独立发展。

2. 依附式的战略

依附式的战略是指小公司将自己的生产经营和发展与某一个大型企业联系起来，为大型企业提供配套服务，成为大型企业整个生产经营体系中的一个专业化的组成部分，依附于大型企业进行专业化分工与协作基础上的经营与发展。

在一定的意义上，这种发展战略的实质是积极参与大企业的分工与协作。但采用这种战略的小公司，必须妥善处理好依附性与相对独立性的关系，通过依附合作来借船下海，逐步提高自己独立自主经营的能力。这样，既不失去自主经营的主动权，又可以不断增强自身的实力，以求在将来凭借新的实力地位建立新的协作关系，直至实现完全的独立。

3. 拾遗补缺的战略

拾遗补缺的战略是指小公司避开大型企业竞争的锋芒，不在市场上就同类产品与大型企业展开直接的正面竞争，而是选择大型企业所不愿意涉足的边缘市场或市场结合部，在市场上大型企业竞争的夹缝中求生存、求发展。

消费者对产品与服务的需求是多种多样的，市场也是丰富多彩的。在大型企业的激烈竞争中，难免有一些经营业务领域的市场规模较小，或在某个领域有所疏漏，这就为小公司发挥拾遗补缺的作用提供了宝贵的市场机会。

市场的开发、产品的开发是没有止境的。随着市场需求和企业生产技术的发展，新的市场机遇将不断出现，这为小公司采取拾遗补缺的发展战略提供了几乎无限的可能性。拾遗补缺开发出来的产品往往是新产品，而这些新产品说不定就能开辟一个新的市场领域，激发新的市场需求，发展成为一个新的市场、新的产业。

采用拾遗补缺的战略的小公司必须对市场机会特别敏感，善于在小产品上做大文章，抓住一切机会使企业能够发展起来。著名企业家鲁冠球在一开始的时候，不过是经营一家小型的乡镇企业，为汽车行业配套生产万向节，而现在他的汽车万向节厂已经成为国内屈指可数的大型汽车配件厂，其生产的产品已经行销到全国各地，并打入了美国等发达国家的汽车配件市场。

4. 联合发展的战略

就一般而言，小公司受到自身资源与能力的制约，无法与大型企业开展正常的市场竞争。虽然小公司可以采取各种不同的发展战略，以避免与大型企业直接竞争，但由于市场竞争的普遍性，要完全回避这种竞争几乎是不可能的。

小公司要想在激烈的市场竞争中站稳脚跟，除了努力提高自身的竞争能力和抗御风险的能力之外，还可以通过联合的方式，有效地克服单个小公司在市场竞争中的天然的弱点与不足，以联合所形成的全力来与大型企业在市场竞争中抗衡。小公司的联合竞争发展战略，是指若干家小公司根据市场的需要与各自企业的具体情况，以一定的方式组织起来，形成或是松散或是紧密的协作联合体，以求发挥不同企业的优势，弥补单个小公司资源不足的劣势，改变小公司在市场竞争中的不利地位。联合发展战略有利于小公司突破自身发展条件的限制，改善小公司的发展条件，而且还可以促进社会资源的优化配置。

从企业各自的需要和共同利益出发，小公司实施联合竞争发展战略可以采用不同的形式。因此，为了协调和规范不同企业的利益与经营活动，形成以共同利益和目标为基础的实质性的联合，在实施联合竞争发展战略时，一方面必须兼顾各个企业的利益，真正做到公正、平等、自主；另一方面必然需要借助于一定的企业联合组织形式作为共同发展的组织保证。

5. 战略依环境变化

小公司的一个突出的优点，是其经营与发展的灵活性。但是，有意识地选择灵活经营发展战略，仍然是摆在小公司管理者面前的一项重要任务。小公司的灵活经营发展战略是指企业从自身条件与客观可能出发，根据各种因素的变化，及时调整经营目标与方向，以实现企业效益的最大化。

小公司在战略发展中，可以以拥有的人力资源或特殊人才资源为基础，选择企业的战略发展方向；也可以以企业所在地拥有的特殊的原材料资源为基础，确定企业的战略发展方向；也可以以企业所在地的市场条件为基础，确定企业的战略发展方向。

小公司采用灵活经营发展战略时需要考虑的最主要因素是企业的自身条件和客观的外部环境。以企业的资源作为发展战略的出发点，可以依靠企业的资源优势来形成企业的产品优势与市场优势，争取在市场竞争中居于领先的地位。

第三招

人才之道：
优秀人才是公司发展的重要助力

招到最合适的人才

选择对公司"合适的人才"是至关重要的。招聘人才一直是企业头疼的事情，随着劳动力资源的变化，找到合适的人才并非是件容易的事情，尤其对那些正走在创业路上的小公司而言。

经营效果的好坏，95%的因素都取决于选择什么样的人，在企业经营中可能会犯下的最严重的错误就是选错人、用错人。选错人的后果不仅仅是支付工资的损失，损失是无法估量的，你失去的最多的是时间和机会，还有对整个公司内部所带来的负面影响等等。

尽管很多经营者都意识到了人才的重要性，也开始想办法去网罗人才，但并不是每一个经营者都能够很好地识人、用人。为了能够在企业中聚集一批促进企业发展的优秀人才，现在的关键就是如何选择人，对企业经营者而言，应注意以下问题：

1. 不要轻易选择

绝对不要轻易选择一个人，尽管你情感上很喜欢。在招聘时，可能会由于应聘者的优秀外表或某些出色表现，而把其他如聪明、能干等优点，一并加诸他身上。为避免"光环效应"产生的不良后果，需全面考察应聘的人。

有这样一个故事：

清朝时，杭州有个商人叫石建，他决定扩大自己的经营规模，这样必须要为自己招聘一位好帮手。怎样才能找到理想中的人选呢？不少人都愿意来给他当徒弟，最后石建确定了三个面试对象，说好三者取其一。

到了面试这天，三位候选人一进门，石建便安排他们到厨房去吃饭，面谈决定谁留下。

当第一个人饭后来到店前时，石建问他吃好了没有？他回答说："吃饱了。"又问："吃什么饭？"回答说："饺子。"再问："吃了多少个？"回答说："一大碗。"石建说："你先休息一会儿。"

第二个人来到了店前，石建问："吃了多少饺子？"回答说："40个。"石建也让他到旁边休息一会儿。

当石建以同样的问题考问第三个面试者时，他这样回答："第一个人吃了50个，第二个人吃了40个，我吃了30个。"听了这番回答，石建当场拍板，第三个人留下。

石建为什么要留下第三个人呢？他认为第一个人头脑不灵，只管吃，不计数。第二个人只记自己，不管他人。唯有第三个人，既知自己，又能注意观察别人，而这一点正是生意人必须具备的眼观六路、耳听八方的潜能。果然，第三个人被雇用后精明能干，很快成了石建的得力助手。

2. 科学的选人方法

运用传统的选人方法，大多只是填表、面谈、看档案就试用，这样是不会给企业带来新鲜的"血液"的，同时，旧有的选人制度也忽略了人才的实用性。所以，要想真正地为企业找到人才，就必须有一套科学的选人方法。

为了选择到正确的人选，应该遵循以下步骤：

（1）进行工作分析和工作者分析

对于招聘和招聘什么人，不要那么盲目，而是要有计划进行。需要确定需招聘人才的知识技能和职责，以及需要几个人。

（2）进行招募工作

人才招聘的手段有很多种，常见的有刊登广告、人才交流会、猎头公司或就业机构去招人。招不同水平的人才要用不同的方式，以避免不必要的浪费。小公司在招聘时切不要把公司的好处说的天花乱坠，倒不如把自己公司的优点缺点如实告诉应聘者，那么聘用的人员，很少有人不满意。

（3）把握住选人的关键

有一位公司经理想招一个助理，人事部门选出五位候选人，如何才能选择呢？选聘助理的关键在于他是否能成为经理工作上的好帮手。

3. 采取正确的步骤

各个公司的规模不同、生产技术特点不同、招聘规模和应招人数不同，因此，挑选人才的方式也就不同。但一般来说，可按以下步骤进行：

（1）把收集到的有关应招者的情报资料进行整理、汇总、归类，制成标准格式。

（2）将应招者的情况与工作说明书、工作规范及公司的要求进行比较，初步筛选，把全部应招者分为三类：可能入选的；勉强合格的；明显不合格的。

（3）对通过审查的应招者进行笔试、面试及心理检测。

（4）依据考试检测的情况，综合考虑应招者的其他条件，做出试用、录用决定。

优秀人才的必备因素

小公司在发展壮大的过程中，若能吸引优秀的人才加入其中，将会使以后的经营管理工作事半功倍。好的经营管理者一定拥有优秀的员工做事业的支撑。

要想为公司的发展选聘到真正所需要的人才，需要考虑以下几个因素：

1. 具备优秀的工作能力

有一位企业家说："有用即是人才！"很多浙江人开办企业，在招聘时没有遵从"唯学历论"。他们认为，人才的学历并不重要，重要的是有一技之长，能够独立开展工作，有创新精神，爱岗敬业，脚踏实地地工作。不管他的文凭有多低，职称有多低，只要他能够为企业创造价值，这样的人就是人才。

在选人、用人时，优秀的管理者不仅注重学历，更加注重对对方能力的考核。

在日本，有一本《学历无用论》的畅销书，这是索尼公司的创始人盛田昭夫在总结自己的管理经验时所写的书。书中明确提出要把索尼的人事档案全部烧毁，以便在公司里杜绝学历上的任何歧视。在索尼公司1.7万名雇员中，科技人员有3500多人，但是有相当部分的人并不是"科班出身"。在工作中，大家不论学历高低，只比能力大小，从而使得技术和质量位列"世界第一"的新产品不断问世，且畅销世界。

为什么盛田昭夫说学历无用呢？他解释说："学历，与其说是一种客观评价的标准，倒不如说是一种偷懒的手段，所谓学历标准只不过是管理者避免花力气评价员工的一种借口而已。"

日本欧姆龙公司在招聘人才时，会将所有应聘者的毕业学校以及其他身份标识隐去，其目的是避免对人才的成见和偏见。

学历只是对一个人学习情况的一个总结，而能力才是真正能让人出类拔萃的东西。作为一个管理者，不以学历作为唯一的参考标准，甄别应聘者的真实能力，大胆任用能力高的人，才能真正为企业招到最优秀的人才。

很多管理者在招人时，还倾向于学历，把本科以上学历作为门槛。考虑到人才招聘的成本，设定一定的门槛无可厚非，但也在无形中挡住了一部分真正优秀的人才。有些管理者将人才与名校的硕士、博士划上了等号，而没有真正关注从业者本身的能力与素质。事实上，即便是名校的硕士、博士，其应用能力也未必会得到企业的认可。

2. 具备良好的心理素质

社会的竞争是激烈与残酷的，而这势必给每一个员工造成强大的压力。是否能在竞争中脱颖而出，不仅看员工的技术水平和工作能力，还要看其是否具备良好的心理素质。

现代社会，工作节奏加快，竞争激烈，人际关系紧张，工作压力和精神压力越来越大，小公司生存和发展的压力也不小。一个人事业成功与否，通常认为20%取决于智商因素，80%取决于情商因素。对于个人而言，可以通过自我心理调整来提高自己的情商。

具备良好的心理素质，要求员工承受挫折、适应环境的意志和能力要强，具体来说，一是认识自身的情绪，因为只有认识自己，才能成为自己生活的主宰；二是能妥善管理自己的情绪，即能调控自己；三是自我激励，它能够使人走出生命中的低潮，重新出发；四是认知他人的情绪，这是与他人正常交往，实现顺利沟通的基础；五是人际关系的管理，即领导和管理能力。

3. 具有积极的工作态度

积极的工作态度，往往能为本人带来工作激情和动力，进而提高工作效率。这是公司在日常经营管理时应该考虑的因素。

前中国国家足球队主教练米卢有一句"态度决定一切"的口号至今仍深得人心，优秀员工应该选择去履行那些不可推卸的责任。

工作本身没有贵贱之分，但对待工作的态度却有好坏之别。优秀员工一定是一个刻苦勤奋、执行有力、忠诚尽职的职场好战士，无论从事什么样的工作，只要你能对工作负责，那么即使平凡单调的工作也能变成一件充满意义和乐趣的事情。

著名戏剧表演艺术家常香玉说："戏比天大。"简单的四个字蕴含了她对戏剧表演的无限热爱，更透视了她对戏剧工作的深沉责任，小公司欢迎那些能在工作中积极投入的人。

如果对工作高度负责，具有强烈的责任感，这样的员工就会更容易成为一名卓越的员工。拥有最负责的工作态度，不仅仅是语言上的自我表白，更需要在行动上得以真正体现。

选聘人才要宁缺毋滥

在企业急需用人的时候，往往会非常迅速地选拔人才，这通常都是错误的决定。优秀的企业家在选聘人才时秉持着一个重要的原则，这就是宁缺毋滥。

一个企业家招聘一个重要的销售职位，他亲自面试了35个人，最后他选择了0个。他认为找不到合适的人还不如没有，因为招错人的成本是非常大的。

小公司的老板在选用人才时，也要做长期的打算，不能轻易在用人方面做相对草率的决定。很多管理者为自己的团队招聘了不少合适的人。当然，也可能会聘用一些不是非常合适的人进入自己的团队。为避免在挑人选人时犯下错误，不妨借鉴如下几个方面：

1. 放慢速度

当公司发展需要人才时，总是希望尽可能快地招到合适的人。在招聘开始之前，很多老板其实已经在心里设定了一个特别的日期，最后导致面试和聘用的人只是部分满足而非完全满足要求。遇不到合适的人，等预定的招聘时间到期，很容易就降低要求，导致选择不符合岗位要求的人。将整个招聘的流程慢下来，或者继续贴广告，为了让自己招到正确的人，即使让职位空缺更长时间，也可以选择接受。

2. 精心挑选

前来应聘的人越多，对招聘者就越有利。只要你适时认真控制，你就能在他们之中找到合适的人。在发布招聘广告的环节中，就应该想办法拓宽招聘的渠道，以期让更多优秀的人才能进入到可选择范围内。在每一个招聘广告中，可以增加一些招聘要求，比如要求提交一封短信，信中包括回答几个问题。那些没有按照指示提交的人，连第一关都没有做好，说明他对本公司或这份工作的兴趣就不大，在正式招聘开始前就可以决定是否招聘他。

3. 适时的考察

在整个招聘的过程变中，管理者可以设立一些特别的检查点，这些检查点可以有助于管理者在整个过程中预先筛选出你所需要的人。比如你需要找一个行动快速，并且完全跟进的人，那么在聘用过程中，你可以给这个应聘者打电话，要求做一个简单的策划案。如果这个候选人在特定的时间将策划案发过来，就足以证明他的行动力。

4. 能力上的测试

有些人的简历上说得能力超群，但公司管理者不能轻易相信简历上说的东西。在面试中问一些问题，可以有助于你了解这个人能给这个企业带来什么。但是这个人是否真正合适这个职位，在于他是否具备这样的工作能力。如果一个人要申请销售代表一职，你可以请候选人在面试过程中和自己对销售场景进行角色扮演。如果在面试结束以后，应聘者各方面表现都不错，可以考虑留用。

5. 考虑与公司是否匹配

一旦应聘者都符合要求，最后一步是确信应聘者和自己的公司是否匹配。有些管理者曾经雇用过技能和天赋都完全符合岗位要求的候选人，但却因为他们个性的不匹配，在这个岗位上最终没有做好工作，这种经验是经常可见的。因此，在面试过程的最后一步，是考虑和团队的契合度。

任人唯贤，避免任人唯亲

小公司在选拔、任用人才时，以才能作为第一考量标准，当任人唯亲让位于任人唯贤时，一定会让自己的公司生机勃勃。

作为管理者，如果在选人、用人时只是看对方与自己的亲疏关系，这必然会让其他人感到不满，对公司的发展而言都是百害而无一利。

小公司要想不断成长壮大，公司老板必须懂得任人唯贤的重要性，并且真正能在公司经营过程中做到任人唯贤。

1. 坚持唯才是用

任人唯亲，就是不考虑才能如何，仅仅选取那些与自己感情好、关系密切的人。其表现形式有三：

一是"以我划线"。谁赞同我、拥护我、吹捧我，就提拔谁。"顺我者存，附我者升"，把自己领导的单位搞成"一人得道，鸡犬升天"的"封地"。二是"唯派是亲"。凡是帮朋助友，不管是否有德有才，都优先加以考虑。三是"关系至上"。

小公司老板任用人才，应该唯才是用，而不是唯亲是用。世界顶级管理大师松下幸之助说："任用年轻人时，不仅是授予职位，叫他好好努力，还要给予适当的协助。这一点很重要。经营者如果没留意到这件事，公司业务就无法顺利进行。"

管理者必须有得力的人才辅佐。要得到人心，就必须有广阔胸怀，承认他人的长处，得到他人的帮助。李嘉诚善于用人，唯才是举，让他们成为自己的亲信或挚友。

20世纪80年代中期，李嘉诚的长实（长江实业）集团的管理层基本上实现了新老交替，各部门负责人，大都是30～40岁的少壮派。其中最引人注目的要数霍建宁。此人擅长理财，负责长实全系的财务策划。他处世较为低调，认为自己不是冲锋陷阵的干将，而是专业管理人士。李嘉诚很赏识他的才学，长实全系的重大投资安排、股票发行、银行贷款、债券兑换等，都是由霍建宁亲自策划或参与决策。这些项目动辄涉及数十亿资金，亏与盈都取决于最终决策。从李嘉诚对他如此器重和信任来看，可知盈多亏少。霍建宁本人的收入也很可观，他的年薪和董事基金，再加上非经常性收入如优惠股等，年收入可能在1000万港元以上。1985年李嘉诚委任他为长实董事，两年后又提升他为董事副总经理。此时，霍建宁才35岁。

李嘉诚唯才是举，同时也"举贤不避亲"，这种用人理念值得管理者们学习。

很多管理者对唯才是举有着自己的看法，新希望集团的董事长刘永好认为："企业是我刘家的，但我们的事业却是全社会的。因此，在我的公司里不用亲人用外人，我给每一个外来员工以生存和发展的空间，让他们能捕捉到希望。"

2. 做到无私用人

用人关键在于无私，无私是选贤才的前提。对这点，中国古代的先哲孔子看得十分清楚。他说：君子对天下之人，应不分亲疏，无论厚薄，只亲近仁义之人。这就是说，在人才问题上，应该不计较个人恩怨、得失，而只考虑国家的利益、民众的利益。其实质，就是在选才上无私，对能力强于自己、贤于自己的人，要加以举荐，或使他来代替自己，或使他居于自己之上。在选才上无私，就是要抛弃个人成见，客观地对他人做出评价；即使对其并不喜欢，也决不以私害公、以私误公，而应毅然选拔。

3. 反对裙带关系

公而忘私、虚怀若谷，有很高的素质，能够不计较个人恩怨和得失。但是，不少小公司是建立在家族关系的基础上，在公司不断发展壮大的过程中，如果一味大量任用亲朋好友或其子女，封妻荫子，就很难获得长足的发展。

尽管一些企业的经营者也反对裙带关系，可是选拔人才就不自觉地搞亲亲疏疏，其中原因是他们总凭个人的私欲、私情来举贤选才，这就偏离了公正客观的选才标准。发展下去，势必会使小人得势、贤才失势，最终造成公司发展过程中人才凋零的局面。

一个优秀的企业经营者，应该唯才是举，这样将会吸引更多的优秀人才，与你一道干大事、成大业。

用人先要识人

小公司本就规模不大，它不是慈善机构，这就要求用人者必须慧眼识真才，把真正的人才选拔出来，把庸才淘汰下去。这就需要用人者具备卓越的识人本领。

公司的经营者要善于识别和发现潜在人才，更需要识才的好本领。有的人才是含而不露，等待知遇之人；有的人才没有机会施展自己的才能，只好暂时埋没着；有的人才连他自己也不知道自己有多大的能力。这就靠用人者有爱才、求才的迫切心情，有细微的观察能力和分析能力，有不拘一格使用人才、在实践中考验人才的魄力，有长时间观察、考验人才的耐心，有不怕纠正在识别和使用人才上失误的胆量。还要在实践中，通过业绩来识别人才，而不能凭一些空言大话的表象，或是只凭文凭、评语、档案这些死的东西，或是凭一些只能说明过去的东西及主观随意性较强的东西去识才和选才。识别人才是用人的基础，切不可掉以轻心。

识别人才的方法有以下几点：

（1）检验是否具备雄心壮志。优秀的人必然有取得成就的强烈成功欲望。他通过更好地完成工作，不断地去寻求发展的机会。

（2）检验是否具备解决问题的能力。如果你发现有许多人需要他的建议、意见和帮助，那他就是你要发现的人才了。因为这说明了他具有解决问题的能力，而他的思想方法为人们所尊重。

（3）检验能否带动别人完成任务。注意是谁能动员别人进行工作以达到目标，因为这可能显示出他具有管理的能力。

（4）检验能否做出正确决定。注意能迅速转变思想和说服别人的人。一个有才干的人，往往能在相关信息都已具备时立即作出决定。

（5）检验能否执行到位。如果他是一个很勤奋的人，他从不会去见老板说："我们有问题。"只有在问题解决了之后，他才会找到老板汇报说："刚才有这样一种情况，我们这样处理，结果是这样。"

（6）检验是否主动积极。一个优秀人才通常能把上级交代的任务完成得更快更好，因为他勤于做"家庭作业"，他随时准备接受额外任务。他认为自己必须更深地去挖掘，而不能只满足于懂得皮毛。

（7）检验是否勇于负责。除上面提到的以外，勇于负责是一个优秀人才的关键性素质。

当然，有以上这些考察人、识人的要点和注意的方面还是不够的，我们还必须在实践中通过各种方法去有意识地考察他们的能力和水平。

任用比自己更出色的人

山外有山，人外有人。在一家公司中，经营者可能是一个优秀的人，但下属在某一领域比公司经营者强是很正常的。承认下属比自己强，并不是件丢人的事，因为发现和培养人才是管理能力的重要表现。作为公司的经营者，你可以不懂最新的科学技术，但是你可以通过有效的管理，整合在各专业领域业务能力强的下属来完成使命，而能做到这一点，就是优秀的管理者。

对于能力强的下属，要给他们安排富有挑战性的工作，只有这样才能充分调动他们的积极性，极大限度地发挥他们的潜能。

1. 善用比自己优秀的人

美国钢铁大王卡内基的墓碑上刻着这样一句话："一位知道选用比他本人能力更强的人来为他工作的人安息在这里。"

卡内基虽然被称为"钢铁大王"，但他却是一个对冶金技术一窍不通的门外汉，他的成功完全是因为他卓越的识人和用人才能，他总能找到精通冶金工业技术、擅长发明创造的人才为他服务。齐瓦勃是一名很优秀的人才，他本来只是卡内基钢铁公司下属的布拉德钢铁厂的一名工程师。当卡内基知道齐瓦勃有超人的工作热情和杰出的管理才能后，马上提拔他当上了布拉德钢铁厂的厂长。正因为有了齐瓦勃管理下的这个工厂，卡内基才敢说："什么时候我想占领市场，什么时候市场就是我的。因为我能造出既便宜又好的钢材。"几年后，表现出众的齐瓦勃又被任命为卡内基钢铁公司的董事长，成了卡内基钢铁公司的灵魂人物。

到20世纪初，卡内基钢铁公司已经成为当时世界上最大的钢铁企业。卡内基是公司最大的股东，但他并不担任董事长、总经理之类的职务。他要做的就是发现并任用一批懂技术、懂管理的杰出人才为他工作。卡内基曾十分肯定地说过："即使将我所有工厂、设备、市场和资金全部夺去，但只要保留我的技术人员和组织人员，四年之后，我将仍然是'钢铁大王'。"卡内基之所以如此自信，就是因为他能有效地发挥人才的价值，善于用那些比他更强的人。

2. 对有才能的人进行约束

一般有能力的下属都有点恃才傲物，有时甚至爱自作主张。作为公司的经营者，必须要用制度约束他们，多与他们进行思想沟通，力争达成共识和共鸣。

然而每个上司对待能力强的下属的态度却千差万别，正是由于这不同的态度和做法，不仅影响着能干的下属的命运，同样也影响着自身利益。那么，作为一个上司，要善用优秀的下属并能驾驭他。

美国内战期间，约瑟夫·胡克将军毛遂自荐，当上了北方联邦军队的一个重要指挥官。但是，随着时间的推移，人们发现，胡克将军不是合适的人选。他谈起话来桀骜不驯，是如此地任性。于是，林肯总统写了他任总统期间的最尖锐的一封信，批评他的短处，使他发挥他的长处，共同促进事业的成功，但还要注意不能引起他的反感。

他是这样批评胡克将军的："我任命了你为波托马克军团司令。当然，我做出此决定是有充分理由的。然而，我想最好还是让你知道有几件事我对你并不是很满意的。

"我相信你是一个英勇善战的战士。为此，我当然是赞赏的。我也相信你没有把政治和你的职业混淆起来，这一点你是对的。你对自己充满信心，这即使不是必不可少的品质，也是可贵的品质。

"你有雄心，在一定的范围内，这一点是有利而无弊的。但是我认为，在伯恩赛德将军指挥兵团时，你放任自己的雄心，尽你之所能阻挠他。在这一点上，你对国家，对一位最有功劳的、可尊敬的兄弟军官犯了极大的错误。

"我听说，并且我也相信，你最近说我们的军队和我们国家需要一个有绝对权威的统治者。当然不是因为此，而正是不顾此我才给你下达命令。只有取得战功的将军才能做有绝对权威的统治者。我现在需要你取得军事上的成功，而我将承担独裁的风险。

"政府将一如既往尽全力支持你，并支持所有司令官。我非常担心你曾助长军队里的批评和不信任司令官的风气，现在正冲着你来了。我将尽全力协助你刹住这种风气。无论是你还是拿破仑——如果他在世的话——都不会在这种风气盛行的军队里得到好结果，而目前要防止急躁。但是要干劲十足，戒备不懈，勇往直前，为我们夺取最后的胜利。"

无疑，林肯是一位优秀的管理者。"好马"大多是"烈马"，这让管理者苦恼，但是运用策略，自己一样可以驾驭这些比自己出色的"烈马"，并且能为己所用。

能力强的员工过分张扬，就容易招致其他组织成员的嫉妒甚至反感，成为组织成员中的众矢之的。遇到这种情况时，管理者要善意地帮他改正缺点、更新观念，使组织形成团结合作、积极进取的健康氛围。

针对不同的下属要人尽其才

在企业管理中，没有最好的人才，只有最合适的人才。精明的企业经营者对待人才要做的就是将合适的人才放在合适的位置，达到人事相宜。

很多管理者认同"没有平庸的人，只有平庸的管理"这一观点。传统的管理把人看成一个样子，仅仅依照工作的制度安排人的位置，结果许多讷于言辞的员工被安排去组织展销会，许多头脑里新点子迭出的员工被安排做财务……

作为一名优秀的管理者应该知人善任，让自己的下属去做他们适合的事情，这样才能实现用人之长。

为扩大规模，某企业高薪招聘了20多位出色的人才，优越的工作环境、高薪的挑战等都让这些人跃跃欲试。然而，不到半年的时间里，看似强大的团队却问题连连，团队的工作效率较之规模扩大前明显降低……

这样的情况在不少企业都能见到。人才具有相应的能力，但并不表示管理者就能充分用好这个人才。作为管理者，要能够认清不同下属之间的差异，找到他们之间不同的特点与优势，这样才能在安排任务时做到合理，让他们在最适合的位置做最适合的事。

有的员工谨慎小心，有的员工讲究速度，有的员工非常善于处理人际关系，有的爱表现，有的好宁静……总之，员工的类型有很多，管理者需要做到的就是人尽其才，物尽其用。

适合的人才，用在适合的岗位上，能够实现所在岗位利益最大化。根据下属的不同类型，可以安排不同的工作内容，以达到人尽其才、物尽其用。一般而言，下属主要分为以下四种类型：

1. 能力超群的人

这类员工经验丰富，能力卓越，管理者可以尽管放手让他们完成工作。同时，因为这种人具有很强的能力，他们往往自视较高，甚至自负。管理者应给予他们充分发挥的余地和空间，让他们感到被重视，能够实现自我价值。

管理者要求这类下属从事的工作任务应该是与他们才能相适的，要具有挑战性，有较大的决策权和相应的责任。例如组织一次展销会，拟订一个大型的公关宣传活动计划等，这些任务对上将型下属有较大吸引力。

对这类下属，要给予他们充分的信任，切忌干涉他们的工作。

1997年8月，海尔为了促进整体卫浴设施的生产，33岁的魏小娥被派往日本，学习世界上最先进的生产技术。学习期间她发现，试模期废品率一般都在30%~60%，设备调试正常后，废品率为2%。为什么不把合格率提高到100%呢？

可日本人认为不可能。三周后，魏小娥带着先进的技术知识和赶超日本人的信念回到了海尔。作为海尔人，魏小娥的标准是100%。她要向业界的最高标准挑战，她拼命利用每一分一秒。一天，很晚下班的魏小娥吃饭的时候仍在想怎么解决"毛边"的问题。突然看到女儿用的卷笔刀的铅笔粉末都落在一个小盒里。由此得到启示，她顾不上吃饭，便在灯下画起了图纸。这样，一个专门接毛边的"废料盒"诞生了，也就避免了毛边落在现场或原料上，解决了板材的黑点问题。后来，因魏小娥在原料中无意发现了一根头发，她马上就给操作工统一制作了衣、帽，并要求统一剪短发。这样又一个可能出现2%废品的原因被消灭在萌芽中。

终于，100%——这个被日本人认为"不可能"的合格率，魏小娥做到了。

半年后，日本模具专家宫川先生来华，见到已是卫浴分厂厂长的魏小娥。面对一尘不染的生产现场、操作熟练的员工和100%合格的产品，他惊呆了："有几个问题曾使我绞尽脑汁地想办法解决，却最终没有成功。日本卫浴产品的现场脏乱不堪，你们是怎样做到现场清洁的？2%的废品率、5%的不良品率天经地义，你们又是怎样达到我们连想也不敢想的100%的合格率的呢？"

如果魏小娥没有向高难度工作挑战的精神，就不会有现在的海尔卫浴。当一件人人看似高难度的艰难工作摆在这样的员工面前时，他们往往会激发自己的干劲和斗志，从而有助于企业的成功。

2. 能力较强的人

这类员工是指有一定经验，能力较强，有一定的决策力，但需要不时地支持和鼓励的下属。

管理者启用这类员工，需不时监察他们的工作进度，但顾及到他们较强的敏感心理，监察应不露痕迹地进行。可以给他们具有一定的挑战性、需要一定的经验方能出色完成的工作。这类工作对热衷于承担更大责任的下属来说，是再适合不过的了。

3. 有积极性的人

这类下属缺乏经验，需要向有经验的前辈学习该怎么做，他们常常是刚入公司的年轻人，他们在公司中是不可缺少的一部分。管理者切不可忽视这批人的存在，因为他们中间必将出现一批优秀人才，支撑起公司的明天。管理者要做的正是发掘这批人，给他们机会，锻炼和选拔他们。

4. 有一技之长的人

这类下属让管理者有点头疼，因为他们的工作能力绝算不上优秀，但是在工作能力之外却往往有一技之长。其实，这样的员工对于企业也是财富。高明的管理者能通过有效的管理让这类下属充分展现自己的特殊才能。正如孟尝君收鸡鸣狗盗之徒，颇得企业管理的精髓。

作为管理者，一旦你对员工的才能、兴趣了解于胸，下一步要做的是针对某项特定的工作选择适合的人来做，或者为特定的员工安排适当的工作，做到"人得其位，位得其人"，追求人与事的适应。

设法留住优秀的人才

企业中优秀的人物，他们为企业创造的效益，远远高于普通员工，根据按劳分配原则，他们的所得，也应远远高于社会平均薪酬。因此，优秀人才的薪酬应随行就市，确保其薪酬与其创造的价值相应，甚至不能低于意欲挖角的竞争对手的出价。支付具有绝对竞争力的薪酬，是留住优秀人才的第一招数。

以高薪来留住优秀人才，这是很多企业的管常用手法，这个方法之外，给予优秀人才一定的经费、人员、资源的支配权，让他们参与企业决策，为他们搭建一个宽广的平台，有助于提升他们的忠诚度和工作热情。

留住最优秀的人才，防止人员"跳槽"，这是当今每一位管理者都面临的头痛问题。管理者应该未雨绸缪，早做防范，绝不可轻易让优秀人才从自己手中溜走。

1. 量才而用

如果优秀人才不辞而别另择高就，公司上下事先却无人觉察或知道并没人报告，实际上这是公司经营管理不善的反映。公司经营者对此应早有发现，并尽量使其回心转意。

一个员工工作量的多少并不能说明他对公司的满意程度如何。经常有人仅靠自己的能力和遵守公司的管理制度就能圆满或超额完成自己的定额，但内心里他并不真正喜爱这份工作。一位负责销售工作的部门主管，工作成绩在公司连年都超定额，收汇、利润都很可观，是公司的骨干。但他却对制作电视广告情有独钟，希望有朝一日成为电视制作部门的主管。从公司角度出发，他留在销售部门是最理想不过，但他却一心想往到电视部门。此时如果有合适的广播电视公司，他一定会义无反顾地离开销售工作去接电视制作。

这种情况下，可以让他同时兼做两项工作，如果他确实才华横溢，兼做两项工作都很出色，不仅满足他对兴趣的追求，又为公司留住了人才，不会因人才流走而担心销售额下降了。

2. 宽以容才

有些人走的原因很简单："与领导不合！"与领导不合的原因是很多的。人们常常认为，责任在领导，如果他能在发生冲突时，显出自己的宽宏大量，不去斤斤计较下属，那么许多问题是可以解决的。

领导对下属应敏感体谅，而员工则应随时把自己情绪上的波动、工作中的合理要求及时告诉领导，这是双方呼应的事。当领导的人不可能真正了解员工的内心世界，相互经常地进行工作、思想交流是保持上传下达、减少隔阂的有效办法。

3. 谨慎外揽人才

破格升职，在为公司招揽人才的同时，往往也带来一些不必要的麻烦。

当你的公司招聘到一位能力强、有开拓创新精神的年轻人，并且舆论公认此人日后必然会成某经理的接班人时，你必须认真思考：给他什么样的职位，如何提拔他更好？

如果在他的任用问题上稍有疏忽，处置不当，将会给公司带来不必要的麻烦。要么这位优秀者会因位置不好而另寻高就；或者会使那资历比他高、工作时间比他长、职位较低甚至较高的人为此而抱怨公司一碗水未端平，厚此薄彼。用人的事，不是小事，不可轻视。

4. 注重培养

假如一位胸怀抱负的能人在公司里仍做低级员工的工作，其才干并没有得到充分肯定，此时此刻他要求离职另求发展是很正常的。

刚刚离开学校到公司工作的大学生、研究生，若不对他们加强管理、注重早期培养、压担子的话，在两三年内他们最容易"跳槽"。他们年轻有为，前程远大，正是公司的希望所在，并且已熟悉了公司业务，如果让他们流失，公司将再去培养新手。对这些，不少公司并没有引起高度重视。

对此，应把新来的员工看作是公司的一笔长期投资，精心地培养督促他们。安排公司有能力的主管或员工指导他们，让他们承担一些力所能及或是超过其能力的工作。这一切就如一个长期项目，并不期待马上得到回报或收回投资。只要他们在公司工作的时间愈长，公司得到的回报将愈大。

5. 适时加薪

波音公司的专家们对450多名跳槽者的调查表明，其中有40名为增加工资与管理者进行了谈判，27名因被加薪而留下来继续为公司效力。

实践表明，适时加薪，能使大多数员工看到前途，感到希望。从另一角度说，一些老员工本身就是公司的一笔巨大的无形资产，与所加薪资比较，聪明的管理者会倾向于选择什么呢？这当然是不言而喻的了。

6. 不强制留人

企业管理强制留人，留得住下属的人，但却留不住下属的心。强制留人，不但对下属不利，对自己也不利，实际上是一种愚蠢的双输行为。

强扭的瓜不甜，留人留不住心，人才潜能发挥不出来，只能产生副作用：一是个人不好好干，甚至吃里爬外，把单位技术资料外传；二是搅乱人心，影响其他人。

有些企业，对要调离者降职、调换工作，企图"杀一儆百"，最后发展到意气用事，企业为不放人而不放人，个人为离职而离职。其实这正好南辕北辙，要离职者后路已无，一心要走，舆论也会日渐同情他。因为这类员工一般对公司都作出过贡献，现在和公司闹僵，最终也只会挫伤留下者的积极性，损害了企业形象。

如果我们在放人的同时，还开一个小范围的欢送会，肯定过去的成绩。给予实事求是的评价，表明忍痛割爱的心情，这样的好聚好散是有战略眼光的做法。留下者看到企业爱才，处理问题实事求是，充满了温馨和人情味，不是人走茶凉，会使调离者感恩戴德，无形中为企业树立了良好的形象。

多从内部挖掘人才

每一个企业本身就是一个人才库，管理者需要善于从这个人才库中发现和挖掘急需的人才。

松下幸之助从不去著名大学里选择人才，而是十分注意从公司内部员工中发现人才，量才使用，在使用中注重实际工作能力和效绩，用人不论亲疏。他把许多年轻人直接提拔到重要工作岗位上，如1986年松下幸之助提拔名不见经传的山下俊彦出任松下公司总经理，而将自己的女婿，松下正治由总经理改任总董事长。这次人事安排令人十分惊讶，因为山下俊彦不仅与松下幸之助毫无血缘关系，而且又年轻。但松下幸之助慧眼识英才，山下俊彦出任总经理后，根据世界市场形势的变化和家用电器发展趋势，果断地改变原公司生产体制，由生产家用电器单一制造系统扩展为生产电子科技产品等多门类的生产体系，使公司销售额逐年增加，造就了松下电器公司新的发展阶段——山下时代。

因为空降等外部延揽的方式相比较内部栽培而言，存在种种弊端。当岗位出现空缺的时候，优先考虑内部员工是很必要的，这是因为：

1. 员工看到晋升希望

这是促进员工发展的需要，如果看不到晋升希望，员工就会失去奋斗的动力。一个企业能够在内部实现晋升机制，本身就是激励员工更好发展的有效途径。这种机制能够激发员工的工作热情，提高工作效率。

2. 内部人员更熟悉环境

内部员工对企业的了解更加深入，一般不存在水土不服的问题。企业需要的入才不仅要专业技术过硬，更要有经验，这样才能以最快的速度投入工作，最快地收到实效，而挖掘内部人才正好适合这一要求。

3. 招聘成本较低

从外部引进的人才，其人力资源成本往往是当前员工的数倍甚至数十倍，很容易引起当前员工的不满，从而在工作配合上出现诸多的敷衍和不到位状况。

从外部选用人才是人才选用的一种重要途径，但是，从企业内部培养和选拔人才也是获得人才的重要途径之一。如今，越来越多的企业重视从内部选拔领导者，国际上许多知名跨国公司如通用、联想、宝洁都非常重视培养自己的员工，而且高级管理人才基本也都是自内部选拔。

那么，作为企业的经营者，应如何从企业内部挖掘人才呢？企业内部每隔半年或者一年就能让各个层次的干部、职工实行一次内部的调动，以有效地提高人才的使用效率。

实际上，每一个企业都是一个潜在的人才库，如果能够调整企业内部人才的使用位置，不仅可以从中发现人才，而且也可以在具体的实践经验中造就大批的人才。这样既可以降低人才的培养成本，同时也可以激发人才的创新精神，为企业创造巨额的利润。

敢于提拔和重用"外人"

不少企业家深谙这个道理，他们敢于在关键位置提拔重用"外人"，企业也因此获得发展。

不过，人才的引进是为了促进企业更好的发展，"空降兵"的加盟并不意味企业管理者就可以高枕无忧。"外人"能否适应水土，能否为企业带来新的发展，才是企业管理者需要注意的关键所在。

在一家拥有一百人左右的公司里，近半数的员工都是跟着老板打江山过来的，彼此很信任。本来公司里气氛融洽，年轻人又多，办公环境很轻松，下班后大小聚会也是常有的事儿。但是，随着新任主管张素的到来，公司的气氛悄悄起了变化，大家工作时正襟危坐，说话时谨小慎微，下班后行色匆匆，就怕被新主管抓住工作上的把柄。

张素是公司老板从对手那儿挖过来的"空降兵"，她对于出现这种情况感到很委屈，"我来之前，公司的管理确实太松散了，人浮于事，效率不高，老板既然重金请我来，我觉得就应该发挥自己的作用，把能办的事情办好。"基于这样的思考，她决定从自己部门的工作入手，整顿办公室纪律，严肃工作程序和流程。

又到月底，员工开始去财务报销一些日常的办公费用。上一任主管往往不看这些花花绿绿的发票，立即就在报销单上签字。张素却非常认真，逐条逐笔详细审核。从中她发现了很多问题：有总款额核算不对的，有发票种类和事由不符的，有非公务开支不应报销的。她的这种做法，效果明显，一个月下来，办公开支减少了数万元，老板甚为满意。但公司上下对她意见已经很大。

没过多久，那些利益受损的老员工开始集中向张素开火。"没能力"、"搞派系"、"自以为是"，他们对张素的这些负面评价越来越多。甚至在部门经理会议上，有人公然指责财务部门不支持工作。随着向老板打小报告的人越来越多，本来对张素还很信任的老板逐渐对她不满起来。在张素来到这个公司的两个月之后，老板为了维护公司的和平氛围，只好拿起屠刀，将张素解雇。

面对这种情况，企业的管理者一定要看到任用"外人"所遇到的阻力。企业的老员工可能会制造麻烦来抵制外来管理者，而外来管理者又想尽快树立起威信，通常都会拿老员工开刀。同时，引入"空降兵"的企业管理体系和管理基础往往又是空白，一般不太讲究规则。

外来人才要想运作好，势必要不按套路出牌，由此产生了"空降兵"和老员工的职业行为、职业方式上存在的沟通困难和天然文化冲突。企业的老员工和职业经理人的磨合是一个痛苦而漫长的过程，企业管理者要妥善处理好两者的关系，既要让"空降兵"才华得以表现，又不会过分伤害到原来的老员工。

显然，管理者不能因噎废食，关键位置上敢用外人，还是值得提倡的。

要恰到好处地利用外部人才，公司管理者就要做到以下几点：

1. 发挥智囊团作用

智囊团原则上使你得以把他人的经验、训练和知识所汇集的力量，当作是自己的力量一样加以运用。如果你能有效地应用智囊团，则无论你自己的教育程度或才智如何，几乎都能克服所有的障碍。

没有人能够不需要任何帮助而成功。毕竟个人的力量有限，所有伟大的人物，都必须靠着他人的帮助，才有发展和茁壮成长的可能。

2. 尊重贤士

管理者不可能处处高明，只有借用外部人员的高明之处，才能真正用人不疑。因此，领导者切忌刚愎自用，自以为是，而应该虚怀若谷，恭以待人。

3. 不设框框

管理者不应以任何形式把自己的主观意志强加给所任用的人，而应积极地为他们创造一个独立进行工作的环境。你必须尊重他们工作的独立性，不干涉他们的工作，让他们通过研究得出自己认为是科学的结论。

为自己选一个好主管

在很多时候，规模稍大一点的公司经营者更多接触的是公司的中层——部门主管。对企业主管进行提升时，不能凭个人的感情用事。比如自己是做事风风火火的人，就愿意提升那些干脆利落的人；自己是一个十分稳当、凡事都慢四拍的人，就乐意提升性格优柔寡断、谨慎万分的员工；自己是一个爱出风头、讲排场、好面子的人，就不喜那些脚踏实地、忠诚老实的人；自己喜欢提升性格温和、老实听话的员工，就对性格倔强、独立意识较强的人不感兴趣。

如此，不仅浪费了单位一批人才，还使一些性格不合主管意愿而有真才实学的人置于不被人重用的尴尬境地。除此之外，如下几种类型的主管要重点注意：

1. 不选"唯马首是瞻"的人

这类人没有自己的工作原则，一切"唯马首是瞻"。以上司的是非为是非，从平时的生活到工作的言行都以上司的模型为原本，既没有自己的主见，又没有自己的风格。没有现成的模型，他就什么都做不成。

这种人往往不会有创造性的表现，对新事物、新观点接受得很慢。这种人墨守成规，实际情况发生变化时，他不知道灵活应变，只是搬出老黄历，以寻找根据。世界上的事物瞬息万变，但这种人不会以不变应万变。因此，他们难以对付新情况和新问题。而且，这种人缺乏远见，也没有多少潜力可挖，他的发展水平受到局限，他一生中难以超越这个局限。

这种人才可能是优秀的执行人才，但绝对不能让他独当一面。这种人即使被选为接班人，最多也只能做到东施效颦的地步。当今时代是一个信息爆炸、瞬息万变的时代，经营管理的手法、方针也需要随时改变。"唯马首是瞻"的人就是缺乏这种创新能力。

公司的发展在这类人的操作下，难以出现突破性的进展。尽管不少爱慕虚荣的上司，很愿意自己成为下属模仿的对象，因此，他们对这类人恩爱有加。但是真正想在事业上有所作为的企业经营者，是决不会选这种人作为主管的。

2. 不选"不分主次"的人

这种类型的主管，工作特别卖力，上班可以说是"早出晚归"。他们不知疲倦，如同蜜蜂一样，忙忙碌碌。这种人的工作态度和工作热情，本无可非议，问题是，选这种人作主管会产生许多负面的效果。这种人做事不分先后、不分主次，只知道见工作就做，不知怎样做更合理、更科学。因此常常是该办的事情没办，不那么紧迫的事情却优先办好了。另外，这类主管还有一个特别致命的弱点，就是他们把勤奋和效率同等地看待。

当然并不是说主管不应该忙，而是主管应该首先管自己该管的事，他首先应做最重要的事情，次要的工作完全可以交给别人去做。集中精力是提高效率的关键，只有当他认识到集中精力办一件事的重要性时，才能出成果。他不应该为次要的问题而分散自己的精力。选用这类人作主管，公司会处于严重的无政府状态，甚至会使你辛苦建立起来的基业毁于一旦。

3. 不选"吹牛拍马"的人

这种类型的人，不惜厚着脸皮对自己的上司吹牛拍马，但同时自己却没有真才实学。如果任用这种人做企业的主管，企业的发展就岌岌可危了。

不可否认的是，事实上这种人在许多公司里却很有市场。其主要原因不外乎两个：一是这种人看透了人性的弱点，再加上他们吹捧的技术，所以能在公司里风光一时。二是许多上司表面上说自己很民主开放，乐意听取各方面的意见甚至批评，其实骨子里最不能容忍下属对他"挑刺"，因为他们觉得这会降低他们的威信。

小公司要以成长壮大作为终极责任，绝不能选用这样的人作主管。上司也必须加强自己的修养，千万不能被"甜言蜜语"所迷惑。只有贤人才能选出贤才。

4. 不选"告密型"的人

在日益激烈的环境下，告密的人是企业最不受欢迎的。这种人的告密分两种情况。首先他们吃里爬外，见利忘义，为了自己的私利，不惜出卖公司发展的信息。这种人如果被安排在主管的位置上，因为他们一般掌握着公司的核心机密，所以对公司造成的损失是无法估量的。

另一类告密者就是在公司内部做小动作，打"小报告"，他们以向上司告密来博得信任和赏识。所以他们喜欢四处刺探员工或同事之间的秘密，连一句闲言碎语都不放过。为了表示自己的忠心，他们时刻不忘显露出自己确实是耳听八方、眼观六路，有时甚至兴风作浪，故意制造虚假信息，无事生非，向上司交差。这类人很容易骗取上司的欢心和信任。

精明能干的老板决不会选用这种人作主管，因为这种人无论业务能力多么突出，对公司的发展、团队的安定都是极大的威胁。而且，时间一长，会引起公司内部的变化，从而影响到公司的长久发展。

为自己选好副手

对于企业的经营者而言，培养一个好的二把手，是非常有必要的。管理者不是超人，他不可能每一次都能及时地赶到需要他的地方。管理者如果拥有一个好的二把手，就相当于多了一个分身，当发生紧急情况而管理者不在时，二把手可以代替管理者主持全局，很好地处理那些棘手的问题。一个好的二把手，不仅可以成为管理者最有效的执行者，也可以让管理者能够集中精力思考大问题，而不必为那些琐碎的小事大伤脑筋。

如何慧眼识金，在如此众多的下属中寻找一个出色的二把手，是一项非常艰巨的任务。在选择二把手时，不仅要考虑候选人的资历及办事的能力，还要选择那些受到员工的普遍尊敬，以及敢于对管理者说"你错了"的人。

选择一个合格的二把手不容易，管理者一旦找到了适合的人选，就要全力栽培，通过各种方法帮助他成熟起来。

具体来说，副手需要达到的基本要求包括以下几点：

1. 具备全局观

作为领导的副手，应善于站在领导的角度思考问题，如果没有全局观，其实质与下级干部无异。领导也可以对其进行潜移默化的教育，使之能充分发挥副手的作用。

2. 应替领导承担部分责任

领导的过程，必然是一个得罪人的过程，副手应善于替领导着想，并不怕开罪于人。如果把矛盾都上交给领导，领导必然焦头烂额，这就不是一个好副手。副手的主要作用就是替领导承担部分责任，让领导腾出精力专心思考大问题。不肯替领导承担责任的人，不能选择其作为副手。

3. 应做好领导的参谋

领导毕竟也是凡人，不可能事事正确。副手应多替领导思考问题，提出自己的看法并纠正领导的错误。如果对领导的任何意见都表示赞同，就失去了副手的意义。在大多数企业中，对领导点头称是的人太多，如果副手也是如此，错误的决策就无人敢于纠正，这是相当危险的。

4. 应与领导高度互补

副手尽力朝领导短处的方向发展，以弥补领导的短处，这样才会形成水乳交融的上下级关系。如果副手一味朝领导长处的方向发展，只可能形成一种"竞争"关系。比如，某外贸公司的总经理德语很好，其副手的德语也不错，那么，总经理非但不会欣赏副总经理的德语，反而可能挑出副总经理的语法错误。反之，如果总经理法语一流，那么，总经理一定会欣赏副手流利的德语。

5. 应尽力帮助领导树立威信

副手应该主动处理一些领导不便亲自参与的事情，义不容辞地承担起这个责任，使领导成为团体的精神支柱和信心源泉。

为自己选用智囊团

没有人能够不需要任何帮助而成功。对于公司经营者来说，利用智囊团是一个可以采用的方法。

为了使你的智囊团发挥正常功能，你必须给团员清晰而且正确的指示，而团员也必须愿意充分与你合作，以下四个简单的步骤，可确保智囊团的正常运作。

1．确定公司目标

使智囊团发挥功效的第一个步骤，就是设立一个明确的目标。智囊团运作的目标就是实现你自己的目标，或至少应该非常接近你的目标。如果你已经写下自己的明确目标，以及达到目标的方法，则你对此一步骤应该就能驾轻就熟了。那么智囊团就会围绕达成目标提供种种可执行计划，并使你了解过程中的每一个环节。

2．挑选团员

挑选智囊团的成员，是件必须小心谨慎的事，你可能最后会发现，你原先挑选的人并不合适。你也可能在一段时间之后发现，有些意料之外的事情必须找人来做。在这个过程中，尝试和错误是不可避免的，但是，如果你能时时把握住以下两项特质，就能更快挑选到适任的人才。

第一项特质是工作能力。切勿只因为你喜欢或认识某人，就把他选择为团员。虽然这样的人可能会让你在工作中心情愉悦，但未必就适合智囊团。比如你最好的朋友，未必就是你所需要的行销专业人才，但或许他可为你介绍专业人员给你。

第二项特质就是和他人和谐共事的能力。不和谐的工作气氛，将会降低智囊团的效率。虽然，这种情形可能不会立即发生，但却可能在输赢的关键时刻爆发出来。

卡耐基曾经讲到，他找寻一位首席化学家的故事：经过全球探访后，他找到一位当时在一家德国公司任职的化学家。这位化学家的能力是无庸置疑的，于是卡耐基便和他签了5年的合约，但是不到一年卡耐基就和他解约了。为什么呢？因为这位化学家很容易发脾气，整个部门被他搞得一团糟，没有人愿意和他共事；而他也因为太计较小事而经常怒气冲天，以至什么成就都没有。

你必须排除智囊团中的任何不和谐现象，各成员应毫无保留地献出自己的智慧。个人的野心，必须臣伏于执行以及达成智囊团共同目标之下。清楚地了解智囊团的目标，有助于判断团员是否具备以和谐态度完成工作的能力。你可能仍然必须调整智囊团的组织结构，但是，你必须采取此步骤创造团体内的和谐。

3．确定动力机制

确定团员的报酬，是智囊团得以运营的基础动力。在一开始时，就应该确定团员可能得到多少的报酬，如此一来，必将大大地减少日后发生争执的可能性。

虽然财富对人的吸引力最大，但也不能忽视其他动机的重要性。对许多人而言，认同和成就感和金钱一样重要。但请务必注意，如果你认同团员的愤怒、仇恨和恐惧，则这些动机可能会扭曲你的团员的心灵。你应欣然、公平而且慷慨地在团员之间分配最具影响力的激励因素——财富。你的表现愈慷慨，就愈能从团员那儿得到更多的帮助。你必须掌握的另一项成功原则，就是养成多付出一点点的习惯。如果你能在一开始时便将此原则纳入智囊团管理中，它必然会为你带来莫大的助益。

4．确定时间和地点

智囊团可以定期举行一些会议，并需要确定时间和地点，以确保团员能不断进步，且借此机会解决智囊团所面临的问题。智囊团初期阶段的会议内容，可能涉及注重各成员的专业技术，来精确规划执行计划的议题。随着智囊团的不断成熟和成员之间和谐气氛的增长，你会发现，这些会议会使各成员的脑海中激荡出一连串的构想。当团员共同工作一段时间之后，便会在会议中激荡出更多的令人兴奋的事情，而各成员之间也会愈来愈和谐。

想象一下一组业务代表开会的情形，他们可能会对共同目标做出决议。但是，如果能以一天或一个周末的时间，听取并采纳他们对计划的意见，以加强他们的坚毅信念，就能使他们免除情绪的压抑和渴望达到目标的急躁。

切勿以定期会议取代成员之间的频繁接触。打电话、写留言条或是在走道上的谈话，都可以使成员获得会议时所需要的资讯。

公正地对待每个下属

现实中，有的企业领导在事关部属切身利益的问题上，不是秉公办事，而搞任人唯亲、任人唯钱，结果打击了下属的上进心。

领导一定要确立和强化平等意识，端平一碗水，在处事上公道正派，坚持一把尺子量长短，一个标准定高低。

生活中这样的现象屡见不鲜：领导将一些人视为自己的影子，视为心腹，对其他人则处处防范，甚至让心腹去监视那些人，把下属分为三六九等。对心腹有求必应，特别优待；对那些与自己保持一定距离的，用小恩小惠进行笼络或者不闻不问；对那些不听话的、有棱角的，则寻机给小鞋穿。不能一碗水端平的另一种表现就是对女下属不一视同仁，觉得女性成就动机低，希望稳定、舒适的工作。于是，对她们的一些基本需求关心得多，而很少关心她们的职业发展等高级需求。不能一碗水端平，势必打击员工的工作积极性，产生内耗，不利于组织的团结。

公平是人际关系的黏合剂。领导者要使下属对自己忠心不移，就必须端平一碗水，只有这样，下属才会形成合力，组织目标才能顺利实现。

1. 客观公平地对待部属

作为下属，都愿意拉近与领导的距离，取得领导的信任。作为领导，也要有平易近人的良好素养，能同下属打成一片。领导者要公正客观地看待和评价每一个下属，不让别有用心的人有机可乘，给自己造成不良影响。

一方面，对待下属要一视同仁，做到对待部属无远近，并能为下属提供一个平等竞争的良好环境；另一方面，评价部属要有一个客观统一的标准，特别是在奖惩等方面更应如此。这样，才能使本单位的全体部属有平等感，形成统一的向心力。

2. 按业绩大小重用下属

领导者在提拔使用下属时必须做到论能力、看成绩，就是要看一看下属有没有创新、发展、开放、改革的意识。看一看下属有没有调查研究的实际作战能力、组织协调、语言表达的沟通能力，看一看下属是否对工作充满热情、实事求是地干活。只有给那些思想觉悟高、工作能力强、团结协作好、有开创精神的下属委以重任，才能真正赢得所有下属的心服口服以及对工作的支持，同时也为自己走上更高的领导岗位搭起坚实的阶梯。否则，误用亲信，必将失信，不仅误事，也终将误己。

3. 按德才标准培养下属

德才兼备是新时期选拔和培养各级人才的根本标准。领导在选拔人才中要坚持任人唯贤、公道正派，真正把能力强的人才选出来，使自己的下属真正成为名副其实的德才兼备的人才。

此外，领导者坚持公平还应注意以下问题：一是把下属作为相互联系的整体来对待。二是让下属在承认差别的前提下享受公平。公平是相对的，不公平才是绝对的。因此，领导者坚持公平，不是要否认下属之间的差别，而是要使他们看到和承认差别。只有这样，下属才会肯定你的客观评价并通过主观努力缩小差别，实现公平。三是领导者要特别严格要求自己的亲信（在感情上或工作上关系较近的人）。

客观地说，领导者和下属之间的感情并不是不加区分的。但为了实现公平，领导者绝不能以主观因素作为评价和激励下属的标准，尤其是对自己身边的人，更要严格要求，否则，一旦陷入感情的误区，就会加剧不公平，导致一部分下属产生消极行为，贻误工作。

区别对待不同的下属

任何一个公司的领导，下属总是包含不同的人。但对待不同的下属，要区别对待，充分发挥他们的优势，从而真正形成团队的合力。

唯有以不同的方法，区别对待不同的下属，才能让他们各尽其力，共同促进公司的发展。

1. 表现比较好的人

一是用他的长处，使他用自己的实绩展示自我。二是用人才互补结构弥补他的短处，保证他的长处得以发挥。最重要的是，建立适合他的激励机制，使其保持一贯。

2. 表现一般的人

给其在他人面前表现自己的机会，求得别人的信任和自己的心理平衡。也要注意鼓励他们用自己的行动证明自己的能力，激励他们不断进步。

3. 表现较差的人

可以给他们略超过自己能力的任务，使他们得到成功体验，建立起"可以不比人差"的信心，同时注意肯定他们的长处，一点点起动起来。

4. 有能力的老员工

可以采取以目标管理为主的方式。在目标、任务一定的情况下，尽量让他们自己选择措施、方法和手段，自己控制自己的行为。还可适当扩大他们的自主权，给他们回旋的余地和发展的空间。

5. 能力较弱的人

可以采取以过程管理为主的方式。用规程、制度、纪律等控制他们的行为过程；也可用传帮带的方式，使他们逐渐积累经验、提高能力。

6. 有能力的年轻人

对有经验的中老年人，可以让他们做稳定性的、改进性的、完善性的工作。而对有能力的年轻人，可以给他们开拓性的、进取性的、有一定难度的工作，并注重对他们的培养，使其未来能独当一面。

7. 优点、弱点明显的人

取其所长，避其所短。长处显示出来了，弱点便容易得到克服。管理者要多用感情沟通，在具体工作安排上体现扬长避短，使他们真正发挥自己的能力。否则，被束缚住了手脚就很难有所作为。

8. 有特殊才能的人

一定要尽可能给他们最好的条件和待遇。特殊人才，特殊待遇，这是我们应该遵守的原则。他们中有的人并不是安分者，可能有这样那样的毛病和问题，以致很不好管理。对此我们不只是要容忍，而且应该做好周围人们的工作，以便使他们能够集中精力发挥长处和优势。在特殊情况下，还应该放宽对他们的纪律约束和制度管理，甚至采取明里掩盖、暗中支持的办法。

9. 有很强能力的人

可采取多调几个岗位、单位的办法，既能够让他们发挥多方面的、更大的作用，又可以调动他们乐于贡献、多出成绩的积极性。

10. 被压住了的能人

最有效的办法就是给他们显示自己本领的机会，等有了成绩，被公众认可了，在必要时就可以调回来加以任用。另一个办法是把压他们的人调开，让能人上来。这都要根据具体情况决定。

11. 跟自己亲近的能人

"自己人"用起来最顺手，但是公司经营者用这类能人一定要注意"度"的把握，一是调离自己的身边，让其显示自己的才干。好处是，因为和自己的关系好，到底是不是能人还可以再看；如果真正有能力，别人也会服气。二是采取外冷内热的办法严格要求，使他们不依靠领导，而是依靠自己，不断地求得发展。

12. 道德上有缺陷的能人

如果公司发展确实需要这样的人才，可采取这样的办法，给他以监督、约束，比如会计、审计、监察人员，在职能权力上约束他。

不能被重用的几种人

有时管理者求才心切，发现某人有一技之长，便不问其他，委以重任。殊不知，有些人虽然学有所长，但由于自身的某一方面存在致命的弱点，有朝一日说不定会因此坏了企业的大事。

总结起来，有以下几类人不能重用：

1. 投机的人

投机型的人善于察言观色，把自己作为商品，谋求在"人才市场"上讨个好价钱，在工作上专好讨价还价。

这些"投机"的人在找工作时投机，也在工作上投机，他们的目标专注于晋升或增加工资。在公司工作的目的只是希望以最少的付出获得最大的回报，而不是把精力放到兢兢业业的工作上。

2. 谄媚的人

谄媚型的人深信，如果能迎合管理者，就能步步高升。不少这类人毫无才干，品质恶劣，不注重提升自己的工作能力，一味谄媚只会败坏公司的风气，如果这类人得到重用，一定会阻碍公司的持续发展。

3. 自命不凡的人

有些人根本无法容忍别人的一切举止、想法。对于这种自命不凡的人，各种"人际关系训练法"都治不好他们永远埋在心底的精神特质。把这种人一个个地互相隔离开来，乃是最好的解决方法，而且是唯一的解决方法。这种自命不凡的人对谁都看不起，觉得世上惟有自己最有能耐。

4. 权力欲强的人

权力欲望过强的人浑身上下都散发着"权谋家"所特有的"气味"，时时刻刻在别人面前显示自己的能力。这种人有能力，而且已经下定决心，一定要升到最高层的位置，不达到目的，誓不罢休。他们对于工作尽心尽力，无需别人督导。

他们那种带着使命感的热忱促使他们努力表现自己。这种人把工作当做自己的生命，而不是调剂人生的手段。这种人没有爱好或嗜好，凡是花时间的兴趣，他们一概没有。这种权力型的人只有野心，没有计划。任何事或人阻碍了他们的野心和计划，都会使他们暴跳如雷。这种人只有在不动弹的那一刻，才会停止他的奋斗。要记住：这种人的本性是极其自私的。

5. 过分稳重的人

四平八稳型的人处世轻松，满不在乎；心眼不坏，也有工作能力。这种人是相当有能力的人，这确实值得小企业雇用。但是，他们缺乏权力型那种人的干劲和创造力，这种人在事业上四平八稳，处世哲学是"谁也不得罪"，他们可在短时间内赢得同事和下级的尊重。他们最主要的缺点是已经失去干劲，只是想谋取一个舒适的职位而已，根本不可能跟别人竞争比赛。

这类人才往往不堪重用，因为没有锐气的人才很难促进公司的继续成长。

6. 爱虚荣的人

虚荣型的人渴望自己是富人和名人的知己。这种人只要一有机会，就会滔滔不绝地向别人叙说他与某些有名望的人常有往来。实际上，他的所谓名人朋友可能根本不认识他；或者认识，也只知道他是个"牛皮大王"而已。尽管如此，这种人仍然会使出浑身的解数，使人相信他是块做经理的好材料。按照这种人的逻辑，他当了经理，有那么多名流朋友，还怕小企业没有后台吗！而实际上，这种人没有什么真本事，只会夸夸其谈、信口开河，畅谈他的社交生涯。

7. 理论主义者

公司不是研究机构，若问他"这件事情怎么样"，他说一大堆这个主义、那个观点，就是没有说出解决事情的方法。这种人也许可以成为很好的学问家，但决不是有效率的员工。

8. 不会交际的人

做人最重要的是人格完整，但生活习惯各不相同。商务接洽的人没有圣人，抽烟、喝酒、跳舞的人更容易增强发挥和顾客的亲和力。不烟不酒，一板一眼虽不算缺点，但对商务需要来说，可能不利于开展业务。

对于公司发展来说，不会交际的人，不可用做企业营销等外部工作。

发掘员工潜能的八个手段

拿破仑·希尔曾经说过："抱着微小希望，只能产生微小的结果，这就是人生。"我们的能力都深深地埋在地下，若能把它发掘出来，发展下去，我们就会有惊人的成就，不可能的事也会陆续变成可能。但这要看这个人是否选择了自己应该走的路，杜拉因说："任何人都可以爬升到自己理想的天国，同时，当他选择要爬上去时，世界的力量就会帮助他，一直把他推上去。"

只有成功激发下属的潜能，你才能算是成功的领导者。下面介绍八种方法，你可以把这些方法付诸实践，从而引领你的团队发挥最大潜能。

那么，我们该怎样去帮助员工挖掘自己的潜能呢？

1. 自我暗示

人的思维就是一个有目标的电脑系统，萦绕在你头脑中的潜意识会直接影响着机制运作的结果。如果在你的潜意识中自己是一个成功人士，你的内心会听到"你做得很好，你会做得更好"这一类的鼓舞信息，然后感受到喜悦、自尊、安慰与卓越——而你在现实生活中便会"注定"成功。

想要成功的你，要每天不辍地在心中念诵自励的暗示宣言，要有强烈的成功欲望、无坚不摧的自信心。

2. 念诵目标

你一定要将精神标语白纸黑字写下来，光凭记忆是不够的。

将要做的事写下来是一个很重要的自律方式，也是实现理想的第一步。你肯这样做，本来模糊的细节也会因而变得清晰。

每天两次念诵你的目标：一次在刚醒来的时候，一次在临睡之前——这两段时间是你潜意识活动比较弱，最容易与潜意识沟通的时段。

在念诵的时候，你要贯注感情，并且明显地看到你想得到的成功。

3. 构想成功自我

伟大的人生始自你心里的想象，即你希望做什么事，成什么人。在你心里的远方，应该稳定地放置一幅自己的画像，然后向前移动并与之吻合。如果你替自己画一幅失败的画像，那么，你必将远离胜利；相反，替自己画一幅获胜的画像，你与成功即可不期而遇。

4. 注重结果

企业中的员工无论多辛苦、多忙碌，如果缺乏效率，没有功劳，那么一切辛苦皆是白费。企业永远把结果摆在第一位。因此，不管你在公司的地位如何，不管你长相如何，不管你学历如何，你想在公司里成长、发展、实现自己的目标，你都需要有业绩来保证你实现你的梦想。

这种"结果决定一切"的信念，是指对他人的承诺，在限定时间内给出一个结果。它不是交差，而是要圆满完成任务；不是做事，而是要真正创造价值。

5. 发挥所长

确保团队成员都在各自擅长的岗位。如果你接管了一个已经初具规模的团队，这点尤为重要。找到成员的真正爱好所在，并看他们是否能热情地投入到岗位中。

如果根据他们以前的工作表现，你确信他们能胜任其喜欢的岗位，那样调整岗位是非常值得的，因为他们的热情将是学习和成长的强烈渴望。一旦他们全力以赴，其热情将是创新和成长的强大动力。

6. 挑战目标

你可以通过设定积极目标和督促员工定期汇报工作进度，来建立绩效文化。但是，目标不能太高，否则员工会跟不上，并且认为自己永远无法达成目标。

7. 独立思考

如果你是管理者，就需要培养员工的独立思考能力，但这并不是说你必须包揽所有的好想法，你应该反问他们："你们是怎么想的？"

8. "逼"出潜能

一个人潜能往往是在迫不得已的情况下发挥的。因此，不仅不要怕"逼"，而且还应该主动"逼"。自己跟自己过不去，自己逼自己，使自我经常处于一个积极进取、创新求变的良好的紧张状态，使潜能时常处在激发状态。除了在日常工作学习中要有这样的心态，还要订立较高的目标来"逼"自己，来提升自己。

第四招

制度之道：

建章立制，小公司发展需要制度护航

做大做强需要制度护航

制度存在的意义，是使企业的行为可以预期，比如过马路，我们要制定交通规则，车在左边，人在右边，如果没有这个规则，你走在大街上就没有安全感觉，车祸会接踵而至，而有了制度，就可以预期企业的运行。制度的另外一个重要意义，是对于企业长远利益的保障。

良好的企业制度才能够保证公司的持续发展。有不少公司的经营者认为自己"有本事"、"有魅力"，只要自己负责经营企业，就一定能促使公司持续繁荣，但是事实上他们忽略了公司制度的重要性。

不可否认，企业家或因杰出的才能、非凡的人格魅力，或因"时势造英雄"而成为公司的绝对主宰和精神领袖，公司的发展与壮大系于一人，但"一人身系天下安危"，这种脆弱的人治直接影响企业长远、稳定的后续发展。

1. 公司制度化后才有生命力

管理学家罗宾斯指出，当组织开始制度化后，它就有了自己的生命力，独立于组织建立者和任何组织成员之外。它具有稳定性和连续性，不会因为领导的更换而发生变化。

对一个企业组织来说，有一个个人魅力强的领导是好事，但要把这种好事延续下去却较难。一位企业的管理者曾说："为什么我们第一代企业领导人一旦退休，或者突然发生意外的时候，这个企业就垮了？原因就在这里，它没有制度化。因而，只有为企业建立了一种制度的企业家才能算是成功的企业家。比如说美国，一提就提到开国之父华盛顿，他制定了美国宪法和民主的选举制度。他的伟大在这里，而不在于他是开国总统。实际上对企业来说，成功与否关键在制度。就是我不在，公司还能很好地发展下去，这才是最大的成功。"

不管是谁当领导，都能将公司经营好，这才是持久的管理。怎样才能做到呢？这就需要制定相应的制度，按照相应的制度办事。

台塑集团创办人王永庆，他学历不高，但他深知企业制度的重要性。从建立台塑，到带领台塑走上商业巅峰，他一步一个脚印地建立和完善着企业的制度。如今，台塑集团已经成为世界闻名的大型企业。令人称奇的是，在屡次经济波动中，台塑都没有受到多大影响，一直保持着稳健的增长。作为一个巨大的实业帝国，能够在经济波动乃至经济危机中逆流而上，完善的制度功不可没。

王永庆认为，只要制度完善，可以杜绝很多弊端。在王永庆的推进下，台塑建立了完善的制度，涉及到企业运营的方方面面，使得台塑人可以做到"人尽其用"、"人尽其心"。这种制度也保障了在外界环境发生变化的时候，企业仍然能够在既定的轨道上稳健运行。

2. 制度可以避免不可预见行为

所谓不可预见行为，指某个人在某件事结束以后，不清楚下一步将会发生什么。有了制度以后，下一步该干什么已经清清楚楚。

一个组织的长生不老绝不仅仅依赖于其英雄人物的"超凡卓识"，而在更大程度上依赖于制度体系。没有人是永远成功的管理者，只有用制度才可以永远地固定下来，并加以传承。

制度化的企业可以靠一套制度来纠正个人的错误，即使最高领导人作出了错误的决策，也有一套纠错机制。这样，企业的决策者可以退出，但企业可以依靠制度而长青。任何人都是企业机器上的一个零件，零件坏了可以换，但整部机器仍在正常运行。有很多企业正是靠制度获得了新生。

20世纪80年代起步的康柏公司，在CEO罗德·凯宁的领导下取得了优秀的业绩。他们高质量的手提电脑与高速、大容量的微电脑曾风靡一时。公司成立5年后销售额突破10亿美元。但当80年代末，电脑开始普及之后，凯宁顽固地坚持高质量、高价格，反对低价、大批量普及的潮流。这时，董事会决策制度发挥作用，撤掉了顽固不化的凯宁，康柏又走向新生。

一个人无论多伟大也不能不犯错误，依靠个人的企业无法消除个人错误引起的恶果，而法治企业有消除这种错误的机制。

3. 制度能规避机会主义行为

那些不遵守规则的人，因为制度的不健全，专门钻空子牟取暴利，这就是典型的机会主义行为。

制度化建设是企业赖以生存的基础，是企业行为准则和有序化运行的体制框架，是企业员工的行为规范和企业高效发展的活力源泉。英国首相丘吉尔曾说，"制度不是最好的，但制度却是最不坏的"。

当企业形成完整的制度体系后，不仅是企业领导，一般员工的执行也有了延续性。当某员工离开某岗位时，接管其岗位的后来者能够迅速地遵循现有的"制度"展开工作，继续推动工作向前发展。这就是跨国公司职员可以频繁流动或较长时间休假，但公司照样能有效运转的奥秘。

一个企业，假如缺乏明确的规章、制度和流程，那么工作中就很容易产生混乱，有令不行、有章不循。所有员工在制度面前一律平等，他们会按照制度的要求进行工作，会在制度允许的范围内努力促进企业效益和个人利益最大化。

制度是公司有效运转的保障

没有合理的制度，就不可能确保企业的有效运转，要提升企业的整体竞争力，就必须利用合理的制度作为保障。

制度是企业运转的重要保障。如果没有完善的制度，就往往容易陷入长期发展的困境。因此，必须依靠建立制度解决发展中的问题。

研究国内大量中小企业的表现，可以发现缺乏制度保障，一般多表现为以下几种情况：

1. 不知道干什么

有的公司没有明确的能够落实的战略规划，没有明确的制度，使员工得不到明确的指令；也有的公司制度不符合市场需求，员工只好自发地进行修改；还有一些公司制度经常变，策略反复改，再加上信息沟通不畅，使员工很茫然，只好靠惯性和自己的理解去做事。

2. 不知道怎么干

国内很多企业的制度流于表面，员工理解了制度层面的内容，但具体工作怎么干还是不知道；有的公司给低层员工做一些行业趋势、宏观战略的培训，但没有交给他们有效的工作方法。

3. 干起来不顺畅

举个简单的例子，员工小刘需要向上级报批3000元的促销费用，首先要给经理批，经理批完总监批，总监批完副总批，副总批完财务批，财务批完老板批。结果，总监出差耽误了7天，财务搞不懂这钱该花不该花，也不想求证，就把这事搁置了半个月，最后这笔钱终于批下来了，但是总共花了一个月，已经不需要做促销了。申请者一开始要不断地解释为什么要花这笔钱，然后又要不断解释为什么不发，员工在这个过程中，热情被消耗，慢慢地就变得不主动做事了。

4. 不知道干好了有什么好处

企业大都有对员工的激励制度，但是在制定激励制度时往往犯一个错误，就是把制度制定得太过复杂，使员工很难算出来下个月自己花多少精力达到什么结果就能拿多少奖金，这样就使激励政策作用大打折扣，执行自然也会打折扣。

5. 知道干不好没什么坏处

企业中，没有处罚或处罚不当现象也比较常见，有的是亲缘、血缘、地缘关系，能放一马就放一马；有的是自己的人，自然不会处罚。当罚不罚严重破坏了游戏规则，"榜样的力量是无穷的，坏榜样的危害也是无穷的"。

这些制度的通病正在我们身边上演。企业界有句名言："制度大于总经理。"一套规章制度只要出台，就应既能给人以明确的导向，又能使人得到应有的奖惩。

制度是有效的竞争力

世界500强，诸如沃尔玛、微软、花旗银行、IBM等等，它们家家都有管理操作规范文本。以麦当劳为例，全世界任何地方的分店做出的汉堡包全都一模一样，其工人和服务员的操作规范文本摞起来有半人高，就是管理者的操作规范文本也厚达数千页。

由此可见，小公司要想做大做强，就必须完善制度，走正规化管理的道路，这样各项事务才能井然有序，信息沟通才快捷、高效，对市场环境的适应能力才强。完善的制度是管理最有力的保障和支持。是否要建设和完善自身的制度，不是企业自身愿与不愿的问题，而是企业是否要发展的问题，是否要增强竞争力的问题。

对小公司而言，完善合理的制度具有重要意义：

1. 制度是企业存在的基础

没有制度，就根本谈不到企业的存在，当然更谈不到企业的发展。公司作为各种生产要素的组合体，其运营必须建立在基本的制度基础上，任何一个小公司都必须以制度作为基础。

2. 制度是企业运行的保障

公司必须要按照一定的程序运行，而要按照一定的程序运行，就必须要有一个运行的程序，程序要对企业运行有约束，那么约束企业运行的程序是什么？不是别的，就是制度。因此，制度实际上就是约束企业并且保证企业有序化运行的一种准则。没有良好的制度，就没有企业的有序化运行。

3. 制度是企业发展的活力源泉

企业的所有经营活动，无论是生产经营活动，还是资本经营活动，都是建立在合理的制度基础上。考察那些优秀的企业，他们得以高效发展，制度是他们的活力源泉。

4. 制度是企业发展壮大的必然选择

当企业发展到成规模的时候，必然要求把企业的思想理念，决策措施，考评策略，调控体系，通过制度的方式进行递进和传达，从而建立和实现自己的体系，实现做大做强的目的。

5. 制度是企业参与竞争的必要手段

企业之间的竞争日益强烈，除物质基础、人力资源等硬件条件外，管理策略、思想、意志和精神等软件要素的重要载体可以说就是制度。

在今天的日益激烈的竞争背景下，企业的制度化程度如何，是竞争力的直接体现。同时，合理的制度建设可以建立一支高效的企业团队，规范作业流程和员工工作行为，使得企业形成一个融洽、竞争、有序的工作环境。只有在这样的环境中，员工才能最大限度地发挥自己的潜能，使组织工作效率最大化。

6. 制度可以把管理者从琐务中解放出来

完善的制度能使现代企业纷繁复杂的事务处理变得简单，企业管理者不再需要将大量宝贵时间耗费在处理常规事务中。这样，常规事务的处理也变得有章可循，企业的工作可以处于一种有序的状态中。

7. 完善的制度有利于促进企业正规化

企业通过各种制度来规范组织成员的行为，更多的是依据制度来处理各种事务，而不是以往的察言观色和见风使舵，使企业的运行逐步趋于规范化和标准化。这些处事原则更加符合市场经济的要求，使企业能够顺利地融入市场竞争。

8. 规范的制度更容易吸引人才加盟

一方面，规范的制度本身就意味着需要有良好的信任作为支撑。在当今社会信任普遍处于低谷之时，具有良好信任支撑的企业在人才竞争中很容易获得优势；另一方面，规范的制度最大程度地体现了企业管理的公正性和公平性，人们普遍愿意在公平、公正的环境下参与竞争和工作；同时规范而诱人的激励制度也是企业赢得人才争夺战的最为有力的武器。

为公司建章立制

一个科学的完整的制度，是一个具有可操作性的、能保障执行到位的制度，它通常由以下三个部分构成：

制度中的原则性条款，是管理者希望员工做什么，不要做什么。原则条款通常都是笼统的要求，只说做什么，没说怎么做，缺乏具体、细化的操作方法。

实施执行程序，是针对原则条款，订出具体的实施方法和标准，主要解决怎么做，如何执行的问题，使原则条款转化为可操作的程序规定。

有效的检查程序包括：谁检查，按什么程序检查，检查者要负什么责任，怎么约束、检查检查者。它是制度执行机制中最关键的部分。缺少检查程序，制度执行就没有保障。

一个科学有效的制度，它的三个组成部分是相互依存、缺一不可的。其中，最重要的是检查程序（它是制度结构中的重中之重）；其次是执行程序，原则条款为最轻。

结构决定功能，正是由于制度结构的缺陷，导致了许多机构的制度成为摆设。怎样才能建立合理的制度呢？以下几个要点可供参考：

1. 制度设计体现合理性

因为制度设置的不合理性，主管也无法对员工完不成任务而进行处罚，结果更造成了制度根本得不到执行。

某白酒企业，公司为各个区域的员工都规定了严格的月业绩考核任务指标。但白酒消费市场带有明显的季节性，在旺季，员工基本上都可以完成，而在淡季，几乎没有一个人能完成任务。结果造成了在淡季，员工工作积极性大为消退，因为即使再努力去工作，任务目标还是无法完成。比如在淡旺季行业，制定制度时就可考虑这些因素。

2. 制度设计体现激励性

制度的设计如果体现激励性，则能充分调动员工的积极性，体现出效益；反之，如若制度设计不具激励性，不仅不能激发员工的工作热情，反而会滋生员工的抱怨情绪。

3. 制度设计体现科学性

要让制度体现科学性，却不是一件容易的事情。下面的例子或许能给人启发。

7个人同住在一个小木屋中，他们想用非暴力的方式解决吃饭问题——分食一锅粥，但是没有任何容器称量。怎么办呢？大家试验了这样一些方法：

方法一：拟定一人负责分粥事宜。很快大家就发现这个人为自己分的粥最多，于是换了人，结果总是主持分粥的人碗里的粥最多最好。

方法二：大家轮流主持分粥，每人一天。虽然看起来平等了，但是每个人在一周中只有一天吃得饱且有剩余，其余6天都饥饿难耐。

方法三：选举一位品德尚属上乘的人，还能维持基本公平，但不久他就开始为自己和溜须拍马的人多分。结论：毕竟是人不是神！

方法四：选举一个分粥委员会和一个监督委员会，形成监督和制约。公平基本做到了，可是由于监督委员经常提出多种议案，分粥委员会又据理力争，等粥分完，早就凉了！

方法五：每人轮流值日分粥，但是分粥的人最后一个领粥。结果呢？每次7只碗里的粥都是一样多，就像科学仪器量过的一样。

哪种制度最能体现科学性？很显然是最后一种，制度无需复杂化，只要体现科学性，就是有效的制度。

4. 制度设计体现严肃性

企业的制度要体现严肃性，正如治军必严，而要管理企业，也必须发挥制度的作用，功则奖，过则罚。

设计制度的基本原则

优秀的企业必须建立在优秀的制度基础上，而最好的制度来自最好的设计。没有完善的制度，或制度设计不合理，顾此失彼，工作必然无法展开。

制定出大家共同遵守和依据的工作准则，不仅保证了公司成员们行动的正确规范，而且还有利于调动和发挥人的积极性，引导全体员工积极自觉、一丝不苟地遵守制度，实现用制度来约束人，让员工一言一行法可依，有标可考，真正做到用制度管人，按制度办事，管理者也能从"烦琐"中脱身。

总的来说，企业在设计规章制度时，应注意以下原则：

1. 可行性原则

任何规章制度都必须是可以执行的，设计时一定要深入调查其可行性，而对那些现存的、不能执行的条文和规定应立即废止。没有可行性的制度在实际情况中不能执行，必将破坏制度的权威性。

2. 具体性原则

一个规章制度如果过于抽象、笼统，缺少具体的条文和实施细则，那么它将难以执行。一些企业的制度无法落实的教训之一，正是因为许多制度是包罗万象的抽象性规定，尽管内容丰富，覆盖面广，精神主旨正确，但一接触许多具体问题时，则难以对号入座。例如，有的公司规定："要做有原则性的工作"，"要有服务社会的精神"，"为自己创造既文明又有吸引力的工作环境"，"保持心胸开阔、精力充沛"，"上班时间要严肃"，这就过于抽象，不容易具体实施。

还有的企业规定"几不准"，看起来似乎比前面的要具体多了，但只原则规定不准做什么是远远不够的，这种制度即使有人违背了，也不能及时严肃追究。现实基层工作是具体的，需要有一些具体的条例和实施细则，还要规定做不到怎么办。

3. 针对性原则

制度的各项内容及其要求，必须从企业和员工的实际出发，以便能够对良好的行为习惯产生激励和正强化作用。对不良的行为习惯产生约束作用和进行负强化，使得实施员工行为规范的结果能够达到企业预期的强化或改造员工行为习惯的目的。没有针对性、"放之四海而皆准"的员工行为规范，即使能够对员工的行为产生一定的约束，也必然是十分空泛无力的。

4. 普遍性原则

上至经营者，下至一线工人，无一例外都是企业的员工。因此，规章制度的适用对象不但包括普通员工，而且包括企业各级管理人员，当然也包括企业最高领导，其适用范围应该具有最大的普遍性。设计规章制度时，坚持这一原则主要体现在两个方面：第一，规章制度中最好不要有只针对少数员工的条款；第二，规章制度要求人人遵守，其内容必须是企业领导和各级管理人员也应该做到的，管理人员由于工作需要或客观原因很难做到的条款，尽量避免写入；或者在同一条款中用并列句"管理人员应……普遍员工应……"从而体现各自相应的具体要求。

6. 简洁性原则

制定制度的目的在于执行，为便于员工学习、理解和对照执行，必须做到整个制度特点鲜明、文字简洁。如果一味追求"大而全"，连篇累牍，洋洋洒洒，反而不具实用价值。因此，在拟定文字的时候，也要用尽可能简短的语句来表达。

7. 有限的弹性原则

规章制度都应有一定的精确度，在精确度允许的范围之内称之为弹性。因为不存在任何一种规定可以精确地限定每一种事物，所以规章制度的弹性原则是必要的。

但是，这种弹性又必须是有限的，是积极的。制度的弹性不能过大，要明确制度上量的尺度和质的依据，使之容易具体操作，避免执行时的走样和变形，避免执行过程中的随意性。但制度的弹性也不能过小，那样会造成制度的过于死板和苛刻。我们把握好这一原则，不是留一手，而是多准备一手，是为了增加解决问题的可能性。

健全的制度应具备的特征

公司要获得长久的发展，必须自成立开始，就要不断建立健全制度。唯有健全的制度，才能为企业持续发展提供机制保障。

那么，对小公司而言，什么才是好的制度？它应该具有什么特征？

1. 利益相关性

好的制度着眼于将公司的发展与员工的切身利益最大限度地捆在一起，利用员工的理性去制约人的弱点，以此促进企业的发展。以制度规范管理体系为基本，谋求制度化下的稳步发展。

当员工能够认识到制度是在保护自己的利益时，他们会积极地维护制度，愿意接受制度的约束，他们明白违反了制度后自己将会受到怎样的惩罚，需要承担什么样的责任。这样，就能实现制度约束与员工自我约束的有机结合，充分发挥员工的自我管理意识，引导员工主动地服从、愉快地投入、创造性地工作。

2. 权威性

必须坚持在制度面前人人平等，不允许有任何特殊与例外——违反者必须接受制度的惩罚，就算他们违反的目的是为组织或团体赚钱，亦不例外。

制度必须体现至高无上的权威性。任何个人、任何组织都必须服从制度。好制度就是高压线，它高于一切，使生产经营活动有条不紊地进行，使复杂的管理工作有法可依，有章可循，使企业万千之众步调一致。

3. 公平性

好的制度不因性别、年龄、学历、人情、背景的不同而不同，所有人在同一制度的约束和激励下，体现最大程度的公平。

4. 具体性

好制度对员工在什么岗位上要做什么都规定得很清楚，能够使员工趋利避害，限制员工的主观随意性、做事的隐蔽性，加强相互监督促进，保证企业正常有序发展。

5. 可操作性

好制度定位准确，与企业自身情况和员工现有的接受能力及素质水平相匹配，使大多数员工不至于因达不到要求而失去信心，也不至于因标准过低而产生懈怠心理。

6. 简明性

好制度表述简明扼要，使执行者一看便知道怎么执行，员工一看便明白如何遵守。因此，我们在制定制度时要防止行文过于复杂，避免意义表达含糊。

7. 严密性

理想的制度应当在出台前充分考虑到在实施过程中遇到的各种可能的情况与因素，措辞严密，无懈可击，以此尽量避免在执行过程中出现漏洞。

8. 预防性

建立制度的目的不仅仅是"纠正"，更是为了"预防"：预防其他企业曾经的教训，预防可能发生的错误和可能造成的损失。制度一旦建立起来，必须力求完整全面。对于可能发生的事情，必须提前想到并做出相应的应对措施，如果等到员工做出不合理的行为后再做出规定，那是不公平的，而且也是很没有效率的管理方式。

9. 导向性

好的制度是企业经营管理理念的体现。但是，许多企业的制度在"体现与渗透"方面做得不好，甚至相互矛盾。例如，绩效管理的导向是促进绩效目标的完成。如果在设计KPI指标时，指标的权重设计不合理（重要指标的权重低，非重要指标的权重高），就有可能使被考核人投入很大精力去完成非重要工作，而重要工作却完不成。

10. 先进性

好的制度不拘于现状，而是适度超前，向行业先进企业、标杆企业看齐，满足企业未来发展战略规划需求和未来一定时期内市场竞争需求，又充分兼顾企业的现实状况。

实现制度化管理的步骤

实现制度化管理，是现代企业的发展趋势，也是企业提升自身管理水平与竞争力的必由之路。但同时我们也应该认识到，制度化管理的实现不是一蹴而就的，尤其对于小公司而言，制度的建设与实施是一个循序渐进的系统工程，要稳步推动。

那么小公司该如何进行制度化建设和管理呢？

1. 确定根本制度

企业要有类似于国家的宪法的"根本大法"，对制度进行指导和制约。这个"根本大法"可以是企业的发展战略，所有的公司制度都围绕企业的战略展开。

成熟的企业应该有一个章程来明确哪些规定应该由谁来制定，由谁来审查，由谁来通过，如果修改，应该是什么程序等等。制定这样一套制度以后，"朝令夕改"就没有那么容易了。

2. 确立制定一般规章制度的程序

一般来说，制度越少越好，但是在公司壮大的过程中，不可避免会制定一些子制度，如部门制度、考勤制度、奖罚制度等等。

制度是否能达到预期目的，在一定程度上取决于制定程序是否民主化，制定者是否具有务实精神。一般情况下，制度的制定过程应当充分地体现制定者或企业的民主意识和务实精神，这就需要制定规章制度时必须遵循这样一个过程：调查——分析——起草——讨论——修改——会签——审定——试行——修订——全面推行。

就是说，规章制度的制定要经过充分调查，认真研究，才能起草。草稿形成以后，要发到有关职能部门进行反复讨论，斟词酌句，缜密修改，经过有关会议审定，然后在小范围内试行检验，并对试行中暴露出的问题和破绽，认真进行修改。其中，重要的规章制度还要提请董事会、党委会或职代会通过，再报上级管理部门批准。只有遵循上述基本程序，组织所制定的管理制度才能切合实际，具有权威性和现实性，在管理过程中才会收到预期效果。

3. 确定参与制定规章制度的人员

在许多企业里，规章制度绝大多数都是由几个高层领导来制定的，甚至具体到某一业务标准也是由他们来制定。这种现象似乎已成为一种习惯，但高层领导可能对现场作业流程并不了解。因此，需要从企业中抽调一些不同部门、不同层次的人来制定规章制度，并确定一个将来执行规章制度操作管理的人，来共同参与其中，必要时可请管理咨询专家和企业同仁共同设计。这样制定的规章制度就比较规范且容易进行具体的操作实施。

4. 确定规章制度的内容

不同的企业因其生产性质和行业背景的不同，所确定的规章制度的内容也有所不同。企业的制度内容可以借鉴优秀企业的制度内容，但是无论如何必须建立在适合本公司环境土壤上，切不可照搬照套。

一般来说，公司的规章制度可以包括：企业的民主管理制度；集中管理与分散经营相结合，即集权与分权相结合的运行机制；以参与国际竞争、占领国际市场为目标的经营战略体系；企业的文化生活制度；配套的营销管理、产品研究与开发管理、生产管理、财务管理、人力资源管理等具体制度。

5. 要对制度进行宣传培训

制度制定出来后，要进行广泛地宣传，让每一个员工知晓。尤其是对新员工，公司制度首先成为他们学习的第一课，也是必修课。应加强制度的学习与教育，把制度约束与员工的自我约束有机地结合起来。让员工先"知法"，企业应建立员工手册，手册中可以将企业的制度收编进去。这样也可以确保新进员工能很快适应企业，进入工作状态。

警惕公司的"潜规则"

企业在运行过程中，逐步形成自己独特的、符合一定企业运行规律的行为模式，这就是企业制度。可以说，企业制度是企业行为模式的沉淀，是一种稳定化和合理化的秩序。制度具有重要的作用，比如说，公司规定每天9点上班，那么，工作日的九点钟，绝大多数员工必须要在9点钟的时候进入工作场所。

但在很多公司组织内，与明文制度相对应的，是大行其道的"潜规则"。"潜规则"指的是明文规定的背后往往隐藏着一套不明说的规矩，一种可以称为内部章程的东西。"潜规则"之初主要是谈社会中存在的一些"陋规"，如鲁迅先生所说，"藏在皮袍下面的东西"，是社会中一种看不见、摸不着，行之有效、但摆不上桌面的行为方式。

在很多企业中，"潜规则"大行其道，是由于制度、管理安排不合理等方面的原因，造成某项工作出现真空现象，使管理的有序反而变成无序，造成极大浪费。一般来说，主要有以下几种情况：

1. 有章不循造成的无序

有很多管理者把规章制度当成约束他人的守则，没有自律意识，不以身作则，不按制度进行管理考核，不仅影响了其他员工的积极性和创造性，还会降低整体工作效率和质量。

2. 业务流程的无序

这是由于通常考虑以本部门为中心，而较少以工作为中心，不是部门支持流程，而是要求流程围绕部门转，从而导致流程的混乱，工作无法顺利完成。

3. 协调不力造成的无序

职责不清，处于部门间的断层。部门之间的工作缺乏协作精神和交流意识，彼此都在观望，认为应该由对方部门负责，结果工作没人管，原来的小问题也被拖成了大问题。

4. 业务能力低下造成的无序

比如出现部门和人员变更时，工作交接不力，协作不到位，因能力不够而导致工作混乱无序，人为地增加了从"无序"恢复到"有序"的时间。

制度的不完善，使潜规则的存在变得合理。任何一个企业中，制度都不可能完全正确和完善，当制度不能发挥有效作用的时候，潜规则就会凸现，起到实际的调节作用。而企业发展是一个动态的过程，不可能用一种规则去应付，纵使是制度，也是在变化之中。可以说，规则总是落后于企业的发展，在新的规则还没有建立的时候，潜规则就闪亮登场。

让制度与企业文化理念相契合

当前，在很多小公司，制度和文化存在两张皮现象，制度是制度，文化是文化。企业的制度并没有跟企业的核心价值观关联起来，具体的制度条文也未能很好体现企业的核心文化理念。

有些公司一方面提出了自己的价值观，另一方面制定制度时却没有将企业的价值观贯彻到制度中去。结果导致了企业制度完全成为约束性的条款，导致与企业核心价值观的脱节。但如果不执行，这样的制度就形同虚设，企业的制度也失去了效力。

因此，小公司在进行企业文化建设时，必须确保制度与文化理念的契合。做到二者的契合，其前提是保持制度制定与文化理念的一致性。

1. 让员工了解自己的角色

员工希望个人成功，希望通过企业的成功而达成个人的成功，因此，在大部分情况下，员工的利益与企业的利益是紧密联系的。企业帮助员工实现成功的方法，首先是要让他们了解他们在企业制度制定中的角色要求，并使之努力符合甚至超过这些要求。

企业可以通过多种方法让员工了解他们的角色认知：

（1）正规的工作说明。正规的工作说明把每一项工作的参与程度做了说明，并对其要求逐一进行详细解释，以保证工作的成功。

（2）制定制度时上下级面对面的会谈与沟通。管理者、监督者通过与部下面对面的会谈来了解他们的要求，向他们讲清楚他们在其中发挥的作用。

（3）如果制度发生了基于文化理念的变化，而员工还是基于自身利益而固守原来的想法，那么，管理层需要做的工作就是让员工更加明确地认识到自己在文化变革和制度变革中的位置，并力求让他们心甘情愿地拥护新的制度，扮演新角色。

企业在实施文化变革时，很显然对企业工作人员的要求也会随之改变。管理者必须以不同于往常的方式进行管理，还必须对新的行为进行奖励和评估。企业员工同样必须以不同于往常的行为行事，不同的企业文化类型会要求有不同角色要求。

2. 制度的方向定位

制度是为企业发展服务的，作为企业文化变革的部分，基于公司文化理念的制度将引导企业不断发展。因此，企业应让员工们了解企业为了创建一个有利的企业文化环境已经做了哪些工作，正在从事什么工作，了解企业期望他们能做出的贡献，在新的制度面前应该保持怎样的态度等等。不管企业运用的是哪一种手段，企业都需要对现有的和将来加入的员工经过这一过程的教育。

3. 持续性的信息交流

企业必须对文化变革所产生的制度变迁向企业员工充分通报，通报的内容可以包括：这一变革主要是为了提高职责能力，还是为了利用团队化所产生的协作或实现对重要而稀缺的技能的有效使用。实施的新政策或工作程序，对原有政策和工作程序的改进，要从深度上加以说明。

4. 对文化的控制

企业文化带动制度变革过程中肯定会不时地出现很多问题，因此，要建立一种发现变革中的问题和情况并对此加以解决的机制。这种机制是用以发现可能妨碍到进步或导致失败的警示系统，是员工向企业汇集信息的手段，是用以产生新观念和改善文化变革进程的工具。这种程序鼓励员工提出自己的想法、建议或问题，同时要求提出的问题一定要得到解决和落实。

5. 制度要得到员工认可

千万不要将这个条件简单化，因为它正是从制度上升到企业文化的重要一步，而通向这一步的核心就是把握制度效力点所在的问题。制度的效力点不在别处，就在人的心灵。只有做到了这一点，制度才能真正与文化理念相契合，并支撑企业的整个文化大厦。制度制定是为了将价值观转换为员工共同行为，是固化企业文化的过程。当制度内涵未得到员工的心理认同时，制度只是管理者的"约束文字"，至多只反映管理原则和规范，对员工只是外在的约束。当制度内涵已被员工心理接受，并自觉遵守与维护而形成习惯时，制度才能凝固成为一种文化。

尽管制度建设是文化建设的基础和保障，但是制度要更好地体现企业文化建设。成为企业文化的良好支撑和具体体现，也不是无条件的、自然而成的，必须将硬性的制度嵌入到作为软性管理手段的企业文化之中，使企业制度与企业文化理念契合起来。

养成规则意识

"没有规矩不成方圆"，小公司的管理基础也不应该是随时、随地、随意由管理者临机处置，无章可循。建立公司管理制度，可以大大降低个人因素影响企业的管理，依靠科学合理的授权、约束和控制，以及对制度适时的调整，使整个企业有效、健康地发展。

公司是人的组合，而每个人都有自己的思想和行为，但公司不用于个人，需要尽量做到整体步调一致，所以规则的约束不能缺少。

1. 为公司画出规矩方圆

在每个企业的建立之初，管理者首要做的就是指定明确的纪律规范，为企业画出规矩方圆。制度也包括很多层面：财务条例、保密条例、纪律条例、奖惩制度、组织条例等。这些规章制度有利于员工促成规则意识的养成。

90后员工钟浩然，大学毕业后很顺利地进入到一家科技公司做市场销售的工作。本来一份前景很乐观的工作，钟浩然却因为细节上出了一些问题，和老板、同事的关系弄得非常紧张，令他沮丧万分。

上班时，钟浩然无视制度的规定，依旧左边口袋里揣着PSP，右边口袋里揣着手机，讲起电话来没完没了，云山雾罩，唾沫星子乱飞，玩起游戏也是不分场合。

一天，钟浩然正在打电话，讲到高兴处，忍俊不禁，哈哈大笑，被下来检查工作的上司逮了个正着。看到他的样子，上司当场就发了火，于是勒令他遵照公司的制度办事，不要在上班时间随意打私人电话，影响其他同事的工作，并且给他一道选择题，如果保留他的随性，请另谋高就，如果要继续为公司服务，那么请剪掉他"漠视制度"的小尾巴。

在企业中，有些员工不懂"规矩"，不断挑战公司制度的底线，扰乱工作秩序，导致团队工作效率下降。

现代企业家杰克·韦尔奇当年立推"六西格玛管理"，张瑞敏发怒砸掉了不合格的冰箱，这其实都是在立规矩。规矩立起来了，大家就有了准则，有了行动的标杆。从更深的层次讲，企业之间的竞争实际上也是规矩之争，作为制定规矩的企业领导者来说，谁的胸怀和气度大，谁能立起有效的规矩，谁的企业才能随之长久和伟大！

2. 有效执行

规矩是什么？规矩有什么用？用直白的话说，规矩就是个大染缸，告诉员工如何做，什么该做，什么不该做。防止员工办错事，同时惩罚办错事的人。

看看已经有百年历史的IBM、花旗银行、默克制药等企业，我们可以发现，有规矩的企业才能有机会成为真正的百年老店。再往前追溯，中国军事家孙武就懂得"立规矩"和执行规矩的重要性。

春秋时代，孙武去见吴王阖闾，吴王问他能不能训练女兵，孙武说："可以。"于是吴王便拨了一百多位宫女给他。孙武把宫女编成两队，用吴王最宠爱的两个妃子为队长，然后把一些军事的基本动作教给她们，并告诫她们还要遵守军令，不可违背。

不料孙武开始发令时，宫女们觉得好玩，都一个个笑了起来。孙武以为自己话没说清楚，便重复一遍，等第二次再发令，宫女们还是只顾嬉笑。这次孙武生气了，便下令把队长拖去斩首，理由是队长领导无方。

吴王听说要斩他的爱妃，急忙向他求情，但是孙武说："君王既然已经把她们交给我来训练，我就必须依照军队的规定来管理她们，任何人违犯了军令都该接受处分，这是没有例外的。"结果还是把队长给杀了。

宫女们见孙武的纪律严明，都吓得脸色发白。第三次发令，没有一个人敢再开玩笑了。训练也终有所成。

那么，如何使企业制度文化与企业的生产经营实际相"融合"，如何使规则意识在员工中生根开花，得到他们的认同呢？

在让员工接受企业的"规矩"，注重把制度与员工的日常工作结合起来，而不是挂在墙上的纸张，让价值观融入到企业的日常作息中，才能让制度充分发挥作用。

领导要带头服从制度

在某些公司会遇到这样一种现象：制度制定的很完善，哪怕是挂在最显眼的位置，员工却偏偏视而不见，致使制度无法执行，成了一种摆设。这种情况在一些小公司表现尤为突出。

制度不仅仅让员工的行为有了底线规范，更让管理变得简单、公正。因此，管理者要做好制度的建立者，更要做好制度的守护者与执行者，才能确保制度的执行对企业经营起到持续的正面作用。

1. 言教不如身教

例如某公司规定早上9点准时上班，可是准时到的人却很少，大家总是在九点时才开始陆续到来，直到9点半才全体到齐。因为，领导一般9点半之后才会来。很明显，在这个公司已经有了一条"潜规则"——只要在9点半以前上班就可以。

在企业中不断加强制度建设的今天，一项好的制度能不能靠得住，关键要看领导者是否身体力行，是否用手中的权力去保护制度而不是超越制度。如果权力大于制度，那么，再多的制度也不过是制度，要想用这样的制度提升企业的执行力是不可能的。

2. 领导者要带头执行

柳传志在很多场合说过："企业做什么事，就怕含含糊糊，制度定了却不严格执行，最害人！""在某些人的眼里，开会迟到看起来是再小不过的事情。但是，在联想，确是不可原谅的事情。联想的开会迟到罚站制度，二十年来，没有一个人例外。"

联想集团有个规矩，凡开会迟到者都要罚站。在媒体的一次采访中，柳传志表示："我也被罚过三次。"他说："公司规定，如果不请假而迟到就一定要罚站，但是这三次，都是我在无法请假的情况下发生的。罚站的时候是挺严肃的，而且是很尴尬的一件事情，因为这并不是随便站着就可以敷衍了事的。在20个人开会的时候，迟到的人进来以后会议要停一下，静静地看他站一分钟，有点像默哀，真是挺难受的一件事情。第一个罚站的人是我的一个老领导。他罚站的时候，站了一身汗，我坐了一身汗。"后来我跟他说："今天晚上我到你们家去，给你站一分钟。"不好做，但是也就这么硬做下来了。

柳传志认为，立下的制度是要遵守的。不以规矩，无以成方圆。所以，所有的企业组织，就都会有自己的制度，有制度可依，同时还应有制度必依。制度不是定来给人看的，而是定来遵守的。无论是谁，只要是这个企业组织的成员，就应该受这个制度的约束，这样才能发挥制度的作用。

著名管理学家亨利·艾伯斯说："上级领导的职责是把下级的行为纳入一个轨道，有利于实现组织目标。"但亨利·艾伯斯没有告诉我们，如何把下级的行为纳入轨道。以上有关柳传志的故事回答了这个问题，它包含两个步骤：制定统一规范的制度，并强有力地执行它。

制度没有例外

制度是企业管理的基础和保证。因此，制度一旦制定下来就必须严格遵守，否则企业就会成为一盘"散沙"，危及企业的生存。

1. 制度只管例行

有这样一个故事：

汉代有一位名叫丙吉的宰相。有次他外出巡视，路人打架发生伤亡，有人拦轿喊冤。丙吉问明缘由后却绕道而行。后来看见一头牛在路边不断地喘气，他却立即停下来，刨根究底，仔细询问。随从的人觉得很奇怪，问为什么人命关天的事情他不理会，却如此关心牛的喘气。

丙吉说，打架斗殴，由地方官吏负责，我不能越权处理。天尚未热，而牛喘气异常，就可能发生了牛瘟或是其他的有关民生疾苦的问题，这些事情地方官吏一般又往往不太注意，因此我要查问清楚。

这则故事有很多耐人深思的地方。打架伤亡事件由专门的律法来管理，因为这些例行事件的处理大都制度化、流程化，并由专门的机构负责处理。相反，"牛喘气"作为一种偶发性例外事件，缺乏制度化、程序化的解决方式，就容易被忽视而造成严重的后果。

丙吉这种放手流程内和例行性事件、专注流程外和例外事件的管理思想，对企业的管理者有着很深的启示。

2. 管理者不要搞例外

制度多是一些硬性规定，一旦遇到特殊的情况，就无法处理了。但是，中国是例外最多的国家，甚至管理者本身也常犯"例外"性的错误。只要制定了制度，任何人都应该按制度办事。

曹操带兵出去打仗的时候，看到麦田里的麦子长势很好，于是下令：大家注意，不要踩到麦田，哪一个人踩踏麦田，斩！刚刚讲完，他的马就踩到一大片麦苗。

怎么办？当时曹操就拿起刀来，所有的人都跪下去求情："千万不可以。"曹操坚持认为，自己发布的命令，一定要遵照。大家又赶紧求情："绝对不行！绝对不行！"那怎么办呢？于是曹操"割发代首"。

身为管理者，在执行制度的同时，注意自己的行为举止，自己不要搞"例外"，否则将在下属面前失去威信，这将给自身的管理工作增加难度。

3. 人人都要遵守制度

企业管理中，必须做到有制度可依，同时做到有制度必依。制度的制定不是给人看，而是让人遵守的。一旦制定，组织中的任何成员，都必须受到这个制度的约束。

1946年，日本战败后，松下公司面临极大困境。为了渡过难关，松下幸之助定下严格的考勤制度，要求全体员工不迟到，不请假。

然而，不久，松下本人迟到了10分钟。本来，松下上下班都是由公司的汽车接送的，当天，他早早赶往车站等车，可是左等右等，却不见车来。看看时间差不多了，他只好乘上电车，刚上电车，就看到公司汽车到了，便又从电车下来换乘汽车。但由于耽误了时间，到达时整整迟到了10分钟！原来是司机班的主管督促不力，司机又睡过了头，所以当晚接了松下10分钟。

按照制度规定，迟到要受批评、处罚的，松下认为必须严厉处理此事。

首先，以不忠于职守的理由，给司机以减薪的处分。接着，其直接主管、间接主管，也因监督不力受到处分，为此共处理了8个人。

此外，松下认为对此事负最后责任的，还是作为最高领导的社长——他自己，于是他对自己实行了最重的处罚，退还了全月的薪金。

仅仅迟到了10分钟，就处理了这么多人，连自己也不饶过，此事深刻地教育了松下公司的全体员工，在日本企业界也引起了很大震动。

若想让员工遵守制度，前提是领导者首先要管好自己，为员工们树立一个良好的榜样。行为有时比语言更重要，领导的力量，往往不是由语言，而是由行为动作体现出来的，管理者的表率作用尤为重要。

制度化管理的两大原则

制度的刚性与管理的柔性不能有效结合，企业制度很难发挥最大的效益。制度化管理，需要注重原则性与灵活性，也就是坚持按制度办事与适当变通。

1. 制度的刚性

制度的建立，是为了保证企业日常管理的规范。有制度，就要有执行。企业的管理中，保证制度的刚性是根本。

春秋时期，晋国有位叫李离的狱官。有一次，在审理一件案子时，李离由于误听了下属的一面之词，结果将一个犯人错判致死。后来案情真相大白后，李离决定以死赎罪。

晋国国君很看重李离，就劝说他："官有贵贱，罚有轻重。这件案子主要错在下面的办事人员，又不是你的过错。"李离回答道："作为国家的狱官，要保证国家法律的公正。既然我犯了错，就违反了制定的法律。为了保证以后法律的有效实行，我不能打破这个规矩。"说完之后，李离就伏剑自杀。

李离以死赎罪，体现了其对国家法律制度的刚性支持。晋国法律得到了有效维护，晋国的国力也因此大为增强。只有保证已有制度的贯彻执行，才能有效进行管理。

企业制定的每一条规章制度都具有一定的刚性，不过，要使制度发挥出最大的效用，又得做到灵活运用。

2. 制度的柔性

制度化管理并不意味着死板与僵化，在执行制度的过程中，应该根据适度的情况，体现一定的弹性。

曾有一家大型公司招聘，该公司计划招聘25名新员工。公司招聘制度明确规定是，只有文化考试成绩在前25名的人才能有资格被录取。有一位候选人，人品和性格都很好，并且拥有丰富的关系资源，这些关系资源能给公司带来较大的新的业务发展机会。但是他的招聘考试成就并不理想，排在第26名。面对这种情况，公司困惑了：是录取他，还是放弃他？公司领导层权衡再三，最后还是决定忍痛割爱。原因只有一个：公司的招聘规章制度不能违反，这是公司的"铁的纪律"！

然而，该公司的行为引起很多人士的质疑。因为，制度在执行过程中必须要注重柔性的重要性。对于小公司而言，强调制度的柔性，尤为重要。

3. 原则性与灵活性相结合

管理中需要按规章制度办事，坚持原则性，这是制度化管理的基本要求。同时，在管理过程中也不能没有灵活性。如何处理原则性与灵活性之间的矛盾，是摆在管理者面前的一个难题，在这方面，没有一般的成熟手段可供利用。

制度化管理倾向于把组织设计为一台精确、完美无缺的机器，它只讲规律，只讲科学，只讲理性，而不考虑个性。组织是由人组成的集团，人有感情，有情绪，有追求，有本能，人不是机器，不可能像机器一样准确、稳定。从这种意义上说，完美的制度化管理只是一种理想。

组织也不能变成一台设计完美的机器，它是在环境中生存和发展的生物有机体，随环境变化调节自身是其基本生存方式之一。这种调节的机制要求组织有活力，有生长发育的机制。这种生长发育的机制和活力的形成和发挥作用，就在于构成组织基础的个人行为。所以，组织从生存发展的需要考虑也不可能变成机器。

极端的制度化管理既不可能，也不理想。制度化管理强调的也不是极端的制度化，而是以制度化管理体系为基础，谋求制度化与人性、与活力的平衡。

根据现实情况和经验反映出的问题，处理原则性和灵活性的矛盾需要注意下面两点：

第一，根据组织中的实际情况，应加强"经"的一面，推行制度化管理，即使牺牲部分灵活性也在所不惜。因为传统的和现实的各种原因，会导致现实中原则性太少而灵活性太多。

第二，在基本的方面、关系全局的方面应坚持原则不动摇；而在局部的、无关紧要的方面可以适当放宽，多些灵活性。

在推行制度化管理的同时，要处理好下述两组矛盾的平衡关系："经"与"权"，他律与自律。

制度中的热炉法则

当人用手去碰烧热的火炉时，就会受到"烫"的惩罚。这就是著名的热炉法则。

企业制订所有的制度、标准、规范都是为了执行，不执行，再好的制度也只不过是废纸一张，甚至比没有制度的危害性更大。怎样才能严格执行呢？那就是运用"热炉法则"。

海尔集团有个规定，所有员工走路都必须靠右行，在离开座位时则需将椅子推进桌洞里，否则，都将被课以罚款。在实践中，海尔就是这样做的。在奥克斯集团的各项纪律中，有一项规定是开会时不得有手机铃声，若违反，每次铃声罚款50元。在奥克斯集团内，无论大会小会，都不会受手机铃声的干扰，即使是刚进奥克斯的新人也知道必须养成这样的良好习惯，绝不触犯。

这些企业之所以做这样的规定，用意无非是希望全体员工在心目中形成一种强烈的观念：制度和纪律是一个不可触摸的"热炉"。只有这样，才能做到令行禁止、不徇私情，真正实现热炉法则。

"热炉"法则向我们形象地阐述了执行制度时惩处的原则：

1. 预防性

热炉火红，不用手去摸也知道炉子是热的，是会灼伤人的预防性原则。这就要求领导者要经常对下属进行规章制度教育，以警告或劝戒不要触犯规章制度，否则会受到惩处。

2. 必然性

每当你碰到火炉，肯定会被灼伤的必然性原则。只要触犯单位的规章制度，就一定会受到惩处。

3. 即时性

当你碰到热炉时，立即就被灼伤的即时性原则。惩处必须在错误行为发生后立即进行，绝不拖泥带水，绝不能有时间差，以便达到及时改正错误行为的目的。

4. 公平性

不管谁碰到热炉，都会被灼伤的公平性原则。对公平的追求来源于人类的天性，只有公平的制度才可能得到大家的认可及拥护。

5. 有效性

不管在任何时候碰到热炉，都会被灼伤的有效性原则。

制度明确规定了员工该做什么，不该做什么，就好像是标明了在哪里有"热炉"，一旦碰上它，就一定会受到惩罚。

在运用"热炉法则"的同时，我们也应看到"热炉法则"的缺陷。惩罚制度毕竟是手段而不是目的，使用过滥就会适得其反。犯错误的载体人，是有血、有肉、有思想、有情感的，在达到处罚目的的同时，要充分考虑受罚员工的想法和承受能力，对不同状态的员工采取相应的方法与对策。从而达到通过处罚，教育员工，规范行为，促进发展的目的。并从技能培训、企业文化建设和建立科学的奖惩机制入手，使员工心悦诚服、勇于认错。这样的话，热炉给员工的就不仅仅是烫，而且会有温暖的感觉了。

按制度赏罚分明

自古以来，管理国家、军队、企业都有一条有效铁律，那就是"赏罚分明"、"奖勤罚懒"。

"赏"是对员工正确行为的一种肯定，帮助管理者旗帜鲜明地表明，员工哪种行为是自己所赞同的；"罚"是对员工错误行为的否定，表明哪种行为是被管理者所禁止的。

1. 秉公执法

但凡有名的军事家，在治军上都是法纪严明的，诸葛亮更是如此。作为三国时期最为著名的管理者之一，诸葛亮管理所有军政事务，显然，假如没有一些手段，他是办不成事的，而诸葛亮的手段之一就是赏罚分明。对有功者，他施以恩惠，不断激励；对犯错误者，他严肃法令，秉公执法。有两件事可以反映诸葛亮的赏罚分明：

第一件事：诸葛亮首次北伐时，马谡大意失街亭，致使诸葛亮北伐之旅遭到彻底失败。诸葛亮退军后，挥泪斩了马谡。同时，诸葛亮对在街亭之战立有战功的大将王平予以表彰，擢升了他的官职。

第二件事:作为托孤重臣的李严,一直为诸葛亮所器重。但在北伐时,李严并没有按时将粮草提供给前线,反而为了逃避责任在诸葛亮和刘禅之间两头撒谎,诸葛亮不明就里,只得退军。后来诸葛亮了解到了真相,将李严革职查办。

街亭一战,可以说是诸葛亮平生最为狼狈的一次。街亭战后,诸葛亮对马谡的罚以及对王平的赏,都充分地体现了诸葛亮恩威并施的不凡智慧,通过他的举措,军纪得到了整肃,士兵的士气也被大大的鼓舞了。

在现代企业管理中,管理者也应该像诸葛亮一样,有奖有罚、恩威并施,这也是对员工很重要的一个激励手段。形象一点来说,就是要管理者用好手中的棒棒糖和狼牙棒,要使员工明白,努力工作就能尝到棒棒糖的甜,犯了错误也会感受到狼牙棒的痛。

2. 有理有据

赏罚分明,就要做到有理有据。摩托罗拉就是赏罚分明的代表。摩托罗拉每年的年终评估以及业务总结会一般都是在次年元月进行。公司对员工个人的评估是每季度一次,对部门的评估是一年一次,年底召开业务总结会。根据一年来对员工个人和部门的评估报告,公司决定员工个人来年的薪水涨幅,并决定哪些员工获得了晋升机会。每年二三月份,摩托罗拉都会挑选一批优秀员工到总部去考核学习,到五六月份会定下哪些人成为公司的管理职位人选。

摩托罗拉员工评估的成绩报告表很规范,是参照美国国家质量标准制定的。摩托罗拉员工每年制定的工作目标包括两个方面:一个是宏观层面,包括战略方向,战略规划和优先实施的目标;另一个是业绩,它可能会包括员工在财政、客户关系、员工关系和合作伙伴之间的一些作为。摩托罗拉员工的薪酬和晋升都与评估紧密挂钩,虽然摩托罗拉对员工评估的目的绝不仅仅是为员工薪酬调整和晋升提供依据。但是,在摩托罗拉根据评估报告进行员工薪酬调整和晋升的过程中,评估报告已经扮演了表现摩托罗拉赏罚分明的一个最为重要的工具。

企业和军队,都是组织。一个军队赏罚分明,可以提升军队战斗力;一个公司赏罚分明,可以提升企业的市场竞争力。

3. 赏罚需要注意的问题

管理者在赏罚分明方面要注意三个问题:

(1)有过必有罚。一个组织必须讲究制度和纪律,团队事务是公,不能因为个人私交感情而对过失不惩罚。有过不罚,等于说经营者自动放弃了惩罚机制。

(2)有功必有赏。下属有功劳而不能获得奖赏,他会心生怨气,陷入懈怠,工作失去主动性和积极性。

(3)奖罚一定要双管齐下。下属取得成绩,即使给予奖励和肯定,以此来激励下属取得更大的成绩。下属犯了错误,给予批评和惩罚,以此来警醒下属改正错误。另外,赏罚一定讲求公平,否则会引起员工的抵触心理。

不断修订旧制度

人们总是习惯于用现成的、熟悉的方法去解答形形色色、层出不穷的问题,这样一来就很容易形成思维定式,禁锢人的思想。但在实际生活当中,情况瞬息万变,新问题不断出现,我们不可能用一个固定的模式去应付所有的问题。

因此,管理者必须时刻注意企业的规章制度,发现不切实际或不合情理的要及时纠正。好的规章制度,必然是不断修改不断完善的。

1. 制度要顺应变化

规章制度制定的目的是对一些暧昧不明的事项定出一个明确的标准。因此,它的时间性很强,同时也是为适应时代的大环境而定出来的,因而绝不是千古不变的定律,当时代、环境发生了变化,规章制度本身也必然要随之变化。

有的企业各种规章制度倒是不少，但就是"面孔"老了些，有的竟是十几年前制订的，仔细看看内容，显然已经时过境迁，没有什么针对性了。应该根据实际情况制订相应的规章制度，以确保良好的秩序和预期的效果。因此，根据变化了的情况进行积极的调整、变动和完善，使企业的制度不再"刻舟求剑"。

制度要顺应变化，这也要求管理者在企业管理上要具有灵活性。有这么一则故事，据说在20世纪60年代的美国企业界流传很广。

"有一个不擅指挥、无能的中尉获得了一项最高荣誉。原因就是来自一条规则，这条规则说，如部队中有任何官兵在军事演习中获得了最高成绩，则中尉便可获得最高荣誉。"

这项规则在当初制定时，肯定是出于某种特殊的原因。但过上一段日子再执行起来，自然就显得有点迂腐，因此才会产生无能长官接受褒奖的情形。

不难看出，这则故事对于那些墨守成规的管理者有一定借鉴作用。总而言之，一套完善的规章制度是一个管理者管理人才、使用人才的法宝。

2. 避免过于迷信制度

一个有经验的管理者应善于用制度管理他的下属。但也应尽量避免制度僵化，或过于迷信制度。

设定制度的动因是为了目标的实现，这才是第一位的，而具体的规定则要让位这一原则，否则就违背了制度的初衷。要想有效确保目标的实现，就需要对不合适的制度进行调整，使管理上的灵活性与制度的刚性完美结合起来。

然而，不少行业，其规定都有需要改进和完善之处。无论制定什么样的规章制度，事前都要详细了解实际形态、整理分析各类问题，而后制定规则，这样才有意义。若徒具冠冕堂皇的条文，而与现实情形背道而驰，则无异于一纸空文。

企业规章制度的建立、制定是随着生产的发展，企业的进步不断改变的，而不应该是一成不变的。在过去的生产规模、生产条件下，某项规章制度可能是很完善的，但由于要适应新的形势及新的生产经营方式，许多旧的规则可能会因此而出现各种各样的漏洞，变得不合时宜。这时就要求领导者要及早废止，另谋改善，加以合理性的补充或是重新建立新的符合时宜的规章制度。千万不要固步自封，否则此项规章将会随着时日的变迁而脱离现实，最终影响事业的发展。

3. 适时纠正制度

死守是制度的坟墓，只有活着的规章制度才有意义。再好的规章制度也是从出台的那一天就开始在老化，因为一个组织和它的成员是随着时间的推移而不断发展变化的，规章制度只有适应这个变化，才能发挥好作用。

规章制度具有时间性与时代性。规章制度也是适应时代、环境而定出来的，因此它绝非千古不变的定律。当社会发展变化、环境变迁以后，以往的规章制度必然也会失去其合理性。因此，如何使企业的规定切合实际的需要，这是管理者最重要的一项工作。

制定规章制度一定要灵活，随时间、环境的变化而变化，不可一成不变，尤其是具体的执行制度，如果用几百年前的方法去管理现在的企业，那企业只会走向灭亡。

管理者必须时时检查企业订立的各项规章制度，是否有不合情理或不切实际之处，一旦发现问题，就应拿出魄力来加以改革。

但是，需要说明的一点，企业制度要与时俱进，并不意味着"朝令夕改"，规章制度不可改得太勤，这样只会让员工对企业的管理失去信心，让企业管理失去了标准。

适时进行制度创新

制度创新是企业增强核心竞争力的重要途径，也是激发员工创造性地开展工作的有效措施之一。制度创新的目的是建立一种更优的制度安排，调整企业中所有者、经营者、劳动者的权利和利益关系，使企业具有更高的活动效率。制度的创新，是支配人们行为和相互关系的规则的变更，是企业与其外部环境相互关系的变更，其直接结果是激发人们的创造性和积极性，促使不断创造新的知识和社会资源的合理配置及财富源源不断的涌现，最终推动企业的进步。

同时，良好的制度环境本身就是创新的产物，而其中很重要的就是创新型的管理层，只有创新型管理层，才会形成创新型的制度、创新型的文化。因此，作为管理者，一定要为制度创新搭建好平台。在实施制度化管理的过程中，必须随着企业的发展和环境的变化，及时对一些制度内容进行修改和调整，使制度符合实际情况并满足发展和环境变化的需要，从而增强企业的应变能力和市场竞争力。

进行制度创新，需要从以下几个方面入手：

1. 观念创新

管理者必须不断地更新自己的观念，紧跟形势的变化，树立全新的制度管理理念。

（1）人本制度管理

人本制度管理意味着企业的制度管理由传统的"管事"和"管人"向"激发人"转变。员工素质高低和才能发挥程度决定着企业的成败，人将是企业中最重要的资本，如何充分调动员工的积极性和创造性成为企业的制度管理的关键。

（2）知识制度管理

知识制度管理的实施在于建立激励员工参与知识共享的机制，设立知识总监，培养企业创新的集体创新能力。知识制度管理思想是近几年新出现的制度管理思想，既继承了人本制度管理思想的精髓，又结合知识经济这一新的经济形态的特点予以创新。

2. 运行机制创新

一个企业的活力主要体现在建立有效的激励与约束机制上。运行机制创新可以从产权制度、经营制度和管理制度三个方面进行，以促进其他创新活动的有效和持久。这要求管理者调整组织结构和完善内部的各项规章制度，以及使用权内部各种要素的合理配置，使之发挥最大限度的效能。

3. 组织结构创新

随着技术革命特别是信息的网络化，组织结构也在向扁平化发展，原来承担上下级沟通联络的中间管理层将大大减少，公司组织结构变为以分权为特征的扁平化的横向网络式组织结构。

管理者必须进行组织结构创新，保证最好、最快的信息迅速地在企业内部传递，使员工成为自主学习、自主管理能力的人，让他们可以在自己的职责范围内独立工作，承担责任。

4. 制度管理方法创新

随着信息技术的发展，制度管理方法日趋新颖、多样，计算机、互联网在制度管理中已经比较广泛地得到应用。

要在激烈的市场竞争中求得生存和发展，我们必须建立快速、先进、智能化的信息传输和处理系统，充分利用现代信息技术，实现管理的自动化、科学化。

第五招

融资之道：
吸纳资金的同时，并不放弃控制权

做好融资前的思考

小赵大学毕业之后，针对学校地处中原，学生爱吃面的习惯，想创办一家面馆。经调研发现，用新鲜的菠菜、南瓜、番茄、白菜、胡萝卜等蔬菜汁，和着面粉做成的五颜六色"蔬菜面"深受食客喜爱，他于是决定加盟一家蔬菜面店。

由于刚毕业，资金成为小赵面临的首要瓶颈，但被创业的兴奋刺激着的小赵，大概估算了一下未来小店发展的状况，就开始热火朝天地大干起来。先联系加盟店，然后想店名、选址，忙着去工商局登记……等忙活一阵子之后，小赵发现加盟费、设备、店面等等，都需要资金，而自己的资金却寥寥无几。小赵失落了，他不知道自己该怎么做？

兵法云：兵马未动，粮草先行。经营公司离不开资金，因为在赚钱之前，免不了要大把花钱。仅就开支大项而言，就有房租、设备、货物、原材料、员工薪水等等。没有钱，可以说寸步难行。小公司创业，虽然所需资金不多，但一下子拿出几十万元甚至是几百万元，对不少人来说也非易事，所以少不了要筹集资金。

融资不足是创业者失败的重要原因，经营者无论是刚刚开始营业或者是扩大经营，若没有足够的资金很难达到预期目的。

经营者过多融资或融资不足、筹到的资金与公司的需求不匹配、低估资金成本，都会带来严重的负面影响。

在企业发展之初，尤其需要制定筹备资金的计划，否则，不管你有多好的构想、企划，如果没有完善的筹备资金的计划，一定会遇到经营不振、倒闭等困扰。风险投资、银行、政府……存款、贷款、借款……公司发展的资金究竟从哪里来，这些都需要经营者思考。

在融资前，制订所需资金的数量、时间和期限等计划时，经营者需要回答下面几个问题：

1. 筹集资金做什么？

开办或购买公司、增加营运资本、为季节性销售旺季备货、购买新设备或新设施、扩大销售等。

2. 需要筹集多少资金？

经营者者在决定需要多少资金时，必须考虑公司的类型、发展的阶段、增加营运资金还是固定资产因素。

3. 何时归还所借资金？

若公司需要长期融资，用以购买新设备，需要向借贷方展示企业获利能力，并约好何时归还所借资金。为应付季节性营业变化，有的经营者需要短期融资，当存货售完、销售旺季过后，可归还所借资金。

4.　能否承受资金成本?

经营者必须明确这样的问题，即融资带来的收入要超过其成本。

一个精心制订的融资计划可以使公司有充足的资金用于自身发展，防止在最后一分钟仓促寻找资金。因此公司必须制订非常细致的融资计划，依据营业计划，可做出资本开支预算、损益计划等。

不要害怕负债经营

有些人经营自己的公司，想要做大做强，可又不停地埋怨自己没有本钱。不论是多么好的目标、设想和计划，如没有一定的经济力量作为支撑，只能是纸上谈兵。难怪许多的经营者认为：资金是维系事业生命的血液。

西方商界有句名言：只有傻瓜才拿自己的钱去发财。一般来说，资金最好是自己所有的，即自己的储蓄金，这种风险最低，是最安全的创业方式。但是，如果一味小心谨慎地做自己的生意而不敢借贷，在商场上往往成不了什么气候。现实生活中，筹措资金的方法有多种，借贷是筹措资金的主要方法之一。可总是有许多经营者，前怕狼后怕虎，不敢借贷，不愿举债，因而耽误了将公司做大做强的机会。

勇敢地向银行、向个人贷款、举债，懂得合理利用借来的资金，则往往会走向成功。如果不是为了消费，为什么不可以贷点钱，把贷来的钱用于投资你看准了的项目？

将公司的发展建立在借贷基础之上，是最快捷的成功方式。当然，我们并不否认负债经营的风险性，由举债而导致失败的例子真是不胜枚举。

成功的经营者们常常这样说："借债就是一把双刃剑，你若小心运用会使你致富，你若不小心，会适得其反。"事实证明，优秀的企业家了解并能充分利用借贷。世界上许多巨大的财富起始之初都是建立在借贷上的，靠借贷发家是白手起家的经营的明智之举。

对经营者来说，必须练就借钱的本领。不管这是什么钱，信用抵押金、贷款、债务、佣金、募捐、集资，只要能借到钱就是自己的本领。

具体来说，筹募资金是一项优秀的技能：

1.　以借到钱为目标

只想着实现眼前的目标，全神贯注，要记住你的目的是要借到钱。这种信念的支撑将会促使你想尽办法去借到钱，否则，你的言行将软弱无力，不能发挥作用，人家对你不予理睬。

2.　拿到钱才算赢

中国俗话说：不见兔子不撒鹰。不见到钱就不做任何实质的行为。做任何生意，不见到你能拿到的现钱，就不采取任何行动，否则，你将彻底陷入被动受制的局面。

3.　不惜一切手段

为了拿到资金，你可以干任何迫使对方就范的事，当然这是在合理合法的前提下。因为唯有借到钱才算是真本事，需要采用尽可能多方面手段能促使自己借到钱。

融资时掌握的要点

小公司筹资都有其代价，这是市场经济等价交换原则的客观要求。正由于此，小公司在筹资过程中，筹措多少才算适宜，这是公司经营者必须慎重考虑的问题。

筹资过多会造成浪费，增加成本，且也可能因负债过多到期无法偿还，增加公司经营风险；筹资不足又会影响计划中的正常业务发展。因此，小公司在筹资过程中，必须考虑需要与可能，做到量力而行。

1.　提高公司竞争能力

公司发展的基础是资金，这主要通过以下几个方面表现出来：第一，通过筹资，壮大了公司资本实力，增强了公司的支付能力和发展后劲；第二，通过筹资，提高了私营公司信誉，扩大了公司产品销路；第三，通过筹资，可以增强企业的广告、营销、研发等方面的投入，增加了本公司产品的占有率。

2. 保持对公司的控制权

对公司经营者而言，为筹资而部分让出公司原有资产的所有权、控制权时，常常会影响私营公司生产经营活动的独立性，引起私营公司利润外流，对公司近期和长期效益都有较大影响。

无论在何时，都应该保持公司运营的独立性，融资不能以牺牲独立性为前提。

3. 筹资成本不宜过高

筹资成本主要是指公司为筹措资金而支出的费用，如果在筹措资金的过程中，导致企业本身资金占用过多，这样的筹资是得不偿失的。

4. 筹资方式和数量要具体而论

由于每个公司将要筹措的资金有着不同用途，因此，筹措资金时，应根据预定用途正确选择是运用长期筹资方式还是运用短期筹资方式。如果融资是用于流动资产的，可选择各种短期筹资方式，如商业信用、短期贷款等；如果融资是用于长期投资或购买固定资产的，可选择各种长期筹资方式。

5. 要控制筹资风险

小公司筹资必须权衡各种筹资渠道筹资风险的大小。小公司筹资必须选择风险小的方式，以减少风险损失。在筹资过程中，还应选择那些信誉良好、实力较强的出资人，以减少违约现象的发生。

融资时的基本方针

就目前而言，所融资金的来源及其途径多种多样，融资方式也机动灵活，从而为保障融资的低成本、低风险提供了良好的条件。但是，由于市场竞争的激烈和融资环境以及融资条件的差异性，又给融资带来了诸多困难。

经营者制订融资计划必须坚持一定的方针，具体有以下四项：

1. 准确预测需用资金数量

公司资金有短期资金与长期资金、流动资金与固定资金、自有资金与借入资金，以及其他更多的形态。不同形态的资金往往满足不同的创建和经营需要，融资需要和财务目标决定着融资数量。相关人员应周密地分析创业初期的各个环节，采取科学、合理的方法准确预测资金需要数量，确定相应的资金形态。这是融资的首要方针。

2. 追求最佳成本收益比

创业者不论从何种渠道以何种方式筹集资金，都要付出一定的代价，也就是要支付与其相关的各种筹集费用，如支付股息、利息等使用费用。即使动用自有资金，也是以损失存入银行的利息为代价的。资金成本是指为筹集和使用资金所支付的各种费用之和，也是公司创建初期的最低收益率。只有收益率大于资金成本，融资活动才能具体实施。资金成本与收益的比较，在若干融资渠道和各种融资方式条件下，应以综合平均资金成本为依据。简言之，创业者筹集资金必须要准确地计算、分析资金成本。这是提高融资效率的基础。

3. 风险最小化

融资过程中的风险是公司融资不可避免的一个财务问题。实际上，创业过程中的任何一项财务活动都客观地面临着一个风险与收益的权衡问题。资金可以从多种渠道利用多种方式来筹集，不同来源的资金，其使用时间的长短、附加条款的限制和资金成本的大小都不相同。这就要求创业者在筹集资金时，不仅需要从数量上满足创建和经营的需要，还要考虑到各种融资方式所带来的财务风险的大小和资金成本的高低，做出权衡，从而选择最佳融资方式。

4. 争取最有利条件方针

筹集资金要做到时间及时、地域合理、渠道多样、方式机动。这是由于同等数额的资金，在不同时期和环境状况下，其时间价值和风险价值大不相同。

制订详尽的融资计划

其实，资金是制约企业经营的重要一环。任何经营者希望公司获得持久的发展，都应该有一个周全的融资计划。

制订详尽的融资计划对于经营者而言，不仅可以节省许多不必要的开支，还可以减少经营过程中遇到的各种麻烦。

一个周全的资金融资计划，应该包含以下几个方面的内容：

1. 计算回收期

投资回收期就是使累计的经济效益等于最初的投资费用所需的时间，可分为静态投资期和动态投资期。投资回收期的计算方法是将初始投资成本除以因投资产生的预计年均节省数或由此增加的年收入。

2. 计算现值和终值

现值就是开始的资金，终值就是最终的资金。

3. 计算融资成本

企业因获取和使用资金而付出的代价或费用就是企业的计算融资成本，它包括融资费用和资金使用费用两部分。企业融资总成本＝企业融资费用＋资金使用费用

4. 融资渠道

融资渠道主要有：国家财政资金、专业银行信贷资金、非银行金融机构资金、其他企业单位资金、企业留存收益、民间资金、境外资金。

5. 融资方式

融资方式主要有：吸收直接投资、发行股票、利用留存收益、向银行借款、利用商业信用、发行公司债券和融资租赁。

6. 融资数量

（1）融资数量预测依据：法律依据、规模依据、其他因数。

（2）融资数量预测方法：因素分析法、销售百分比法、线性回归分析法。

7. 融资可行性分析

（1）融资合理性：合理确定资金需要量，努力提高融资效果。

（2）融资及时性：适时取得所融资金，保证资金投放需要。

（3）融资节约性：认真选择融资来源，力求降低融资成本。

（4）融资比例性：合理安排资本结构，保持适当偿债能力。

（5）融资合法性：遵守国家有关法规，维护各方合法权益。

（6）融资效益性：周密研究投资方向，大力提高融资效果。

（7）融资风险性：企业的融资风险是指企业财务风险，即由于借入资金进行。

负债经营所产生的风险。其影响因素有：经营风险的存在、借入资金利息率水平、负债与资本比率。

找到合适的投资者

融资的企业都希望找到一个合适的投资者，可并不是每个公司都能如愿以偿。有的公司能拿到投资者上千万美元的投资，有的只能望"钱"兴叹了。寻找到一个适合你的投资者，对于经营

者来说，最重要的是要看他是不是一个优秀的投资者，适合不适合做你的投资者，这应该是企业家最关心的问题。

企业家在确定好优秀投资者的同时，也要明确这个投资者适合不适合做你的投资者。投资者加入企业后，能够从多个方面如资本运作、战略把握、改善管理、拓展业务、平衡关系等对公司施加影响。

对于进行资金整合的企业来说，了解风险投资公司的投资趋向很重要。现在各种投资机构很多，不同的机构有不同的风格和能力。你一个10万元的项目不可能去找做1000万元投资人，反过来，你1000万元的项目找到只能投几十万元的投资人也是没用的。

对于经营者来说，好的投资者可以给企业带来很多的价值。无论是本土的投资者还是国际的投资者，他们的对项目、团队的衡量标准应该都是一致的。

1. 投资者帮助完善商业模式

一般意义上来讲，优秀的投资者可以帮助企业家完善企业的商业模式，使其赢利模式更加的清晰、可持续。

2. 投资者帮助完善团队

有些经营者在刚开始创业的时候，存在团队成员的分工不明以及团队整体的凝聚力不强等问题，投资者可以帮助企业家优化团队建设。而且投资者还可以通过其人脉关系，为企业家团队扩充优秀人才。如天使投资人邓锋在正式投资"红孩子"后，北极光为红孩子聘请了一位沃尔玛卸任的全球副总裁担任独立董事。

3. 投资者促进企业拓展业务

投资者可以起到敲门砖的作用，由于投资者见多识广，人脉资源非常丰富，企业家在发展过程中，如果觉得和一些大的公司合作会对企业的价值有很大的提升的话，就可以借助投资者的敲门砖，获得和该企业高层对话的机会。

4. 投资者带来品牌效应

优秀的投资者体现价值的另一方面在于，他可以带来一些具有品牌效应的东西，如红杉资本、IDG投资者等。由于这些投资者机构有自己的品牌优势，并为大多数企业所认同，所以企业家在获得这些投资机构的融资时，也同时享有了这些品牌所带来的价值。

怎样与投资者进行沟通

经营者在与投资人沟通时要把心态弄清楚，依靠新颖的创意和出色的能力准备去创造一份事业。而投资者的目的是拿钱存进去，目标是赚更多的钱回来。因此，投资者们通常会设一些协议，他会做各式各样的限制，保护他们的条款。

有些经营者害怕自身存在的问题被暴露，其实大可不必。经营者完全可以利用技巧给予答复，尤其是经营者面对投资者提出的三个问题绝对要小心：

1. 你的账上还有多少现金

对这种问题，一定不能这样回答："我们两个月后就会用完所有钱，企业陷入困境了。"如果你说即将破产或者告诉投资人你什么时候会破产，这样不会给你带来好的结果。

不管实际上公司的现金状况多么糟糕，一定要按照这样的思路回答："我们现在资金充足，投资人对我们很支持。"或者"我们每个月的消耗很低，可以自给自足。"

当然，经营者应该清楚地介绍公司的财务情况、每个月的开支，但是告诉投资者公司现金能够支撑的具体时间是不明智的。因为这样你就丧失了谈判的砝码，即使投资者压低报价你也只好接受了。

2. 你同时还在跟哪些投资人谈

这个问题经常会被投资者问到，经营者往往会过于自信地说："是的，某某公司跟我们开过两次会，某个投资公司快要给注资了"。这样的回答并不会让投资者感到紧张的，除非是他没有自己独立的判断能力，或者特别看好这个项目。

3. 你详细的股权结构和上轮融资的估值

这两个问题可能会告诉投资者两点：他会让哪些投资人从这个项目中赚钱，以及会让这些投资人赚到多少，而这些可能不利于你的最大利益。管理团队的股权比例很重要，但是要含蓄一点，不要披露太多不需要披露的信息。

经营者要牢记的一点是：这个信息对投资者评估是否投资有没有用？对投资者确定价格有没有用？如果答案是否定的，同时这个信息可以作为其他人的谈判筹码的话，你就没有义务回答。

因此，公司经营者要把自己的底牌盖好，不要主动披露不该披露的信息，要保持信息的不对称。

避免陷入融资的误区

现在许多公司的经营者，最苦恼的就是缺乏资金。可是要想办实业，经商做买卖又都离不开资金，没有资金就只能是纸上谈兵。

对资金的渴求，往往让不少经营者陷入了融资的误区，结果导致资金没有争取到，反倒吃了"一鼻子灰"。

对经营者而言，必须要尽量避免陷入融资的误区：

1. 不要弄虚作假

有些公司的老板，为了及时获得自己所需的资金，往往不择手段。弄虚作假，是他们常用的手段之一。

老陈的公司想开展一项新业务，可是手中缺少资金，因此他打算向银行申请贷款。本来，这是一件很正当的事情，直截了当地向银行提出自己的申请就行了。可是，由于求"资"心切，陈老板担心银行不会迅速借款给他，于是，他谎报自己公司的经营状况，进行渲染和夸大，力图表明自己是可靠的。

对于陈老板的经营状况，银行很快就调查清楚了。他们从别的途径得知，陈老板的经营状况并没有他所说的那样好。实际上，他所经营的公司，经营状况虽然没有他说得那么好，但也还算是良性发展。但是，谎报"军情"，被银行识破后，其贷款申请被严辞拒绝，投资计划也化为泡影。

不仅在贷款时不可弄虚作假，采用别的融资方式时，也绝对不能弄虚作假。一旦弄虚作假被识破后，不仅借不到所需的资金，也影响了自己的声誉，对于以后的融资也极为不利。

2. 不要融资而不投资

融资的目的是为了投资，使公司的规模扩大、增加利润，而决不是为了增加银行的资金规模。

然而，有些公司的经营者却在这么做。他们在通过融资筹集到钱款之后，便把投资的事完全抛在了脑后，投资的项目不见踪影。这种公司的下场是可想而知的。

公司经营者们务必要牢记，融资而来的钱是不能轻易花掉的，更不能挥霍和浪费。借来的钱在使用时要慎之又慎。如果融资的钱不用来投资，还不如不去融资，免得白白浪费了心血。

3. 不要贪大求全

想一口气吞下过多的食物，往往最后什么食物也吃不到。很多公司的经营者容易犯这种毛病。他们总想能够筹集到更多的资金，盲目相信融资越多越好。实际上，这是一种不正确的想法。

公司经营者在融资之前就必须对融资多少有个清晰的规划，在融资时应当遵循"需要多少，便融多少"的原则，只要能够满足自己投资需求就可以了。

如果在融资时贪心太重，不从公司的发展实际出发的话，往往会透支公司未来发展的潜力，甚至会导致公司破产。

不要失信于银行

银行是企业的重要融资渠道，与银行打好交道，企业才能保证资金渠道畅通。与银行建立起融洽关系，要"对症下药"，"投其所好"，以平等的心态遵循诚实信用的原则，特别是不能失信于银行。无论是初创企业、小微企业，还是有一定规模的企业，要与银行积极建立起关系。

尽管目前一些小微企业，很难从银行贷款，但对于银行，这些企业不能采取不闻不问的态度。正如陈邦所说："越是小微企业，越要与银行保持良好的沟通，没有金融支持，企业无法发展壮大。找银行也不要有太大的心理负担，这是企业快速发展壮大的必然一步。"

企业在与银行打交道的过程中，首先要明白银行看重的是什么，做好这些，更容易得到银行的信赖。一般来说，银行主要从以下五个方面考察企业：

1. 性格

这里的性格是经理人的个人特征，尽管从理论上来讲，银行应当对企业的财务信息更为感兴趣，而实际上银行对经理人个人也十分感兴趣。经理人员的性格会影响到银行与企业合作的态度，因为无论如何银行都更为喜欢品质良好的人。

2. 资本

为了规避风险，银行总是希望自己是众多的投资人之一，而不是企业唯一的投资者。这样就要求企业有一定的风险承担能力，并且银行还想知道企业是否有足够的信心。

3. 能力

毫无疑问，能力是一个硬指标。这里的能力当然指的是企业的借款能力，它受以往的信用记录和企业的经济基础影响。如果公司是初创公司，则借款能力就比较有限，因此开始和银行建立关系并逐步培养自己的借款能力成为此时公司的关键。

4. 条件

这里的条件指的是企业所在行业的经济现状和商业条件有关。经济状况会影响到每个人，构成信用条件的一部分，也是与银行打交道的重要一点。通常经济低迷时期要比经济高涨时期更难以获得贷款。

5. 抵押

抵押对于有一定经验的企业来说是再熟悉不过的了，银行不是冒险家，所以自然要求有抵押品来保证贷款的偿还。事实上抵押是金融业的一个惯例，在我国抵押可以说是很多企业融资的一道坎。但是，当公司的现金流量足以支持偿还贷款时，是可以和银行交涉收回抵押的。

吸引风险投资

风险投资是一种股本投资，风险投资家以参股的形式进入企业，这是一种长期投资，一般要与企业相伴5~7年。这也是高风险高回报的投资，它很可能血本无归，而一旦成功则大把大把地收钱，这是在实现增值目的后一般要退出的投资。

风险资本最大的特性是对高风险的承担能力很强，与此相应，它对高回报的要求也非同寻常。很多有融资经验的企业家会说："风险资本对创业企业的帮助相比其他的资本来说是最高效的，但是想让风险投资人掏出钱来也是很难的。"在这种情况下，企业家的任何想法和打算，都会被风险投资家反复考虑和权衡。

1. 主动做好项目

好的项目、优秀的商业模式再配合良好的团队，风投公司自然会投来关注的目光。

下围棋的人都讲势，投资、融资亦讲"势"。顺势而为，可以事半功倍，逆势而作，很可能徒劳无功。

现在，风险投资的"势"就是这样：投成长性而不投可能性。因此如果企业家在寻找风投失败的情况下，而又认为自己的项目是一个好项目，不妨先将项目做起来。如果公司真的发展状况和市场前景良好，风险投资自然会来找你。企业家与其徒劳无功地在那里张望，还不如静下心来，踏踏实实做些事情，给风险投资做出个模样来。行动胜于言语，这样整合成功的可能性会更大一些。

2. 主动寻找风投

对企业家来说，寻找风投是一件艰难的事，一般企业家有两条途径可以争取风险投资的支持：一是直接向风险投资商递交商业计划书，二是通过融资顾问获得风险资本的资助。

王先生在融资成立自己的公司前，对创业已经有了一些了解。在上大学期间，他利用自己的课余时间奔走市场，了解当时的技术动向和创业情况，也与一些风险投资商打过交道。因此，当他创业的时候，首先就想到向风险投资公司融资。

对于一项创业计划来说，时间的紧迫性可想而知。王先生考虑到公司刚成立，各方面的事情很多，在技术成熟的情况下，王先生决定和融资公司合作，让融资公司帮助自己融资。融资公司很快对王先生的公司进行了具体的服务，对其管理机制、赢利模式、财务计划等进行了可操作性鉴定，然后提出一些修改建议，并提供相关的一些服务，帮助王先生积极联系投资方，顺利地融到资本。

对于初创企业来说，从种子期到成长期直至上市，是一个复杂又漫长的过程，融资顾问会给企业家搭桥引线，使得企业家与风险投资人达成初步的意向。接下来，三方会就融资进行细节的谈判。另外融资公司提供的全面解决方案，可以帮助企业家从种种困难与瓶颈中解放出来，为企业与风险投资双方构建了一个有效沟通的平台。对于不知融资过程的企业家来说有全程帮助作用。

3. 寻找天使投资

对于某些正在寻找风险投资的企业家来说，寻找天使投资也是一个不错的融资渠道。天使投资是自由投资者或非正式风险投资机构，对处于构思状态的原创项目或小型初创企业进行的一次性的前期投资。

牛根生在伊利期间因为订制包装制品时与谢秋旭成为好友。当牛根生自立门户之时，谢秋旭作为一个印刷商人，慷慨地掏出现金注入初创期的蒙牛，并将其中大部分的股权以"谢氏信托"的方式"无偿"赠与蒙牛的管理层、雇员及其他受益人，而不参与蒙牛的任何管理和发展安排。最终谢秋旭也收获不菲，380万元的投入如今已变成10亿元。

天使投资人通常是企业家的朋友、亲戚或商业伙伴，由于他们对该企业家的能力和创意深信不疑，因而愿意在业务远未开展之前就向该企业家投入大笔资金。一笔典型的天使投资往往只是区区几十万美元，是风险资本家随后可能投入资金的零头。

4. 考虑能否承受投资者的压力

当风投和企业家的蜜月期过后，矛盾重重乃至撕破脸的也不在少数。造成问题的原因主要有：一是变革的压力。风投资本介入，最终目的是通过企业的成长实现资本的增值，因此企业变革是其中必不可少的一步棋。管理团队的调整、架构的重组，都会给企业家造成冲击。二是目标冲突。无论如何，风投公司和企业的目标不可能完全一致，有些时候甚至会比较激化，比如一方看重长远利益，另一方看重短期利益，等等。

在选择合适的风投的时候，企业家一定要考虑是否能够承受投资者的压力。投资者的工作是给出资人创造回报，要实现这个目标，他们就要去发掘能成为羚羊的企业。所以，对于一些有出色技术和稳定团队的公司，不要轻易接受投资者的钱。假如公司只需要很少的资金就可以起步、成长，或者由于产品的特性、面临的竞争、商业模式的限制、市场容量的限制，被并购是一个更可行的出路的话，那么远离投资者、找周围的朋友筹一点钱是更好的选择。

首选亲情借贷

经营者在运营公司的过程中，也许很难从银行及其他金融机构获得资金，这时，就只能靠经营者自身通过自身的关系来融资了。

由于企业家与家人、朋友等彼此了解，关系亲近，因此，从家人或朋友处整合资金就成为优先选择的方式，而且这种方式显得较为容易。

1. 亲情借贷的好处

许多企业家在起步阶段，都是依靠的是亲戚、朋友或熟人的财力。这些资金可以采取借款和产权资本的形式。

向亲戚朋友借一些钱作为初始资金投入，是许多企业家的起点。目前国内的绝大多数民营企业，包括那些已经做大的企业，很多都是靠亲情借贷发展起来的。当企业发展到一定规模后，企业家才利用扩股等其他形式筹集资金。

一位从事快餐行业的黄先生，从刚开始创业至今，十几年来从没向银行贷过款，做生意全靠自有资金和向朋友临时借，或者企业之间相互拆借。在他看来，民间借贷一般他写张私人借据即可，利率由双方自行协商，期限很灵活。如果向银行贷款的话，还需要审查财务报表，还要按时结算本利息。对于经营快餐行业的他来说，多道审批下来，实在很浪费时间和精力。而且由于黄先生的快餐店规模并不大，一般的金融机构无法满足中小企业短期、灵活、便捷的资金需求，后者只好"望贷兴叹"，转而寻求民间资金的支持。

2. 亲情借贷的注意点

企业家从家人、朋友处获得的资金最好是以借贷的方式，这样企业家才能拥有更多股份，有利于创建和完善公司的经营决策。从这个方面考虑，企业家最好不要接受家人或朋友以权益资金入股的形式。当家人或朋友的资金是以权益资金形式注入，家人或朋友就是公司的股东。如果他们既不懂公司的经营管理，又要干预公司的日常经营行动，就会对公司的发展带来不利影响。

生活中常常出现这样一些情况：在公司初创时期，有些企业家与家人或朋友的关系并没有清晰明确下来，以致在后来的发展过程中双方关系闹得很僵，影响到公司的生产经营。

小王在某美容院店做了三年的学徒工，她的技术得到顾客的一致好评。为此，她决定自己开一个美容店进行创业。由于开店的资金严重短缺，小王四处借钱却无果。就在这时，她的一个亲戚看到这个行业有发展前景，决定为小王提供大部分资金，其条件是以入股的形式投资。

小王正为资金一筹莫展，一口答应了下来。美容院店开业了，由于店址选择适宜，加上小王的技术水平高，服务态度好，生意还真不错。刚开始，只是小王一个人在忙，她的亲戚由于不懂技术，只是偶尔到店里看看。

后来，小王一个人实在忙不过来，就又请了两个员工。小公司的发展渐渐走上了正轨，员工更是把小王当成唯一的老板。这时，小王的亲戚就不满意了，自己出资最多，是最大的老板，而员工好像完全漠视了自己的身份。于是，这个亲戚开始经常出入美容店，对小王和两个员工指手画脚来显示自己的权威。员工不满意这样的"瞎指挥"，常常向小王抱怨，而小王自己也很无奈。后来，员工陆续离开。

由于人员的流动性大，店内的顾客也开始流失，美容店的生意日渐惨淡，只得关了门。

上述案例中的小王就是因为在借贷时没有考虑到投资人是亲戚关系，而对方投资数额又多，不懂技术却经常干预经营管理，而造成员工、顾客流失的恶性循环。为避免出现这种状况，借贷的过程中，双方应在投入资金时就明确彼此的关系，以书面的形式达成协议明确双方的权利与义务。

为避免一些潜在问题的出现，企业家应当全面考虑投资所带来的正面和负面影响及风险性。企业家严格按照公司管理规范公司，以公事公办的态度将家人和朋友的借款或投资与投资者贷款或投资同等对待。

在借贷的过程中，任何贷款都要明确规定利率以及本金和利息的偿还计划，对权益投资者未来的红利必须按时发放，这样就能减少或降低融资带来的负面影响及风险。对于借贷形式的资金投入，还要在协议中明确规定利率及本利偿还计划。

尽管求助于亲人和朋友融通的资金有限，但仍不失为企业发展之初非常重要的整合资金的渠道。但是又因为资金需求的增大和借贷范围的扩大，使钱和这种整合资金的方式一道变得不安全。于是，人们借入钱发展企业和借出钱令财富增值的梦想，连同亲戚朋友熟人彼此的信赖、信用关系，一同经受煎熬、经受考验。

3. 建立借贷信用

亲情借贷的基础是信用。关于如何建立信任，曾国藩对家人有一个很好的交代，可以供我们学习。

曾国藩总是叮嘱他的家人在不需要借钱的时候向人借钱，每年都要借几次，然后按时还上。家人都很吃惊，说我们家里又不缺钱，而且以大人在朝中受器重的程度来看，一时半会儿也不可能家道中落，为什么要去向人借钱呢？曾国藩说正是因为如此，我才让你们要不时地去向人家借点钱，因为你们这样想，人家也是这样想。到时候我们家里要是万一出了点事，接济不上，需要借钱，人家都不会相信我们的话，自然也就借不到钱。如果我们在不需要借钱的时候就不时地向人家借钱，就会给别人留下一个印象，原来曾家也是经常要借钱的。这样的话，我们的面子虽然损失了一点，但是真正到了我们需要借钱的时候，人家就不会因为怀疑我们家不需要借钱，而不将钱借给我们，这是第一点。第二点，如果我们不时地向人家借点钱，然后又总是按约定及时将钱还给人家，这样就会在别人心目中形成一种我们曾家人有信用的印象，这样，人家才肯放心地把钱借给我们。

作为一代枭雄，曾国藩为子孙后代深谋远虑，值得所有经营者学习，记住那句老话："天晴不晒，下雨哪里会有收？"

争取银行贷款

银行贷款被誉为整合融资的"蓄水池"，由于银行财力雄厚，而且大多具有政府背景，因此在经营者心中成为融资的首要选择。

相对于其他融资方式，向银行贷款是一种比较正式的融资方式。但事实上，企业家要想获得银行贷款的确不容易，但也不是完全不可能。

综观大部分经营失败的原因，无论失败的根源在哪里，最后都会体现在"差钱"上，资金链断裂又筹措不到钱。因此对于企业家来说，无论你是经营初期需要资金，还是在发展中期扩大生产需要银行的资金援助，与银行搞好关系都是非常重要的。而且，企业家要想顺利得到银行的贷款，还必须对银行借贷的形势和流程有所了解。

北京市的王女士下岗后一直给别人打工，收入低不说，还要整天看老板脸色行事。后来她产生了自己创业的想法。结合北京市外来人口不断增多和房价日益上涨的形势，单身公寓一度受到北漂族的青睐。在经过一番市场调查和综合衡量之后，她决定开家单身公寓。她准备先在劳务市场附近租赁五套旧房，进行改造和装修，然后分别租给单身打工人员或外地求学者。按照初步预算，装修以及购置简单家具的开支为6万元。房主要求一次预交一年房租，三套房子需预付2万元，这样总体的创业启动资金是8万元。王女士家里并没有很多的积蓄，所以这8万元钱像大山一样挡在面前。她犹豫了很久，甚至一度想放弃，但单身公寓的良好市场前景又确实让她动心。

犹豫之际，她向一位在银行专门从事信贷工作的朋友求教，这位朋友向她推荐了银行刚刚推出的一项叫做创业贷款的新业务。在朋友的指点下，她以自住的房作抵押，到银行办理了创业贷款。依靠这笔创业贷款，王女士的单身公寓很快开了张，并且生意非常红火，扣除贷款利息等开支，每月的房租净收益在2000元左右。

经营热情与资金"瓶颈"是共存的，不过从王女士依靠银行贷款成功发展事业的例子可以看出，如今银行的贷款种类越来越多，贷款要求也不断放松，如果根据自己的情况科学选择适合自己的贷款品种，个人发展事业将会变得更加轻松。

对于小公司的经营者来说，银行提供的贷款主要有以下类型：

1. 创业贷款

创业贷款是指具有一定生产经营能力或已经从事生产经营活动的个人，因创业或再创业提出资金需求申请，经银行认可有效担保后而发放的一种专项贷款。

2. 抵押贷款

目前银行对外办理的许多个人贷款，只要抵押手续符合要求，只要借款人不违法，银行不问贷款用途。企业家可以土地、房屋等不动产做抵押，还可以用股票、国债、企业债券等获银行承认的有价证券，以及金银珠宝首饰等动产做抵押，向银行获取贷款。

3. 质押贷款

近年来，银行为了营销贷款、提高效益，在考虑贷款风险的同时，对贷款质押物的要求不断放宽。除了存单可以质押外，以国库券、保险公司保单等凭证也可以轻松得到个人贷款。从质押范围上看，范围是比较广的，像存款单、国库券、提货单、商标权、工业产权等都可以作质押。企业家只要能找到属于自己的东西，以这些权利为质押物，就可以申请获取银行的贷款。

4. 保证贷款

如果你没有存单、国债，也没有保单，但你的配偶或父母有一份较好的工作，有稳定的收入，这也是绝好的信贷资源。

公司应重视银行贷款融资的多种方式，不断加强和银行的合作关系，给公司提供了一个更大的融资想象空间，这也是考验公司资金整合创新能力的一个大舞台。

尝试租赁融资

租赁融资，又称设备租赁，或现代租赁，是指实质上转移与资产所有权有关的全部或绝大部分风险和报酬的租赁。资产的所有权最终可以转移，也可以不转移。

租赁融资适合资源类、公共设施类、制造加工类企业，如遇到资金困难，可将工厂设施卖给金融租赁公司，后者通过返租给企业获得收益，而银行则贷款给金融租赁公司提供购买资金。制造企业可通过该项资金偿还债务或投资，盘活资金链条。

从国际租赁业的情况看来，绝大多数租赁公司都是以中小企业为服务对象的。由于中小企业一般不能提供银行满意的财务报表，只有通过其他途径来实现融资，金融租赁公司就提供了这样的平台，通过融物实现融资。

由于租赁物件的所有权，只是出租人为了控制承租人偿还租金的风险，而采取的一种形式所有权，在合同结束时最终有可能转移给承租人，因此租赁物件的购买由承租人选择，维修保养也由承租人负责，出租人只提供金融服务。

在租金计算原则方面，出租人以租赁物件的购买价格为基础，按承租人占用出租人资金的时间为计算依据，根据双方商定的利率计算租金。它实质是依附于传统租赁上的金融交易，是一种特殊的金融工具。

融资租赁这种整合资金的方式也有一定的风险，其风险来源于许多不确定因素，是多方面并且相互关联的。企业家在整合的过程中要充分了解各种风险的特点，才能全面、科学地对风险进行分析，制定相应的对策。融资租赁的风险种类主要有以下几种：

1. 产品市场风险

在市场环境下，不论是融资租赁、贷款或是投资，只要把资金用于添置设备或进行技术改造，首先就应考虑用租赁设备生产的产品的市场风险。这就需要了解产品的销路、市场占有率和占有能力、产品市场的发展趋势、消费结构以及消费者的心态和消费能力。若对这些因素了解得不充分，调查得不细致，有可能加大市场风险。

2. 金融风险

因融资租赁具有金融属性，金融方面的风险贯穿于整个业务活动之中。对于出租人来说，最大的风险是承租人的还租能力，它直接影响租赁公司的经营和生存。因此，对还租的风险从立项开始，就应该备受关注。

货币支付也会有风险，特别是国际支付，支付方式、支付日期、时间、汇款渠道和支付手段选择不当，都会加大风险。

3. 贸易风险

因融资租赁具有贸易属性，贸易方面的风险从定货谈判到试车验收都存在着风险。由于商品贸易在近代发展得比较完备，社会也相应建立了配套的机构和防范措施，如信用证支付、运输保险、商品检验、商务仲裁和信用咨询都对风险采取了防范和补救措施。但由于人们对风险的认识和理解的程度不同，有些手段又具有商业性质，加上企业管理的经验不足等因素，这些手段未被全部采用，使得贸易风险依然存在。

4. 技术风险

融资租赁的好处之一就是先于其他企业引进先进的技术和设备。在实际运作过程中，技术的先进与否、先进的技术是否成熟、成熟的技术是否在法律上侵犯他人权益等因素，都是产生技术风险的重要原因。严重时，会因技术问题使设备陷于瘫痪状态。其他还包括经济环境风险、不可抗力等等。

选择股权融资

融资不再是上市公司或大型企业的专利，对于中小公司来说，选择一种较为现实和便捷的融资方式进行融资是其成长壮大的必由之路。

股权融资属于直接融资的一种。长期以来，人们都认为股权融资是大企业的事，与中小投资者、小本企业家不相干，其实情况并非如此。股权融资是指企业的股东愿意让出部分企业所有权，通过企业增资的方式引进新的股东的融资方式。股权融资所获得的资金，企业无须还本付息，但新股东将与老股东同样分享企业的赢利与增长。这种融资方式对于企业家来说，也是一种较为现实和便捷的融资方式。

1. 注重控股权

方兴未艾的股权融资，能在短时间内得到越来越多的认可，成功案例的不断出现。对于企业家来说，来自股权融资的资本不仅仅意味着获取资金，同时，新股东的进入也意味着新合作伙伴的进入。但是在进行股权融资时，企业家需要注意的是对企业控制权的把握。

在融资时一定要把握住企业的控股权，而且在开始时最好是绝对控股，而不是相对控股。做不到这一点，则宁可放弃这次融资，或者以一个较好的价钱将现有企业全部转让，自己重敲锣鼓另开张，再找一个事业做。这是一个原则性的问题。

2. 采取分段融资

企业家也可以选择分段融资的方式，将股权逐步摊薄。这样做有两方面的益处。首先是融资数额较少，比较容易融资成功。其次，可以保证企业家对公司绝对的控股权，而且在每一次融资的过程中，都可以实现一次股权的溢价和升值。但是，这对企业家的企业和项目要求很高，必须是优质的企业和项目才能为企业家争取到发言权。

3. 选择好合作伙伴

股权融资的另一个结果就是投资者以股东的身份加入公司，因此企业家还要妥善处理好和投资者的关系，尽可能选择好合作伙伴。投资者和企业家的根本目的不同，以及对企业的理解程度不容，导致在看问题时，角度和出发点容易产生根本的不同，因而容易引起和激化矛盾。因此选择一个好的合作伙伴对企业家是至关重要的，可以起到如虎添翼作用。企业家在决定采用股权融资的时候，建议最好选择对本行业有一定的了解，或者与本企业同处于上下游产业链中可以降低交易成本的战略投资者。

4. 建立清晰的股权结构

任何一种股权融资方式的成功运用，都首先要求企业具备清晰的股权结构、完善的管理制度和优秀的管理团队等各项管理能力。所以企业自身管理能力的提高将是各项融资准备工作的首要任务。

一个企业一旦决定要进行股权融资，企业家也可以尽早让一些专业的中介机构参与进来，帮助企业家包装项目和企业。除要进行一些必要的尽职调查外，还要根据本企业的实际情况，设计相应的财务结构及股权结构。同时在股权的选择上如是选择普通股还是优先权均要仔细推敲，企业家切忌采取拍脑袋的方式来代替科学决策。而且融资是一个复杂的过程，这个过程涵盖企业运营的方方面面，为了避免走弯路，减少不必要的法律风险，企业家要借助专业的中介机构。

在进行股权融资时，为了达成各方都满意的股权投资协议，就需要根据投资性质确定不同的运作方式。另外还要发掘对手财务信息中的隐藏债务，设计出符合双方利益的担保机制，设计科学的法人治理结构，等等，都需要有专业机构的意见。如果企业想通过股份制改造进而上市，更是一项纷繁浩大的系统工程，需要企业提前一到两年时间（甚至更长）做各项准备工作。而这些具体操作都需要专业人士指导，那么券商、律师事务所、会计事务所、评估事务所的提早介入就显得异常重要。

随着我国投资市场日趋火暴，一些极具市场潜力的优质中小企业也成了投资方四处争抢的"香饽饽"。以股权融资为代表的资金整合模式，将为中小企业的企业家融资助一臂之力。

创业投资基金

创业投资基金是指由一群具有科技或财务专业知识和经验的人士操作，并且专门投资具有发展潜力以及快速成长公司的基金。

创业投资是以支持新创事业，并为未上市企业提供股权资本的投资活动，但并不以经营产品为目的。它主要是一种以私募方式募集资金，以公司等组织形式设立，投资于未上市的新兴中小型企业（尤其是新兴高科技企业）的一种承担高风险、谋求高回报的资本形态。在我国，通常所说的"产业投资基金"即属于创业基金。

1. 创业基金支持的对象

创业基金支持的对象，即是有资格申请创业基金的个人或法人应具备符合相关条件：申请人或企业法定代表人为在校大学生（含硕士、博士），且在校期间无不良在校记录；主要从事高新技术产品的研制、开发、生产和服务业务；有较强的市场开拓能力和较高的经营管理水平，并有持续创新的意识。

2. 创业基金支持的项目

创业基金支持的项目要符合国家产业政策，是技术含量较高，创新性较强的科技项目产品；有较大的市场容量和较强的市场竞争力，有较好的潜在经济效益和社会效益；项目应具备一定的成熟性，以研发阶段项目为主。

3. 获得创业基金的程序

创业者要想顺利获取创业投资基金，必须对创业基金支持的方式及申请程序有一个清晰的了解。

资本金投入以投资公司自有资金投入为主，数额一般不超过企业注册资本或申请人准备投入的50%且投入一般不超过3万元。同时投资公司还会从公司注册手续的办理、企业税务的代理、经营中的管理培训及相关政策的把握等各个方面给予申请人新设的企业以支持。

近年来，我国的科技型中小企业的发展势头迅猛，已经成为国家经济发展新的重要增长点，政府也越来越关注科技型中小企业的发展。同样，这些处于创业初期的企业在融资方面所面临的迫切要求和融资困难的矛盾，也成为政府致力解决的重要问题。

有鉴于此，结合我国科技型中小企业发展的特点和资本市场的现状，科技部、财政部联合建立并启动了政府支持为主的科技型中小企业技术创新基金，以帮助中小企业解决融资困境。创新基金已经越来越多地成为科技型中小企业创业者融资可口的"营养餐"。

先展示信誉再借贷

　　资金是企业运营的血液，没有资金，企业及管理团队就无法生存。企业家往往在决定经营前已经自行筹集到一笔资金，但往往不能满足经营发展的全部资金需求，为了使发展取得成功，企业家还要在经营过程中继续融资。

　　当你的资金不足时，你必须要借钱，提起借钱，很多人都会头疼，的确，这不是件很容易的事，借钱需要勇气和技巧。因此，为了发展事业，你应该每天都考虑怎样去借钱。

　　1. 向银行展示信誉

　　个人或者企业的信用好坏直接影响到向银行申贷等资金整合的审批。由于缺乏对企业信誉的动态监管，银行面临着信贷的高额风险，对急需融资的公司也不敢贸然地放贷。一些中小企业因产品质量得不到提高而倒闭，而更多的中小企业又渴望能从银行那里得到贷款，进而扩大生产规模，提高产品质量。正是因为两者间的矛盾，使银行信贷陷入两难境地。

　　为此，很多地方采用了银行借贷与企业信誉直接挂钩的监管模式，针对此措施，公司的经营者，适宜采取的有效的可持续的应对方法应是：先展示信誉再借贷。

　　48岁的阿克森经营着一家服装店。服装店的生意一直不温不火，勉强支持阿克森一家的生活。而阿克森的大学同学，许多都事业有成，成了大富翁，这些让阿克森不禁对自己清贫的处境感到辛酸。这种日子不能再过下去了，他决定要闯荡一下。有什么好办法呢？左思右想，他终于想到了借贷。

　　他一大早来到服装店，处理完几件事后，关上大门到邻街的一家银行去。找到这家银行的借贷部经理后，阿克森声称要借一笔钱，修缮服装店……当他走出银行大门的时候，他的手中已握着一万美元的现金支票。走出这家银行，阿克森又进入了另一家银行，在那里存进了刚刚才拿到手的一万美元。完成这一切，前后总共不到一小时。几个月后，阿克森就把存款取了出来，还了债。

　　这样一出一进，阿克森便在几家银行建立了初步信誉。此后，阿克森便在更多的银行玩这种短期借贷和提前还债的把戏，而且数额越来越大。不到一年光景，阿克森的银行信用已十分可靠了。凭着他的一纸签条，就能一次借出10万美元。

　　就这样阿克森建立了自己的信誉。有了可靠的信誉，他就不必再愁什么了。

　　不久，阿克森又借钱了，他用借来的钱买下了费城一家濒临倒闭的公司。20世纪60年代的美国，是充满机会的好时光，只要你用心经营，赚钱丝毫不成问题。八年之后，阿克森拥有的资产达15亿美元。

　　不要害怕借钱，只要你和阿克森一样拥有非凡的气度，满怀信心，切口选准，按期还贷，你就会信誉良好，以后发展事业就大有成功的可能。

　　2. 向个人展示信誉

　　另外，如果是以除银行借贷之外的其他方式借钱，比如亲朋好友，借钱时必须要说明还款的时间，而且要准时归还。若向对方借的钱时间较长，考虑到物价变动等因素，归还时不妨准备一点礼品，以弥补对方受到的损失，这样会让对方感到你是一个通情达理的人，那么以后再有困难求助于人时便顺利了。无论是多少钱，都应尽快归还。你借了人家钱不还，人家就认为你不诚实。

　　先借出信誉再借贷，是公司获得持久资金来源的“秘籍”。

提高融资的成功率

　　公司经营者制定融资计划，必须研究融资渠道及其地域，战术灵活，及时调剂，相互补充，把融资与创建、开拓市场相结合，实现最佳经济效益。

　　在小公司制定融资计划的过程中，为了保证融资的成功率更高，小公司经营者应当注意以下几个方面：

1. 要有竞争优势

单有好的创意还不够，你还需要有独特的"竞争优势"，这个优势保证即使整个世界都知道你有这样一个创意，你也一定会赢。除了有好的创意或者某种竞争优势还不够，公司人人能建，但你会经营吗？如果你能用不多的几句话说明上面这些问题，并提起投资商的兴趣，那么接着你就可以告诉他你计划需要多少资金，希望达到什么目标。

2. 不要空泛地描述市场规模

有些小本创业者一个常见的错误是对于市场规模的描述太过空泛，或者没有依据地说自己将占有百分之好几十的市场份额，这样并不能让人家相信你的企业可以做到很大规模。

3. 先吸引投资商的注意力

也许你会在公共场合偶然遇到一位投资家，也许投资商根本不想看长长的商业计划书，你只有几十秒钟的时间吸引投资商的注意力。当他的兴趣被你激发起来，问起你公司的经营队伍、技术、市场份额、竞争对手、金融情况等问题时，你已经准备好了简洁的答案。

4. 与投资者讲价钱

投资者对创业企业的报价往往类似于升价拍卖，如果投资者真的很看好这家企业，他会提高对企业的作价，到双方达成一致意见为止。另一方面，融资企业在融资时的报价行为类似于降价拍卖，经过讨价还价，最终达到双方都接受的价钱。

5. 强调竞争对手

有些小本创业者为了强调企业的独特性和独占优势，故意不提著名的竞争对手，或者强调竞争对手很少或者很弱。事实上，有成功的竞争对手存在正说明产品的市场潜力，而且对于创业投资公司来说，有强势同行正好是将来被收购套现的潜在机会。

6. 合理预测

预测的一个常见错误是先估算整个市场容量，然后说自己的企业将获得多少份额，据此算出期望的销售额。另一个值得怀疑的方法是先预计每年销售额的增长幅度，据此算出今后若干年的销售额。

过于乐观的估计会令人感到可笑。例如有人这样估计营业额：我发明了一种新鞋垫，假设全国人民每人每年买两双，那么市场容量有26亿双，我们只要获得这个市场的一半就不得了了。

比较实在可信的方法是计划投入多少资源，调查面向的市场有多少潜在客户，有哪些竞争产品，然后根据潜在客户成为真正用户的可能性和单位资源投入量所能够产生的销售额，最后算出企业的销售预测。

投资家是商人，他们向你投资不是因为你的产品很先进，而是因为你的企业能赚钱。

领导之道：

笼住员工的心，小公司创业讲究同甘共苦

做一个优秀的领导者

对小公司而言，最终将公司带往何处去，很大程度上取决于公司的领导者自身的魅力。公司领导优秀，往往能带领公司向优秀的方向发展。

因此，小公司的经营者必须首先要从自身做起，做一个优秀的领导者。具体来说，经营者必须做到如下几个方面：

1. 才干出众

由于小公司的性质，公司领导者需要比别人更加出色，才能带动和吸引跟随者。领导者不仅要努力学习管理才能，还要学习本行业的各种技能，不当门外汉。在困难来临时，要勇于承担责任，不畏艰险，冲在前头，为战胜困难做出表率，带领全体员工战胜困难。真正受员工爱戴的领导会少说多做，不做表面文章。一切从实际出发，真真切切地为员工谋福利，办实事。

2006年新东方教育科技集团在美国纽交所上市，新东方董事长俞敏洪的资产一跃超过10亿元人民币，成为中国最富有的老师。

作为新东方掌门人的俞敏洪是一个优秀的领导者。他带领他的公司从小到大，由弱到强，最终发展成为著名的培训品牌。

1991年，俞敏洪离开北大后，开始在一个叫东方大学的民办学校办培训班，学校出牌子，他上交15%的管理费。尽管困难重重，但拼死拼活干了一段时间后，俞敏洪的培训班渐渐有了起色。1993年，在一间10平方米透风漏雨的小平房里，俞敏洪创办了北京新东方学校。

俞敏洪是一名优秀的教师，而他的优秀却是自己奋斗出来的。1978年，俞敏洪高考失利后回到家里喂猪种地。由于知识基础薄弱等原因，俞敏洪第一次高考失败得很惨，英语才得了33分；第二年又考了一次，英语得了55分，依然是名落孙山。1980年，俞敏洪坚持考了三年后，最终考进了北京大学西语系。

领导者的综合素质越高，知识越丰富，能力越强，就越会受到大多数员工的尊重和信赖。

2. 情商出众

领导者必须情商出众。要在下属中树立权威，赢得人心最重要的是以理服人，公正待人。俗话说："有理走遍天下，无理寸步难行。"道理没讲清，下属会认为你是无理取闹，下属把怨气憋在心里还好一点，万一和你当面争执起来，你这个上司可就没法当了。

要求下属必须遵从，就必须具有足以让下属心服口服的领导力，这样的威信只有靠平时一点一滴才能树立起来。

做高情商的管理者要具有高度的忍耐力，不会随意在员工面前发脾气，也不会因为市场不好而悲观失望。

3. 树立威望

领导者必须正确认识自己手中的权力结构，职位权可以被别人拿走，而一旦有了威望权，别人是拿不走的，永远属于你自己。因此，通过加强威望权来充实职位权，决不能够仅仅凭借自己手中的职位权，在那发号施令。如果忽视自身的威望权，这样的管理注定将会遭遇失败。

有的管理者缺失了威望权，就在员工中失去了支持的基础，管理工作必定难上加难，而威望又是在日常的管理工作中一点一滴地形成和积累起来的。假如管理者知识超群、经验丰富、能力突出，或者关心下属、处事民主、实事求是、令人佩服，那么他在企业中就有一种实际上的影响力和支配力，员工都心甘情愿跟随和听从他。

树立起领导者的威信，在很大程度上取决于自身的良好素质，包括资历、业务水平、品格、知识、才能和情感等诸多方面。要想使管理者具备较强的影响力，就必须努力提高自身的素质。

和下属搞好关系

一个管理者如果不能够很好地与部属打成一片，或者与大家貌合神离，就会很难开展工作，也很难将公司做大做强。

拉近和下属之间的关系，不仅能够提高下属的工作热情，使企业上下同心协力，增强组织凝聚力，而且还能显示领导者的"人情味"，拉近与下属间的距离，获得下属的支持。

优秀的管理者应该主动深入到团队中，培养自己的"黏合"能力。具体可以从以下几个方面努力：

1. 增强合作意识

管理者如果自恃个人能力较强，缺乏与他人合作的意识，每天孤军奋战、单打独斗，即便是自己能力再强，也极难收到良好的效果，并且还极容易让员工产生对立情绪，形成内耗。这样的团队就极难形成一个战斗堡垒。所以，作为一名管理者就必须要牢固树立合作共事的意识，想问题、做事情，必须要以大局为重，要讲团结，讲合作。

总之，作为一名管理者，要能吸引同事积聚在自己的周围，努力营造一个善于合作共事的良好氛围。

2. 注重沟通

作为管理者，若想自己的企业获得发展，就必须与下属建立起良好的人际关系。积极走进下属的工作和生活中去，与下属多交流，了解他们的喜怒哀乐，他们的所思、所为、所急，这对于我们赢得下属的支持是必不可少的。

沟通一定要讲求方式、方法与策略，讲究语言艺术，注重感情投入，并且以诚相待，用真心换真情，用自己的人格魅力去打动人。切忌自高自大、盛气凌人、固执己见，或者是将自己的意见强加于人，只有这样，才能起到事半功倍的效果。

3. 既要讲原则，又要讲灵活

管理者具备黏合力，并不是要搞无原则的一团和气，也不是做是非不辨、好坏不分的老好人，或者是人云亦云、遇事无主见地随风倒，更不是当察言观色、看风使舵的投机分子，而是要在大是大非面前，必须坚定自己的立场，旗帜鲜明。

其身正，不令而行

"其身正，不令而行；其身不正，虽令不从。"意思是说，只要自己的行为端正，就算不下任何命令，部下也会遵从执行；如果自己的行为不端正，那么无论制定什么政策规章，部下也不会遵从执行。

作为公司的最高决策管理者，公司老板的一言一行都会受到公司成员的关注，也会对员工造成深远的影响。所以，要想使管理卓有成效，就要懂得"正其身"。

玛丽·凯是当今世界上著名的女企业家，她非常重视管理者在员工中的榜样作用。她说："管理者的行为受到其工作部门员工的关注。下属往往模仿部门负责人的工作习惯和行为，而不管其工作习惯和行为的好坏。例如，我习惯在下班前把办公桌清理一下，把没干完的工作装进包里带回家，坚持当天的事当天做完。尽管我从未要求过我的助手和秘书也这样做，但是她们现在每天下班时，也常提着包回家。假如一个经理经常迟到，工作散漫松懈，上班期间打私人电话，经常因喝咖啡而中断工作，那么，他的部下大概也会如法炮制。"

管理者只有带好头、树好榜样，才能赢得下属的信任与追随，这是任何法定权力都无法比拟的一种强大的影响力和号召力。管理者职位越高，就越应重视给人留下好的印象，因为你总是处于众目睽睽之下。

1. 正人先正己

正人先正己，做事先做人，管理之道正是如此。因此，领导者无论职务多高、权力多大、资历多深，都应该要求别人做到的自己先做到，这样才能树立起威望，增强执行力，提高管理效率。

领导的工作作风就是团队的工作作风，一个懒懒散散的管理者，其下属也不会勤快到哪里去！管理者应该考虑到自身的榜样作用，注意自身的一言一行。

能"正其身"的管理者浑身都闪耀着一种人格魅力，会有形或无形、有意或无意地感染下属。如果管理者不能严于律己，却又对员工要求严格，员工自然不会服从。优秀的管理者首先应该做到"正身"以感染员工，为员工树立榜样。

2. 影响和带动他人

企业的经营者之所以让追随者愿意追随，在于其自身拥有独特的人格魅力。

1942年，"二战"进行得如火如荼。随着战争局势的变化，盟军与德军的战场逐渐转移到北非。盟军最优秀的将领之一巴顿将军意识到自己的部队可能无法适应北非酷热的气候。一旦移师北非，盟军士兵的战斗力就有可能随着酷热的天气而减弱。

战争不会随着人的意志而转移，摆在盟军面前的只有一条路：那就是适应。为了让部队尽早适应战场变化，巴顿建立了一个类似北非沙漠环境的训练基地，让士兵们在48℃的高温下每天跑一英里，而且只给他们配备一壶水。巴顿的训练演说词就是："战争就是杀人，你们必须杀死敌人；否则他们就会杀死你们！如果你们在平时流出一品脱的汗水，那么战时你们就会少流一加仑的鲜血。"

虽然人人都意识到战争的残酷性，但酷热的天气还是让许多士兵暗地里抱怨不已。巴顿从不为训练解释，他以身作则，和士兵们一样在酷热的环境中坚持训练。当士兵们看到巴顿每次都毫不犹豫地钻进闷罐头一样的坦克车中时，再多的怨言也只能变成服从。

显然，巴顿把自己当做是普通的一个士兵，在这个角色上，他以完美的职业军人精神树立了典范，起到了榜样作用。在巴顿的带头作用之下，整个军队的训练进行得非常顺利。正是有了这样的训练，在随后的北非战场上，巴顿的部队迅速适应了沙漠环境，以较小的代价一举击败德军，取得重大胜利。

企业也就是军队，其管理者也必然是像巴顿将军一样，成为具有强大影响力的带队者，才能促进团队成长。建立成功的团队，就需要管理者推动团队成员共同进步。

3. 应该怎样做

公司的经营者如何做才能成为具有影响力的带队者呢？不妨用以下方法：

（1）成为遵守制度的模范。管理者不仅是制度的制定者，更要是制度权威的忠实维护者。

（2）加强自我管理。善于自我管理的管理者能够独立思考、工作，无需严密的监督。

（3）为目标的达成全力以赴。大多数人都喜欢与将感情和身心都奉献给工作的人共事。

（4）具有超强的解决实际问题的能力。轻而易举地解决掉别人无法解决的问题，能够获得追随。

（5）具有非权力影响力。不仅要关爱员工，还要具有人格魅力。具有较高的道德标准，获得信赖。

学会与员工分享

作为公司的领导者，经营的核心在于"分享"，共享胜利果实，甚至有时候宁愿自己亏一点。在生活中，我们可能都有类似的体验，那些愿意与人分享的人才能够得到人们的帮助，他们的事业也比别人做得更大更成功。

经营者要笼住员工的心，必须注重"分享"的力量，具体来说包括以下几点：

1. 有分才有享

有这么一个寓言故事：

有个人在天使的带领下去观看天堂和地狱。他发现地狱里的人都围着大桌子吃饭，每个人手上都绑着一支柄很长的勺子，尽管餐桌丰盛，勺子里面盛满了食物，他们却因为勺柄太长吃不到自己的嘴里，一个个饿得面黄肌瘦，痛苦不堪。天使又带他来到天堂。他看到天堂里同样是一群人手上绑着长柄勺子在同样的桌子上吃饭，与地狱不同的是，这里的每个人都红光满面，精神焕发——因为他们在用自己手上的勺子喂给对面的人，互相都能够吃饱。

各顾各自还是分享互馈，地狱与天堂只是一念之差。分享与协同是团结和信任的纽带，只有与他人共享资源和机会，才能在团结互助的氛围下合作共赢。

构建团队也是如此，管理者首先要学会与他人进行分享，才能更好地合作。分享是合作的基础，不愿舍、只想得的管理者是自私的，没人愿意与这样的人一同共事。

很多管理者，他们身边有很多的资源，但他们不愿意拿出来与员工分享。他们不明白，智慧与技术是越分享越多的。对于管理者来说，所谓"分享"就是能"分"才能"享"。

假如团队领导者是个喜欢独占功劳的人，相信他的员工也不会怎样为他卖力。反之，如果团队领导者能乐于和员工分享成功的荣耀，员工做事也分外卖力，希望下次也一样成功。

2. 分享促进公司成长

要想增加团队成员的凝聚力，管理者一定要学会与他人分享，让每个人都感受到你时刻在为大家考虑，如此，企业才能在市场上占领更为优越的位置。

美国零售大王山姆·沃尔顿在总结自己的成功时候说："和帮助过你的人一起分享成功是我成功的秘诀。"山姆·沃尔顿认为，与所有员工伙伴共享利润是以合作伙伴的方式在对待他们，公司和经理通过这种方式，改变了与员工伙伴之间那种特定的正常关系，使得这些员工伙伴在与供应商、顾客和经理的互动关系中开始表现得像个合作伙伴。而合作伙伴是被赋予权力的一类人，所以员工伙伴会觉得自己也被赋予了权力，从而以更加认真和积极的态度来看待自己肩上的责任。山姆·沃尔顿说："让员工伙伴完全参与到公司中来，从而成功地给他们灌输了一种自豪感，使他们积极参加到目标确立和实现并最终赢得零售胜利的过程中来。"通过与所有员工伙伴共享利润以及赋予他们在工作岗位上的权力，山姆先生赢得了员工伙伴极大的忠诚，这也是他创办的沃尔玛如此成功的重要原因。

我们不妨向这些优秀的团队领导者学习，用他们分享的智慧来团结我们的员工，让每个人都心甘情愿地为团队的发展做出最大的贡献。

3. 如何分享

那么，作为领导者，在具体的团队建设中，如何才能做到与他人进行分享呢？

（1）主动与团队成员分享信息。要想团队成员为了达成一个目标而努力工作，首先一定要保持内部信息的畅通，这是基础。所以，管理者一定要及时或定期与团队成员进行信息分享，并对团队成员进行合理的分工，让他们在合适的位置上发挥其聪明才智。

（2）主动与团队人员分享功劳。当取得了一定的成绩后，管理者不能够独揽功劳，而是要学会分享，指出这样的成绩是大家共同努力的结果，从而增强员工的归属感、荣誉感和自豪感，让员工为下一个任务或目标努力发挥出自己的聪明才智。

要注重感情管理

薪资丰厚，员工却很多抱怨，即使离开了公司，还在不停地数落公司和管理者的"罪状"；薪资水平不丰厚，但员工队伍稳定，对公司满意度很高，员工即使离开了公司，也会经常联系管理者。这两种局面形成的主要原因之一，就是管理者是否重视情感管理，是否进行了感情投资。

法国企业界有句名言："爱你的员工吧，他会百倍地爱你的团队。"管理者与员工处于天然的"对立"关系，优秀的企业家悟出了"爱员工，团队才会被员工所爱"的道理，因而采取软管理办法，从而创造了"和谐团队"。

关注人的情绪，关心员工的心理，这在著名的"霍桑试验"中就已经表明，员工的工作绩效很大程度上与人文关怀有关。在企业内部建立"关怀"文化，有助于使员工的情绪保持在较为理想的水平上面，提高工作效率，从而提高工作业绩。

中国人的感情取向与文化传统，决定了感情因素在团队管理中的重要位置。作为一名管理者，要想让下属理解、尊重并支持自己，就必须学会关心、爱护他们，对员工进行感情投资。让下属与自己的心贴得更近，才能使他们更加拥戴和支持自己的工作，才能使他们对工作尽心尽力，才能最终利于管理。

公司的经营者能在许多看似细小的事情上关怀成员，这种关心表现在成员的工作上，相互交往上，也表现在生活上，比如在生病时的嘘寒问暖，为员工组织定期的体检、在成员逆境时的鼓励等。

作为一个经营管理者，要想让下属理解、尊重、信任并支持你，首先你应懂得怎样理解、信任、关心和爱护员工。任何时候，管理者都不要高高在上地对员工进行管理。对员工多一些情感管理，那么企业中将会出现亲切、和谐、融洽的气氛，内耗就会减少，凝聚力和向心力就会大大增强。

要注重感情投资，重视情感管理，管理者需要做到哪些呢？

1. 帮助员工解决生活需要

按照马斯洛的需求层次理论，任何人的最基本需求是生存需求和安全需求。管理者关心员工，应该首先从这方面入手，如果一个人整天为生活而发愁，你想让他专心做好工作是很困难的。

而身为管理者，如果在能力所及的范围内多为下属解决生活问题，他就会感到你的体贴，愿意长期为你付出更多的劳动。因此，为下属做好安定的生活保障，这是赢得下属尊敬与喜爱的有效方式。

2. 让员工感受"温暖"

在平常工作中，领导要让下属尽量感受到管理者的关心和爱护。想要做到这一点，领导就必须了解每个下属的名字、家庭状况，适时给予他们问候，让他们感受到关心和重视。管理者可以在特殊时间给下属带来不一样的关怀，例如借助下属的生日、工作周年纪念日、调动、升迁以及其他重要的事情，你可以说几句赞美的话，让下属感受到你的关怀。

当然，感情管理应该是一种自觉的、一贯的行为，不要只做表面文章，不能摆花架子。这样才能让下属感受到你的真诚，才能赢得他们的信赖。"路遥知马力，日久见人心"，作为管理者，如果能长期与下属平等相待，以诚相见，感情相通，必定能吸引和留住那些最优秀的员工，并激发他们努力工作。

对员工倍加关心

俗话说："浇树要浇根，带人要带心"。对于企业经营者来说，把下属的心暖热，对员工的真情关心无疑是一剂激励的良方。

每个员工都有自己的尊严，他们都希望别人看得起自己。管理者对下属的关心，对下属投注感情，尤其是对下属私事方面的关心与照顾，可以使他们的这种尊严得到满足，甚至让他们感激涕零。

例如，团队中有一个人得了一场病，请了半个多月的病假。如今他恢复健康，头一天来上班，如果管理者对他的到来面无表情，麻木不仁，不加半句客套，这肯定会让员工感到心里不舒服。再比如，团队中的一位年轻人找到了一位伴侣，不久要喜结连理，难道管理者不冷不热的只管催促着他干活？

优秀的管理者大都知道感情投资的奥妙，不失时机地进行一些感情投资，会起到非常好的激励效果。韩非子在讲到驭臣之术时，主要偏重于赏罚两方面，但有时感情投资更能打动人。

在某餐厅，适逢餐厅员工下班，有位员工刚骑上自行车时，不小心摔下来，看上去摔得不重。但此时，只见餐厅经理快速起身跑了过去，扶起那位员工关切地问："摔得重不重？要不要给你找辆车去医院看看？"员工回答："不用。""你看腿都摔破皮了，去餐厅搽点药，歇歇再走吧。"

经理小心地扶着她回到餐厅，然后就去找药，找到药后，又亲手替员工擦上，还对她说如果不舒服，下午就不用来上班了，算公假。那位员工连声说："不用，不用。"

如果企业的管理者都能像这位经理一样表现出对员工的诚挚的关切，那么企业何愁不能发展呢？要知道这种做法比发几百元钱奖金更能赢得这位小姐对公司的忠心。

管理者对于下属，不仅仅是工作上的指挥和领导，要想把工作做好，要想团队工作更上新台阶，管理者必须要将对下属的关心和关爱落到实处。特别是下属遇到什么特殊的困难，如意外事故、家庭问题、重大疾病、婚丧大事等，管理者在这种时候，对员工无论是物质上还是精神上的关心都可谓雪中送炭。这时候，下属会对领导产生一种刻骨铭心的感激之情。

管理者可以采取关心措施来激发员工对企业的感情，在企业内部培养出一种团队式的友情与和谐的氛围，形成员工同舟共济、苦乐相依的感情链，以此激励员工的工作热情。具体而言，管理者必须从以下几个方面做出努力：

1. 树立关心员工的意识

人是最富感情的动物，每个人都需要得到别人的尊重、信任和关心。作为团队的成员，当然希望得到别人尤其是团队领导者的重视、信任和关心。如果管理者能够给员工一份关怀，员工便会以双倍的努力来报效组织。假若管理者只将员工当做劳动力去看待，在管理过程中不能体现人文关怀，那么员工必定会丧失工作热情。

2. 把员工当作朋友来交往

作为企业的管理者，不但自己需要良好的业务技术素质，还要良好的思想素质和工作作风，在工作、生活和学习当中要和同事们平等相处。如果总觉得自己在其他员工面前高人一等，员工不会喜欢这样的管理者。所以管理者要以朋友心，善待团队的每一名员工，真正成为团队成员们的知心朋友。比如个别员工责任心不强，工作上出了小差错，管理者既不姑息迁就，也不乱加指责，使他切身体会到管理者是在真心实意地在关心、帮助、爱护他。

3. 处处关心员工

作为企业的管理者，要处处关心员工，要帮员工所需，解员工所难。员工如果在工作、生活和学习当中出现了思想上不稳定的情绪，决不能对下属动辄训斥辱骂，甚至大发脾气。特别是要对员工的关心切身利益的问题上，要一碗水端平，决不能靠哥们义气、靠私人感情去管理团队。只有把"情"字放到团队管理当中，才能有效激发员工的工作热情。

管理者如果能从情感上给员工一些温馨和感召，使得在这个团队中工作的人，在情感的驱动下自觉地工作，团队当然会高速运转。

让员工感受亲和力

小公司不同于大公司，一个聪明的管理者，会尽可能地通过亲和式的管理方法去拉近与下属之间的距离，这样才能让下属们真心地接纳管理者的想法与理念，愿意与跟随管理者一起同甘共苦，更容易做出成绩来。

对一个管理者而言，要想让员工忠诚于你，将你的事业当成自己的事业去努力拼搏奋斗，就要善于与员工打成一片，让员工觉得你可亲近，值得跟着你干。

李江现在是广东一家合资企业的一位董事长，但是在他年轻的时候，却因为自己工作上急于求成而被贬到一家分公司去担任营销经理。到职时，在欢迎酒会上，他一不善喝酒，二不善辞令，由此给老职员们留下了一个很不好的印象。因此，他在分公司一度很被动，工作开展不起来。

这样过了大半年后，在过年前夕，举办同乐会，大家要即兴表演节目。他这时在同乐会上唱了几句家乡戏，赢得了热烈的掌声。连他自己也没想到，那些一向对他敬而远之的部下们，会因此而对他表示如此的亲近和友好。此后他还在矿上成立了一个业余家乡戏团。从此，他的部下非常愿意和他接近，有事都喜欢跟他谈，他于是从过去令人望而生畏的人变成了可亲可敬的人。在矿上无论多难办的一件事，只要经他出面，困难就会迎刃而解，事情定能办成。由此这个矿的生产突飞猛进。因为他工作有能力，而且如此得人心，后来他荣升为这个公司的董事长。

他升为董事长后，有一次在工厂开现场会，全公司的头面人物都出席了。会上大家都为本年度的好成绩而高兴，于是公司总裁的秘书小姐提议使大家在高度欢乐的氛围中散会。她想出一个办法，把一个分公司的副经理抛到喷泉的池子中去，以此使大家的欢乐达到高潮，总裁同意这位小姐的提议，就和这位董事长打招呼，董事长表示这样做不妥，决定由他自己——公司最高领导者，在水池中来一个旱鸭子游水。

董事长转向大家说："我宣布大会最后一个项目就是秘书小姐的建议：她叫我在水池中来一个旱鸭子戏水，我同意了，请各位先生注意了，我就此作表演。"于是他跳入池中，游起泳来，引得参加会议的几百人哄堂大笑……

事后总裁问他："那天你为什么亲自跳下水池，而不叫副经理下去呢？"董事长回答说："一般说来，让那些职位低的人出洋相，以博得众人的取笑，而职位高的人却高高在上，端着一副架子，使人敬畏，那是最不得人心的了。"董事长一席话唤醒了总裁，使他和董事长一样平时注意贴近部下，学到了办好企业的招数。

如果领导者能让自己的下属从内心赞赏自己的品格，那么他就可以轻轻松松指挥任何人。要达到这种境界，领导者必须塑造自我品格，贴近下属，不摆官架子。

管理者和下属在一起，不管是一般的交流、谈话，还是有针对性地对其说服、教育、批评、帮助，都要以平等、坦诚为沟通的基础。首先要明白一点，你和下属虽然有职位高低、权力大小、角色主动与被动等差别，但在人格上双方是完全平等的。你如果摆架子，下属或许会被你震慑住，你的权威感是建立起来了，但无法听到下属的心里话。

1. 体现真诚

无论身处何时何地，说话、办事一定要遵循一个"真"字，对人要说真话，待人要以真心。那些言不由衷的空话、大话和假话要请出你的词典，更不要用虚情假意、矫揉造作的假感情糊弄下属。要聪明，但不要小聪明。只有放下架子，去掉偏见，才能与下属交朋友。一个真诚的人，在说话时自然会情真意切，从而在和风细雨中打动受教育者的心，增强我们的工作效果。当然，放下架子是在坚持原则的基础上。

管理者让下属感受其亲和力，下属就会对企业忠心耿耿，全心全意回报企业。企业对员工的亲和力，不是小恩小惠，更不是表面上的虚情假意。

2. 让员工感到平等

让员工感受到与领导的关系是"亲切的关系"，沟通是"和谐的闲聊"，企业的氛围是"融洽的气氛"，使管理者与员工打成一片。这样可以有效激发员工的参与热情，管理者也更容易从下属那里得到更快、更有效的信息。

其实，要拉近与下属的距离，让员工感受到亲和力，有时候只需要并不复杂的行动就可达到。

3. 多鼓励下属

鼓励是一种有效的方法，下属在工作中取得成绩，就要予以鼓励。否则，会让下属产生一种受冷落的情绪，认为管理者不够关注自己，影响以后的工作积极性。在看到下属做出成绩后，可以向他诚挚地说声"你辛苦了""谢谢你""你真棒""这个主意太好了"等，这可能会比给他一些物质奖励更有效；或者可以给他一个认可与信任的眼神、一个忘情的拥抱、一张鼓励的便条或亲笔信等，有时候，这比年终的模范证书还要管用。

管理者要学会在工作中利用亲和式的管理方法拉近与下属的关系，让下属立刻感觉到你是个关心下属的管理者，最终收获的是下属的追随。

帮助下属解决后顾之忧

管理工作最终要落实到"管人"上，而人毕竟不同于机器，每个人都有其个性、思想，管理者不但要关注工作，也要把视角放到关心员工生活方面，实现人性化管理。

管理者要设身处地为下属着想，关注员工的生活，以解决员工的后顾之忧，使其安心工作。

关心下属疾苦，就是要站在下属的角度，急下属之所急，解决下属的后顾之忧，这个道理是适用于任何组织的。一个优秀的上司，不仅要善于使用下属，更要善于通过替下属排忧解难来唤起他内在的工作主动性。要替他解决后顾之忧，让他的生活安稳下来，集中精力，全力以赴地投入到工作上。

管理者对下属的关心不能只停留在工作上，下属的生活区域、情感地带也应获得关照。"家和万事兴"，领导的关怀能激发员工的工作热情，让员工精力充沛。

当然，领导者首先不能在困难面前退缩、放弃，而要对最终解决困难充满信心，并用这种必胜的信念去感染下属。好比，在几匹马拉着重物爬不动坡的时候，车把式这时候与其使劲地鞭打马儿，倒不如让马休息一下，再喂点草料，让它们养足精神，然后一齐发力，冲上坡顶。领导者最应重视的是团队中的中坚分子。如果能够从生活上关心他们，激起他们战胜困难的情绪。这部分人的情绪就会感染大家，使整个集体斗志昂扬。一旦整个团队的精神被激活，在最困难的时候，也成了团队最能爆发力量的时候，胜利曙光就在眼前了。

在企业最困难的时候，要首先想到下属，并用行动来说话，下属的情绪会迅速发生变化，"转危为机"的秘密就蕴藏在此刻了。

某些领导者在平时习惯对下属嘘寒问暖，一旦下属的工作遇到了瓶颈或挫折，就只顾得责备与批评了。殊不知，这正如在光线充足的地方，一盏灯的亮光算不了什么，而在一个伸手不见五指的黑夜，一盏灯的亮光更能让受益者得到万分的惊喜。人们在最难熬的时候，得到一丝关爱的阳光，比得意的时候得到的那些阳光温暖十倍。所以当下属工作出现问题时，花一点精力来关心员工的生活，花一点时间跟员工沟通，与反复地责备员工相比，更有助于解决问题。

而为下属解决后顾之忧必须做到以下几点：

1. 要摸清下属的基本情况

上司要时常与下属谈心，关心他们的生活状况，对生活较为困难的下属的个人和家庭情况要心中有数，要随时了解下属的情况，要把握下属后顾之忧的核心所在，以便于对症下药。

2. 关心体现真情实意

上司必须从事业出发，实实在在，诚心诚意，设身处地地为下属着想，要体贴下属，关怀下属，真正地为他们排忧解难。

尤其是要把握好几个重要时机：当重要下属出差公干时，要帮助安排好其家属子女的生活，必要时要指派专人负责联系，不让下属牵挂；当下属生病时，上司要及时前往探望，要适当减轻其工作负荷，让下属及时得到治疗；当下属的家庭遭到不幸时，上司要代表组织予以救济，要及时伸出援助之手，缓解不幸造成的损失。

3. 上司对下属的帮助也要量力而行

上司在帮助下属克服困难时要本着实际的原则，在力所能及的范围内进行，不要开实现不了的空头支票。帮助可以是精神上的抚慰，也可以是物质上的救助，但要在公司财力所能承受的范围内进行。

尊重员工的尊严

杰克·韦尔奇结合几十年的管理经验认为：尊重别人是企业管理者的基本素质。要想成为一名出色的管理者，要学会用人，必须从尊重人才开始。

每一个人都有自己的尊严，即使是在工作场所中被视为无用的人，也有他自己的想法与自尊心。他或许看似低能，却在某一方面潜藏着特长；也许他一无所长，但他却也因此比别人更勤奋努力。因此，管理者且不可因为下属工作能力或为人处世上有一些毛病就对之持嫌弃的态度，一个值得下属尊敬和爱戴的领导者应当时刻把下属的尊严放在心头。

尊重下属是人性化管理的必然需求，当员工感受到被尊重，他们才会真正感到被重视、被激励，做事情也才会真正地用心用力。

尊重员工是刻在骨子里的，而非口头上的。领导者必须明白，下属的自尊心是应该受到保护的。不伤害下属的自尊心，不仅是尊重人格，而且对搞好企业大有好处。调查研究表明：凡是自尊心很强的人，不论在什么岗位上，都会尽自己的努力而不甘落后于人。人有了自尊心，才会求上进，有上进心才会努力工作。

如果去问一位企业经营者："进下属的房间是否需要敲门？"有许多经营者都会不以为然地说："整个企业都是我的，还需要敲什么门呢？"能否让下属感受到自己受到尊重，往往取决于点点滴滴的小事。

伤人自尊心是管理的大忌，以下两点应当引起管理者的注意：

1. 不揭人疮疤

一般说来，人们并不喜欢揭人疮疤。性格上生来就喜欢揭人疮疤的人是少数，但在情绪不好的时候，甚至在暴怒的时候，可就很难说了。尤其是领导者，因为人事材料在握，对别人的过去知道得一清二楚，怒从心头起时，就难免出口不逊，说些诸如"你不要以为过去的事情就没人知道了"之类的话。

领导者要杜绝揭人疮疤的行为，除了要知晓利害，学会自我控制外，还须养成及时处理问题的习惯。不要把事情搁置起来，每个问题都适时地解决了，有了结论，以后也就不要再旧事重提，再翻旧账。

2. 不让下属丢脸

让人丢脸这种行为，不仅对事情没有任何的帮助，反而使受辱的一方不能心服口服，甚至会憎恨在心。要做到不使下属的工作热忱消失，让人丢脸可以说是领导者的最大禁忌。

凡事不用事必躬亲

有不少领导者对自身职责的定位不准，总是抢着做员工该做的事，整天泡在事务性工作中。小公司的领导可能是多面手，但作为企业的运营者，真正的领导应该立足于指导层面，而不是应用层面，领导者要学会授权。

领导者的职责是引领而不是具体做事。管理者纵然有三头六臂，纵然能力超群，也不能保证能处理好企业的大小事务。若领导处处去运营，必定会造成工作效率低下，甚至导致管理混乱。

管理者立足于引领，就是自己在幕后指挥，让下属去贯彻自己的战略方针、政策，去实际操作和执行。你不需大小事情都事必躬亲，即使是你最擅长的工作。当著名的美国在线时代华纳董事长回答记者"你是怎样管理公司的"问题时，他回答道："我不是运营而是引领，这需要有长远眼光，也就是承前启后的构想。我的成功关键是：设计5到10年后的未来，花很多时间去设想正在到来的世界将会怎样，而不是把时间浪费在今天、明天、这个季度或本年的工作计划上。"

让自己成为一个引领者而非运营者，下面几点值得考虑：

1. 明确企业的战略目标

管理者制定战略思想，并很深刻地了解它，养成写下战略思想，同时让下属也了解并贯彻执行的习惯。

2. 避免事必躬亲

管理者在明确的战略思想指导下，并不是要求在每个具体的工作上都事必躬亲。作为管理者，工作是制定策略并保证下属以最好的方式去执行，去实现。管理者应做到：运筹帷幄之中，决胜千里之外。

诸葛亮作为三国时代的一代命相，千百年来被视为智慧的化身，但他也有自己的缺点：不善授权。

诸葛亮在上后主的《自贬疏》中道："街亭违命之阙，箕谷不戒之失，咎皆在臣授任无方"。诸葛亮忠心耿耿辅助阿斗，日理万机，事事躬亲，乃至"自校簿书"。其对手司马懿一次接见诸葛亮的使者，问诸葛亮身体好吗，休息得怎么样？使者对司马懿说，诸葛亮"夙兴夜寐，罚二十以上，皆来览焉；所敢食不至数升。"使者走后，司马懿对人说："孔明食少事烦，其能久乎！"果然不久，诸葛亮病逝军中，蜀军退师。诸葛亮为蜀汉"鞠躬尽瘁，死而后已"，但蜀汉仍最先灭亡，仔细分析可知，这与诸葛亮不善于授权不无关系。

作为领导者必须明确自己的职责，必须学会正确授权。凡事事必躬亲，不敢、不愿把权力交给下属，下属就永远也不可能得到成长，自己永远忙碌，并且管理的效果还不一定好。

3. 找到最合适的人

在自己的下属中，按照各人的特点，安排他们做合适的事情。敢于把权力授予那些优秀的人，他们当中有独到见解的人可能更适合你的要求。同时你应提拔那些做事很出色的下属。

面对高速发展急剧变化的市场，企业唯一的成功之道就是广揽人才，为他们指引一个大方向，然后放手任由他们发挥，并使所有的事情最终落实到每个下属身上。

4. 以结果为导向

你必须让员工了解你所需要的目标，在制定这些目标和要求时，你应征求下属人员的想法和意见。

掌握批评的艺术

批评本身就不是一件愉快的事情，所以管理者更应该注意自己在批评时的态度，不要有个人成见，保持友善的气氛。英国小说家毛姆有一句话很有名："人们嘴上要你批评他，其实心里只要赞美。"

管理者在对下属进行批评时，一定要讲究方式方法，讲究批评的艺术。当下属犯错误时，不少管理者最直接的反应就是凶狠地训斥或者责骂，这样做并不会有助于问题的解决。既然错误已经犯下了，再多的批评也已经于事无补。

事实上，直接批评的方式并不可取，不仅难以令下属信服，而且容易伤害其自尊，甚至影响管理者以后工作的开展。

一个好的上司，都应该懂得用"打了棒子给蜜枣"的策略对待下属，以获得一个好的结果。"打了棒子给蜜枣"意思是说，当管理者批评下属之后，为了安慰或者挽回尴尬的局面，而再对其进行适当的安抚补救措施。对此，一些优秀的管理者可谓是深谙此道。

俗语说"打人一巴掌再给一个甜枣"，虽然不能轻易地"打一巴掌"，但既然"打"了，给与不给"甜枣"，其效果便大不相同。正如亡羊补牢的农夫，丢了羊，再补牢，至少保证不再面对丢羊的情况发生。及时补牢也是一个不是办法的办法。当你一时冲动当众责备了你的下属时，不妨一试，相信会有效果的。

所以，对于不同的对象，管理者应该选择不同的批评方式与选择不同的时机，以达到良好的批评效果。主要可以从以下几个方面去努力：

1. 注意批评的场合

要知道，当他人在场时，哪怕是最温和的方式也可能会引起被批评者的怨恨。无论是否辩解，他也能够感到自己丢了面子，甚至会让他觉得你在贬低他的人格，这样绝对不能起到良好的批评效果。

作为一个管理者，批评员工一定要考虑批评的时间、场合或者时机是否合适。比如，领导带着下属到客户那里去拜访，当领导发现下属在言谈举止上存在问题时，最好不要当着客户的面对其提出批评。这个时候，管理者需要做的是将下属的缺点给掩饰过去。当没有旁人在的时候，再对其提出批评。

2. 对事不对人

有些人在批评员工时，总是会这样说："从你做的这件事就能看出你这个人怎样！"这是批评之大忌。也有的管理者，批评时喜欢新账旧账一起算。批评时，最好只针对事情，而不能够以个人的人格、品性等来说事。比如，你可以这样说："小王，根据你往常的表现，你不应该犯这样的错误，是否有什么原因使你这次没有做好充分的准备……"这种气氛十分有助于让对方认识到领导不是在攻击他这个人，而是针对事情本身。

3. 有褒有贬

有一个简单的妙方可以让员工接受批评：有褒有贬，在批评下属的错误和指出其不足的同时，不忘给予他成功方面的某些肯定。

美国著名的女企业家玛丽·凯·阿什在对待员工工作中出现的问题时，采取的做法就是"先表扬，后批评，再表扬"的"夹心饼"批评艺术。这就是说，无论批评什么事情，必须找点值得表扬的事留在批评前和批评后说，决不可只批评不表扬，即加在两大赞美中的小批评的"夹心饼"式批评，这是玛丽·凯·阿什严格遵循的一个原则。

她说："批评应对事不对人。在批评前，先设法表扬一番。在批评后，再设法表扬一番，力争用一种友好的气氛结束谈话。如果你能用这种方式处理问题，那你就不会把对方臭骂一顿，要让当事人确切地知道，他们对他的行为是怎么样的气愤。主张这样做的人认为，经理应当把怒火发泄出来，让对方吃不了兜着走，决不可手软，发泄过了以后，或许以一句带有鼓励对方的话结束谈话。尽管一些研究管理办法的顾问鼓吹这种办法如何如何有效，但是我不敢苟同。你要是把人臭骂一顿，那他也必定吓得浑身哆嗦，绝不会听到你显然是骂够了之后才补充的那句带点鼓励的话。这是毁灭性的批评，而不是建设性的批评。"

管理者批评员工的目的无非是要让对方改正错误，同时能够激励他，希望他能做出更好的成绩来。而如果管理者直接批评对方，会刺痛对方的心，达不到应有的良好效果。而如果你能够适时地把握批评的"度"，则会使被批评者欣然接受。

有时不需太较真

管理要讲究艺术，在适当的时候管理者需要装点"糊涂"，这样才是真正聪明的管理者。现实生活中有些事情，与其较真，倒不如睁一只眼闭一只眼，效果更好一些。

1. 难得糊涂

在管理工作中，也有不少事需要"糊涂"以待。

不过，要明白所谓"糊涂"是"装糊涂"，而不是真糊涂。大智若愚的精辟之处不在"愚"，而在"若"字。"装糊涂"的主要宗旨不是为了推卸责任，而是为了应变，掌握调整决策的主动权。管理者要懂得怎样去运用糊涂艺术，成为一位不糊涂的"糊涂领导"。

在一些时候，领导者可以不将自己推上第一线。退到第二线，对自己未必没有好处。如果部下成功了，领导可得"用人有方"的美名。如果不慎失败了，自己还可以出面挽回，可以干预、调整甚至撤换人员，若能转败为胜，仍不失英明。当上级领导追查下来，还可以起一种缓冲责任的作用。

有人觉得这是老油条的处世厚黑经，其实不然。庄子说："吾生也有涯，而知也无涯。"人的智慧是有其局限性的。所谓糊涂，就是认识到了这一点。在管理中也要糊涂，要给员工一些自己发挥的空间，不要让员工感觉到一无是处。

2. 人无完人

管理者该管的要管，不该管的就别管。世界上完美无缺的事是没有的，完美无缺的人也是没有的，其实有缺陷的人才是现实的。所以对员工更要睁一只眼，闭一只眼，对员工多一些宽容，少一些苛求。

"水至清则无鱼，人至察则无徒。"尤其是对待下属，还要适应照顾他们的面子，以便今后更好地办事。人都有犯错误的时候，甚至会有"一念之差"，如果企业的管理者没有容人之量，很难形成一个团结战斗的集体，也很难调动一切可以调动的积极因素。

春秋时期，楚庄王有一次在宫殿中与大臣们彻夜饮宴交欢。酒酣耳热之际，突然大殿上的蜡烛被风吹灭了。有人趁暗拉扯了王妃的衣服，王妃急中生智，把那人帽子的缨带扯断，并悄悄告诉楚庄王。庄王此时展现出容人的气度，并不想追究此事，立即下令说，今晚君臣痛饮，如果不拉断自己的帽带，就不算喝得畅快。在场的官员纷纷在黑暗中把帽带拉断，这件事就这样不了了之了。几年后，晋国攻打楚国，楚庄王遇到生命危险。这时，有一位将领奋不顾身保护庄王，并五次冲入敌军阵营奋勇作战。战后，楚庄王召此人来问，那个人跪下说："我就是当年酒醉失礼之人，因为感念您不杀的恩德，自己的这条命早就是您的，今天才有机会报答您的恩情。"

金无足赤，人无完人。古往今来，优秀的人往往有着与众不同的个性和特点，他们不仅优点突出，而且缺点也明显。管理者如果处人、用人过于清正，就会显得不讲情面，不通情理，这样的管理者也不会有多少人愿意追随。

3. 宽容之心

但为什么有些领导在看待自己下属的时候，就常横挑鼻子竖挑眼呢？其中的原因很复杂，但就其思想方法而言，主要在于不能辩证地分析看待人的优点和缺点，长处和短处，求全责备。

无宽容之心，理解之情，自然无法赢得这些人的追随，让他们尽情发挥作用，就显得很困难了。

一位领导者若只能见人短处，而不能用人之所长，刻意挑其短而非着眼于展其长，这样的领导者本身就是一位弱者。唐代大文学家韩愈也说过："古代的贤能之人，要求自己严格而全面，对待别人则宽容而简约。对己严格而全面，所以才不怠懈懒散；对别人宽容而简约，所以别人乐于为善，乐于进取……现在的人却不这样，他对待别人总是说：'某人虽有某方面的能力，但为人不足称道；某人虽长于干什么事，但也没有什么价值'。抓住人家的一个缺点，就不管他有几个优点；追究他的过去，不考虑他的现在。提心吊胆，生怕别人得到了好名声，这岂不是对人太苛刻了吗？"

对待别人苛刻，最终会落个孤家寡人，众叛亲离。不仅不能用好手上的人才，也没有人愿意与之共事、为其效力。

要积极兑现承诺

古人云：一言既出，驷马难追；言必行，行必果。这是做人的学问，也是管理者处理好人际关系、树立自己威信的准则。不少管理者爱许诺，可他们却又偏偏不珍惜这一诺千金的价值，在听觉与视觉上满足了下属的希望之后，又留给了人们漫长的等待。

在企业中，出于各种需要，有时候管理者会向某个或某些员工做出一些承诺，希望达到激励和振奋人心的作用。

企业在不同的发展阶段，管理者会运用不同的承诺方式。一个企业在创立初期，管理者会向跟着他一起打拼的员工承诺说，等企业发展壮大起来了，会给员工一些股份。在企业发展的时期，管理者会对那些有专业特长的技术骨干说，等取得什么样的业绩，会给予什么样的待遇。当企业处在发展的逆境中，管理者会给员工承诺等公司走出困难期，将会给予员工什么样的福利，等等。这种承诺能够激发员工的工作积极性，增强其工作热情，十分有利于企业保持稳定持续的发展。

诺言最能激发人们的热情。试想在你头脑兴奋的状态下，许下了一个同样令人兴奋的诺言：若超额完成任务，大家月底将能够拿到40%的分红。这是怎样的一则消息啊！情绪高亢的人们已无暇顾及它的真实性了，想象力已穿过时空隧道进入了月底分红的那一幕。

然而，承诺对管理者而言是一种艺术，在不同阶段给员工做出承诺的时候，一定要掌握分寸，不要盲目承诺，以免最终一发而不可收拾。

给员工做出承诺，一般要涉及三个方面：承诺的具体程度、承诺的时机是否合适和承诺期限的长与短。一般来说，承诺的时机一般选择在需要安定人心或者鼓励其积极进取之前。如果承诺的内容很具体，那么兑现承诺的期限不应该过长，具体的时间应该提前而不应该拖延。如果给出的承诺的内容比较含糊、概括，应该给员工勾勒出一幅可实现的美好的蓝图，承诺的期限要长一些，这样可以将员工各方面的利益结合在一起，产生巨大的凝聚力。当然，承诺也应该符合实际，要让员工感到"跳一跳，够得到"，既不能够漫无边际，也不能够毫无挑战性。否则，就很难起到激励员工的作用。

管理者说话不算数，不兑现承诺的情况很常见，而这也是员工对企业产生抱怨的主要原因。当下属从企业中找不到诚信的时候，他们会觉得这样的领导不值得自己为其付出，更不会竭尽全力为企业创造价值。管理者抓住下属的心，就必须要讲信用、守承诺。

1. 对没有把握的事情不轻易许诺

许多管理者经常这样抱怨："那件事情我只是口头上说说而已。"虽然是简单的一句话，却会有损于你在下属心目中的良好形象，打消其工作的积极性。要规避这一点，领导在与下属相处的过程中一定要遵循这样的处世原则：不要轻易向下属许诺，而一旦许下诺言，就一定要实现。也就是说，没把握的话绝对不要说，有把握的话在不适当的场合下也不要说。不轻诺，这是说话算数的基础。例如你对下属说"明年涨工资"、"给大家买车"等话语，也许你认为这只是玩笑，但是当第二年你没有实现这些诺言，那么下属势必会对你感到失望。

2. 将说过的承诺进行书面记录

管理者每天要忙很多事情，事情一多，不免会遗忘对下属许下的承诺。而下属又不能随时提醒你，当你的承诺兑现不了时，自然就会感到不满，对你产生反感。所以，为了让自己做到"言必信，行必果"，当对下属许下承诺时，一定要做好书面记录。如果自己不方便，那么可以让助手帮你记下，然后让他及时提醒你去兑现承诺。这样就可以避免因遗忘而没能兑现承诺的事情发生了。

3. 失信时，要积极向下属道歉

因为自己的大意或者客观情况不允许，自己当初的承诺最终没有兑现，那么此时一定要对下属进行道歉。诚恳的态度一般会获得下属的理解，最忌讳管理者对做出的承诺早已忘得一干二净，这样只会损害自己在下属心目中的形象。

要懂得有效授权

有很多公司的经营者工作十分繁忙，可以说："两眼一睁，忙到熄灯"，一年365天，整天忙的四脚朝天，恨不得将自己分成几块。这种以力气解决问题的思路太落后了，出路在于分身术：管好该管的事，放下不该管的事。而授权就是管理者走向成功的分身术。

公司在发展过程中，千头万绪，即使是能力很强的管理者，也不能独揽一切。作为管理者应该树立这样的一种观念：管理者的职能不仅是做事，还在于成事！因此，管理者必须要学会向员工授权。

授权的好处有很多：管理者可以从琐碎的事务中解脱出来，可以激发员工的工作热情和干劲；可以增长员工的能力和才干；可以发挥员工的专长，弥补管理者自身才能的不足。其实，人们都知道授权的好处，但是有的授权起到了好效果，有的授权却导致了混乱，这是为什么呢？一个关键的问题在于授权者的态度。

正确的授权应该包括以下四个方面的内容：

1. 要看重员工的长处

任何人都有长处和短处，如果管理者能够着眼于员工的长处，那么他就可以对员工放心大胆地予以任用。如果只看到员工的短处，那么他就有可能由于担心员工的工作而加倍操心。这样，员工的工作积极性必然会降低。作为班组的领导者，不妨在授权的时候让员工真切感受到对他的信任感。

2. 不仅交工作，还要授权力

领导者将工作目标确定以后，需要交付员工去执行，此时必须将相应的权力授员工。一般来说，将工作委托给员工去干，这一点是不难办到的，因为这等于减少自己的麻烦。将权力授给员工，就不那么简单，因为这意味着自己手中权力的削弱。身为企业的领导者，应该把权力愉快地授给承担相应工作的员工。当然，所授的权力也不是没有边际的。

3. 不要交代琐碎的事情

作为一个领导者，对待员工最忌讳的就是"婆婆嘴"。既然已经授权给下属去做，就不应该为下属指东指西，使下属无所适从。否则，下属的自主性不易发挥，责任感也随之减弱。

4. 要给予适当的指导

身为领导者，千万不要以为授权之后就万事大吉了。尽管将权力授予员工，但责任仍在自己。作为一个领导者，将权力授出之后，还应该对员工进行必要的监督和指导。若是员工走偏了方向，就应该帮助修正；若是员工遇到了难以克服的困难，就应该给予指导和帮助。

不事事包揽，不一竿子到底，不越级，不错位，不揽权，管好自己的人，办好自己该办的事，这样的领导才会轻松而游刃有余。

让文化环境吸引人

不少企业之所以能留住人才，不一定是高薪，也有可能是融洽的工作环境是促使人才留下来的重要因素。

将企业建设成为员工温馨的家园，为员工创造良好的生活及工作环境，这是人性化管理与感情投资的重要方面。

倡导情感互动，营造企业的温暖氛围，就是要以积极的工作环境吸引人。企业应当具有良好的人际关系氛围，企业要充分尊重员工的人格、权利、尊严与爱好，平等待人，化解干群之间、群众之间的对立情绪，创造宽松和谐的人际关系，营造诚信、友爱、和谐的工作氛围。

1. 建立开放的企业沟通体系

员工普遍希望企业是一个自由开放的系统，能给予员工足够的支持与信任，给予员工丰富的工作生活内容，员工能在企业里自由平等地沟通。自由开放的企业应当拥有一个开放的沟通系统，以促进员工间的关系，增强员工的参与意识，促进上下级之间的意见交流，促进工作任务更有效地传达。

在通用电气公司，从公司的最高领导到各级领导都实行"门户开放"政策，欢迎职工随时进入他们的办公室反映情况，对于职工的来信来访妥善处理。公司的最高首脑和公司的全体员工每年至少举办一次生动活泼的"自由讨论"。通用公司努力使自己更像一个和睦、奋进的大家庭，从上到下直呼其名，无尊卑之分，互相尊重，彼此信赖，人与人之间关系融洽、亲切。

2. 创造公平竞争的文化环境

在工作中，员工最需要的就是能够公平竞争，只有在公平竞争的环境中员工才能展现自己的才能，才能肯定自己。公平可以使员工踏实地工作，使员工相信付出多少就会有多少公平的回报在等着他，在公平的环境下，员工才能够心无杂念地专心工作。

3. 尊重每位员工的人格与个性

赋予员工自主决策权，让他们自己做决策；分享信息，在信息充分共享的环境中工作，员工们更容易寻找创新的解决方案；提供有效的反馈，消解大家的不确定感，使之聚焦于个人和组织的目标。

4. 改善员工的办公环境

为员工创造一个优美、舒适的工作环境，增强员工对工作环境的满意度。工作环境包括工作安全性、工作条件、工作时间制度、工作设施等。员工为企业工作不仅为了获得报酬，对大多数员工而言，企业是他们的另一个家，员工希望自己工作的环境安全、舒适、现代化。舒适的工作环境对提高员工的工作效率，树立企业的形象，激发员工的自豪感都有非常重要的作用。

办公区设计应宽敞明亮，设施设备齐全。细节凸显关怀，注意办公场所的细节装饰，比如窗台的盆栽、墙上的油画。若是有厂房，注意厂区的绿化养护，每天都有管理人员进行浇水、施肥、修剪、病虫害防治等工作，保证了花草树木的健康生长。在休息区设置宣传栏，加大企业文化及信息的宣传力度，表彰优秀个人，使大家更多地了解企业的发展动态，激发员工的进取心。

5. 重视员工的身心健康

企业可以在制度上做出一些规定，如带薪休假、医疗养老保险、失业保障等制度，为员工解除后顾之忧。加大对员工身心健康方面的投入，每年为全体员工提供一次免费全面健康检查；开展送温暖活动，帮助困难员工及家属；建立后勤保障小组，严把食品入口关，不采购、不食用不符合卫生标准的食品，提高食堂安全管理，防止食物中毒事件发生；增加娱乐设施、定期开展文艺活动，比如每层加两个乒乓球台，装修一间小型放映厅，五一等节日举办联欢，丰富员工业余文化生活，与员工分享成功的喜悦。

一个人的一生大部分阶段都在工作，而且这段时间是人成熟独立以后，真正实现自我生命意义的重要时期。这么长时间的生命投入，自然使员工对于企业有了一种期望，一种对企业评判的权利。从这方面说，创业者也应当重视提高员工的幸福感，使员工由满意逐渐变为忠诚，自愿努力地工作。

用好能力强的人

美国钢铁大王卡耐基的墓碑上刻着一行字："这里躺着一位善用比自己能力更强人的人。"小公司要获得发展，必须仰赖企业的优秀人才，如何用好那些能力强的人，是经营者的必备功课。

如果你是一个优秀的企业管理者，那么一定要以宽容的心对待那些具备优秀能力的人才，使他们各尽其才、各尽其能，为你的事业而奋斗。切不可将他们视为敌对分子，而应采取包容团结的方式，引导他们，慢慢让他们回归到你的指挥中。

对待强势的有能力的下属，管理者切忌一味压制与排斥，而应采取包容的态度，做到：一用、二管、三养。

1. 要用

让优秀的人才能发挥所长，这就是用人所长。给能人挑战性的工作，千方百计地调动能人的积极性，让他们出色地完成工作，让他们的能力得到发挥，让他们的才华得到施展，给他们以舞台满足感，只有这样才能留住他们。不然，离去只是迟早的事情。

2. 要管

能人毛病多，恃才傲物，有时甚至爱自作主张，因此，必须要管，要有制度约束，使其行为框定在企业可预期的范围内。必要的时候多与这些能人交流，目的在于让他们与你相互了解，防止因相互不了解，而产生误会和用人不当，出现麻烦和损失。

3. 要养

如果能人是鱼，组织就是水，而这个组织就是由组织中的每一位成员组成，也包括能人自己。因此除了要引导能人少说多做，做出成绩外，还要善意地有艺术性地帮他改掉毛病，同时也要教导组织成员解放思想、更新观念，见贤思齐，使组织形成团结合作积极进取的健康氛围，这样一来再引导他们和组织成员融合在一起。其实只要组织健康良好，自然就能养住能人，而且还会培育出更多的能人和吸引组织外的能人进来，使组织成为一个聚贤的宝地。养能还包括荐举能人和培养人才，为自己的升迁做准备。

善于激励他人

合理运用激励对于管理者来说并不是简单的事。管理者在制定和实施激励时，应该注意以下的原则，才能提高激励的效果。

1. 肯定员工价值

管理者首先应肯定员工及其工作的价值。重视员工，发现员工的能力，使员工得以充分发挥才能，对员工来说本身就是一种有效的激励。

2. 激励要因人而异

由于不同员工的需求不同，相同的激励措施起到的激励效果也不尽相同。即便是同一位员工，在不同的时间或环境下，也会有不同的需求。在制定和实施激励措施时，管理者要调查清楚每个员工真正需要什么，然后利用自己手中的权力制定相应的激励措施。

为了激励员工更好地完成工作目标，某企业发布了一项奖励措施：年终工作业绩靠前的200位同事，将奖励一次到黄山旅游的机会。这项措施对参加旅游的A、B、C三人身上产生了不同的反映。

A：从来没有去过黄山，并且一直很想去黄山旅游，听到这项措施后非常高兴。公司的奖励措施令他大为振奋，并下定决心要在今后的工作中加倍努力。

B：虽然以前去过黄山，不过已经是很多年前了。此次听到自己可以去黄山去旅游时，心情还是非常高兴。在工作上，他表现得比以前更尽心尽力了。

C：是一个年轻的员工，去年刚结婚，并且选择度蜜月的地点就是安徽的"两山一湖"。他听到今年再去黄山旅游时，他并不兴奋。当然，在工作上，他还是和以往一样按部就班。

3. 信赖员工

通常被信赖的员工都会心甘情愿地为信任他们的上司赴汤蹈火。作为管理者，要在行动、言辞上处处表现出自己信赖员工的诚意。

4. 奖惩适度

奖励和惩罚会直接影响激励效果。奖励过重容易使员工产生骄傲和满足的情绪；奖励过轻会让员工产生不被重视的感觉，起不到激励的效果。惩罚过重会让员工感到不公，甚至会失去对企业的认同，产生怠工或破坏的情绪；惩罚过轻会让员工轻视错误的严重性，从而可能还会犯同样的错误。

5. 公平对待员工

公平性是班组管理中的一个重要原则，任何不公的待遇都会影响员工的工作效率，影响激励效果。取得同等成绩的员工，一定要获得同等层次的奖励。如果做不到这一点，管理者宁可不奖励。

6. 精神激励与物质激励相结合

赞美、表扬、精神上的支持和鼓舞是激发员工斗志必不可少的"催化剂"，如能和奖金、红利等物质上的奖励环环相扣，就更能激发员工的工作热情。

善于激发员工干劲

管理者激励员工的方式有很多，但目的只有一个，那就是从效益的角度来激励员工，使之为企业的发展贡献更多的力量。

曾有人列出这样一个公式：工作业绩=能力+绩效。简单来说，激励就是激发员工的干劲，使他在工作中投入更大的热情。管理者的重要职责之一就是通过各种激励措施，调动员工的积极性和创造性，发挥员工的聪明才智，使他们能积极主动、自觉自愿、心情舒畅地工作。

在现实工作中，团队中的每个员工都属于某一种特定的类型，都有自己独特的价值观念与奋斗目标。一个成功的管理者，所采用的激励方式不是单一的，他总是善于综合运用不同的激励方式。做一个优秀的管理者，必须熟悉下属的类型，了解下属员工的需求，切实掌握不同的技巧，充分调动他们的积极性。

1. 调动核心型员工

核心员工是团队的骨干力量，一般来说，管理者要与他们打成一片，多支持他们的想法和目标。管理者要努力学习，提高自我，尽量在能力上超过他们，让他们服气；在生活上，多帮助他们解决难题，帮助他们通融关系；要给足他们面子，不给他们难堪或下不来台；尽量避免效率低和优柔寡断的员工与他们合作；给他们分配工作的时候注意艺术，让他们觉得是自己在安排自己的工作。这样，才更能激发他们的工作热情。

2. 调动学问型员工

学问型员工更多地从事思维性工作，他们一般喜欢富有自主性和挑战性的工作，即喜欢更具张力的工作安排。因此，管理者应该尽力为此类员工创造一个既安全又舒畅的工作环境。当然，在调动他们积极性的时候，也应避免强调自主所带来的负面效应，不能一味放任自流，应适当监督和控制。

3. 调动黄牛型员工

黄牛型员工的主要特点就是兢兢业业、埋头苦干、毫无怨言、谨小慎微。对于这样的下属，管理者要多支持他们的工作，要给他们适当的奖励。

4. 调动独立型员工

这类员工喜欢天马行空、独来独往，他们往往喜欢以自己的方式去行动，厌恶在别人的管束下工作。管理者对这类员工要多引导，多暗示，不要胡乱进行批评。在企业制度许可的范围内，尽量减少对他们行为的干预，放手让他们开展工作。

5. 调动团队型员工

这类员工一般都有浓厚的集体荣誉感，能够团结协作。管理者在日常管理活动中，要尽量多营造融洽的合作气氛，以此调动此类员工。管理者在开展工作时，可以搞些问题活动，想办法营造浓厚的团队氛围，调动下属员工的积极性。

6. 调动停滞不前的员工

团队中总会存在这样的员工：他们进入公司的时间较长，但工作绩效达不到预期的标准，做事容易故步自封。面对这些状况，想办法维持和激发他们的兴趣和斗志，进而提升他们的技能，这是管理者不可推脱的责任。

帮助员工对抗挫折

现代企业员工面临的压力无所不在，包括竞争压力、文化冲突、家庭压力等，面对诸多方面的压力，员工很容易遭遇挫折。受挫折的员工往往会表现出消极的心理状态和行为，表现为企业的缺勤率、离职率、事故率增加，员工满意度、归属感下降，团队凝聚力、向心力逐步丧失，管理成本增加，等等。

有针对性地开展各项工作，从而促使员工能够保持积极、乐观的心理状态和良好的精神面貌，调动员工的工作积极性和主动性，增强员工归属感，最终促使企业与员工的共同发展，这是管理者的重要职责。

作为与员工直接接触的管理者，应采取必要措施，对员工进行挫折管理。一般而言，挫折管理应包含以下几个方面的内容：

1. 应及时了解并排除造成挫折的根源

管理人员对员工的情绪应有敏锐的观察，应把职工的种种异常行为，如抱怨、发牢骚、吵架等看作是存在问题的征兆，及时了解情况，找出根由，予以解决，防患于未然。

发现员工的挫折以后，还应帮助员工积极寻找产生挫折的原因。把个体成功或失败的行为归因于何种因素，对以后工作的积极性有着重要的影响。把成功归于内部因素，如努力、能力强等因素，能够使人感到自豪和满意。若把失败归因于内部因素，则使人感到内疚和无助；而把失败归于外部因素，则使人感到气愤和充满敌意。把失败归于稳定因素，如任务难和能力差，会降低其后在工作中的积极性；相反，若把失败归于不稳定的因素，则可能会提高以后的工作积极性。

管理者对员工工作的失败，应尽量引导他们将其归于内部的不稳定因素（如努力不够），而不宜归于内在的稳定因素。同时，归因时应尽量淡化外部因素（如运气不好），以免引起员工的不满和找借口，这对管理是不利的。

2. 管理者对受挫折的员工应宽容相待

管理者适当采取心理疏导、精神宣泄法或改变环境等多种方法，降低员工的挫折感。

人的行为总是从一定的动机出发，经过努力达到一定的目标。如果在实现目标的过程中，碰到了困难，遇到了障碍，就会产生挫折，继而挫折会产生各种各样的行为，表现在心理上、生理上会有所反应。所以，员工的动机受阻是导致挫折产生的根本原因。因此，管理者可以通过心理疏导，对于员工不合时宜的、在当前的条件下无法满足的需求、动机进行引导，使员工自觉地调整不适当的目标，这样可以有效地避免员工挫折感的产生。

可以考虑采用"精神宣泄疗法"。这是一种心理治疗的方法，主要是创造一种环境，让受挫者被压抑的情感自由地表达出来。人在受挫折以后，其心理会失去平衡，常常以紧张的情绪反应代替理智行为。这时只有让紧张的情绪发泄出来，才能恢复理智状态，达到心理平衡。从这个意义上讲，管理者应该积极倾听职工的抱怨、牢骚，让他们有气发泄出来、有话说出来，待不满的情绪发泄出来以后，员工才会心平气和。

3. 要帮助受挫员工走出困境

员工遭遇挫折后，自我实现的需要得不到满足，因而也就得不到有效的激励，工作积极性得不到提高。解决此问题的最好办法就是创造出良好的学习条件，帮助员工发展，或者采取相应措施对其做出补偿。这样既可以使员工从挫折的阴影中尽快走出来，还能够让他尽快树立新的奋斗目标，转移其关注焦点，将能量转移到有建设性的工作之中，这无论对于员工还是企业来说，都是最希望看到的结果。

持公正无私之心

企业的经营管理者在管理活动中，处理各种各样的事情，如果有一点儿不公正，必然会影响到团队的团结，直接反映了管理者的管理水平，影响着管理者的自身形象。

1. 杜绝假公济私

每一个管理者在自己的岗位上，都希望自己对下属公平、公正、无私无畏。什么才是无私、公平呢？如果现在你手中有一件非常轻松的工作，它只需要花费一点时间和精力，便会立即产生明显的效果，而且这件工作深受组织上下的瞩目，若圆满完成了任务，还有机会和高层管理者见面，得到特别的表彰。此时，你是选择下属去完成任务，还是自己亲自去解决问题呢？

实际上，这并不是一个很容易回答的问题。作为一个管理者，你是分配给每位下属相同的任务，还是给能力好的下属困难的任务、给能力差的下属简单的任务呢？此时做决定的要诀是无私、公平，即不可考虑自己的利益所在，绝对不可以因为工作轻松又可获得利益，便想掠夺过来，企图"自己做"。因为你的企图很容易被下属看穿，不论何时，由上往下看，往往不太能知道实事；然而，由下往上看，却大致能正确地了解一切。

公平、无私是管理的一个要诀，无私才能扬威、才能使自己在下属中树权立威，这个问题单靠理论说明是无法弄明白的，下面举一实例说明。

假如你现在有一件难度颇大的任务，你想寻找哪一位合适的人选呢？

王某很能干，他会迅速有效地完成任务，但是他目前手中有多项任务，无法腾出精力；李某现在比较空闲，但是他行动迟缓，做的事错误百出，有时根本无法完成任务。

如果你内心想着，等到王某有时间时再让他去做，自己可以轻松一下。或者想着让李某去做，乘机可以教训他一下，而且自己指出他的错误，必然可以增加自己的威信。这样的念头，都会使下属对你的信心大减。唯一的选择是：公平、无私，因为只有无私才能扬威。

2. 管理不能存有偏见

对下属进行管理不要存有偏见。上司不应对一些人有偏见，对另一些人则另眼相待。"有偏见当然不好，但我们对工作努力的人另眼相待难道也不对吗？"有的上司不明白了。我们的回答是：另眼相待同样有害无益。

对于干得出色的下属当然应该表扬，但是，该表扬的时候表扬，该评功的时候评功，平时还是应该与其他下属一视同仁。这就是说，他靠工作出色赢了他应该得到的东西，其他方面还是同别人一样。别人若像他一样工作，也能赢得所应该得到的东西。这里强调的是工作，突出的是公平。

如果你把一切特权都授予了他，甚至对他做错事也睁一只眼闭一只眼，那么，你让别人怎么向他学习？另眼相待所造成的特殊化，使他和其他人员有了差距和隔膜，别人反而无法也不想向他学习了。人们会因为妒忌、仇恨而消极怠工："他既然这么得宠，为什么不把所有的工作都给他去做呢？我们忙个什么劲儿！"

一定要给下属一种公平合理的印象，让他们觉得人人都是平等的，机会也是均等的，他们才会奋发、才会努力。这样做，对做出成绩的人也有好处，有助于他戒骄戒躁，不断上进。

对女性或体弱的人员也不能另眼相待。确实不适合女性工作的岗位，干脆就不要安排女性。体弱的人员也是一样，要么明确规定半休，在规定的时间内也要和其他人员一样工作。

我们不要以为好心一定能办好事，像另眼相待这种"好心"，不论对自己，还是对他人，都是有害无益的。

另眼相待所造成的特殊化，容易使人觉得不公正，也就不能在组织内部进行有效的惩戒。特殊化使人们产生隔膜，后进也就不会主动向先进学习，甚至会因妒忌、仇视而消极怠工，这样也就事与愿违，好心反而办了坏事。

管理者一定要给下属一种公平合理的印象，对待每个人都要客观、公正，让大家觉得机会均等、人格平等，这样他们才会积极主动地做事。成功者戒骄戒躁、精益求精，后进者不断上进、积极追赶，只有形成这样一种氛围，才能进行有效的管理。

总之，管理者在处理与下属的关系时，要一视同仁、不分亲疏，不能因外界或个人情绪的影响，表现得时冷时热。有些管理者虽无厚此薄彼之意，但在实际工作中难免愿意接近与自己爱好相似、脾气相似的下属，无形中冷落了另一部分下属。因此，管理者要适当地调整情绪，增加与自己性格爱好不同的下属的交往，尤其对那些曾反对过自己且反对错了的下属，更需要经常交流感情，防止造成不必要的误会和隔阂。

有的管理者对工作能力强的下属，亲密度能够一如既往；而对工作能力较弱或话不投机的下属，亲密度就不能持久甚至冷眼相看，这样关系就会逐渐疏远。有一种倾向值得注意：有的管理者把同下属建立亲密无间的感情和迁就照顾等同起来。对下属的一些不合理，甚至无理要求也一味迁就，以感情代替原则。这样做，从长远和实质上看是把下属引入了一个误区。而且用放弃原则来维持同下属的感情，虽然一时起作用，但时间一长，"感情大厦"难免会倾覆。

3. 洁身自好

管理者在交往中尤其要注意自己身边的人员，从实际情况来看，管理者的行为在很大程度上受制于其贴近的人，这些人对于管理者既有积极作用又有消极作用。平时，管理者在一些事情上是依靠他们实现管理的，而他们又转靠"别人"的帮助来完成管理者的委托，于是就出现了"逆向"的情况。管理者周围的人可直接影响管理行为，而"别人"又可左右这些人的行为，这里存在着一条"熟人链"。显然，这些人不仅向管理者表达自身的需要，而且还要为"别人"办事，这自然增加了制约因素。

总之，管理者应该注意不要受身边人的制约，不仅要调整好与他们的关系，还要提高他们的素质，避免给工作增加阻力和困难。

学会中国式管理

中国式管理必须尊重中国人的特点，一方面要严格按制度办事，另一方面也要注重情感管理。

无疑，制度的刚性不能动摇，但是要想企业的制度易于被员工接受，就需要管理者在注重制度管理的同时，强调人性管理的运用。人都是有情感的，制度并不是万能的，情感管理能够发挥出制度管理所难以发挥的作用。要想实现卓有成效的管理，就必须在刚性的制度中添加上软性的情感管理这把糖。因此，管理者不要开口闭口讲法，最好由情入理，最终也不损害制度的权威性。

企业管理者要做到纪律严明，才能保障企业内部良性发展。规章制度是无情的，但人却是有情。制度不是万能的，它需要情感管理来做重要的补充和辅助。管理者应从人情的角度对违规员工进行"情感关注"，只有做到以人为本，注重人本关怀，在制度管理中浸润情感上的交融，才能获得员工的追随，才能真正达到团队内部的和谐。

情感管理旨在从人之常情出发，关心员工生活，努力为其营造宽松和谐的工作环境，增强企业的亲和力。情感管理能有效弥补制度管理的不足，变消极为积极，化被动为主动。情感管理与制度管理，前者为柔，重在"布恩"，后者为刚，重在"立威"。刚柔相济，恩威并举，才能使员工心悦诚服。

在实施严格的制度管理的前提下，要有效地实行情感管理，需要做好以下工作：

1. 为员工提供舞台

情感管理要求企业要采取必要的方式激发员工实现自我价值的欲望，创造各种条件鼓励员工在岗位上、企业内实现自我价值；扩展多种渠道，使每个员工的自我价值得以最大限度地实现。

2. 重视情感投资

每个人都有被尊重的需要和与人交往的需要。在很多情况下，情感的交流比行政命令和上级对下属的指挥显得更有影响力和号召力。因此，企业管理者与员工之间除了具有行政关系所决定的层属关系外，更应当创造荣辱与共、情感交融的氛围。情感管理的实质就是通过情感来赢得民心，形成强大的凝聚力。

3. 营造和谐氛围

实行情感管理，要充分认识到"人和"的地位和作用，积极营造"和"的氛围，以此达到"人心齐，泰山移"、"家和万事兴"的效果。通过"和谐"，将企业全体员工紧紧团结在一起，产生巨大的精神力量，使企业充满生机和活力。

4. 完善激励机制

情感管理是一种讲究"人情味"的管理，突出"爱"和"善"的作用，提倡发挥人的主观能动性，完善激励机制，赋予员工职业上的成就感，使其在工作中能充分发挥积极性、主动性和创造性。激励和调动积极因素，催人奋发向上，是实现情感管理的有效途径。

第七招

决策之道：
决策失误是公司最大的损失

必须牢牢抓住决策权

管理学大师西蒙认为管理就是决策，决策是管理者的主要职责。李嘉诚就曾经这样给自己定位："我是杂牌军总司令，我拿机枪比不上机枪手，发射炮弹比不上炮手，但是总司令懂得指挥就行。"小公司的决策权对于经营者而言，同样重要。

决策从来不是由多数人来做出的。多数人的意见虽然要听，但做出决策的，只能是管理者一人。当然，作为掌握决策大权的管理者，既要"厚德载物，以理服人"，也得做到"该出手时就出手"，当机立断，掌握大权。没有强势的姿态就做不成事情。

林肯作为一代优秀的美国总统，他上任后不久将六个幕僚召集在一起开会，讨论其提出的一个重要法案。幕僚们的看法不统一，七个人激烈地争论起来。在最后决策的时候，六个幕僚一致反对林肯的意见，但林肯仍固执己见，他说："虽然只有我一个人赞成，但我仍要宣布，这个法案通过了。"

很多人可能会被林肯的独断专行所迷惑，但其实，林肯已经仔细地了解了其他六个人的看法并经过深思熟虑，认定自己的方案最为合理。

而其他六个人持反对意见，只是因为条件反射，有的人甚至在人云亦云，根本就没有认真考虑过这个方案。既然如此，林肯作为决策者，自然应该力排众议，坚持己见。

对管理者而言，一般而言，决策分为以下几种类型：

1. 个人决策和集体决策

个人决策是以个人决定的方式所作的决策，集体决策是管理集体所作的决策。在工作中，根据不同的情况，采取个人决策或集体决策的方式。尤其遇到日常一般性事项和问题，则通常由管理者自行决策，不必事事依靠集体决策，以免延误行动时机。

2. 单项决策和多项决策

单项决策是就单个事项或目标做出决策，其情况（人、事、物）比较单纯。多项决策是涉及多个事项或目标的决策，内容繁多而复杂，涉及时间和空间各个方面。

3. 常规决策和特殊决策

常规决策是指管理者对经常、反复大量出现的事情做出决策，它具有一定的规律性，因此，可以利用例行的程序进行决策。而特殊决策则是非常规决策，指对偶然出现的事情做出决策。凡是过去没有出现过、涉及面广且新的事情和问题，没有可供决策遵循的程序，管理者必须有能力鉴别出这些特殊的事情和问题，及时作出科学、正确的决策，顺利处理这些问题。

对常规性决策，管理者可以沿用惯例。但是对非常规性决策，管理者需要充分发挥创造性和高超的决策技术。

管理者要善于决策

优秀的企业领导都懂得决策的重要性，但是，多数人在面临决策的关键时刻都觉得很为难。决策随着问题的变化而变化，大体上可以分为程序化决策和非程序化决策。

1. 程序化决策

程序化决策是指该问题重复出现，定义清楚，并且存在着解决问题的程序。因为业绩衡量标准通常很清晰，关于目前业绩又有充足的信息，能够在备选方案中区分出来，并且选定方案成功的概率较大，所以程序化决策往往有着清晰的结构。

在程序化决策的实例中也包括了决策规则。比如，什么时候更换办公室电脑，什么时候报销管理者的差旅费，或者申请人是否有从事某项技能的专业资格。

2. 非程序化决策

和程序化决策相反的是，非程序化决策是指问题新奇，难以定义，并且不存在解决问题的既有程序。一个组织在没有认清问题之前或者不知道应如何应付的时候，一般情况下使用非程序化决策。明白清楚的决策标准并不存在，而且可供选择的方案混乱，是否能找到理想的解决方案也就并不确定。一般为非程序化决策找到备选的解决方案并不容易，所以解决方案也就因问题而异。

英特尔公司从来没遇到过对有缺陷奔腾芯片的指控的问题，由于不确定性强而且决策复杂，公司没有对这个问题的处理经验。对于英特尔公司来说，没有这方面的经验，在复杂的非程序化决策中做出选择是不易的。但许多非程序化决策牵扯到战略计划，这无疑就又加大了难度。

美国西北航空公司的新任首席执行官汤姆森决定以停飞41架飞机，削减4200个工作岗位，废止机票折扣作为使经营不佳的公司重新盈利的战略措施。汤姆森和其他高层管理者分析复杂的问题，评价可行的方案，对如何使公司重新盈利做出选择。

改变战略计划从而使公司盈利是美国西北航空公司在面对危机时所做出的非程序化决策。对于一些特别复杂的非程序化决策，可以称之为"乖戾"。在解决乖戾的问题上，仅仅是关于如何定义的问题就可能转变成一项主要任务。乖戾的问题与管理者在目标和可行性方案上的冲突，快速变化的环境，决策因素之间模糊的联系相关联。或许处理某一乖戾决策的管理者解决了问题，但这只能说明他从一开始就错误地定义了问题。

了解科学决策的步骤

决策是经营者的核心能力，经营者的任务在于，要深入分析每一项决策的可行性，并有效协调近期目标和远期目标，不能顾此失彼。

具体说来，管理者可以按以下几个步骤进行：

1. 明确目标导向

决策目标是决策者所要达到的决策结果。决策目标具有严格的规定性：一是质的规定性，二是量的规定性。前者是决定决策方向正确与否，效益及影响好坏的尺度。任何不符合公司发展利益的目标，以及违反客观规律的目标，都有存在错误的质的问题。后者主要包括数量、时间两种规定性。数量定得太大，时间定得太紧，或者数量小，时间松，都会造成不必要的失误和损失。如果目标定得不切实际，无法实现，则会造成更大的灾难。只有注意做到质量与数量、速度与效益的统一，才能制定正确目标。

2. 确定具体目标

识别问题能力的高低是领导决策能力高低的重要反映，是衡量一个人杰出与平庸的尺度。领导者应通过信息反馈、对照比较、偏差记录、特征观察、组织诊断等方式发现问题与界定问题。发现问题并确认该问题有必要通过决策加以解决后，领导者就要确定目标。只有确定了正确的决策目标，才能为未来发展指明方向，没有目标的决策是盲目的决策。

3. 拟定备选方案

领导者的决策特别是重大决策应初拟几种可供选择的方案，本着择优汰劣原则，权衡利弊，全面对比，最后选择一个最佳方案，这就是我们常说的"可行性分析"。拟订备选方案，须依据一定的目标，有了目标，就有了拟订备选方案的准则和尺度。现代决策一般要求有多个备选方案以供选择。如果只有一个方案，决策实施孤注一掷，即使成功了也是侥幸。

4. 优选行动方案

达·芬奇认为，为了获得有关某个问题的构成的知识，首先要学会如何从许多不同的角度重新构建这个问题。人们发现自己看待某个问题的第一种角度太偏向于自己看待事物的通常方式，就会不停地从一个角度转向另一个角度，重新构建这个问题。人们对问题的理解随着视角的每一次转换而逐渐加深，最终便抓住了问题的实质。领导者对备选方案分析对比，选择最优方案，这是决策过程的关键一步。

5. 进行反馈调控

决策的实施过程，也是反馈调控的过程，即领导者将决策的实施情况与结果的信息反馈到整个运作过程中，以做到发现偏差，采取纠偏措施，使决策目标或方案不断完善。我们并不要求企业的决策者在每次决策中都必须亦步亦趋地完成以上步骤，尤其是许多危机决策和现场决策时，领导者根本就没有时间考虑那么多，只能说将这种决策思维养成一种习惯，然后灵活运用。

明确决策的目标

公司经营者在运营公司的过程中，也会遇到各种各样的决策，但决策之前，首先需要明确决策的目标。唯有决策目标明确了，决策才会有依据，行动就会有针对性。

经营者要明确的决策目标，具体来说，就是：

1. 清楚最终达到什么结果

决策目标要明确，这就要求决策目标应当有确定的内涵，切忌笼统，要求决策目标、概念必须清晰，并使执行者能够明确地领会含义。

在决策之前，管理者要回答出下面这几个问题：这个决策要实现什么？要达到什么目标？这个决策的最低目标是什么？执行这个决策需要什么条件？

想清楚要达到什么结果，可以帮我们果断地做出决策，钢铁大王安德鲁·卡耐基给我们做了一个良好的示范。

钢铁大王安德鲁·卡内基年轻的时候，曾经在铁路公司做电报员。一天正好他值班，突然收到了一封紧急电报。原来在附近的铁路上，有一列装满货物的火车出了轨道，要求上司通知所有要通过这条铁路的火车改变路线或者暂停运行，以免发生撞车事故。

因为是星期天，一连打了好几个电话，卡内基也找不到主管上司。眼看时间一分一秒地过去，而正有一次列车驶向出事地点。此时，卡内基做了一个大胆的决定，他冒充上司给所有要经过这里的列车司机发出命令，让他们立即改变轨道。按照当时铁路公司的规定，电报员擅自冒用上级名义发报，唯一的处分就是立即开除。卡内基十分清楚这项规定，于是在发完命令后，就写了一封辞职信，放到了上司的办公桌上。

第二天，卡内基没有去上班，却接到了上司的电话。来到上司的办公室后，这位向来以严厉著称的上司当着卡内基的面将他的辞职信撕碎，微笑着对他说："由于我要调到公司的其他部门工作，我们已经决定由你担任这里的负责人。不为其他任何原因，只是因为你在正确的时机做了一个正确的选择。"

卡内基清楚地知道自己必须达到什么结果，那就是必须要避免重大事故的发生。为此，他毫不犹豫地做出了决策，哪怕自己会因为这个选择丢掉工作，他也不会对此有任何悔恨。

而很多人在选择面前犹豫、彷徨，正是因为自己对决策目标的不明确，一会儿想要这个目标，一会儿又想要那个。对目标的明确产生了决策的果断，让我们避免了徘徊与游移不定，让我们在职场上更加果断，更具决策力。

2. 设法达到预期的目标

在管理过程中，很多决策是建立在没有明确目的的基础上，这样的决策只会造成管理的混乱。优秀的管理者一定会在决策时首先考虑如何才能达到预期的目标。

二战时，美国作为盟国的军火生产基地，向欧洲同盟国运送了大量的武器。为了尽可能多、尽可能快地运往西欧前线，便让商船加入了运载军火的行列。但是商船常常遭到德军的袭击，损失惨重。

为了让运送军火的商船突破德军飞机的封锁，免受德军飞机的攻击，美国海军指挥部决定在商船上安装高射炮。但是过了一段时间，却发现这些高射炮竟然没有击毁一架敌机。

在海军指挥部内部，有人对在商船上安装高射炮提出异议。针对这一问题，盟军海军运筹小组研究后发现，把在商船上安装高射炮这一决策的目标定为击毁敌机是不妥当的。这一决策的正确目标，应是尽量减少被击沉的商船数，从而保证军火供给。虽然安装在商船上的高射炮没有击毁一架敌机，但实践证明，它在减少商船损失，保证军火供给方面却是有效的。

基于这样的目标，美国海军指挥部最终否决了"不在商船上继续安装高射炮"的意见，继续在商船上安装高射炮。

明确的决策目标会给我们带来清晰的指引，正确的决策目标具有重要意义，而决策目标的不明确或失误有时会造成难以弥补的损失。

克服决策时的偏见

公司经营者在制定决策时，往往会遇到固有的障碍，因为无法克服导致决策失误。

在决策之前，选择最佳决策方案之前一定要设法消除阻碍决策的一些因素：

1. 过分自信

对经营者来说，过分自信有时并不是一件好事。看看过分自信如何降低我们决策的质量：过分自信的人，总是认为自己无所不知，但事实上并不可能知道所有的事情。因为"不知道"某些事情，而这则有可能成为决策发生失误的基础。当这些"我们知道的事情"中的任何一件作为一个重要部分出现在问题解决的过程中时，很可能我们就无法做出最佳决策。

2. 认知性偏见

做决策的时候，在收集和整理信息的过程当中，我们经常利用无意识的捷径，我们把它称为"试探性判断"。

人类之所以会试探性地判断，是因为这种方法似乎行得通，起码在大部分时间内是这样。认知性偏见就是错误运用试探性判断的一个具体例子。

3. 存在性偏见

我们以事物的可回忆性和生动程度而不是其准确性、相关性或可能性为基础将记忆中的事情与当前所面临的问题联系起来。

4. 确认性偏见

我们寻找支持性的证据，但对那些反驳或怀疑这些证据的信息却往往视而不见。在决策过程中，这种类型的偏见随处可见。

5. 固定性偏见

我们下意识地接受这样一些信息和证据，它们可以引导我们走向最初设想的解决方案。我们往往固定在这一最初的设想上，哪怕它其实离目标很遥远。

6. 定式性偏见

我们利用关于一个人、物或事件的有限的信息将他或它们划分归结到一个大的类别中，然后把这一类别的所有特点都强加到该人、物或事件的身上。换句话说，我们用头脑中固有的定式与现有事件的相似处来判断此事发生的可能性。

7. 框架性偏见

我们倾向于按照既定的框架模式来作决定，也就是你考虑问题的方式想当然地做决定。比如说，一件新产品上市估计有十分之一的成功机会，或者可以说有90%的失败可能，意思是完全一样的，但却代表了两种不同的思维模式，对这两种模式的不同选择则可能导致我们做出不同的决定。

8. 主观愿望性偏见

大多数人倾向于乐观的愿望，相信好结果总是比坏结果更可能发生。而实际上，考虑负面后果对于选择解决问题的最佳方案来说是相当重要的。

任何人在决策过程中都不可能彻底消除所有的偏见。但是，清醒地意识到人类自身存在的这样一些倾向，可以帮助我们在解决问题过程中尽量避免负面影响，或将其降到最低。

公司的经营者也是人，很容易在决策过程中出现倾向性问题，而这些都将成为决策的障碍。

以长期赢利为方向

一个企业的经营决策不能仅仅看它现在的利润率表现，更需要看它未来的发展前景。如果企业暂时赚钱了，却不去提升自己的竞争力，那么以后这家企业的钱会越来越难赚。所以，管理者的经营决策要把精力放在持续赢利方面。

1. 赢利具有长久性

持续赢利指企业既要能赢得利润，又要有发展后劲，赢利具有可持续性、长久性，而不是一时的偶然行为。"360杀毒"是国内免费杀毒软件的开创者，当初作出免费试用的决策，让如今的"奇虎360"成为互联网行业的新宠。

虽然奇虎360只能算是杀毒业的新兵，但在周鸿祎的领导下，360安全卫士以"狠狠的"免费招式掀起了安全领域的风暴。作出免费的承诺，在当时是"冒天下之大不韪"，因为免费软件面临着一个问题：如何赢利？事实证明，"免费"的决策让360尝到了甜头。

顺应互联网的免费趋势，360安全卫士推行的赢利模式很简单：普遍性服务免费，增值服务收费。周鸿祎和他的团队认为，免费的软件能够吸引足够大的用户群。只有足够多的用户，才能为未来的赢利打下良好的基础。在软件价格低廉的情况下，即使有1%的360用户，每个月哪怕花费几块钱，付费也是庞大的市场。正是基于这样的认识，周鸿祎最终才做出了360免费的决策。

增值业务也体现在360安全浏览器上，上面集成谷歌、百度、有道搜索框，每天有成千上万的人在使用，这些搜索框每天都在给360带来利益，同时360安全浏览器中投放的文字广告也会带来不少收入。

凭借着360安全卫士等免费软件，奇虎获得尽可能多的用户群，并通过提高软件功能和丰富多样的产品种类来满足不同客户的需求。对于那些只有少数人需要的个性化服务，奇虎360将针对部分用户提供增值服务从而赢利。

如今，奇虎360已经拥有了庞大的消费群体，奇虎360正进入稳定发展中。

管理决策必须建立在持续赢利的基础上，持续赢利是对一个企业是否具有可持续发展能力的最有效的考量标准。一旦有了庞大的消费群体，收益就有了保证，这个赢利模式也就能持续！

2. 赢利具有可持续性

经营决策考验管理者的智慧，每个企业都是一个复杂的个体，其所处的商业环境不同、客户定位不同、产品与服务的选择不同、拥有的资源不同，所以，如何决策最终实现可持续赢利的问题变得不简单。持续经营模式将唤醒经营者们对企业的命门——商业模式的重视、认知和思考，帮助更多经营者掌握识别、规划、评价、创新企业商业模式的知识和技能，以便为企业塑造成功的商业模式，将有助于创业者思考并解开企业持续赢利的奥秘。

决策确定后，要达到持续赢利的道路并不平坦，企业赢利是一个长期积累的过程。在刚开始的时候，肯定会存在很多困难，但是不要轻易放弃，一旦转行，厂房重新建造，机器重新购买，产品重新创造，客户重新开发，创业者前期的投入就白费了。所以做企业坚持很重要，因为坚持会让你的经验越来越丰富，行业越来越熟悉，客户越来越多，能力越来越强。当企业拥有了这些资源实质上就等于创业者增加了企业的竞争实力。

即使是一个资金比你雄厚的企业，他在没有经营能力的前提下也是无法与你竞争的。所以企业要想持续壮大，永远立于不败之地，就需要在自己的行业内做精、做专、做细。当你成为这个行业的专家，自然就成了市场的赢家。

成功的商业经营决策要做到放眼未来，而不是追求短期的利润。企业管理者也需充分认识行业的扩展性和成长性，从实际出发，把着眼点放到长期赢利上。

管理者要果断决策

企业面对瞬息万变的市场，机会总是稍纵即逝，必须以快节奏、快速度抢占市场"空白点"。企业决策者应具备敏锐的观察能力和判断能力审视整个市场，果断决策对企业经营者来说尤其重要。

"机会可遇不可求"，这是任何人都明白的道理，但是身为管理者，是否也有这样的经历：面对机会总是犹豫不决，想着多考虑、多分析，为了下一个准确的决策，迟迟地下不了决定。好不容易做了决定之后，又时常更改……到最后，可能决策下来了，可是执行的时机已过，浪费了很多宝贵的资源和精力。

1. 不要犹豫不决

在《拉封丹寓言》中，有一只著名的驴子：它非常饿，到处找吃的，终于看到了在它前面的两堆草。它迅速跑过去，却为难了，因为两堆草同样鲜嫩，它不知道应该先吃哪一堆。它犹豫不决，在两堆草之间徘徊，一直在思考先吃哪一堆。因为不知道如何选择，最终这头驴子在两堆草前饿死了。

寓言故事用夸张的笔法生动再现了生活中的现象：我们身边的管理者往往决策不果断，在拖延中浪费了宝贵的时间和生命。

兄弟二人前去打猎，在路上遇到了一只离群的大雁，于是两个猎人同时拉弓搭箭，准备射雁。这时哥哥突然说道："把雁射下来后就煮着吃。"他弟弟表示反对，争辩说："家鹅煮着吃好，雁还是烤着吃好。"两个人争来争去，一直没有达成一致的意见。这时来了一个打柴的村夫，听完他们的争论后笑着说："这个很好办，一半拿来蒸，一半拿来煮，就行了。"两个猎人停止了争吵，再次拉弓搭箭，可是大雁早已经没影儿了。

我们为兄弟二人的行为而捧腹时，也会思考：在他们看到大雁时，如果及时射箭会得到雁，在他们拖延一小会儿后，雁已经飞走了。

犹豫不决的人总是喜欢先想到失败的结果，他们不敢做决定，害怕承担因此产生的责任。他们无法确定事情的结果，或好，或坏，或者有什么意外。他们害怕明天就会为自己今天的决定后悔，因为明天可能会发生更美好的事情。他们怀疑自己有做大事的能力，长此以往，原本很多美妙的想法消失殆尽，成功也就离他们越来越远了。

2. 做到以快取胜

《孙子兵法·作战篇》中说道："兵贵胜，不贵久"、"其用战也胜，久则钝兵挫锐"，意思是用兵打仗，贵在快速反应，而不宜旷日持久，旷日持久会使军队疲惫，锐气受挫。经营者如果能敏锐地发现市场的潜在需求并果断决策，调整产品定位，则会更为容易地迎合市场需求，分享到市场的这份"蛋糕"。

管理者在变幻莫测的市场环境中，必须要做出自己敏锐的判断。抓住市场的动向，能够快速甄别出各种繁杂的信息，找出真正能够影响企业策略的机会，并能够立即行动起来。而一个经营者的市场快速反应能力其实是综合实力一种体现，建立在一定的组织基础之上，又要求企业的产品研发、采购、生产、销售、信息处理各个部门通力配合。

而对于一个企业的经营者来说，对市场的迅速反应与果断决策是建立在一套完整的机制之上的。商业竞争已经跨过了"大鱼吃小鱼"的阶段，现在已经是"快鱼吃慢鱼"的时代了。

提升直觉决策的能力

作为一个管理者，每天都会遇到大量需要直觉决策的事情。成功的决策者为自己敏锐的直觉感到自豪和欣慰，同时，也应对直觉保持清醒的认识，保持警惕。

美国的巴顿将军就是以他的快速决策而著称的。他的许多决策看似出于本能，出于直觉，而且都是闪电式的。人们都说这归功于他的第六感觉，甚至认为是因为他的第六感觉很少欺骗他。他所做的"闪电决策"几乎都是正确的，这对他在二战中指挥美国第三坦克部队在欧洲取得胜利起了关键性的作用。

巴顿将军"闪电决策"看似依靠直觉，实际上是他拥有精湛的专业知识和掌握丰富的信息的结果。

那些获得巨大成功的经营者，在制订方案或决策时，往往十分重视利用他们直觉的经营意识。但同时，他们也会对直觉进行谨慎的判断。

但有些经营者在进行决策时，常常是自己一拍脑袋就定下来。他的决策的依据不是客观的市场调查报告、科学的理论原则以及在此基础上对市场未来趋势所做出的正确预测，而是单凭感觉、直觉。因此，"我只相信自己的直觉"，成了许多决策者自我炫耀的口头禅。

对企业经营而言，决策一般都有严格的论证程序，而且经营者的决策大部分都属于战略性的决策，需要更加充分的信息和更科学的程序。但管理者遇到的很多问题是瞬间发生的，管理者在做决策时，通常脑子里没有严格的逻辑思考和推理，这个时候更多的需要依靠信息加直觉来判断。

通常情况下，管理者所提出的决策方案只会与过去处理类似问题的方案存在细微的差异。直觉决策有三种表现形式。

1. 便利直觉

使用容易得到的信息做出决策。信息是决策的前提，管理者能否便利地获得需要的信息对决策有很大影响，这包括近期的信息、眼前的信息、下属提供的信息等。尽管这些信息未必能够真实反映事物的本质，但是这些信息最可能被用来做决策。例如，在对下属进行评价时，管理者往往依据的是下属近期的表现。下属早期的表现如果没有出现太大问题的话，只要近期表现良好，管理者的评价一般也是良好。

2. 表象直觉

将某些事物发生的可能性与熟悉的事物相对照做出决策。也许某个事件的发生确实是必然的，也可能是偶然的，但人们的天性决定了我们很多时候把偶然的事情当作了必然的事情。

3. 认同强化

增加对原有决策的投入，从而强化原有的认同，尽管原有决策已存在负面信息。例如，现实中存在大量对失败的决策继续执行以致最终酿成危机的例子。

有人直觉灵敏准确，直觉决策成功率很高，而有的人反应迟钝，直觉决策屡屡失败。如同样是股票投资人，有的人凭直觉，屡屡得手，多有斩获，而有的人屡败屡战，损失惨重。这里面当然有运气的成分，但直觉决策能力的高低恐怕也是重要因素。

直觉有时是准确的，但有时直觉也会出现问题。直觉决策犹如一把双刃剑，既有可能帮助你获得成功，也有可能导致失败。如果决策者缺乏冷静的判断，以偏概全，否认科学决策的价值和有效性，不遵循科学规律，单纯依赖自身的直觉，必然使得决策风险增大，失败也就在所难免。

引导员工参与决策

虽然说，决策是经营者个人的事情。但在不少情况下，员工在某项决策出台之前是毫不知情的，这样，就导致有些员工不理解决策的含义，不知道自己该做些什么，更谈不上是不是努力地去做了。

在决策的过程中，经营者可以尝试引导员工参与决策，积极引导他们提供意见或建议，以此作为自己决策的参考。

1. 重视员工的意见

决策者必须要重视别人的意见，必须善于把自己的决策通过员工参与的方式体现出来。积极引导员工参与决策，使得管理者处于决策的主动地位，并能积极地引导员工参与决策，以提高业绩。

战国时期，秦王嬴政执掌大权后，下了一道逐客令：凡是从别的国家来秦国的人都不准居住在咸阳，在秦国做官任职的别国人，一律就地免职，三天之内离境。李斯是当时朝中的客卿，来自楚国，也在被逐之列。他认为秦始皇此举实在不可取，因此上书进言，详陈利弊。

他说：从前秦穆公实行开明政策，广纳天下贤才，从西边戎族请来了由余，从东边宛地请来了百里奚，让他们为秦的大业出谋划策；而当时秦国的重臣蹇叔来自宋国，配豹和公孙枝则来自晋国。这些人都来自于异地，都为秦国的强大做出了巨大贡献，收复了20多个小国，而秦穆公并未因他们是异地人而拒之门外。

李斯认为，秦始皇的逐客令实在是荒唐之极，把各方贤能的人都赶出秦国就是为自己的敌国推荐人才，帮助他们扩张实力，而自己的实力却被削弱，这样不仅统一中国无望，就连保住秦国不亡也是一件难事。李斯之言使得秦始皇如醍醐灌顶，恍然大悟，急忙下令收回逐客令。正因为秦始皇听取了李斯的建议，不仅留住了原有人才，而且吸引了其他国家的人才来投奔秦国。秦国的实力逐渐增强，十年之后，秦始皇终于完成统一大业。

古人云："兼听则明，偏信则暗。"管理者要重视听取下属的意见，这样才能全面客观地了解事物，做出正确的决策。

从管理角度来说，决策者全面听取各方意见，尤其是听取下属的反面意见，可以团结有不同意见的下属，也能赢得下属的尊重和信任，提高组织的凝聚力。

2. 主动听取员工的意见

对管理者而言，决策建立在丰富的信息基础上，需要对企业经营中的不同情况进行有效判断。但是任何决策者都不可能掌握全部的信息和资源，所以决策者必须重视别人的意见，尤其是员工的意见。尽管某些意见不能被采纳，但至少可以作为决策的参考，即使是那些反对意见，也可以提醒决策者需要规避决策中的风险。

20世纪80年代初的巴西，有个小伙子里卡多·塞姆勒，大学毕业后就进入父亲的机械公司工作。

老塞姆勒希望儿子能接手自己的生意，可是企业每年的销售额却始终停留在几百万美元。塞姆勒上班后，他发现从中国和英国进口的茶叶开始在巴西流行，老塞姆勒觉得既然茶叶流行起来了，制茶机肯定会有市场，于是决定大批量生产制茶机。可是塞姆勒却说："父亲，我们能不能先征求一下员工的意见再生产？"

老塞姆勒不屑地说："员工们难道比我更会做生意吗？做生意就是讲究一个快字，哪有时间和他们商量，谁能抢得先机，谁就是胜利者！"这项决策最终由老塞姆勒拍板。

企业的制茶机生产线全面铺开，然而让老塞姆勒没有想到的是，半年过去了，这些机器却还压在仓库里。他们的投资遭遇了失败。

一天，塞姆勒在车间巡视时，听到两个员工的谈话。一个说："我们根本就不适合生产制茶机！"另一个说："气候条件注定巴西只适合种植咖啡和大豆，茶叶虽然在巴西流行起来了，但巴西本国却无法种植出优质的茶叶来，没人种植，当然就不会有人购买制茶机了！"

塞姆勒无意间听到的这个谈话，却给了他以启发。他认为，"智者千虑，必有一失"。所以，一家公司真正的CEO应该是每一位员工，只有尊重每一位员工的意见，才能做出更加明智的决策！

后来，父亲老塞姆勒把公司交给了只有23岁的塞姆勒。塞姆勒接管公司后，首先在办公室门口挂了一只意见箱，员工对公司有何建议，都可以放进意见箱。每一次做决策，塞姆勒都要开会讨论，而且还要把结果公布出来，让所有员工们参与，只有大家同意之后才能实施。

因为员工们能参与决策，员工们的工作积极性不断提高，不到五年的时间，公司的销售额已增长到1.6亿美元，成为巴西增长速度最快的公司之一！

这家公司就是巴西最大的货船及食品加工设备制造商"塞氏公司"。目前，里卡多·塞姆勒让员工参与决策的管理经验，已经被全球76家商学院作为教学课程进行推广和传授。

融合其他人的智慧

一滴水很快就会干枯，它只有投入到大海的怀抱，才能永久地存在。同理，个体也只有和团队结为一体，才能获得无穷的力量。

知识不过是一种工具，只有通过人与人之间分享、沟通和互补，才能发挥它的全部能量。借助他人的经验与智慧，才能发挥个人的全部力量，才能解决个人无法解决的问题。

马云说，单枪匹马是做不出任何事情的。在团队合作能力日益被重视的今天，优秀的人才绝不再相信个人英雄的假说，而会积极地加入学习型组织中，融合大家的智慧，开拓一片广阔的天空。那么，我们怎样做才能与团队成员在共同学习中，获得共赢呢？

1. 知识共享

知识共享实质上是形成组织内部记忆的过程，只有通过知识共享，才能互通有无，共同提高。如果没有知识共享，团队学习的目标也不可能完成。只有资源共享、信息共享才能创造出高质量的产品与高质量的服务。每一个人都要有意识地加强与团队成员之间的合作和共享，增强自己的团队精神。

2. 深度会谈

深度会谈——即每人全部摊出心中的设想，在无拘无束的探讨中自由交流自己心中的想法，交流经验教训，反思、探询，相互支持与启发，从而得到超过各自的个人认识。深度会谈的目的是要超过任何个人的见解，进行得当，人人都是赢家，个人可以获得独自无法达到的见解。

正如威廉·艾萨克所指出的，当一个集体开始在对话中取得进步时，"一种新的聆听方式出现了"。人们开始"聆听整体"（Listent the whole），不仅听到每个人的说法，而且还听到在这个集体中流动的更深层的含义。

3. 注重互动

改变我们的互动方式，不仅重新规划正式的组织结构，而且重新调整隐藏在人与人之间、过程与过程之间的互动方式。一旦我们认识到自己的思考和互动方式，并开始以不同的方式思考和互动，那么我们就已经在获取知识能量了。这些变化将在我们周围不断出现，进一步提高我们的能力和信心。

没有人能仅靠自己就能获得成功，只有懂得多向别人学习，多寻求别人的帮助，才能通过整合其他人的智力资源，增强自己的优势，让决策的思维更加开阔。

不要轻易出让决策权

如今不少公司在发展过程中，会引进投资人，面对笑脸相迎带来真金白银的投资人，企业的管理者千万不能乱了方寸，不能以出让决策权作为代价。

企业经营者需要特别注意的一点，就是不要让投资人替自己决策，应当始终把握住公司的命脉。经营者不能让任何人替自己决策，因为经营者自己才是最了解公司的，只有自己决策，才能最大限度地让公司按照计划的方向发展。

经营者不牢记：必须自己做决策，绝对不能让投资商替自己决策。

1. 牢牢把控决策经营权

在企业发展过程中，资本进入的情况已经很常见，而决策权也往往容易落到投资人手上。京东商城集团CEO刘强东曾在微博当中谈到："投资人和创业者永远是平等的伙伴关系，你小的时候不代表弱势；你长大的时候也不代表就可以凌驾于投资人之上！"而创业者和投资人之间关系的重中之重就是决策经营权。

因为资本的介入，导致不少企业的控制决策权从创业者转移到投资商手中，进而为企业的管理造成很大阻碍。

众所周知的招聘网站——智联招聘，就是其中一个典型的案例。企业在发展的过程中进行过多轮的融资，随着资本的不断流入，投资商分得的权利也越来越大。与此同时，智联招聘的创始人团队很早就淡出，在融资之后，企业的管理团队最后只剩下不到百分之十五的股权，而企业管理团队丧失股权的直接下场，就是实质上沦为没有企业运营权的职业经理人，整体而言，企业在外资企业在外资控股的情况下出现了管理上的混乱。

而智联招聘的情况也并非少数现象。根据美国的一项调查显示，创业企业成立后的前20个月中，由创业者之外的人担任公司总裁的比例为10%；到了第40个月，这个比例上升为40%；到了第80个月，80%的企业CEO已不是当初的创业者。

2. 不要轻易出让决策经营权

决策权的丧失正是源于"主导方总是出钱多的那位"。正如一位不愿透露姓名的创业型公司高管抱怨的那样："分歧每天都在发生，而投资方总是'老板'。"虽然从理论上来说，无论是出于企业投资方利益，还是企业管理层的利益，双方都会有一个共同的目标，即努力实现企业盈利的最大化，投资人与企业应当是"情投意合"的。而事实上来讲，对于国内的一些企业而言，企业所有者，即出资人，往往会表现得"财大气粗"，"说话有分量"。这样就会让企业走入类似智联这样的管理困境，即在双方产生矛盾的时候，虽然名义上会进行协商与表决，但主导方毫无疑问是"出钱多的那个"，实际上是投资人替企业进行决策。

一旦企业的管理团队出让决策权，企业决策的话语权丧失后，在企业运营的过程中很容易与投资人产生矛盾。

对于企业管理者而言，任何时候，都不要让别人替你决策，只有牢牢把握住决策权，才能把握住企业的命运。

决策过程需避免的情况

决策的过程是一个艺术的过程，有不少企业的经营者在决策的过程中，不注重决策的艺术性，造成决策之后的执行效果欠佳。

管理者在决策过程中，有些情况需要予以克服，细细分析主要有如下几种情况：

1. 发布命令式

经营有了完整的解决问题方案，于是就直接下达命令，让下属直接执行。这样决策的优势是简便不啰嗦。虽然领导享用了充分的决策权和发布命令权，但下属在执行此命令时只是为了完成任务。这种方法一般适用于军事领域，而在企业中的效果则会大打折扣，因为这种决策没有完全满足下属的心理需要。

2. 与属下争锋

有些领导看到下属的意见和自己的意见完全一致时，只简单地说"你和我的想法一致"。如果发现下属的方案和自己的方案有不一样的地方，会抓住下属方案中的不妥之处，先批评一通，先否定下属方案，然后提出自己的看法，并命令下属照此执行；如果发现下属的方案中有很多错误之处或不完善之处，就会大为光火地毫不客气地批评下属，驳得下属体无完肤之后，再让下属执行自己的命令。下属在决策的过程中，不能参与其间，往往挫伤其工作积极性。

3. 与下属耍小聪明

有些经营者自己一时没有多少智慧妙计，但做决策时又不承认现实，往往采取耍小聪明的做法，愚弄属下。他先不说自己没主见，而是以试探的口吻命令式地让下属谈谈对此问题的看法。下属谈完后，自认为下属的方案可行，便脱口而出："我两年前就是这样想的。"于是下属就会想："两年前你都这样想的，干吗还问我呢？谁知道你两年前想过没有？"这样的管理者必然不能在员工面前树立起威信。

4. 决策权随意下放

决策权力下放不是不可以，而是要区分什么权力可以下放，什么权力不能下放。有的管理者因自己一时没主见，时间又很紧急，于是不管事情大小及重要程度，往往随口说出"你看着办吧。"作为经营者，应该有能力区分哪些决策权是不能下放给下属的。

决策过程中的沟通艺术

决策是管理的关键，那么正确的决策来自哪里？世界上不少知名的企业家都给出了同一个答案：沟通。杰克·韦尔奇曾经提到："管理就是沟通、沟通、再沟通。"松下幸之助也认为："企业管理的过去是沟通，现在是沟通，未来还是沟通。"

某个决策的确定，管理者与成员之间产生意见分歧是正常的现象，各人的立场、观点不同，看法自然会不同。而意见分歧正是决策得以执行的重要阻碍，而有效沟通才能使决策顺利得以推行。

管理者应该巧用决策，与下属做好决策沟通，运用决策艺术，充分调动下属积极性，这样才能推进决策的完美执行。

管理者经常和下属沟通。有些管理者往往居高临下，认为大小决策由自己制定就可以了，而很少和下属谈心。久而久之，由于缺乏和下属们的思想感情交流，既影响了下属员工积极性，又容易引起管理者在工作中的决策失误。

在实际操作中，有的领导虽然自己有了完整且完善的方案，但放在自己的心里不说，而问计于下属，当认真听取下属陈述完解决问题的方案后，会根据下属方案与自己方案的差异程度采取不同的处理方法。

1. 下属拿出的方案和自己的方案一致

会以欣赏的心态和语气说，"这主意好！就照你的建议办"。领导在表扬下属的过程中完成了自己的决策。下属感到是在执行自己的方案，自己不仅是直接的操作者，而且也是设计者，在此种状况下执行任务，其结果肯定是出色的、漂亮的、令人满意的。

2. 下属的方案和自己的方案大致一致

但是有一些不妥之处，领导会肯定地说，"你的意见很好，照此做就行了，但有一点需要注意。"于是领导就把自己的意见以商讨的口气提出来，下属就会很容易理解，并按修改后的方案执行。这样做的效果也会很好，下属一般也会积极完成任务。

3. 下属的方案有明显的不可行性

领导也会说，"你看这样行不行？"双方在平等友好的协商过程中，新的可行方案也就产生了。

4. 领导没有方案

这时，经营者主动礼贤下士，广泛收集意见，走民主集中道路，从而做出正确决策。

如何制定开放性决策

一个开放性的决策，常常体现出对不同意见的宽容。对不同意见的宽容，不仅是指不对其进行强制性的压抑和禁止，而且包括鼓励不同意见，实行让步和妥协，达成和解与合作。

实现开放性决策，必须是具有弹性的决策体系能够做出安排，使得冲突的一方或双方能够及时宣泄自己的不满，使得敌意能够不断化解，不致积累起来，造成不可收拾的事端。也就是说，要使得不同意见能不断妥协，最终达到各方的期望，形成开放性决策。

1. 学会妥协

制定开放性决策，也就是对妥协的推崇和鼓励。或者说是把妥协作为开放性决策的主要方式。相反，如果不是用妥协的方式，而是用对抗的方式即用命令式的方式来解决冲突，那么，冲突的根本解决意味着更大冲突的生成，冲突的暂时解决意味着埋下了长期冲突的种子。

有这样一种说法：人生就是学会妥协的过程。公司在做出任何一项决策时，肯定会有不同的决策意见。决策是否成功，等结果完全出来就晚了。持有正确决策意见的人若坚持自己的意见，只能站在大家的对立面并且得不到支持。这个时候，持有正确决策意见的人不妨暂时妥协，允许对决策做适当的修正。

在克服困难时，常常是进一步柳暗花明，退一步前功尽弃；而在处理具体事务上，特别是在争论中，则往往会进一步悬崖峭壁，退一步海阔天空。要学会换位思考，勇于退让舍弃，善于走出僵局，找出解决问题的途径。当然，就像对抗的作用不是完全消极一样，妥协的社会作用也不是完全积极的。因此，在决策过程中，我们要注意把握妥协的"度"，不能做无原则的妥协，以免造成重大损失。

企业或小或大的每一次改变都是原则与妥协互相作用的结果。把妥协当做一种原则，实际上是为了达到预期目的而做出的某种让步，或为求折衷所寻找的替代方案。这就要求决策者不应在自己的立场上固执己见，而应积极去寻找隐藏于各自立场背后的共同利益所在。

2. 坚持原则性

即使是WTO规则，也是既有严格、普遍适用的一面，又有很多灵活、例外的规定，在一定程度上是不同国家和地区、不同利益集团相互妥协、相互折衷的产物，正所谓"原则当中有灵活，灵活当中有原则"。

不愿妥协的人，往往是想追求完美的。但在现实生活中，追求完美只能成为一种境界与奋斗目标。在竞争日益激烈、节奏越来越快的市场环境中，更加崇尚快速决策与团队协作，而适度妥协就像是润滑油。

当然，适度妥协并不是没有原则的妥协，关键是要把握适度。不能因为妥协，而丧失了自己的原则；也不能因为妥协，而偏离了妥协的最终目的。一句话，适度妥协是为了达到更好的效果，本身是一种积极的举措，而不是消极的行为。

什么是不能妥协的原则呢？那就是一个企业的立足之本，比如西门子家电中国区总裁盖尔克先生就曾说过，西门子在产品质量方面永不妥协，"决不为短期利益牺牲未来"。

所以，明白什么是不可以妥协的与明白如何妥协同样重要，这都是为了达到企业的终极目标。

公司里面有种种权力关系，经常做决策时，为了决策好通过，或者避免冲突与竞争，往往对于决策有不同程度的妥协，这也是极为危险的事情。这些妥协包含领导发言后便没有任何反对意见，而且经常如此，或者说话大声的人，脾气暴躁的人往往赢得最后结果；另外一种情况是不敢说实话，有人感觉不对但不敢说出来，还有不同部门交换利益，怕其他部门否定本部门的提案，对于其他部门的问题，也客气地不提出意见。

经营者有义务创造一个开放的环境，允许大家自由地交流意见。虽然遇到的挑战较多，但毕竟企业最终的成功才是大家共同的幸福，一味的妥协往往只会带来企业决策的失败。

决策要体现最优化

决策是科学与艺术的结晶。如何确定选择最能实现决策目标的方案？如何掌握好评估的分寸？这既要借助决策硬技术实现"最优化"，也离不开决策者的秉性、爱好、知识、能力等的制约，从而使方案的"最优化"具有了某种弹性。

所以，我们通常所说的最优方案，除特殊情况外，一般都是选择"满意"方案的意思。也就是常说的最佳方案是指满意方案。

1. 决策是一个选择的过程

"田忌赛马"的故事大家都耳熟能详。同样是三匹马，由于决策的配置方法不同，效果就不同。在做决策的过程中，我们应该学习这种决策智慧。

如果几种选择之间优劣分明，做决策是再容易不过的事情。比如，有两家公司，情况差不多，一个答应付你每月2000元，另一个答应付你2500元，应该去哪家公司是不言自明的。但如果都愿付你2500元工资，你就很难判断去哪一家更好。这时我们就要费心权衡，这其实就是犹豫。在甲、乙两公司均愿意每月付给你2500元工资的例子中，如果你接受了甲公司的工作，在你得到每月2500元工资的同时，你就会失掉乙公司每月付你2500元的机会，正因为这样，所以我们在做选择时才会感到为难。

2. 以相对满意为原则

在做管理决策时，我们往往以满意原则选择决策方案。多数情况下，选择方案时能够选择出最好的那个方案几乎是不可能的，因为只有把全部方案都明白无误地摆出来之后才能做到这一步。事实上不管我们如何努力，也只能摆出其中的一部分甚至非常小的一部分来供挑选。因此，决策不要形而上学地去追求最优化，而应以相对满意为原则，即选择一个"足够好"的决策方案。

事实上，我们每个人在决策时也正是这样做的。比如，我们在购买家庭汽车时，面对种类繁多的汽车，我们将每种汽车的性能都进行分析对比，找出既适合自己，性价比又最高的那种车几乎也是不可能的。因此，我们很多人其实依据的就是满意原则来选择自己购买的汽车。

确定决策方案是管理决策的主要组成部分。在通常情况下，可供项目决策者选择确定的决策方案，不能是单一的，而应该同时有若干个方案。各种可供选择的方案，可能是大致相同而又有所不同的，也可能是基本不相同，甚至完全不相同的。

3. 研究确定最优决策方案

为了便于研究确定决策方案，应当提出有科学根据、经得起论证的若干种不同的（包括相反的）决策方案，以便于比较鉴别。可以说，形成一个好的决策方案，必须以不同的或相反的方案为基础。因为这样，才能听到各方面的意见，可以在不同意见的争辩中激发人们的想象力，从而有利于促使决策人员进行全面研究，分析判断，做出正确的决策。

实践证明，如果不从实际出发，提出几种可供决策的行动方案，而只是习惯于由分析人员提出一种综合性的可供决策的行动方案，那就容易使项目决策者成为某一方面意见的"俘虏"，不能真正发挥领导者的决策作用。这样做，往往也是造成实践中宏观经济决策和微观经济决策失误的一个重要原因。

决策过程是寻找解决问题的合理方案的过程。从理论上讲，决策最终选择的理想方案应该是追求方案最优化。决策是按最优化原则从不同方案中选择最优方案，但最优方案是很难实现的。在实践中，由于很多情况下决策是一项高级而又复杂的劳动，必须考虑客观环境，只有能全面、正确地认识客观环境，才能拟定出全部的可行方案及其结果。

同时，寻找全部可行方案的活动会因时间、费用及其他条件的限制而不可能做到。此外，即使选择到最优方案，还要在付诸实施过程中来检验方案是否百分之百地符合变化着的客观现实，这就离不开反馈与调整。

跳出从众心理做决策

"三个臭皮匠，顶个诸葛亮"，这句俗语标明了集体智慧的重要性，决策时倾听多种声音，可以避免个人思维的局限以及武断。古代君王重在虚心纳谏，企业的管理更是如此。对于一个企业来说，每个人的能力都是有限的，纵观许多企业的巨大成功，绝非单纯依靠CEO披荆斩棘而得来，他们的成功秘诀就在于能受益于集体的智慧。优秀的企业经营者大多认同这样的理念。

坚持自己的判断，利于决策产生，使企业能够在第一时间获得行动指南。正是对这种"说不清楚的东西"的判断力的勇敢坚持，决策者总是能到一定的时候搞出一些新名堂来令人耳目一新。如果一个企业在任何决策上都犹豫不决，无人最终拍板，最终将会一事无成。

因此，决策者保持在进行重大事项的决策时，要摆脱群体的影响，跳出从众心理。而这种判断，是以下三个方面为基础的：

1. 决策的前提是正确的

决策者要在确保决策正确的前提下，坚持自己的意见，不被群体所左右。为了达到这个目的，决策者要从提高自身素质出发，在作出决策之前更为敏锐地观察市场环境，并且要敏锐地判断出决策的正确性，以减轻自己盲从的心理，更多地运用理性的方法作出正确的决策。同时还要求决策者富有创意，不走寻常路，不管是加入一个组织或者是自主创业，保持创新意识和独立思考的能力，都是至关重要的。

2. 决策不要怕孤立

在企业，经常会遇到这种情况：新的方案和想法一经提出，必定会有反对者。反对声中有对新意见不甚了解的人，也有为反对而反对的人。一片反对声中，领导者往往限于孤立之境。这种时候，决策者不要害怕孤立。通过讲解来说服，并得到反对者的认可，而对于那些基于非理性原因的反对者，则不必做过多的理会。

3. 决策者要对做出的决策负责

决策是不能由多数人来作出的。多数人的意见是要听的，但作出决策的，是一个人。这个人必须对所作的决策负责。只有不怕风险，勇于担当责任，才能锐意进取，大胆决策。

启动集体智慧做决策

决策权需要牢牢掌控在经营者自己的手中，但有时候征集群体智慧是一种非常聪明的做法。启动集体智慧，讨论会是一种有效的群体决策的方式。

那么我们究竟如何判断什么时候该征求大家的意见呢？讨论会有哪些优势？怎样召开讨论会？在什么情况下讨论反而会带来更多的问题呢？

遇到以下五种情况时，管理者应该召开讨论会，以启动集体智慧做决策：

1. 讨论会能激发出更多备选方案时

有时候，虽然你已经想尽一切办法搜集了所有信息，但你仍然觉得自己掌握的信息不充分，这时候讨论会就可以帮助你跨过这一障碍。因为跟其他人沟通可以给你带来很多灵感，帮助你扩大视野，产生更多富有创造性的想法。当你无法推动事情发展时，讨论会可以帮助你走出困境。

2. 当你需要外部专家的专业支持时

你需要一些其他领域的专业人士的支持，比如，公司的外部董事、物流专家、国际法专家，或者曾经成功地处理过阿根廷罢工事件的专家，等等。平常你的公司里可能根本没有这些领域的专业人士，所以一定要善于利用跟他们交流的机会。

3. 当你想让该决定更符合道德标准时

你是否想过为什么很多医院的最高决策机构都是医务委员会而不会只设一个最高管理者？这是因为从理论上来说，委员会能让人们更诚实。一两个人大权独握时，他们很可能会出现违规行为，但一个大的群体却能始终保持较高的道德标准。

政府部门之所以需要设立各种各样的分支机构，原因也在于此。讨论会有时候会作出一些明显错误的决定，这是因为很多人都太容易受到其他人意见的左右。虽然一群人通常要比一个人更容易遵守道德准则，但有时也会出现"讨论会陷阱"也就是少数人主导多数人的情形。

讨论会陷阱最经典的例子得数猪湾事件：1961年，美国中央情报局支持1000多名古巴革命人士经猪湾回到古巴发动革命，结果遭到狙击，多人当场被击毙。显然，一些掌权者很清楚利用美国的军事力量挟持古巴发动政变是错误的，但他们并不愿意反对群体的决定。亚瑟·施莱辛格，这位肯尼迪总统的特别助理，美国杰出公共知识分子的代表人物后来写道，他曾在一次会议中公开表示入侵古巴是不道德的，但罗伯特·肯尼迪把他拉到一边，偷偷告诉他："你说的可能是对的，也可能是错的，但不管怎么说，不要再坚持己见了。"这就是讨论会陷阱。这种群体压力可能会让人们作出一些自己本打算拒绝的、不符合道德准则的决定。

4. 当你需要群体支持自己时

通常来说，当人们参与决定时，他们就会更加积极地支持自己作出的决定。但在召开讨论会时，有时你可能会不自觉地操纵了大家的意见。在组织群体讨论的时候，你可以试图说服大家接受你的建议，但千万不要操纵会议，一定要学会认真倾听别人的意见。

5. 当你担心可能有人会反对你的提议时

当你担心有人会反对你的提议时，应该召开讨论会。这听起来似乎自相矛盾，但其实并非如此。如果你担心他人会拒绝你的提议，那么说明你的直觉告诉你，提议可能是有问题的。当你对一件事情很热衷时，你很容易对它的缺陷视若无睹。

对自己的决策负责

虽然说直觉决策是经营者的重要能力，但是决策理应回到科学的轨道上来，最有效的方法就是决策者善于倾听多种声音，同时保持自己的独立判断。

经营者必须对自己所做的决策负责，在此基础上才能做出更加科学和理性的决策方案。

1. 倾听多种声音

倾听多种声音，对于企业的决策者来说十分重要，它能弥补决策者个人的局限性，为企业带来更好的决策，还能增进企业与员工之间的沟通。然而倾听多种声音不代表要人云亦云，同时还要保持独立的理性与判断力。

世界著名的壳牌公司的成功就来自于倾听公司各个层面的决策意见。在壳牌公司的管理结构当中，一个重要的特点就是公司各个部门拥有充分的自主权，公司的权力不是集中在某个人手中，而是分散于各个管理部门。各级管理部门可以根据结果和技术报告，自行作出决策以解决经营中所遇到的各种问题，不必层层请示、逐级审批。这样可以使公司的决策更为迅速，并且与客户的联系更为紧密。而在公司重大问题决策管理方面，公司更是避免独断专行，委任6名执行董事组成董事会，一切重大决策必须一致通过，防止董事长一人独断专行。这样的组织管理手段使壳牌公司在20世纪80年代避免了盲目随潮流收购其他大石油公司所带来的风险，也避免了大举外债的风险。

毫无疑问，倾听多种声音有助于弥补企业管理者自身能力的限制。很多管理者，尽管他们的管理理论知识丰富，但往往可能并不具有丰富的管理经验，对企业产品的了解有限，这就需要倾听其他人的建议，促使更好的决策产生。优秀的经营者证明了不同意见产生良好决策，集思广益后反复比较获得的结果更容易使决策具有科学性、可靠性和长远性，决策者倾听不同意见是十分重要的。

2. 不要丧失判断力

但是，决策者在虚怀纳谏的同时，面对种种不同建议，不能丧失判断力，一味附和别人，尤其是在面对反对意见的时候。

管理者需要对决策负责，而其他人因为不是站在管理者的立场上，很多意见也不能反映管理者的态度。在倾听多种声音时，此时决策者就容易丧失判断力，如果此时依从众人做决策，那么一个错误的决策就产生了。

卓有成效的管理者不会向外来的压力让步，更不能说："让我们再研究研究。"一旦做出判断，就必须有坚持下去的勇气，否则，再准确的判断也会中途夭折。许家印就是一位勇于坚持自己判断的强者。

三年内，许家印已烧掉17亿元。从一家广州起家的地产公司，到球迷心目中的"中国恒大"，恒大仅用了三年。

涉足足球的地产公司，恒大不是唯一，却是上升最快的。2008年的恒大，一度因资金问题面临上市危机，而在2010年入主足球后的恒大，则成为了今天中国足球界最财大气粗的名字。老板许家印也从昔日的房地产商，成为了国人心目中的"足球救世主"。

恒大嗅到了中国足球的机会，烧了那么多钱。但是，为什么许家印要在足球上烧那么多钱呢？这样的决策基于什么样的理由呢？

在许家印眼中，足球投资本来就不是吸金利器，而是一笔特殊的营销支出。换言之，即便亏损1亿元，也等于是拿1亿元投了广告，这笔广告费显然一点也不贵。

"我们每场比赛只给广东体育4万元的转播费，但换来的却是90分钟的品牌曝光机会。恒大主场的广告牌是里三层外三层，很多赞助商都希望能通过恒大比赛的直播，做到品牌的溢出和美誉度提升。要知道，央视的广告是一秒15万元，而我用4万元就能换回来这么多的回报，你说这个投资值不值得？"这许家印这样阐释"奇兵突袭"的生意经。

只要决策是正确的，就应该力排众议，坚持己见，而不应当被其他反对意见所迷惑。对于决策的过程，其结果无非就是从各种不同的意见中选择出一个最合理的。如果决策者本身正是对的，就应当坚持。

任何时候都要坚持理性

管理与决策鱼水不分，成就一个企业，需要100%的决策正确，而毁掉一个企业，有时只要有一个决策失误就可完成。据微软公司调查显示：超过74%的商业决策落后于预定计划，每年损失740多亿美元。虽然导致决策失误的因素很多，但不理性决策尤为突出。于是，如何克服决策的不理性，成为企业决策管理的重中之重。

美国俄亥俄州立大学的管理学教授保罗·纳特在历时二十年的研究中发现，大约有三分之一的决策最初就是失败的，因为这些决策从未被执行过。当把那些只得到部分执行或一开始被采用后来又被放弃的决策考虑在内时，失败率就攀升到50%。然而，从这些失败的案例中分析，由于不理性导致的决策失误又几乎占到了50%。

作为企业的管理者，必须具备快速判断、快速反应、快速决策、快速行动及快速修正的综合能力。保持理性决策的能力，在关键时刻敢于拍板，需要管理者在决策之前做好以下几项工作：

1. 决策前的追问

在作出某项决策之前，必须对自己的决策作出一些思考，如决策的目的、原因、怎么执行、何时执行等一系列问题。

2. 要考虑五个因素

一是要考虑风险（Risk），即决策实施之后的各种不利因素，或各种副作用，要制订相应的对策。

二是要考虑对手（Rival）。要知道在决策时，你的竞争对手也在决策。所谓知己知彼，考虑对手的决策、善于双赢，才能确保企业立于不败之地。

三是要考虑关系（Relation）。每一个决策都不是孤立的，它牵扯到方方面面的利益关系和人际关系。只有理顺关系，决策才能成为现实。

四是要考虑报酬（Reward），这是激励实干者，提高决策力的一个极为重要的途径。

五是要考虑结果（Result）。为什么要做这个决策？这个决策实施后能够带来什么结果？值不值得做这个决策？企业的领导者决策者在决策时要强调务实和效益，要结果导向，不能只考虑动机愿望，只制定目标计划。

3. 有可选择的余地

做意向决策，需要在不同的方案中优中选优。比如，所在企业缺少一位管理人员，你不仅可以在本企业内部挑选，也可以在国内其他企业里挑选，甚至可以在国外挑选。

4. 要借助"外脑"

紧握住决策的权力不妨，并不意味着仅仅只依靠决策者的头脑，需要借助"外脑"。既可以是本企业本系统的员工，也可以是企业外部的专家学者，或者是一切可提供决策参考的人员。通过向外界借智，可以有效提高企业管理决策者的决策力。

建立科学的决策机制

管理者在做决策的时候，要参照一定的标准。只有这样，才会不失偏颇，才会有理有据，才能做出优秀、高效的决策来。

建立科学的决策机制需要从以下几个方面努力：

1. 预测体现科学性

预测是现代企业决策科学性的一个重要方面，也是现代决策技术方法的一个重要内容。科学决策不但要求决策主体掌握翔实的过去和现在的有关信息，而且要求其通过对上述信息的分析，通过丰富的想象以及严密的逻辑思维和敏锐的判断，提出和形成关于决策对象及决策条件的可能发展的趋势和方向，甚至具体情形。预测能力是应变能力乃至决策能力的一种标志，也是提早采取相应措施的前提。

2. 明确决策主体

明确是说关于决策的性质、目标、范围、时效、标准、进程、方式语义等概念和表达要明确，能用数量表示的就用数量表示；周详是说决策方案及其执行的设计要完备，全面考虑到与该项决策相关的各个行为主体或因素。

3. 决策要有现实性

这方面的关键问题，在于全面考虑特定决策所涉及的政治、经济、文化、价值观念、意识形态、员工情绪、利益集团等因素的影响，以及人力、物力、财力的充足程度和执行单位的理解、意愿的程度等综合条件，使决策建立在现实的基础之上，这就要求找出变可能性为现实性的条件，以实现决策目标。

4. 实现员工参与

企业决策在名义上是行政领导的权力和功能，在实质上则是集体智慧的结晶，尤其在现代化的企业里，可以说每一项企业决策都需要许多学科的知识和数据，都是许多部门和人员共同努力的结果。因此，就需要实行以上级与下级，专家与公众相结合为主要特征的、多元参与的民主化决策过程，执行领导持有最终决定权。此外，行政组织内部各个部门、层级和各项业务之间相互联系、彼此制约的组织关系，也要求在决策过程中实行民主参与。

5. 体现经济效益

经济效益的核心问题，是取得良好的投入产出比，即企业决策及其执行过程中的付出小于实际的社会经济效益。换言之，即决策的积极意义大于消极意义，收益减去付出大于0。经济效益的衡量直接反映出决策主体的价值观，不同的比较对象和衡量方法可能得出完全不同的结论。

6. 优选方案

这是决策过程中的关键一步，即从若干决策方案中选择一个最优化的方案为实际执行的规范。这就要求科学地运用理论、标准、数据和技术方法，对已经成型的方案进行审时度势、优劣虚实的分析、论证和比较，从中选择一个最优化的方案。在实际过程中，方案选择往往不是以最优化为标准，而是以相对的满意为标准，因为满意标准往往是现实的标准。选择是现代决策的核心问题，可以说没有选择就没有决策，尤其是企业决策，选择特别重要。

7. 运用信息技术

主要指尽可能运用现代科技设备和手段，如电脑和因特网。这样不仅有利于扩大信息的获取量，提高处理信息的速度，而且有利于及时把握环境的动态和条件的变化，根据反馈及时作出调整或修正，以保决策的时效性。

8. 应变

应变是指对决策潜在问题的分析、评价、控制报警和应变措施，主要是指决策潜在的不利因素。一项较为完备的决策通常应当包括应变的内容，这在实践中常常表现为所谓的"第二套方案"。适应则是指对变化的反应。

由于企业决策及执行一般常常需要相当一段时间才能完成，而其间的变化几乎是不可避免的，这就需要在决策时留有余地或一定的伸缩性，并以此业对付较小幅度的变化，变化幅度较大时，就需要用应变的方式加以解决了。

主动预防决策风险

任何决策都是有风险的，这是毋庸置疑的。在决策的前期过程中，管理者必须着眼于防范决策风险。

那么，如何降低决策风险呢？对于管理者而言，需要从多方面做出努力：

1. 制定决策前的准备工作

管理者做出决策前，要有良好的心理、情绪和思想观念；要考虑到决策所涉及的职权范围和限制因素；要掌握充分而可靠的信息；要弄清决策的必要性和重要性以及决策实现的可能性；了解决策过程中各方面的反映、不同意见和建议，为科学决策做好充分、准确的前期准备工作。

2. 预估决策后可能出现的不良后果

管理者对可能出现的不良后果进行估计时，要尽可能做到全面。不良后果往往是潜在的，不容易被发现，这就要求对可能的不良后果进行系统的分析，全面考察，不仅要分析会产生哪些问题，而且还要对每个问题作具体的说明，找出问题的潜在的原因，并采取有效措施加以预防。

3. 预估可能出现的每个问题的风险

对于危险性很小的问题，可以采用简便办法进行处置，或者不予理睬；对决策有严重影响，但还不至致命的问题，对其风险要加以必要的防止，以使其影响降至最小限度；对于危险性很大的问题，必须全面防止，避免决策可能出现的完全失败。

4. 分析问题的可能原因

对这种可能性原因以及原因可能性的大小，决策者无法根据实际事实来判断，只能凭经验进行推测和估计。决策者必须找出问题的可能原因，然后再对可能原因的可能性大小进行估计和推测，研究其概率。

5. 准备必要的应急措施

经营者对决策可能出现问题的不良后果，除应采取预防措施来消除外，还必须准备一定的应急措施，以备万一问题发生时能消除或减少影响。

积极补救决策失误

当决策在执行过程中发现当初决策有所失误时，管理者应将注意力转移到补救决策失误上来。

"人非圣贤，孰能无过。"在决策执行的过程中，往往会发现当初看起来很完美的决策，在施行的过程中却发生失误。此时，管理者应该致力于补救决策失误。只要能冷静思考，弥补对策，失误之后的应对措施就显得尤为重要。

1. 及时消除负面影响

决策在执行过程中一旦显示其不足和错误，必然给正在推进的工作带来不可忽视的影响。这些缺点和错误如果发现得早，影响也许不会太大，倘若发现太迟，后果必定十分严重。因此，在这种情况下，首先要解决的是立即停止执行决策，迅速采取得力措施稳定局势，消除由此产生的负面影响，将损失降到最低点。

2. 深刻反思失误主因

管理者的决策失误，不仅关系到管理者个人荣誉得失，而且关系到整个团队事业的成败。而造成决策失误的主要原因不外乎主观原因和客观原因。一般来说，属于管理者主观方面的原因主要有：对决策目标缺乏应有的重视，违背决策程序，决策之前缺少调查研究，或者调查研究没有深度；知识水平和领导经验不丰富，不注意广泛征求各方面的意见，拍脑袋，想当然，唯我独尊，一意孤行。客观方面的原因主要有：决策手段不能适应决策对象的瞬息变化，使形成的决策总是滞后于现实形势。不管属于哪方面的原因，管理者都应该深刻反思，认真吸取，引以为诫。决不要置若罔闻，一错再错。总结经验教训，不能停留在口头上，而应该落实在决策实践中。

3. 精心修正完善决策

发生决策失误后，管理者要在深入分析原因、认真吸取教训、广泛听取各方意见的基础上，根据实际情况、新的要求修正和完善原定的决策方案。要重新研究决策目标，深入审视实施方案。决不能因为是二次决策，就随便应付，麻痹大意，更不能抱有厌烦情绪，要以对事业、对团队、对自己负责的态度，将其视作将功补过的机会，认真对待，好好把握。要有勇气否定自我，完善自我，提高自我。新的决策方案的形成，要视原决策的失误程度而定。原决策只有部分缺陷的，可在此基础上进行局部修正和完善，保留对的，改正错的，补充未考虑到的，原决策完全不对的，则应该推倒重来，另起"炉灶"。

4. 及时调整迅速执行

为了保证新的决策执行得又快又好，管理者必须加强指导，及时发现、及时解决执行决策过程中存在的突出问题。属于管理者考虑不周的，要主动承担责任，表示歉意，及时做出调整；属于执行者的方式方法问题的，要不厌其烦加以指导和帮助，使其执行决策不折不扣。这既是改进工作，又是提高管理者决策水平和管理水平的有效途径。

管理者不必对执行决策的过程管得太细太死，但是关键的环节必须抓住，重要的问题必须审慎。只有这样，管理者才能无愧于团队，无愧于企业。

成功决策的五大技巧

成功决策不但需要魄力和勇气，还需要高超的技巧。不掌握决策的技巧，决策无法得到下属完全的信服，便不能得到真正的贯彻执行。

所以，身为公司经营者要想做到成功决策，必须跨越下面五大障碍：

1. 总是犹豫不决

有的人做什么事情都下不了决心，甚至像买一件衣服、一双鞋这样的小事都拿不定主意。在经营决策方面也是如此，某个决策总是左思右想，其原因就是害怕有什么不当的地方。其实，决策时的犹豫不决会给下属带来不安定感，即使决策最终下来了，下属仍会对决策心存怀疑。

2. 混淆客观事实和主观意见

你的决策是建立在坚实的事实的基础之上的，而不是建立在你的感觉之上的。如果你不能把客观事实和主观意见分离开，你就会遭受到各种各样的烦恼。

建立在感情基础之上的脑袋一热做出的决定很少有客观价值。直觉在管理中有一定的地位，但很多时候却会造成失误。例如，某老板因为自己不喜欢一个人，就退掉那个人的应聘申请书，但后来证明那个人是一个很有才干的大学毕业生。

企业管理者过于关注支持自己决策的信息。当他们在主观上支持某种观点的时候，往往倾向于寻找那些能够支持他们原来的观点的信息，而对于那些可能推翻他们原来的观点的信息往往忽视掉。

3. 不了解情况就做出决定

缺乏对情况的足够了解，往往会做出错误的决定。诚然，有的时候你不可能得到你所需要的全部事实。但你必须运用你以往的经验、良好的判断力和常识性知识做出一个符合逻辑的决定。但是为图省事而不去收集可供参考的各种事实，那可是不能让人原谅的。

在没有充分信息的情况下，人们往往会被自己的第一感觉所影响。有的时候，相信第一感觉是一种决策方式，但是，管理者还需要能够从第一感觉中跳出来，从更加客观、全面的角度进行分析和思考。

4. 总是屈从别人的想法

有很多人不敢大胆地说出自己的心里话，这是因为他们害怕别人可能有什么想法，更怕遭到别人的议论。他们犹犹豫豫不敢宣布他们的决定的主要原因是害怕别人批评。这就是说他们需要别人认为他们好，不能认为他们不好。

5. 害怕承担责任

对于有些人来说，一个决定不是一个选择而是一垛坚硬的砖墙，那将使他们做任何事情都会感到软弱无力，这种恐惧是紧密地与害怕失败相联系着的。多数的心理学家认为这是商人走向成功的最大障碍。

要拥有非凡的魄力和勇气，就要克服上述五大障碍，掌握决策的技巧，才能最终实现科学决策。

第八招

执行之道：
没有彻底的执行，一切都等于零

呼唤优秀的企业执行力

很多公司都有这样一种困惑：拥有先进的技术、高素质的员工和正确的战略方针，但执行效益就是不够理想。优秀的企业并不缺乏伟大的战略，真正需要的是执行力。大量的公司由于执行不力而失败、亏损，它们在给我们带来惨痛教训的同时，更给我们带来警醒：执行怎么重视都不为过。

如果没有人将公司经营者的意图不折不扣地执行下去、贯彻下去，公司运营会陷入停滞。公司的生存和发展离不开优秀的执行者。

世界上最成功的企业无一不是拥有着不折不扣的执行者，所有优秀的企业都致力于打造一支具有强大执行力的队伍和组织。只有拥有了强大执行力的人，企业才能拥有强大的执行力。

美西战争爆发以后，美国必须马上与西班牙反抗军首领加西亚将军取得联系。加西亚将军隐藏在古巴辽阔的崇山峻岭中——没有人知道确切的地点，因而无法送信给他。但是，美国总统必须要尽快地与他建立合作关系。怎么办呢？

有人对总统推荐说："有一个名叫罗文的人，如果有人能找到加西亚将军，那个人一定就是他。"

于是，他们将罗文找来，交给他一封信——写给加西亚的信。关于那个名叫罗文的人如何拿了信，将它装进一个油纸袋里，打封，吊在胸口藏好；如何在三个星期之后，徒步穿越一个危机四伏的国家，将信交到加西亚手上——这些细节都不是我想说明的，我要强调的重点是：

美国总统将一封写给加西亚的信交给了罗文，罗文接过信后，并没有问："他在哪里？"

像罗文这样的人，我们应该为他塑造一座不朽的雕像，放在每一所大学里。年轻人所需要的不仅仅是学习书本上的知识，也不仅仅是聆听他人的种种教诲，而是更需要一种敬业精神，对上级的托付，立即采取行动，全心全意去完成任务——"把信送给加西亚"。

这是节选自《致加西亚的信》的一段内容，这本小册子出版100年来，全球销售逾8亿册，这个送信的传奇故事在全世界广为流传，"罗文"作为优秀执行者的形象深入人心。

执行力引起了全球有识之士的持续关注。正因为如此，公司领导者都在努力寻找坚决服从、尽职尽责、追求结果的卓越执行者。罗文就是这样的人。

那么，具备优秀执行者的基本素质条件是什么呢？

1. 态度上：没有任何借口

当麦金利总统把给加西亚的信交给罗文时，罗文没有问加西亚将军在什么地方，也没有问寻找加西亚将军的途径，甚至没有要路费，因为即使问了也没用，谁也不知道加西亚在哪儿，不知道他是否活着。罗文只是怀揣着一个任务，一个目标——把信送给加西亚，就上路了。他越过了千山万水，历尽了千辛万苦，想尽了千方百计，最后出色地完成了任务——把信送给了加西亚。

员工要在接到任务时，不应该问为什么，而应该努力想尽一切方法去完成任务。

2. 能力方面：手段专业化

当罗文接过信之后，把它装进一个油布制的袋里，打封，吊在胸口……这一系列动作正是一个送信员的专业操作手段，充分体现了罗文完成工作时所具备的专业技能。

在企业中，具有良好态度的人确实有，但是往往由于缺乏专业化手段的操作，最后不能出色地执行任务。因此，企业要提高员工的执行力，就必须加强对员工专业技能和专业化操作手段的培养，这是成功的必经之路。

3. 结果方面：须提供满意答卷

企业管理一定要以任务倾向为主导，关键是要看员工能否完成任务，能否交出完满的答卷，这就是"实践是检验真理的唯一标准"。

现代企业需要的执行者，不仅是那些能严格按指令办事的人，更是能提供优秀结果的人。公司经营者需要像罗文一样具备优秀执行力的人。

执行不力的五大内在根源

事实上执行不力已经成为许多小公司的通病。企业内部往往存在这样那样的表现：作为企业高层，己身不正，虽令不行；管理虎头蛇尾，不能一以贯之；制度缺乏针对性和可行性，或者过于烦琐不利于执行。中层管理者上传下达不力，管理不到位，使基层员工不能及时了解到自己的执行目标和方法。而基层的执行者更是忽视和违反企业的规章流程，能拖则拖，毫无责任心……

为了企业长足的发展，提倡执行文化本没有错，但是有关执行不力的原因不搞清楚，对执行的理解和操作必然导致不能有效发挥其应有的作用。具体来说，企业执行不力的五大根源表现在以下五个方面：

1. "差不多"思维

思想是行为的先导。执行不力的首要原因在于思想不到位，突出表现在"差不多"思维的泛滥。

在公司里，"基本上"和"差不多"这种模棱两可的思想随处可见，却总是被当作理所当然。在执行过程中，如果存在这种"基本上"、"差不多"思想，必然导致企业制定的战略目标无法最终实现。

"差不多"意味着不到位，这是执行的大忌。因为"差不多"思维要求工作往往"不求过得硬，只求过得去"，在"差不多"思维观念的影响下，人容易变得思想懈怠和懒惰，久而久之会导致工作责任心、主动性和创造性的缺乏。由于只求"差不多"，结果导致对个人工作要求低标准，执行也会在不知不觉中走了样。

其实人的执行力水平未必会差别很大，出现差别的主要原因就在于是否拥有积极的态度。在现实中，一些人即使是写一份报告之类的小事情，也总是丢三落四，或内容总存在一些很明显的幼稚错误。这很明显是态度和思想认识问题。

2. "浮躁病"泛滥

作风浮躁是执行力低下的重要原因。各行各业都存在急功近利、急于求成的心态，不少人工作心浮气躁，留于表面，只看结果、不重过程，从而导致落实不到位。

"浮躁病"直接影响到执行的结果，使人难以沉下心来做好每一天的工作。他们常常表现在两个方面：

一是浅尝辄止。因为浮躁，所以整天想要换个项目来做，或者干脆跳槽，另找一家公司。由于无暇在自己的领域里积累经验和使实力更上一层楼，往往是项目愈换愈执行不到位，公司越换越不满意。

二是眼高手低。他们不屑于"扫一室"，天天梦想着干轰轰烈烈、惊天动地的大事，对事务性的工作不屑一顾，但是等到真正给他一个具体工作的时候，又没有能力把工作做好、做到位。

3. "瞎忙族"横行

效率低下也是执行力低下的重要原因。很多人跌入了"瞎忙"的陷阱中，工作内容繁多，却不知为何而转，这背后其实是执行的效能问题。

一项针对4000位职场人士进行的调查结果显示，55.7%的被调查者给自己贴上了"瞎忙族"的标签。其中，15.6%的人认为自己是"超级瞎忙族"，每天忙得要死，却没有任何收获。

在具体执行中，每个人都需要根据实际情况来判断自己的执行是否高效，是否能实打实、没有拖延、不打折扣，并采取有效措施让执行到位。

4. "责任心"缺失

凡事得过且过，根本不把工作任务放在心上，这类"责任心"缺失的人并不少见，而他们也是造成有效落实的重要障碍。

对有些员工而言，没有制度的规范，执行力也是不成问题的。但是，对于更多的员工，即使在你的严格要求下，他们也会找出各种各样的借口来拖延工作，逃避责任。他们遇到任务"躲"字当头，怕担责任，工作能推则推，只为"失败"找理由，不为"成功"想办法。

责任心的强弱，决定执行力度的大小，决定执行效果的好坏。而责任心有了，才会凡事严格要求，制度执行中不打折扣，措施实施中不玩虚招，做到令行禁止。提升执行力，说一千道一万，关键还是靠增强执行者的责任心。

5. "制度化"陷阱

很多人认为公司执行力差是员工的能力和态度问题，实际上这种观点是不完全正确的。执行力差是现象，管理不善才是本质。

观察我们的企业，很容易发现，企业规章制度名目繁多，有的企业更是形成了整套的体系，内容不但周全且详细，但仍有人并没有照着制度来完成任务。也有人认为制度是死的，人是活的，执行起来应该有弹性……

这就是陷入"制度化"陷阱的表现，企业的规章制度成了空洞的口号，执行也变成了空谈。执行下来的结果，与规章制度所设计的初衷大相径庭，在很大程度上，是执行者根本没有真正领会规章制度的意思及要求，就机械地盲目执行，以致费时费力却不能解决问题。

有效执行的六大误区

很多小公司在发展过程都面临这样一种困惑：同样的战略方针，差不多的人员配置，但执行效果却不如同等类型的其他企业。这是为什么呢？恐怕问题还是出在执行上。

对执行力的理解和操作存在着种种误区，导致不能有效发挥其应有的作用，从而走了一些弯路。

业务经理老刘接到任务，要为一家大型企业做广告宣传。他定下了行动详细的计划，连每一天每个小时都有详细的行动步骤，有一点空闲就会深思计划的细小步骤，然后推翻重做。但面对完善的计划，他不仅高兴不起来，反而感到其中的问题越来越多。一个星期以来，他感到不满、消沉，对下属的态度很差，与其他部门的沟通也明显减少了，为此影响了人际关系，他所带领部门的业绩也没有起色。这种不良反应已经严重影响了老刘的执行效率。

有些人就如例子中的老刘一样，在执行过程中陷入执行的误区。过分追求完美是执行误区的一个方面。

为了企业长足的发展，关键是如何去有效执行，必须避免以下误区：

1. 心态误区

心态误区主要有三种：

自以为是。总是认为上面的决策是不合理的，在执行过程中喜欢按自己的意思去改动，最后，导致了执行的失真。

爱找借口和推卸责任。出了问题就怪环境，动不动就是"别人的错"、"客源不足"、"竞争对手又太猛了"这些辩解的话。

无团队责任感。在同事面前就说上司或其他同事的坏话，在外面就说公司的坏话，无视公司形象。

2. 能力误区

主要表现在三个方面：

不学习，不上进，能力倒退。这些人非但不能成为企业进步的动力，反而是执行的阻力，因为他不能吸收新思想、新理念，安于现状，反对变革。

能力错位。有些执行者智商高，精力充沛，但不是把能力用在工作上。

纵容"能力不够的人"。这主要是由于两个原因，一是不想得罪人，充当老好人；另外就是怕手下的人能力过强，超越自己，所以就启用能力只有自己80%的人。如此一来，执行力无疑就大打折扣了。

3. 不懂工作效能的作用

"这个月的工作重点有这样10个，其中核心有8个……"在小组会议或是一些主管的月度会议中，我们时常听到这样的话。10个有8个重点，几乎所有的都是重点，可能实现吗？难道没有更重要、更急于解决的那么一两个吗？如果把所有的问题混为一谈，和没有重点是一样的。

4. 不授权

很多公司的经营者热衷于把权力紧抓在手中，自己却陷入了焦头烂额的境地。唐纳森说："权力下放不等于放弃权力，管理不是放任自流，听之任之。当好总经理是一门学问，也是一门艺术。"

5. 拉帮结派

形成内部对立，把"团队精神"和"团伙精神"搞混淆了。

6. 虎头蛇尾

很多执行者做事是开始时热火朝天，几天过后就开始松懈，再过段时间就撒手不管。一旦这种习惯形成，那以后的任何决策都无法彻底执行下去。

执行前需要思考的问题

有不少公司经常会出现这样的现象：不少员工只管上班不问贡献，他们总是习惯于马马虎虎、敷衍塞责、应付了事，工作总是做到差不多的程度……这样的执行现状怎么支撑公司的做大做强？

不少自信开朗、性格外向的员工在刚进入公司前都被公司领导看好。但在工作过程中，领导交办的任务却不能顺利完成，这种"眼高手低，执行力太差"的人并非是企业需要的人才。

王经理很不满意小张的工作执行力。实际上，小张也并未犯什么错误，小张每次都能把经理交代的事情完成，却不能让经理完全满意。

一次，王经理让小张帮忙查一下北京市西城区主要宾馆的情况，因为有个重要的客户从新疆过来，王经理要做好接待工作。

小张接到任务就忙开了。半天之后，小张给王经理发来一封电子邮件，上面密密麻麻地写着20多家宾馆的信息，包括宾馆等级、地理位置、服务质量等。

王经理看到这封邮件就皱了眉头，显然，他不是很满意。他希望看到的是简洁明了的说明，最好会有一些小的建议，比如，哪家宾馆的新疆菜做得好或哪家的服务会比较适合这位客户，但这些王经理都没有看到。

但小张似乎又无可指责，因为小张确实将工作做了。

做同样的事情，有人也能看似和别人做了同样的事情，但总是不能让人放心，公司领导花费太多的经历在这类人身上，势必影响公司的运营。

每个人的岗位不同，职责也有所差异，但不同的岗位对每个人都有一个最起码的做事要求，那就是有效执行。员工的执行力，会直接影响到个人职业前途的发展。优秀的员工具备不逃避、不抛弃、不放弃，把事情做到最到位的执行力，他们不论任务多么艰巨，都乐于执行、敏于执行，并且保证完成任务。

毫无疑问，在工作中执行到位的员工永远是企业的支柱。对企业来说，拥有高效执行力的优秀员工，企业的发展就能蒸蒸日上。只有执行不打折，才能提高工作的效率，才能获得更多的发展机会，才能在自己的职业生涯中获得成功！

一个优秀的员工在执行前，需要经常会运用到5W2H法思考。用五个以W开头的英语单词和两个以H开头的英语单词进行设问，明确任务是什么、怎么做、何时完成、由谁负责、做到什么程度等一系列问题：

1. 为什么（Why）

为什么？为什么要这么做？理由何在？原因是什么？

2. 是什么（What）

是什么？目的是什么？做什么工作？

3. 在哪里（Where）

何处？在哪里做？从哪里入手？

4. 在何时（When）

何时？什么时间完成？什么时机最适宜？

5. 谁做（Who）

谁？由谁来承担？谁来完成？谁负责？

6. 怎么做（How）

怎么做？如何提高效率？如何实施？方法怎样？

7. 做到什么程度（How much）

多少？做到什么程度？数量如何？质量水平如何？费用产出如何？

细化执行的标准

如今企业和个人所面对的问题，并不是不重视执行的问题，而是怎样才能有效执行的问题。知易行难，管理者如何才能强化执行力管理呢？

执行的过程往往是漫长的，在执行过程中如果管控不严密，很容易偏离目标。执行标准既是执行者参考的依据，又是鞭策执行者的手段。

执行的标准定得清楚、用得恰当，将大大地促进和改善执行力。缺乏这些标准的参照和鞭策、控制，执行力将会因失控而流失。能及时、按质、按量地完成工作任务，执行力就强，反之，执行力就弱。

在大学课堂上，教授向学生们讲这样一个案例：

老板叫员工去买复印纸，员工立刻去执行。不一会儿，员工买了几十页复印纸回来。老板很生气：这一叠复印纸，怎么够？我至少要三摞。员工第二天就去买了三摞复印纸回来。老板一看，又很生气：你怎么买了B5纸，我要的是A4纸。员工过了几天，买了三摞A4复印纸回来，老板还是很生气：怎么买了一个星期才买好？员工回道：你又没有说什么时候要。

买复印纸这么简单的事情，员工跑了三趟，老板生了三次气。老板会摇头叹道，员工的执行力太差了！员工心里会说，老板能力欠缺，连个任务都交代不清楚，只会支使下属白忙活！

问题出在哪呢？出在执行的标准上！

拿"买复印纸"的例子来说：老板让员工买复印纸（尽快买至少三摞A4复印纸），员工先是买了几十页（实际要求至少三摞）复印纸，没有按量完成。后来，买了三摞B5纸（实际要求A4纸）回来，没有按质完成。终于买回了三摞A4复印纸（却是在一个星期后），没有按时完成。

这样的执行是失败的。员工为什么在执行的过程中对任务的质、量和完成时间都打了折扣？根本的原因在于没有将执行此次任务的标准理解透彻。去买复印纸之前，应该就去相关部门了解一下平时都用什么类型的纸，一般一次采购要多少，然后再行动。

优秀的执行需具备一定的标准，具体来说，必须符合以下条件。

1. 及时

及时，是工作成果在时限上的要求。要在规定的时间内完成任务，不允许无故拖延。如果能够提前，当然最好不过了。

执行首先需要时间方面的量化标准，我们应该规定什么事情从什么时候开始实施，在什么时间必须完成。就像航空公司的飞行时刻表一样，什么航班在什么时间从什么地点起飞，于什么时间在什么机场降落，必须规定得一清二楚。没有这种标准，飞行员就不知道什么时间该起飞，什么时间该降落，飞行的速度该如何掌握和控制。任何工作都是如此，有了时间的标准，执行者才会有明确的开始和完成的概念，才能主动地掌握和控制执行速度与节奏。缺乏时间标准，往往导致事情一拖再拖，有的甚至不了了之，毫无结果。

时间标准要依据每一件事情的轻重缓急和重要程度来考虑，时间的限制是执行的一个首要标准，没有时间的标准就无法保证执行的效率和速度。

2. 保质保量

保质，是工作成果在品质上的要求。成果至少不低于标准值，不允许"假冒伪劣、以次充好"。保量，是工作成果在数量上的要求。至少要达到规定的数量，不允许"偷工减料、缺斤短两"。

质量标准是执行过程中的重中之重，因为它直接关系到执行的结果。当然执行的结果和时间也有一定的关系。质量标准就是要制定每一项工作完成的效果指标或合格指标。任何工作都不是完成了就行，而是要保质保量地完成，至少要达到规定的合格标准，才算是真正的完成。比如企业，如果质量上马虎，即使用最短的时间产出再多的产品，也是次品，不仅卖不出去，还浪费了成本。又比如文员，打字的速度虽然快，但打印的文件总是错字连篇、漏洞百出，即使速度再快也不能算有执行力。

明确每个人的执行角色

一个公司的执行力，很大程度上取决于每个人的执行力认知。也就是说，执行者能否实现执行目标，能否在执行过程中充分展示自己的能力，落实自己的责任，首要的问题是他能否充分认知自己的岗位角色。如果能够认知你的角色，那么你就会想尽一切办法落实自己的责任；如果你认为那不是你的分内事，你就会视而不见，使责任落实无处，最后可能会造成严重后果。

一位成功学大师说过："认清自己在做些什么，就已经完成了一半的责任。"在一个企业里工作，首先你应该清楚你在做些什么。一个连自己工作都做不好的人，怎么能让他担当更重大的责任呢？

明确自己的执行角色，首先要知道自己能够做什么，然后才知道自己该如何去做，最后再去想怎样做才能够做得更好。清楚自己的执行角色，还有一点好处就是，有可能减少对责任的推诿。只有角色定位模糊的时候，人们才容易互相推卸责任。

要清楚自己在做什么、应承担什么责任，先应确认自己的角色。整个公司是一台大机器，每个零件的作用都是不一样的。一个人在整台机器上处于什么位置，自己应该清楚。比如某个人是一家公司的销售人员，他的责任是了解本公司产品的优势和劣势，处理好公司与经销商之间的关系。如果他不清楚自己公司产品的竞争优势和公司的经营战略，不清楚经销商的经营思路和资金实力，那么高效执行也无从说起。

清楚自己的角色，在自己的岗位上不推诿塞责，这是高效执行最本质的要求，也是最能展示一个人职业素养的细节。企业的执行角色可以分为高层管理者、中层经理、基层员工三个层次予以观察。

1. 高层执行角色

公司高层领导的行为是执行目标最正确的方向指示牌。他们的执行力度决定了中层、基层员工对执行目标的理解与领会程度，对任务的重视程度，因而直接地影响着执行力的方向和力度。

打造公司的执行力，高层领导者是第一执行人，也是第一责任人。高层领导者常常坐在办公室里痛斥下属落实不力，事实上团队的落实力很大程度上源于领导者的落实力。高层领导者必须永远记住：兵熊熊一个，将熊熊一窝。因为权力与责任都在最高管理层手中。高层领导者必须时刻关注执行，作出快速的决策与回复，带头遵守公司的流程，建立组织的执行体系与落实力文化等。在落实上，需要高层领导者做的事情太多太多！

2. 中层执行角色

中层们要做的第一件事就是认清自己的角色。在组织系统中处于中坚位置的中层管理者的处境通常是"上有老，下有小，中间还有兄弟姐妹找"。工作关系的复杂给中层管理者带来难度，但是中层执行者的落实更显得十分关键，不容忽视。

没有执行的战略是一纸空文，而盲目的执行将导致结果与目标南辕北辙，甚至将企业推入万劫不复的境地。作为中层，理解战略、分解战略才能有效地执行战略。

中层们的价值就体现在带队伍、抓任务、最后圆满完成公司的任务目标的执行力上。作为承上启下的关键角色，中层就是让企业与员工捆绑发展的那个绑带，可以说企业的执行力很大程度上取决于中层的执行力。

3. 基层执行角色

没有执行就没有结果，作为一项任务的排头兵，基层执行者的每一个行动都直接影响着目标的达成。组织落实力，绝大部分产生于基层员工的落实力。基层员工就是企业的手和脚，离开了手脚，公司一定无法发展壮大。

每一个基层员工都应提升自我岗位的执行能力，必须遵循"认真"、"听话"、"自发"的法则。认真是基层员工的基本工作态度，听话是执行到位的基本保障，自发是对执行力的进一步深化。

把责任落实到人

小公司能否做大做强，其执行力的关键在于不折不扣地把企业的战略执行到位。每个人都应该在其位，谋其职，行其权，负其责，始终以高度负责的精神来完成工作，才能确保圆满落实。

责任心的有无、强弱，直接关系到执行的有无与强弱。无论员工的能力有多强，如果责任意识淡化，必然会导致对该完成的工作打折扣。

小岩是某集团员工，工作多且烦琐，时常听到他的抱怨"工作太多"、"时间太紧"、"每天都忙"……

小岩究竟是怎么"忙碌"的呢？早晨8∶30准时上班，然后吃早餐和酝酿工作情绪花掉半小时。工作两个小时后，发现该午休了，于是翻翻当日报纸来等待中午吃饭休息。下午从1∶30工作到4∶30，他又按捺不住了，决定活动活动手脚，或和同事聊聊天，因为还有一会儿工夫一天的工作就结束了。算一下他每天真正工作的时间只有5个小时，这中间还包括其他事情的干扰。

小岩就是在这样繁忙中度过了一天，他以为以后天天都是在平静而忙碌中度过，因为他自认为工作很"努力"。但是，一封无情的解雇书还是送到了他面前。

有多少员工会在小岩的身上看到自己的影子呢？又有多少个"小岩"存在于办公大楼的一个个角落？

无论做什么工作，在什么岗位上，都应该认真承担自己的责任，员工都应该把责任意识放在心上，用强烈的责任心强化执行。一个有责任心的员工，会想尽办法，竭尽全力地完成任务，并且会培养"不折不扣"的执行精神，强化执行品质和效果。

有一位老会计，从事财务工作几十年，没有做错过一笔账。有人问他为什么能做到这点，他的同事说："你不用看他记账，只要看一下他扫地就明白了。"

原来这位老会计，扫地都与众不同。他总是那样一丝不苟，干净利落。他扫完地后，你会发现他扫过的地方比清洁工扫过的都要干净。别人又问他是怎么做到这一点的，他说："什么事情，如果你觉得它没有价值，那你就可以不去做它。但是，如果确定要去做了，你就要做好，这是一种责任心。因为你已经选择了做这件事，这就是你的职责，你怎么还能三心二意、马马虎虎地对付呢？"

像清洁这样的小事情可能看起来没什么了不起，对企业的效益也没有直接影响。但往往就是从这些事情上，可以看到一个员工的责任意识和工作态度。有的人接受任务后，敷衍了事、漫不经心，本来可以一次完成的事情，偏偏要不停地折腾才把事情完成，最后给自己、公司和客户都带来不必要的损失。

在工作中要聚焦责任，不能马虎了事。执行打折扣，就意味着执行不力，不能按标准完成工作任务，这样最终会影响整个执行的质量。对于员工来说，应该要明白责任是落实的灵魂：

（1）需承担本分责任。要弄清楚自己该承担的责任，不为自己开脱找借口。

（2）明确具体责任。明白自己该负有哪些责任，这样才可能承担起属于自己的责任。

（3）不推卸责任。明白自己的责任是什么，不把责任推到别人身上。

（4）承担责任是前提。明白自己的责任是最基本的职业要求。一个连自己的责任都不清楚的人，不可能承担起更多更重要的责任。

（5）勇敢扛起责任。弄清楚自己的责任，才能知道自己能不能承担起这份责任。如果不能，就要尽早提出来，以免因为自己能力不足给单位或团队造成巨大损失。

树立"第一责任人"的意识

在执行的过程中要有负责的精神，并且能够将任务落实到底，这是公司经营者对每个员工的期望。一个具有"第一责任人"意识的员工，能够主动承担使命，一旦他开始一项任务，必定执行到位，让人放心。

真正的成功者对于自己的任务和目标，能够承担起自己的责任。他们不见得有超凡的能力，但是他们能够积极主动地执行任务，并最终呈现完美的结果。他们具有很强的使命感，他们总是发动全身的智慧去有效落实。这种负责到底的坚持和行动，才是构建高效执行力永恒的法则。

美国著名演说家格里·富斯特的秘书有个重要的任务，就是让格里·富斯特和他的材料及时到达顾客那里。对此，不同的秘书可能会采取不同的做法。

一个秘书是这样做的：利用快递公司将东西送出去。在这个过程中他获得了正确的信息，包括客户地址、送达日期、联系人、材料的数量和类型，他还亲自包装盒子以保护材料，并及早提交给快递，为意外情况留下了时间。

另外一个秘书却不止这样做。她利用快递公司将东西送出去，并给接收人打了电话，确认是否已收到快递。在通话中，她得到一个重要信息：听众有可能会比原来预计的多400人，于是她寄了600份。同时，在通话中，接收人问到一个重要问题，"是否需要在演讲开始前让听众手上有资料"。她告诉接收人，通常会发，但如果有变动，会及时通知。

毫无疑问，后一个秘书是让格里放心的秘书。因为她是一个负责到底的优秀执行者。

在工作中，很多人会说，会做，但是却往往停留在"说过了"、"做过了"的层面，对于是否到位，是否直指结果，却没有更多的考量，这显然不是真正的负责。

你做了，但可能没有效果、没有达到要求。如果真是这样的执行，做与不做从根本上没有什么区别。

接受任务就是一种承诺，负责到底是对承诺的践行。李嘉诚说过："一经承诺之后，便要负责到底，即使中途有困难，也要坚守诺言。"一旦我们开始执行，就要做好每一个环节，直到结果浮出，这才是真正具有负责精神的执行者。

"第一责任人"处在执行的核心地位，对事情负有全面责任。在工作中，第一责任人要真正负起首要的责任，这就要求员工应该积极主动地解决问题，把工作执行到位。

有家公司有个家具部，一个客人来买床，那张床很贵，大约10万元人民币，可惜那个公司没有可以搭配的床头柜。于是，客人就对家具部的店长说："你们能帮我配一个床头柜吗？你们公司的我看了，都不好。"

店长马上说："没问题，我帮你找一下，你有空来看。"店长在一天之内就调到了三个床头柜，然后请那位先生出来看。其实那三个床头柜都不是那家公司的，但是在其他地方总是找得到的，再找不到也有办法从其他家具店调过来。结果客人从三个床头柜里面挑了一个，这个10万元的生意就做成了。

当每一个员工都把自己当做问题的"第一责任人"时，就有可能让所在的公司兴旺发达。只要问题一出现，就要解决问题，这是非常重要的。那么，怎样才能更好地落实责任呢？

（1）主动承担责任。当问题出现时，不管你是不是承办人，只要是公司的事，你都要主动承担责任，主动帮助客户解决问题。

（2）不推脱责任。当问题找到员工的时候，千万别说不是自己的责任，也不要找借口推脱自己的责任。

（3）做好后续服务工作。当问题找到员工的时候，员工就是第一责任人，要主动做好后续工作。假如，你是一个售货员，当顾客买了手机之后还要买其他比如电池、手机套等配件，你就要主动引导他到相应部门去买；如果顾客还需要下载手机图片、铃声、电影、游戏等业务，你也要主动带他去公司增值服务区。

（4）以公司利益为上。不管发生什么事情，只要涉及公司利益，就要把自己当成"第一责任人"，把公司利益和问题视作自己的责任。

问责制保障执行

要做到"万里长城永不倒"，就必须将各个成员的责任落实下去。落实效果如何，必须有一个监督追究责任的机制，这种问责制是有效执行的重要保障。

一种现代管理制度，每个人的行为和业绩都要受到监督。每个人必须落实自己的责任，为自己的言行举止、工作方法和效果负责，并接受来自上级和下级的多种方式的评判。简而言之，它是对企业成员的责任追究制度。

和责任密不可分的，它的逻辑基础就是有责任就必须落实，只要是在责任落实范围内出现某种事故，就必须有人来为此承担责任。严格意义上的问责制的前提是拥有清晰的权责，合理配置划分管理责任以及合理的进退制度。

问责制是构建强大落实力的最有力保障。

问责制怎样落实到企业每一个成员身上呢？主要从以下四个方面去落实：

1. 领导要树立负责任的榜样

领导对其所管辖的范围及所领导的下属进行教育、管理和监督制约。

首先，在问责过程中要讲究方法。所有管理工作事先多花些时间，研讨设定好考核标准，到规定期限时，就可实施问责制，营销计划目标问责，事事问责，人人问责。没有做到和完成工作任务的应该受到处罚，完成好的应该得到奖赏。

其次，领导负责等于没有负责人。这是问责制的一个重要原则，不要什么事情都是领导负责，要善于授权和分解压力，要让每个人都有权力。这样才便于你问责，否则就会出现没有权力就不承担责任的问题。

再次，边缘工作首接负责制。一件事如果还没有界定该哪个部门负责时，谁首先遇到、接触到或者碰到就得负责到底。

2. 问责的基本方式

一是自我问责。主动承担责任，如自我检讨、道歉、请求辞职等。二是组织问责。问责应根据没落实责任所造成的后果规定具体的问责档次，如责令作出书面检查、公开道歉、通报批评、调离工作岗位、辞职等。

3. 建立问责制要与绩效评估结合起来

绩效评估是引导领导者和其他工作人员树立正确导向、尽职尽责落实好各项责任的一项重要制度，也是实行问责制的前提和基础。有了绩效评估的结果，问责才有可靠的依据。

4. 要加强相关配套制度的建设

首先，要建立科学的考核评价制度，运用多层次、多角度、多渠道的评价方法，对组织成员的综合素质和落实责任的情况作出正确客观的评价，才能为问责制的实施提供有力依据。其次，要建立健全的舆论监督。再次，要建立被问责人员的跟踪机制，对于主动承担责任、改进工作的人员要给予提拔使用。

惠普公司前CEO马克·赫德自上任伊始，就推行"结果问责制"。"结果问责制"是惠普之道中非常重要的精神。这里面包括两个关键词：一个是结果责任，就是你对一件事情的结果负责；一个叫做工作责任，就是你直接负责做的事情。问责制的核心是强调结果责任，就是说，如果某项业绩没有达到要求，负责这个业务的员工要向自己的直接上级汇报，然后一层层往上延展，所有这条链上的员工和管理者都要为此负责。

合理的问责制的目标是让责任"归位"，使监督"强硬"，对失职或不负责任的成员一律追究责任，使所有成员树立一种高度的责任意识和危机意识，促成所有人员认真自觉落实每一项责任。

抛弃拖延的恶习

提升企业执行力的首要前提是克服拖延的习惯。拖延是可怕的敌人，是时间的窃贼，它会损坏人的品格，败坏好的机会，劫夺人的自由，使人变为它的奴隶。处于拖延状态的人，常常陷于一种恶性循环之中，这种恶性循环就是："拖延——低效能+情绪困扰——拖延"。

那么，如何克服拖延的恶习，提高员工的执行力呢？

1. 树立"现在就做"的习惯

避免拖延、实现执行到位的最好方法就是"现在就做"。的确，在面临工作任务时，你常常有各种各样的理由，但不能因此总是选择拖延作为你逃避的方式。

王峰接到老板的任务：一周内起草与甲公司的销售合同，这对法律专业出身的他简直是小菜一碟。

第一天，手头上其他工作本来可以结束，但他想明天做完再动手也不迟。

第二天，有突发事件耽误了一上午，下午下班前他才勉强将原有工作完成。

第三天，他刚准备起草合同，同事工作上遇到困难请他帮忙耽误了一上午，下午也没心情做，心想：周末的两天足够了，不急。

结果第四天一帮朋友搞了个聚会，他整整玩了一天，晚上喝得酩酊大醉。

就这样，他一直睡到次日中午，起来头还晕得厉害，吃了几片药又躺下休息。

第六天上班后的例会上，老板问他完成任务没有，他说差不多了，只是有些数据需要核实，明天就能交上。

开完例会他立刻动手，才发现这个合同书远没想象中那么简单，涉及许多他不熟悉的领域，而且还需要许多实证数据的支持，就是三天也未必能完成！

由于合同没有按时拟好，影响了与客户签约，老板对他进行了严厉批评，还在公司内进行通报批评，王峰羞愧得无地自容。

王峰的实际经历提醒我们：接到任务不能拖延，应马上行动！否则，事情可能不像你预想的那样——时间任由自己支配，因为随时会出现意外事件占用你的时间。不到最后期限就迟迟不行动的拖延习惯，不仅严重影响工作的完成和问题的解决，还很有可能导致不可逆转的严重后果。

2. 立即行动起来

接到新的工作任务，就立即行动起来，诸如"再等一会儿"、"明天开始做"这样的语言或者心理，一刻也不能在心里存在。歌德说得好："只有投入，思想才能燃烧。一旦开始，完成在即。"任何时刻，当你感到拖延的恶习正悄悄地向你靠近，当你感觉到它正威胁着你的执行力，你都需要用这句话来警醒自己，在一分钟之内行动起来。

一张地图，无论多么翔实，比例多么精确，它永远不可能带着主人周游列国。严明的法规条文，无论多么神圣，永远不可能防止罪恶的滋生。凝结智慧的宝典，永远不可能缔造财富。只有用最积极的行动来代替那些只想不做的幻想，才能使地图、法规、宝典、梦想、计划、目标具有现实意义。

所以，无论你是公司的高层主管还是基层员工，无论是在工作还是在生活中，无论大事还是小事，凡是应该立即去做的事情，就应该立即行动，绝不能拖延。

我们以打电话为例来说明。有一个你必须打但可能会令你不愉快的电话，为拒绝拖延，你可以采取这样的行动：

查出电话号码，并且写下来。

定出一个打通这个电话的时间。（如果十分不情愿打这个电话，需要酝酿情绪，也不要给自己太多的时间。）

找出一些相关的资料，看看这个电话的内容到底与什么有关，究竟是怎么一回事。

在心里想好自己要说些什么。

打通这个电话。

给员工"对"的明确标准

有很多公司的员工，在领导布置任务的时候，看似听得很明白，但却因为没有真正搞清楚要如何操作，最后在执行后出现了上级不满意的结果。

问题出在什么地方？出在领导者没有给员工明确的标准上。员工要想有效执行，完整领会上级的意图很重要。

也许有些人会觉得，只要完成了任务，有了结果，过程就不重要了，何必非得按照上级的吩咐按部就班呢？我们说条条道路通罗马，这种理解也没错。但是，很多时候，执行的灵活性是要有一个大前提的，就是有一个基本的标准。

领导者在布置工作、下达任务、发出指令时的本意或精神实质，希望达到某种目的或标准，这些需要完整地传达给员工。如果对上级的意图理解不透，把握不准，员工往往会费力不讨好，很难按照上级的期望完成任务。

领导者有时候不可能将每件事情的前因后果都向下级解释清楚，但是有必要站在员工的角度，交代尽可能详细，只有这样才能让员工领会上级的意图，才能执行到位。这也要求员工，不仅对于上级明确安排的事情，要充分理解、不折不扣地执行，而且对于上级没有明确说出来的事情，也要站在上级的角度多思考，自己如何才能做得更好。

小李在一家公司当行政助理。一天，总经理把小李叫到办公室，吩咐他安排一辆车，到机场去接一个人，并且特别叮嘱他让老司机开车去接这个人。

小李从同事那里了解到，因为过几天公司要请一位专家来做培训，这个人可能就是那个专家。

小李先是打电话到了后勤，结果该部门的同事说经常接贵宾的几个老司机不是正在休假，就是正出外勤，最迟也要第二天才有空闲。小李想，反正是接人，接到了就行，谁去接都一样，不一定非得是老司机去。于是小李另外找了一个新来的年轻司机，他对人热情，还很有冲劲。

小李很满意自己的安排，可让他没想到的是，接到人后，总经理发现接人的是年轻的司机，而不是老司机，当即就发了火。

总经理说："我不是特意告诉你让老司机开车去接吗，你为什么要自作主张？"小李很委屈，自己明明是好心，并且已经完成了任务，怎么反而挨了批评呢？

其实，小李如果懂得要充分领会上级的意图，在派人去接之前，就应该先了解一些细节：要接的人是什么身份？与公司是什么关系？总经理打算用什么规格的礼遇？等等。还有特别叮嘱老司机去接是什么意思？

只有弄明白了上司是要借"迎接"这个机会，向客人表达相当级别的礼遇，就会知道，总经理要的这个司机不仅驾驶技术好、道路情况熟，而且对公司认同感强、谈吐得体，懂得什么时候在客人面前说什么话，知道在酒店开什么档次的房间……

要明确"对"或"错"的标准，就要员工完全领会上级的指示，这就要求在执行之前领导和员工之间做好沟通。员工还需要事先明确执行的方式方法，这一环节需要向有经验的人请教。总之，在执行任务之前，先要问好想好多操一些心，这样才能有力地避免在执行过程中大费周折而使结果大打折扣或根本无法实现预期的效果。

为什么上级对同一项任务预期的结果和汇报上来的结果相差甚远？接受任务如何能够保障执行的结果不会偏离目标太远？这些都是关于任务不走样的追问，下面的几点建议希望能够给你启示：

1. 让员工领会命令的精神

上级在分派任务或下达命令时，一定要注意员工是否认真倾听，对于指令中有不明白的地方，一定要问员工是否清楚，这样员工才会切实做到真正地领会命令的精神。有些员工自以为是，然后按照自己的意思去行事了，也有些员工不清楚命令的实质，而因为惧怕领导不敢去问。管理者一定要确定员工是否清楚领会任务的指令。

2. 要求员工积极回应

在接受命令时一定要有一个积极的姿态，首先要乐于去接受上级给予的新指示。第二是上级下达命令时一定要认真，态度端正。管理者要在交代重点事项时，获得员工的肯定回应后，再说下一点。

3. 做好记录

好记性不如烂笔头，再好的记性，都会有所遗漏，尤其是当给下属布置任务较多的时候，就要必要让员工带上笔记本，把分派的任务逐条记下来。可以记录下指示的内容，以确保准确无误，以及交代的注意事项或与上司的交换意见。

4. 听完任务之后，要复述一遍

在军队中，下级经常会对上级复述命令。复述命令能够确保没有遗漏，即使遗漏了内容，也能够及时补上。

在复述后，员工向上级确认是否有疏漏或是理解错误的地方，这个环节可以查漏补缺，同时也是执行前纠错的重要步骤，可以大大减少执行误差。

执行不能"想当然"

执行中最怕的问题之一就是"想当然"。绝大多数问题的出现都是"想当然"的结果。所谓"想当然"，就是觉得事情理所当然，应该百分之百按照自己的想法发展。一旦"想当然"，就不会认真去想，就不会核实、确认。

"我以为没事"、"我以为他就是这么想的"、"我以为他已经做了"……往往一有这样的想法，执行往往就会发生偏差。

现在已经是某家企业负责人的于总，她在不同场合都跟人分享过她在刚入职场时的教训：

当时，她在某工商研究所工作。一次，所里要举行一个研讨会，领导把联系邀请相关专家、学者的任务交给了她。接到任务后，她立即开始联系。因为那时大多数人还没有手机，联系起来并不方便，那两天她忙得连吃饭的时间都没有。

好在一切都还顺利，就剩一两位专家没联系上。领导问她联系事宜时，她说差不多都联系上了。她想，就差一两个了，少一两个也没什么影响。

第二天，她一早就来到了会场，领导一早也来了，让她意想不到的是，领导见她的第一句话竟然是："×专家快到了吧？我要安排他第一个发言。"

她脑袋"嗡"的一下就大了，心想怎么这么巧，领导偏偏问的是我没联系到的专家。于是连忙解释说："我没有联系上他。我以为请了那么多专家，就少了这一个也没什么关系，所以就没有向您汇报。"

领导一听，生气地将她训斥了一通："你以为你以为，你知不知道这位专家是这个领域的权威，他如果没有来，研讨会的分量就大打折扣！你要是跟我汇报，我还可以想办法联系他，现在你说怎么办？"

尽管这件事已经过去很多年了，但领导生气地责骂她"你以为你以为"那一幕，却至今深深地刻在她的脑海中。

其实，不仅是这位于总，很多人都会犯类似的错误：不是依据客观事实做事情，而是根据自己的主观想法来作判断，结果导致了问题的出现。

要想执行不走样，千万不要"想当然"，这正是把执行做到位的重要前提和保证。那么，我们怎么才能避免"想当然"呢？

1. 避免自以为是

在没有弄清楚事情的真实情况之前，不要轻易以自己的感受、标准来对事情下结论，作判断。

很多时候，领导那么说，但许多人不一定会按领导说的去做。因为他们有自己的想法，觉得执行时可以根据实际情况来灵活应对。但从另一个角度看，那只是他们的想法，或许他们改变的恰恰是领导不想要的。因此，做任何工作，都要有这样一种意识：我这么想不等于领导也这么想，我这么认为不等于别人也这么认为。只有在经过核实之后，才能作出正确的结论和判断。

2. 加强核实

在工作中，为什么很多人在"拿不准"的时候却不愿意问呢？原因无非是三种，一是怕问了会让领导觉得自己工作能力不强，宁可自己闷头想；二是怕别人不告诉自己，觉得问了丢面子；三是存在侥幸心理，觉得自己即使不问也不会出什么事。

其实这样的想法是错误的，执行要到位，就别一味地"想当然"，也要动动嘴，遇到拿不准的事一定要问，一定要核实。

3. 不要盲目乐观

许多人会被"想当然"牵着走，还有一个重要原因，就是盲目乐观，他们"想当然"地认为后续的发展和结果都会很顺利。

盲目乐观会蒙蔽人们的双眼，让他们看不到潜在的问题。即使看到了，他们也会觉得这很正常，所以就不会引起高度重视。

4. 及时汇报

有句老话说得好，"计划赶不上变化"。事物不是一成不变的，而是在不断变化和发展的，所以无论事先计划得多么周详，在执行的过程中都可能出现种种变化。

所以，在工作中，一定要养成"有变化及时汇报"的良好习惯，这样才不至于事到临头措手不及，把可能出现的问题减到最少。

树立坚决贯彻的理念

服从是保证执行力的先决条件。美国劳恩钢铁公司总裁卡尔·劳恩是西点军校第52届毕业生，他曾对服从精神作过这样的描述："军人的第一件事情就是学会服从，整体的巨大力量来源于个体的服从精神。在企业中，我们同样需要这种服从精神，上层的意识通过下属的服从很快会变成一股强大的执行力。"

将军只有让士兵们绝对服从指挥，才有可能塑造出一支纪律严明、执行有力的威武之师。接到命令时，他们"保证完成任务"；违反纪律时，他们要勇于承担责任；面临挫折时，他们还是要挺身而出；遇到困难时，他们要努力寻找方法。

巴顿将军在他的战争回忆录《我所知道的战争》中，曾写到这样一个细节：

"我要提拔人时常常把所有的候选人排到一起，给他们提一个我想要他们解决的问题。我说：'伙计们，我要在仓库后面挖一条战壕，8英尺长，3英尺宽，6英寸深。'我就告诉他们那么多。那是一个有窗户或有大节孔的仓库。候选人正在检查工具时，我走进仓库，通过窗户或节孔观察他们。我看到伙计们把锹和镐都放到仓库后面的地上。他们休息几分钟后开始议论我为什么要他们挖这么浅的战壕。他们有的说6英寸深还不够当火炮掩体。其他人争论说，这样的战壕太热或太冷。如果伙计们是军官，他们会抱怨他们不该干挖战壕这么普通的体力劳动。最后，有个伙计对别人下命令：'让我们把战壕挖好后离开这里吧。那个人想用战壕干什么都没关系。'"最后，巴顿写道："那个伙计得到了提拔。我必须挑选不找任何借口地完成任务的人。"

服从命令、听从指挥是军人的天职，也是一个杰出员工的行动指南。决策层制定的企业愿景最终要靠员工来执行，这就要求员工必须服从命令、听从指挥。

服从指令听指挥不仅仅是态度问题，在一定程度上也反映了一个人的集体主义观念。在一个公司工作，就决定了你有遵章守纪、服从领导指令的责任。没有服从就没有执行，团队运作的前提条件就是服从，一个高效的企业必须有良好的服从观念，一个优秀的员工也必须有服从意识。

组织和团队中不乏服从意识淡薄的人，他们对上级领导的命令指示，常常讲价钱，讲条件，甚至上有政策，下有对策，表面一套，暗地一套。对各项规章制度，喜欢用所谓的"变通"、"细化"变相地违反。这些行为往往会给企业带来很大的损失。

只有具有服从意识的人，才会在接受命令后，充分发挥自己的主观能动性，想方设法完成任务，即使会遇到无数的困难和挫折，执行难度很大，也会勇于承担责任，努力向目标靠近。

每一个员工都应该意识到自己的职责就是服从，在服从面前没有多余的"条件"，对领导的任何命令都是完全接受，然后坚定不移、不遗余力地执行到位，这样才能确保集体行动的一致性，使团队任务圆满完成。

企业的员工无条件服从上级的指示，需要遵循以下四大原则：

1. 服从应该直截了当

在企业中，需要这种直截了当、畅通无阻的传递过程。上司交给你一项任务，而你却讲出许多理由、罗列出很多困难，这表明你对他的交代持保留态度，而这显然是不可取的。只有服从才是最谦虚、最直截了当地完成工作任务的方式。没有顾忌、没有烦琐、无须协调、无须磨合，全力而迅速地执行任务，是一个非常重要的指针，是管理效能的一个非常重要的方面。

2. 服从没有面子可言

在企业中经常会出现这种情况：一些主管在接到一项任务时，不是及时把事情做了，而是先打发交代任务的人走开，"我现在很忙，先放在这儿"，好像马上去做就会显得自己不权威、不繁忙。其实，这样做的主要原因就是好面子。在优秀员工的身上，因好面子而延误工作的事绝不会发生。上级一旦安排了工作，他们就会无条件地立刻行动，因为在服从面前没有面子可言。

3. 随命令而动

立即行动是一种服从的精神。企业应该具有这种随命令而动的精神，而不能有一时一刻的拖延。如果每一个环节都能即令即动，那就能积极高效地、在第一时间内出色地完成既定的任务，从而使企业成长为坚不可摧的组织。

4. 先接受后沟通

虽然上司的决策有错误的时候，但你也应该遵从执行。对于上司的指令，你既不能事先加以肯定或指责，也不要事后加以抱怨或轻视。

当然，你可以大胆地说出你的想法，让你的上司明白，作为下属的你不是在刻板地执行他的命令，而是在积极思考怎样做才能更好地维护公司的利益和他的利益。但是，无论你在公司的职位有多高，只要你身为公司的员工，你就要谨记一点：你是来协助上司完成经营决策的，而不是来制定决策的。所以，对于上司的决定，哪怕不尽如人意，甚至与你的意见完全相反，当你的建议无效时，你也应该放弃自己的意见，全心全意地去执行上司的决定。

盯住流程责任

在抓落实的时候，很容易出现"各人自扫门前雪"的状况，员工只盯住了岗位责任，却忽视了流程责任。

由于大多数企业实行的是直线职能制的纵向部门设置，这样也形成了以部门为中心的思维，而较少以流程中心的落实观。但是，我们不能因此就抱着"各人自扫门前雪，莫管他人瓦上霜"的态度，并且因此忽略流程责任。

1. 抓住责任链

如果流程责任不落实的话，整个责任链就会出现问题，那么落实的结果就无法保障，甚至会导致整个工作无法顺利进行。因此，一个企业要想顺利推动落实，员工就必须在坚守岗位责任的同时兼顾落实好流程责任。

企业组织中，岗位与岗位之间、员工与员工之间，是责任与责任的关系。他们之间犹如一台高速运转的机器中相互咬合的齿轮，每一个齿轮的责任，都直接面向了与自己咬合的、上下左右的齿轮，如果某一个责任环节缺失了责任——譬如大齿轮责任缺失，将导致整个机器停止运行。譬如一个小螺钉的缺失，也将产生无法预测的危机。

帕尔珀·阿尔法石油钻塔一度曾是全球最大的单个石油产生钻塔，每天可产原油31万7千桶。1988年7月6日，技术人员在进行例行维护时，解除并检查所有的安全阀，后者是用来阻止液态天然气囤积并产生危害的关键装置。当时共检查了100个相同的安全阀，然而不幸的是，技术人员却犯了一个错误，忘记更换其中的一个。当天晚上10点，一名技术人员按下按钮，启动液态天然气泵，一场损失最为惨重的石油钻塔事故从而爆发。在2小时之内，300个工作平台都被火海吞噬，最终坍塌，造成167名工人遇难，物质损失达34亿美元。

由于检查员的责任没有落实到位，导致后面环节出错，出现了这次世界上损失最大的离岸石油钻塔事故。在工作中，责任不是单独和孤立的，每一个环节的到位与否都关系到下一个环节的操作。

2. 紧抓流程责任

在企业中，任何一个人的岗位责任都是流程责任的一部分，它和企业组织里其他的责任紧密相连，构成了企业组织紧密有效的"流程责任"。如果保管员的岗位责任缺失，它将沿着组织的责任链，导致一系列的责任缺失——假如仓库因保管员的失职而发生火灾或盗窃，接下来会发生什么呢？生产部将因领不到原材料而被迫停止生产，销售部会因生产部的停产而无法履行销售合同，财务部将因销售部不能履约而无法按计划回收应收款。一个看似不起眼的责任缺失，就这样导致了一连串的"流程责任链倒塌"。

在每一个企业组织里，都隐藏着自己的"责任流程"，没有例外。要想让流程管理为企业带来进步和改善，就要将责任落实到岗位。

3. 心存大局观

一个负责的员工不会"独善其身"，而是心存大局观，以企业整体安全的发展为标杆，来考量自己的行为。他们会在对自己的安全和工作负责的同时，去做一些"分外"之事，以此使工作流程顺畅。

在沃尔玛，不论你是总裁，还是经理，繁忙时所有人都是店员。美国人平时很忙，购物人数有限，而一到公休日、节假日，人们便涌进购物中心。这时，几乎所有的沃尔玛店面都感觉人手不够。这时，沃尔玛从运营总监、财务总监、人力资源经理及各部门主管、办公室秘书，都换下笔挺的西装，投入繁忙的商场之中，去做收银员、搬运工、上货员、迎宾员……以维护商场秩序，避免发生人员踩踏等危险事件，保障了企业的正常运营，不仅是对企业安全销售的负责，也是对顾客生命安全的负责。

当今的市场竞争十分激烈，企业即使分工十分明确，也可能会有一些意料之外的情况发生，出现一些无人负责的工作。

落实责任不是光守住岗位责任就算称职的。因为在企业中，所有员工是一个共荣辱、共进退的整体，没有孤立的责任，也没有孤立的岗位，每一个员工在落实责任过程中都要有一个整体意识，重视流程责任，相互协作，及时补位。

让执行具备可操作性

小公司要做大做强，流程是关键。但随着企业外部环境的变化和内部运行低效率状况的出现，很多企业面临着执行困境。为了提高企业的执行力，企业在进行流程设计时，必须保证流程的可操作性。

当流程管理简单且清晰化后，流程内容就一目了然，便于企业员工按流程办事，让执行更具有"可操作性"。

为便于理解，我们用简单的做菜过程来分析执行的可操作性。

如何实现洗菜与切菜的过程呢？

第一道工序是洗菜，怎么洗、用什么工具洗、要洗到什么程度，这都需要有清晰的认定。比如洗白菜，要把菜叶掰开洗，叶梗靠近根部的地方泥土最多，是清洗的重点，要泡在水里把泥土洗干净，叶子部分可能会有虫子，要在水里翻动着冲刷……

第二道工序是切菜，怎么切、用什么工具切、切多大，就是对这道工序操作的程序规定。比如切芹菜要一寸长，切白菜6分长，切萝卜片要一分厚。先从中间破开成两半，平放着切。切的时候手指尖要往里缩，刀背靠着指关节上下滑动，不然就容易切伤手指……这些标准和方法就是切菜的操作程序。

如果是在酒店里、食品厂里进行工业化、商业化经营运作的话，就必须按严格的执行标准操作，否则就会出现质量问题、食品安全问题，这就是执行的可操作性。

一个流程通常就是由多个工序衔接而成的。比如"星级一条龙服务"流程，被分解为研发、制造、售前、售中、售后、回访六个服务环节，各个环节都有规范化、制度化的操作要求。拿售后服务过程来说，其又被分解五个动作和服务工序：一副鞋套（进门时套上自带的鞋套）；一块垫布（干活时先在地上铺一块自带的垫布，以免弄脏用户的地板）；一块抹布（安装维修完毕后，用自带布把电器擦干净）；一张服务卡（填写服务卡，作为用户档案管理的数据库资料）；一件小礼物（送给用户一个广告小礼品）。

一个岗位可能包含若干个小的工作流程和工序，为了实现可操作性，在很多公司的管理中，领导会强调用简单的管理规章、一看就比较明了的内容、篇幅不太长的形式来进行有效管理。简单的操作步骤执行起来往往更让人得心应手。操作性越强，执行起来就越容易到位。

执行应该强调操作性，告诉下属实际操作方法比一味进行理论上的指导更重要，这样他们才会真正懂得该"怎么做"。

少一点"应该"。不要跟员工说"你应该……"，时间长了，不仅起不到好的作用，反而会让员工产生逆反心理，凭什么非得这么做，我换一种方式怎么就不行呢？我偏要用别的方式！

多一点"怎么办"。一些更具有操作性的方法，可以让下属直接找到执行的方向，工作变得更有效率，避免产生矛盾，执行起来才会更到位。

强调可操作性是企业追求效率、减少差错的重要手段，也是强化执行的要求。企业如果能够将流程规则、工作体系做到可操作、可执行，那么，这个规则运作起来就会非常顺利。规则不在于多而在于精，在于可执行、具有操作性。具体来说包括以下三点：

1. 执行标准应具体、准确

很多企业都有这样或那样的标准，但仔细分析，会发现许多标准存在不明确等问题，例如，"要求员工工作态度端正"。什么是态度端正？每一个人的理解可能都不一样。"要求冷却水流量适中"，什么是流量适中？界定的不是很清楚，执行起来有难度。我们可以这样表达："冷却水流量适中，流速为××。"

2. 明确操作方式和结果

比如"安全地上紧螺丝"。这是一个结果，应该描述如何上紧螺丝。应写明使用什么工具，向左或向右拧多少圈。又如，"焊接厚度应是4微米"，这是一个结果，应该描述为："焊接工作施加4．0A电流20分钟来获得4．0微米的厚度。"

3. 数量化

标准要非常具体，使每个读过标准的人都能以相同的方式解释。只有数字标准，才能达到这一要求，所以标准中应该多使用图表和数字。

将具体目标量化

量化工作对于执行是非常重要的，把具体目标定量化，将一个大的目标分解成数个小目标，明确到每个人身上，这是公司经营者的重要能力之一。

对目标进行细分使其更具有可执行性，同时把共同目标和实际执行有效地衔接起来。对目标的分解就是把共同目标分解为企业目标、部门目标和员工目标，体现了目标的层级关系，使目标有系统，有层次，让执行更具有可行性。

作为管理者，应清楚工作职责与工作标准的达成情况对企业的总体目标能作出哪些贡献。通过细分把这些目标具体化，具有可操作性，使个人与部门的执行方向和执行情况一目了然。

下面介绍四种强化操作性的方法，希望对你能有所帮助。

1. KISS法

KISS法是美国在线公司前CEO凯斯提出的，即Keep it simple、stupid——把事情简单化、易懂。让事情简单易懂，是强化操作性的一种方法。任何复杂的事情都可以简单化，面对难度大的工作，我们可以用许多方法，使问题变成一个个可以解决的步骤，使一个大难题分解成多个较易解决的小难题，这样执行起来就会轻松很多。

2. 以编码法强调操作性

一个很明显的例子，就是当我们去超市购物时，编码能够让收银员面对超市千万种不同价格的商品，有条不紊地进行货币交换，编码收款方式变得简单，便于操作。

在工作中，我们也能通过编码，准确辨别商品的所有信息，使工作变得简单，便于管理，更具操作性。

3. 以程序化强化操作性

企业都将程序化作为强化操作的一个重要手段。执行程序化能告诉我们先做什么，再做什么，这对于执行很有效。

4. 以定量法强化操作性

定量对于执行是非常重要的，这也就是要量化目标。将每个人的目标予以量化，这样，操作就容易到位。

跟进执行的环节

工作计划或工作流程出来后，你是否因为没有及时跟进员工的工作，而给企业造成过巨大的损失，或者因为信息不对称而导致低下的执行力？及时跟进可以避免员工在操作过程中的失误给企业造成不必要的损失。同时，还可以避免因为信息不对称而产生的执行力低下的问题。

有效执行仅靠自觉是不够的，靠挂在墙上的制度也是远远不够的，必须要强有力地跟进、检查与监督。

世界经济局势的转变致使某家高科技公司受创颇重，营业额下滑得厉害。为了提高公司的营业额，执行长亲自检视其旗下一个重要事业部经过修正后的运营计划。

首先他赞扬事业部主管带领属下提出了提升绩效的运营计划，随后指出他们尚未达到应有的投资回报率目标。接下来他根据事业部的工作现状询问具体的解决方案。

"你认为你该怎么做？"他询问事业部主管。

主管回答说："如果有工程师从旁协助，应当能大幅提升绩效。"说完又加了一句，"我需要20位工程师。"

执行长转向工程部门的主管，问他是否能拨出工程师来协助这个计划。工程部主管迟疑了半分钟之后，以冷漠的语气表示："工程师们不会愿意替事业部做事。"

执行长注视他良久，开口道："我确信下星期一你会指派20位工程师到事业部。"说完后便起身离开，走到门口时，他转身对事业部主管吩咐："我要你每个月固定召开视讯会议，成员包括你本人、工程人员、财务长，还有我和生产部经理，必须确保这项重要工作的进度。"

此后，执行长多次过问此事，终于确保了该项计划的圆满完成。

IBM前总裁郭士纳曾说："人们不会做你希望的，只会做你检查的。你强调什么，那就检查什么，你不检查就等于不重视。"很少有人会十分在意没有人去强调和检查的东西，因为你不检查就代表不重视，就代表它可有可无。既然如此，谁还会把时间和精力花费在这种可有可无的事情上呢？如果你想保证多项工作都得到切实的执行，那唯一的办法就是不断跟进、检查与监督。

跟踪流程的一个重要目的就是及时发现和解决问题，确保执行结果。在实际工作中，执行总会遇到大大小小的问题，如果没有及时对执行情况进行跟踪，就很难从根本上解决问题。

某公司需要在某日到宾馆举行一次会议，会议的组织人员必须对宾馆提供的服务进行跟踪，就会议设备、会场布置、餐饮安排等事项与宾馆逐一进行落实。总经理对下属说："不要以为已经跟宾馆说过了，宾馆就应该知道怎么做，或者认为已经签过合同了，就不会出问题。如果会议当日由于宾馆的过失未按要求提供相应的服务，这种过失对于公司来说是很难弥补的，所以组织人员必须要对过程进行全程跟踪。"

所以说，工作跟踪是实行流程管理的重要环节，具备良好执行力的员工都会严谨地进行工作跟踪，以确保执行人能依照原定进度完成当初承诺的目标，并找出工作的偏差。

因此，要有一套具体而详尽的日常实施计划，并把执行目标与日程捆绑在一起。如在每日之末、每周之末、每月之末、每季之末、每年之末的五个时间段，将目标转化到具体实施的时间表上。同时，加强对每个时间段的跟踪检查，按制定的工作标准进行考核，发现问题及时采取措施加以解决。

堵住执行环节的漏洞，有效的监督必不可少。企业要实现有效的监督，可以从以下两方面着手：

1. 上下配合，及时跟进

有的问题只需加以跟进，稍做努力就可解决，而有的问题纷繁复杂，是具体执行人员所不能及，此时上级就要激流勇进、力排众难。

2. 要做到不断跟进、检查与监督

要做到不断跟进、检查与监督。首先，要明确实施监督的目的——考核还是提高效率。然后，要对被监督的人员进行工作分析——确定考核的内容。接着，要确定组织内部的监督结构——明确报告对象以及监督权。还要制定并贯彻奖惩条例——设定标准。最后，适当作出调整——完善监督体系，减少执行误差。

忙要忙到点子上

在执行过程中是否会经常发生这样的情况：你自己每天就像一个上满发条的时钟——只知道机械的转，却不知为何而转；你的工作内容繁多，每天都在忙碌着各种各样的任务，总觉得没有休息的一天；你只是不停在徘徊，过一天算一天……如果是这样的话，那么，你就应该考虑一下，你是否在"做正确的事与正确地做事"。

根据管理大师彼得·德鲁克的观点，正确地做事强调的是效率，其结果是让我们更快地朝目标迈进；做正确的事强调的则是效能，其结果是确保我们的工作在坚实地朝着自己的目标迈进。效率重视的是做一项工作的最好方法。如果我们有了明确的目标，确保自己是在做正确的事，接下来要"成事"，就是"方法"的问题了。

成功人士就是能正确做事，更懂得做正确之事的人，他们明白选择的重要性，十分注重工作方法，张弛有度。而那些即使找准了方向的人，也有很多因为自己做事的方式不对，最终没有善果。

麦肯锡资深咨询顾问奥姆威尔·格林绍曾指出："我们不一定知道正确的道路是什么，却不要在错误的道路上走得太远。"这是对所有人都具有重要意义的告诫，它告诉我们一个十分重要的做事方法，即使我们一时还找不到"正确的道路"（正确的事）在哪里，最起码，也应该从手头上的事做起，"正确地做事"。

只有在正确方法的指导下，我们才能以最少的时间、最少的资源达到目标。这样不仅为我们节省了时间，更使我们在与别人的竞争中占尽先机，处于领先地位，从而顺利地朝着成功的方向前进。

在工作中，要成为高效的执行者，就要了解以下六个关键因素：

1．明确公司目标

明确公司的发展目标，站在全局的高度思考问题，这样可避免重复作业，减少错误的机会。我们在工作中，必须理清的问题包括：我现在的工作必须作出哪些改变？可否建议我，要从哪个地方开始？我应该注意哪些事情，避免影响目标的达到？有哪些可用的工具与资源？

2．找出"正确的事"

根据公司发展目标找出"正确的事"。工作的过程就是解决一个个问题的过程。有时候，一个问题会摆到你的办公桌上让你去解决。问题本身已经相当清楚，解决问题的办法也很清楚。但是，不管你要冲向哪个方向，想先从哪个地方下手，正确的工作方法只能是：在此之前，请你确保自己正在解决的是正确的问题——很有可能，它并不是先前交给你的那个问题。搞清楚交给你的问题是不是真正的问题，唯一的办法就是更深入地挖掘和收集事实，问问题，多看，多听，多想，一般用不了多久，你就能搞清楚自己走的方向到底对不对。

3．学会说"不"

要学会拒绝，不让额外的要求扰乱自己的工作进度。对于许多人来说，拒绝别人的要求似乎是一件难上加难的事情。拒绝的技巧是非常重要的职场沟通能力。在决定你该不该答应对方的要求时，应该先问问自己："我想要做什么？或是不想要做什么？什么对我才是最好的？"

在做决定时我们必须考虑，如果答应了对方的要求是否会影响既有的工作进度，而且会因为我们的拖延影响到其他人？而如果答应了，是否真的可以达到对方要求的目标。

4．沟通增效

沟通在提高工作效率中有着十分重要的作用，例如，工作中你可能会出现"手边的工作都已经做不完了，又丢给我一堆工作，实在是没道理"这样的抱怨，这时候如果你保持沉默，很可能会给老板留下办事不力的印象。所以，如果你的工作中出现了这种情况，你切不可保持沉默，而应该主动沟通，清楚地向老板说明你的工作安排，主动提醒老板排定事情的优先级，并认真聆听老板的意见，这样可大幅减轻你的工作负担。

5．过滤"次要信息"

应当学会有效过滤次要信息，让自己的注意力集中在最重要的信息上。

6. 使用"优先表"

著名的逻辑学家布莱克斯说过："把什么放在第一位，是人们最难懂得的。"一个人在工作中常常难以避免被各种琐事、杂事所纠缠。

有不少人由于没有掌握高效能的工作方法，而被这些事弄得筋疲力尽、心烦意乱，总是不能静下心去做最该做的事，或者是被那些看似急迫的事所蒙蔽，根本就不知道哪些是最应该做的事，结果白白浪费了大好时光，导致工作效率不高，效能不显著。为此，每个人都应该有一个自己处理事情的优先表，列出自己一周之内急需解决的一些问题，并且根据优先表排出相应的工作进程，使自己的工作能够稳步高效地进行。

培养完美复命的精神

复命就是对工作任务的无条件接受、无条件完成和兑现，并予以第一时间答复和反馈。企业需要有命必复、限时复命、结果第一的高效执行人才。

复命要求落实，体现结果至上的理念；"有命必复"就是落实到位的体现。公司要的是结果，而不是问题，否则，复命就毫无意义。在复命的过程中，可能会遇到一些困难和挫折，但是必须"使命必达"。

西点军校的莱瑞·杜瑞松上校在第一次赴外地服役的时候，有一天连长派他到营部去，交代给他七件任务：要去见一些人，要请示上级一些事，还有些东西要申请，包括地图和醋酸盐（当时醋酸盐严重缺货）。连长说，醋酸盐很难弄到，实在弄不到就等总部供应，但杜瑞松下定决心把七件任务都完成。果然事情并不顺利，每一个营部都急需醋酸盐。杜瑞松使出浑身解数，滔滔不绝地向负责补给的中士说明理由，央求他能从仅有的存货中拨出一点。杜瑞松一直缠着他到天色渐黑，到最后，中士被杜瑞松说服了，给了他一些醋酸盐。

杜瑞松回去向连长复命的时候，连长没有多说话，但是很显然他有些意外，因为一次性把七件任务都完成是十分不易的。或者换句话说，即使杜瑞松不能完成任务，连长也不会处罚他，但是杜瑞松交出了最漂亮的成绩单。

从莱瑞·杜瑞松上校的身上我们看到，一个真正具备高效复命精神的人，是一个真正具备优秀执行力的人才。

企业需要的是具有高效复命意识的员工，希望他们能够负责、高效执行，忠于使命、热忱、自动自发、没有任何借口、敢于挑战困难、尽一切办法完成任务，这样的人才能在复命中给出最满意的结果，也必将收获更加远大的前程。

对每一个渴望有所成就的人来说，高效复命是最重要的行事准则。它就像一根准绳，在执行的过程中，时刻测量我们的工作作风和执行进度，保证我们的行动向着预定的结果行进。

刚毕业的女大学生方宁，由于学识不错，形象也很好，所以很快被一家公司录用。但还处于试用期，她的执行力就备受质疑。

一天上午，老总安排她到某单位送材料，结果到下班的时候才回来。老总问她怎么回事，她解释说："我在传达室问了几次，都没有找到这个地方。"

老总生气了："你跑了一天，竟然没有找到地方？"

她急着辩解："我真的去找了，不信你去问传达室的人！"

老总心里更有气了："我去问传达室干什么？你自己没有找到单位，还叫老总去核实，这是什么话？"其他员工也好心地帮她出主意：你可以多打几个电话问问，也可以多问问该单位的人。

谁知她一点也不理会同事的好心，反而气呼呼地说："我已经尽力了……"

老总见此情景，心里已经下了不再续聘方宁的决定。

方宁受命之后，虽然做了一定的努力，但最后还是拿着问题回来了，没有实现任何的有意义的效果。而且在老板向她询问缘由时，她提出让老板自己去核实。这样没有执行力的员工不可能会获得企业的认可。

上级向员工分派任务，需要员工拿着结果来复命，毫无疑问，上级要的是结果。员工考虑的问题应该是，上级想要的结果是什么样的，用什么样的方法能够达到上级想要的结果。

完美复命是优秀执行者的第一行动模式。那么，做到完美复命都需要做些什么呢？

1. 使命必达

复命的过程，是一个克服困难解决问题的过程，其间不可避免会遇到挫折困难，所以一定要坚定"有命必复，使命必达"的信念，做出成果。避免半途而废，浅尝辄止。

2. 及时反馈

任务完成了要复命。任务执行途中遭遇到问题阻碍，也要及时复命，而不是等着上司询问情况时，才被动地回复"因为遭遇到了没有预想到的困难，所以……"、"我做不好了"等这样的话。遇到问题要及时和上司沟通，如果是因为你能力不够，那么上司可以给你经验指导，如果是问题实在难以逾越，上司也可以及时调整修改计划方案。这样都能保证任务按时保质保量完成。

3. 全力以赴

上级下达了命令，员工不能偷懒懈怠，一定要竭尽全力，不畏过程的坎坷艰辛，努力克服一切困难去达到目标，然后将结果回复给上级。在复命的过程中，可以锻炼和提升自己的能力和素养，使自己变得更加优秀。

虽然完美是不可企及的，但我们在复命时，也要以完美为目标，积极努力去取得更好的结果。

日事日毕，日清日高

公司里总不乏这样一些人：总是在老板或领导的一次次督促下，拖上十天、半月才会把工作做完；虽埋头于琐碎的日常事务，却在不经意间遗漏最重要的工作；整天忙忙碌碌，工作质量却无法令人满意；遇到问题总是想解决，却总是没法在第一时间高效地完成任务。

日事日清可以很容易地解决执行不到位的问题。今日事，今日毕，这代表的是一种认真负责的工作态度，也是一种科学的工作方法，它使得"第一时间解决问题"的概念可以落实到每天的工作中。

凡是发展快且发展好的世界级公司，都是执行力强的公司。要想打造一流企业，必须拥有一支高效执行的员工队伍。

对海尔的客服人员来说，客户对任何员工提出的任何要求，无论是大事，还是"鸡毛蒜皮"的小事，工作责任人必须在客户提出的当天给予答复，与客户就工作细节协商一致。然后毫不走样地按照协商的具体要求办理，办好后必须及时反馈给客户。如果遇到客户抱怨、投诉时，需在在第一时间加以解决，自己不能解决时要及时汇报。

"当日事，当日毕"追求的就是效率和结果，没有不能成功的企业，只有效率低下的企业。任何一个企业都迫切地需要那些能够做事不拖延的员工：不是等待别人安排工作，也不是把问题留到上司检查的时候再去做，而是主动去了解自己应该做什么，做好计划，然后全力以赴地去完成。

拖延带来的危害是巨大的，就拿领导的布置给你的任务来说，你想着过几天再做，却不想明天、后天会有什么事要做。一天一天拖延下去，造成工作"堆积"。到头来，不是顾不过来，就是事多给忘了。待到领导催促时，才手忙脚乱，振笔疾书，在这样的情况下完成的工作其质量可想而知。

今天的工作今天必须完成，因为明天还会有新的工作。今天的事情拖到明天，只会让自己更被动，感觉头绪更乱、任务更重。只要在工作中努力去做到"当日事当日毕"，每天都坚持完成当日的工作，就会发现不仅会按时完成任务，而且心理上会感觉很轻松。

"日事日毕"的目标能促使你抓紧时间、马上进入工作状态，而做到"日事日毕"则是一个小小的成就，会令你在今后的每一天更有信心将当天的工作做完做好并争取第二天做得更好，不断超越自己、追求完美，并终将有所成就。

任何一个懒惰成性、整天把工作留给明天、被上司或者同事推着走的人，是无法实现高效工作的。真正以"日事日毕"的标准要求自己，全力以赴地做到，并以"日清日高"敦促自己不断进步，这样严格要求自己的员工，一定能不断提高自己的工作能力，为企业做出更多更大的贡献，在职场中站稳脚跟并崭露头角。

下面列举几条做到"日事日毕，日清日高"的建议：

（1）做好执行前的准备工作。如果时间允许，在行动之前要反复冷静地思考，给自己充分思考解决问题的方法和步骤的时间，保证"一次就把事情做对"。免得越忙越乱造成错误，返工改错又很容易出现新错误，让更多人跟着你忙，造成巨大的人力和物力损失。

（2）一定要立即行动。一旦做好计划，就立即行动，不要等待工作的外部条件十全十美。把握住现在，外界的不利条件可以在工作的过程中被不断改变，如果不能如愿，你只需要根据实际情况调整工作计划。

（3）不要浪费时间。今天应该干的工作绝不拖到明天，敦促自己在工作的过程中全力以赴、珍惜时间。

（4）每天都是新的开始。不论心情好坏，每天早上都要将思想清零，从零开始有规律地持续工作。

（5）每天进步一点点。不要仅仅满足于做完工作，还要对自己提出在每天的工作中都要"进步一点点"的要求，并努力去达到。虽然达到自己"每天进步一点点"的要求可能要付出很多努力，但这会让你的自信心和工作能力不断得到增强，今后做事就能相对轻松一些。

（6）有计划地工作。要有远见、有计划地工作，搜集可能对将来有用的情报，一点一滴地积累，以备不时之需。

执行重在到位

强调执行到位，就是要求将工作做到100%。在工作中如果能完成100%，就绝不只做99%，尽可能地把工作做得比别人更快、更准确、更完美。

在企业执行的链条中，如果每个人都打点折扣，当由上到下传达一项任务，一个人差10%，下一个人又差10%，这样传下去，这项任务最终恐怕就面目全非了。以10人团队为例，如果每个人都做到90%，那么：$0.9×0.9×0.9×\cdots×0.9=0.3486$！即使是其中的某个环节没有做到位、做彻底，也会给企业造成损失。

有位广告部经理曾经犯过这样一个错误，由于在审核广告公司回传的样稿时不够仔细，在发布的广告中弄错了一个电话号码——服务部的电话号码被广告公司打错了一个数字。就是这么一个小小的错误，给公司带来了一系列的麻烦和损失。

后来因为一连串偶然的因素使他发现了这个错误，他不得不耽误其他的工作时间并靠加班来弥补。同时，还让上司和其他部门的同事陪他一起忙了好几天。幸好错误发现得及时，否则造成的损失会更大。

从上面的案例可以看出：执行不到位会影响整个项目的进度，有时甚至会功亏一篑，然后还需要回过头来重新返工，不仅造成了资源的浪费，还造成了企业时间成本和人力成本的增加。

做事到位的人，永远是把每一项工作都做到最好；而做事不到位的人，永远是做得差不多就行。一位知名演员接受采访时曾说，差不多其实就是成功与失败的区别。每个人都应时刻谨记"做到100%"。

某公司原本要把一个大项目交给两家公司去做，于是要求两家公司准备好资料递交给他们审核。

其中，一家公司的董事长让经理将公司资料准备齐全，并在当天下班前将资料分别用传真以及快递的方式交给客户，并将客户企业的地址及电话抄给了总经理。总经理接到命令后便交给市场部主任，要求市场部负责完成此项任务。市场部主任分配部门业务骨干孙晓来跟进此事。恰好孙晓有事，他准备好资料后，便吩咐新入职的王华在主任审核完资料后帮忙将材料传真给客户，以及将材料用快递寄给对方。由于王华自己不会发传真，于是请行政部的李红帮忙传，自己则去联系快递公司发快递。结果，由于李红在传真时正好对方传真机没纸了，而王华在写快递单时把公司电话写错了，快递被延迟运送，客户没有及时收到资料，所以，取消了与这家公司的合作。

另外一家公司接到项目后，董事长则指定让市场部主管亲自负责，并要求他时时追问，主管很快安排好资料发了过去，为了确保准确传递，发出文件后，主管在当天又打了电话向对方确认。由于该公司员工做事认真、到位，获得了客户的整个项目。

俄国作家列夫·托尔斯泰说："如果你做某事，那就把它做好；如果不会或不愿做它，那最好不要去做。"摒弃差不多的思想，将每件事情都做到100%到位。接受一项任务，就要下定决心把它做好，做到位，做出结果，这样才可能取得成功。

其实，只要端正工作态度，遵循"做对、做全、做实、做细"的标准，执行到位并不难。

1. 做对

就是对症下药，执行必须有明确的目标，并按标准执行，否则就可能偏离执行轨道，出来不合格的结果。所有的工作做到有的放矢，一步到位，第一次就把事情做对。

2. 做全

任何工作，能做到100%，就绝不只做99%。培养周密细致的工作作风，一些细小的地方往往能影响整个执行的质量。

3. 做实

工作没有结果，不追求结果，是谈不上执行力的。要求在工作实效上下功夫，不做虚功，做一个真正的实干家，而不是语言上的巨人。

4. 做细

必须注重工作中的细节，力求细节之处的完善。注重细节，是把事情做到位的重要环节。

质量之道：
没有品质的公司明天就会破产

质量决定市场

美国著名质量管理专家朱兰博士说过："提高经济效益的巨大潜力隐藏在产品的质量中。"质量关乎着一个公司的发展，企业要想在市场竞争中立于不败之地，树立自己的形象至关重要，首先是产品形象。这就需要企业从产品品种、产品质量、产品功能、产品价格、产品外形、产品包装等方面下功夫，而质量则是核心。

产品质量是当今市场竞争的焦点和根本手段，是产品能否在市场上取胜的一个关键性的决定因素。重视产品质量，这是小公司管理者寻求企业发展壮大的必然选择。

1. 追求质量是一种管理艺术

对质量的保持就是对企业最好的回报。没有产品质量保证的企业必然死亡。华硕总经理徐世明认为，全世界没一个质量差、光靠价格便宜的产品能够长久地存活下来。湖北兴发化工集团股份有限公司董事长李国璋对员工提出了"谁不重视质量，谁就是砸牌子，我就砸谁的饭碗"的要求。

正泰集团的南存辉对质量的追求也到了令人叹服的程度，他有一句有名的话："宁可少做亿元产值，也不可让一件不合格产品出厂。"

有一次，正泰公司一批货物出口时，在运输过程中偶然发现有一件产品不合格，南存辉得知后，毅然要求全部开箱检查。为了不影响交货，这批货物由海运改为空运。仅此一项，企业的运费就多花了80万元。

追求产品质量，是达到产品完美无缺这一目标的最理想的做法。保证产品质量，对一个企业的可持续发展至关重要。优秀的企业管理者应当放弃眼前的蝇头小利，将目光放长远，以质量为核心建立起品牌信誉，只有这样才能经得起市场的考验。

1985年的一天，一位客户要买冰箱，结果挑了很多台都有毛病，最后勉强拉走一台。顾客走后，张瑞敏派人把库房里的400多台冰箱全部检查了一遍，发现共有76台存在各种各样的缺陷。张瑞敏把职工们叫到车间，问大家怎么办。多数人提出，也不影响使用，便宜点儿处理给职工算了。当时一台冰箱的价格800多元，相当于一名职工两年的收入。张瑞敏说："我要是允许把这76台冰箱卖了，就等于允许你们明天再生产760台这样的冰箱。"他宣布，这些冰箱要全部砸掉，谁干的谁来砸，并抡起大锤亲手砸了第一锤。很多职工砸冰箱时流下了眼泪。在接下来的一个多月里，张瑞敏主持了一个又一个会议，讨论的主题非常集中：如何从我做起，提高产品质量。

三年以后，海尔人捧回了我国冰箱行业的第一块国家质量金奖。正是因为这种小题大做的精神，促使了每一个海尔人落实自己的责任，保证了产品的质量，使海尔成为当时注重质量的代名词，并辉煌至今。

企业应当以长远利益为重，绝对不能以牺牲产品质量获得眼前利益。可见，产品质量关乎一个企业自身的前途。

2. 实施有效的质量计划

如果企业能建立正确的观念并且执行有效的质量管理计划，就能预防不良产品的出现，使企业经营发挥效益，不会为整天层出不穷的质量问题而头痛不已。

许多公司常常使用相当于总营业额15%~20%的费用在测试、检验、变更设计、整修、售后保证、售后服务、退货处理以及其他与质量有关的成本上，所以真正浪费钱的是生产低劣品。如果企业实施有效的质量管理计划，那些浪费在补救工作上的时间、金钱和精力就可以避免。

井植是第二次世界大战后的日本企业家，他因成功地将三洋电机公司发展成为大公司而扬名国际市场。

三洋公司曾经有一批新产品，正准备大量生产的时候，却发生了问题，那就是装置电机部分的支轴断了。这个问题相当严重，弄不好就会使公司所有信誉毁于一旦。

井植得知了这一情况后，十分惊讶，但是富有风险管理能力的他并没有惊慌，而是立刻找人调查。结果，意外地发现已经生产的产品中，有一半以上的产品都是可能发生断裂的次品。

这时三洋公司在报纸上已大幅度地刊登了新产品的广告，产品上市的日期也近在眼前，却发生了这种致命性的错误。怎么办呢？

这些产品大约有1万个，相当于两个月的生产量，这么重大的损失，到底是不负责任地卖出去呢，还是眼光放远些，迅速收回？虽然不顾一切地将产品卖出去，可以获得眼前的利益，将资金暂时稳住，但是这些不良的产品将损伤公司建立的良好形象，以后在市场上可能就永无立足之地。权衡得失利害后井植毅然决然下令收回所有的产品。

果然，井植的做法挽救了三洋公司，产品收回后经过重新改进投放市场，大受消费者的欢迎。假若井植当初不做出收回产品而将其卖出去，三洋公司的产品信誉必定一败涂地。

一个企业要想在激烈的竞争中长盛不衰，就必须重视产品的质量，用高品质的产品和服务来征服市场，赢得顾客。

消费者首选的质量标准

公司成长壮大的基础是企业的产品质量，产品质量在保证顾客满意的同时，是不是也有其固有的指标呢？答案是肯定的。

品牌质量的优劣有一系列的综合指标，通常包括使用性能、可靠性、可维修性、经济性或环境等各个方面。

1. 安全可靠

安全性是指产品在使用、储运、销售等过程中，保障人体健康和人身、财产安全的能力。目前，汽车、家用电器、医药、食品安全性是消费者颇为关注的。随着市场经济的发展，可供消费者选择的同类商品有很多，商品的安全性也愈来愈引起人们的重视。日本汽车为了打入美国市场，最初将重点放在车身款式和车速上，收效甚微。后来主要在安全上做文章，为用户提供巧妙的意外保护和过硬的安全保障，结果销量大增。

2. 坚固耐用

诺基亚之所以被广大的手机用户所喜爱，其中最重要的原因之一就是它的耐用性。小天鹅全自动洗衣机在国内市场上的占有率一直处于领先地位，这与其商品耐用性有关。其核心部件控制器，可以在水中连续煮三个小时，温度为100℃，湿度为100%，保证完好、无故障。

3. 独特新颖

全新产品的独特性、新颖性，可以看成是产品的功能设计，某一个零部件的设计也能使产品质量明显提高。曾经人们所用的冰箱门是在外面用插销插上的，但这样的设计曾导致日本多次出现儿童被拴在冰箱里的悲剧。为了解决这一问题，三洋电机发明了自动关闭的磁性冰箱门，并在门上安装盛物架，扩充了冰箱的使用空间，解决了冰箱的安全性问题，又开合自如、灵活美观，产品销量大增，而且这一技术很快被世界各冰箱厂家采用。

4. 用户感受

随着人们生活水平的不断提高，消费者越来越重视某一产品所带来的使用感受了，特别是在电子数码产品的市场上。2010年，苹果掀起了一股购买狂潮，消费者彻夜排队去购买体验苹果的最新产品。消费之所以如此热衷于苹果的产品，其中最重要的原因除了它时尚靓丽的外观设计，就是苹果产品特别注重用户的实用感受。

5. 服务质量

服务质量是品牌质量的有效延伸。IBM之所以能够在计算机行业内一直保持领先地位，除了他们一流的产品质量外，更主要的是他们注重提供一流的服务。他们努力做到向顾客提一套完整的计算机应用体系，包括硬件、软件、安装、调试、传授使用方法以及维护技术等一系列附加服务。

产品质量下滑的原因

良好的质量是企业获得市场认可的根本，没有质量的保证，公司的发展都只是空中楼阁。任何时候都不能以牺牲质量为前提，否则也只能换来短暂的利益，而失去长久发展的动力。

一位企业经营者说过："如今的消费者是拿着'显微镜'来审视每一件产品和提供产品的企业。在残酷的市场竞争中，能够获得较宽松生存空间的企业，不是'合格'的企业，也不是'优秀'的企业，而是'非常优秀'的企业。你要求自己的标准，必须远远高于市场对你的要求标准，才可能被市场认可。"

在竞争日趋激烈的市场大潮中，产品质量关系着企业的存亡和兴衰。

产品质量是企业的生命线，完美的质量是我们赢得客户的不二选择。或许我们工作中一个不经意的疏忽，就会为企业带来致命的打击，对产品负责是我们不懈的追求。

但是，现在仍有很多企业不能保证产品的质量，以至于在竞争中渐渐落于下风，原因出在哪里呢？

1. 员工责任心

企业的员工没有树立起高度的产品质量责任感，或者其本身在日常生活中就对自身要求不严格，也就是人们平常说的"差不多先生"和"马虎小姐"。对产品要求不严格，必然会对企业造成巨大损失。

2. 管理者错误认识

有些企业管理者错误地认为高品质会带来成本的增加，从而允许甚至鼓励偷工减料行为的发生。丰田汽车的就是最好的例子，过度追求成本的降低却是在杀鸡取卵，一次次召回为企业带来了信任危机。

3. 部门之间互相推诿

很多企业部门的责任不明，对产品质量的把关不严，或者认为质量是质管部门的事，出了事情应由质管部门负责。

4. 营销比质量更重要

有些企业盲目追求"市场第一，销量第一"，认为质量虽然重要，但远不及市场重要，只要不出问题就行。殊不知，质量是销售的基础，大量的次品迟早会影响到销售。

5. 管理技术落后

对质量管理的认识还停留在事后检验的水平。有些企业虽然重视质量管理，由于缺乏系统思想和对质量的正确认识，往往对流行的质管方法技巧盲目跟风，生搬硬套，结果流于形式，并未产生预期的效果。

产品质量的特性

随着世界经济一体化和竞争向纵向发展，不少国际知名的大企业都以质量和标准体系作为冲锋陷阵的强有力武器。对于小公司而言，同样不能忽视产品质量，因为，产品的质量是企业的立足之本。

不同类别的产品，质量特性的具体表现形式也不尽相同。具体来说包括以下三点：

1. 硬件产品的质量特性

性能：性能通常指产品在功能上满足顾客要求的能力，包括使用性能和外观性能。

寿命：寿命是指产品能够正常使用的年限，包括使用寿命和储存寿命两种。使用寿命指产品在规定的使用条件下完成规定功能的工作总时间。一般来说，不同的产品对使用寿命有不同的要求。储存寿命指在规定储存条件下，产品从开始储存到规定的失效的时间。

可信性：可信性是用于表述可用性及其影响因素（可靠性、维修性和保障性）的集合术语。产品在规定的条件下，在规定的时间内，完成规定的功能的能力称为可靠性。对机电产品、压力容器、飞机和那些发生质量事故会造成巨大损失或危及人身、社会安全的产品，可靠性是使用过程中主要的质量指标。维修性是指产品在规定的条件、时间、程序和方法进行维修，保持或恢复到规定状态的能力。保障性是指按规定的要求和时间，提供维修所必需的资源的能力。显然，具备上述"三性"时，必然是一个可用，而且好用的产品。

安全性：安全性指产品在制造、流通和使用过程中保证人身安全与环境免遭危害的程度。目前，世界各国对产品安全性都给予了最大的关注。

经济性：经济性指产品寿命周期的总费用，包括生产、销售过程的费用和使用过程的费用。经济性是保证组织在竞争中得以生存的关键特性之一，是用户日益关心的一个质量指标。

2. 软件产品的质量特性

功能性：软件所实现的功能，即满足用户要求的程度，包括用户陈述的或隐含的需求程度，是软件产品的首选质量特性。

可靠性：可靠性是软件产品最重要的质量特性，反映软件在稳定状态下维持正常工作的能力。

易用性：易用性反映软件与用户之间的友善性。即用户在使用软件时的方便程度。

效率：在规定的条件下，软件实现某种功能耗费物理资源的有效程度。

可维护性：软件在环境改变或发生错误时，进行修改的难易程度。易于维护的软件也是一个易理解、易测试和易修改的产品，是软件又一个重要的特性。

可移植性：软件能够方便地移植到不同运行环境的程度。

3. 服务质量特性

无形性：无形性是指服务的抽象性和不可触知性。即服务作为无形的活动，不像实体产品那样展示在顾客的面前，看不见，摸不着，不易在头脑中成形，从而对服务质量的评价往往凭自己消费后所获得的满意程度做出，主观随意性较大。

储存性：服务是："一个行动，一次表演，一项努力。"它只存在于被产出的那个时间，"生产"一旦结束，服务作为产品也就不存在了。即一旦在限定的时间内丧失服务的机会，便不再复返。

同步性：服务的生产和消费过程在时间和空间上同时并存，具有不可分割性。顾客是参与其中的，必须在服务的过程中消费服务。因此，服务质量是顾客对服务过程和服务结果的总评价。

异质性：即可变性或波动性。即使是同一种类型服务也会因服务人员、顾客及环境不同而不同，难以始终如一地提供稳定、标准化的服务。由于不稳定的服务会给顾客带来不公平的感觉，因此，提高服务的稳定性是服务组织提高质量的重点，亦是难点。

以优质为标准

小公司想要成长壮大，质量问题上容不得一丝马虎。在质量上偷奸耍滑，注定吃大亏。先把质量抓好，踏踏实实做好产品，而后再追求数量，追求规模上的扩大，这样才有意义、有价值。

重视产品和服务的质量，而不是为了追逐利润而单纯求数量，这是提升公司竞争力、把公司做强的不二法门。阿里巴巴总裁马云也说过："没有品质作保证，冲得快，死得更快。"

1. 质量是基础

质量就是市场，是一个企业生存发展的保障，没有它，一切都只是空中楼阁。企业缺乏精细化意识，产品没有优质的质量保证，企业就没有发展可言。

一些公司取得了一定成绩以后，就开始求快，追求立即见效的经营策略，有的痴迷于风险投资、资本运营。结果，许多公司尽管完成了规模扩张、大规模并购，甚至完成了公司上市，但是公司的产品和服务质量没有跟上，最后真正成功者寥寥无几。

2. 好质量提升美誉度

美国营销专家瑞查得和赛斯在研究中发现，顾客的满意与忠诚已经成为决定企业利润的主要因素，有的企业在市场份额扩张的同时利润反而萎缩，而有着高忠诚度的企业往往获得了大量利润。据调查，多次光顾的顾客比新顾客可以多为企业带来20%~85%的利润。因此，顾客的满意与忠诚已经成为决定企业利润的主要因素。特别是在我国现在的市场环境下，市场份额和利润的相关度已经大大降低，甚至有不少企业在市场份额扩张的同时利润反而萎缩，顾客的忠诚度更是成了影响企业利润高低的决定性因素。

另据美国一家咨询机构的研究表明，消费者对行业内的产品质量排序，关系到了企业的投资回报率。当一个企业的产品质量排在15位以上，其税前投资回报率平均在32%；当一个企业的产品质量排在15位以下，其税前投资回报率平均仅在14%。

美国盖洛普商业调查公司曾做过一项民意测验，题目是"你愿意为质量额外支付多少钱？"其结果甚至使那些委托进行调查的人都感到吃惊：大多数用户只要产品质量满意，就愿意多花钱。较高的质量直接带来了顾客的忠诚度，同时也支撑了较高的价格和较低的成本，并能减少顾客的流失和吸引到更多的新顾客。

产品质量与其美誉度呈正比例发展关系，质量每提高1%，美誉度就提升0.5%。而产品美誉度又和品牌形象有着密切联系，美誉度每提高0.5%，品牌形象就提升1%。品牌形象与销售量又有着直接关系，品牌形象每提高1%，销售量就提升0.5%。依次推演，当质量提高1%时，美誉度提高了0.5%，品牌形象提高了1%，销售量提高了0.5%。

严抓质量管理

质量是企业的生命线。把小公司做大做强，必须以提供一流的质量作为前提。

产品的质量在很大程度上取决于生产者对产品细节的精益求精。一个企业在消费者心目中的知名度、可信赖度，都建立在对产品品质满意度的基础上。产品做得越精、越细，产品品质就越高。

每个人都应树立起"质量在我心中，质量在我手中"的质量意识，但这是远远不够的，必须从管理机制上严抓质量。

任何企业都不能忽视质量。本着"向客户负责、向公司负责"的原则，狠抓质量管理，严把质量关，绝不因为上一工序的质量问题影响下一工序的生产。每个人都应坚持高标准、严要求，自觉将质量管理时时挂心头。

为推进质量精细化管理，必须在加强过程控制，确保质量可以从以下几个方面努力。

1. 优化方案、改进工艺

每个工程项目在开工前都应进行详细的策划，先从技术上提出合理的方案措施、严格的质量标准及工艺标准，领导者要具体抓好方案的优化及施工质量保证措施的落实，力求做到方案、措施及工艺要求达到最优。通过方案措施的优化和对施工工艺的改进，使之更加具有可操作性、适用性和经济性，有力地保证工作质量。

2. 实行"样板"示范

凡是确定的重大项目，必须先做"样板"示范，并组织有关人员进行验收，在确定所采用的施工工艺达到要求后，才能进入正式的工程施工。在施工过程中，要以"样板"为标准，不能随意降低，以保证达到预期的效果。

3. 强化过程监督

加大对生产过程的监控力度，使一些特殊工程的施工过程和关键工序实施有效控制，确保过程顺利进行。

4. 强化检验职能、做到层层把关

检验部门要理顺质量检验、质量验收的各种关系，从原材料的进货渠道入手，使施工或生产过程中的各级检查和验收责任都要明确落实各部门和人员，形成一种事事有人管，事事有人负责的良好局面。

注重施工或生产过程中的检查验收，认真填写验收申请单，加强一次验收单制度的执行力度，提高一次验收合格率。

5. 专项检查验收

设置质量控制点，要进行专项检查验收。

事后控制不如事前控制

质量管理如同医生看病，治标不能忘本。许多企业悬挂着"质量是企业的生命"的标语，而现实中存在"头疼医头、脚疼医脚"的质量管理误区。造成"重结果轻过程"的现象，最终导致管理者对表面文章乐此不疲，而对预防式的事前控制和事中控制敬而远之。

魏文王问名医扁鹊说："你们家兄弟三人，都精于医术，到底哪一位医术最好呢？"扁鹊答说："长兄最好，中兄次之，我最差。"文王吃惊地问："你的名气最大，为何是长兄医术最高呢？"扁鹊惭愧地说："我扁鹊治病，是治病于病情严重之时。一般人都看到我在经脉上穿针管来放血、在皮肤上敷药等大手术，所以以为我的医术高明，名气因此响遍全国。我中兄治病，是治病于病情初起之时。一般人以为他只能治轻微的小病，所以他的名气只及于本乡里。而我长兄治病，是治病于病情发作之前。由于一般人不知道他事先能铲除病因，所以觉得他水平一般，但在医学专家看来他水平最高。"

单纯事后控制存在严重的危害。因为缺乏过程控制，生产下游环节无法及时向上游环节反馈整改意见，造成大量资源浪费。因为上游环节间缺乏详细的标准，造成公司各部门间互相扯皮，影响公司凝聚力，大大降低了生产效率。由此，员工的质量意识会下降，警惕性下降造成质量事故频发。最终严重的质量事故会影响公司的信誉，甚至造成失去定单或者带来巨额索赔，给公司造成严重经济损失。

事后控制不如事中控制，事中控制不如事前控制，可惜多数经营者未能体会到这一点，等到错误的决策造成了重大损失才寻求弥补。结果是亡羊补牢，为时已晚。

那么，如何提升事前控制的水平呢？

1. 培养全程质量管理意识

不仅是决策者，更包括公司的所有成员，都需具备全程质量管理意识，还要让中层和员工形成良好的全程质量管理意识。每个下游环节员工就是上游环节的质量监督员，出现质量问题要及时反馈给上游，杜绝不合格产品从自己手中流入下个生产环节。

2. 制定详细的质量管理标准

从第一道工序到产品下线，从装箱到运输，每个环节必须制定详细的、可控制的管理标准。

事前控制的重点放在产品开发和标准制定上。技术和标准一旦出现失误会给质量管理带来很大麻烦，因此应当从根本上尽量减少质量事故、降低质量管理难度。事中控制主要指从原料进厂到产品下线期间，按照工艺标准进行质量监督的过程。事中控制要求严格检查、及时反馈、及时整改。

3. 利用业绩考核实现质量管理

之所以出现"重结果轻过程"现象，根本原因是质量工作没有真正与个人收入挂钩。业绩考核应当与每人的个人收入挂钩，考核是质量管理的杠杆。管理者应当根据公司的实际状况制定制造人员的产量和质量权重系数，进行双重考核。

4. 重视客户和员工的作用

客户是产品质量的裁判。客户的不满是企业改进的方向，提高客户的满意度和忠诚度是企业长盛不衰的法宝。员工是产品质量的一线情报员，他们熟悉制造环节的每一个细节，调动他们的积极性和主动性是改善质量的最好措施。

对次品要毫不留情

次品是指一个产品单位上含有一个或一个以上的缺点。生产现场若要进行次品控制，公司管理者则应从了解以下方面的内容着手进行。

1. 分析不良品产生的原因

不良品是企业不愿看到的，但又是很难避免的。因此，在生产过程中应切实分析不良品产生的原因，这样才能在生产作业中规避并实施改进措施。

2. 做好不良品的隔离

生产现场对于不良品实施隔离可达到以下几个目的：确保不良品不被误用，最大限度地利用物料，明确责任，便于事项原因的分析。具体做法是：

（1）在各生产现场（制造、装配或包装）的每台机器或拉台的每个工位旁边，均应配有专用的不良品箱或袋，以便用来收集生产中产生的不良品。

（2）在各生产现场（制造、装配或包装）的每台机器或拉台的每个工位旁边，要专门划出一个专用区域用来摆放不良品箱或袋，该区域即为"不良品暂放区"。

（3）各生产现场和楼层要规划出一定面积的"不良品摆放区"用来摆放从生产线上收集来的不良品。

所有的"不良品摆放区"均要用有色油漆进行画线和文字注明，区域面积的大小视该单位产生不良品的数量而定。

3. 不良品区域管制

（1）不良品区内的货物，在没有品质部的书面处理通知时，任何部门或个人不得擅自处理或运用不良品。

（2）不良品的处理必须要由品管部监督进行。

4. 不良品的处置

不良品经过评审后就要对其进行处理，不同的不良品处理方法也不同。这里主要讲讲生产现场不良品的处置。

（1）明确相关责任人的职责。

对于生产线上的不良品，首先应明确相关责任人的职责。

责任人之一：作业人员。通常情况下，对作业中出现的不良品，作业人员（检查人员）在按检查基准判明为不良品后，一定要将不良品按不良内容区分放入红色不良品盒中，以便生产现场负责人作不良品分类和不良品处理。

责任人之一：生产现场负责人。首先，生产现场负责人应每两小时一次对生产线出现的不良品情况进行巡查，并将各作业人员工位处的不良品，按不良内容区分收回进行确认。然后，对每个工位作业人员的不良判定的准确性进行确认。如果发现其中有不良品，要及时送回该生产工位与该员工确认其不良内容，并再次讲解该项目的判定基准，以提高员工的判断水平。

（2）对当日内的不良品进行分类。

对当日内的不良品进行分类，即当一天工作结束后，生产现场负责人应对当日内生产出的不良品进行分类。

对某一项（或几项）不良较多的不良内容，或者是那些突发的不良项目进行分析（不明白的要报告上司求得支援），查明其原因，拿出一些初步的解决方法，并在次日的工作中实施。

若没有好的对策或者不明白为什么会出现这类不良时，要将其作为问题解决的重点，在次日的品质会议上提出（或报告上司），从而通过他人以及上司（技术人员、专业人员）进行讨论，从各种角度分析、研究，最终制定一些对策并加以实施，然后确认其效果。

（3）不良品的记录及放置。

当日的不良品，包括一些用作研究（样品）的或被分解报废等所有不良品都要在当日注册登录在生产现场负责人的每日不良统计表上，然后将不良品放置到指定的不良品放置场所内。

5. 不良品的防止措施

对不良品的防止，生产现场负责人可通过以下几种措施进行：

（1）稳定人员。人员流动的频率往往可以反映员工对工厂认同的程度，一切成长的条件都随着人员的流动而流失，品质也是一样。

（2）良好的教育与培训。每一项工作都需要专业人员将专业知识及理论基础演化为实用性的技巧，尽快填补员工因工作经验的不足以及理念上的差异所造成的沟通协调困难。

（3）制定标准。标准是制度，是规定，是工作规则，也是工作方法。因此，制定各种标准必不可少。

（4）建立良好的工作环境。工作场所脏乱，代表的是效率低下、品质不稳定以及"总值"的浪费。推行"5S活动"就能得到意想不到的效果。脏乱，虽然不是影响品质的决定因素，但又不得不承认它跟产品的品质有因果关系。

（5）合理的统计技术。传统的品质管理方法是对产品进行检验，让良品继续流向施工程序，而把不良予以剔除。这只能得到被检验产品的品质信息，而对于产品的品质改善是没有意义的。所以统计品质也是一个很重要的因素。

（6）完善的机器保养制度。产品是靠机器来生产的，机器有精密度与寿命。机器就像人的身体一样，平常就得注意保养。身体不保养，健康就会受到影响。同样，机器不注意保养，机器的精密度、寿命就会随之下降，品质也会受到影响。

建立严密的生产标准

工作需要标准化，也就是企业的各项管理业务都应该制定标准的程序和方法。在追求产品质量的公司，任何一个职位的职务权限和工作内容都规定得很详细，当发生人员变动时，工作的程序和方法仍然能够一如既往，不会出现因人废职的危险。

一个没有规则、没有标准的企业肯定是管理不到位的。粗制滥造的产品和服务，不仅浪费了宝贵的资源，污染了环境，消费者也不买账，企业利润就无从谈起。尤其在市场发展比较充分、利润空间逐渐缩小的情况下，更是如此。凡是能将小公司做大做强的，通常有标准化、程序化的严格管理。

日本的欧姆龙公司主要生产继电器，在产品生产过程中，有一道焊接工序，就是要将继电器放在焊接液中，两秒钟之后取出。这家公司为了准确控制焊接所需的最佳时间，特意设置了一只表，两秒钟后自动报时。非常准确地把握产品生产过程，这就是制造业中的标准化管理。

如何才能有效实现工作标准化呢？

1. 制订生产运作能力计划

根据完成各项工作任务所需的标准时间，企业可以根据市场对产品的需求制订其人员计划和设备计划，包括设备投资和人员招聘的长远计划。也就是说，企业根据市场需求决定生产量，然后根据生产量和标准时间可决定每人每天的产出以及所需人数，再根据每人操作的设备和人员总数决定所需设备数量，在此基础上就可以制订设备和人员计划。

2. 进行作业排序和任务分配

根据不同工序完成不同工作的标准时间，合理安排每台设备每个人的每天工作任务，以防止忙闲不均、设备闲置、人员闲暇的现象，有效地利用资源。

3. 进行生产运作系统及生产运作程序设计

工作标准可以用来比较不同的生产运作系统设计方案，以帮助决策，也可以用来选择和评价新的工作方法，评估新设备、新方法的优越性。

进行全面质量管理

全面质量管理（TQC）是企业管理现代化、科学化的一项重要内容。它于20世纪60年代产生于美国，后来在西欧与日本逐渐得到推广与发展。它应用数理统计方法进行质量控制，使质量管理实现定量化，变产品质量的事后检验为生产过程中的质量控制。

全面质量管理可以为企业带来如下益处，如缩短总运转周期、降低质量所需的成本、缩短库存周转时间、提高生产率、追求企业利益和成功、使顾客完全满意、最大限度获取利润。

我们要形成这样的意识，好的质量是设计、制造出来的，不是检验出来的；质量管理的实施要求全员参与，并且要以数据为客观依据，以顾客需求为核心。

全面质量管理是一种永远不能满足的承诺，"非常好"还是不够，质量总能得到改进，"没有最好，只有更好"。采用统计度量组织作业中人的每一个关键变量，然后与标准和基准进行比较以发现问题，追踪问题的根源，从而达到消除问题、提高品质的目的。企业持续不断地改进产品或服务的质量和可靠性，确保企业获取对手难以模仿的竞争优势。

在具体推行过程中，可以从以下几个步骤来实施全面质量管理。

1. 树立"质量第一"的思想

通过培训教育使企业员工牢固树立"质量第一"的思想，营造良好的企业文化氛围，采取切实行动，改变企业文化和管理形态。

2. 制定标准

制定企业人、事、物及环境的各种标准，这样才能在企业运作过程中衡量资源的有效性和高效性。

3. 推动全员参与

对全过程进行质量控制与管理。以人为本，充分调动各级人员的积极性，推动全员参与。只有全体员工的充分参与，才能使他们的才干为企业带来收益，才能够真正实现对企业全过程进行质量控制与管理。并且确保企业在推行全面质量管理过程中，采用了系统化的方法进行管理。

4. 做好计量工作

计量工作包括测试、化验、分析、检测等，是保证计量的量值准确和统一，确保技术标准的贯彻执行的重要方法和手段。

5. 做好质量信息工作

企业根据自身的需要，应当建立相应的信息系统，并建立相应的数据库。

6. 建立质量责任制

全面质量管理的推行要求企业员工自上而下地严格执行。从企业领导开始，逐步向下实施。

严格执行"三不原则"

不接受不合格品、不制造不合格品、不流出不合格品的"三不原则"是许多工厂的品质方针、品质目标或宣传口号。因为"三不原则"是品质保证的原则，所以生产现场的负责人一定要严格实施。

"三不原则"的实施能使每一个岗位、每一个员工都建立起"生产出使自己和客户都满意的产品"的信念。一根无形的质量链贯穿于生产的全过程，制约着每个操作者，使流程的各个环节始终处于良好的受控状态，进入有序的良性循环，通过全体员工优良的工作质量从而保证了产品的质量。

1. 三不原则的基本做法

（1）不接受不合格品。不接受不合格品是指员工在生产加工之前，先对前道传递的产品按规定检查其是否合格，一旦发现问题则有权拒绝接受，并及时反馈到前道工序。前道工序人员需要马上停止加工，追查原因，采取措施，使品质问题得以及时发现、及时纠正，并避免不合格品的继续加工所造成的浪费。

（2）不制造不合格品。不制造不合格品是指接受前道的合格品后，在本岗位加工时严格执行作业规范，确保产品的加工品质。对作业前的检查、确认等准备工作做得充分到位：对作业中的过程状况随时留意，避免或及早发现异常的发生，减少产生不合格品的概率。准备充分并在过程中得到确认是不制造不合格品的关键。

（3）不流出不合格品。不流出不合格品是指员工完成本工序加工，需检查确认产品质量，一旦发现不良品，必须及时停机，将不良品在本工序截下，并且在本工序内完成不良品处置并采取防止措施。本道工序保证传递的是合格产品，否则会被下道"客户"拒收。

2. 三不原则的实施要点

"三不原则"是生产现场品质保证的一个运行体系，在实施过程中需注意以下要点：

（1）谁制造谁负责。一旦产品设计开发结束，工艺参数流程明确，则产品的质量波动就是制造过程的问题。每个人的质量责任从接受上道工序合格产品开始，规范作业确保本道工序的产品质量符合要求是员工最大的任务。一旦在本道工序发现不良或接收到后道工序反馈的不良后，该人员必须立即停止生产，调查原因，采取对策，对产品的质量负责到底。

（2）谁制造谁检查。产品的生产者，同时也是产品的检查者，产品的检查只是生产过程的一个环节。通过检查，确认生产合格，才能确保合格产品流入下道工序。通过自身检查，作业人员可以对本工序加工产品的状态了解得更清楚，从而有利于员工不断提升加工水平，提高产品质量。

（3）作业标准化。产品从设计开发、设定工艺参数开始，就要对所有的作业流程中的作业步骤、作业细节进行规范化、标准化，并使其不断完善。每一个员工也必须严格执行标准化作业。标准化是该工序最佳的作业方法，是保证产品质量一致性的唯一途径，否则制造一大堆不良品却找不到不良的根本原因，这个时候"三不原则"只能制造混乱，而不是品质。

（4）全数检查。所有产品、所有工序无论采取什么形式都必须由操作者实施全数检查。

（5）工序内检查。质量是作业人员制造出来的，如果安排另外的检查人员在工序外对产品进行检查或修理，既会造成浪费，也不能提高作业人员的责任感，反而会姑息作业人员对其产品质量的漠视。

（6）不良停产。在工序内一旦发现不良，操作者有权利也有责任立即停止生产，并及时采取调查对策活动。

（7）现时处理。在生产过程中，产生不合格品时，作业人员必须从生产状态转变到调查处理状态，马上停止作业并针对产生不良品的人、机、料、法、环等现场要素及时确认，调查造成不良的"真正元凶"并及时处理。

（8）不良曝光。在生产过程中出现的任何不良，必定有其内在的原因，只有真正解决了发生不良的每个原因，才能控制制造不合格品，实现零缺点，才能让客户真正满意。因此，对于发生不良，不仅作业人员要知道，还必须让管理层知道，让质量保证的人员知道，让设计开发的人员知道，大家一起认真分析对策，并改善作业标准，而不是简单地由作业人员对不合格品自行返工或报废。否则，下一次还会发生同样的问题。

（9）防错。产品的质量不能够完全依赖于操作者的责任心来保证，任何人都会有情绪，会有惰性，会有侥幸心理，会受一些意外因素的干扰，从而使产品质量出现波动。因此，必须尽可能科学合理地设计使用防错装置来防止疏忽。同时在现场管理中，认真进行细节管理，尽量把工作做在前面，周全的计划，充分的准备，事先的预防，减少各种差异变动，把品质控制在要求的范围内。

（10）管理支持。作业人员承担产品的品质责任，但产品出现不良，管理层应该承担更多的责任，因为现场管理者的职责就是帮助员工解决问题。当员工发现问题并报告问题后，作为生产现场负责人应第一时间出现在现场，一起调查并处理问题。对于不良品，若只是轻率地推卸责任给作业人员，不仅不能彻底解决不合格品的产生，而且易造成管理层与员工之间的对立。所以，若要对员工进行指导，事先预防问题的产生，和员工共同分析问题、调查解决问题，就必须配备员工所需的资源设施，必须帮助员工解除生活、工作上的后顾之忧。

实施质量三检制

"三检制"指的是操作者自检、员工之间互检和专职检验人员专检相结合的一种品质检验制度。这种三结合的检验制度有利于调动员工参与工厂品质检验工作的积极性和责任感，是任何单纯依靠专业品质检验的检验制度所无法比拟的。

实施质量目标管理，明确质量责任，不断树立精品意识。企业在检验方面要结合企业实际，将自检、互检、专检结合起来，逐层落实到各个车间、班组和机台，从而努力实现零缺陷的目标。

生产现场的负责人务必要熟悉和掌握品质管理"三检制"的具体内容。

1. 自检

（1）自检就是操作者对自己加工的产品，根据工序品质控制的技术标准自行检验。

（2）自检的最显著特点是检验工作基本上和生产加工过程同步进行。

（3）通过自检，操作者可以真正及时地了解自己加工产品的品质问题以及工序所处的品质状态，当出现问题时，可及时寻找原因并采取改进措施。

（4）自检制度是作业人员参与品质管理和落实品质责任制度的重要形式，也是"三检制"能取得实际效果的基础。

对于自检应事先就各工序制定一些自主检查表，一目了然地列明须检查的事项、标准、要求，作业人员在检查时就可以有的放矢进行检查。

自检进一步可发展为"三自检制"，即操作者"自检、自分、自记"。

"三自检制"是操作者参与检验工作，确保产品质量的一种有效方法。该方法不但可以防止不良品流入下道工序，及时消除异常因素，防止产生大批不良品，而且产品无论流转到哪道工序，只要发现问题，便可以找到责任者。操作者对产品质量必须负责到底。

2. 互检

（1）互检就是作业人员之间相互检验。一般是指下道工序对上道工序流转过来的在制品进行抽检；同一工作地换班交接时的相互检验；班组品管员或生产现场负责人对本班组人员加工的产品进行抽检等。

（2）互检是对自检的补充和监督，同时也有利于员工之间协调关系和交流技术。

3. 专检

（1）专检就是由专业检验人员进行的检验。专业检验人员熟悉产品技术要求和工艺知识，经验丰富，检验技能熟练，效率较高，所用检测仪器相对正规和精密。因此，专检的检验结果比较准确可靠。

（2）由于专业检验人员的职责约束，以及和受检对象的品质无直接利害关系，其检验过程和结果比较客观公正。所以，"三自检制"必须以专业检验为主导。

（3）专业检验是现代化大生产劳动分工的客观要求，已成为一种专门的工种与技术。

精品，来之不易；精品，造就成功。企业只有创造一个个精品工程，才能开创企业的美好未来。

实施六西格玛管理

实施六西格玛管理是企业精细化管理的一个重要手段。实施六西格玛管理的长远目的是以选定的项目为突破口，带动企业产品质量的整体改善，降低企业的资源成本，提升企业流程的效率，提高客户满意度；协助企业克服目前存在缺陷的品质体系，建立起一套科学、高效的工艺设计体系和品质保证体系；培养一批掌握先进品质理念、工具、方法的骨干人员，提高企业解决问题的能力；促使企业逐步形成六西格玛文化，加强各部门之间的沟通，提升企业的整体竞争力。

六西格玛管理实施过程中还应注意这样一些内容：

1. 辨别企业的核心流程

（1）企业核心流程内容上的辨别。企业核心流程内容包括以下内容：企业吸引并维系客户的流程；订货管理流程；物流流程；客户服务流程；开发新产品或新服务流程。

（2）企业核心流程操作要点的辨别。企业核心流程的操作要点如下：必须以能够直接增加客户价值的活动为中心；要站在战略的角度看待问题，进行辨别；辨别过程中六西格玛管理委员会成员需要从不同的部门中选取，有助于从不同的角度看待问题；企业的核心流程在现实需要中是可以改变的。

2. 把掘客户需求及说明

（1）确定企业主要客户操作要点包括：区分客户的产品需求与服务需求；建立一个较大的收集客户信息与市场信息的体系；一视同仁地对待客户的产品需求与服务需求；编写清晰、可评估的需求说明；了解客户新的需求后，不可在短时期内要求员工满足客户的这种新需求；持续不断地跟踪、评估企业针对客户需求的绩效。

（2）编写客户需求说明操作要点。主要包括：辨别企业产品与服务的具体情况，了解客户的需求；将客户进行市场细分，分清其类别；复查客户的所有关于服务或产品的建议或意见；设定一个有效的绩效标准进行需求说明；经过详细的评估、修改后确定终稿。

3. 评价企业绩效

操作要点包括：

（1）选择评估对象。

（2）选择可进行操作计算的评估量。

（3）确定各种资料的来源。

（4）准备收集资料和抽取样本的计划。

评估中应注意：

（1）根据现有资源，确定评估活动的先后次序。

（2）所制定的评估目标必须可以获得大量信息，并且容易达到。

（3）必须持续地改进评估措施。

（4）选择对企业有意义的评估活动和评估量。

4. 选定六西格玛管理推行的项目

选定六西格玛管理推行的项目包括：

（1）编写项目章程，内容包括选定项目的问题、目标、基本数据、小组成员、小组指导方针、初步的项目蓝图等，章程可修改。

（2）识别并倾听客户的意见，必须保持客观的态度。

（3）记录选定项目的现有流程。

组织对选定项目的评估包括：

（1）对选定项目的问题和流程进行评估，确定存在问题的焦点和范围。

（2）确定关键数据，缩小问题的范围。

（3）分析产生问题的根本原因。

对选定项目的分析的内容有：

（1）采用收集的数据进行分析，分辨存在的问题的模式及发展趋势等。

（2）对流程进行分析，辨别与企业核心价值不一致的、不相关的及可能引起相关问题的流程。

组织对选定项目进行六西格玛管理包括：

（1）拟出、选择有创造性的实施方案。

（2）对实施方案进行定期评估，制定改进措施。

抓好现场质量管理

质量是企业的生命，企业要想在市场竞争中立于不败之地，必须加强生产改善的流程管理，把细节做得扎实，切实提高生产效率。生产线上的每个作业人员，都有责任及时发现质量问题或存在改善的地方并寻找根源，不让任何存在质量缺陷的加工件进入下一道工序。

生产现场管理的实质是质量控制，对此我们要保持一个正确的观念：高质量比高产量更重要，实实在在地提升企业的现场生产管控力，才能深得精细化管理的内核。

生产质量改善是一种以追求更高的过程效率和效果为目标的持续活动，质量没有最好，只有更好。质量改善的宗旨就是永远追求更好的品质，最大限度提高生产的效能。改善活动的永无止境要求质量改善的思维和方法必须是全新的：

1. 应当着眼于必须改善的项目

（1）首先要在心里留有"维持现状是好呢，还是不好呢？"这样的疑问。

（2）活用各种查核表来找出缺点。

（3）询问在现场作业的部属的意见。

2. 要客观地掌握现状

（1）要把现场的现状翔实地记载下来。

（2）必须把观察所得的要点记录下来。

（3）必要的话，必须做出详细的资料。

3. 要深入问题核心进行检查

（1）要考虑到问题点的本质所在。

（2）要从各种角度去分析缺点所在。

（3）要把搜集得来的资料进行仔细的分析（譬如把资料进一步做成图表来进行分析等）。

（4）必须听取他人（包括部属在内）的意见。

（5）必要的话，要开会与大家共同讨论。

4. 要做出改进的具体方案

（1）必须参考其他公司成功的实例。

（2）要听取各方人士的意见。

（3）必要时召集部属进行研讨。

（4）要仔细思量并整理出付诸执行的种种情况（如所需费用多少，需要人手多少等等）。

（5）要具体地考虑并整理出付诸执行的效果。

（6）对于改进方案的执行负责人及执行日期也要明白地拟订出来。

5. 实施改进方案并检查实施的结果

（1）必要的话，在呈报上司认可之后，付诸实施。

（2）必须事先取得各有关人员的认可。

（3）要和负责执行的承办员解释清楚，方才付诸实施。

（4）必须细心查核实行的过程，必要的话，要立刻再定出改进修正案。

（5）要客观地评估执行的结果，如果确实良好，那就可以把它定案，并加以标准化。

（6）如果实行结果欠佳，那就得再次研讨改进修正案。

6. 扼要说明

一个不做改善工作的主管难免会被打上无能主管的烙印。话虽如此，如果只是采取敷衍式的改善，那也是无法收到良好效果的。要紧的是，必须踏实地按照上述的要领，在改善的过程中导入质量控制的要诀，那么效果也会更加显著。

生产现场5S管理

5S是整理、整顿、清扫、清洁、素养的简称。5S是一种先进的现场管理方法，可以很好地对生产作业的现场进行管理。作为生产流程管理的重要环节，现场管理对提高生产绩效至关重要。

下面是对5S现场管理方法的细化：

1. 整理

（1）是否定期实施红牌作战（清除不必要品）。

（2）有无不用或不急用的夹治具、工具。

（3）有无剩料等近期不用的物品。

（4）是否"不必要的隔间"影响现场视野。

（5）作业场所是否明确地区别。

2. 整顿

（1）仓库、储物室是否有规定。

（2）是否定位化，物品是否依规定放置。

（3）工具是否易于取用，不用找寻。

（4）工具是否区分颜色。

（5）材料有无配置放置区，并加以管理。

（6）废弃品或不良品放置有无规定，并加以管理。

3. 清扫

（1）作业场所是否杂乱。

（2）作业台上是否杂乱。

（3）产品、设备有无脏污，附着灰尘。

（4）配置区划分线是否明确。

（5）作业段落或下班前有无清扫。

4. 清洁

（1）3S是否规则化。

（2）机械设备是否定期点检。

（3）是否遵照规定的服装穿着。

（4）工作场所有无放置私人物品。

（5）吸烟场所有无规定，并被遵守。

5. 素养

（1）有无日程管理表。

（2）需要的护具有无使用。

（3）有无遵照标准作业。

（4）有无异常发生时的对应规定。

（5）晨操是否积极参加。

（6）是否遵守开始、停止的规定。

了解了5S的一些基本操作细节之后，我们还可以从以下几个方面来推进5S：

1. 巡视

从5S开始之日起，全体作业人员都要下决心进行5S，绝对不能退回到以往的状态。尽管如此，各作业人员总会以工作忙为由，有退回到以前杂乱状态的倾向，对这种倾向要时常注意。所以，无论是生产主管，还是作业人员都要定期地巡视，有必要致力于不使之倒退的工作。

2. 5S的检查表

在5S的实施过程中，为达到整理、整顿的目的，应把有关废弃不需要的规定、整理物品的规定、所有的放置物品场所的设定等都做成检查表。

3. 5S的时间

要把5S作为工作的一环，在生产现场一周几次把工作开始之前的10分钟设定为全体员工参加的5S时间，全员对自己周围的场所进行彻底的清扫、清理、整顿。始终记得，5S不是顺手做的，而是工作的一环。

4. 5S的支持体制

无论怎么说，5S的中心都是作业人员本身，大家的智慧和敬业精神不一致就不会成功。为此需确立以实施组织为中心的5S的支持体制。

5. 5S的主题

对5S的推进，应以现场为单位设定具体的主题。例如，机械加工现场的油污，组装现场的寻找组装的无效（浪费）时间等都是具体的主题，要靠大家下功夫去做。

6. 5S学习会

生产现场是5S发挥作用的场所，过去在日本的许多生产现场有着数不清的充分发挥智慧的实例。召开现场学习会，学习先进者的智慧。

7. 活用目视管理

在5S的推进中，无论谁一看就容易明白的、用眼睛看的管理是不可欠缺的。因此，目视管理是实施5S的关键所在。

抓好精益生产管理

精益生产，是设法在生产过程中以消除任何无用的动作、避免无用的努力、拒绝无用的材料，消灭不能给产品或服务的最终用户带来好处的所有活动，同时持续不断地寻找并贯彻改进的方法。它是融时制生产、全面质量管理、并行工程、充分协作的团队工作方式和集成的供应链关系管理，是一种独特的多品种、小批量、高质量和低消耗的精益生产方法。

精益生产就是及时制造，消灭故障，消除一切浪费，向零缺陷、零库存进军。精益生产方式生产出来的产品品种能尽量满足顾客的要求，而且通过对各个环节中采用的杜绝一切浪费（人力、物力、时间、空间）的方法与手段满足顾客对价格的要求。精益生产方式要求消除一切浪费，追求精益求精和不断改善，去掉生产环节中一切无用的东西，每个工人及其岗位的安排原则是必须增值，撤除一切不增值的岗位；精简产品开发设计、生产、管理中一切不产生附加值的工作。其目的是以最优品质、最低成本和最高效率对市场需求作出最迅速的响应。它是美国麻省理工学院在一项名为"国际汽车计划"的研究项目中提出来的。他们在做了大量的调查和对比后，认为日本丰田汽车公司的生产方式是最适用于现代制造企业的一种生产组织管理方式，称之为精益生产，以针对美国大量生产方式过于臃肿的弊病。精益生产综合了大量生产与单件生产方式的优点，力求在大量生产中实现多品种和高质量产品的低成本生产。

精益生产有以下几个原则：

1. 消除生产浪费

企业中普遍存在的八大浪费涉及：过量生产、等待时间、运输、库存、过程（工序）、动作、产品缺陷以及忽视员工创造力。精益生产力求减少在这八个环节中的不必要的浪费。

2. 关注流程

管理大师戴明说过："员工只须对15%的问题负责，另外85%归咎于制度流程。"什么样的流程就产生什么样的绩效。改进流程要注意目标是提高总体效益，而不是提高局部的部门的效益，为了企业的总体效益，即使牺牲局部的部门的效益也在所不惜。

3. 建立无间断流程

无间断流程是指将流程中不增值的无效时间尽可能压缩，以缩短整个流程的时间，从而快速应变顾客的需要。

4. 降低库存

降低库存只是精益生产的其中一个手段，目的是为了解决问题和降低成本，而且低库存需要高效的流程、稳定可靠的品质来保证。

5. 检验

全过程的高质量，一次做对质量是制造出来的，而不是检验出来的。检验只是一种事后补救，不但成本高而且无法保证不出差错。因此，应将品质内建于设计、流程和制造当中去，建立一个不会出错的品质保证系统，一次做对。精益生产要求做到低库存、无间断流程，试想如果哪个环节出了问题，后面的将全部停止，所以精益生产必须以全过程的高质量为基础，否则，精益生产只能是一句空话。

6. 基于顾客需求的拉动生产

按照销售的速度来进行生产，这样就可以保持物流的平衡，任何过早或过晚的生产都会造成损失。

7. 标准化与工作创新

标准化的作用是不言而喻的，但标准化并不是一种限制和束缚，而是将企业中最优秀的做法固定下来，使得不同的人来做都可以做得最好，发挥最大成效和效率。而且，标准化也不是僵化、一成不变的，标准需要不断地创新和改进。

8. 尊重员工，给员工授权

尊重员工就是要尊重其智慧和能力，给他们提供充分发挥聪明才智的舞台，为企业也为自己做得更好。在丰田公司，员工实行自主管理，在组织的职责范围内自行其是，不必担心因工作上的失误而受到惩罚。出错一定有其内在的原因，只要找到原因施以对策，下次就不会出现了。所以说，精益的企业雇佣的是"一整个人"，不精益的企业只雇佣了员工的"一双手"。

9. 团队工作

在精益企业中，灵活的团队工作已经变成了一种最常见的组织形式，有时候同一个人同时分属于不同的团队，负责完成不同的任务。最典型的团队工作莫过于丰田的新产品发展计划，该计划由一个庞大的团队负责推动，团队成员来自各个不同的部门，有营销、设计、工程、制造、采购等，他们在同一个团队中协同作战，大大缩短了新产品推出的时间，而且质量更高、成本更低。因为从一开始很多问题就得到了充分的考虑，在问题带来麻烦之前就已经被专业人员所解决。

10. 满足顾客需要

满足顾客需要就是要持续地提高顾客满意度，为了一点眼前的利益而不惜牺牲顾客的满意度是相当短视的行为。丰田从不把这句话挂在嘴上，总是以实际行动来实践，尽管产品供不应求，丰田在一切准备工作就绪以前，从不盲目扩大规模，保持稳健务实的作风，以赢得顾客的尊敬。丰田的财务数据显示其每年的利润增长率几乎是销售增长率的两倍，而且每年的增长率相当稳定。

11. 精益供应链

在精益企业中，供应商是企业长期运营的宝贵财富，是外部合伙人，他们信息共享、风险与利益共担，一荣俱荣、一损俱损。在整个供应链中，企业应该像丰田一样，担当起领导者的角色，整合出一条精益供应链，使每个人都受益。

12. "自我反省"和"现地现物"

"自我反省"的目的是要找出自己的错误，不断地自我改进。"现地现物"则倡导无论职位高低，每个人都要深入现场，彻底了解事情发生的真实情况，基于事实进行管理。

打造日清控制系统

"日清"的基本含义是当天的事情当天完成，当天的效果有所提高。日清控制体系精细化管理的核心体系。日清控制系统是支援目标得以实现的有力保证。

有了日清控制系统，就可以促使企业员工每人、每天对自己所从事的每件事情进行清理、检查，有效地保证实现目标，做到"日事日毕、日清日高"。

区域日清主要包括七项内容：

（1）质量日清。主要对当天的质量指标完成情况、生产中出现的不良品及原因分析与责任人，所得红、黄质量价值券等情况进行清理。

（2）工艺日清。主要对当天的首件检验结果与其他工件（产品指标参数的对比情况、工艺纪律执行率情况进行清理）。

（3）设备日清。主要对设备的例行保养、设备完好状况和利用率及责任人等情况进行清理。

（4）物耗日清。主要对材料超耗部分按质量、设备、原材料、能源、人员素质等方面的原因与责任进行分类清理。

（5）生产计划日清。主要对生产进度及影响原因、实际产量、欠产数量、解决措施与结果、责任等情况进行清理。

（6）文明生产日清。主要对分管区域的定量管理、卫生、安全及责任进行清理。

（7）劳动纪律日清。主要是对劳动纪律执行情况进行清理。

上述七项日清内容，是在各职能人员控制的基础上，由区域里的员工进行清理，并把清理情况及结果填入3E卡。区域日清所要解决的主要问题是：各生产作业现场七项内容的受控状况；发生问题的原因及责任分析；员工当天工资收入测算。

职能日清，是各职能部门对本部门的职责执行情况进行日清。它包含两部分：生产作业现场日清和职能部门日清。

生产作业现场日清：按"5W3H1S"九个因素进行控制性清理，对发现的问题及时填入相应区域的"日清栏"。

（1）What：何项工作发生了何问题。

（2）Where：问题发生在何地。

（3）When：问题发生在何时。

（4）Who：问题的责任者。

（5）Why：发生问题的原因。

（6）How many：同类问题有多少。

（7）How much cost：造成多大损失。

（8）How：如何解决。

（9）Safety：有无安全注意事项。

各职能部门的工作人员，按自己分工区域、分管职能的受控情况、问题原因查找及整改措施的制定情况进行分类清理，填入个人的日清工作记录表。

职能日清所要解决的主要问题是：找出问题的原因及改进措施；分析责任；变例外因素为例行因素；测算职能人员的工资类别。

提高服务质量的途径

服务是具有无形特征却可给人带来某种利益或满足感的可供有偿转让的一种或一系列活动。

服务是一方能够向另一方提供的行为或绩效，并且不导致任何所有权的产生。形象地说，服务很亲切，让你无时无刻不感受到它的关怀。它很自然，你会感到它不妨碍你的活动，却在需要时帮助你。

服务是企业与众不同的基础，也是获取竞争优势的基本条件。因而企业树立服务导向观念是非常重要的。管理者树立服务为先的导向后，他们就会认真思索服务特有的本质属性，就会在管理中采用新的营销方式和服务方式。服务质量可通过下列途径得以提升：

1. 倾听、理解消费者

要想有效地倾听、理解消费者必须做到：

（1）坦诚相对以征求消费者意见。

（2）进行正规调查，企业通常请可以做出客观评价的第三方——调查公司来进行该项工作，以免被自己的主观感受所误导。

（3）深入到消费者群体之中，通过派本企业员工去竞争对手那里直接观察他们服务顾客的方法，或者通过技术人员直接与消费者接触等多种能够直接了解消费者建议的方式来发现提高服务质量的途径。

（4）设立消费者热线，该热线可以回答消费者的提问，接订单，解决投诉，派遣维修人员，提供最新资讯。

（5）分析消费者建议及投诉，完善并继续延用消费者反映良好的服务方式。

（6）定期召开消费者座谈会，征求他们的意见，以改进服务。可以邀请消费者参观企业，由产品的设计制造人员介绍产品工艺流程，同时听取消费者的意见。

2. 制定有效的服务策略

有效的服务策略具备以下四个特点：

（1）对企业意图的精确概括。

（2）明显区别于其他企业。

（3）在消费者眼里是有价值的。

（4）切实可行。

总之，制定有效的服务策略需要将企业自身价值与消费者对企业产品和服务的期望有效地结合起来。除此之外，还要结合对企业优劣势的分析，对在市场中所面临的威胁与机会进行分析。这样制定出的策略才能被企业员工和消费者所认同。

3. 订立服务标准

服务标准的订立需要注意以下三方面的问题：

（1）要解决好企业以专业技术角度而订立的由内而外的标准与充分考虑到消费者需要与期望之后而订立的由外而内的标准的冲突。

（2）要注意，无论是企业还是消费者，都是不允许在标准中规定错误率的。

（3）高质量的服务意味着完全迎合消费者的口味，而不是去执行企业与消费者讨价还价之后的折中结果。

4. 选拔、培训员工

这里介绍成功的企业在员工培训方面的一些做法。

（1）员工工作时间的1%～5%被用做参加各种培训。

（2）新员工在没有完成一定培训之前是不单独为顾客服务的。

（3）培训内容的部分集中在对企业产品知识的了解上。因为很多消费者是因为员工的产品知识不够丰富才改而使用竞争对手的产品的。另一部分内容是与消费者有关的方面。

5. 认可员工的成绩并给予奖励

奖励的方式有两种：一种是物质上的，如增加工资或奖金；另一种则是精神上的，使员工感到他们对企业来说很重要，并且感到企业所从事的事业很了不起。可以说，对于一线服务人员来说，最重要的原则恐怕莫过于让他们觉得自己是某些重要事情的一部分。

切实做好售后服务

售后服务，是指生产企业、经销商把产品（或服务）销售给消费者之后，为消费者提供的一系列服务，包括产品介绍、送货、安装、调试、维修、技术培训、上门服务等。

在市场激烈竞争的今天，随着消费者维权意识的提高和消费观念的变化，消费者在选购产品时，不仅注意到产品实体本身，在同类产品的质量和性能相似的情况下，更加重视产品的售后服务。

因此，企业在提供价廉物美的产品的同时，向消费者提供完善的售后服务，已成为现代企业市场竞争的新焦点。

怎样切实做好售后服务工作？

1. 抓住主要服务对象

做销售的时候我们经常说搞定某个人，就是拍板的人。做售后服务的时候也是一样，即使你的服务被客户方所有技术人员都认可了，客户负责人一个"不"字就可以否定你的一切，所以在你做完服务后一定要得到客户负责人的认可后方可离开。

2. 不要轻视客户

客户中的每个人都很重要，如果你只顾及负责人的感觉，对别人提的要求置之不理，就大错而特错了。当别人提的要求与责任人有冲突时，你要不厌其烦地给予合理的解释，以期得到别人的理解。

3. 抓住主要解决的问题

在做服务之前，要写出服务计划，要明确你主要解决的问题是什么，因为你不可能一直待在客户那里，有时间在约束着你。你一定要先把主要的问题解决掉，以免犯本末倒置的错误。这也是技术人员最容易犯的错误。

4. 不要讲太绝对的话

世上没有绝对的事情，你不要轻易说"绝对没问题"或"绝对应该这样做"。你可保持沉默，如果必须要说的话，你可以说"一般是没有问题的"，"可以做"，"有问题的话，我们会及时给您提供服务"，"正常来讲应该是这样的"之类的话。

5. 举止、谈吐、衣着大方得体

"一滴水可以折射出一个太阳"，你的一言一行都代表着公司的形象，千万不可太随便，你的一句话一个动作都可以丢掉一个客户，因此一定要养成良好的职业习惯。毛手毛脚、不修边幅、无谓争吵等都是售后服务人员应该避免的。

6. 让客户感觉到你有强大的技术后盾作支撑

做技术的人容易犯的错误就是总认为自己的技术是最好的，甚至有人会在客户那里贬低同事，这是大忌。一个人的技术水平无论多高都是有限的，一旦在服务的过程中出现难题，解决不了，打电话向公司其他人求救，尽管你明知道其他人也解决不了问题，你要让客户感觉到公司还有人支持你。如果客户对你不认可，也不会对公司的信誉造成太大的影响。

7. 打有准备之仗，做好最坏打算

做售后服务不要抱侥幸心理，也许一根网线、一本说明书就要让你来回奔波几千里。新的设备、所带的工具一定要检查，没有把握的技术一定要先在服务之前做试验。

8. 见好就收

并不是说设备不明不白调试好了，就赶快收场，而是说如果你需要做的工作做完了，就不要再做什么添枝加叶的事情，否则会造成迟迟不能交工。

9. 与客户主要负责人及技术人员建立一条联系通道

做完服务以后一定记下客户相关人员的联系方式（电话、传真、E-mail、手机、地址），这对公司都是很有价值的信息。

10. 公司内部矛盾和问题不要反映到客户那里去

经常出现这样的情况，两个技术人员有个人矛盾，刚好被派在一起为客户提供售后服务，到

了客户那里两人不是互相配合，而是互相较劲，谁也不听谁的。还有就是把公司的问题带到客户那里，譬如出差补贴少、公司经营问题、公司决策层矛盾、上级部门缺点等。

通过供应链保障质量

生产优秀的产品，需要优质的原材料和外购件，优质的原材料和外购件，需要优秀的供应商来提供。因此，供应商的选择是进行质量管理的重要环节。很难想象一个管理松散、设备陈旧、人员素质低的供应商可以提供出优秀的产品来；也很难想象一个信息闭塞、言而无信、财务紧张的供应商可以及时、保质保量地提供企业所需要的产品。

对生产企业来说，产品质量应该从源头抓起。所谓源头，即从进厂的那一刻算起，要检测进厂的零件、物料等，从源头打好质量保卫战。

在选择供应商时，一般需要考虑的因素包括产品价格、质量、可靠性、售后服务、地理位置、财务状况、技术能力等。其中，供应商的交货提前期、产品质量、交货可靠度和产品价格这四个因素是选择供应商的最关键因素。

1. 交货提前期

交货提前期是指企业发出订单到收到订货之间的时间。对于需求方来说，交货提前期越短越好。供应商缩短交货提前期既可以减少需求方的库存水平，又能提高企业对其需求方的反应速度，从而可以提高供应链的客户满意度。

2. 产品质量

产品质量是指供应商的产品满足企业需求的程度，在这里是指合格产品占总产品的比重，该指标值越大越好。

3. 交货可靠性

交货可靠性是指供应商及时满足企业订单的程度，用及时交货的订单数占总订单数的比例或及时交货的产品数占订货总产品数的比例来表示，该指标值越大越好。交货可靠度和交货提前期是影响供应链敏捷度的两个重要因素。

4. 产品价格

产品价格是指企业采购的每一单位产品的价格。在现代供应链管理中，产品价格不再是选择供应商时考虑的首要因素，但仍是选择供应商的重要因素。

认识ISO9000标准体系

ISO9000标准是国际标准化组织（ISO）在1994年提出的概念，是指由ISO/TC176（国际标准化组织质量管理和质量保证技术委员会）制定的国际标准。

科学技术的进步和社会的发展，使顾客需要把自己的安全、健康、日常生活置于"质量大堤的保护之下"；企业为了避免因产品质量问题而巨额赔款，要建立质量保证体系来提高信誉和市场竞争力；世界贸易的发展迅速，不同国家、企业之间在技术合作、经验交流和贸易往来上要求有共同的语言、统一的认识和共同遵守的规范；现代企业内部协作的规模日益庞大，使程序化管理成为生产力发展本身的要求。这些原因共同使ISO9000标准的产生成为必然。

1979年ISO组织成立质量管理和质量保证技术委员会TC176，专门负责制定质量管理和质量保证标准。1979年英国标准协会BSI向ISO组织提交了一份建议，倡议研究质量保证技术和管理经验的国际标准化问题。同年ISO批准成立质量管理和质量保证技术委员会TC176，TC176主要参照了英国BS5750标准和加拿大CASZ299标准，从一开始就注意使其制定的标准与许多国家的标准相衔接。

ISO9000的诞生人们并未等太长时间，在各国专家努力的基础上，国际标准化组织在1987年正式颁布了ISO9000系列标准（9000~9004）的第一版。ISO9000标准很快在工业界得到广泛的承认，被各国标准化机构所采用并成为ISO标准中在国际上销路最好的一个。

截至1994年底已被70多个国家一字不漏地采用，其中包括所有的欧洲联盟和欧洲自由贸易联盟国家、日本和美国。有50多个国家建立了国家质量体系认证/注册机构，开展了第三方认证和注册工作。有些国家，等待注册的公司队伍如此之长，要等上几个月甚至一年才能得到认证。ISO9000标准被欧洲测试与认证组织EOTC作为开展本组织工作的基本模式。欧洲联盟在某些领域如医疗器械的立法中引用ISO9000标准，供应商在某些领域必须取得ISO9000注册。许多公司得出的结论是，要想与统一起来的欧洲市场做生意，取得ISO9000注册是绝对有好处的。许多国家级和国际级产品认证体系如英国BSI的风筝标志、日本JIS标志都把ISO9000作为取得产品认证的首要要求，把ISO9000结合到产品认证计划中去。

ISO9000的作用分内外部：内部可强化管理，提高人员素质和企业文化；外部提升企业形象和市场份额。具体内容如下：

1. 强化品质管理，提高企业效益

负责ISO9000品质体系认证的认证机构都是经过国家认可机构认可的权威机构，对企业的品质体系的审核是非常严格的。这样，对于企业内部来说，可按照经过严格审核的国际标准化的品质体系进行品质管理，真正达到法治化、科学化的要求，极大地提高工作效率和产品合格率，迅速提高企业的经济效益和社会效益。对于企业外部来说，当顾客得知供方按照国际标准实行管理，拿到了ISO9000品质体系认证证书，并且有认证机构的严格审核和定期监督，就可以确信该企业是能够稳定地提供合格产品或服务，从而放心地与企业订立供销合同，扩大了企业的市场占有率。可以说，在这两方面都收到了立竿见影的功效。

2. 消除了贸易壁垒

许多国家为了保护自身的利益，设置了种种贸易壁垒，包括关税壁垒和非关税壁垒。其中非关税壁垒主要是技术壁垒，技术壁垒中，又主要是产品品质认证和ISO9000品质体系认证的壁垒。特别是，在"世界贸易组织"内，各成员国之间相互排除了关税壁垒，只能设置技术壁垒，所以，获得认证是消除贸易壁垒的主要途径。我国"入世"以后，失去了区分国内贸易和国际贸易的严格界限，所有贸易都有可能遭遇上述技术壁垒，应该引起企业界的高度重视，及早防范。

3. 节省了第二方审核的精力和费用

在现代贸易实践中，第二方审核早就成为惯例，又逐渐发现其存在很大的弊端：一个组织通常要为许多顾客供货，第二方审核无疑会给组织带来沉重的负担；另一方面，顾客也需支付相当的费用，同时还要考虑派出或雇佣人员的经验和水平问题，否则，花了费用也达不到预期的目的。唯有ISO9000认证可以排除这样的弊端。因为作为第一方申请了第三方的ISO9000认证并获得了认证证书以后，众多第二方就不必再对第一方进行审核，这样，不管是对第一方还是对第二方都可以节省很多精力或费用。还有，如果企业在获得了ISO9000认证之后，再申请UL、CE等产品品质认证，还可以免除认证机构对企业的质量管理体系进行重复认证的开支。

4. 在产品品质竞争中永远立于不败之地

国际贸易竞争的手段主要是价格竞争和品质竞争。由于低价销售的方法不仅使利润锐减，如果构成倾销，还会受到贸易制裁，所以，价格竞争的手段越来越不可取。20世纪70年代以来，品质竞争已成为国际贸易竞争的主要手段，不少国家把提高进口商品的品质要求作为限入奖出的贸易保护主义的重要措施。实行ISO9000国际标准化的品质管理，可以稳定地提高产品品质，使企业在产品品质竞争中永远立于不败之地。

5. 有利于国际间的经济合作和技术交流

按照国际间经济合作和技术交流的惯例，合作双方必须在产品（包括服务）品质方面有共同的语言、统一的认识和共守的规范，方能进行合作与交流。ISO9000质量管理体系认证正好提供了这样的信任，有利于双方迅速达成协议。

6. 强化企业内部管理

稳定经营运作，减少因员工辞工造成的技术或质量波动。

7. 提高企业形象

在市场竞争中，面对同样的产品，消费者更信赖已通过ISO9000质量管理体系认证的。因此，ISO9000质量管理体系认证无形中为企业在消费者的心中树立起了值得信赖的企业形象。

实现"零缺陷"管理

被誉为全球质量管理大师、"零缺陷"之父的菲利普·克劳士比早在20世纪60年代初就提出"零缺陷"的理念。克劳士比认为，精益生产管理是对品质追求零PPM（百万分之一）的缺陷率，追求客户100%的满意。

因人为失误或管理不善所造成的严重损失令人心惊，质量事关生存，有企业发出100-1=0的感慨。

100-1=0是产品质量的等式，即100件产品里，只要有1件不合格，那么这种产品的质量就不是100-1=99，而是100-1=0了。100-1=0这个等式，要求在质量上必须达到100%合格，如果出现1%的不合格，则所有的努力将可能化为乌有，因此在质量方面要追求尽善尽美、十全十美。

面对竞争日益激烈的市场环境，企业必须树立顾客利益至上的观念，这就要求任何公司的产品质量都不允许出现半点瑕疵，对产品的品质追求"零缺陷"。因为"差不多就好"、对产品质量进行妥协，都可能对顾客造成100%的损失，而这会对公司信誉造成巨大的损失。

零缺陷管理能够确保企业产品质量的稳定性，把零缺陷管理的哲学观念贯彻到企业中，使每一个员工都能掌握它的实质，树立"不犯错误"的决心，并积极地向上级提出建议，就必须有准备、有计划地付诸实施。实施零缺陷管理可采用以下步骤进行：

1. 建立推行零缺陷管理的组织

事情的推行都需要组织的保证，通过建立组织，可以动员和组织全体职工积极地投入零缺陷管理，提高他们参与管理的自觉性；也可以对每一个人的合理化建议进行统计分析，不断进行经验的交流等。公司的最高管理者要亲自参加，表明决心，做出表率；要任命相应的领导人，建立相应的制度；要教育和训练员工。

2. 确定零缺陷管理的目标

确定零缺陷小组（或个人）在一定时期内所要达到的具体要求，包括确定目标项目、评价标准和目标值。在实施过程中，采用各种形式，将小组完成任务的进展情况及时公布，注意心理影响。

3. 进行绩效评价

小组确定的目标是否达到，要由小组自己评议，为此应明确小组的职责与权限。

4. 建立相应的提案制度

直接工作人员对于不属于自己主观因素造成的错误原因，如设备、工具、图纸等问题，可向组长指出错误的原因，提出建议，也可附上与此有关的改进方案。组长要同提案人一起进行研究和处理。

5. 建立表彰制度

零缺陷管理不是斥责错误者，而是表彰零缺陷者；不是指出人们有多少缺陷，而是告诉人们向零缺陷的目标奋进。这就增强了职工消除缺陷的信心和责任感。

第十招

品牌之道：
再小的公司，也要打造自己的金字招牌

品牌决定行业影响力

品牌是竞争制胜的"法宝"，就公司经营来说，好的品牌，确定有着无与伦比的魔力。由于品牌拥有者可以凭借品牌的优势不断获取利益，可以利用品牌的市场开拓力，形象扩张力，资本内蓄力不断发展，因此我们可以看到品牌的价值。

品牌作为一种无形资产，所起的作用是很难以数字来估量的。品牌价值越高，面对竞争或危机的反应空间就越大，就越能为公司提供更多成长及品牌延伸的机会。

曾经的温州人只注重赚钱，不注重品牌。这种场景的确令人尴尬，经过冷静反思后的温州商人总结出，在保质保量的基础上，还要走品牌之路。奥康集团的老总王振滔有着自己的看法。

温州奥康集团创办于1988年，这个如今皮鞋连锁专卖店遍布全国各大中城市的企业，却走过了不寻常的品牌之路。

当初，王振滔在各地推销自己公司的皮鞋时，所有大商场都只认"上海货"，因为顾客认可"上海货"。有些精明的温州皮鞋企业与上海"联营"，同样的皮鞋，贴上上海厂家的商标，就畅通无阻。因此，王振滔对"牌子"这一市场的通行证有了新的认识，也产生了创自己"牌子"的念头。

此后，王振滔对品牌产生了浓厚的兴趣。他决定，吸取一些企业在品牌运作上的经验，开始了自己的品牌之路。

他决定走规模化、集约化、现代化企业的发展之路。想法是正确的，实现却是困难的。盖厂房、进设备、引人才，样样都需要钱，钱从哪里来呢？经过努力，他以个人的信誉和企业发展的前景，说服了一些亲属及小企业主，以股份合作形式，开始了第一次上规模、上档次的生产扩建。1995年，雄心勃勃的王振滔又联合十多家中小企业，组成了集团公司，成了名副其实的国内皮鞋领军人物之一。

早在1990年，趁着全国围剿"温州鞋"的风头，逆风而动，推出"奥康"品牌，一炮打响的战略。那时，全国围剿"温州鞋"的余波未息，他就注册商标"奥康"，重新杀回武汉等地，并挑战性地标明产地"温州"。

借着企业进步发展的良好势头，王振滔专程赴意大利考察取经，世界著名鞋业王国的先进技术和先进管理手段更坚定了王振滔开拓进取的信心。正是由于这种信心作用力，1999年底，一座占地4万平方米、建筑面积达45万平方米的具有现代化整套制鞋先进设备的厂房投入使用。"奥康鞋业"至此已经在国内国际上形成了一个真正的品牌。

由此可见，一个品牌的建立不仅需要策略，需要长时间的锻造，而且更需要胆识和非凡的勇气。

随着品牌作用的日益明显，品牌作为一种资产具有很强的识别作用，它越来越多地代表企业和消费者之间的识别关系。其作用表现在以下几个方面：

1. 有利于产品参与市场竞争

首先是品牌具有识别商品的功能，为广告宣传等促销活动提供了基础，对消费者购买商品起着导向作用。其次，有法律保护的商标专用权，将有力遏制不法竞争者对本企业产品市场的侵蚀。第三，信誉好的商标，有利于新产品进入市场。第四，名牌商品对顾客具有更强的吸引力，有利于提高市场占有率。

2. 有利于提高产品质量和企业形象

品牌是商品质量内涵和市场价值的评估系数和识别徽记，是企业参与竞争的无形资本。企业为了在竞争中取胜，必然要精心维护品牌的信誉，对产品质量不敢掉以轻心，害怕砸自己的牌子。创名牌的过程必然是产品质量不断提高和树立良好企业形象的过程。

3. 有利于保护消费者利益

品牌是销售过程中，产品品质和来源的保证，有助于消费者购买自己偏好的品牌，以得到最大的满足。当产品质量出现问题时，有助于消费者的损失得到补偿。

品牌要有一个长期规划

一个品牌的树立无不是企业通过其过硬的产品质量、完善的售后服务、良好的产品形象、美好的文化价值、优秀的管理结果等因素来实现的。企业经营和管理者必须投入巨大的人力、物力甚至几代人长期辛勤耕耘，才能终有成就。

作为企业的管理者，品牌规划要着眼于未来，要具有前瞻性，为企业提供清晰、完整的发展方向，保证品牌的培育和使用效益的最大化。

1. 着眼于长远

有人问松下幸之助："你觉得松下要多少年才能够真正成为世界品牌？"松下回答："一百年。"事实证明，松下没有花那么长时间。此人又问："打造一个品牌最重要的是什么？"松下说了两个字："耐心。"

树立品牌是一项长期而艰巨的工作，建立卓越的品牌并非一朝一夕之功，需要恰当的定位、长远的规划和耐心的坚持，需要专注和执着，更需要贴心的设计和优质的服务。中国百年老店同仁堂的历史诠释了真正的品牌是如何炼成的。

提起中药，许多人都不约而同会想到三个字——同仁堂。同仁堂是乐显扬创建于中国清朝康熙年间的一家药店，历经数代，载誉300余年。

同仁堂历经沧桑，"金字招牌"长盛不衰，在于同仁堂人注重自己的品牌，并化为员工的言行，形成了具有中药行业特色的企业文化系统。"质量"与"服务"是"同仁堂"金字招牌的两大支柱，坚持质量第一、一切为了患者是同仁堂长盛不衰的最根本原因。

历代同仁堂人恪守诚实敬业的药德，提出"修合无人见，存心有天知"的信条，制药过程严格依照配方，选用地道药材，从不偷工减料，以次充好。同仁堂不管炮制什么药，都是该炒的必炒，该蒸的必蒸，该炙的必炙，该晒的必晒，该霜冻的必霜冻，绝不偷工减料。像虎骨酒和"再造丸"炮制后，都不是马上就卖，而是先存放，使药的燥气减少，以提高疗效。

代顾客煎药是药店的老规矩，冬去春来，尽管煎药岗位上的操作工换了一茬又一茬，但从未间断，也从未发生任何事故。如在1985年，当时每煎一副药就要赔5分钱，但药店为方便群众，把这一服务于民的做法坚持了下来。药店每年平均要代顾客煎药近2万副，此举深受患者和顾客欢迎。

百年老店就是在这样对质量和服务的执着追求中一步一步走过来的。只有百年老店才能产生真正的世界品牌。

2. 要有培育品牌的意识

很多时候，企业都要经受诱惑。有的时候，有些事看起来是个很好的赚钱机会，但实际上可能是个陷阱。短期的利益当然重要，但作为企业，必须要有长期的规划，要具备培育品牌的意识。

因为短期的利益丢失长期的增益，企业永远不可能发展壮大。有的小公司决策者并不是有意去做一些违法、违规的事，只是没有找到合适的方法，为了生存只得随波逐流，最后还将企业带到危险的境地。

小张的家乡盛产黑木耳，他也开办了一家黑木耳加工贸易的企业，在当地和他差不多规模的小公司有上百家。很多公司都通过这个产品逐渐发展壮大了。于是，做这行的公司就越来越多，竞争也越来越大，直至引起了恶性竞争。

小张的利润额逐年下降，公司的发展举步维艰。于是有的人开始将一些发霉、变质、腐烂的黑木耳用墨汁或者其他材料浸染后，添加糖、淀粉，再经过化学加工，然后批发出售。更有甚者在黑木耳中加入水泥，增加黑木耳的重量。

小张正常的黑木耳生意被这些假冒伪劣产品挤得经营不下去了。在经过深思之后，小张并不愿意与这些掺假卖假的公司同流合污，寻思着公司发展的方法。

小张反其道而行之，他在香港注册了一家公司，再为自己的产品注册商标，将所有的产品都标明是香港公司监制，和家乡其他的产品区别开来。

他选择优质的黑木耳，通过真空压制变成一个个压缩饼干大小的标准化包装，用塑料袋密封好，一个家庭一次用一包泡发足够做一盘菜，十包用一个纸盒包装。

这样，产品的档次一下子提高了，价格也可以卖到很贵。现在家乡其他人做的散装黑木耳主要销往全国的农贸市场，你如果做这种，可面向全国的超市销售。

新产品刚开始推出时，采购商们并不怎么感兴趣，因为小张的黑木耳批发价比一般散装、掺了假的高出很多，他们只是顺便带一点样品回去尝试一下。

正当做黑心木耳的都挣不到钱的时候，南方一家知名的报社针对黑心木耳作了专题报道，引起全国人民的关注，当初几百家黑木耳企业倒的倒，转的转，只剩下三十多家，几乎所有的造假企业都元气大伤。

小张的工厂却因为坚持生产优质黑木耳，而备受关注，公司的发展终于有了起色。

商品经济最核心的原则是公平交易。虽说道理很简单，可越是简单的道理，越是接近事物的本质。

企业要在竞争中站稳脚跟，必须要建立自己的品牌，除了做好产品和服务外，一定要沉下心，对品牌有长远的规划。在战略规划的指引下，将自己的品牌树立起来，让消费者产生信任感，从而带动企业的进一步发展。

走出品牌认识的误区

在《牛津大辞典》里，品牌被解释为"用来证明所有权，作为质量的标志或其他用途"，即用以区别和证明品质。

作为企业经营者，必须正确认识品牌的作用，走出品牌认识的误区。在认识品牌的时候，要特别注意以下几点：

1. 品牌不等同于商标

"品牌"指的是产品或服务的象征。而符号性的识别标记，指的是"商标"。品牌所涵盖的领域，则必须包括商誉、产品、企业文化以及整体营运的管理。因此，品牌不是单薄的象征，乃是一个企业总体竞争，或企业竞争力的总和。品牌不单包括"名称"、"徽标"还扩及系列的平面视觉体系，甚至立体视觉体系。但一般常将其窄化为在人的意识中围绕在产品或服务的系列意识与预期，成为一种抽象的形象标志，甚至将品牌与特定商标划上等号。

2. 品牌不等同于产品

企业做产品或服务，产品有产品的价值；做品牌，品牌也有品牌的价值。产品可以贩卖，品牌也能贩卖，消费者买一个产品，获得的是产品的利益，而如果消费者买的是有品牌价值的东西，就会获得品牌价值的利益。品牌对人们带来的满足感与产品带来的满足感是不同的。产品满足的是消费者利益的需要性或需求性；而品牌满足的虽然也有需求性，但更多的是欲望性。

欲望就是心理需要，消费者为了自己欲望的满足也会掏钱消费，这种满足就是品牌带给消费者的。品牌带给消费者的是一种心灵需求的情感价值，这个价值也是利益。

认识品牌的特征

如今的消费者都注重品牌，亨氏公司首席执行官托尼·奥赖利说："一位家庭主妇打算买亨氏的番茄酱，当走进一家商店发现没有时，她就走出这家商店到其他地方去买。"这便是品牌效益的魅力和对品牌的系列记忆。

具体来说，品牌具有以下特征：

1. 品牌是专有的品牌

品牌是用以识别生产或销售者的产品或服务的。品牌拥有者经过法律程序的认定，享有品牌的专有权，有权要求其他企业或个人不能仿冒，伪造。这一点也是指品牌的排他性，然而我们国家的企业在国际竞争中没有很好地利用法律武器，没有发挥品牌的专有权。近年来，随着我国企业国际竞争力的不断增强，我国商标被国外公司抢注事件也层出不穷。如大宝在美国、英国、比利时、卢森堡被抢注，全聚德、三鞭酒在韩国被抢注，红星在英国被抢注，大白兔在日本、美国被抢注，英雄和同仁堂在日本被抢注，此外，诸如红塔山、安踏、海尔、长虹、女儿红、杏花村、王致和等著名品牌都遭遇国外抢注……如此等等。人们应该及时反省，充分利用品牌的专有权。

2. 品牌是企业的无形资源

品牌可以作为企业的无形资源，这种价值我们并不能像物质资产那样用实物的形式表述，但它能使企业的无形资产迅速增大，并且可以作为商品在市场上进行交易。2010年世界品牌排名第一的是美国的可口可乐，其品牌价值为67983百万美元，相当于其销售额的4倍。品牌作为无形资产其价值可以有形量化，同时品牌作为商品交易，比如有以品牌入股形式组建企业，有了以品牌的号召特许经营，更有加盟到名牌门下，以图发展。

3. 品牌转化具有一定的风险及不确定性

品牌创立后，在其成长的过程中，由于市场的不断变化，需求的不断提高，企业的品牌资本可能壮大，也可能缩小，甚至某一品牌在竞争中退出市场。品牌的成长由此存在一定风险，对其评估也存在难度。对于品牌的风险，有时由于企业的产品质量出现意外，有时由于服务不过关，有时由于品牌资本盲目扩张，运作不佳，这些都给企业品牌的维护带来难度，对企业品牌效益的评估也出现不确定性。

4. 品牌的表象性

品牌是企业的无形资产，不具有独立的实体，不占有空间，但它最原始的目的就是让人们通过一个比较容易记忆的形式来记住某一产品或企业。因此，品牌必须有物质载体，需要通过一系列的物质载体来表现自己，使品牌有形式化。品牌的直接载体主要是文字、图案和符号，间接载体主要有产品的质量，产品服务、知名度、美誉度、市场占有率。没有物质载体，品牌就无法表现出来，更不可能达到品牌的整体传播效果。优秀的品牌在载体方面表现较为突出，如"可口可乐"的文字，使人们联想到其饮料的饮后效果，其红色图案及相应包装能起到独特的效果，再如"麦当劳"其黄色以拱形"M"会给人们带来很强的视觉效果。

5. 品牌的扩张性

品牌具有识别功能，代表一种产品、一个企业，企业可以利用这一优点展示品牌对市场的开拓能力，还可以帮助企业利用品牌资本进行扩张。

影响品牌信誉的因素

没有信誉的品牌几乎没有办法去竞争。WTO后很多洋品牌同中国本土品牌竞争的热点就是信誉。由于洋品牌多年来在全球形成的规范的管理和经营体系，使得消费者对其品牌的信誉度的肯定远超过本土的品牌。

未来的品牌竞争将是靠速度决定胜负的。只有在第一时间了解到市场变化和客户消费习惯变化的品牌才可能以最快的速度调整战略，来适应变化的环境并最终占领市场。

诚然，如今已是品牌化竞争的时代，要打造一个品牌是相当不容易，要守住品牌的信誉更是难上加难。下面，我们从内外两个角度分析一下影响品牌信誉的因素有哪些。

1. 产品原因

产品原因主要包括产品的质量、价格、安全、蕴含技术等方面出现的种种问题，导致品牌信誉受到影响。

（1）产品质量。质量是企业及品牌生存的根本，如果缺乏质量基础，品牌基础不牢固，品牌推广速度快，死亡的也快。

（2）产品价格。同样的质量比容量，谁的容量多占据优势，同样的容量比价格，谁的价格低谁占据竞争优势。价格战使许多厂家被迫参与其中，进退两难，参与价格战，销售所得的利润不能支持企业的正常经营而出现价格危机；不参与价格战则成为市场中的另类而被经销商所唾弃，也被消费者放弃。另外，许多成本较低的小厂家逐渐将一些成本较高，但生产质量较好的大厂家挤垮，最终导致整个行业走向亏损，形成全行业的亏损和品牌信誉危机。

（3）产品安全。产品安全存在的隐患对品牌形成的影响更具有破坏性。因为产品的安全问题一般会对使用者直接造成不可收拾的后果，轻则需要医护治疗，重则出现生命危险。对此，公众对生产公司的谅解程度就会降低，危机一旦出现，便会极大地挫伤消费者对企业的信任度，如果处理不好将会使企业迅速失去市场，因此它关乎企业品牌的生死存亡。

2. 人力资源原因

人才是企业的核心。某一企业因某一掌握核心技术的人才流失或关键职位人员的衔接不善，会使企业的发展停滞，会对企业的品牌信誉造成无法挽回的损失。这方面有两种情况。

一是领导层的更换或分裂导致品牌信誉遭受危机。企业品牌的壮大，大多数都会拥有至少一位对品牌成功起到关键性作用的领导者。他是企业的核心，他带动着品牌的发展，推动企业走向成功。然而，当这位或者这些关键人物由于突然或必然的原因退出或分裂公司领导层时，必然会使企业受到巨大的打击。

二是员工流失对品牌信誉造成重创。人才的适当流动可以使企业接收到更新鲜的血液，有利于公司的创新发展。但是大量员工的流失，甚至集体跳槽的出现会使企业元气大伤，殃及品牌的形象。

3. 财务原因

财务管理不善和财务丑闻是财务危机的两大主要类型。前者是由于财务的管理不善引起公众对企业管理层管理能力的怀疑，欠缺的大笔资金也会使整个生产陷入停滞状态，从而引发其他方面的危机；后者是因为丑闻一经披露会使广大公众产生强烈的不信任感，让企业遭受信任危机。

4. 营销原因

营销过程诱发企业危机的原因很多，主要有品牌定位不易被识别或不符合市场规则、营销手段不被市场所接纳、营销渠道关系接洽不畅、信息传播手段落后、客户关系处理不好等。这其间出现的任何问题都有可能危及企业的品牌信誉。

5. 服务原因

在激烈的市场竞争中，产品和服务是两大关键因素。随着产品愈来愈同质化，只有服务才能创造差异，才能创造更多的附加值，所以，服务才是征服顾客的最有效手段。当企业面对顾客并向其提供服务时，如果出现顾客不满意的现象，而服务人员现场又不能及时更正自己的服务表现、不能及时解决服务中存在的问题，就会使顾客的不满情绪加剧和蔓延，顾客就会将矛头对准品牌，进而导致品牌信誉的受损。

破坏品牌度的表现

一个优秀品牌的存在是需要长久维护的。品牌让产品升华，品牌做得越久积累越多。但是，我们也必须认识，真正优秀的品牌是长久的品牌，经受得住市场考验的品牌。

对中小企业而言，很多经营者并不重视品牌的建设，存在不同程度的品牌自损行为，突出表现在以下几个方面：

1. 产品打折

在产品方面，一些企业为了压低生产成本，使用劣质或工业用原料加工食品，严重危害了消费者的安全及健康。比如，2010年质监部门查出金浩茶油的9批次产品存在苯并芘超标，9月1日，在曝光压力之下，食用油公司金浩茶油终于为一个隐瞒了5个月的消息作出道歉：3月，金浩茶油等一批公司生产的茶油被查出含有超国家标准6倍的强致癌物质。还有一些企业产品的包装及标签未能提供真实的商品信息，在产品说明书中成分标示不明或未提及产品的副作用，严重侵害了消费者的知情权。

2. 价高质次

在价格方面，由于消费品缺乏专业的知识，无法对产品的成本、价格作出准确的判断，一些企业便把产品的销售价格定得远远高于生产成本。还有一些商家以不实的"厂价"、"批发价"和"成本价"大做广告，或者故意抬高价格再声称降价优惠等引诱消费者购买。另外，一些同类产品较大的生产商或销售商为了赚取更大的利润而实行价格共谋，垄断了行业价格等等。如今，价格投诉成为一个热点问题，其中以电信、教育、医疗、交通、住房、药品等方面的价格欺诈及投诉最为突出。甚至公用事业单位利用自身的垄断地位多收费、乱收费，收费不提供收据现象时有发生。以上诸如此类的做法不仅严重地损害了消费者的利益，扰乱了正常的市场经济秩序，同时损害了企业自身的信誉。

3. 不讲诚信

很多企业由于缺乏诚信，都无法与分销商建立长期的合作关系。在产品销售渠道领域，不讲诚信的现象比比皆是，他们在销售商品的过程中，骗买骗卖，或不讲商业道德，不讲信誉，不尊重经销商的愿望，强买强卖，或利用某种优势，限制竞争，进行垄断等。生产商与经销商相互推诿产品售后服务的责任。还有一些零售商为了自身利益，不顾合约的规定，销售其他企业的产品，有不少生产者则利用自己的垄断地位，抬高产品的批发价，对商品的运输和储存环节不负责任等等，造成对经销商利益的极大伤害。

4. 欺骗消费者

在促销方面，企业以虚假的广告欺骗消费者的现象比比皆是，如虚构原价。虚假优惠打折经营者采取虚构原价的手段，以根本不曾有过的价格作为原价，打着促销让利的幌子欺骗消费者，而实际上最后消费者买到的商品促销价与商品平时的销售价格相差无几，甚至更高。例如：在2011年春节前后，多地家乐福、沃尔玛超市就存在价格欺诈行为。还有一些经营者利用部分消费者贪图便宜的心理，经常打着换季打折、优惠价格、酬宾价格、促销价格、拆迁转行、最后三天等用语，谎称降价让利，诱导欺骗消费者。

企业违背诚信原则的经营行为不仅发生在企业市场营销层面上，更严重的还发生在企业生产活动的实施过程、企业生产要素的组合管理、企业社会责任的履行等多个更为深入的层面。

如何打造品牌

现如今，品牌影响力已成为左右顾客选择商品的重要因素。小公司在发展过程中，必须把追求打造品牌影响力作为奋斗目标。品牌影响力的打造不是随意而无规律的，需选择某一方向作为其主打模式。

比较常规的方法有以下几种。

1. 以过硬的质量锻造品牌影响力

质量指的是品牌产品或服务的质量，是满足人们需要的效能，是品牌的核心。

提及"傻子"品牌，人们自然就知道这是指"傻子"瓜子，自然就会联想到"傻子"品牌。

"傻子"瓜子是安徽芜湖市个体经营者年广九为谋生而于1972年开始研制的。事关生存，这就决定其瓜子必须以优良的质量取悦消费者，取悦市场。由于时代的原因、技术的原因，开始时每天仅炒制十余斤，但年广九的瓜子却以外观均匀、果仁饱满、口味上佳的上乘质量，赢得了一大批稳定的顾客。在改革开放初期的1981年春天，年广九专程赴九江、武汉、南京、无锡、扬州、上海等地，采购了数十种不同牌号的瓜子，一一进行了品尝揣摩。在博取众长的基础上，年广九不断调整着配方进行试制，并不断找过路行人品尝，提意见，终于，他炒出了一磕三开、甜咸交融、味美生津、香气浓郁、风味独特的奶油瓜子。

消费者是商品最权威、最公正的评判者，富有特色的高质量的"傻子"瓜子一上市，立即就受到顾客的青睐。在推销"傻子"瓜子的商店，顾客排起了长队。在那个时候，产量有限，为了使排队的顾客都能买到瓜子，年广九不得不做出每人每次只能买2斤的限购规定。1982年，"傻子"瓜子销往上海，精明的见多识广的上海人，居然也在销售"傻子"瓜子的商店前排起了长队。由此可见上乘的质量给品牌带来的效益。

确实，"傻子"瓜子的加工炒制，从选料配方、火候、沾卤等，均有一整套程序和要求，并且把年广九摸索的特有经验加了进去。再加上"傻子"瓜子在价格方面的优势，为其成名奠定了牢固的基础。1982年"傻子"牌在国家工商局注册，年广九成为个体经济的典型，"傻子"瓜子也以其质量受到广泛传播。

为了锻造出高质量的品牌，首先在设计时就要有高标准，这就需要深入市场了解。其次，在品牌的成长道路上，不断创新，维持质量。最后，要运用科技，完善服务，促进质量飞跃，实现品牌的进一步提升。

2. 以优质的服务锻造品牌影响力

为用户提供优质、完善的服务是打造品牌影响力的重要保证。服务应从售前的了解市场需求开始，包括售前调研、宣传；售中咨询；售后维修、保修、送货等等。世界知名企业在打造品牌影响力时，无不把服务作为一个重要的手段。美国著名的管理学家托马斯·波得斯和罗伯特·沃特曼在广泛调查了解了全美国最杰出的43家企业之后，总结出"服务至上"是这些企业的共同特征。"我们调查研究的最主要的结论之一，就是不管这些公司是属于机械制造业，或者是高科技工业，或者是卖汉堡的食品业，他们都以服务业自居。"这句话一语道破杰出品牌靠服务扬名天下的天机。

3. 以广告宣传锻造品牌影响力

品牌具有了优秀的质量和服务后，还应加强对自身的宣传。在当今激烈的市场竞争中"好酒也怕巷子深"。在打造品牌影响力的过程中，需要强化宣传的方式，把品牌尽早灌输给消费者，以提高品牌知名度、注意度、认知度、美誉度，从而促进和扩大产品的销售，树立品牌形象。

关于广告作用，据国外的一项研究表明：创造一个名牌至少要投入1亿美元的广告费，而成为名牌后，每年投入的广告费又是不断递增的。这就是说，品牌的扬名、品牌影响力的打造，广告的投入是必不可少的。美国通用汽车公司前总裁史密斯先生说得好：靠停止做广告省钱的人，如同靠拨停表针节省时间一样愚蠢。

品牌需要市场定位

公司品牌的市场定位，就是要确定企业的品牌情感到底是要凝聚在谁的身上。市场定位要快，品牌定位要"准"，消费者定位要"狠"，沟通定位却要根据实际情况"能屈能伸"，或许定位的奥妙也正在于此。

一个品牌的消费者定位决定了品牌的定位，几乎等同于品牌定位。品牌的定位对企业来说是至关重要的：

1. 形成市场区隔

准确的品牌定位能使你所在公司的品牌与其他品牌区别开来，从众多同类或同行业的品牌中脱颖而出，从而在消费者心目中形成一定的地位。例如，五谷道场方便面把自己定位为"非油炸"方便面，把自己与传统的油炸方便面区隔开，迅速获得消费者青睐，从而很快成为非油炸类方便面的第一品牌。试想，如果五谷道场按传统的方便面去定位，它无论怎么做都很难改变"康师傅"在消费者心目中是第一品牌的地位，更不能占据消费者的心智。

2. 有利于树立品牌的形象

品牌定位是针对目标市场及目标消费者确定和建立起来的独特的品牌形象的结果。它是人们在看到、听到某一品牌后所产生的印象，是消费者通过对品牌感觉、认知和理解，在脑海中储存的品牌信息。而品牌定位是对企业的品牌形象进行整体设计，从而在目标消费者的心中占据一个独特的有价值的地位。如孔府家酒定位为"叫人想家的酒"，那么它在消费者心目中就留一个"顾家的、爱家的、保守的"品牌形象。

3. 有利于塑造品牌的个性

品牌定位不但有利于向消费者提供个性化的需求，而且也有利于塑造品牌的个性。品牌和人一样都是有个性，品牌个性的形成与其定位是息息相关的，也可以说品牌定位是品牌个性的前提和条件。品牌定位的不同，所体现的个性也不相同，如万宝路香烟开始定位是女性香烟，它所体现的品牌个性是"前卫的、时尚的、有女人味的"，而后来它又定位为男性香烟，所体现出的个性是"男子气概的、粗野的、强壮豪放的"，与前者截然不同。

4. 有助于与消费者沟通

品牌的定位说的通俗一点就是企业要弄明白"我是谁、我该怎么做、我做什么"的过程。要想与消费者沟通，取得消费者的认可，首先要告诉消费者"我是谁、我能为你做什么"——就是品牌定位。只有说清楚你是谁，消费者才能根据自己的情况，看看是不是需要你，要不要接触你，了解你。例如，佳洁士告诉消费者"它是防蛀牙专家"又通过做试验的广告画面传播和证明自己能做什么，从而达到与消费者有效的沟通。

5. 有利于品牌的整合传播

企业不仅要进行品牌定位，还必须进行有效的传播。通过品牌传播，也就是通过广告、公关等手段将企业设计的品牌形象传递给消费者，来获得消费者的认同和认知，并在消费者心目中确立一个企业刻意营造的形象的过程。

如果不能及时准确地将企业设计的品牌形象传递给消费者并获得认同，那么该定位就是无效的。没有品牌定位传播就会缺少针对性，更难以系统性和一致性。从而会导致在消费者心目中留下不统一或不好的品牌形象，因此说品牌定位是品牌整合传播的基础。

6. 有利于企业占领市场和开发市场

一个品牌的成功定位，对企业的占领市场、拓展市场具有很大引导作用。品牌定位已远远超出了产品的本身，产品只是承载品牌定位的物质载体，人们使用某种产品在很大程度上是体验品牌定位所表达的情感诉求。

万宝路香烟最初问世时，将女性烟民作为目标市场，而女性烟民不稳定，且重复消费低，致使万宝路从问世以来一直默默无闻。在这种情况下，万宝路改变品牌形象，将目标市场重新定位为男性烟民。在品牌塑造中以铁铮铮的男子汉作为品牌形象的代言。这一品牌定位改变过去女性十足的品牌形象。新品牌形象一问世，就受到男性烟民的青睐，给万宝路带来巨大财富。

由于品牌诉求发生变化就会带来截然相反的市场反应，因此说，品牌定位准确与否将直接影响市场开拓。

以质量保品牌

在竞争越来越激烈的时代，创建并且保住自己的品牌，无不是以上乘的产品质量作为市场竞争基础的。虽然产品的竞争表现为品牌的竞争，但是，品牌竞争所依仗的是产品的内在质量。一个品牌成长为名牌靠的是质量，一个品牌在市场上遭到抛弃也大多是因为质量出了问题。所以，也就是说，质量是品牌的生命之所系。

我们不能说质量好就一定是名牌，但是，产品质量差的肯定成不了名牌，甚至即使是名牌，也会因为质量有问题而倒牌子。质量不是现代企业品牌战略的充分条件，但却是一个不可或缺的必要条件。

1. 质量是品牌的生命

质量是品牌的生命，大凡成功的商业品牌，都是以坚不可摧的质量作为后盾的，品质的好坏直接决定着品牌的生存、发展、延伸。

良好的质量意识和过硬的产品是所有优秀品牌长盛不衰的根本原因。作为成功的商人，在辛苦创业、占有了一定的市场份额之后，一定要时刻提醒、提升自己的质量意识，切不可因小失大，图一时的小利而最终丧失所有的成果，韩国三星集团的例子可以使我们深受启发。

三星集团是韩国著名的电子企业，李健熙总裁在美国洛杉矶经过调查发现，三星电器的价值比日本货便宜，但是却不能吸引消费者，他立即召集三星的几位高级职员，首先把市场上最畅销的电视和录像机样品同三星的产品放在一起比较，三星产品相形见绌。然后让几位高级职员到商店询问三星产品为什么不受欢迎，得到的答案是设计粗糙、故障率高、售后服务差等。

由此，李建熙提出：三星人要摒弃重产量、轻质量的落后观念，树立质量至上的意识和管理思想。

这些观念无疑对三星品牌的成长、发展起到了至关重要的作用。没有这样的质量至上的思想，三星的道路无疑只有一条：退出市场。2005年以来，三星品牌的产品直逼索尼，主要是质量和性能的先进性起了决定性作用。

2. 质量是品牌的基础

品牌的知名度、美誉度、忠诚度，品牌的市场占有率，品牌的成长性等，都来自于品牌所代表的产品的质量。没有质量的保证，就没有品牌的市场影响力和这些表现品牌竞争力的经济指标。

丰田汽车在中国市场上遭遇到了麻烦，其原因就在于旗下的产品出了点质量方面的问题。要保持品牌在市场竞争中的优势地位，产品的质量必须要自始至终有100%的保证。稍有不慎，就有砸牌子的可能。

中国制造过去在国际市场上口碑不好，主要是质量问题，典型的是温州鞋，因质量问题而饱受非议的温州鞋商，终于意识到质量对品牌的重要性，所以才有了今天享誉全国的红蜻蜓等品牌鞋。在产品质量基础上的品牌战略，价格不是最重要的。很多人愿意为品牌多付成倍的价格，也是因为品牌下的产品有质量的保证。品牌消费存在很多非理性的因素，品牌产品的性价比是理性消费的表现。

3. 质量是品牌的最重要的内涵

质量是反映实体，满足明确和隐含需要的能力的特性总和。换句话来说，质量是指产品和服务的使用价值和价值的总和。即产品能满足消费者的使用功能，满足消费者可靠性、安全性、经济性的需要，从而培养消费者的满意度。

质量不好，即使用广告赢得了一定的知名度和消费者，最终依然要销声匿迹。质量是我们赢取满意度的重要手段。"质量就是生命"这是当前中国企业家常挂在嘴边的一句话，而且大家都认可这个理念，但是在实际生活生产中，又有多少企业家能将这句话真正落到实处。"三鹿"，这个经"中国品牌资产评价中心"评定，品牌价值达149.07亿元的庞然大物，就因为质量问题而轰然倒地。

自2009年开始的世界第一大汽车品牌"丰田"的"踏板门"引发的其他质量问题（踏板门事件包括油门踏板卡死导致车辆在松开油门的时候也会自动加速；以及由于真空助力泵质量问题导致刹车异常而致人死亡），使世界上各大企业又一次重新审视质量在品牌中的重要性。

以服务保品牌

品牌竞争的更高形式是品牌服务的竞争。企业要想有效地搞好产品的市场营销，树立品牌形象，保持品牌的竞争优势，就必须在重视品牌质量的同时，遵循"服务至上"的经营宗旨，提高品牌服务的水平。

提供品牌服务可以表现在各个方面。美国福特汽车公司的品牌服务不仅包括维修服务、零配件服务、及时检修服务等，还包括汽车租赁服务。福特汽车公司率先推出汽车租赁业务，向用户提供两年收费低廉的汽车租费优惠，在融资性租赁期间，总公司还对出租汽车公司提供补贴。这样一来，就使得福特公司在对集团批量销售方面占据一定的优势。

日本的资生堂是一家美容化妆品公司，为了将品牌推向美国市场，他们推出了一系列迎合美国妇女喜好、包装精良、使用方便的美容化妆品，同时还提供优质的品牌服务。他们不仅待客亲切有礼、服务周到，而且还免费提供脸部按摩，耐心为消费者讲授美容方法。资生堂还记下消费者的生日，届时打电话送去生日祝福。

21世纪创建品牌的基本准则是使消费者满意。进入21世纪后，不能令消费者感到满意的品牌将无立足之地。在信息社会，企业要保持技术上的领先和生产率的领先已越来越不容易，靠特色性的优质服务赢得顾客，努力使企业提供的品牌质量和品牌服务具备能吸引消费者的魅力要素，不断提高消费者的满意度，成为了品牌竞争的更高形式。

优秀的品牌服务是创建品牌的重要保证。服务包括售前调研、宣传，到售中咨询以及售后维修、保修、送货等。顶级企业在管理品牌时，无不把服务作为一个重要手段。提升服务水平对于锻造品牌具有重要意义。

1. 有利于提高企业品牌效益

实践证明，在市场竞争中获胜的是那些能够提供优质品牌服务的企业。美国一家民意调查机构，曾对未来几年内十二项品牌经营要素的重要性进行调查，结果有48%的人将品牌服务质量列为第一位。对于这个调查结论，"市场战略对利润水平的影响"研究数据库也提供了决定性的支持。

该数据库研究分析表明，品牌服务好的企业的品牌价格约高9%，它们的市场占有率每年增加6%；而品牌服务较差的企业市场占有率每年下降2%。品牌服务最好的企业，其销售利润率可达12%，而其余企业则仅为微不足道的1%。优质的品牌服务是造成品牌之间实力悬殊的根本原因。

美国波士顿福鲁姆咨询公司也在调查中发现，客户从一家企业转向另一家企业，10人中有7人是因为服务问题，而不是因为产品质量或价格。微软公司总裁比尔·盖茨说，微软公司80%的利润来自产品销售后的各种升级、换代、维修、咨询等服务，而只有20%的利润来自产品本身。美国马萨诸塞州沃尔瑟姆营销顾问公司经计算证实，随着企业的品牌服务的改善，企业的销售额会增加，其增加额是由改善的品牌服务所留住的回头客带来的。

品牌专家的研究表明，留住一个老客户所支出的费用，仅仅是吸引一个新客户的1/7。而且，老客户不仅是企业产品的使用者，也是企业品牌形象的义务宣传者。一个消费品方面的老客户会直接或间接地影响到37个新的消费者。因此，老客户是企业的一笔宝贵的财富，而优秀的品牌服务是赢得老客户的根本途径。

2. 有利于维护品牌形象

优质的品牌服务可以降低消费者承担的风险，从而树立并维护品牌形象。质量是品牌的生命线，但是"零缺陷"只能是企业的一种追求，一种理想目标，任何产品都难以真正做到完美无缺。特别是在消费者的消费需要更加复杂和产品差异化缩小的情况下，企业要保证其售出的产品令消费者完全满意是很难做到的。而且消费者的评价大多是非客观的、相对的。

在消费实践中遇到不满意时，消费者就会产生抱怨和不满，进而给品牌形象带来不良影响。但企业若加强品牌服务意识，在产品设计、生产、提供时尽量减少缺陷，更重要的是向消费者提供完善的售后服务，如免费维修、包退、包换、上门维修等，就可以减少或弥补消费者购买后的损失，从而取得消费者的理解，赢得消费者的信任。所以，有无服务，特别是售后服务以及提供的服务的多少，成为影响消费者购买及消费者的品牌信任度、追随度的重要因素。品牌服务已经成为消费者选择品牌的关键因素。

3. 有利于提升品牌形象

优质的品牌服务可以增加消费者的利益和价值，从而提升品牌形象。消费者从购买的商品中获得的效用的大小，取决于他从消费该商品中实际得到的利益和满足与在他购买中付出的成本，包括时间、精力、价钱等相比较后的那一个变量。这个变量呈正增长，即购后使用利益提高或购买成本降低就会增加效用，反之，效用就会降低，甚至出现不满意。所以要想锻造品牌、成就名牌就必须增强服务意识，完善服务、增加服务的内容，如免费送货、无偿提供零件、无偿培训、定期保养和检修等。

优质的品牌服务是企业创建品牌的重要保证，也是全程品牌管理的重要内容，并且随着产品差异化的缩小，品牌所蕴含的服务显得更加重要。正如美国雷维特教授所言："未来竞争的关键不在于工厂能生产什么产品，而在于其提供的服务是多少。"因此，企业要想创建知名品牌，必须完善品牌服务，并不断提升品牌服务的层次。

进行品牌维系

建立和维护企业的品牌不是一个孤立的工作，而是涉及方方面面的系统性的工作。具体来说，需要从以下几个方面把握：

1. 科学合理的品牌质量管理体系

管理在市场经济活动中的重要性不言而喻。举个简单的例子：要生产出一支好烟，在前期不光要有好的烟叶原料、先进的生产技术和生产设备，还需要有一批高效精明的管理者和尽职尽责的员工，同时，在制作的每一道工序上都必须一丝不苟，不容许有丝毫的差错。在后期同样也需要先进的营销理念和勇于开拓市场的人员，要是这一系列的工作完美结合、密切衔接，就必须建立完善的品牌质量管理体系。

当前在中小企业中被广泛采用的一种管理模式是全员品牌管理，全员品牌管理是指品牌建设过程中，企业整个价值链上的所有人员都需纳入到品牌建设体系中，共同参与品牌的建设。

中小企业也应该借鉴这一管理模式：品牌质量关系着员工生存与发展，让员工与企业荣辱与共，自觉维护品牌质量，提升员工自我品牌价值。在品牌质量提升过程中，不管遭遇风吹雨打，始终不离不弃。品牌是员工的，为品牌大厦的建设打下坚实的地基。

品牌质量关系着经销商，让经销商视品牌为己出，努力去经营品牌质量，与企业风雨同舟，从"露水夫妻"转变成天长地久。

品牌质量关系供应商，让供应商与企业共患难，当品牌质量出现危机时，他不会无情地抛弃品牌。

品牌质量是企业价值链上所有人共同努力铸就的，只有每个环节的同心协力，才能形成品牌合力，让品牌屹立不倒。

2. 承担的社会责任

应当深刻地认识到，品牌质量首先是伴随着产品的质量而产生的，生产者是质量的"第一责任人"，必须向社会提供符合法律法规和顾客要求的符合产品质量约定的产品，并在提供产品的过程中，不能给环境和社会带来危害和影响，保证资源的可持续利用，实现与社会的共同发展。在生产的实践过程中，不断提高技术，提高员工的技术和生产能力以促进产品质量的提高。同时，逐步影响上下游相关组织质量水平的提高，直至促进所处行业的整体质量水平得到提高。

在产品生产方面为了保证品牌质量，企业应严格遵循ISO9000族标准。ISO9000实施标准现已在世界许多国家和地区直接采用，成为国际通用的技术基础和质量保证能力确认的形式。企业要想占领国际市场，提高市场竞争力，必须有适销对路的优质产品。而ISO9000实施标准为品牌质量的保证提供了需求和动力，它对企业加强质量管理，提高产品质量，创名牌产品有巨大的作用。

3. 满足消费者

从消费者角度来看，消费者在提高品牌质量问题的过程中起着至关重要的作用。一方面产品生产的目的是为了满足消费者的物质或精神方面的需求，消费者的需求是提高品牌质量的根本动力。

另一方面，归根到底消费者是质量问题的最直接受害者，产品最终是用于满足消费者需求的。如果每个消费者都能熟知自己应享有的合法权益，在参与社会生活和经济生活中依法行使自己的合法权益，依法提出对产品的要求。当合法权益受到侵害的时候能够拿起法律武器维护自身的利益，那么生产者将不得不依法经营，减少对消费者的侵害，从而逐步提高品牌质量问题。

最后，应加大力度想方设法提高消费者关注质量的意识，切实提高消费者依靠法律维护自身权利的能力，实现消费者懂质量、会维权，通过消费者主动提高对质量的要求，促进质量问题的解决。

提升企业信誉

企业信誉是企业无形的资本，较高的信誉是企业立足市场求得发展、获得竞争优势的法宝，有利于企业提升企业的品牌信誉。

通俗地讲，企业信誉是企业在其生产经营活动中所获得的社会上公认的信用和名声。企业信誉好则表示企业的行为得到社会的公认好评，如恪守诺言、实事求是、产品货真价实、按时付款等；而企业信誉差则表示企业的行为在公众中印象较差，如欺骗、假冒伪劣、偷工减料、以次充好、故意拖欠货款、拖欠银行贷款等。

因此，塑造企业良好的信誉是每一个企业应注重和着重解决的问题。企业信誉应包含以下几个方面的内容：

1. 产品信誉

产品信誉首先是产品的质量信誉。质量是生存的根本，没有质量就没有生存，这不仅危及单个企业，继而引发对整个行业的信誉危机。以光明牛奶为例，光明这个原本让千万消费者信赖的牛奶品牌却曾遭遇过信任危机。2006年6月6日河南电视台记者乔装成散工暗访，揭开变质光明牛奶返厂加工再销售的黑幕。6月9日光明乳业杭州生产基地再曝黑幕，乱标生产日期，"回奶事件"引发了全国性的"光明危机"。它给光明造成的损失是不言而喻的，在证券市场上，光明乳业的市值曾在短短的5个交易日里，缩水超过人民币1亿元。可见，消费者的信任危机对品牌的伤害尤其严重。

产品信誉还包括对产品性能的改进，产品价格的降低，生产出更加令顾客满意的产品，比竞争对手更高更快更周到地满足顾客对产品的需要。以定价为例，要杜绝一味追求高价格高利润刨效益的做法。站在消费者的角度，保持价格的合理性，真正做到物美价廉，使消费者信得过，从而赢得更多的顾客，获得更好的经济效益。

2. 服务信誉

服务信誉主要是服务质量的问题，这包括三个方面：一是服务的态度，企业员工周到热情的服务和超值的服务赢得顾客的好感，获得顾客对企业的赞美；二是服务的及时性，近几年随着高科技、信息技术等领域的迅速发展尤其是互联网的普及，使得用户不但需要产品具有良好的性价比，而且期望"零"交易服务或即时服务；三是解决问题的有效性，当出现问题后，用户迫切希望问题得到有效的解决，如果问题不能得到最终解决，就会使顾客对企业的信誉大打折扣。除此之外，服务信誉还包括服务的完善性。

3. 竞争信誉

竞争信誉主要是在市场公平竞争。很多企业采用不正当手段打击竞争对手，比如编造谣言，诋毁对方，恶意低价竞争造成极其恶劣的影响，虽然暂时取得了胜利，但最终却是对企业，尤其是对行业信誉的极大破坏。

4. 财务信誉

财务信誉主要是财务信息的制造和披露要真实。资本市场上不断有问题公司被曝光和查处。安然公司是美国能源业巨头，曾是世界上最大的天然气交易商和最大的电力交易商，鼎盛时期其年收入达1000亿美元，雇佣2万多员工，其业务遍布欧洲、亚洲和世界其他地区，曾在《财富》杂志全球500强中名列前50名。但由于其曝出严重财务丑闻，主要是利用复杂的财务合伙形式虚报盈余，掩盖巨额债务，被迫申请破产保护。该案创下美国历史上最大宗的公司破产案纪录。财务信誉的好坏极大地影响企业在资本市场上的融资能力，更严重地动摇了股东对企业的信心。

5. 商业信誉

商业信誉主要表现在企业与供应商之间及时结算货款，从而使企业在供应商那里获得良好的信誉，获得优质的产品或得到供应商的延期付款或折扣。而目前存在很多企业相互拖欠货款，占用对方资金。以爱多为例，当爱多在跻身于国内知名家电品牌的行列之后，嗅到暴利气息的国内经销商趋之若鹜。胡志标认为这是供求角色转变的大好时机，于是要求每个代理商交纳300万元～1000万元的保证金，仅此一招，爱多公司无偿筹得资金2亿元。对于产品的材料和配件，胡志标也通过先发货后付款的方式获得了供应商的支持。胡志标用别人的钱、材料和配件生产自己的产品，同时把供应商、经销商和企业绑在了一辆战车上，形成了一条头尾相接的利益链，到最后上游供货商的钱、下游代理商的钱、中游职工的工资均无力支付，信誉透支总数多达2亿元之巨。

6. 银行信誉

银行是企业融资的重要渠道之一。许多企业在发展中没有受到资金短缺的影响，就是由于在银行有着良好的信誉。而有很多企业拖欠银行贷款，逃废银行债务，在法律日益完善、信息传播速度迅速的今天，这些企业被以"黑名单"的方式通报于众，造成金融机构的联合制裁，从而告贷无门，企业的信誉也随之荡然无存。

7. 其他信誉

企业是社会的一分子，是国家这个大家庭的一个重要成员，企业应该遵守国家法律规定，特别是要维护国家和政府的利益，不做违法经营的事情，按时足额缴纳税款，勇于承担社会责任。许多企业偷税漏税，违法经营，最终被吊销营业执照。

多向品牌延伸

多向品牌延伸又称统一品牌策略或"家族品牌名称"策略，是利用已经获得成功的品牌的知名度和美誉度，扩大品牌所覆盖的产品集合或延伸产品线，推出新产品，使其尽快进入市场的整个品牌管理过程。

雪灵普公司是美国化妆品市场的知名公司。该公司很平均地提供三种消费族群所需的防晒产品。根据研究，这三个族群分别为：喜欢日光浴的人（35%）、不喜欢日光浴的人（32%）和介于前两者之间的人（33%）。为满足各个族群的不同需求，雪灵普公司发展了多样的产品，其中铜调为其核心品牌，是公司利润的主要来源。

后来，市场发生了重大的变化。医学专家认为在阳光下过度曝晒会对人体产生危害，如会导致皮肤癌等严重病症。这些主要是因为阳光的紫外线过强。

通过市场调研，雪灵普公司进一步明确了市场细分的情况。有些市场尚未有产品进入，例如含高防紫外线系数配方、含新的护肤配方、加强防水性、晒前加速成分、喷剂、儿童专用的产品，甚至药丸。为了发展这些新产品，雪灵普公司的产品经理和市场研究人员进一步深入测试这些产品概念，以找出最佳的品牌延伸方向，并请了品牌咨询公司，以得到更权威的结论。

通过这一系列的调研工作，雪灵普公司决定以儿童专用的防晒化妆品作为铜调品牌延伸的方向。由于防水是儿童防晒品最重要的特色，因此公司认为水一定要放在产品名称里。座谈会、购物中心访谈和其他量化调查均显示，最受欢迎的名字是"水宝贝"，因为这个名称简洁、易记，并有文字上的联想。"宝贝"两个字也适合雪灵普的目标市场——从婴儿至十岁的小孩。于是公司决定把"水宝贝"置于包装最显眼的地方，"铜调"则以较小字体置于包装下方，以加强信赖度，至于包装颜色则采用最受妈妈们欢迎的粉红色和蓝色。

产品推向市场后，获得了空前的成功，儿童防晒市场的占有率达到50%，营业额是竞争者的三倍。儿科的专家也积极向年轻的妈妈们推荐水宝贝。医师的推荐、市场占有率的成功，使水宝贝成为儿童防晒护肤产品的同义词，成为一个独立的成功商品。后来，铜调水宝贝还进一步细分市场，推出防紫外线乳霜、晒伤减痛喷剂、防晒儿童唇膏等。

通过这次成功的品牌延伸，雪灵普公司抓住了市场需求的走向，在全球市场中保持了竞争者难以企及的地位。

品牌延伸并不是仅仅借用表面上的品牌名称、标识等，而是对整个品牌资产的战略性应用。耐克品牌最初从运动鞋起步，后来逐步将产品扩展到运动服和其他运动产品。品牌凝聚着企业员工的共同心血，意味着产品和企业的美誉度、知名度以及消费者对服务的认同度。若这些内在的价值能包容延伸产品，就可以大胆地进行品牌延伸。反过来，品牌延伸应尽量不与品牌原有核心价值与个性相抵触。品牌延伸策略有它独特的营销功能，但如果运用不当，往往达不到企业所期盼的目标，甚至还会适得其反，所以，品牌延伸需慎重。

一些顶级企业之所以热衷于实施品牌延伸，是因为它们拥有强势品牌。而强势品牌就意味着较大的经营规模、较强的经济实力、较高的技术水平、较好的管理和企业文化，这为实行多向品牌延伸提供了可能。以下是实行多向品牌延伸的背景。

1. 市场更加细分化

多向品牌延伸就是满足不同的细分市场的一种低成本、低风险的方法。随着知识资本对经济的推动力的加大，经济发展日益迅速，市场也更加细分。多向品牌延伸就是满足不同的细分市场的一种低成本、低风险的方法。因为新品牌的成功率一般很低，而且成本很高。实行品牌延伸，可以避免推出新品牌所面临的成本高、成功率低的风险。

2. 消费者的品牌选择多元化

与以往相比，消费者的口味更难满足，更多的消费者喜欢转换品牌、尝试其他品牌。消费者的品牌忠诚度在不断降低。通过品牌延伸，既满足了消费者"喜新厌旧"的心理，又能保持消费者对品牌的忠诚。这就促使企业不断进行技术创新，推出新产品，以保持品牌的生命活力。

3. 科技进步使产品的生命周期缩短

现在，除了尖端科技产品外，一般的产品易于仿制，更新换代频繁，使产品的供给和需求具有很大的动态性和风险性。如果品牌下只有一种或几种固定的产品，企业的发展将受市场需求所左右，无形中就增大了企业的运营风险。

4. 该品牌下的产品已经进入了成熟期

在这个时期，市场对产品的需求有萎缩的趋势（或正在萎缩）。这个时期，如果不增加该品牌旗下的产品类别，那么这个品牌在可预见的将来必定会被市场淘汰。

5. 市场竞争激烈

一般品牌下的产品面临激烈的市场竞争，产品的技术含量低，获取超额利润的时期已经过去，进入了薄利发展阶段。这时，将品牌向高端延伸或向其他高利润行业转移是企业的必然选择。

6. 优化配置企业资源

广告费用的不断增长，迫使企业不可能将有限的资源无限制地进行媒体投资，这使得企业把力量集中在少数几个品牌上。据某咨询机构研究，在三个主要市场（美国、日本和欧洲）建立一个全新的消费品品牌估计总共要耗费10亿美元，而在一个已有品牌下发展一种新产品则只需花费一小部分。

多元化品牌策略

消费者的消费需求是多元化的，一个消费群体分离成不同偏好的几个群体，单一品牌策略往往不能迎合偏好多元化的消费群体，且容易导致品牌个性不明显及品牌形象混乱，而多元化品牌群可以很好地避免这个问题。

多元化品牌策略，是指一种产品赋予其一个品牌，不同产品品牌有不同的品牌扩张策略。一个企业同时经营两个或两个以上品牌就是多元化品牌群。尽管有很多企业同时拥有多个品牌，但很多企业实施的并不是多元化品牌群。品牌只适合于一种产品，一个市场定位，最大限度地显示品牌的差异化与个性，才是真正的多元化品牌群。多元化品牌群强调品牌的特色，并使这些特色伴随品牌深深地植入消费者的记忆中。

宝洁公司首开多元化品牌群的先河，旗下的品牌已达300多个。宝洁对多元化品牌群策略的熟练驾驭，为公司带来了丰厚的利润和广阔的市场，这其中有许多宝贵的经验值得借鉴：

1. 确立不同品牌之间的差异

多元化品牌群策略并不是简单的注册几个商标就够了。宝洁公司的多元化品牌群策略不是把一种产品简单地贴上几种商标，而是追求同类产品不同品牌之间的差异，包括功能、包装、宣传等诸方面，从而形成每个品牌的鲜明个性。同样的产品，不同的消费者会有不同的消费需求。以洗衣粉为例，有些人看重洗涤和漂洗能力，有些人认为使织物柔软最重要，还有人希望洗衣粉具有气味芬芳、碱性温和的特征。

针对这些差异化的需求，宝洁公司设计了九种品牌的洗衣粉：汰渍（Tide）、奇尔（Cheer）、格尼（Gain）、达诗（Dash）、波德（Bold）、卓夫特（Dreft）、象牙雪（lvorySnow）、欧喜朵（Oxydol）和时代（Eea）。这样，每个品牌分别突出产品的一个特色，都有清晰的目标群，有利于企业更快更多地占领市场份额。

宝洁公司有如一位身怀绝技的能工巧匠，把洗衣粉这一看似简单的产品，加以不同的辅料，制造出各种巧夺天工的工艺品，不但从功能、价格上加以区别，还从心理上加以划分，赋予不同的品牌个性。通过这种多品牌策略，宝洁已占领美国一半以上的洗涤剂市场份额，而单一品牌是很难实现这种高占有率的。

2. 制定独特的销售主张

宝洁公司的多元化品牌群策略，从市场细分上讲是寻找差异化，从营销组合的另一个角度看是找准了"独特的销售主张（USP）"，这是美国广告大师罗瑟·瑞夫斯提出的一个具有广泛影响的营销理论，即找准了卖点。这个理论的核心内容是：广告要根据产品的特点向消费者提出独一无二的说辞，以说明产品所具有的这一特点是其他同类产品所没有的，且这些特点能为消费者带来实实在在的利益。

宝洁公司在这方面做得十分到位，以宝洁在中国推出的洗发水为例，"海飞丝"的个性在于去头屑；"潘婷"的个性在于对头发的营养保健；"飘柔"的个性则是使头发光滑柔顺；而"沙宣"具有"保湿"作用。这些产品的广告与包装更是与众不同："海飞丝"洗发液，海蓝色的包装，首先让人联想到蔚蓝色的大海，带来清新凉爽的视觉效果；"头屑去无踪，秀发更干净"的广告语，更是给消费者留下了"海飞丝"去头屑的印象。

"飘柔"，品牌名称上就很容易让人明白该产品的特点是使头发柔顺；草绿色的包装给人以青春美的感受；"含丝质润华精华，洗发护发一次完成，令头发飘逸柔顺"的广告语，再配以少女甩动如丝般头发的画面，更深化了消费者对"飘柔"飘逸柔顺效果的印象。

"潘婷"，用了杏黄色的包装，十分吸引消费者的注意力，目前黄色是中国人比较喜欢的颜色之一；"维他命原B5"又进一步突出了"潘婷"的营养型个性。"沙宣"则是侧重于对"保湿因子"进行宣传，广告诉求更为简单——回归自然、拥抱自然。

宝洁公司放弃了在各个行业使用单一品牌整体运作可能获得的规模经济，让每一个品牌都在相对狭小的目标市场里参与竞争。事实证明，宝洁公司的多元化品牌群策略是正确的，它不仅善于在一般人认为没有缝隙的产品市场上寻找到差异，生产出个性鲜明的产品，更值得称道的是能成功地运用营销组合的理论，让消费者接受这种差异。

多元化品牌群带来众多好处的同时，也伴随着企业经营成本的增加，以及营销组合的复杂化，使得多元化品牌群在市场运作中的复杂性大大增加。如多元化品牌群有时往往会发生分化过细的问题，每个品牌仅仅占领很小的市场份额，可能毫无利润，因此，常常出现品牌间的重叠、侵蚀或各品牌对象市场的范围缩小等现象。

在这种战略下，公司把资源分配于过多的品牌，而不是为获高利润水平的少数品牌服务。同时，企业还要避免产品间成本优势的相互抵消和渠道间的价格竞争，并保证渠道的属性与顾客属性和购买行为间存在某种内在的关系。就是成功运用多元化品牌群策略的宝洁公司也面临这种问题。

品牌面对的是竞争激烈、瞬息万变的市场。因此，企业要维持多元化品牌群的生存和发展，必须把握市场需求的变动趋势并做出合理决策，而这一切都离不开科学的市场调研及在此基础上的市场细分。并且有必要时刻把握市场的变化，及时更新市场细分以把握市场需求的最新动态，引领消费潮流。市场细分化策略侧重不同目标消费群体需求的变化，通过迎合某个目标消费群体的特殊需求而创建新的品牌，以最大限度地占领这一新的市场。

这一策略的重点在于建立成熟的品牌管理系统，先把各种具有特殊或专门需求的目标消费群体从整个市场中划分出来，然后全力创建能够满足这些目标消费群体的新品牌。摩托罗拉公司作为世界著名的大型跨国公司，在技术、研发、管理、推广等方面都具有很强的实力。它经过充分的市场调研，推行多元化品牌群的竞争战略，针对不同的目标消费群推出不同的品牌，利用具有民族特色的宣传手段进行推广，无疑比其他竞争者提前进入了新的市场，把握了市场竞争的先机。

培养员工对品牌的崇敬感

培养员工对品牌的崇敬感是打造优秀品牌的重要元素之一。那么怎样培养起员工对品牌的崇敬感，具体来说要做到以下几个方面：

1. 把人放在核心的位置

优秀的企业文化都把"人"放到了核心的位置，企业之间的竞争已经从传统的资金、技术、机器、设备转化为品牌、文化的竞争，而无形的"文化"的作用，就是要凝聚人气，汇集力量，形成企业的合力。因此，世界上优秀的公司，都非常重视员工的利益。惠普公司的文化就很重视对人的重视和培养，他们把培训看成是投入产出比最高的投资，毫不吝惜在培训方面的投入，全面提升员工的技能。因此他们建立了完善的培训体系，90%的课程都是由自己的中高层干部主讲，很多离开惠普的员工都对惠普的培训津津乐道，对惠普表示出自己的敬仰。

2. 不能对员工过分苛求

作为企业，首先应知晓"金无足赤，人无完人"的道理，不同的人有不同的性格，不同的爱好，不同的生活习惯。企业领导不能以个人的喜恶决定员工的喜恶，必须尊重员工的人格，尊重员工的个性和爱好，在适当的时候尽量提供空间让员工有展现自我风采的舞台。

3. 不搞平均主义

相信员工之间一定有能力差异，在企业内部要建立平等竞争机制，鼓励和促进员工的能力提升，能者多劳，多劳多得，让员工能在自己的岗位上看到自己的价值以及希望和未来。

4. 考评员工

企业如果要求了员工需德才兼备，那就一定要从"德"和"才"两个方面来考评员工，而不是凭关系、讲感情、论资历、看背景，企业必须先要有一颗"公平"心，员工才会放心。真正让做到人尽其才、物尽其用。

5. 诚信

公司经营者不仅仅是对客户要诚实、讲信用，而且对我们的员工也要言必行，行必果。不要对员工经常讲大话，开空头支票，最后又不了了之，这会让员工的感情受到伤害，让员工感觉到自己在被愚弄、被欺骗，就会寒心，就会对公司丧失信心。

6. 量才录用

对人才不过高要求，否则既浪费了资源，又显得对人才不够尊重。企业选拔人才，能满足企业的生产活动需要即可。

7. 关注员工需求

只有没被满足的需要，才会影响人的行为。根据马斯洛的人类需求层次说，人类从低到高共有五个层次的需求，即生理需求、安全需求、社交需求、尊重需求和自我实现的需求。作为企业主，必须注意研究需求层次说，只有满足了员工不同时期的需求，员工的工作积极性才会得到提高并具有持久性，才会用行动回报公司，用心地热爱公司。

有效处理品牌危机

要处理好品牌危机，企业就必须冷静地分析危机究竟是如何发生的，查找出导致危机的真正根源，了解危机已发展到什么状况，明辨危机对企业危害的深度和广度。简单地说，就是要抓住品牌危机发生的关键因素。

对危机的处理方法不同，得出的结果也就不同。这说明，发现问题比解决问题重要得多，认识危机是解决危机的首要前提。如果对危机的认识存在偏差，那么所采取的一系列应对措施都必然存在漏洞，要么不可能扼制危机，要么导致危机的进一步恶化。

不同的危机存在不同的特点，但其特点是有一定规律性的。任何危机都有其生命周期，通常分为萌芽阶段、发展阶段、减弱阶段、消失阶段。品牌危机的发生总是某个或某些矛盾激化的产物。企业面对危机，应把主要的精力放在处理品牌危机发生的关键因素上。

如果一家企业销售的产品出现了质量问题，并造成了严重影响，品牌形象受到伤害，这就是一次品牌危机。倘若某件产品出现严重事故，企业应尽快分析原因，加强质量控制，以免出现更多的质量问题，这是危机的关键。接下来，要把同一批次的产品迅速从市场上收回，或组织专人对同一批次的产品进行全面的质量检测。

品牌危机的传播速度是很快的，对品牌的负面影响也就十分迅速和全面。新闻媒介对品牌的负面报道又会起到推波助澜的作用。对于异常活跃的新闻媒体，企业若采取不合作的态度，态度生硬或隐瞒真相，只会使危机复杂化，把问题搞得更糟，更有可能刺激媒体的报道热情，或者使报道内容偏离事实，这对企业无疑是雪上加霜。在社会公众和新闻媒体的高度关注之下，如果企业处理得当，也是树立企业和品牌形象的好机会。

以下几点做法是值得其他企业借鉴的。

1. 用事实阻挡谣言

用事实阻挡谣言，是稳定消费者的态度的重要前提。即使是小公司，也不可能一时就被谣言击倒。因此，企业只要说明事实，表白真相，消费者的认识就不会动摇，情感和行为倾向才能稳定。从揭示事实真相入手，是十分有效的，为危机的圆满解决确立了有利的前提。

2. 引导舆论走向

舆论是态度的一种表现形式。争取舆论支持，是稳定消费者的核心，是多数人在共同感兴趣的问题上发表的各种复杂意见的总和，对人们的行为势必产生重要影响。谣言作为一种畸形的舆论，是出于人们的某种目的而故意制造的，或得不到足够的表明事实真相的信息而在各种心态下所产生的违背事实的信息。舆论引导也叫意见引导，是指对人们的意见有导向作用的人物或机构，其追随者往往以其言行举止为标准或楷模。破除谣言的最好办法，便是利用媒体的引导，使舆论回到事实基础上。

3. 把握反击的时机

当谣言的流传甚嚣尘上，到了无以复加的地步时，它才开始反击。因为此时谣言已经全部出笼，在内容上难以进行花样翻新，简单的重复将导致公众兴趣的递减。此时采取行动，有利于一举击溃谣言。

把精力放在品牌管理上

小公司从创业之日起就在创造自己的品牌，或实力壮大到一定程度时，采取自创品牌的策略，也即产品品牌化的决策。

企业拥有品牌会有很多好处，这里不用讳言。企业有了自创品牌后，对生产多种产品的企业来说，又面临着进一步的抉择：是将所有的产品采用单一品牌策略，还是对不同产品分别制定品牌策略呢？

使用单一品牌策略，有许多成功范例。日本索尼公司总裁盛田昭夫深谙此道。盛田昭夫将所有新的电子产品皆冠之以"索尼"牌，产品一上市即得到消费者认可。因为"索尼"品牌已在消费者心中建立起质量可靠、功能先进的良好形象，形成了极强的品牌忠诚度，这使索尼公司在中期发展阶段迅速扩充实力，不断占领、开发市场，一举成为世界五大企业之一。

日本本田汽车企业在产品成功之后，又利用"本田"的品牌推出了摩托车、割草机、铲雪车等多种产品，使企业规模得到迅速的扩大。

因而采用单一品牌策略的好处是显而易见的，它可以利用现有品牌的知名度、品牌形象与忠诚度，不需要为新产品建立品牌花费大量广告、宣传等促销费用，消费者很容易知道新产品，并且将其与原有品牌形象联系起来，从而为企业省下大量的营销费用，缩短了上市时间。

但是，单一品牌策略，也有不足之处。新产品可能会淡化原有品牌效益，消费者可能会怀疑该品牌品质下降或是否还能维持其特色水准，从而影响了购买行为。如果新产品失败，可能会影响业已建立起来的良好品牌形象，并连累到原有产品营销。

企业对不同的产品还可以采用不同品牌策略，不但可以克服单一品牌策略的不足，而且也可以达到其他目的：

1. 个性化

针对不同购买动机，或者产品在式样、款式、口味上的差异确定相应贴切而富于感染力的品牌，有利于在消费者心目中形成个性化的特色，从而激发更多消费者接受和购买。如：宝洁公司的洗衣粉有九个品牌，每个品牌都有自己的忠诚者与偏爱者，共同构成了对各自公司产品的巨大购买群。

2. 新产品新品牌

可以用新品牌作为防卫性品牌，来保护主要品牌不受到攻击。给新产品确定新品牌，一方面可以显示与原有产品的区别；另一方面一旦新产品失败，也可避免对原有品牌产生连累反应。这就克服了单一品牌策略的弱点。

如日本精工表公司的高档表"精工拉萨尔"在市场上地位十分稳固。为了对其进行保护，又要开发新市场，该公司将低档表重新命名。高档与低档产品各自在不同市场上销售，互不干扰。

3. 保留老品牌

当一个企业在竞争中取得胜利，必然俘获了一批偏好者，往往需要继续保留这个品牌，而这样既得到了品牌，又得到了品牌的固有效益，从而在一个或多个企业合并、合作的情况下，也可采取相似的策略，即保持原有各品牌的特性以及它们所能影响的市场。

4. 不能套用老品牌

企业生产与现有品牌完全不同类型的新产品，把这一品牌用于新产品就不太适宜。比如：某企业的"火焰山"牌灶具已有很高知名度，现在又新开发生产冰箱和空调机。若把"火焰山"作为冰箱和空调机的品牌名称，其销路可想而知了。

第十一招

定价之道：
会定价的企业家才是真正的企业家

定价是一门学问

被誉为"全球战略定价之父"的汤姆·纳格曾说过："战略定价并非简单的提价，它是一整套关于企业如何为实现利润增长而构建的体系。"

在定价之前，管理者要先问自己几个问题：什么是企业的竞争优势？应该做哪些与众不同的事？什么样的消费者是企业所追求的？企业的优势应针对哪些类型的消费者？这些问题的答案，都能直接影响到战略定价。

但事实是，目前大多数企业的定价是由竞争环境决定的。如果竞争对手都在降价，而自己不降，一定会流失客户。有时明知道降价是条不确定的路，但危机之下不走不行。值得注意的是，迫于现金流压力、竞争对手打压、供应商等外部环境做出的价格调整，往往难免忽视成本和内部管理，从而可能让企业面临更大的危机。所以一个明确清晰的战略定价对于企业来说非常重要。

一家经济型的美国航空公司推出了一种超低价的机票，不过，该航空公司只提供航空业的一项最基本职能——从甲地飞到乙地。除此之外，不提供其他任何服务。如果你需要更好的位置和更好的服务，那么就得多付钱。

尽管如此，该服务一经推出，仍是大受欢迎，航空公司的营业额直线上升。顾客的大量加入，同时也带动了该公司其他业务的一并发展。经过这一次的战略定价，该家小型航空公司迅速成长为全美数一数二的航空企业。

从这个美国航空公司的案例中，管理者在制定企业价格机制时，便可推导出定价的几个原则：

1. 低价

低价的商品总是能够吸引住用户，因而，企业的产品便能占领更多的市场份额。所以，管理者要想保证企业产品的营销顺利，战略定价首先要以低价开路。

低价的战略定价选择，也是市场竞争所决定的。面对激烈的竞争，任何企业的产品要想获取更多的市场份额，赢得用户是关键。低价，无疑是最有效的手段。

亨利·福特无疑是低价原则的最典型代表，他创造性的开发出"流水线—大批量—低成本"的汽车制造模式。这一模式充分满足了20世纪初汽车消费者的需求，也成为现代企业发展的成功典范。

在决定大批量生产汽车的时候，福特就认识到，必须让广大普通消费者相信，福特汽车就是为他们而生产的。通过批量生产的模式，福特将成本压缩到最低，于是，他采取了不断压低汽车价格的方式来吸引消费者。其营销策略看起来非常简单："每次把我们汽车的价格降低一美元，我就可以得到一千名新买主。"

福特以一种近乎狂热的态度，下调着其经典的T型车的价格：1908年，福特公司生产了6000辆T型车，每辆售价为850美元；1916年福特公司卖出了6万辆车，售价为360美元；而到1927年，在T型车的最后一年里，第1500万辆车走下生产线，售价仅为290美元。

福特在大规模生产的前提下，进行的低价策略取得空前成功。20世纪的前20年，整个汽车行业几乎是福特T型的天下。低价的战略定价，也成就了福特公司成为经济学上"规模经济"的经典案例。

2．获利

不过，为了获取市场份额，采取低于成本的价格，赔本赚吆喝，这只能是定价的权宜之计。管理者要清楚，企业需要的是获取利益。

也就是说，低价原则必须以获利为前提。如果价格低于企业所付出的成本，企业一直处于亏本做买卖的境地，这样的定价战略就值得商榷了。

仍然福特公司为例，在20世纪的头十年里，汽车行业上的产品差异性非常小，产品价格最低的公司往往能够轻而易举地赢得胜利。因而，以低价进行销售是公司成功的秘诀，但是到了20世纪30年代，当市场需求出现饱和时，这一方式遭遇到了困境。

从1927年到20世纪90年代，福特公司的收入一直落后于通用公司。福特的根本问题就在于，相信低价竞争的成功可以带来无穷的市场控制能力。

事实上，如果不能获得足够的利润，企业的低价战略反而会让企业陷入困境。为提高市场占有率而采取的低价策略，很可能会破坏未来的产业获利能力，因为未来的涨价将难以执行。

3．定价的步骤

定价的第一步就是收集数据，信息主要包括市场需求信息、竞争环境信息。竞争环境信息主要包括竞争对手的产品销售、价格、成本、利润等信息。

第二步是对这些数据信息进行分析，判断出是消费者对价格变动的反应。

第三步是根据分析结果，确定产品的价格水平。

第四步是将新的定价与分销渠道和消费终端进行沟通，吸收他们的意见和建议。

第五步是确定出最终价格，并推出市场。对新定价在市场的反应进行跟踪评估。

低价不等于多销

一般而言，价格在市场经济中居于核心地位。在产品质量得到市场认可后，企业要想在竞争中争取顾客和战胜对手，价格战是不可避免的手段。不过，要想成功实施这一策略，其基础和保证则是实现产品的低成本，也就是说，即使在低价位，也要保证公司获利。

定价特别重要，一个错误的定价制度也会丧失企业来之不易的利润。利润是企业的命脉，商业的本质是赚钱，这样产品才能保证一定的利润。

低价策略损人不利己的观点已经是老生常谈，每一个企业都有责任促进行业发展，而恶意低价竞争就是行业发展的最大阻碍。如果靠减少利润来维持低价，那么会让行业发展的速度减缓甚至停滞。

如今，商品打折已经成了一种风气，无论大街小巷，总会看到"大甩卖"、"跳楼价"、"大放血"等字样。"薄利"是价格低，每一单位产品利润少，但销量大，实际情况也许并非如此。

1．消费者不买账

从生活中，我们也能得到这样的体会，必需品倾向于需求缺乏弹性，而奢侈品倾向于需求富有弹性。例如，当看病的价格上升时，尽管人们会比平常看病的次数少一些，但不会大幅度地改变他们看病的次数。同理，小麦、大米这些生活必需品的需求量并不会因为价格的变动而起太大的改变。与此相反，当游艇价格上升时，游艇需求量会大幅度减少，原因是大多数人把小麦、大米作为必需品，而把游艇作为奢侈品。同样，一些珠宝或者名牌服饰则很容易因为价格的下调而导致抢购风潮，这也是因为珠宝以及名牌服饰是奢侈品的缘故。

需求弹性对企业营销的影响很大。例如，生产饮料的企业，对价格的调整就要非常谨慎。因为饮料的需求弹性很大。类似的饮料，如各种可乐或各种果汁或各种奶茶，价格不会相差太多，如果某饮料突然涨价，就会让顾客转往其他品牌的类似饮料，顾客迅速流失。这种取代性商品众多、需求弹性很大的商品，价格调高将会导致销量迅速变化。

如果商品需求弹性很小，商品的供给方提高价格，需求量减少幅度不大，收入会升高，反之降低价格，收入会降低。如果商品有弹性，供给方会提高价格，需求量减少的幅度较大，收入会降低，反之降低价格，收入会增加。

2. 生产者越卖越亏

销售经理和推销员拿走的每个售出产品高出适当价格的部分往往比你想方设法降低成本所取得的成果还多。降低成本的全部效益和更多的利益都到顾客那边去了，加上其他开支，你的产品卖得越多，其实自己越来越亏损。

这种情况听起来似乎可笑，但确实如此。这种情况发生的范围广泛，而且每天都在发生，也可能在你的公司中发生，除非你已经认识到低价的实质是什么，否则就是在减少利润。

销售人员和销售经理们常常抵制价格提高，认为销售会受影响。但是，如果亏本销售，这种营业有何意义？只会销售量越大，损失越大。

归根结底，作为公司经营者必须负起责任，既要保证降低成本，也要考虑适当的价格，而不能一味相信低价多销的概念。

不要轻易打价格战

毋庸讳言，在我们周围，价格战已经成为商家之间竞争的法宝之一，消费者也就乐得坐享其成。打价格战，成为了很多企业占据市场的最佳选择。

的确，产品的严重过剩是国内市场步入买方市场的突出特点。同时，新的企业还在加入，同质的产品还在涌现，过剩的产品日益积累，市场负荷日益增大。而产品过剩——价格竞争——微利经营是市场经济的客观规律，它既可消除积压、回笼资金，又是刺激消费、扩大市场份额、提高企业知名度的有效途径。对于目前国内行业品牌林立、技术趋同、产品差异化小，又严重过剩的市场特点，除了价格竞争，已没有多少良策。

另一方面，大量的现代科学技术和智力资本的投入，现代产品更新换代的步伐加快，产品生命周期逐渐缩短，有些产品被迫走向衰亡，由此造就了价格竞争的空间和舞台。比如，空调窗机的降价为更高一级的分体机腾出市场空间，使其迅速成为市场主体；再如，从普通彩电到超平彩电，从超平彩电到纯平彩电，每一款新技术产品面市，都必然会引起旧款电视的清货性质的降价促销。手机市场、影碟机市场无不上演着同样的策略。

技术的、服务的、品牌的竞争是企业致胜的法宝，但这只能满足消费者对产品价值的追求，却无法满足消费者追求实惠的心理，物美还需价廉。以差别化策略进行营销固然能减弱消费者对价格的敏感度，却不能启动一个购买力不足的市场。在彩电业、影碟机业、电脑业，许多企业不是没有技术优势、质量优势和品牌优势，但他们还是不得不加入降价竞争的行列，为市场占有率而战。

1. 价格战需先发制人

值得关注的是，在近几年的价格战中，无论是哪个行业，挑起价格战的企业都得到了不小的好处，有的市场份额大幅上升，确立或稳固了行业龙头老大的位置；有的知名度迅速提高，赢得了消费者倾心，这正是降价策略的魅力所在。

看来，降价竞争对有的企业是战略决策的需要，对有的企业则是市场环境下的无奈的行动。启动消费，抢夺市场是企业生存的关键，生产的产品难以售出则意味着危机，利润一时没了，来日还可以挣回，市场没了，则等于丢了江山，这才是生命攸关的大事。

实际上，每个行业在发展之初，由于其技术上的不成熟和资源配置、利用的不合理会导致成本偏高，致使价格居高不下，而一些垄断行业更是在国家的保护之下垄断价格。随着垄断的打破、技术的进步、资源的合理配置利用、规模的扩大，生产成本会逐渐降低，也给降价提供了空间。随着价格逐渐逼近成本，企业无利润可赚时，其他的竞争形式，包括品牌竞争、质量竞争、服务竞争、产品品种竞争以及技术竞争等就成为了企业竞争的主体，企业的品牌、服务、质量、技术的提高同时就会促进整个行业的提高和进步。因此，在一定程度上，"价格战"既可以促进行业自身进步，也可以促进相关行业的发展。

一些行业的价格竞争已到了白热化的地步，许多人担心，价格竞争过度会导致"行业垮台"，但在世界各国的市场经济发展过程中，从来没有过因为价格竞争而导致"行业垮台"的先例。因为价格竞争的一种结果是资源的优化配置和资源利用效率的提高。在资源有限的条件下，提高效率是发展的根本途径，严酷的竞争环境会导致技术的加速进步和质量的大幅提高，同时也使企业竞争力提高。

由此说明，在激烈的竞争环境下，立足于企业的现实，即使在多种多样的营销策略面前，价格的作用仍不可忽视，价格竞争的环境还没有消失，价格仍是企业掌握的一张竞争王牌。甚至有人说："很难想象，如果没有价格的竞争手段，企业还能依靠什么在市场竞争中取得优势。"

2. 产品质量不能降低

有人认为：降价，降低了自己的利润空间，低价必须以降低产品质量为前提。如果这么做了，是对消费者、对企业不负责任的表现。诚然，一分钱，一分货，价格同质量在消费者心中存在一定的依存关系，在价格战中，一些不堪重负的企业也可能以低质量作代价，那么注定这样的企业会失去更多。

我们看到，在彩电、汽车、电脑、影碟机等行业，价格在一年一年下调，而产品质量却一年一年提高。所以，低价绝不能成为降低产品质量的托词。

各行业的价格战中，挑战者几乎都是本行业中的领先企业，它们拥有良好的产品形象和企业形象，它们的降价借助的是有声望的产品和企业声誉，很难在消费者心中形成低质量心理。而且，若以低质量为代价显然与其企业战略是背道而驰的。在价格战中，一些规模不大、经营不善、资金缺乏、无竞争实力的企业为了暂时的销量，会以降低产品质量为代价，但在市场竞争中，质量的降低无疑意味着自取灭亡，这又正是价格战所要达到的目标之一。

面临市场的严峻挑战和各行业内部结构上的矛盾，价格战是重要的竞争方法，它是国内市场转轨时期的必然，也是企业在市场转型期逐步适应市场，从幼弱走向成熟的必经阶段。但是对于中小型公司来说，千万不要轻易打价格战。

价格要满足消费心理

产品价格的高或低，是不同顾客的消费感受。消费者的心理是：高于自己心理价位的，就是高；低于自己心理价位的，就是低。

所以，企业的定价一定要设法满足消费心理：

1. 不同消费群的心理价格

在消费者心理中存在着这样一个潜在的规律：消费者对价格的反应与自己的消费能力有关。消费能力强的人，对高价格的承受能力就强；消费能力弱的人，总是期望所有的产品都是白菜价。所以，对于企业的产品而言，没有错误的价格，只有错误的、不匹配的消费群。

2013年9月，苹果iPhone 5S手机的金色版变得非常紧俏和畅销，价格高得离谱仍一机难求，该机被网友戏称为"土豪金"。明明只是一款新颜色的产品，却在一夜之间成为了神话。相信很多人都在问，为何人人都爱土豪金呢？甚至"土豪，我们做朋友吧"已经成为最热门的网络语言。

分析背后的原因，在于苹果公司迎合中国消费者，推出了金色的手机，满足了消费者的心理。现在人们更多地希望通过外在物品来标榜自己，"土豪金"就成为了一种身份地位的象征，这也是"加价"这种在成熟市场几乎不会出现，却频繁出现在消费品领域的根本原因。

2. 锁定消费需求

遇到适合产品的消费群，他会重复购买；如若消费者的需求特点与产品价值不符合，哪怕是再好的产品他也会觉得不好，再低的价格也会觉得高。企业管理者在设计产品之前，一定要锁定市场需求，根据市场需求进行产品开发。在产品投入市场之后，一定要找到产品的消费群体，在产品和消费群之间实现无缝对接。

老陈是某建筑设备公司的推销员，刚刚入行，经验不丰富，最近遇到一个让他不知所措的顾客。顾客仔细地问他，安装他推销的这套设备能否不破坏建筑物。"我们对所有的销售商都要问这点，"顾客告诉老陈，"由于这是极好的古代建筑物，安装你们的建筑设备时我们希望不用在建筑里打洞，造成破坏。"

因为没有百分之百的把握，老陈不敢允诺。到了最后的选择阶段，顾客与老陈以及老陈的竞争者坐在一起进行谈判。竞争者非常希望能够拿下这个生意，经过考虑，他做出了一个重大的价格让步。这一下使得老陈的报价高出对方将近20%。老陈知道，即使再去请示经理，也难以获得比竞争者的价格更低的价格。

老陈不知道该怎么办，就把这个事情告诉了经理。经理听完后，对老陈说："把你的报价再提高30%，同时向顾客保证安装设备不会对该建筑有任何损坏。"经理告诉他："公司已经找到这样做的办法——整个安装工作将在一个古建筑方面专家的监督下进行。增加的费用就是聘请专家的费用。"

老陈觉得很疑惑，问经理："价格本来就没有优势，再提高价格，能成吗？"经理拍了拍他的肩膀，说："如果他是真的在意安装设备对建筑物造成的影响，那他就不会在乎你的价格。我们能够为他提供最为完美的安装服务，如果他能够认同我们服务理念和服务水平，那他也不会咬住价格不放。"果然，当顾客在听完老陈介绍如何安装才能使建筑物不受损坏的介绍后，立即与他签订了服务合同。

这个事例说明，只要是产品的目标消费群体，他最为在乎的是产品的品质，而不是产品的价格。只要找到真正需求产品的人，价格问题永远不是大问题。

定价应着眼于长远

企业生产产品的目的就是为了让顾客购买，而购买的多少与顾客的购买力密切相关。因此，德鲁克认为，只有制定顾客支付得起并且愿意支付的价格，顾客才会实施购买行为。

柯达公司在创业初期就发现了一个问题：当时的照相技术要调光、调焦等复杂手段让大多数顾客望而生畏，人们对摄影技术是一窍不通，所以导致产品不好卖。为了解决这一难题，柯达公司不惜投入巨资，试图研究一种自动对光、自动调焦的相机。

柯达公司花费了好几年心血，终于研发成一种无需手动调焦、手动对光，只要对准目标按下快门，就能获得自己理想照片的相机。即便是一个对摄影技术一无所知的人只要点拨，就能使用这种相机，因此，这种相机被称之为"傻瓜照相机"。

换成别的公司，可能会趁此机会将相机的价格定得很高，大赚一笔。但柯达公司却恰恰相反，他们想到的是放长线钓大鱼。这种相机上市以后，价格低到了令人难以置信的地步，人们甚至怀疑这种相机能否照出影像。经过一段时间的宣传，人们纷纷踊跃购买，表现出了极大的兴趣，同时也得到了人们的认可。

人们都为能够拍出理想的相片而兴奋不已，消费者看起来是占到了便宜，柯达公司才是最大的赢家。随着"傻瓜照相机"的大量售出，柯达品牌的胶卷、相纸乃至整个柯达彩扩业都因此而受益，摆脱了曾经那种死气沉沉的局面。

人们手中有了相机就必然要在这些领域里不断消费，柯达不是傻瓜蛋，它在开始就盯准了一个更有潜力的市场。因此，它并不急于收回成本，而是舍小求大，获取了更多的利润。

柯达的营销手段是精明的，当他把花费大价钱开发出的相机以低价出售时，实际上是只抛出一块砖石，它要引出后面的胶卷和相纸，激活它们的市场。这可以看作是一种销售策略，只有买相机的人多了，才能够售出更多的胶卷和相纸。

所以，在当前市场竞争越来越激烈的商业环境里，以市场或者顾客最想支付的价格为出发点来设计和定价产品，才是最保险的策略。

企业经营者的首要任务之一是熟练地掌握定价策略和技巧。定价的准确度是衡量经营者能否有效地运用企业的资金、资源及其营销管理能力的指标，它关系到企业的命运。

1. 全新产品的定价策略

全新产品是指采用全新原理、方法或原料、工艺生产的产品，它对于企业和市场而言是第一次的、前所未有的东西。对于这类新产品，企业面临着许多未知因素，需要进行大量的调研预测工作，然后做出判断：是采取高价策略，以便迅速收回开发研制的成本；还是采用低价方法，以期快速占领市场，抑制竞争者的加入。

2. 新引进产品的定价策略

新引进产品是指市场上已出现，但企业通过引进、模仿别人的技术第二次生产的产品。对于这种仿制品，企业应实行通行定价法，比照其他企业的定价，根据本企业产品在质量、声誉及服务水平上与其他企业的差异，制定相应的价格。

3. 重新定位产品的定价策略

重新定位产品是指投放到新目标市场上的现有产品。通常情况下，任何一个企业都不可能囊括所有细分市场，而只能有重点地占领一个或几个细分市场。把在原目标市场上取得成功或销量饱和的产品，投入到新的目标市场上去，等于对现有产品进行一次重新定位。企业要在对新目标市场做认真细致的研究之后，考察市场上是否已存在同类型的可替代产品，依据市场对本企业产品的潜在需求量制定出有竞争力的价格。

4. 连续性新产品的定价策略

连续性新产品对企业和市场而言都不是全新的，而是在原有产品的基础上进行改造而得的。例如，对现有产品线的增补产品，对老产品提高性能、增加用途和改良产品等。对这类产品的定价要比照产品线中原有产品的价格。根据质量性能的差异，制定不同的价格，以满足不同层次的需求。连续性新产品的定价还涉及新老产品的关系问题。革新产品的推出在时机、价格上都应以扩大企业整体利润为目标，而不应出现吞噬本企业老产品市场的情况。

定价的技巧

金老板的超市刚刚开业的时候，整条街道就这一家超市，所以附近小区的居民和路过的路人都选择来这家超市购物。金老板店里的服务和商品价格都还可以，所以，自开业一直到不久前，生意一直不错。可是不久之后，同一条街道上又多了一家超市。奇怪的是，自从另一家超市开业以来，金老板发现前来自己超市购物的顾客不断地减少，甚至许多本来是自己超市的老顾客，却出现在了另一家超市的门口。金老板决定去另一家超市一探究竟。

金老板曾经怀疑是新开的超市比自己的超市服务或者促销做得好。于是，带着这些问题，某天傍晚，他亲自走进另一家超市，扮成顾客，想要去一探究竟。

金老板拿起购物筐，先去走货最快的日常家用品货架看看。走到家用品的货架前，他只看货架摆设，没有发现有什么差距，再大体看了一上商品种类，也是差不多的那几个牌子。纳闷之余，金老板低下头看超市物品的价签。一下子，他便全明白了。

原来，这家"对手"超市的许多护肤品都比自己超市卖的便宜。但是，其实没有便宜多少：金老板店里卖30元的洗发水，这家超市卖29元；金老板卖20元的洗衣粉，这家超市就卖19.8元。金老板又迅速查看了其他商品的货架，发现这家超市的不少商品都比自己商品便宜1元钱左右。他怎么也想不到，屈屈不到1元钱的差距，"对手"超市就取胜了。

金老板或许并不是那么清楚，自己的超市输了，是输在那区区一块钱的定价方式上。营销学者曾经做过调查，对于顾客来说，同样的商品，如果标价20元，客人的心里感觉是"这件东西要20多元钱"。而如果标价是19.8元，客人的心里感觉是"这件东西才不到20块钱"。所以，虽然只有不到1元钱的差距，但对于顾客来说，就会感觉在定价为19元的超市购物就得了很大的便宜。

一点小小的定价差别，所造成的顾客反应却大不一样。因此，我们在为自己的商品定价时，必须充分了解顾客的心理与定价的技巧。当然，还有金老板的教训——要了解竞争对手的定价。

定价的技巧有很多，一般来说，有以下一些方式可以参考：

1. 特价标注

许多超市的店门口经常会有"开业特价"、"店庆特价"、"限时特价"，并张贴一些有代表性的特价商品，这就是一种特价定价法。顾客一看到某种常见的商品这家超市比别家超市便宜，在利益驱动下就会走入超市。所以，这种特价定价法，有利于吸引客人前来消费，也对其他商品的销售有拉动作用。

2. 折扣定价法

许多超市对于销售的商品根据顾客购买的商品数量的多少，给予顾客不同的价格折扣。如一家超市曾经对自己超市内的酸奶实行这样的折扣策略，当顾客只买一瓶酸奶时，酸奶为8元/瓶，如果买两瓶或者更多，那么第二瓶和以后的都为5元/瓶。这种定价方法，就会吸引顾客购买多于一瓶的酸奶，从而拉动超市这种商品的销售。

3. 吉祥数字定价法

中国人做什么事都讲究吉祥和运气，所以超市可以利用这一心理进行定价。比如在价中选择带"8"的数字，表示"发财"，"6"则表示"顺利"，"9"表示"永久"等。用这样的吉祥数字可以吸引图吉利的顾客前来超市购买这类定价的商品。如某超市在中秋佳节的时候，就有月饼红酒大礼盒，标价666元，购买的人络绎不绝。

4. 整数价格策略

对于价格较高的商品，如高档商品、耐用品或礼品等可以采取整数价格策略。企业为了迎合消费者"价高质优"的心理，给商品制定一种整数价格。当消费者得不到关于商品质量的其他资料时，为了购买高质量的商品，常常有"高级店，高级货"、"高价钱，是好货"的心理，以价格高低来辨认商品质量的优劣。

5. 声望定价

声望定价指针对消费者"一分钱一分货"的心理，对在消费者心目中享有声望、具有信誉的产品制定较高价格。价格高低时常被当做商品质量最直观的反映，特别是在消费者识别名优产品时，这种意识尤为强烈。这种定价技巧不仅在零售商业中广泛应用，在饮食、服务、修理、科技、医疗、文化教育等行业也运用广泛。

6. 招徕价格策略

为了迎合消费者求廉心理，暂时将少数几种商品减价来吸引顾客，以招徕生意的策略叫招徕价格策略。其目的是把顾客吸引到商场中来，在购买这些低价产品时也购买其他商品。

7. 习惯价格策略

习惯价格是指那些顾客已家喻户晓、习以为常，个别生产者难以改变的价格。即使生产成本提高很大，再按原价出售变得无利可图时，企业也不能提价，否则会引起顾客的不满，只能采取降低质量、减少分量的办法进行调整。还可以推出新的花色品种，改进装潢以求改变价格。

定高价还是低价

一种产品只能确定一种价格，那究竟是定高价还是定低价呢？也许不少企业认为低价可以使产品销售量更大。沃尔玛正是采用了低定价的方式，进货为0.8美元的东西，其他商店卖1.2美元，它只卖1美元。这大大增加了销售量，成为沃尔玛成功的法宝。

所以定低价或降价成为企业常用的手段之一，乐此不疲。但是，我们也会发现，名牌产品都是高价，并不降价（名牌不打折），但也都是成功者。所以，定高价还是定低价，取决于公司的具体选择：

1. 企业的定位

在什么情况下应该定高价，什么情况下应该定低价，其实这取决于企业的目标客户以及竞争环境。

一般来说，如果企业的目标客户是高收入者，其市场需求并不大，因此采用定高价的策略，以实现高价少销，能够成功。名牌产品通常采用这种定价方式，例如一个LV女式手提包定价1.2万元，市场销售仍然很好。其实这种产品属于炫耀性商品，购买它的女士主要不是用于装东西，而是用这种包的品牌来"炫耀"自己的身份。价格低了，与普通手提包一样，无法炫耀身份，高收入者就不会购买了。

因此，高定价的产品一个显著的特点是价格缺乏弹性，而且供给是极为有限的。以LV女式手提包而言，其对象是极少数高收入女士，她们希望以这种包来显示自己的身份，需求强度高，而且类似的替代品并不多。尤其有些人对这种品牌有一种特殊偏好，喜欢LV这个品牌的人宁肯多花钱也要买这种包，不肯以低价去买其他包，尽管其他包也是名牌。对这些高收入者而言，1.2万元一个包在其总支出中占的比例并不大。所以高收入者对LV的包就极为缺乏弹性。而且这种包做工精细，供给难以增加，不用靠降价吸引更多消费者。这种产品靠品牌而不是靠低价占领市场。如果降价反而会由于无法显示身份，甚至会发生需求量减少的情况。缺乏弹性的产品，如果采取降价销售，总收益必然减少，因此维持高价，总收益才能维持可观的水平。因此，定高价并不降价就是正确的选择。

2. 需求弹性

其实，不仅名牌，只要是需求缺乏弹性的产品都可以定高价或提价。以麦当劳为例，为什么其他餐饮店都降价时，它提价反而总收益增加呢？这就在于麦当劳这种快餐食物有自己稳定的消费群体。他们对麦当劳有一种强烈的偏好，而对价格又不敏感，这就是说对于麦当劳的消费群体而言，这种食物是缺乏弹性的。而对于那些不爱吃，"饿死不吃麦当劳"的人群而言，因为不喜欢，价格再低也不会去吃。提价并不会减少青少年和儿童对麦当劳的消费，降价也不会吸引其他人吃麦当劳，因此，提价并没有减少消费量，总收益就增加了。

但是，如果目标客户是广大中低收入者，采用低定价的策略，以实现低价多销，往往能够成功。这种产品的需求往往富有弹性而且供给可以无限增加。在这方面，美国辉瑞公司的药品"伟哥"是一个成功的例子。"伟哥"这种药品是许多不同收入阶层的人都可以用的，潜在市场极大。但这种药品的需求富有弹性，这就因为它毕竟不是治病救命的，不是生活的必需品，同时还有其他同样作用的药品作为替代品。而且这种药品为化学合成，有需求，供给量就可以增加。如果定价高，买的人很少，它难以成功，只有低价吸引更多人购买才能成功。所以辉瑞公司给伟哥定了一个相当低的价格，结果获得意外成功，第一年的销售就达10亿美元。这就实现了我们平常所说的"薄利多销"。尽管在定价低时，每片药的利润减少了，但由于销售量极大，总利润增加了，实现了利润量最大。

由此可以看出，高定价还是低定价，首先取决于市场条件：产品缺乏弹性还是富有弹性，目标消费群体是哪个收入阶层。其次也取决于企业目标：是利润率最大化还是利润量最大化。一般的规律是产品缺乏弹性，目标消费群体人数少，但收入高，企业以利润率为目标，就实行高定价；相反，产品富有弹性，目标消费群体人数多，企业以利润量为目标，就实行低定价。在确定了价格目标之后，就要据此决定自己的产量。因为高价必定与少销相关，低价才能多销。在高定价时要限量生产，我们可以发现很多名牌都是限量发行，而在低价时就要扩大生产能力多生产产品。

3. 消费者心理

此外，在定价时还要特别注意消费者心理。定高价还是低价也要注意这一点。人们都有"便宜没好货"的心理，有些产品一味定低价，反而会失去消费者。降价促销往往给以抛售"烂货"的意思。举个例子来说。一个退休工人退休后闲来无事，便摆了一个小摊，当起了老板。临近春节时，他托战友从外地进了500瓶瓷瓶包装的白酒，进价只有5元，退休工人看进价这么便宜，就标价8元。可是卖了十来天，也只卖出3瓶。有顾客拿着酒问他："这酒包装这么好，价钱却这么便宜，是真酒吗？"尽管退休工人一再保证是厂家正品，可人家琢磨半天，最后还是没买。退休工人急了，照这样下去，几百瓶白酒得卖到啥时候？怎么办？这时儿子给老爸出主意，把标价改成28元。退休工人一听乐了："你脑子咋想的？8块钱都卖不出去，还28块，谁要？"儿子说："你先试试，反正现在不也卖不出去吗？"退休工人想想也是，便将标价改成了28元。没想到，第二天，一下子就卖出了二十多瓶。

当然，用高价去冒充好货，最终也非成功之策。对不同的物品，消费有不同的心理价位，这需要经营者去调查、了解消费者是怎么想的。

市场竞争态势千变万化，定价也不能闭门造车。因此定高价、定低价还要看同类产品或相近替代品的定价，这一点，在市场竞争中十分重要。定高价、定低价的问题，需要经营者在商场的实战中解决。

一般成本定价法

作为企业市场战略的一部分，定价是一个很复杂也很敏感的问题，但也是提高企业利润最有力的武器之一。提升价格1%，企业的运营利润将相对应提升近10%。而企业成本削减或者是销售行政开支紧缩1%的，他们相对应的运营利润提升只有7.2%或者8%。

对公司经营者而言，最正常的定价方式就是成本定价法。成本定价法通常适用于生产中间产品的工业企业，往往采取完全成本加成法作为定价决策的基础。完全成本加成法，顾名思义就是完全成本加上一定的利润，其关键点在于核算完全成本。至于利润加成，是由公司参考投资回报率自行决定的。具体来说，完全成本包括以下组成部分：

1. 产品成本

对于材料的核算比较简单，就是基于产品的物料清单、采购价格、加工成本及估算的报废率来核算。

2. 人工成本

人工的核算相对复杂些，首先要计算出人工的单位时间成本，然后根据生产工艺路线计算出单位产品所消耗的单人单工位的作业时间，二者相乘就得出单位产品的人工成本。

这里需要注意的是：计算人工单位时间成本时，在除法算式中，分子的人工成本应包含工资、奖金、福利等，分母的工作小时数应只考虑真正用于生产的工作时数，否则人工成本就会被低估。另外，"单人单工位"是指假设由一个人从头至尾生产一个产品的理论用时。当然，在实际生产中不可能由一个人一个工位从头至尾生产，而是在每一个生产步骤中按最优的方式，安排多人多工位来生产，但在产品定价时我们要把所有人工抽象成单人单工位来计算。

3. 折旧和摊销

折旧一般是针对通用机器设备，而摊销一般是指专属机器设备及研发等。通用机器设备的折旧按规定使用年限来计算单位小时折旧率，但要注意在除法算式中，分母小时数要使用机器正常工作小时（剔除正常维护、停机及一定概率的非正常停机等）。

而摊销则是将该产品的所有专属投入，如专属设备、项目研发等，按与客户约定的产品产量，摊销到单位产品上。也就是说当该产品累计产量达到约定产量时，这些所有专属投入就全部收回了，之后产量的产品价格就应剔除单位产品的摊销；反之，如果该产品最终的累计产量没达到约定数量，则专属投入没有完全收回，应向客户索要未收回的专属投入成本。

4. 其他成本

各项费用包括制造费用、管理费用、销售费用和财务费用。各种费用的性质不同，在产品定价核算中的方法也有所不同。

边际成本定价法

作为企业经营者，必须懂得边际成本定价法。边际成本是指增加一单位的产量随即而增加的成本。

举个简单的例子，从北京开往石家庄的长途车的票面价格是50元。一个匆匆赶来的乘客见一家国营公司的车上尚有空位，要求以30元上车，被拒绝了。他又找到一家也有空位的私人公司的车，售票员二话没说，收了30元允许他上车了。哪家公司的行为更理性呢？乍一看，私人公司允许这名乘客用30元享受50元的运输服务，当然亏了。但如果用边际成本定价法分析，私人公司的确比国营公司精明。

当我们考虑是否让这名乘客以30元的票价上车时，实际上我们应该考虑的是边际成本的概念。边际成本是增加一名乘客所增加的收入。在我们这个例子中，增加这一名乘客，所需磨损的汽车、汽油费、工作人员工资和过路费等都无需增加，对汽车来说多拉一个人少拉一个人都一样，所增加的成本仅仅是发给这个乘客的食物和饮料，假设这些东西值10元，边际成本也就是10元。边际收益是增加一名乘客所增加的收入。在这个例子中，增加这一名乘客增加收入30元，边际收益就是30元。

在我们的例子中，私人公司让这名乘客上车是理性的，无论那个售票员是否懂得边际的概念与边际分析法，他实际上是按边际收益大于边际成本这一原则作出决策的。国营公司的售票员不让这名乘客上车，或者是受严格制度的制约（例如，售票员无权降价），或者是缺"边际"这根弦。

1. 价格定在边际成本上

商品有两种价格：一是它的生产成本，二是消费者愿意出的价格。前者位于商品的边际成本线上，后者位于消费者的需求线上。这两种价格是彼此独立的，互相不发生影响。企业应该明白这样一个道理，即价格应定在边际成本上，边际成本就是指在一定产量水平下，增加或减少一个单位产量所引起成本总额的变动数，用以判断增、减产量在经济上是否合算，这样的定价可以避免浪费，使商品得到最大的产出，造福于社会。

例如，某企业生产某种产品100个单位时，总成本是5000元，单位产品的成本是50元。若生产101个单位时，其总成本为5040元，则所增加一个产品的成本为40元，边际成本即为40元。当产量未达到一定限度时，边际成本随产量的扩大而递减，但当产量超越一定限度时，就转而递增。

所以，当增加一个单位产量所增加的收入高于边际成本时，是合算的，如果低于边际成本就是不合算的。因此计算边际成本对制定产品决策具有极其重要的作用。

2. 不断降低边际成本

王永庆被誉为台湾的"经营之神"，其经营之道备受推崇。

20世纪50年代初，王永庆表示要投资塑胶业。当地一个有名的化学家，公然嘲笑王永庆根本不知道塑胶为何物，开办塑胶厂肯定要倾家荡产！其实，王永庆作出这个大胆的决定，并不是心血来潮，铤而走险。他认为，烧碱生产地遍布台湾，每年有70%的氯气可以回收利用来制造PVC塑胶粉。这是发展塑胶工业可以降低成本的一个大好条件。

1954年，王永庆创办了台湾岛上第一家塑胶公司。三年以后建成投产，立刻就遇到了销售问题。首批产品100吨，在台湾只销出了20吨，明显地供大于求。按照生意场上的常规，供过于求时就应该减少生产。可王永庆却反其道而行之，下令扩大生产！

这一来，连他当初争取到的合伙人，也不敢再跟着他冒险了，纷纷要求退出。王永庆决定背水一战，变卖了自己的全部财产，买下了公司的全部产权。王永庆有自己的算盘，他相信自己产品销不出去，并不是真的供过于求，而是因为价格太高——要想降低价格，就只有提高产量以降低成本。

第二年，他又投资成立了自己的塑胶产品加工厂——南亚塑胶工厂，直接将一部分塑胶原料生产出成品供应市场。事情的发展，证明了王永庆的计算是正确的。随着产品价格的降低，销路自然打开了。台塑公司和南亚公司双双大获其利！从那以后，王永庆塑胶粉的产量持续上升，使他的公司成了世界上最大的PVC塑胶粉粒生产企业。

当然，台塑的成功还有其他方面的努力，如内部管理、与政府的良好关系等，但最关键的是台塑通过将自己的产量扩大，从而达到边际成本最低，这是台塑成功的法宝。

任何增加一个单位产量的收入不能低于边际成本，否则必然会出现亏损。只要增加一个产量的收入能高于边际成本，即使低于总的平均单位成本，也会增加利润或减少亏损。计算边际成本对制订产品决策具有重要的作用，当产量增至边际成本等于边际收入时，将为企业获得其最大利润的产量。

目标客户定价法

一般来说，消费者在购买商品时，对商品的质量、性能、用途及价格会有自己一定的认识和基本的价值判断，也就是说，消费者会自己估算以一定价格购买某商品是否值得。

在定价时，当商品价格与消费者对其价值的理解和认识水平相同时，就会被消费者所接受。反之，则消费者难以接受或不接受。

1. 价格源自顾客的理解

以价值为基础的定价方法因此应运而生。营销者以消费者对商品的理解和认识程度为依据制定商品价格，就是以价值为基础的定价，这种方法的思路是：企业定价的关键不在于卖方的生产成本，而在于买方对商品价格的理解水平。

在南北朝时，有个叫吕僧珍的人，世代居住在广陵地区。他为人正直，很有智谋和胆略，因此受到人们的尊敬和爱戴，而且远近闻名。因为吕僧珍的品德高尚，人们都愿意和他接近和交谈。同时代有一个名叫宋季雅的官员，被罢免南郡太守后，由于仰慕吕僧珍的名声，特地买下吕僧珍宅屋旁的一幢普通的房子，与吕为邻。一天吕僧珍问宋季雅："你花多少钱买这幢房子？"宋季雅回答："1100金。"吕僧珍听了大吃一惊："怎么这么贵？"宋季雅笑着回答说："我用100金买房屋，用1000金买个好邻居。"

这就是后来人们常说的"千金买邻"的典故，1100金的价钱买一幢普通的房子，相信任何一个经济人都不会做出如此选择。但是宋季雅却认为很值得，因为其中的1000金是专门用来"买邻"的。

2. 以顾客心理定价

美国吉列刮胡刀片公司创立之初只是一家默默无闻的小公司。而现在，吉列公司已经发展成为一家全球闻名的大公司。吉列刮胡刀片畅销全球，只要有人的地方，几乎就有吉列刮胡刀片。

1860年以前，只有少数贵族才有时间与金钱来修整他们的脸，他们可以请一个理发师来替他们刮胡子。欧洲商业复兴之后，很多人开始注意修饰自己的仪容，但他们不愿使用剃刀，因为当时的剃刀笨重而且危险，而他们又不愿花太多的钱请一个理发师来替他们整修脸部。19世纪后半期，许多发明家都争先恐后地推出自己发明和制造的"自己来"刮胡刀片，然而，这些新刮胡刀片价格太高，很难卖出去。一把最便宜的安全刮胡刀需要5块钱，相当于当时一个工人五天的工资。而到理发师那里刮一次胡子只不过花10分钱而已。

吉列刮胡刀片是一种舒适安全的刮胡刀片，但仅仅用"舒适安全"来形容的话，吉列刮胡刀并没有任何比其他品牌更高明的地方，何况其成本比其他品牌都要高。但吉列公司并不是"卖"它的刮胡刀，而是"送"它的刮胡刀。吉列公司把价格定在55分钱，这还不到它制造成本的1／5。但吉列公司将整个刀座设计成一种特殊的形式，只有它的刮胡刀片才能适合这种特殊的刀座。每只刀片的制造成本只需1分钱，而它却卖5分钱。不过消费者考虑的是：上一次理发店刮胡子是10分钱，而一个5分钱的刀片大概可以用6次左右。也就是说，用自己的刮胡刀片刮一次胡子的费用还不到1分钱，只相当于1／10的理发师费用，算起来依然是划算的。

吉列公司不以制造成本加利润来定刮胡刀座的价格，而是以顾客心理来定刮胡刀座的价格。

结果，顾客付给吉列公司的钱可能要比他们买其他公司制造的刮胡刀更多。吉列通过这样"此消彼长"的方式使消费者购买到其心目中产品的价值，自然大获全胜。应当注意的是，这种"此消彼长"策略根据顾客的需要和价值及实际利益来销售产品，而不是根据生产者自己的决定与利益。简而言之，吉列的"此消彼长"代表了对顾客原有价值观的改变，而非厂商成本价格的改变。

这一策略一般用于互补产品（需要配套使用的产品），企业可利用价格对互补产品消费需求的调节功能来全面扩展销量。有意地廉价出售互补产品中处于不好销售的一种，再提高与其配套的另一种互补产品的价格，以此取得各种产品销量的全面增长。

歧视定价法

价格歧视实质上是一种价格差异，通常指商品或服务的提供者在向不同的接受者提供相同等级、相同质量的商品或服务时，在接受者之间实行的不同的销售价格或收费标准。经营者将同一种商品或服务，对条件相同的若干买主实行不同的售价，则构成价格歧视行为。歧视定价属于定价策略的范畴，无任何褒贬之意。

运用歧视定价有两个不可或缺的条件：一是实行歧视价格的商品本身是不能转卖的，谁购买谁消费，不能低价买进再高价卖出去；而是要能用一个客观标准对消费者进行细分，即分为需求弹性不同的消费群体。

对于商家而言，实行价格歧视的目的是为了获得较多的利润。如果按较高的价格能把商品卖出去，生产者就可以多赚一些钱。因此，生产者将尽量把商品价格定得高些。但是如果把商品价格定得太高了，又会赶走许多支付能力较低的消费者，从而导致生产者利润的减少。如何采取一种两全其美的方法，既以较高的商品价格赚得富人的钱，又以较低的价格把穷人的钱也赚过来。这就是生产者所要达到的目的，也是价格歧视产生的根本动因。

雷克萨斯是目前世界范围内最成功的日系豪华车，中国市场主要有GS300和GS430两款车型。2008年国内GS300 68．8万元的售价跟德国市场约合人民币44万元的价格比起来高了20余万元，更是比美国高出一倍的价钱。雷克萨斯GS430，在美国市场的售价为51500美元，在欧洲市场售价为54200欧元，折合人民币均只有40万元左右。而同一款汽车，在国内的售价却超过90万元。这就是歧视定价的一个案例。

价格歧视的前提是市场分割。如果生产者不能分割市场，就只能实行一个价格。如果生产者能够分割市场，区别顾客，而且要分割得不同市场具有明显不同的支付能力。这样企业就可以对不同的群体实行不同的商品价格，尽最大的可能实现企业较高的商业利润。雷克萨斯就是成功分割市场，将中国市场的富豪支付能力视为最高，从而为它的"歧视定价"提供了依据。

在生活中，实行价格歧视的事例比比皆是。以前公园卖门票，对本国人卖低价，对外国人卖高价；大学生放假回家，只要手持学生证，就可以买到半价票；在北京坐公交车，如果刷卡便可以打五折；有的舞厅为了使舞客在跳舞时刻成双配对，甚至只对男士卖票，女士可以免费……

如果没有价格歧视，人人平等，实际上也未必会得到比较满意的结果。美国P&G公司曾经一直在采用"折扣券"制度，对积攒、保存、携带、出示"折扣券"的顾客（往往都是收入较低的顾客）实施优惠价格。1996年，P&G公司以区分消费者需求弹性成本太高之名决定取消这种制度。P&G公司的顾客愤怒了，连纽约州司法部都介入了此事，要求强制P&G公司执行"折扣券"制度。所以说，价格歧视本身也是另类公平的一种市场体现。

当企业有定价权时，实行歧视定价有助于实现利润最大化。主要的歧视定价可分为以下几种：

1．一级价格歧视

对企业而言，最有利的歧视价格就是对每一个消费者收取他愿意而且有能力支付的最高价格。这就需要把每个消费者都分开。当然，一般而言，进行这样的市场细分是极为困难的。但是某些特殊情况下，如果消费是完全分开的，相互不通消息，这种一级价格歧视也是可以实现的。

2. 二级价格歧视

对一定数量的物品收取一种价格，对另一定数量的同样物品收取另一种价格。例如，某服装公司推出一种新的时尚女装，首先把高收入群体作为目标群体，这些人需求缺乏弹性，就可以对先上市的一批衣服收取高价。这部分人的需求得到满足后，就降低价格，卖给需求富有弹性的一般消费者。

3. 三级价格歧视

根据不同市场上的需求价格弹性不同，实施不同的价格。其中运用最成功的就是国外的民航了。民航的歧视定价是指同一个航班同样航位的乘客所支付的单价不同。民航机票要实名凭证件登机，不能转让。此外，民航乘客可分为公务乘客和私人乘客，前者对价格缺乏弹性，后者对价格富有弹性。民航是怎么实行价格歧视的呢？他们把是否周六晚上在对方城市过夜作为区分两类乘客的标准并实行歧视定价。因为通过调查发现，在往返于两地的乘客中，公务乘客周六晚上通常不在对方城市过夜，而私人乘客没有这个规律。此外，提前购票时间也是区分两类乘客的标准，一般私人乘客出行都是有计划的，因而一般提前订购机票。

预防式定价法

某家企业开发了一种极受家长欢迎的儿童洗浴液，市场供不应求，而且目前只有它一家企业可以生产这种产品，它应该把价格定多高呢？相信绝大多数商家都会选择将价格定得很高，以期获得高额利润。

如果定高价会有什么结果？如果这家企业生产这种儿童洗浴液的成本为20元，但它根据消费者的支付能力与愿望，把价格定为100元。这时供求平衡，产品可以卖出去。这时利润高达80元，已经达到400%的利润。接下来，会引起什么结果呢？作为一种儿童洗浴液，它并没有什么高科技，仅仅是在一般洗浴液的配方上做了一点调整，也无法获得专利保护，谁都可以仿制。其他企业看见这种产品如此受欢迎，利润又如此之高，于是纷纷生产这种产品，进入这个市场。当其他企业进入，供给大量增加之后，儿童洗浴液的价格迅速下降，在某一个时期内由于各个企业的价格战，价格也许会降到成本之下。长期中，利润高时，有企业进入，亏损时，有企业退出，最后的结果是生产这种儿童洗浴液的企业获得该行业的平均利润率。假设该行业平均利润率为20%，最后这种产品的价格就维持在24元。这种其他企业进入价格迅速下降的过程是相当快的，最初那家企业的暴利会很快消失。企业为开发这种产品付出了努力，但在短暂暴利之后，又回到了行业平均利润率，这个过程又太快，也许快得连开发费用都来不及收回。

如此看来，这种定高价的做法不足为取。应该定一个什么价格呢？如果不定高价，只定一个能得到比行业平均利润率略高一点的价格，比如行业利润率为20%，这家企业以获得25%的利润为目标把价格定在25元。这种利润不足以引起其他企业进入，于是，这家企业就可以在较长时期内维持这种略高于行业平均利润率的利润。这比获得极为短暂的暴利要有利得多。本来可以定高价的产品，不定高价而是定一个只略高于行业平均利润率的价格，这种定价方式称为预防式定价。

预防式定价与进入门槛、产品替代程度之间的关系难以用准确的数学公式来确定，相关的市场调查也难以得出完全正确的结论。因此，预防式定价的把握往往取决于企业家的经验和悟性。

1. 关注进入门槛

预防式定价是为了防止潜在进入者进入，是一种未雨绸缪的定价方式。预防式定价是对付潜在进入者的，因此，价格定为多高就取决于潜在进入者在进入时遇到的进入门槛的高低。如果某个行业根本无法进入，比如企业垄断了某个行业的资源，就可以不采用预防式定价。如果某个行业根本没有进入门槛，任何企业都可以自由进入，预防式定价就要低一些。进入门槛的高低决定了预防式定价的高低，两者同方向变动。

进入门槛的高低取决于多种因素。从自然原因的角度看，包括资源的可获得性与规模经济的大小。一般而言，资源越不易获得，规模经济越大，进入门槛越高；资源越容易获得，规模经济越小，进入门槛越低。但是除了像自来水这样的行业外，不存在绝对不可以进入的行业。例如，南非的德比尔斯公司垄断了全世界80%左右的钻石矿，其他企业很难进入这一行业，它一直实行一家垄断的高价政策。规模经济也并非不能突破。过去，美国波音、麦道等公司垄断大型商用客机市场。飞机制造需要规模经济，投资巨大，风险也大，但这并不是绝对不可逾越的门槛。空客在欧洲各国政府的扶植下成长起来，并足以与波音对抗。在许多行业，基本上都是可以进入的。从立法的角度看，引起进入门槛的是特许经营权、许可证制度和专利制度。自从20世纪80年代以来，这种进入门槛正在被打破或削弱。

进入门槛不是绝对的，几乎所有行业都不是绝对不可进入，所以预防式定价得到了广泛运用，是一种重要的定价方法。

2. 价格依门槛而定

实际上，在运用预防式定价时，关键是把价格定为多少。这就要考虑到进入门槛的高低和替代品的替代程度。一般而言，进入门槛越低，替代品越多，预防式定价就要低得多一些，在没有进入门槛时，预防式定价几乎等于竞争的市场价格。如果一个行业进入门槛较高，或产品没有什么替代品，预防式价格就不重要，可以按垄断的原则定价。例如，医生、律师、演员，他们的社会知名度是长期形成的，其他人难以有这种知名度，价格就可以定得极高。

在企业开发出一种新产品或者新劳务时，预防式定价极为重要。这时市场上还没有类似产品或相近替代品，定价权是在企业手中。企业所考虑的首先是目标消费群体的支付能力与支付愿望，同时也要考虑其他企业进入的可能性，以及同类或相近产品的定价。

捆绑定价法

捆绑定价也叫价格捆绑策略或捆绑价格策略，是指将两种或两种以上的相关产品，捆绑打包出售，制定一个合理的价格并销售的行为。当你购买文字处理程序Word时，同时还必须购买电子表格（Excel）、数据库（Access）和演示文档（PowerPoint）等程序。这是微软重要的成功策略之一——捆绑定价策略。这使得微软成为全球办公软件中绝对的"大哥大"，市场份额高达90%以上。

捆绑定价是企业对其市场支配力的充分利用，能够提高企业的利润。在捆绑定价的形式下，由于捆绑定价是将产品作为组合进行销售，经营者可以通过操纵产品组合中不同产品的价格，以实现自己的利润，扩大自己的盈利空间。

捆绑定价能够给企业带来更大的利益，但并非任何产品皆可进行捆绑定价组合，其实施需要相应的条件：首先，捆绑定价产品需要具备相当的市场支配力，从而可与竞争产品进行价格差别竞争。微软的办公软件便是如此。其次，捆绑定价产品之间需要一定的关联性。如产品之间在消费对象、销售渠道、品牌影响力等方面相近等。典型的例子是2004年，惠普推出购买指定机型，除了装备操作系统外，还会送JBL音箱及Photosmart 7268照片打印机，进行三合一整合捆绑销售。再次，捆绑定价产品的目标顾客要存在重叠性，产品组合是目标消费者所需要的。1996年，宝马在南非推出一种销售策略，将防盗窃抢劫保险费用与其新推出的车型进行捆绑销售。在保险费用不断提高的情况下，此策略对消费者极具吸引力。

捆绑定价可以增加企业对低需求消费者的供应。在分开定价的情况下，生产者可能对某些产品只供应高需求的消费者，而不供应低需求消费者。而在捆绑定价的情况下，生产者可以在榨取高需求消费者净剩余的同时，向低需求消费者进行销售，从而在一定条件下可以增加社会总福利。此外，捆绑定价可以降低交易费用。捆绑定价通过产品组合，降低了消费者的搜寻成本，尤其是在基本品和捆绑产品之间互补性非常强的时候，这种交易费用的节省就更加突出。同时，捆绑定价还可以降低消费者的交易费用，通过产品组合，消费者毕竟只通过一次交易就完成了购买。

捆绑定价已经成为企业一种常用的销售策略。根据捆绑定价性质，可以将其划分为以下几种形式：

1. 同质产品捆绑定价

同质产品捆绑定价，按照提供的产品组合不同，又可以把它划分为混和产品组合定价和单一产品组合定价。混和产品组合定价例如航空公司对往返机票的定价；单一产品组合定价例如在酒吧里面啤酒必须成打买卖。

2. 互补式产品捆绑定价

即捆绑定价的产品在用途上具有互补性。例如饭店将几种不同的菜捆绑成一份套餐进行定价；银行对其提供的一整套不可分的服务进行定价；旅行社对整个旅行线路进行定价。互补式产品的捆绑定价已经越来越广泛，大大突破了传统的产品与产品互补的概念。

3. 非相关性产品捆绑定价

生产者将他的产品同竞争性的另外一种产品组合。被捆绑的产品不一定是和它一起销售产品的互补品，而只需要捆绑产品的消费能够给生产者带来有关消费者对基本产品的支付意愿的信息。非相关性产品捆绑定价在一些多元化企业中和一些商场促销活动中表现得比较明显。

尾数定价法

日常生活中，如果仔细观察货架上的价格标签，不难发现，商品的价格极少取整，且多以8或9结尾。比如，一瓶海飞丝怡神舒爽去屑洗发水标价22.1元、一袋绿色鲜豆浆标价0.8元、一台HP笔记本电脑标价8999元……不禁令人不解，如果采取像22元、1元、9000元这样的整数价格容易让人记住并便于比较，收银台汇总几件商品价格的时候更加便捷也不用找零。

其实这样的定价策略就是尾数定价策略。尾数定价是指利用消费者感觉整数与比它相差很小的带尾数的数字相差很大的心理，将价格故意定成带尾数的数字以吸引消费者购买的策略。目前这种定价策略已被商家广泛应用，从国外的家乐福、沃尔玛到国内的华联、大型百货商场，从生活日用品到家电、汽车都采用尾数定价策略。

据心理学家的研究表明，价格尾数的微小差别，能够明显影响消费者的购买行为。在西方国家，许多零售商利用这一心理特点来为商品定价。在美国市场上，食品零售价格尾数为9的最普遍，尾数为5的价格也很多，其普遍程度仅次于尾数为9的价格。据调查，尾数为9和5的价格共占80%以上。近年来，随着我国经济的发展，许多企业也逐渐运用这一特点为商品定价。

"尾数定价"利用消费者求廉的心理，制定非整数价格，使用户在心理上有一种便宜的感觉，或者是价格尾数取吉利数，从而激起消费者的购买欲望，促进商品销售。

超市、便利店的市场定位决定其适用尾数定价策略。超市的经营商品以日用品为主，其目标顾客多为工薪阶层。其动机的核心是"便宜"和"低档"。人们进超市买东西，尤其是大超市，如沃尔玛、家乐福、华联多是图价格低廉和品种齐全，而且人们多数是周末去一次把一周所需的日用品均购全，这样就给商家在定价方面一定灵活性，其中尾数定价策略是应用较广泛而且效果比较好的一种定价法。因为尾数定价不仅意味着给消费者找零，也意味着给消费者更多的优惠，在心理上满足了顾客的需要，即价格低廉，而超市中的商品价格没有特别高的，基本都是千元以下，而且以几十元的居多，因此在超市中的顾客很容易产生冲动性购买，这样就可以扩大销售额。

但尾数定价也并不是适宜所有的商家。超市、便利店等以中低收入群体为目标顾客、经营日常用品的商家适合采用尾数定价策略，而以中高收入群体为目标顾客、经营高档消费品的大商场、大百货不适合采用尾数定价法，而应该用声望定价策略。

而大型百货商场应以城市中高收入阶层为目标市场。在购物环境、经营范围、特色服务等方面展现自己的个性，力争在目标消费者心中占据"高档名牌商店"的位置，以此来巩固自己的市场位置。大型百货商场应采用声望定价策略。声望定价策略是指利用消费者仰慕名牌商品或名店的声望所产生的某种心理来制定商品的价格。消费者具有崇尚名牌的心理，往往以价格判断产品的质量。认为价高质必优，这种定价策略既补偿了提供优质产品或劳务的企业的必要耗费，也有利于满足不同层次消费需求。

据有关资料介绍，我国消费者中有较强经济实力的占16％左右，而且这个比例有扩大的趋势。这些消费者虽然相对比例不大，但其所拥有的财富比例却占了绝大多数，这部分人群消费追求品位，不在乎价格。倘若买5000元的西装他们会很有成就感，而商场偏要采用尾数定价策略，找给他们几枚硬币，就有点不合时宜了。

但是，如今尾数定价在商场中过多、过频使用的现象反而会刺激消费者产生逆反心理，如由原来的尾数定价给人定价准确、便宜很多的感觉，变成定价不准确、不便宜、甚至是商家在有意识地利用人们的心理，进而产生对企业价格行为不信任的心理。

在我国目前现有的主要零售业态形式中，都可以看到类似的尾数心理价格的影子。不仅包括超市的大量日常用品，而且用于百货商店的服装、家用电器、手机等。如果从价格形式上不加区分地采用技法雷同的尾数价格，必然混淆各种业态之间的经营定位，模糊业态之间的经营特色，不利于商家发挥先进零售业态的优势，实现企业快速发展的目标。

尾数定价为什么会产生如此的特殊效果呢？其原因主要表现在：

1. 便宜

标价99.95元的商品和100.05元的商品，虽然仅差0.1元，但前者给消费者的感觉是还不到"100元"，而后者却使人产生"100多元"的想法，因此前者可以使消费者认为商品价格低、便宜，更令人易于接受。

2. 精确

带有尾数的价格会使消费者认为企业定价是非常认真、精确的，连零头都算得清清楚楚，进而会对商家或企业的产品产生一种信任感。

3. 吉利

由于民族习惯、社会风俗、文化传统和价值观念的影响，某些特殊数字常常会被赋予一些独特的涵义，企业在定价时如果能加以巧用，其产品就会因之而得到消费者的偏爱。例如，"8"字作为价格尾数在我国南方和港澳地区比较流行，人们认为"8"即"发"，有吉祥如意的意味，因此企业经常采用。如果经营者将孕妇内衣定价148元，销售效果就会比定价150元更好。又如"4"及西方国家的"13"，人们视为不吉利，因此企业在定价时应有意识地避开，以免引起消费者对企业产品的反感。

折扣定价法

折扣定价是指对基本价格作出一定的让步，直接或间接降低价格，以争取顾客，扩大销量。有人可能会说，折扣不就是降价了吗？价格不是最大的杠杆吗？降价不是有损利润吗？

我们以会员卡这种折扣为例说明。美容业、餐饮业的很多商家都会推出会员卡，就是折扣销售。比如，你到一个中档的美发连锁店，做一次面部保养，要168元，如果买卡了，给你打5折，就只有84元了。而办一张卡，最低的面值也要2000元，2000元的卡可能只能打8折，你要想打到5折甚至更多，至少要买面值5000的卡。

客户买了大面值的卡，都存在你的帐下，面值越大，和你绑得越牢，这样，你的赚钱模式就发生了改变：大客户进来，消费数量多，容易产生规模化；拴住客户持续消费，不会再转投别处。营销上有句名言：开发一个新客户，是服务老客户成本的5倍。所以，这样减少了大量的营销成本、开发成本；买了会员卡的消费者，不是每个都能消费完。有调查显示，30％的消费者都做不到在期限内将卡额消费完。

由此可见，折扣定价对消费者具有相当大的吸引力。因此，企业经营者有必要了解一些折扣定价的相关知识。折扣一般分为直接折扣与间接折扣。直接折扣的形式有数量折扣、现金折扣、功能折扣、季节折扣，间接折扣的形式有回扣和津贴。

1. 数量折扣

数量折扣指按购买数量的多少，分别给予不同的折扣，购买数量愈多，折扣愈大。其目的是鼓励大量购买，或集中向本企业购买。数量折扣包括累计数量折扣和一次性数量折扣两种形式。累计数量折扣规定顾客在一定时间内，购买商品若达到一定数量或金额，则按其总量给予一定折扣，其目的是鼓励顾客经常向本企业购买，成为可信赖的长期客户。一次性数量折扣规定一次购买某种产品达到一定数量或购买多种产品达到一定金额，则给予折扣优惠，其目的是鼓励顾客大批量购买，促进产品多销、快销。

数量折扣的促销作用非常明显，企业因单位产品利润减少而产生的损失完全可以从销量的增加中得到补偿。此外，销售速度的加快，使企业资金周转次数增加，流通费用下降，产品成本降低，从而导致企业总盈利水平上升。

2. 现金折扣

现金折扣指对在规定的时间内提前付款或用现金付款者所给予的一种价格折扣，其目的是鼓励顾客尽早付款，加速资金周转，降低销售费用，减少财务风险。采用现金折扣一般要考虑三个因素：折扣比例；给予折扣的时间限制；付清全部货款的期限。在西方国家，典型的付款期限折扣是，在成交后20天内付款，买者可以得到3%的折扣，超过20天，在60天内付款不予折扣，超过60天付款要加付利息。

3. 功能折扣

中间商在产品分销过程中所处的环节不同，其所承担的功能、责任和风险也不同，企业据此给予不同的折扣称为功能折扣。对功能折扣的比例，主要考虑中间商在分销渠道中的地位、对生产企业产品销售的重要性、购买批量、完成的促销功能、承担的风险、服务水平、履行的商业责任，以及产品在分销中所经历的层次和在市场上的最终售价等等。功能折扣的结果是形成购销差价和批零差价。

4. 季节折扣

有些商品的生产是连续的，而其消费却具有明显的季节性。为了调节供需矛盾，这些商品的生产企业便采用季节折扣的方式，对在淡季购买商品的顾客给予一定的优惠，使企业的生产和销售在一年四季能保持相对稳定。例如，啤酒生产厂家对在冬季进货的商业单位给予大幅度让利，羽绒服生产企业则为夏季购买其产品的客户提供折扣。

5. 回扣和津贴

回扣是间接折扣的一种形式，它是指购买者在按价格目录将货款全部付给销售者以后，销售者再按一定比例将货款的一部分返还给购买者。津贴是企业对特定顾客以特定形式所给予的价格补贴或其他补贴。比如，当中间商为企业产品提供了包括刊登地方性广告、设置样品陈列窗等在内的各种促销活动时，生产企业给予中间商一定数额的资助或补贴。又如，对于进入成熟期的消费者，开展以旧换新业务，将旧货折算成一定的价格，在新产品的价格中扣除，顾客只支付余额，以刺激消费需求，促进产品的更新换代，扩大新一代产品的销售。这也是一种津贴的形式。

第十二招

揽客之道：
为顾客着想，就能赢取顾客的青睐

重视与客户的关系

在现今物质极大丰富的时代，企业要想像以前一样，摆出一副高高在上的姿态，每推出新的产品就希望获得大量关注，这几乎是不可能的事情了。企业早就走出了卖方市场的时代，取而代之的是买方市场的时代，也就是客户为王的时代。

营销大师德鲁克也曾在他极具影响力的著作《管理的实践》一书中，着重强调了"以顾客为导向"的营销理念。重视客户的动向、满足客户的心理期望是企业在营销中的首要任务。

许多经营者虽然在口头上说"以客户为中心"，但长期的"思维定势"在其头脑中形成的还是以"我"为中心，即以"企业"、"产品"为中心的经营观念，对客户缺乏关注，不能很好满足消费者的心理期望，所以导致市场越来越小，生意越来越难做。

但是面对各种各样的客户，他们的需求也是纷繁复杂的，企业以有限的人力来关注和处理这么多不同的需求确实是耗时耗力的一件事。唯有留住客户，才能提高客户的忠诚度。在力所能及的情况下，管理者需要对客户的信息进行分类管理，根据不同期望值划分出不同客户类型。遇到同一类型的客户，可根据实际情况利用已有的经验来处理。

但是大多数公司通常关注的还是如何从每笔交易中能获得多少利润，这种观念极易导致企业发生短期行为，既不利于提高客户的忠诚度，也不利于企业的长期发展，最终很容易丧失客户。

那么，如何与客户真诚合作，取长补短，互惠互利，携手并进，在壮大客户的同时，自己也可从中获得源源不断的收益呢？具体来说，公司经营者如何建立稳固的客户关系？

1. 作点记录

在面对面地和客户或你希望成为顾客的人谈话时，你都应该做记录。这条颇有价值的建议是美国销售培训专家斯蒂芬·希弗曼提出来的，他认为，作笔记的方法是一种有效的销售和顾客服务工具。

在你作笔记的时候，能够发出所有的有用信息。你能够让顾客知道你在听，他要说的话对下面的事情将起重要的作用，以及你对这次谈话非常重视，要留下一份永久记录。千万不要跳过这一步。

2. 及时给回信

及时回电话，遵守约定的时间。我们在和人打交道时，最常见的担心就是联系之后没有动静。如果我们承诺为客户或顾客在本机构中办某件事情，那么我们也就有义务通报事情的进展。回个电话，按照约定给人回个信。如果能以一种有礼貌的、乐观向上的态度做这些简单的事情，那么这样会赢得顾客的青睐。

3. 要跟上变化

要关注当前的趋势与挑战，时常地浏览一下你的客户所在的行业信息，多了解一些咨询。比如说，你从事的是图书印刷业，那你就应该知道出版业现在的趋势是什么。探听一下有什么预测信息，这些预测将会对你的客户的订货和支付方式产生哪些影响。

4. 拜访客户

如果你能经常地到客户的工作地点去拜访，会大大有利于长期保持你们的业务关系。如果你能经常地把顾客请出来和你一起吃饭，那你的有利机会更会大大地增加。

当然，个人交往决不能替代过硬的业务表现，你还是需要把那些真本事也拿出来。但是如果你能和顾客建立一种你来我往的人情联系，那些客户对你的忠诚度就会大大提高。

5. 表现关怀

和你的客户发展共同的非工作话题也是非常重要的。你可以问问他们的兴趣爱好、假日活动，试着找一个你和客户都怀着很大热情的共同话题。此后你可以问些问题，鼓励你的谈话伙伴娓娓道来，千万不要一个人说起来没完！

6. 要求见客户的领导

他们和别人没什么两样。有礼貌地但是坚决地要求和这个机构的最高人物见一面，哪怕是一小会儿，都会有利于和这个客户建立更好的关系。这在今天是一种行之有效的方法。

7. 微笑

人们都喜欢和那些快乐的人打交道，因而很容易推断，如果你的生意伙伴看上去心情不错，那你做这笔买卖肯定错不了。在紧张的业务往来中，别忘了把气氛缓和一下，时常轻松轻松。

满足客户的心理需求

现代社会，采取低价策略的产品并非一定能够黏住客户，因为客户需求是多元化的，低价已不是黏住客户的灵丹妙药。那么，什么才是企业黏住客户的万能胶呢？显然是满足客户的真正需求。

客户不会忠诚于某一企业或者产品，他只会忠诚于自己的需求。只有从解决客户的需求入手，精心设计和引领客户的需求，让客户的心跟随着能满足他需求的产品而动，才能让客户把自己的企业和产品放在优先选择的位置。

作为一家商场的团购创业者，李艾华非常善于挖掘客户的需求，然后予以满足，从而赢取客户大量订单。一天，某高级中学后勤部的刘先生给他打来电话，要求购买一批名牌名厂的饮水机。放下电话后，李艾华开始琢磨这件事情：虽然这个学校经常在自己这儿买东西，但据自己掌握的情况，这个学校自身有热水供应系统，可是刘先生为什么还要买能够加热的饮水机呢？于是，他又给刘先生打了个电话了解情况。原来这家学校的开水处离学生宿舍有一定距离，很多学生因为偷懒，就在宿舍里用电热烧水器烧水，存在着巨大的安全隐患。

李艾华彻底明白了学校订购饮水机的目的。他想到，由于这是这家学校首次采购饮水机，刘先生肯定没有相关经验，所以他必须承担起挑选、推荐产品的责任。于是李艾华利用网络搜集相关信息，用了半天的时间就了解了影响饮水机寿命的要素。另外，他又打听到，这个学校将在今年建设新的教学大楼，现在对各项费用控制很严，价格也是学校选择饮水机的重要考虑因素。

在反复比较多个品牌和多个产品后，李艾华选择了一款品牌知名度高、声誉好、价格较低的产品。他带着这款饮水机和另外一款普通的饮水机来到刘先生办公室，他将挑选产品的过程详述了一遍，然后把两款饮水机的价差报给了刘先生。随后又问该学校新教学楼的规划情况，暗示为刘先生节省费用的考虑。刘先生会心地笑了，说："还是你能为我们着想。哈哈，马上签协议吧！"于是，李艾华又成功地接到了一大笔饮水机的订单。

从上面这个案例我们可以看出，李艾华在接到业务后，首先考虑的不是刘先生需要什么，而是首先弄明白他为什么会有这种需求。正因为李艾华主动地站在客户的角度上考虑客户的需求，正中客户的心思，所以他才给客户留下了好的印象，获得了客户的信任。

只有主动站在客户需求的角度考虑问题，才能准确把准客户的脉搏，从而在客户那里占得先机。

一个企业要想获得飞快的发展、创造高额利润，只能主动从客户的角度去寻找客户的需求。然而，在一些特定的商业领域中，一些公司奉承"顾客至上"的服务理念，也努力地为满足顾客的需求而努力，但是结果却往往不如人意，并没有得到客户的认可和喜欢。因此，要想准确掌握客户的心理需求，就必须要掌握一定的方法和技巧。

1. 从客户性别判断其需求

男性客户与女性客户的消费需求差别是很大的。以汽车、电动车为例，男性客户来买车一般侧重于介绍车的速度和质量，而女性客户一般侧重于关注这辆车的样式和色彩好不好看。女人容易受情绪左右，男人一般靠欲望支配。而情绪受环境影响，欲望则指向具体目标。所以，销售产品时，要注意其不同的需求。

2. 从客户职业了解其需求

不同职业的人往往对产品有不同的需求。首先要了解和判断客户是做什么工作的，一般从事某种工作或多或少都会在一个人身上留下印迹。根据不同职业人士的特点，讲述产品对他们的好处，这样才能正中客户下怀，让客户有购买的欲望。如果不了解各个行业或各类人群的典型心理特点，往往就会弄巧成拙，错失良机。

3. 从客户扮演的角色来判断其需求

一般客户买东西，特别是大件商品的时候，往往会拉上一两个好朋友来帮助其参考。所以，面对客户与参考者的时候，要两点兼顾，不能对参考者冷眼相加，虽然参考者起得好作用不是太多，但起得坏作用不少。特别要关注他们之间是什么关系，比如是夫妻，是同性朋友，还是家长带孩子，要针对不同的关系，采取多样的营销策略。

4. 挖掘客户潜在需求

对于一些自己缺乏主见的客户，要在与客户的前期接触过程中，特别注意挖掘连他们自己都没有意识到的潜在需求，而不要被客户表面的需求所迷惑。往往客户并不知道他们嘴里说的想买的某种产品，其实并不适合他们，所以要仔细问清这类客户购买产品的用途，大致的价位，再给他们推荐合适的产品。

在通常情况下，服务和产品的提供者总比客户要专业得多。以客户为中心，就是要站在有益于对方的立场上，提出各种建议方案供客户选择，同时挖掘客户的潜在需求、内心需求，而不是天天追着客户问需求。只有这样，在提高沟通效率，保证服务质量的同时，才能为公司创造利润，使公司更好地发展下去。

解读不同客户心理

不同的客户往往经常有不止一种的心理，但总有一种起主导作用。所以我们一定要揣摩不同的顾客的需求心理倾向，尽量满足其心理需求，促进各种交易圆满达成。

消费者的消费心理会受到消费环境、购买场所、导购情况等多方面因素的影响。例如一个人在收入不同、心情不同的情况下，消费心理就有很大的不同。另外，一些购买行为，比如冲动性购买行为、炫耀性消费或者消费攀比，就是消费心理在行为过程中的一些外化。

一般来讲，顾客的心理有如下几种特征：

1. 求实心理

以追求商品的实际使用价值为主要特征。这种动机驱使下，他们选购商品时特别注意商品的功能、质量和实际效用，而不会强调商品的品牌、包装等非实用价值。

2. 求廉心理

以追求商品价格低廉为主要特征，即占便宜心理。中国人经常讲"物美价廉"，其实真正的物美价廉几乎是不存在的，都是心里感觉上的物美价廉。

3. 求美心理

指顾客购物时以追求商品欣赏价值、艺术价值为主要目的。这种顾客在选购商品时，特别重视商品的造型、色彩、包装，注重艺术欣赏价值，以及对环境的美化作用，而对商品本身的使用价值往往没有太多的要求。

4. 推崇权威

对权威的推崇往往使顾客对权威所推介的商品无理由地选用，进而把消费对象人格化，造成商品的畅销。比如，利用人们对名人或者明星的推崇，大量的商家找明星做代言人。

5. 求名心理

以追求名牌为主要特征。这种顾客几乎不考虑价格，非名牌不买，通过名牌来彰显自己的身份，从而获得满足。他们对名牌有一种安全感和信赖感，对名牌商品的质量完全信得过。

6. 求新心理

指追求商品的时尚、新颖、奇特为主要倾向。这种顾客一般都有较重的好奇心，讲求样式的流行或与众不同，而不太注意商品的实用性和价格的高低。

7. 求便心理

单纯地追求简便、省时。这类顾客有很强的时间和效率观念，他们对商品本身通常不会太挑剔，但绝对不能容忍烦琐的手续和长时间的等候，总是希望能够迅速完成交易。

8. 疑虑心理

这是指每一个人在做决定时都会有恐惧感，又称购后冲突，是指顾客购买之后出现的怀疑、不安、后悔等负面心理情绪，引发不满的行为，通常贵重的耐用消费品引发的购后冲突会更严重。

9. 安全心理

这类顾客总是把安全保障放在第一位，尤其是像食品、药品、洗涤用品、卫生用品、电器用品等，绝对不能出任何问题。因此，他们非常重视食品的保鲜期、药品的副作用、洗涤用品的化学反应、电器用具的安全等。只有在经过明确解说或者是承诺后，他们才可能下定决心购买。

10. 从众心理

指个人的观念与行为由于受群体的引导或压力，而趋向于与大多数人相一致的现象，导致在购买上会表现出从众倾向。比如，购物时喜欢到人多的门店，在选择品牌时偏向那些市场占有率高的品牌，在选择旅游点时，偏向热点城市和热点线路。

发展新顾客的途径

小公司要做大做强，必须不断开发新顾客，必须善于发掘未来的顾客。

如何发掘未来顾客呢？一般有以下几种途径：

1. 多收集客户的资料

为了更好地了解顾客的各种情况，应当多备些资料。从客户的基本资料中可以得知客户的需求方向，只要客户有需求，自然可以针对所需提供合适的商品，所以尽量在初访过程中搜集客户的资料十分重要。其中包括的范围相当广，如工作、职位、学历、家庭、兴趣、娱乐、运动专长等，有时候连生日、嗜好等一些小问题都可能是销售成功的关键。例如，有位销售员会特别询问客户的生日或纪念日，每当那些日子来临前，他总是不忘写张贺卡，让客户觉得十分开心，他的客户自然也就终年不断了。

2. 利用各种渠道

利用展会、熟人介绍、促销等不同形式，发掘对本企业产品有兴趣的人士。如通过赠送实物，这种宣传效果特别好，起到刺激需求欲的作用。赠送样品的方法多种多样，有以直接邮寄配送（据市场调查得到的名单和地址）、挨家登门赠送、夹在同路商品的包装内、放在零售店赠送、先送样品试购优待券等方式。

3. 符合顾客的需求

有需求才有购买行为。成功的接近应当以顾客有需求的产品为基础。需求是购买的第一要素，如果客户的需求和销售员的建议一致，成交的可能性就会很高。销售员若能掌握客户的需求状况，就可以获得客户的订单，就算尚未成交，最起码也可以有效地提升客户和销售员之间的默契，对于成交自然有所帮助。

4. 耐心解答疑问

当顾客提出疑问时，不要表现出不耐烦。实际上，正是客户对商品有兴趣才会愿意针对商品提出疑问。在解答顾客的问题时，销售人员同样要讲究技巧。一般而言，顾客的问题可区分为"可以从容应付的问题"以及"无法回答的问题"两大类。

假如顾客提出的问题没有准备好或者根本就一无所知时，销售人员的应变能力就显得非常重要。一般而言，这个时候最好的应对方法就是转移话题，以问题内容十分复杂，必须搜集相关资料才能完整地答复为由，或是直接跳过问题不答而以反客为主的方式反问其他的问题，令他只顾着想自己的答案而忘记了刚才的问题。

5. 建立起顾客对产品的信心

在大多数情况下，销售员初次拜访顾客往往不可能成功交易，一次约见就成功交易的情况少之又少。因此，营销人员应当致力于建立顾客对产品的信心，以使其留下深刻印象，为以后的成交铺平道路。

初次面谈的目的在于给客户留下好的印象，只要给予客户基本的认识就该起身告辞，暂时留下一些议题作为将来再拜访的借口才是最好的策略。

招揽新顾客的技巧

小公司要发展壮大，就需要想方设法招揽新顾客，不断扩大自己的客户群。作为小公司的老板，必须深谙招揽顾客的技巧。

1. 分辨可能的顾客

如果想招揽新顾客，关键在于确认可能成为你顾客的顾客。这些人可以从下述三个方面进行辨认：有购买意向者，有购买资金或有筹措资金能力者，具有购买意愿与能力者。以这个原则对购买者进行分辨，切勿把许多宝贵时间耗费在与无购买意愿，又无购买能力的顾客的纠缠上。

2. 利用亲友关系开拓新顾客

人与人的交易和接触是滚雪球式的，越滚越多，所以你必须利用你的亲友关系拓宽与别人的联系，并把与你有关系的或见过面的人视为可能的顾客，并记录备案。这些关系可以包括：同学、校友等关系；亲戚、家属等关系；邻居、同乡等关系；爱好运动等方面的关系；同业、同组织、社团等的关系。

3. 家庭式介绍法

发掘顾客的一个有效的方法就是请购买商品的顾客把商品介绍给所认识的人，然后被介绍的人再把商品介绍给他所认识的人。这样一来，你的顾客就可以无止境地扩张下去。为使你的顾客不断地扩大，你必须得抓住每一位光顾的顾客，给他们留下好印象，让他们乘兴而来，满意而归。

4. 运用知名人士的感召力

小公司在广告上无法与大公司抗衡，但是尽可能地运用知名人士及与他有关的人士，并请其介绍熟人或朋友，逐步开拓可能的顾客。通过名人效应，会给你带来更多的顾客。

5. 举办展示会

用举办商品展示会、样品展览等方式，这是一种经济适用的方式。见过展示品的是一群对商品很感兴趣而聚集在一起的人，可以说在开拓顾客方面的概率很高。在一定时间内，积极推销，这有助于你开拓顾客。

6. 内部开拓法

这种方法是设法与公司内部人员或各种团体、部门取得联系，把职员都视为可能的顾客，然后通过他们再逐步拓展顾客。这种方法可确保拥有有组织的数量多的可能顾客，但若想要在组织上谋求扩展，需要投入相当的时间与经费及心力。不过你所做的一切都将是值得的，因为通过这种途径，你可以获得一大批永久性的顾客。

7. 分类法

对于销售人员来说，如何从不同层次的顾客中挑选真正的买主极为重要。你可以对可能顾客按A、B、C三级分类，对不同级别采用不同方法。A级顾客是拥有购买能力且明显地有购买意思者，B级顾客是的确会购买者，C级顾客为买或不买尚有疑问者。通过对你的顾客所作的分类，你可以采取不同的办法迎合他们的心理，让其购买你的产品。

8. 其他发掘方法

把不同情况的顾客都详细正确地记录下来，然后制定销售计划并采取积极果断的行动。处处留心皆学问。不论在何处，你都可能发现新顾客。

赢得客户好感

公司的产品要赢得客户，必须首先要赢得客户对该公司或该公司产品的好感。作为销售人员，要想方设法赢得客户的好感。

在企业推广过程中，总会遇到各种各样的客户，最大的问题就是如何让客户接受我们并愿意与我们进一步接触。掌握以下几个心理学效应，可有助于公司赢得客户好感。

1. 移情效应

"爱人者，兼其屋上之乌"，心理学中把这种对特定对象的情感迁移到与其相关的人、事、物上来的现象称为"移情效应"。

移情效应表现为人、物和事情上，即以人为情感对象而迁移到相关事物的效应或以物、事为情感对象而迁移到相关人的效应。生活中的"以舞会友"、"以文会友"等很多活动都是通过共同的爱好而使不相识的人建立了友谊，这些都是移情效应的表现。

销售人员在与客户打交道的过程中，这种移情效应的巧妙应用会大大增加交易成功的概率。

拉堤埃是欧洲空中客车公司的推销员，他想打开印度市场，但当他打电话给拥有决策权的拉尔将军时，对方的反应却十分冷淡，根本不愿意会面。经过拉堤埃的强烈要求，拉尔将军才不得不答应给他10分钟的时间。

会面刚开始。拉堤埃便告诉拉尔将军，他出生在印度。拉堤埃又提起自己小时候印度人对自己的照顾，和自己对印度的热爱，使拉尔将军对他生出好感。之后，拉堤埃拿出了一张颜色已经泛黄的合影照片，恭敬地拿给将军看。那是他小时候偶然与甘地的一张合影。于是，拉尔将军对印度和甘地的深厚感情，便自然地转到了拉堤埃身上。毫无疑问，最后生意也成交了。

移情效应是一种心理定式。有所谓"七情六欲"是人的本性，所以人和人之间最容易产生情感方面的好恶，并由此产生移情效应。洞悉人性，把握人性，要迈出销售第一步，就应该像拉堤埃一样懂得这一点。

2. 喜好原理

人们总是愿意答应自己认识和喜欢的人提出的要求。而与自己有着相似点的人、让我们产生愉悦感的人，通常会是我们喜欢的人。这就是喜好原理。

不怕客户有原则，就怕客户没爱好。销售员可以从下面五个方面发觉自己对别人与客户的相似度。

（1）打造迷人的外表吸引力。一个人的仪表、谈吐和举止，在很大程度上决定了其在对方心目中是否能受到欢迎。

（2）迅速寻找彼此的相似性。物以类聚，有着相同兴趣、爱好、观点、个性、背景，甚至穿着的人们，更容易产生亲近感。

（3）想办法与目标对象接触。人们总是对接触过的事物更有好感，而对熟悉的东西更是有着特别的偏爱。

（4）制造与美好事物的关联。如果我们与好的或是坏的事情联系在一起，会影响到我们在旁人心中的形象。

（5）毫不吝惜你的赞美之词。发自内心的称赞，更会激发人们的热情和自信。

喜好原理的关键是获得他人的好感，进一步建立友谊。在中国，将喜好原理用得炉火纯青的就是保险公司了。他们还总结提炼了五同，即同学、同乡、同事、同窗以及同姓。总之，只要可以联系上的都可以展开销售的动作，因为这有利于建立关系、达成交易。

3. 自己人效应

19世纪末欧洲最杰出的艺术家之一的温森特·凡·高，曾在博里纳日做过一段时间的牧师。那是个产煤的矿区，几乎所有的男人都下矿井。他们工作危险，收入微薄。凡·高被临时任命为该地的福音传教士时，他找了峡谷最下头的一所大房子，和村民一起在房子里用煤渣烧起了炉子，以免房子里太寒冷。之后，凡·高开始布道。渐渐地，博里纳日人脸上的忧郁神情渐渐消退了，他的布道受到了人们的普遍欢迎。作为上帝的牧师，他似乎已经得到了这些满脸煤黑的人们的充分认可。

可是为什么呢？凡·高百思不得其解。脑海中突然闪过一个念头，他跑到镜子前，看见自己前额的皱纹里、眼皮上、面颊两边和圆圆的大下巴上，都沾着万千石山上的黑煤灰。"当然！"他大声说，"我找到了他们对我认可的原因，因为我终于成了他们的自己人了！"

一个人，一旦认为对方是"自己人"，则从内心更加接受，不自觉地会另眼相待。

在生活中，"自己人效应"很是普遍。一个很简单的例子：本专业的教师向大学生介绍一种工作和学习的方法，学生比较容易接受和掌握；若其他专业的教师向他们介绍这些方法，学生就不容易接受。

销售员要想得到客户的信任，想办法让对方把自己视为"自己人"，无疑是一条捷径。

4. 兴趣效应

人与人在交往的过程中，常常会出现"惺惺相惜"的情况，社会心理学认为，共同的兴趣是"相见恨晚"的重要因素。

高珊是一名自然食品公司的推销员。一天，高珊还是一如往常，登门拜访客户。当她把芦荟精的功能、效用告诉客户后，对方表示没有多大兴趣。当她准备向对方告辞时，突然看到阳台上摆着一盆美丽的盆栽，上面种着紫色的植物。于是，高珊好奇地请教对方说："好漂亮的盆栽啊！平常似乎很少见到。"

"确实很罕见。这种植物叫嘉德里亚，属于兰花的一种，它的美，在于那种优雅的风情。"

"的确如此。一定很贵吧？"

"当然了，这盆盆栽要800元呢！"

高珊心里想："芦荟精也是800元，大概有希望成交。"于是她开始有意识地把话题转入重点。

这位家庭主妇觉得高珊真是有心人，于是开始倾其所知传授所有关于兰花的学问。等客户谈得差不多了，高珊趁机推销产品："太太，您这么喜欢兰花，一定对植物很有研究。我们的自然食品正是从植物里提取的精华，是纯粹的绿色食品。太太，今天就当做买一盆兰花，把自然食品买下来吧！"

结果这位太太竟爽快地答应了。她一边打开钱包，一边还说："即使我丈夫，也不愿听我絮絮叨叨讲这么多，而你却愿意听我说，甚至能够理解我这番话，希望改天再来听我谈兰花，好吗？"

客户的兴趣是成功实现销售的重要的突破口。志趣相投的人是很容易熟识并建立起融洽的关系的。如果销售员能够主动去迎合客户的兴趣，谈论一些客户喜欢的事情或人物，把客户吸引过来，当客户对你产生好感的时候，购买你的商品也就是水到渠成的事情了。

对客户投其所好

抓住客户的过程就是对客户"投其所好"的过程。销售员必须知道目标消费人群的偏好，同时紧密关注他们的偏好变化。

人都是有偏好的，所谓萝卜白菜各有所爱，所谓穿衣戴帽各好一套，说的就是这个道理。比如消费者对特定的商品、商店或商标产生特殊的信任，重复、习惯地前往一定的商店，或反复、习惯地购买同一商标或品牌的商品。属于这种类型的消费者，常在潜意识的支配下采取行动。

一个小伙子细心经营着一个很大的玫瑰园，他几乎倾注了所有的精力，科学地按时浇水，定期施肥。因此，玫瑰园的玫瑰长势很好，玫瑰品种齐全，五颜六色，有红、黄、绿、紫、白，煞是好看。小伙子定期到集市上去卖玫瑰，喜欢玫瑰的人都喜欢在这里买，因为他的玫瑰不仅鲜艳漂亮，而且从不漫天要价，每株玫瑰的价格在1~2元之间。

令人惊诧的是，不知什么时候，小伙子的玫瑰园里竟然长出了一些黑玫瑰。小伙子发现了这些黑玫瑰，差点慌了神，这下肯定没人买它，谁会要黑玫瑰呢！但是小伙子还是舍不得毁掉，想着让黑玫瑰在玫瑰园里点缀一下，也是一个特色。

后来，一位植物学家听说了小伙子的黑玫瑰，惊喜地叫起来："黑玫瑰！这是旷世稀有的品种！"植物学家为了研究黑玫瑰，保存和繁衍这个珍贵品种，愿意高价购买小伙子的黑玫瑰。植物学家出价10元/株订购小伙子的黑玫瑰，小伙子自然欣然接受，他没想到，黑玫瑰竟然给他带来了意想不到的财富，远远超过了他的预期收入。

后来，当人们知道了黑玫瑰是旷世稀品后，争相购买，小伙子种的黑玫瑰渐渐比其他玫瑰还要多，占了玫瑰园的一半。

最初小伙认为黑玫瑰颜色不合人们的偏好，因而没有将黑玫瑰作为自己的赢利产品。但是，当植物学家发现黑玫瑰的稀有价值后，黑玫瑰的身价也随之一路飙升，人们对各色玫瑰的偏好也发生了改变。

这个故事说明，人的偏好会发生改变，同时，消费者的偏好对于市场和商品有很大的决定作用。聪明的销售员应当敏锐地捕捉到消费者的偏好变化，将最受欢迎的产品作为自己的主打，最大程度地获得利润。反过来看，黑玫瑰引发了新的流行，告诉我们，要主动引入新产品，创造消费者的偏好。

因此，偏好主要分为以下几种类型：

1. 易受影响的偏好

如果消费者的偏好不稳定又含糊的话，要提供给他们一个满意的解决方案，以满足其偏好是不可能的。然而，因为他们对自己的偏好不了解，因此易被影响。

2. 不牢固的偏好

消费者知道自己没有稳定、清晰的偏好，他们对供给的评估很有可能是建立在其外观的吸引力上，而不是其是否真的符合他们的偏好。例如，喜欢喝葡萄酒，但是却又清楚知道自己没有这方面知识，可能会非常乐意接受有关葡萄酒方面的教育和消费建议。

3. 稳定的偏好

这类消费者有着稳定的消费偏好，这些偏好引导着他们的选择，但是他们却并没有清楚地意识到偏好对他们消费选择的驱动性。例如他们可能自认为选择是建立在理性、客观评判的基础上的，而实际上他们的选择主要考虑的是情感因素或审美因素。因此，这些消费者要么对那些实际上并不符合他们偏好的定制化供给或选择标准，可能会错误地接受，而最终导致不满意。

4. 根深蒂固的偏好

这类消费者既有清晰的偏好，又对自己的偏好有足够的了解，这使他们能正确判断一种定制化供给是否真的符合他们的偏好。由于他们对自身偏好的了解，他们可能很少依赖营销者的建议。

抓住女性消费者的心

对中小型公司而言，女性是消费的主要群体。女性消费者会把自己购买产品的满意使用感受和接受的满意的服务经历当做自己炫耀的资本，利用一切机会向其他人宣讲，以证明自己有眼光或精明。反过来，女性购物决策也较易受到其他消费者使用经历的影响。这个特点决定女性是口碑的传播者和接收者，一些产品通过女性的口碑传播可以起到一般广告所达不到的效果。

但成也口碑，败也口碑，只有过硬的质量才能维持住女性消费者的忠诚度。据国外调查表明，通常在对产品和服务不满意的顾客中只有4%会直接对公司讲，在96%不抱怨的顾客中有25%有严重问题，4%抱怨的顾客比96%不抱怨的顾客更可能继续购买。如果问题得到解决，那些抱怨的顾客将有60%会继续购买，如果尽快解决，这一比率将上升到95%。不满意的顾客将把他们的经历告诉给10～20人，抱怨被解决的顾客会向5个人讲她的经历。其中会把自己的抱怨反映给产品或服务提供者的大多数是女性消费者，因此女性顾客的反馈和口碑非常重要，商家一定要讨得女士的欢心才能赢得市场的青睐。

1. 女性消费者的特点

（1）注重商品的外表和情感因素。男性消费者在购物时，特别是购买生活日用品、家用电器时，较多地注意商品的基本功能、实际效用，在购置大件贵重商品时有较强的理性支配能力；而女性消费者对商品外观、形状，特别是其中表现的情感因素十分重视，往往在情感因素作用下产生购买动机。商品品牌的寓意、款式色彩产生的联想、商品形状带来的美感或环境气氛形成的温馨感觉等都可以使女性消费者产生购买动机，有时是冲动型购买行为。购物现场的环境和促销人员的讲解和劝说在很大程度上会左右女性消费者的购买，有时甚至能够改变她们之前已经做好的消费决定，使其转为购买促销的产品。

（2）注重商品的便利性和生活的创造性。目前我国中青年女性就业率较高，城镇高于农村。她们既要工作，又要做家务劳动，所以迫切希望减轻家务劳动量，缩短家务劳动时间，能更好地娱乐和休息。为此，她们对日常消费品和主副食的方便性有更强烈的要求。新的方便消费品会诱使女性消费者首先尝试，富于创造性的事物更使女性消费者充满热情，以此显示自己独特的个性。

（3）注重商品的实用性和细节设计。女性消费者心思细腻，追求完美，购买的商品主要是日常用品和装饰品，如服装鞋帽等，因此购买商品时比男性更注重商品细节，通常会花费更多的时间在不同厂家的不同产品之间进行比较，更关心商品带来的具体利益。现在丰富的同样的产品比性能，同样的性能比价格，同样的价格下比较服务，甚至一些小的促销礼品和服务人员热情的态度都会影响女性消费者的购买决定。这就要求商家对产品的细节做到尽善尽美，避免显而易见的缺陷。

2. 针对女性消费者的营销技巧

由于女性在消费活动中所处的特殊地位和扮演的特殊角色，形成了其独特的消费心理和消费特点。厂家要充分重视这一庞大主体，针对女性的特点，改善生产和经营，以便吸引和维持女性顾客，为企业带来源源不断的商机。

（1）现场促销活动要关注女性消费者的情绪变化。男性比较注重服务人员的知识和技能，而由于女性同时对态度也比较敏感，服务人员不经意间哪怕一个怠慢的动作，一句不耐烦的话语，一个轻蔑的眼神，都会将之前滔滔不绝的产品推销成果毁于一旦。女性消费者的自我意识、自尊心较强，表现在购买行为中喜欢评价商品，喜欢根据自己的爱好和标准分析商品，评价商品。购买后，她们总希望听到别人的赞赏。营销人员要讲究语言表达的艺术性，尊重女性消费者的自尊心，赞美女性消费者的选择，以博得女性消费者的心理满足感。

（2）女性商品设计要重视细节和外观形象，体现流行和时尚。女性对生活方式的反应要比男性快，女性的审美观影响着社会消费潮流。自古以来，女性的审美观就比男性更加敏锐。现代社会的职业女性对生活中新的、富有创造性的事物总是充满热情。年轻女性的心境和感性支配着流行。女性不仅自己爱美，还注意丈夫、儿女和居家的形象。商品的流行大多是随女性的审美观的变化而变化的，现在的商家也通过每年改变产品的流行样式，利用潮流的力量来激发女性消费者的购买欲望。因为女性对于落后于时尚流行趋势是最不能忍受的，而一般的女性消费者对流行的判断就是商家又推出什么新款式，别人都在穿什么，用什么，即存在严重的从众心理。在这方面，明星广告起了极大的煽动作用，知名人物做产品形象代言人也会明显地促进产品的销售。

（3）采用各种名目繁多的促销活动迎合对价格敏感的女性消费者。采用适当的促销手段，增进女性消费者对本企业及其产品的好感，是开拓女性消费者市场的重要途径。价格的影响对女性比对男性大得多，一般来说女性很少能够抵制住降价的诱惑。

在市场中进行讨价还价的绝对多数都是女性消费者，一方面出于女人节约的天性，比较有耐心，另一方面由于家庭中大多是女性掌握财政大权，直接控制家庭日常开支。男人"开源"，女人"节流"，这是大多数家庭的理财方式。有些女性一方面会花上几百元上千元买一套流行时装，而另一方面在菜场上买菜却对于几元几角讨价还价、斤斤计较，可见女性比较计较小数目的低档品，而对高档品却认为价高质好。

附赠品正是迎合了女性的这种心理。比如，两个商店的营销策略不同，一家是低价，另一家是高价但有附赠品，很可能女性在没有时间或能力比较两家商品的质量时，认为高价的质量一定好，而有附赠品就更吸引了她们。

以免费吸引顾客

每个公司都在绞尽脑汁去思考怎样获取更大的销量和利润，如不断推出新产品，举办各种促销活动等，这个过程中商家消耗了大量的营销费用，但收益并不理想。

现在，整个社会已经被"免费"所萦绕，免费营销比以往的营销手段更强烈地吸引着消费者，各类免费产品、免费服务以及免费体验蜂拥而至。

小公司如何才能让免费营销真正有效，将免费营销的午餐，做成一席皆大欢喜的盛宴呢？

1. 副产品免费带动主产品销售

比如充话费送手机。苹果公司在推出iPod时也用了这一招，他们用副产品免费提供音乐下载来促销iPod，结果使iPod全球热卖。其实，iPod昂贵的价格早已使其提供免费音乐来促销的成本可以忽略不计。

2. 零首付形式的"免费"

这种方式类似于分期付款，消费者可通过信用担保，以零首付的方式购买商品，然后再分期偿还。虽然消费者一时不用付款，但是累计支付的金额远高过一次付款的金额。因为分期付款，每次还款时看来款项都不高，压力也不大，所以受到欢迎。而不用付费就可以马上拿到心仪的商品，这样可以极大地刺激消费者进行冲动消费，这对于一些价格昂贵的商品可谓是一个使消费者冲动消费的好方法，如高档手机、笔记本电脑等。

3. 由免费衍生收费

现在很多娱乐场所都会在某些时候采取一种策略，使多位顾客光顾，其中一名顾客可以免票或相关费用。比如游乐园对儿童免门票，吸引来的自然是带着儿童的父母。不过很多采用此种免费策略的商家手段单一，方法僵硬，使消费者一眼识破其伎俩，产生反感，因此效果不佳。

4. 免费产生消费

先免费提供商品，然后通过商品的副产品消费或提供的服务获利。比如美国很多电动车生产企业为了拓展市场，推出电动车免费赠送的营销活动，消费者只要签订一份使用协议就可以不花一分钱把最新型的电动车开回家。但是，该企业的电动车只能到该厂特设的充电站去充电。当电池寿命耗尽时，也只能去厂家更换配套的电池。该企业电动车免费了，之后依靠价格较高的电池与充电费用赚钱。这种方式可行吗？事实证明，企业第一年收回成本，第二年就开始盈利，并且因此迅速地打开了大家一直犹豫观望的电动车市场。

5. 用免费吸引人气

比如百事可乐公司则与电玩制作公司合作，推出了一款《百事超人》的游戏，作为购买饮料的附赠品或奖品免费送给顾客，年轻人在有趣的游戏中无形接收了各种百事可乐的广告信息，促进了百事可乐的品牌建设。

6. 通过免费获得综合收益

比如在美国，Google采用了一种为使用者免费提供电话查号的服务，让美国的用户不再需要花钱去查号，只要在Google上就可以免费快捷地查到号码，用户数量多到惊人。而Google不仅仅收获了大量点击率带来的广告收益，更重要的是获得了价值上千万美元的数据资料，这些资料是Google下一步进军手机语音搜索市场所必需的。

7. 互利免费

企业为消费者提供免费产品或服务，消费者在受益的同时，成为广告的接收者或传递者，最终促进收费产品销售。比如洗衣机生产者可以在说明书中推荐使用某品牌的洗衣粉或洗涤液，而洗衣粉生产企业则在洗衣粉包装上推荐特定品牌洗衣机或其他产品。这种互利形式使双方都可以免费得到广告宣传的机会，而这种建立于双方品牌影响力基础之上的相互背书式推荐宣传的效果，又远胜过硬性广告传播。

8. 免费转嫁

比如通用汽车下属的一家4S店曾经出色地搞过一次消夏赏车晚会。组织者找到一家啤酒厂，一家汽车装饰店，一家地产公司进行合作，举行喝啤酒大赛与汽车知识问答比赛。啤酒厂提供饮品，汽车装饰美容店提供奖品，地产公司则负责前期的宣传品印制与邮寄工作，同时共享了地产公司与汽车4S店相同的客户资源。各合作企业都可以在现场摆放展板、发放宣传品和优惠券，同时又获得在电视台与广播电台曝光的机会。整个活动，这家4S店花费不足千元，却红红火火地招待了消费者，同时也大作了一次广告，皆大欢喜。

让客户接受你的产品

一个产品推广到市场，能否受到特定消费群体的喜爱是由多方面因素决定的。比如，蒙牛乳业集团的优酸乳饮料就是借着赞助湖南卫视的《超级女声》选秀节目而让这款产品家喻户晓。蒙牛的做法为小公司推出产品提供了一种借鉴。

设法让客户接受公司的产品，这是企业应该当做追求的一项事业。具体来说，要让客户接受你的产品，就需要从以下几点着力：

1. 产品本身的性能满意

产品功能，也就是产品的使用价值，这是客户花钱购买的核心。客户对产品的功能需求有两种形式：一是显性功能需求，这是客户明显意识到的，能够通过调查报告反映出来。二是潜在功能需求，这是客户没有明显意识到的，不能通过调查完全反映出来，但如果企业能向客户提供，他们一定会满意。因此，研究产品的功能需求，一方面可以通过对消费者的调查实现，另一方面可以借助创新让客户确认。

客户对产品功能需求包括：物理功能需求和生理功能需求以及心理功能需求。

物理功能是产品最核心的功能，也是它最原始的功能，是产品存在的基础。失去了物理功能，产品也就失去了存在的价值。物理功能需求，是客户对产品的主要需求。客户之所以愿意购买，首先是消费它的物理功能，但由于消费需求的层次不同，所以即使是同一物理功能，不同客户的需求也不尽一致。

生理功能需求是客户希望产品能使他们尽量多地节省体力付出，方便使用。生理功能需求与物理功能需求相比，处于次要位置，只有物理功能需求得以满足后，人们才会更多地考虑生理功能需求。

心理功能需求是客户对满足其精神需求而提出的。在产品同质化、需求多样化、文化差异突出的消费时代，心理功能需求及其满足是企业营销的重点。客户在心理功能需求上主要包括审美心理功能需求、优越心理功能需求、偏好心理功能需求、习俗心理功能需求和求异心理功能需求。

一个产品从包装的颜色、式样、材料再到产品的内在价值，哪一步做不好都有可能影响到销售的业绩，以及客户的忠诚度。比如，现在市场上的大果粒酸奶，从伊利、蒙牛再到光明、三元等品牌，他们都有好几种同类产品在市面上。

但是很快细心的消费者就会发现，只有伊利大果粒酸奶是自附小勺的。别看这一只成本不高的小勺，它可大大地为顾客提供方便。因为现在许多顾客逛超市是忙里偷闲，他如果因为匆忙而忘记在收银台拿勺子时，他的麻烦就来了，此时只有购买伊利大果粒酸奶的顾客可以不慌不忙地享用。所以，产品的设计对于客户是否喜爱你的产品是有至关重要的影响的。

2. 产品的品位让客户喜欢

产品除了使用功能外，还有表现个人价值的功能，产品在多大程度上能满足客户的个人价值需求，不仅决定着产品的市场卖点，还决定着客户在产品消费过程中的满意级度，进一步决定着消费忠诚。所以，根据客户对产品品位的要求来设计产品品位是实现产品品位满意的前提。

产品品位满意表现在三个方面：价格品位、艺术品位以及文化品位。

价格品位是产品价格水平的高低。理论上讲，消费者购买产品时寻求功能与价格间的合理度，但事实上不同客户对功能的要求与判断是不同的，因而对价格的反应也不同。有人追求低价格，有人追求高价格，同一客户在不同产品上的价格品位也会不同。

艺术品位是产品及其包装的艺术含量。艺术含量高，则产品的艺术品位高，否则艺术品位就低。一般而言，客户都欣赏艺术品位高的商品，一方面艺术品位高的商品给人以艺术享受，另一方面艺术品位高的商品不仅是消费者自我感受，而且也向他人展示自身的艺术涵养与艺术修养，产品成为个人艺术品位的代表。

文化品位是产品及其包装的文化含量，是产品的文化附加值。一个看似十分平凡的产品，一旦富含了丰富的文化，那么它就有可能身价百倍。产品的文化品位是其艺术品位的延伸，不同消费者群有不同的文化品位，消费的文化特征也越来越突出地体现出来。有时，你无法从功能或价格的角度解释某一层面的消费现象或某一具体的消费行为，说到底，这就是产品消费的文化底蕴。比如，浙江绍兴的咸亨酒，打着鲁迅的旗号；山东孔府家酒，打着孔子的旗号，这些都是文化品位的代表。

建立良好的客户网

经理们要发展自己的客户，必须要懂得一个人际定律，这就是"250定律"。美国汽车推销大王乔·吉拉德通过细心的观察，发现每一个人的生活圈子里都有一些比较亲近、关系比较密切的人，而这些和自己密切的人大约都是250人。这给经理们以启示：与人之间的联络是以一种几何级数来扩散的。无论是善于交际的公关高手，还是内向木讷之人，其周围都会有一群人，对于生意人来说，这正是你的客户网的基础，是你的财富。因此，要想达到好的销售，就要建立自己的客户网络，并通过这一网络迅速开展业务。

有一位秘书小姐，她的工作可使她有机会接触各行业的人士，而这些人士大都是成功人士，他们有权有钱有势。这位小姐将这些人士整理成一份详细的网络表，并按行业、性别、职务作类别划分，这样日积月累，一目了然。

后来她发觉许多直销货品可以进行推销，于是便按图索骥，利用自己的人脉网络展开直销货品的推销，居然大获其利。

由此可见，对于销售来说，人脉网络的能级是多么的大。那么，如何建立起一张良好的客户网呢？

1. 与客户成为朋友

如果我们与客户成了朋友，那么他将会对你无所顾忌地高谈阔论。他可能会和你一起谈他的朋友，他的客户，甚至让你去找他们或者帮你电话预约，这样你将又有新的客户出现。

2. 客户网要经常更新血液

客户网是经常变化的，所以必须不断更新，使这一网络始终保持一定的张力，这就需要我们做出合理的取舍。

比如有两个客户，甲客户的订货量大，而且与你的关系很好，但却由于其管理不善，而且又不听你对管理上的建议，致使效益不断下滑。而乙客户的订货量较小，与你的关系不是很深，其管理者很有经验，而且很乐于接受同行的好意见。

当你的货不能同时满足两家时，你就应当做出取舍了。如果取甲，短期内可能有利可图，但到一定时候，他终究会由于经营不善而不能支付你的货款，到时你将会失去两个客户。如果取乙，短期内觉得收益甚微，但到其壮大以及甲破产时，其优势就明显了。

在作合理取舍的同时，我们必须不断地补充进更加新鲜的血液，在已有的客户中挖掘客户，在挖掘出的客户中再挖掘客户。

当你一旦建立起一个良好的客户网，并能驾驭这张网良性运作时，你就会觉得客户的口袋是向你敞开着的。

设法留住老客户

现代管理之父彼得·德鲁克说过："顾客是唯一的利润中心。"美国经济学家威德仑说："顾客就像工厂和设备一样，也是一种资产。"可见，培养忠实的客户、留住老客户对企业而言是非常重要的。

对于企业经营者而言，要知道在开发大客户、新客户的同时，不要忘记留住老客户。许多调查资料表明，吸引新客户的成本是保持老客户成本的5倍以上！假如一个企业在一个月内流失了100个客户，同时又获得了100个客户，虽然可能在销售额上的差距不大，但从稳定的客户数量和忠诚度来讲，企业实际上是亏损的。因为100个新的客户，未必都能成为企业忠实的"粉丝"。

那么对于企业来说，关注老客户、想办法留住老客户，最终培养出企业的忠诚客户到底能带来哪些好处呢？

1. 增加企业收入

顾客对企业的产品和服务感到满意，就会对企业产生信任，会经常地重复购买该企业的产品并产生关联消费，并且对价格的敏感度降低，而对品牌的认可度提高。许多数据表明，一个企业80%的利润是由20%的那部分顾客创造的。重复购买的客户趋于与企业形成某种特定的关系，是企业稳定的购买力来源，因此也源源不断地增加企业的收入。

2. 降低企业成本

维持一个老客户的成本仅相当于赢得一个新客户成本的1/6。赢得一个新客户不仅需要付出广告投入、时间和精力等成本，而且这些成本会在很长时期内超出新客户的基本贡献。所以，如果充分信任老客户，由老客户通过各种渠道给企业带来新客户，这样就能有效降低企业开发新客户的成本。

3. 形成良好的口碑效应

对企业感到满意和充满信任的顾客是企业的免费广告宣传资源。这些客户会将自己满意的产品积极向身边认识的人推荐。有研究表明，一个满意的客户通常会把愉快的消费经历告知3～5人。如果这些人中有一个也去购买了产品，并感到满意，那么他也会向另外3～5人传播，这样对产品感兴趣的人数就会呈几何级数增长，从而使企业获得更多的利润，积累形成良好的口碑，使企业的知名度和美誉度迅速提高。

既然老客户对企业来说如此重要，又能给企业带来不少好处，那么作为企业管理者，就有必要想方设法地去留住老客户了。留住老客户有一些妙招：

1. 对顾客进行分级

区分出对公司利润有最多贡献的那一批顾客，并为之创造更高消费价值，提供更多、更好的服务，使他们成为公司的长期忠实顾客，与企业终身相伴，长久地为公司创造利润。世界上最大的汽车制造企业——美国通用汽车公司曾经做过一个估算，一位忠实顾客，他对通用汽车的终生价值在40万美元左右，这些价值包括了顾客所将购买的汽车和相关服务，以及来自汽车贷款融资的收入。某航空公司的数据表明，一个每两个月就至少有一次长途往返飞行的商务旅客，终其一生可以为航空公司带来超过10万美元的收入。因此，一些航空公司为忠实的顾客提供了很多增值服务，比如优先登机、舱位免费升级、VIP候机室等特殊礼遇，这些服务给了商务旅客所需要的被尊重感和便利，这才是他们所真正需要的，也更增加了客户对航空公司的信任感和归属感。

1988年，美国租车行成立了翡翠俱乐部，它特别为租车常客提供设计会员身份识别服务和迅速租车的服务。翡翠俱乐部的会员在各大机场可以直接走到标记有"翡翠特区"的地方选车，出示会员卡后免除了排队、填表的麻烦，可以直接把车开走，翡翠俱乐部的成立真正提高了租车行业的客户忠诚度。据统计，翡翠俱乐部的会员10次租车有9次会通过美国租车行，而且翡翠俱乐部每年30美元的年费还为租车企业提供了一个新的收入来源。这样，租车公司的收入提高了，客户忠诚度也提高了，企业和客户实现了"双赢"。

2. 建立信息档案

企业管理者应该着手建立一个客户信息档案，详细记录有关客户的姓名、生日、爱好等方面的信息。这样一方面企业在为客户服务时，就能主动迎合客户需求，另一方面可以在客户生日等重大节日时根据客户的喜好，给他提供额外的个性化服务，从而获得客户的好感和信任。

泰国东方饭店作为世界十大饭店之一，生意异常火爆，几乎天天客满，不提前一个月预定很难有入住机会。他们非常重视培养忠实的客户，并且建立了一套完善的客户关系管理体系。楼层服务员在为顾客服务的时候甚至会叫出顾客的名字；餐厅服务员会问顾客是否需要一年前点过的那份老菜单，并且会问顾客是否愿意坐一年前你来的时候坐过的老位子。在顾客生日来临的时候，还可能收到一封他们精心寄来的贺卡，在贺卡上，他们用极其温情的语言来表达他们对顾客的思念。在这样人性化、周到体贴的服务下，泰国东方饭店生意越来越红火。用他们的话说，只要每年有十分之一的老客户光顾，饭店就会永远客满，这就是东方饭店成功的秘诀。

泰国东方饭店的成功提醒了广大管理者，要想使客户与企业终身相伴，就要建立一套完善的客户数据库，这是最基础但也是最重要的一项工作。在美国有超过80%的公司建立了市场营销数据库。这些数据库能够清晰地勾勒出客户的特点、习惯和爱好，能够帮助企业为客户提供贴心服务。因为假如没有客户资料，连顾客都不知道在哪里，企业是无论如何都不会成功的。

3. 加强销售培训

企业要加强对直接面向顾客的员工的培训和管理。必须经过严格专业培训和标准化管理，使员工具备高素质及高服务水平。如果一个顾客第一次接触你的产品或者你的服务，而没有得到足够的满意，那么这很可能是他第一次也是最后一次购买企业的产品和服务。

4. 回馈老顾客

企业要懂得感恩，要在企业运营资金里拿出一定比例的费用用于奖励忠诚顾客，表达对他们忠诚于公司的感谢，以此来维护和促进客户与企业的稳定关系。

与客户面对面沟通

作为一名经营者，如果你只阅读手下为你准备好的客户服务分析，只听听他们的报告，那么即便是一个小公司，你也未必能管理好。面对面与客户接触，会使你员工的报告充满生命力，使客户的观点更为集中。并且，它会对员工有一种示范效应：要争取到生意中重要的客户，确保服务质量不打折。

作为老板，你要从一个全新的角度来观察事物，从而减少什么事都想当然的倾向。并且，你要为你的公司赢得长期稳定的客户群。

你不仅仅要学会开拓和发展客户，更应学会延续彼此间的交流、沟通，让客户觉得你有人情味，值得信赖。这样，你的客户才会牢靠，你的公司发展才会更快。

1. 与客户的沟通途径

与顾客面对面地进行会谈，是你了解顾客的最有效的方式。老板应该寻找机会与顾客接触，了解他们的需求，征求他们对公司产品与服务的意见。

不仅是自己，也应该鼓励员工经常与顾客接触，不管是外部接触还是内部联系。在今天，员工、顾客、公司的三角关系变得越来越重要。对顾客冷漠无情，欺骗顾客，不履行自己对顾客的承诺，最终受损害的将是你的公司。

那么，具体而言，与自己的客户有多种沟通方式：

（1）选择恰当时机去见你的客户，与他们聊天、度假等；

（2）召开较为正式会议，讨论你提供的服务，听取客户意见；

（3）保持电话联络；

（4）发放调查表，定期开展调查；

（5）邀请客户参观你的公司，察看你们的日常操作；

（6）与客户共同制定研究计划，帮助自身提供服务；

（7）利用节日，邀请客户参加联谊，共同进餐；

（8）向客户的重要负责人馈赠礼物。

2. 与客户的交流方式

老板应当注意寻找机会与顾客见面，在与顾客的联系过程中，不管讨论什么问题，与客户多见面总能促进公司的发展。

老板应当真正意识到顾客的重要性，抓住每一个机会与顾客交流，从顾客那里得到更多的信任和帮助。你还要审视一下自己对顾客的态度是否充满了肯定。

在与顾客联系时，要注意与顾客的交流方式，有十种方式可供选择：

（1）安排与顾客会见，进行一次非正式谈话；

（2）顺便拜访会见顾客；

（3）举行正式会议；

（4）讨论顾客服务问题；

（5）电话联系；

（6）调查；

（7）实施研究规划；

（8）邀请顾客参与公司活动；

（9）书面通知顾客；

（10）让顾客参与训练活动。

这些方式如果运用恰当，会增进你与顾客的关系，更好地了解顾客。

听得进顾客的抱怨

根据一项研究，如果抱怨能得到迅速处理的话，95%抱怨者还会和公司做生意。而且，抱怨得到满意解决的顾客平均会向五个人讲述他们受到的良好待遇。因此，有远见的公司不会尽力躲开不满的顾客，相反，它们尽力鼓励顾客提供抱怨并尽力让不满的顾客重新高兴起来。

当今社会，企业间的竞争异常激烈，客户的需求是企业发展的根基。如果我们对客户服务不周，那么就可能错失许多商机，这样就会导致企业的效益下降，甚至拖垮企业。因此，要想立足于现代企业之林，我们就应该好好地为客户服务，应该感谢客户提供给我们的机会，因为客户的抱怨就是你的订单。松下幸之助说："把抱怨当做是另一个机会的开始。"马云认为："在接到客户的抱怨或斥责时，不能马马虎虎地去处理，否则将从此失去一个客户。"

英国有一个叫比尔的推销员，有一次，一位客户对他说："比尔，我不能再向你订购发动机了！"

"为什么？"比尔吃惊地问。

"因为你们的发动机温度太高了，我都不能用手去摸它们。"

如果在以往，比尔肯定会与客户争辩，但这次他打算改变方式，于是他说："是啊！我百分之百地同意您的看法，如果这些发动机温度太高，您当然不应该买它们，是吗？"

"是的。"客户回答。

"全国电器制造商规定，合格的发动机可以比室内温度高出华氏72度，对吗？"

"是的。"客户回答。

比尔并没有辩解，只是轻描淡写地问了一句："你们厂房的温度有多高？"

"大约华氏75度。"这位客户回答。

"那么，发动机的温度就大概是华氏147度，试想一下，如果您把手伸到华氏147度的热水龙头下，你的手不就要被烫伤了吗？"

"我想你是对的。"过了一会儿，客户把秘书叫来，订购了大约4万英镑的发动机。

通过解决客户的抱怨，替企业又多留住和挖掘了更多的客户，解决了客户对企业和产品的信任危机。

一般而言，企业在面对客户的抱怨时，需要从以下几个方面进行处理。

（1）仔细倾听抱怨的内容。倾听要本着有错必改的态度，要全面的了解客户存在的问题。

（2）向客户表示感谢。向客户解释由于他们愿意花时间精力来抱怨，让企业员工有改进的机会。

（3）诚心诚意道歉。万一有错，赶快为事情致歉，要是错不在己，仍应为客户的心情损失致歉。

（4）承诺将立即处理，积极弥补。

（5）提出解决方法及时间表。

（6）处理后确认满意度。处理过后再跟客户联系，确认对方满意此次的服务，一方面了解自己的补救措施是否有效。

（7）检讨。正确对待客户抱怨以及加以处理根本在于认识到自己与客户的共同利益，以及为了共同的目标而努力。面对客户抱怨时首先要想到自己与客户的利益其实是一致的，要明白——客户的抱怨不是麻烦，而是机会。

把潜在客户变为真正客户

我们必须开始认真而持续地关注我们当前客户的情况以及他们新的期望和要求。你需要在分析了客户过去与你或者你的竞争者合作时的消费模式之后，制定出你的行动计划。简而言之，要把你的客户当做一个新的潜在客户而认真调查、尽力研究。他们值得你提供最好的服务，做出最密切的关注。

你的竞争者和新对手也始终在争取你的客户，特别是那些利润大、有吸引力的客户。我们不能掉以轻心，我们要做的不只是维持客户关系，而应该通过不断增加和提高所提供服务的种类和质量，来适应他们不断增长的期望。

对于企业而言，任何时候都不要想当然地认为这个客户就是你的。多获取一些信息，主动要求并努力争取，直到获得你想要的业务。不要有丝毫放松，否则竞争对手将会轻松地占领你的地盘，而你将从此不再有机会。你要想办法将非长期客户变成长期客户，将小客户变成大客户，让客户变成自己的宣传者。要不断研究他们持续增长的需求，以及他们除你之外还从谁那里购买。要了解你在他们的支出和考虑中占多大的份额，你是否是他们的第一选择。

要想把潜在客户变成真正客户，企业就要做到以下三点：

1. 即使没有成交也不能放弃

所谓潜在客户就是：第一，他们需要我们的产品和服务；第二，他们有购买力。没有成交的原因是多种多样的，有的是暂时还不需要，但一段时间以后会有此种需求；有的是已有稳定的供货渠道；有的则纯粹是由于观望而犹豫不定，等等。但是，情况是在不断变化的，一旦成交障碍消失，潜在客户就会采取购买行动。如果销售人员在实效访问失败之后，没有着手建立联系，那么就无法察觉情况的变化，就不能抓住成交的机会。

2. 要有锲而不舍的精神

为了说服某一客户购买保险，销售人员常常要做第二次、第三次，甚至更多次访问。每一次访问都要做好充分的准备，尤其要了解客户方面的动态。而了解客户最好的方法莫过于直接接触客户。如果第一次访问之后，销售人员不主动与客户联系，就难以获得更有价值的信息，就不能为下一次访问制定恰当的策略。如果一个销售人员在两次拜访之间不能随时掌握客户的动态，那么，下一次拜访时，他就会发现：重新修改的服务方法必须再次进行修改。

3. 和潜在客户做朋友

比如一位对安利产品一直有成见的客户，起初拒绝的态度相当强硬。但是有个销售人员始终没有放弃她，而是努力接近她，同她谈生活、理想，就是不谈要她买安利的产品。最后客户反倒忍不住了，向销售人员问起安利的状况。于是，一场改变她态度的谈话开始了。所以，对于拒绝我们的客户，我们要从心理上有接受失败的准备，不可因为挫折而灰心丧气，始终都要抱一颗积极的心，随时准备走向客户的心门。

"封杀"劣质客户

重点优质客户，是可以给企业带来长久巨大利润的，他们往往是一个企业重点培养、重点关注的客户。然而客户多种多样，有重点优质客户，也就会有劣质客户。

所谓的劣质客户，并不是指品行低劣的客户，而是指那些企业有了成本投入，却不能给企业带来利润的客户。当企业辛苦辛苦为客户服务之后，结果发现自己倒贴进去很多时间和金钱，却没有得到任何回报，这对企业来说是得不偿失的。除了造成企业的利润损失之外，劣质客户还可能给企业带来更大的损失。因此，企业必须坚决封杀抛弃那些劣质客户。

在封杀劣质客户之前，作为企业的管理者应该对劣质客户有一个深层次的认识，善于判断和鉴别劣质客户，以免造成对优质客户的伤害。一般来讲，以索赔为目的的客户、给企业创造负利润的客户、使企业走向灭亡的客户等，他们都是企业的魔鬼，是典型的劣质客户。

劣质客户有以下四种类型：

1. 亏损客户

企业若对这类客户提供产品或服务，带来的结果就是亏损或负利润。也许这类客户会说："虽然本单生意你们企业不赚钱，但是我会经常购买你们的产品，或者介绍熟悉的人来购买，这样你们企业就会从我这里赚到许多钱。"这不是陷饼的承诺，而是陷阱的表白。企业不能对这类爱贪小便宜的客户心存幻想，如果无限度地满足这类客户的需求，最后只能使企业破产。

2. 欠款或赖账客户

这类客户也是许多企业经常碰到过的劣质客户。这类客户刚开始好像能给企业带来较大利润，签订几个大单，似乎是大客户、优质客户，但当产品到手，需要交付货款时，就推三阻四，能拖就拖。如企业给这类客户提供10000件产品，合同单价是1000元／件，成本价是600元／件，企业为此单生意支付的综合成本是600万元。履行合同完毕，理论上企业可从这一客户那里赚到400万元，形式上是A类（铂金客户）。但此客户只支付一半货款，即500万元，其余货款一律赊欠直到成为呆账、死账。结果是，企业不但没有从这个客户那里赚到400万元，反而为此亏损了100万元。

3. 不诚信客户

这类客户是指不按合同约定的价款和时间支付款项的客户，但与欠款客户又有所区别，他们认账不赖账。如合同约定货到指定地点后30日内支付全额款项，而此类客户要么在30日内只支付一半款项，要么在3个月后才陆陆续续支付全额款项。

4. 小客户

这类客户虽能给企业带来利润，但有时却会影响企业获取更多的利润，并遏制了企业的发展壮大。如企业给A、B类客户提供产品或服务，跟A类客户合作，企业在一个月内能赚到100万元，但跟B类客户合作在相同的时间内只能赚到1万元，因此B类客户就是小客户。企业最宝贵的三大资源是：人才、时间、资金，企业不应把资源浪费在此类客户的身上。

如何看透对方的合作诚意

判断对方诚意的技巧有很多。在选择与客户的合作中，掌握这些技巧有利于我们及时调整策略，合理分配有限资源，有利于我们将精力放在有合作意向和合作条件的人身上，从而避免徒劳的付出。

那么，如何看透对方的合作诚意呢？

1. 从手势看出对方合作诚意

为了表示自己的清白或者展示自身的诚意，人们通常会摊开手掌，向对方说一些"成本不能再降了"、"如果别人的价格比我低，我补足差价"或者"我是带着诚意来的"之类的话。也就是说，在人们开始袒露心扉或者想说真话的时候，很可能会在无意间露出全部或部分手掌。这完全是一个下意识的动作，当你看到这样的动作时，你就没有必要怀疑对方的诚意了。

2. 从形象看出对方的重视程度

无论是任何性质的商务交往，容貌打扮、言行举止都可能让对方产生强烈的感观评价，这些评价包含着尊重与不尊重、重视与不重视、真诚与不真诚等，因此我们要重视容貌打扮和言行举止。反过来的道理也一样，我们也可以从对方的容貌打扮、言行举止中判断他对特定活动及活动中的人的尊重程度、真诚程度及对事情的重视程度。

（1）穿着是否整齐、搭配得当。服饰覆盖了人体近90%的面积，当我们还没有看清一个人的容貌，来不及揣测对方的心理状态的时候，大面积的服饰往往已经给了我们重要的提示。人们会面之前都会经过一番精心打扮，如果对方衣冠不整、搭配失当，我们可初步判断出他不够重视。

（2）是否修饰容貌。容貌由发式、面容及人体所有未被服饰遮掩的肌肤（如手部、颈部等）所构成，它是人的精神面貌的外在表现。人们出于对某人某事的重视，会面之前都会对自己的容貌进行修饰，如果对方容貌邋遢、不加修饰，我们可初步判断出他重视程度不够。

（3）是否注重礼貌。在商务活动中，"和气生财"是商业人士一贯遵循的原则，"和气"就是"客气"、"礼貌"。因此，对方如果不注重礼貌，则说明对方不觉得"和气"会"生财"，体现出他的重视程度不够。从另一个角度来讲，在商务活动中，为了体现我们对对方的尊重和对合作项目的重视，应该注重自身形象，避免"不重视"的假象出现，给对方留下良好的第一印象。

3. 对方摩拳擦掌表示期待很大

人们常常会用摩擦手掌的动作来表达对某一事物的期待之情。比如，当你向领导讲解你制订的工作计划时，他一直将身体靠在椅背上，笑眯眯地望着你，并且不断快速地摩擦手掌，兴奋地大声说，"你知道吗，我真想你明天就开始！"其实，他什么都不用说，你就可以看穿他的心思，因为他那摩擦手掌的动作已经将他迫不及待的心情及他对以后工作顺利展开的无限期待全都清楚地告诉了你。

此外，人们摩擦手掌的速度还暗示了他们认为谁会成为此次会谈的受益者。比方说，商务谈判时，当你陈述完采购要求之后，对方一边快速地摩擦手掌，一边说："太好了，我们公司一定包你满意！"这时，对方希望通过这一动作让你知道你将会是这笔买卖中的受益者。试想一下，如果对方在说这句话的时候，他摩擦手掌的速度十分缓慢，给你的感觉会是怎样？你很可能会觉得他隐瞒了一些事情，有些不可靠，或者你甚至会觉得他希望此次交易的受益者是他自己，而不是你。

因此，如果你需要向对方描述产品或介绍服务，最好能配合摩擦手掌的动作，而且速度一定要快。相反，如果对方一边快速地摩擦手掌，一边说"让我看看你有什么"，那么这就表示他希望能够看到一些令他满意的好商品，这时他的购买意愿非常强烈，你千万要把握好这个绝佳的机会。

4. 从面部表情看透对方内心变化

人们的情感或想法会通过表情表现出来。比如，当你提出某个方案后，如果对方出现了双眉上挑、眉头紧皱的表情，那么这个表情就是"疑虑"的信号。也就是说，他对你的方案持怀疑态度。

不同种族、不同国籍的人，表达快乐、狂怒、悲哀、恐惧和厌恶等复杂、丰富情感的面部表情是相同的。通过这些表情可以看出一个人的精神生活和内心变化。因此，人的面部通常被看做是人心灵的一面镜子。人类复杂的表情变化都是在头部的眉、眼、嘴、鼻的动作变化上体现出来的，它们是人体中最富有表情、最生动的部位。

（1）通过手足活动表露感情。人要想隐藏面部表情，就很容易引起指尖和脚的活功。我们可以把这种现象理解为感情表露的能量转换成了活动能量，也就是心理活动变为频繁的肢体活动。比如，当你热情地进行产品说明时，如果对方用指尖轻轻地敲着桌子，或者在椅子下不停地摇摆双腿，这些都是"无聊"的信号，表示对方不感兴趣，因此你应该转换推介方式或尽快结束产品说明。

（2）面部表现的欲求不满。出现面部呆板、痉挛的现象，是在强行抑制面部表情时产生的不自然状态。比如，对上司怀有不满的公司员工，总是缺乏表情，即使偶尔一笑也显得很别扭，因为总想着把表现出来的不满情绪压抑下去，连笑脸都被抑制了，所以总是一副呆板的表情。

（3）谈话方式透露秘密。当一个人心中感到无趣、怀有不满或敌对情绪时，话会变少，说话也会变得无力、无趣味，给人以极端呆板的感觉。与此相反，若有亏心事，或想撒谎时，本来是个话少的人，会突然变得很健谈，这些都是表情通过谈话表露出的常见情况。

巧妙应对不同性格的客户

在和不同的客户打交道，不同的客户表现不同的性格。在应对客户的不满情绪时，我们应该以不同对象的性格特征入手，有针对性地加以处理。

1. 应对喋喋不休型客户的技巧

当出现一些不妥后，我们的客户总爱喋喋不休地抱怨，我们可以采用"组合法"让对方实现"软着陆"，让对方的心情放松下来。

客户："你们真的很差劲，我要投诉你们，发誓从此以后再不买你们的产品了！"

经理："您批评的极是，我们也在反思服务中暴露的问题，接下来希望您能够听一下我们的意见。不知道目前我们公司能够帮助您做些什么？"

客户："我的冰箱上个月就出毛病了，打了好几次电话，你们说派人来修，但始终没有人来维修，只希望你们马上给我修好。"

对方并非真的要投诉，只是正在气头上，如果劝说不当，对方会更加反感或不愿意接受调解。

这位经理首先承认了错误，避免了与对方产生直接冲突。然后以诚恳的语气希望对方能够听自己的解释。为了避免对方拒绝，逐步提出意见，让对方平静。通过这种组合法的引导，让对方在心理上接受我们，从而达到消除对方抱怨和愤怒的目的。在这个过程中不断对上一句话进行解释，让每一句都能得到对方的认同，最终的核心问题也会圆满解决。

2. 应对易怒型客户的技巧

我们经常会遇到易怒型的客户，脾气暴躁是其典型的性格特征，往往没等我们开口解释对方就开始咆哮。遇到这种类型的商业对象，我们应该保持冷静，不要与对方争执。人们在发怒的时候会失去理智，不愿听任何的劝解。我们要做的是将他的愤怒平息下来，之后按照正常程序处理就可以了。

客户："你们是怎么服务的啊，以后我不在你们这里购置服务器了。"

经理："对不起，这是我们的错。"

听到客户愤怒的咆哮，经理没有争辩，并主动承认错误，这可以在一定程度上缓解客户的愤怒。

客户："肯定是你们的错。"

经理："是的，这次的确是我们的服务不到位，回顾过去的一年，我们的合作是愉快的，但是对我们来说100次中有一次失败，那么我们是失败的。对于这件事，我们真诚地向您道歉。"

经理再次道歉，可以逐步缓解客户的不满情绪，最后达到让客户平息怒气的效果。我们在交谈过程中要不断地使用道歉的字眼儿，能够在不知不觉中抵消客户的对立情绪。

客户："说的好听，这次怎么办？"

经理："对于这次事件我们会依据合约来处理。此外，我向您保证不会再出现类似情况了。这次影响到您的心情还希望您能够原谅，如果您有什么处理意见，不妨说说。"

客户此时已经心动了，愤怒的情绪逐渐消退。

客户："呵呵！我也有难处啊！那就这样办吧！"

最后经理称赞了客户，这足可以让对方尽弃前嫌、重归于好。

3. 应对批评型客户的技巧

批评型的客户习惯于指责身边的任何事物，但指责后依旧会与我们合作。他们看待事情的时候，总是带着批判和挑剔的眼光。这类人大多属于完美型性格。对于喜欢批评的商业对象，我们会发现越是解释或反驳，对方反而批评得也会越厉害，不如我们坦然接受，多用"是的！是的！这是我们的错"，这样更容易获得对方的谅解。

客户："你们的服务非常差……"

经理："是的是的，感谢您提出宝贵的意见。"

客户："还有，你们做得很不到位。"

经理："是的，看起来做得的确不够完美，您的意见十分宝贵。"

客户："如果这样下去，客户还怎么买你们的产品呢？"

经理："是的！您说的对，我们还有许多不完善的地方，我们十分想听听您的意见。"

爱批评的人总会挑出很多让我们意想不到的"毛病"，我们应该做好心理准备，经理在这里继续说"是的"，并征求对方的意见，这是让对方住口的最好方法。

客户："你们应该……"

经理："谢谢您的提醒，我们一定认真研究您的方案。那么我们来说说您的事吧，您觉得该如何处理？或者这样……您看如何？"

爱批评的人会非常积极地谈他的想法和建议，对我们来说不仅可以平静对方的心情，也可以为我们提供"情报"。

对方的情绪平静下来后，我们与他开始谈论"投诉事件"的解决方法，征求对方意见，并说出我们的解决方法。

客户："嗯，我没什么意见，就按你说的办。"

爱批评的人一旦不再肆意批评，就能够接受他人的意见与建议。

4. 应对矜持型客户的技巧

矜持型的客户一般不愿透露自己内心的真实想法，交流起来非常困难，因而处理其投诉的难度较大。

客户："你们的产品有问题啊！"

经理："很感谢您回馈我们产品的信息，在这里我向您道歉。产品哪些方面有问题呢？"

矜持型的商业客户投诉时，表述非常模糊，不会具体说明情况而且话也比较少。因此，在没有调查清楚问题之前不要轻易承诺，回复时要表达我们的歉意。

客户："哦！使用起来不方便。"

经理："具体是什么表现呢？"

客户："就是不太正常！"

经理："我们派人过去给您检查一下。"

客户："哦！我最近没时间啊。"

经理："那您把它寄过来怎么样啊？"

客户："嗯，没时间！"

这类商业客户一般有着自己的解决方法，但不会轻易透露，其要求比较高，一般是我们难以接受的。因此我们在谈话中避免谈论具体处理方法，主要以调查问题为主，对方为了达到目的会推三阻四并找种种借口拒绝接受关于产品问题的检查，这时我们可以加以利用。

营销经理不断地提建议，故意让对方不断地否定，但不要说出解决方案，也不要给对方说出来的机会。

经理："看来您对产品的使用不是很熟悉。这样吧，我们给您发一份产品质量调查报告，我们会在您方便的时候去取，之后我们会进行质量分析，然后给您一份质量报告，初步的解决方案按照这份质量报告来制定。"

客户："好吧！"

所有的调查提议被对方一一否决，经理提到了调查报告，对于调查报告对方是不会也不能拒绝的，如此简单的事情还推托的话，自己也无法说服自己。再者，因为此前所有的方法都被他拒绝了，想反悔也不可能了，矜持的人比较在乎面子，所以最终会按照我们的方案办理。

5. 应对优柔寡断型客户的技巧

这种类型的客户对给出的解决方案总是犹豫不决，倾向于寻找更好的解决方案，有些时候又无法判断究竟该怎么办，总之有种利益受到损害的心理。这种类型的人性格大多是平和型的。

客户："这些产品实在不好用，你们说怎么办？"

经理："嗯，我们给您维修一下。"

客户："那它再坏了呢？我不能再打电话吧！"

经理："没关系的，我们会修好的。"

客户："还是有些担心，不是不相信你们，修来修去我嫌麻烦。"

经理："那给您更新一些零件，不过要收费。"

客户："嗯……没必要！"

经理："那您再交一部分钱，我们给您换台新的？"

客户："……"

经理："这样吧！我们先检查一下，然后再做打算如何？"

客户："好吧！"

我们遇到这样的合作者，在询问未果的情况下可以"自作主张"，对方也会同意和接受。

因为每个方案随时都有可能被否决，我们应一步一步解决。经理提出了先检查，对方在这个步骤上还是会同意的。

6. 应对争辩型客户的技巧

争辩型的客户有着较强的逻辑推理能力，总是能抓住我们话语中的漏洞适时发问，可能最终会按照他的意愿解决，否则他永远不会同意我们的方案。这样的人也容易与人争辩，即使错了也不会轻易承认，常常会争吵得面红耳赤。当其投诉时，我们不要与其辩论。这类人大多是力量型性格的人。

客户："你们的设备只运行了半年，毛病不断，强烈要求换掉。"

经理："出现了这样的问题是我们的责任，您有理由这么要求。"

客户："你们当初说的真好听，说什么质量一流，看看现在，都快成垃圾了。"

经理："购买前您也调查过我们的产品，说明设备的确不错。目前投放市场的300多台设备运行正常，只有个别机器有些问题，经过调查，一台是操作不当造成的，另一台是因为某个螺丝松动引起异常震动，使得设备精度下降，还有一台是因为润滑油的原因导致设备故障，此外都没有发现故障。"

我们在说服的过程中要避免空洞的说服，以具体的例子来说明问题，并辅以具体数字，这样更具有说服力。

客户："那我的怎么就坏了呢？"

经理："没关系的，您的设备应该是一些小的故障，我们会尽快派人检修，希望您能够定个时间。"

客户："嗯，那好吧！"

对方听了解释后会较为满意，但会询问自己那台设备的处理方案。经理在这里将故障归咎于小问题，在没有确定之前都应该这么说。不征求对方意见直接传达维修的信息，并主动提出维修时间，不给对方争论的机会，对方听了我们的意见后，因为暂时没有其他方法，因此会认为方案是可行的。

第十三招

营销之道：
营销对路，发展才能对路

营销总方针：一切以市场为中心

提到小公司的竞争力，许多人往往想到人才、资金等，却忽视了"市场"这一根本因素。只有针对市场需要开发深受大众欢迎的产品，才能取得最终的成功。换个角度说，在经营过程中，小公司的经营者对市场的理解永远是第一位的，是最重要的，它比其他因素更能决定一个公司的成败。

当今社会，市场经济发达、生产规模扩大，市面上逐渐出现了产品过剩的局面，也就是商品丰富，货源充沛。对消费者来说，在挑选产品时有了更多的机会；对于企业经营者来说，他们必须在产品的品种、服务、价格等方面展开激烈竞争。

海尔集团的总裁张瑞敏说："只有淡季思想，没有淡季市场；只有疲软的思想，没有疲软的市场。"对于营销来说，抢占市场是关键步骤，能够占领市场的企业，才能真正获得巨大收益。

抢市场，即看准市场需求，凭借技术创新，不断提高产品科技含量，或依托资源优势，做到人无我有，人有我多，或力求质量取胜，向质量要效益。通过发挥优势，逐步扩大产品在市场中所占份额，抢占市场制高点，夺取制胜权。

各种营销观念的产生和存在都有其历史背景和必然性，都是与一定的条件相联系、相适应的。企业为了求得生存和发展，必须树立具有现代意识的市场营销观念，建议以市场为中心的营销观。

1. 生产观念

这种营销观念不是从消费者需求出发，而是从企业生产出发。其主要表现是"我生产什么，就卖什么"。这种假设认为，消费者喜欢那些可以随处买得到而且价格低廉的产品，企业应致力于提高生产效率和分销效率，扩大生产，降低成本以扩展市场。例如美国汽车大王亨利·福特曾宣称："不管顾客需要什么颜色的汽车，我只有一种黑色的。"显然，生产观念是一种重生产、轻市场营销的商业哲学。这种营销观念是在卖方市场条件下产生的，如果现如今还抱持着这样的营销观念，是一定要吃苦头的。

2. 产品观念

这种营销观念认为，消费者最喜欢高质量、多功能和具有某种特色的产品，企业应致力于生产高价值产品，并不断加以改进。在市场产品供不应求的"卖方市场"形势下，这种观念具有一定的合理性。此时，企业只看到自己的产品质量好，看不到市场需求在变化，致使企业经营陷入困境。例如，美国某钟表公司一直被公认为是美国最好的钟表制造商之一，但销售额和市场占有率不断下降。造成这种状况的主要原因是市场形势发生了变化：这一时期的许多消费者对名贵手表已经不感兴趣，而趋于购买那些经济、方便新颖的手表。

3. 推销观念

推销观念表现为"我卖什么，顾客就买什么"。它认为，消费者通常表现出一种购买惰性或抗衡心理，如果听其自然的话，消费者一般不会足量购买某一企业的产品。因此，企业必须积极推销和大力促销，以刺激消费者大量购买本企业产品。推销观念产生由"卖方市场"向"买方市场"过渡的阶段。许多企业家感到：即使有物美价廉的产品，也未必能卖得出去，企业要在日益激烈的市场竞争中求得生存和发展，就必须重视推销。

4. 市场营销观念

市场营销观念是以满足顾客需求为出发点的，即"顾客需要什么，就生产什么"。企业之间为实现产品的竞争加剧，许多企业开始认识到，必须转变经营观念，才能求得生存和发展。市场营销观念认为，实现企业各项目标的关键，在于正确确定目标市场的需要和欲望，并且比竞争者更有效地传送目标市场所期望的物品或服务，进而比竞争者更有效地满足目标市场的需要和欲望。

许多优秀的企业都是奉行市场营销观念的。如美国的迪斯尼乐园，它使得每一位来自世界各地的儿童美梦得以实现，使各种肤色的成年人产生忘年之爱。因为迪斯尼乐园成立之时便明确了它的目标：它的产品不是米老鼠、唐老鸭，而是快乐。人们来到这里是享受欢乐的，公园提供的全是欢乐，公司的每一个人都要成为欢乐的灵魂。游人无论向谁提出问题，谁都必须用"迪斯尼礼节"回答，决不能说"不知道"。因此游人们一次又一次地重返这里，享受欢乐，并愿付出代价。

5. 客户观念

客户观念是指企业注重收集每一个客户以往的交易信息、人口统计信息、心理活动信息、媒体习惯信息以及偏好信息等。根据由此确认的不同客户终生价值，分别为每个客户提供各自不同的产品或服务，传播不同的信息，通过提高客户忠诚度，增加每一个客户的购买量，从而确保企业的利润增长。市场营销观念与之不同，它增强的是满足一个子市场的需求，而客户观念则强调满足每一个客户的特殊需求。

有亮点不如有卖点

众所周知，北京有故宫，巴黎有埃菲尔铁塔，伦敦有大本钟，悉尼有歌剧院……每当我们说起某个地方时，首先想到的就是这个地方具有标志性的东西，或者说是独具特色的东西。而说起一些企业，人们往往想到的是它具有代表性的产品，如百度搜索，新浪微博，腾讯微信，海尔电器，青岛啤酒等。那些真正深入人心的事物，都具有自己独一无二的特色，无法取代，不可复制。因此，对于产品而言，要想吸引客户，给客户留下深刻印象，必须也要有自身的特色，这个特色其实就是产品的卖点。一个好的卖点往往更能体现一种产品的独到之处，对于消费者也更具有吸引力。

卖点其实就是消费者购买产品的理由，最佳的卖点就是产品最强有力的消费理由。发掘并放大产品的卖点能够有利于产品销售，塑造企业独具特色的品牌。

绿箭是大家耳熟能详的一个口香糖品牌，只要是细心的消费者都能发现，小小的一片口香糖，也能有各自不同的特色。

绿箭牌口香糖有绿箭薄荷香型、白箭兰花香型、黄箭鲜果香型和红箭玉桂香型等四种不同的口味，每一种不同颜色和口味的口香糖，都有着独特的卖点。绿箭是"清新之箭"，以清雅的口味，令人全身爽快，清新舒畅；红箭是"热情之箭"，以独特的口味，使你热情似火，暗喻爱神丘比特的爱之箭；黄箭是"友谊之箭"，可以使你与他人迅速缩短距离，打开双方的心扉；白箭则是"健康之箭"，它的广告词说："运动有益身心健康，但是我们如何帮助脸部做运动呢？"

精准细致的定位，让小小一片口香糖也具备了与众不同的卖点，让消费者能够很快记住绿箭这个口香糖品牌。

一个企业想要在众多企业中突出重围，突出产品卖点是关键。很多质量很好的产品却不如那些质量一般的产品销量好，就在于没有关注产品的卖点。尤其是同一种功能的产品，你有的人家也有，顾客怎么能找到一个消费的理由呢？只有提炼出让顾客心动的卖点，才能让顾客主动去消费，因为卖点才是真正引起消费者购买欲望的。企业不能只是围绕着自己的产品打转，要充分地抓住顾客的消费思想，发掘出不同于其他产品的卖点，这才是企业营销需要深入研究的。

产品的卖点可以有很多个，然而是不是卖点越多就越好呢？答案当然是否定的，过多的卖点会让顾客对产品的定位产生模糊，进而失去购买产品的欲望。在市场竞争异常激烈的今天，产品越来越同质化，卖点过多很容易就与其他的产品相重叠。而顾客选择一个产品，有的时候并不是因为你的产品最便宜或者因为你的产品最好，而是你的产品和别人不一样。而企业要做的，就是将自身产品与众不同的卖点提炼出来，加以放大，而这种卖点只要有一个就能达到很好的宣传效果。

产品的卖点可以从以下几个方面提炼：

1. 从产品质量找卖点

可以从产品的质量和档次上做文章。比如，全聚德的烤鸭比小饭店的烤鸭贵很多，可是仍然有很多人宁愿花费时间排着长队也要去吃，就在于全聚德把它所独创的老字号秘方作为卖点。烤鸭出炉后会现场片成108片，不多不少，再加上精心制作的调料和辅料，使烤鸭的口感油而不腻、肉质嫩滑，口味独特，的确让人吃过不忘。而它的这个"老字号秘方"就是烤鸭质量的保证，别家无法取代。

2. 从产品价格找卖点

从产品价格上找卖点，就是要根据目标客户的消费水平将产品价格作为一种卖点。比如，有的人喜欢炫耀性消费，高价更能彰显他们的财富、地位。一款价格过万元的手机跟普通手机的功能差不多的，而价格却高出了好多倍，因为这种手机属于炫耀性消费的产品，所以依然能够吸引不少客户，就是因为产品的高价能与他们的身份、财力相匹配。而有的人只要东西便宜就好，所以一些没有品牌的衣服、鞋子，即使不具备大牌们的高质量和高价格，只以低廉的价格仍可以吸引大批顾客。

3. 从产品颜色找卖点

颜色也能够成功地营造卖点。比如手表，几乎所有的厂家都以品质做卖点，但客户认可的品牌和质量都是仅有的几家传统老牌企业才拥有，比如瑞士机芯、几十年内绝对准时等，而有一家手表厂家则以手表的缤纷颜色做卖点，一经推出就深受重视装饰性的年轻人的喜爱。

4. 从产品文化内涵找卖点

并不是外来的产品就好卖，很多国外的产品到中国反而没有市场，就在于他们没有考虑到中国的文化特点和消费习惯。比如服装的尺码、暴露程度等如果全部照搬国外的样式，当然没办法畅销。而一些本土的服装企业，在衣服上设计带有中国传统味的山水画、汉字等，尺码上贴合中国人的身形特点，将中国人的审美标准融入衣服之中，标榜"中国人自己的服装"，结果广受好评。

5. 从产品造型找卖点

人人都有猎奇心理，造型美观、独特的产品更能吸引到顾客。美国一农民把西瓜放在盒子里生长，结果生产出了一种长方形西瓜，味道虽然和普通的圆形西瓜并没有什么差别，但是价钱却是普通西瓜的20倍，人们对这种形状怪异的西瓜感到新奇而竞相购买。还有一个品牌饮料从包装造型上也找到了卖点，该品牌饮料在口感上并没有什么过人之处，价格又高，但是饮料的包装是细长的三角形，在满货架一样的长方形包装饮料中特别显眼，也引发了人们因好奇而购买的欲望。

6. 从产品标志找卖点

产品的标志有时候也能成为卖点之一。比如深受大众喜爱的苹果产品的缺口苹果标志，简洁时尚又充满新意，并且这一标志还代表了苹果品牌的高档次和高质量。看到这一苹果标志，就会想起苹果产品，可以吸引客户去关注。所以产品的标志也可以作为卖点来提炼。

走市场细分之路

没有一个市场是天衣无缝的，因为新需求不断在增加，市场是不断变化的，总会存在"空隙"。市场上永远存在"尚未开垦的处女地"。很多企业管理者都明白这样一个道理：市场并不缺少机会，而是缺少发现。

市场细分是指营销者通过市场调研，依据消费者的需要和欲望、购买行为和购买习惯等方面的差异，把某一产品的市场整体划分为若干消费者群的市场分类过程。

每一个消费者群就是一个细分市场，每一个细分市场都是具有类似需求倾向的消费者构成的群体。

在20世纪60年代末，米勒啤酒公司在美国啤酒行业排名仅仅处在第八位，市场份额仅为8%，与百威、蓝带等知名品牌相比，差距十分明显。为了改变这种现状，米勒公司的领导决定进行严谨的市场调查，进行市场细分，从而找出战胜对手的机会。通过调查发现，若按使用率对啤酒市场进行细分，啤酒饮用者可细分为轻度饮用者和重度饮用者，而前者人数虽多，但饮用量却只有后者的1/8。

随着进一步调查，他们还发现，重度饮用者有着以下特征：多是蓝领阶层；每天看电视3个小时以上；爱好体育运动。米勒公司决定把目标市场定在重度使用者身上，并果断决定对米勒的"海雷夫"牌啤酒进行重新定位和包装，改变宣传策略，加大宣传力度。

他们在电视台特约了一个"米勒天地"的栏目，广告主题变成了"你有多少时间，我们就有多少啤酒"。广告画面中出现的尽是些激动人心的场面：船员们神情专注地在迷雾中驾驶轮船，年青人骑着摩托冲下陡坡，钻井工人奋力止住井喷等。结果，"海雷夫"的重新定位战略取得了很大的成功。到了1978年，这个牌子的啤酒年销售达2000万箱，仅次于安海斯—布希公司的百威啤酒，在美国名列第二。

从这个例子我们可以看出，企业如果能够先于竞争对手之前捕捉到有价值的细分新方法，通常就可以抢先获得持久的竞争优势，就可以比竞争对手更好地适应买方真实的需求。

寻找潜在的细分市场，可以从以下几个问题着手：是否存在顾客需求但是目前市场上仍然没有的产品；改进的产品能否完成附加的功能；是否存在将服务和产品整合出售。

市场细分越来越多地被企业管理者所关注，海尔十分重视"市场细分化"，并在市场竞争中获得了领先地位。

细心的消费者可以发现，在上海市场销售的一种冰箱瘦窄、秀气，这是海尔研发部门根据市场调研信息专门改进设计的。原来上海家庭住房普遍比北京窄小，消费者不喜欢冰箱的占地面积过大，另外，上海人更欣赏外观比较小巧的冰箱。于是，海尔就为上海市场设计了一种瘦窄型的冰箱，叫做"小王子"，推出后在上海非常畅销。

此外，海尔专门测试了农村的冰箱用电环境，电压最低时只有160伏。冰箱最怕的不是高压，而是低压，低压时间长了，压缩机就会烧坏。所以，海尔在开发农村冰箱时，瞄准农民的需求进行精确定位。首先大幅度削减现有冰箱的功能，降低价格。其次，把压缩机重新改造，使之适应低压启动。

在国际市场上，海尔同样要求根据不同国家的文化和生活习惯，设计、生产出不同的产品。

海尔作为中国家电第一企业，并在国际市场上占据一席之地，正是源于它精准的市场细分把握。

世界营销大师科特勒指出，市场的细分一般包括以下五个方面：

1. 地理细分

按所处的地理位置来细分市场，然后选择一个或几个市场部分作为目标市场。地理细分主要包括地区、城镇、气候条件和人员密度以及生活习惯、地域文化等方面。

2. 人口细分

人口细分主要从年龄、性别和收入三方面进行。

3. 心理细分

心理细分是指根据购买者所处的社会阶层、生活方式、个性特点等心理因素细分市场。

4. 行为细分

这一标准比其他标准要复杂得多，而且也难掌握。行为细分主要分为购买习惯、寻找利益、产品使用者、使用量、忠诚程度等五个方面。

5. 偏好细分

偏好细分就是根据市场反应，寻找营销与产品的结合点进行产品的创新和完善。

理性选择目标市场

在对市场进行了系统的调研与科学的细分之后，营销者便可以在市场细分的基础上进行目标市场的定位与选择。目标市场的确定意味着营销对象的确定，也意味着对营销战略规划具有直接指向性的影响。因此，我们在选取目标市场，需要从多方面进行综合考量。

日本索瓦蕾服装公司，1954年成立时，就下决心要在妇女流行服装市场上占据一席之地。40多年来，它始终围绕着公司的长期发展目标选择具体的目标市场。

公司建立初期，当时只是几个人组成的缝纫组，就根据日本女装仿欧美式样的特点裁剪、缝制法式流行女装。60年代初，日本妇女掀起西服热，它便交门承包、定做女式西服，由缝纫组发展成为小型服装厂，在社会上开始站住了脚。从此，它不再局限于跟在其他企业后面，赶潮流，而开始了解妇女时装需求心理和女装市场行情，在目标市场系列中选择出最佳目标市场——黑色礼服市场。因为它了解到，随着人们生活水平的提高，妇女们希望有一身参加红白喜事时穿的黑色礼服代替日本传统和服。于是索瓦蕾服装公司在大企业尚未经营的领域里开始了黑色礼服的制作，十年之中，年营业额连续翻番。

当它注意到黑色礼服在大城市市场趋于饱和时，宁肯牺牲眼前的利益，转变产品方向。80年代以来，开始制作花色女式流行服装和装饰品，并逐年扩大比例。

索瓦蕾服装公司的成功与其不断的根据市场的变化调整自己的目标市场和营销战略是分不开的，从索瓦蕾服装公司的成功当中，我们也可以得出目标市场的选择需要考虑的因素：

1. 从企业的资源和能力出发

如果企业实力雄厚，资源充裕，具有较多的高素质的生产技术人员和经营管理人员，当然可以选择较大的市场作为服务对象。相反，如果企业资源有限，人力、物力、财力不足，则需集中使用有限的资源，也不要妄想"狮子大开口"地吞下过大的市场。

索瓦蕾服装公司成立之初只有几个人组成缝纫组，生产力不足，于是只进行简单的仿欧美式裁剪。而随着从缝纫组发展为小型服装厂，再到大兴服装公司的过程中，索瓦蕾服装公司始终从自己的规模与生产力的实际出发，调整自己的目标市场。

2. 根据产品特点，调整目标市场

大多数初级产品，如大米、小麦、食盐、钢铁、煤炭等，产品之间的差别不大，变异性小，而且顾客对这些产品的差别一般也不太重视或不加区别，市场竞争主要体现在价格和服务方面。而许多加工制造产品，如汽车、家电、服装等，不仅产品本身可以开发出不同的性能、款式、花色，具有较大的差异性，而且顾客对这些产品的需求也是多样化的，选择性强。因此，生产经营这类产品的企业宜于需要注重更多的差异性。从事服装行业的索瓦蕾服装公司正是很好地做到了这一点，紧跟女装的流行趋势，不断调整自己的产品。

3. 产品所处的生命周期阶段

处于介绍期或成长期的新产品，竞争者少，品种比较单一，主要通过价格优势或产品的新颖性吸引潜在顾客。而产品进入成熟期后，同类企业增多，市场竞争加剧，就不得不实行差异性市场策略，开拓新市场，刺激新需求。或采用密集性市场策略，设法保持原有市场，延长产品生命周期。索瓦蕾服装公司就很好地延长了自己的生命周期，让自己营业额保持着不断上涨的势头。

另外，产品的供求趋势、竞争对手所采取的策略等，都是企业在选择目标市场时不得不考虑的因素。一般而言，企业选择目标市场策略时应综合考虑上述各种因素，权衡利弊方可做出决策。目标市场策略应有相对的稳定性，但这并不意味着目标市场策略一经确立就不能改变，当企业的内、外条件发生重大变化时，目标市场策略也需进行调整和转变。

集中精力做好渠道销售

小公司尤其是生产类的小公司，发展壮大的重要手段之一就是做好渠道销售。

在现代经济社会中，中间商绝对不是可有可无的，它的存在将意味着营销方式的多样化和深层次。良好的渠道有助于消除产品服务与消费者之间在时间、地点和所有权上的差距。为了渠道成员能起到真正的营销作用，企业应该慎重选择渠道并对其进行监督和评价。

1. 渠道的长度

所谓渠道的长度，也就是营销渠道包含多少个渠道层级的中间商。一般来说，营销渠道有零级、一级、二级和三级渠道等，级数更高的营销渠道也还有，但是不多。渠道的长度多长为最佳，关键是取决于企业自身和市场的情况。

A公司是一家代理国内家电产品的省级分销企业，业务范围以省内为主，辐射周边省市。2006年营业额达到6亿元。但看起来强大的省级代理，在全国性零售卖场出现后，公司效益就明显下滑了。

按A公司的现状，难以抗衡家电连锁和大卖场，但经过分析后，发现大型家电连锁在一级市场优势明显，而二、三级市场则A公司这样的企业具有优势。于是，A公司决定改变自己原有的渠道模式，向下级城市渗透，拉长自己的渠道长度。

A公司将省内各区域市场分为三级，不同级别城市不同渠道，建立混合型渠道：

一级省会市场：直供终端。省会市场零售业态发达，A公司主动要求直供大卖场及家电连锁，减弱当地批发商的作用。销售政策也倾向于零售商，向他们提供更多的服务和支持，并维持稳定价格，保证他们的毛利，公司从经销商角色转型为市场管理者。

二级地市市场：合作分销。A公司在二级市场设立办事处，与实力强大的经销商合作。经销商向A公司支付预付款，派自己的业务人员开发市场，铺货，进行深度分销，有效控制产品的市场价格，从中获得较高毛利——除正常的厂家返利外，还有价差利润。

三级县市市场：区域代理。在县级市场上，不需要建立办事处，只派一名业务人员负责当地销售，在区域内寻找较有实力的经销商作为当地总代理。就区域内的销售目标达成一致后，双方确定结算价格，把全部销售工作交给总代。至于是发展下游批发还是直接向零售商供货，A公司不再过问。

从单一的短线渠道到多元的长线渠道策略，是A公司基于营销环境变化做出的有效调整。针对各城市的差异化策略，A公司还可以有组织地把握、影响、渗透和维护市场，增强产品在渠道上的支配力与影响力，为市场的维护与扩大打下了基础。

不同的公司对于渠道长度的选择各有思路。A公司通过对市场的分析，才有与大卖场与家电连锁完全不同的渠道策略，最终获得了成功。那么，对于大多数公司来说，渠道的选择应注意哪些问题呢？

一般技术性强的产品，需要较多的售前、售后服务水平，保鲜要求高的产品都需要较短的渠道；而单价低、标准化的日用品需要长渠道。从市场状况来看，顾客数量少，而且在地理上比较集中时，宜用短渠道；反之，则宜用长渠道。如果企业自身的规模较大，拥有一定的推销力量，则可以使用较短的渠道；反之，如果企业的规模较小，就有必要使用较多的中间商，则渠道就会较长。此外，企业渠道级数的多寡还取决于企业的经营意图、业务人员素质、国家政策法规的限制等因素。

2. 渠道的宽度

渠道宽度考虑的是企业在某一市场上并列地使用多少个中间商的问题。中间商数目多，就是宽渠道，反之就是窄渠道。一个企业的营销渠道多宽才最合适主要取决于企业的战略目标、产品特点和顾客分散程度。

卡特皮勒公司是世界上最大的基建和矿山设备制造商，同时在农用机械和重型运输机械领域也占有相当地位。该公司的竞争优势在于有一个无与伦比的产品分销系统。

在全世界，卡特皮勒公司有186个独立经销商，他们出售公司的产品并提供产品支持和服务，成为架起在公司与顾客之间的桥梁。除了对一些国家新开放的市场、原始设备制造厂和美国政府外，卡特皮勒公司的产品都是通过独立经销商来经销的。

这种现象在其他竞争者那里是看不到的。该公司认为在当地找经销商要远比自己企业设立经销机构有利。因为卡特皮勒的经销商都是在当地有一定历史的企业，他们已深深地融入当地的社会中，他们对当地顾客的熟知程度和因此而建立起的与顾客的亲密关系，值得卡特皮勒在这上面花钱。另外，卡特皮勒的产品都是高价值的固定资产，它们的折旧期较长，但它们通常都是在建筑工地、矿山这些环境恶劣的地方作业，就是最好的产品也要发生故障，而一旦发生故障，就会给使用者带来经济损失。通过经销商，卡特皮勒公司形成了世界上最快捷、全面的零件运送和维修服务系统。公司承诺对于在世界任何地方的卡特皮勒产品，都可以在48小时内获得所需的更换零件和维修服务。

独家分销是指在一定地区，一定时间内只选择一家中间商经销或代理，授予对方独家经营权。一般来说，生产和经营名牌，高档消费品和技术性强、价格较高的工业用品的企业多采用这一形式。卡特皮勒公司作为重型机械制造商，其顾客比较固定、市场需求明晰，对其产品能够得到及时的维护、维修要求高，而且对服务人员的技术性要求也高。选择独家分销，中间商的积极性高，责任心强，有利于维护顾客与之的关系，树立产品的口碑。

不过，独家分销也有其必然的缺点，如市场覆盖面相对较窄，且有一定风险，一旦该中间商经营能力差或出现意外情况，将会影响到企业开拓该市场的整个计划。这也是选择独家分销的企业必须考虑的。

除了独家分销，渠道宽度还可以选择密集型分销渠道和选择型分销渠道。密集型分销渠道也就是广泛分销，即使用尽可能多的中间商从事产品的分销，使渠道尽可能加宽。价格低、购买频率高的日用消费品，工业用品中的标准件、通用小工具等，多采用此种分销方式。采用密集型分销渠道可使市场覆盖面广泛，潜在顾客有较多机会接触到产品。缺点是中间商的经营积极性较低，责任心差。

另一种选择性分销，是在市场上选择部分中间商经营本企业产品。主要适用于消费品中的选购品，工业用品中的零部件和一些机器、设备等。当然经营其他产品的企业也可以参照这一做法。如果中间商选择得当，采用此种分销方式可以兼得前两种方式的优点。

了解渠道客户的心理

在与渠道客户打交道的时候，公司经理有时会遇到一些非常为难的问题。比如在铺货的时候，有的客户会问你："隔壁的商家要了没有？"这个时候，如果你说"要了"，客户会说："他要我就不要了"。如果你说"他没要"，可会又会说"等他要了，我才要"。

无论你怎么回答都是错的，这种情况真的会让人很抓狂。所以很多销售人员每次从市场上回来后，都是一个字："累！"有的销售经理甚至坦言："做了一辈子的销售，就没见到过那个渠道客户满意过。"

实际上，碰到这样的问题，并不奇怪。在于渠道客户打交道的过程中，需要注意那些非常微妙的"逐利"心理。

1. 追求最大限度的便宜

渠道商也许会通过一些更加含蓄巧妙的问题来向你传递这个信号。特别是当一个平时对你爱理不理的老板突然非常热情地跟你打招呼的时候，你就要多个心眼了，因为他很可能是想问你要礼品了。还有就是，明明你的产品是他在市场上的主导产品，他却跟你抱怨说你的生意难做，不赚钱。他这么说的目的无非就是两种，一个想要向你要促销，二是有生产客户在和这个客户接触。

客户想要"捞便宜"的心理是永无止境的，也是永远没法满足的。面对客户这种欲望无穷的心理，我们该如何应对呢？

（1）当客户问你要礼品的时候，无论有没有，在表面上都要显示出一副很抱歉的样子，并且承诺下次来的时候一定带来（切记一定要兑现）。送礼要"多次，少给"，经常去拜访，隔三差五地给一点。当然，不要在与老板在礼品问题上纠缠太多，要尽快把话题转移到你关心的问题上来。

（2）当客户向你要支持的时候，你不能拒绝，应该借此提出相应的条件。比如一次性进多少货，或者是否考虑定格短期销售合同。当他自知不能满足你的条件的时候，自然就不会再提要求了。需要注意的是，遇到这种情况的时候一定要向领导汇报一下，在组织内部备案，防止他向其他人提出相同问题时大家的回答不一致。

（3）从客户的语言、商品库存变化、展示变化里洞察主要竞品的动向。

（4）对于客户的话不能轻信，也不能不信，要一一核实。对有疑问的信息，不要拒绝，也不要轻易赞同，调查之后再回复。

2. 鸡蛋里挑骨头

价格高、没名气、没促销、质量差、服务跟不上……客户总是能从鸡蛋里面挑出骨头来。这也是很多客户应对供应商的策略，即在心理上打击你，在气势上压住你，打击你的信心，让你被迫让步。沃尔玛和家乐福就经常喜欢用这一招。一般的供应商去沃尔玛和家乐福登门拜访的时候，没有两三次重复拜访你是见不到人的，等第四次见了，也仅仅只给你几分钟的时间。并且你得到的不是鼓励，而是极度的批评，其目的很简单：你得让步。

面对这样的客户，我们要坦然、谦虚、心平气和、不亢不卑。从不反对客户的指责，但要把自己的优势和卖点说出来，耐心地解释，用我们的优点对比竞品的缺点。学会用"是的，你说得对……不过"句式回答客户。你对市场特别是竞品了解越透彻，越容易应对客户的挑剔。

3. 独家销售的心理

商家竞争也很激烈，独家销售可以控制价格和利润，谁不想要？面对持这种心理的客户，我们要跟他们讲道理，让他们明白：市场要大家一起做才能做起来，一家独做看似利润高，但没销量，还会流失客源。另外，我们也可以给实力大的客户多一点的礼品，采取差别政策，以使多家客户都能销售。或者先从小户入手铺货，然后采取夸张式的促销，造成旺销局面，刺激其他客户要货。更多的时候，我们是先让一部分客户销售，放弃一部分，让铺货率达到60%~70%即可，再慢慢寻找机会扩大份额。

4. 从众心理

许多中小型客户因为不敢承担风险，所以很喜欢从众，别人进货，他就进，别人不进，他也不理。所以我们可以先找一两个具有影响力的客户，给他们极大的优惠，从而带动下属网点和其他客户陆续进货。

5. 设法探寻市场信息

由于担心自己控制不了市场，害怕生产厂家不重视它的地位，害怕合作的品牌没有后续经营能力所带来的风险被转移，所以客户打探市场信息的欲望都很强烈，他们总是喜欢有意无意地套取你的信息。比如他们会故意对你说："公司某经理走了，是吗？"或者说："听说你们在隔壁市场在搞进货返点活动，是吗？"其实，你自己知道，这不可能，事实是，客户在诈你呢！

对付客户的这种心理，我们应该隔三差五地给客户透露点"有价值"的信息，让客户信任你，你也能得到你想要的信息，但绝不能传递虚假信息。

6. 炫耀心理

很多客户都爱在厂方人员面前表现自己卖得好、卖得快，目的是想得到厂方重视，获得更多优惠。有时候他们这么做也是希望你能帮他多争取促销政策。比如，带你去看终端，要相信，你看的终端肯定是最好的网点，到了终端，你听到的是最好的评价，产品也摆在最醒目的位置，等应酬完后，终端老板会说："我们应该乘胜追击，要再多点促销，或者，再多做点广告就更好了。"

对于这种心理，厂方一定不能错过，因为这是增加感情、鼓励客户的好机会。我们一定要附和他的话题，适当地赞美。这样你不仅能销售产品，还能得到朋友。

7．害怕邻居的心理

有50%以上的客户与相邻或对门的直接竞争者不能处好关系，有70%的商户对相邻或对门的竞争者保持警惕和担心。因此在商户密集的区域铺货时，要注意客户这种微妙的心理和客观的市场形态。在相邻客户之间铺货一定小心谨慎，防止无意中得罪客户。最好是先调查好市场，多和将要铺货的区域内的客户交流，进行摸底。如果客户问你："隔壁批发部要吗？"你不能轻易回答"要"，也不能轻易回答"没要"，要根据情况判断：如果两家实力相当，则相排斥的概率大；如果两家实力过于悬殊，则跟随的概率大。

如果你不能判断两家的关系，则如下两种回答更合适些："我还没到他家铺货，以你优先"；"他说要，我还没给他，先给你，你说咋铺就咋铺"。一般来说，在一家较有规模的客户铺过以后，不要立即到他的对门那里再铺。当然，这种心理也可为我们利用，如果有客户提出的条件过高，铺不进去货，那我们就在他对门、邻居家铺，而且搞点促销，分他的客源，逼其就范。

8．拖欠心理

所有渠道成员都一样：只愿进货，不愿出钱。所以，第一次打交道的时候，一定先谈好付款方式。老客户一般要计划好老板在的时候送货，否则会因为老板不在收不到钱，一般来说，下午送货最合适。

有时候，厂方为了铺货，而客户又不愿付现款，就设置不同的铺货政策，现款与赊销给予不同的促销，鼓励渠道现款购货。有时为了达到铺货目的，也可以让他先付一半款。一定要打消客户的顾虑，承诺包退、包换，否则客户是不愿掏钱的。

以广告打出知名度

俗话说，"酒香也怕巷子深"。想让顾客接受你的产品，除了质量过硬，还得做好宣传工作。做广告，就是攻占顾客的心理。

人们在决定购买某一商品时，会受到一种潜意识的影响。商品信息刺激的次数越多、越强烈，人们潜意识中商品的烙印也就越深刻，对商品的购买和消费就成为一种无意识行为。事实上，人们总是习惯于消费自己熟悉的商品。

对小公司来讲，必须重视广告的作用。反复的宣传，在顾客心中造成强烈的印象是至关重要的。对于私营小公司来说，因为资金有限，产品及服务往往又局限在某一地区、某一范围之内，要扩大自己的影响、提高知名度并得到社会的认可，就要考虑自己的"腰包"，看看应投入多少广告费用才合适。因为大的广告费用的投入未必会使事业永远成功，而小的广告费用的投入也未必就会失败，关键是如何制造出好的广告效果。

你如果是一个小公司、小企业的经营者，自然不会借用几十万、几百万的巨款去装饰你的广告。可是，在你能负担的范围内，要舍得花钱，才会有更大的收获。

一个私营公司在决定采用何种方法从事广告运作时，必须综合考虑企业的营销要素组合。以下的案例或许能给小公司的管理者们以启示。

香格里拉国际旅馆公司是一家赫赫有名的亚洲豪华旅馆集团，虽然在规模上还不能与美国的喜来登、英国的假日旅馆等大的国际旅馆相提并论，但在亚洲地区，则是一个发展速度颇快的旅馆集团，也是亚洲最大的旅馆集团。

香格里拉集团的旅馆有两大类，一类是位于城市中心的商务旅馆，另一类是位于岛屿或海滨的休养地旅馆。在短短十来年中，香格里拉集团创立了自己的形象，树立了自己的声誉，成为亚洲著名的豪华商务旅馆和独特的度假地旅馆。香格里拉的名字与雄伟的建筑、豪华先进的设施和秀丽的湖光山色联系在一起。

香格里拉，这个外国人听起来有中国味，中国人叫起来有外国味的名字，使这个旅馆颇能引起人们的注意。作为一个豪华旅馆，它特别注意广告的宣传。善于利用广告，介绍旅馆的设施、设备和服务，宣传它的长处和优势。在北京诸多中外合资与海外公司管理的饭店中，香格里拉集团的广告费用是最多的，由此可以看得出来，这个旅馆在广告宣传上是下了一番功夫的。

它的广告有如下几个特点：

1. 关键时候舍得投入

作为中外合资并由外资方管理的饭店的先驱，香格里拉出现在北京无疑是件引人注目的事。北京香格里拉饭店1994年8月22日开业大典之际，它在《中国日报》上刊了8个版面的广告，它用一整版发表了中外双方董事长的贺词和照片，用两大版突出地介绍了饭店的豪华设施、商务环境与服务，图文并茂，表述清晰，一目了然。又用一大版的篇幅，逐个介绍了这个集团的成员旅馆，其他版面是海外各大公司的祝贺词。

这样的广告，无疑给人留下了香格里拉是个财力雄厚、自信心强的饭店的印象。在一周后的《经济参考报》上，它又以一整版的篇幅，发表了以《哦，香格里拉》为题的连环画，详细介绍了北京香格里拉饭店建造的来龙去脉，有故事，有人物，有介绍，有评论。这虽然不是真正的广告，但这是饭店公关的一大形式，而这种形式似乎在北京新闻媒介中是首次出现。

2. 形式活泼

翻阅香格里拉在《中国日报》的广告可以发现，其形式多样，活泼生动，能给人留下很深的印象。有时用真实的照片，显示饭店建筑的气魄与设施的豪华以及环境的优美；有时用粗线条的漫画，突出某种独特气氛；有时的广告是一幅中国国画，或是用毛笔写成的苍劲有力的汉字，显示出一种中国独有的风格。

3. 印象深刻的广告词

除了生动活泼、引人注目的画面，香格里拉集团的广告中的文字也是十分考究的。有的是醒目的标题，一句或两句，言简意赅。如杭州香格里拉饭店的一则广告中称："杭州香格里拉饭店将大多数人追求的静谧和很少有旅馆可以提供的膳宿标准融为一体。"北京香格里拉饭店香宫餐厅的广告，一连三天，分别以苍劲的毛笔大字"色"、"香"、"味"为主要画面，旁边分别注有英文。

与同在《中国日报》上刊载的其他饭店的广告相比，香格里拉国际旅馆的广告似乎在文字上下的功夫最大。有的广告俨然是一篇短文，你读了开头之后，忍不住想继续读下去。在半版的广告中，文字部分一般会占1/2～2/3。

香格里拉使用的媒体主要是报纸，报纸适合于证明型或描述型的表现方式。以语言为主要诉求工具的优势是：利用媒体的新闻性增强广告信息的时效性，利用受众相应的文化素养，增强使其专注阅读的可能性；运用感性诉求，与受众之间形成一定的共鸣；运用理性诉求，客观地描述优势功效等，并可综合使用跨版、整版、半版等多种手段、手法。香格里拉的成功经验是值得借鉴的。

积极参加展销会

展销会能让外界更多地了解你的产品，扩大你的公司的知名度。其中贸易展销会对于小公司的老板发现新顾客、新趋势，是最容易，成本最低廉的好办法。

这些商业聚会提供了大量商品，提供了面对面接触的机会，可以最大限度地促销而又把销售成本降到最低。

贸易展销会作为对某种产品陈列、展览和销售的场所，是生产商、中间商及零售商彼此见面并落实买卖的地方。在展销会的任何一个场合，你所得到的订货额可能超过由十几次昂贵的广告而得来的订货额。在洽谈会上，你可以一次性地向几百个顾客展览你全部的商品。这意味着潜在的顾客有机会同你直接接触。

尽管贸易展销会能够有效地扩大产品销量，并在宣传方面对私营小公司同大的厂商一视同仁，但是如果处理不当，也有可能使当事人钱财耗尽、一败涂地。安排展销会绝非只是把商品陈列出来，写写订单这么简单，周密细致的计划必不可少。

1. 决定是否参加展销会

各类展销会层出不穷，你必须认真斟酌选择参加什么样的展销会，展销什么样的产品。租用贸易展销会上的展位虽然不会贵得令人望而却步，但是也绝不会太便宜。此外，除非恰好住在离展销场地很近的地方，否则还得考虑一下交通费和时间成本问题。

如果有可能，在参加展销会之前最好预先参观一下展销场地，如果你参加的是一个没有展销历史、默默无闻的展销会，就必须十分谨慎小心。

2. 寻找合作伙伴

同其他人共租一个展位，这对于小本经营的私营公司老板来说，有很多优越性。共同租用展位可以省钱，可以使产品更有吸引力，也可以在必要时让别人代为看管展品，最重要的是当合作者所卖的货品具有吸引力时，对你同样大有裨益。

如果你已经决定与别人合租展销场地，那就必须设法找到这样的合作者，使你们的产品能相得益彰或者取长补短。

有一位小公司的老板为出售一款印花真丝女套装，找了一位生产腰带及凉鞋的厂商联袂展销，结果两个人的销量都超过了分开展销时的水平。

3. 争取好的展销位置

一般情况下，展销点的位置对展销效果有举足轻重的影响。入口和出口处相对较好，靠近就餐处、休息室及洗手间的展位也很好，而一些偏僻的、顾客不大去的地方就不宜租用了。因此在洽谈时，一定要争取到最好的地方。情况往往是：你参加展销会的次数越多，你租到理想位置的机会就越大。

很多厂商年复一年地在同一位置上展销，这使很多老顾客可以轻易地找到他们。很多经营者发现相同产品如能在同一楼层相邻就会使销路大畅。比如说，你卖皮革手提包，但由于顾客来去匆匆无法走遍整个展销场地，如果你的展位不是设在皮革手提包专卖区，那么顾客就可能无法光顾了。

4. 商品引人注目

商品陈列要使顾客感到心旷神怡而又容易审视挑选。不管你在什么场合展销你的产品，你都是在同其他商贩进行竞争，你必须对自己的展销商品以什么特色吸引订货做一番估计。

5. 简化订货手续

所有产品的标价都必须清楚，并事先决定有关的订货条款：最低订货额、付款方式、送货日期等，尽可能让顾客感到订货手续快捷方便。

6. 兼做公关

在展销会上，你的主要角色当然是商品推销员，但是你不妨也做一下顾客。因为其他展销商所卖的商品有可能就是你今后需要的，或者是你正在进货的商品，这时你就可以作一番比较。

在展销会上，你可以得到很多有用的信息：从低成本的包装材料到如何减少税收，你都应该随时记下来，并从同行处听取各种意见进而想出解决办法。你要设法同其他经营者聊聊天，了解一下他们的问题，把他们的产品、价格、利润等与自己的情况作一番对比，很多小公司的老板发现贸易展销会提供了同行之间建立关系网的可能性。

推动新产品成功上市

在面对纷繁的市场，小公司如何才能将自己的新产品打入消费者的心中，这是经营者们需要考虑的问题。

决定新产品上市成功与否的因素和变量很多，有来自社会宏观经济领域，有企业自身对于资源的认知与把握，有竞争环境时代特征等等。企业需要综合各方面因素调整自己的营销策略。

皇明太阳能集团发展至今，已是世界太阳能产业的领导者，年推广集热器面积200多万平方米，相当于整个欧盟的总和，比北美的两倍还多。然而，在皇明在进入太阳能产业之时，无论国内、国外都无先例可循。但是，皇明集团不仅将产业做强、做大，还把太阳能做成了一个巨大的产业。

自从进入工业化以来，人类对环境的危害就是无休止的，但是"皇明模式"却开拓了一条能源的可持续发展之路，实现了环境与工业、市场的共赢。追寻皇明模式，要从以下三方面说起：

首先，得益于市场启蒙。皇明集团在进入太阳能领域时，整个行业内无参照、外无引进，更没有政府的大力扶持，面对如此困境，首先要解决的就是市场问题。当时公众对太阳能产品几乎就是零认知，皇明的首要任务就是培育市场、培育客户，将前期投入都用到了太阳能科普教育上。

皇明的宣传队伍是地毯式的，通过发放9000多万份《太阳能科普报》，建立了10000多个营销网点，皇明太阳能赢得了众多的忠实客户。产品靠着科普越卖越多，而企业赚取的利润也越来越丰厚。利润中的一大部分被抽出继续支持科普，承担了更多社会启蒙的社会责任。

其次，掌握核心技术。皇明集团在太阳能相关产业的技术研发上，如太阳能一体化建筑、节能玻璃、太阳能高温发电、太阳能灯具、太阳能海水淡化、太阳能空调制冷方面都走在了行业前列。皇明集团的ODIC技术战略，整合了全球先进的太阳能应用技术，实现先进技术与市场应用的良性转换。

第三，明确了行业定位。太阳能行业的竞争早期，国内有超过三千家的太阳能制造企业，其中大多是区域性的小品牌，产品价格低，规模小。各企业为了占领市场，纷纷降低价格，导致品牌定位不明晰，企业缺乏信誉，产品质量不过关。

皇明面对太阳能热水器的行业现状从一开始就拒绝了价格战的诱惑，确定了自己的战略定位：高端的、提供大型太阳能热水器的太阳能生产商。皇明逐渐舍弃低端的产品线，集中精力做高端产品。占据行业高端的皇明因此有效地巩固了自己的竞争优势。在销售方面，皇明把自己原来良莠不齐的代理店全部转换成了集销售、服务、形象展示于一体的5S店，这样大大提升了皇明的品牌形象。

取得技术、规模与品牌优势之后，在行业企业的产品价格下滑的情况下，皇明新品的价格反而在升高。皇明找到了自己独特的位置，没有一个品牌可以模仿。

皇明太阳能热水器在进入市场之初，就紧紧抓住行业商机，并对自己进行了精准定位，确立了科学合理的营销战略，在太阳能热水器的新市场树立了自己无可匹敌的地位。营销专家建议，企业在发展新产品的营销策略时，应注意从以下方面：

1. 推出时间

经营者需决定在什么时间将新产品投放市场最适宜。例如，如果某种新产品是用来替代老产品的，就应等到老产品的存货被处理掉时再将这种新产品投放市场，以免冲击老产品的销售，造成损失。如果某种新产品的市场需求有高度的季节性，就应在销售季节来临时将这种新产品投放市场。

2. 推出地点

经营者需决定在什么地方（某一地区、某些地区、全国市场或国际市场）推出新产品最适宜。能够把新产品在全国市场上投放的企业是不多见的。一般是先在主要地区的市场推出，以便占有市场，取得立足点，然后再扩大到其他地区。因此，企业特别是中小企业须制订一个市场投放计划。

3. 推出目标

经理要把分销和促销目标面向最优秀的顾客群。利用最优秀的顾客群带动一般顾客，可以以最快的速度、最少的费用，扩大新产品的市场占有率。对新上市的产品来讲，最优秀的顾客群一般应具备以下特征：他们是早期采用者；他们是大量使用者；他们是观念倡导者或舆论领袖，并能为该产品做正面宣传。

4. 推出方法

企业应决定要在市场营销组合各因素之间分配营销预算，确定各项营销活动的顺序，有计划地开展营销活动。

不需要广告费的推销方法

刚起步的私营小公司通常没有财力在各种媒体上展开频繁的广告宣传攻势。事实上，即使你已经从商很长时间，也不一定有大量的资金用于广告宣传。或者，你已经尝试了很多广告的途径和手段，却还没有找到一种真正行之有效的宣传方法。

在这里，不妨采用不需要广告费的推销方法，所需要的支出少，却往往有效果，不过需要考验的是经营者的时间、精力和创造性。下面几点就是一种低廉并有效的宣传方法：

1. 优惠券

你不必在报刊刊登广告或进行大型邮寄宣传品时分发优惠券，你可以在街边、在商品展示会上或者任何合适的地方做宣传。你还可以把它们送给你的老顾客，或者把"下次购买"的优惠券放在顾客的订单中。

没必要把赠券设计和印刷得很精美，因为人们这时关心的主要是赠券上的价格而不是形式。为了增加销售或让顾客下次再买你的东西，你要慷慨地赠送优惠券。

2. 小礼物

人们喜欢得到免费赠送的东西，即使花上高价买一件更贵的东西才能得到这份赠礼，消费者往往也愿意。这种办法在化妆品行业运用得非常成功，其他行业也同样可以效仿。买一台性能最优的服务器赠送一台笔记本电脑，这种事情不是没有先例。

3. 老主顾

无论在零售业还是在服务业，抓住老主顾对发展忠实的顾客人群作用很大。最常见的方法就是给顾客一张卡片，每次购买商品或者接受服务时都填在卡片上，在以常规价格购买几次或接受几次服务后，就有一次免费或打折。另一种办法就是在顾客出示他的"老主顾"的打折卡后，对他给予打折的优惠。

4. 举办活动

通过举办一些特殊的活动，如请名人露面或者进行慈善捐赠等，这是吸引顾客提高知名度的好办法，而且还能创造一种令人兴奋的氛围，提高商家的声誉。当然，举办活动也是需要经费，一定要量力而行。

5. 赠品

赠品人多，怎么赚钱呢？其实这可比做广告便宜多了，而且也容易做到。这种办法被广泛地运用于任何公司。在公司间接做买卖时，你可以在拜访你的老顾客或潜在的顾客时，给他们送些小礼物。

比如零售业的小公司，可以分送气球或者其他新奇的小礼物，以激起他们对这家公司的兴趣，并能记住这家公司。

营销体现产品差异性

公司的产品在市场上能脱颖而出，靠的是自身的差异性。其实，拼价格不如拼智慧，采用产品差别化照样可以取得竞争优势。小公司的经营者们需要在这方面下功夫。

这是发生在两个卖鱼的小摊位之间的商战，摊主老张却在商战中运用"产品差别"的概念，从而在竞争中取得了优势。我们来看看他是怎么做的。

在A农贸市场，有两个鱼摊，都有鲐鱼出售，摊主是老张和老王。这天老王批回来的鱼不新鲜，行话就是"口不好"，被老婆一顿痛骂，一怒之下做出惊人决定：进价出货，尽快处理。5块钱进的鲐鱼，5块钱卖。这样一来，附近居民疯抢老王的鲐鱼，连踽踽而行的老太太都矫健异常。不多时，周围几个小区的人就都知道市场上有两口子打架、鲐鱼非常便宜的事儿。这可把老张气得够呛：鱼的成色好，本来进价就比老王贵6毛钱，卖8块1斤那是行市价，可现在没法卖了。都是鲐鱼，有5块的谁还买8块的？

老张怎么办呢？事实上，老张既没有去恐吓和死磕，更没有消极防御，而是把价格提到了12块，很快售卖一空。不同的是，老王的鱼篓干净了，钱包更干净；而老张的鱼篓每空一分，钱包则鼓起一分。

可能有人不信，8块都卖不了，12块怎么能卖出去呢？老张是这样卖的：

路人：多少？12块？怎么这么贵？

老张：我这独一份，本地鲐鱼，新鲜，进价就贵。那边有便宜的，5块（指指老王那里）。

路人（看上去确实很新鲜，是不是本地的却不会看）：那就给我来3斤吧。

于是这一个顾客老张就凭空多赚了12块。

老张跟人家说的"本地鲐鱼"是个妇孺皆知的概念，而"本地鲐鱼"就突出了他的产品差别，而这个差别就是他跟人要12块一斤的理由！

当然，对于企业而言，产品差异并不是如此简单，企业必须在赋予产品特征方面极富创造精神。日本公司成功的关键因素之一就是它们能不断改进产品的特征，如手表、照相机、汽车、摩托车、计算器、录像机等。例如日立公司拿出占本公司研究与开发总经费6%的资金用于产品创新，1992年达到40亿美元。这些措施就是为了开发出新的产品特征，来满足顾客需要。

具体说来，要做到与其他商家的产品差别，主要在哪些方面做出努力呢？

1. 性能

工作性能是指产品首要特征的运行水平。用户在购买价格昂贵的产品时，通常要比较不同品牌之间的工作性能。只要产品性能好，且价格不高出顾客所预期的范围，顾客一般都愿意接受较高价格。有资料表明，产品质量与投资收益之间存在着较高的正相关关系，产品质量较高的公司要比质量较低的公司多盈利。这是因为高质量保证了高价格。公司能从更多的用户重复购买、顾客对公司的忠诚、社会肯定的舆论中获利。

2. 承诺

是否能保证产品的基本功能和性能与顾客的预期标准相符合。这里涉及顾客对企业的信任问题。承诺是指产品的设计特征和工作性能与预期标准的符合程度。日本制造商拥有很高声誉的主要原因之一就是产品具有很高的一致性。人们称赞日本汽车具有良好的装配和完美的成品，从而乐意购买。本田公司在巴基斯坦市场上提出了严格的质量和卫生标准，每辆摩托车离开生产线后就立即进行一系列的性能测试，从而让顾客对其现有质量感到放心。

3. 耐用性

耐用性是指产品的预期使用寿命。产品的预期寿命长，顾客愿意为耐用的产品支付高价格。例如沃尔沃宣称自己的汽车具有最长的平均使用寿命，这一点保证了其高价格的合理性。但这也并不是绝对的，比如宣传个人电脑或摄像机具有很高的耐用性并不一定具有很大的吸引力，因为这些产品的特征和工作性能变化很快。

4. 可靠性

可靠性是衡量产品在一定时期内不会发生故障或无法工作的指标。如果在一年内奔驰汽车不会出现故障的概率为90%，美洲豹汽车为60%，而奔驰的可靠性要比美洲豹高。购买者通常愿意为质量可靠的产品支付高价格。

4. 维修性

易修理性是指当产品失灵或无法工作时，能易于修理。理想的修理性能是指使用者无需成本或时间，自己就可以修理好产品。第二种最佳状态是一些产品有自己的维修咨询部，服务人员通过电话从很远的地方就可检查修理，或者指导用户如何修理。具有这种服务特征的产品有空调、电视机和录像机。最糟糕的情况是当产品发生故障，顾客打完服务电话后，过了很长时间服务人员仍旧不到。

5. 式样

式样是指产品给予购买者的视觉效果和感觉。例如尽管美洲豹汽车可靠性不佳，但仍有购买者愿为它支付高价，因为它的外形独特。式样可以创造出其他竞争对手无法模仿的产品特征，款式能创造出其他竞争对手无法模仿的产品特征。例如瑞士的斯沃琪手表以其款式的多变，作为时装表吸引追求潮流的年轻人。因此，许多公司不对式样改进进行投资，这一点令人吃惊。

6. 设计

从公司的角度看，设计完美的产品应能易于制造和销售；从顾客的角度看，设计完美的产品应能赏心悦目，易于打开、安装及了解如何使用，能方便使用、修理和处理。遗憾的是，许多公司都没有对完善产品设计进行投资。随着竞争的加剧，设计将成为公司对产品和服务实行差别化以及市场定位的强有力的途径，尤其是在销售耐用设备、服装零售业甚至商品包装方面。设计包括产品设计、工序设计、图案设计、建筑物及内部设计、企业标志设计等。

实现捆绑营销

不知什么年月起，捆绑营销已悄悄地侵入我们的生活，而且蔚然成风，有愈演愈烈之势。大至买楼房送车位、买大件家电送电饭锅，小至买手机送话费，买酸奶"二送一"，甚至买支牙膏也送个钥匙圈。捆绑营销作为一种非常有效的营销方式，被很多小公司运用到。

捆绑营销通过两个或两个以上的品牌或公司在销售过程中进行合作，从而扩大它们的影响力，可以说是共生营销的一种形式，开始被越来越多的企业重视和运用。以下是成功运用捆绑销售的案例。

美国的约翰逊黑人化妆品公司总经理约翰逊是一个知名度很高的企业家。可是，当初他创业时，也曾为产品的销售伤透了脑筋。

那时，约翰逊经营着一个很小的黑人化妆品公司，因为黑人化妆品市场的总体销售份额并不大，而且，当时美国有一家最大的黑人化妆品制造商佛雷公司，几乎垄断了这个市场。

经过很长时间的考虑，约翰逊提出了一句措辞非常巧妙的广告语："当你用过佛雷公司的化妆品后，再擦一次约翰逊的粉质膏，将会得到意想不到的效果。"

约翰逊的这一招的确高明，不仅没有引起佛雷公司的戒备，而且使消费者很自然地接受了他的产品，达到了事半功倍的效果。因为他当时主推的只有一种产品，凡是用佛雷公司化妆品的黑人，大都不会在乎再增加一种对自己确实有好处的化妆品的。

随着粉质化妆膏销量的大幅度上升，约翰逊抓住了这一有利时机迅速扩大市场占有率。为了强化约翰逊化妆品在黑人化妆品市场上的地位，他同时还加速了产品开发，连续推出了能够改善黑人头发干燥、缺乏亮度的"黑发润丝精"、"卷发喷雾剂"等一系列产品。经过几年的努力，约翰逊系列化妆品占领了绝大部分美国黑人化妆品市场。

但目前市场上的"捆绑销售"还不够大气，只能算是小打小闹。甚至是两种商品的简单叠加，在手机市场上居然发现买手机可以送饼干，真是风马牛不相及。这些方式并未实现"捆绑销售"的最大价值。

捆绑实际上是资源的再次创新与整合，是在原有资源的基础上，创造出一种更有力度的模式，更利于消费者对信息的接受与处理，甚至变被动为主动。如果进行科学规划，对相关品牌进行整合，那么，这样的科学捆绑也许可以创造奇迹。

常见的"捆绑销售"主要有以下几大招式：

1. 包装捆绑

如汰渍洗衣粉，在包装袋上印有衬衫、洗衣机等品牌；反过来，衬衫、洗衣机也推荐使用汰渍洗衣粉，即为产品包装又是广告载体。品牌互补，大家共同得利，节省了资源。这样的例子还有很多，比如"牙膏"与牙刷捆绑、洗发水与沐浴液及毛巾捆绑。

2. 定位捆绑

对于新上市的品牌，可以从定位上考虑如何"绑"一下知名品牌。通过和已有品牌直接捆绑，来形成自己的定位，并宣扬自己独特的优点。对于市场份额较小的品牌，也可以考虑将自己与市场领导者捆在一起借此获得一种名声，并分得领导者一部分市场份额。前文中的"约翰逊粉质膏"的例子正属此类类型。

3. 信息传播捆绑

相关性产品集中在一起进行传播，既增加了整体传播力度，又节省了大笔资金。比如"浪奇"木瓜白肤香皂"绑"了一次《南方都市报》，把样品随报赠送给消费者，取得了良好的效果。又比如，"力士"洗发水"绑"了《化妆品报》"舒肤佳""绑"了"中华医学会"，不一而足。

4. 产品捆绑

把几种产品做成统一包装进行销售。如把牙膏、牙刷、香皂等放在一个包装盒里销售，相对来说，价格较低，消费者得到了实惠，自然也就愿意购买。

坚持诚信营销

每个人立身处世，都要以诚信为本，一个企业也要做到诚信经营，没有人愿意拒绝他人的真诚，也没有人愿意拒绝一个信誉良好的公司的产品。

诚信营销，是做企业的最高境界，因为只有让客户体会到企业的诚心，他才会愿意成为一个企业的忠实客户。

1. 站在客户的立场

小公司的经营者做营销，一定要站在客户的立场考虑问题，切实做到为客户利益着想，这样，企业得到的将是无数愿意长期合作的"粉丝"客户。

北京同仁堂创建于1669年，作为有代表性的、具有300多年历史的中华老字号企业，其知名度和美誉度都是很高的，享誉国内外。同仁堂经久不衰的秘诀，就在于它有着丰厚的具有鲜明特色的诚信文化。

同仁堂的创办人乐显扬亲自拟定了"同仁"这个店名，他说过，".同仁.二字可以命店名，吾喜其公而雅，需志之。"1706年，《乐氏世代祖传丸散膏丹下料配方》一书出版，序言中讲到，"遵肘后，辨地产，炮制虽繁必不敢省人工，品味虽贵必不敢减物力"。从此，这几句名言便成了"同仁堂"选方、用药、配比及工艺的规范。

同仁堂"所制产品，配方独特，选料上乘，工艺精湛，疗效显著，驰名中外"，在社会上享有很高信誉，也可以说是树起了一块金字招牌。同仁堂在长期的经营实践中，奉行的正是一种诚信文化。"炮制虽繁必不敢省人工，品味虽贵必不敢减物力"，炮制讲的是工艺，制一丸小小的中药，虽然工艺很繁杂，工序甚多，但一点也不能马虎。有的药材很贵重，却也不能减少分毫。这两句话是同仁堂的"堂训"。每一位新进同仁堂上岗的员工都要熟记这两句话，并化为自己的自觉行动。正是秉持着这样诚信经营、诚心为客户的精神，才使同仁堂一直驰名中外，赢得了全社会的信赖，成为长盛不衰、久负盛名的中华老字号企业。

此种"以诚待人""客户至上"的理念所延伸出来的品质保障，才能使同仁堂这样的小店最终成长为百年老店。

2. 不损害客户的利益

然而，现在很多企业为了获取眼前的短期的利益，总是不惜损害客户的利益。他们或者以次充好，欺骗消费者，或者夸大产品功能，蒙骗消费者，或者对产品的售后服务不闻不问。其实，从表面上看企业这样做或许在短期内获得了不菲的收益，但这却是昙花一现，这样做的企业注定是走不远的。试想，如果客户的利益受到损害，对企业的信赖度就会降低，那么企业的客户就会不断流失，企业就成了无本之木、无源之水，企业自身的经营也就会岌岌可危。

另一个把诚信当做企业信条而保持公司数十年高速发展的企业是美国的通用公司。对于诚信，通用前总裁韦尔奇这样解释："做人要以诚信为本，一旦形成这样的人格，不论在好的或者不利的情形下，都要保持这一作风。这样才能建立与客户、供货商、分析家、竞争对手及政府部门的良好关系。"

对于通用的价值观，对于诚信，通用公司不仅要求本公司的员工严格遵守，还要求所有代表公司的第三方，如经销商、代理、销售代表等承诺遵守通用的政策。

从通用的核心价值观和基本理念可知，不论做什么事情，对人诚实和信任永远排在第一位。通用公司很多很好的贯彻诚信理念的做法，都是值得企业学习借鉴的。

一个成功的企业一定是将诚信为本内化于心、外化于行的。客户是企业生存的根本，对客户做到诚信，就是要生产出让客户满意、质量上乘的产品，就是要把客户的问题当做自己的问题来解决，这样才能赢得客户的信赖。

其实，为客户着想就是一个企业对客户不断进行信用投资的过程，企业的信用度越高，客户的忠诚度也就越高，就会使企业与客户之间的关系更加稳定牢固，使双方的合作更加长久，最终使企业能够走得更远。

灵活营销12招

营销被绝大多数公司看作是重中之重的部门，小公司的老板们可能直接上阵抓营销。但在营销的过程中，如果不注重灵活性，营销往往会成为公司发展的软肋，公司的发展也会毫无起色。

质量不错、价格便宜的商品，若销售策略不当，照样不被消费者所接纳。经营的商品在价廉物美的情况下，起绝对作用的将是自己的销售策略。

以下的销售策略值得大家借鉴：

1. 高价销售法

一般情况下，商品的价格应该就低不就高，但这个世界上常有一些事情会出人意料。

在美国亚利桑那州的一处旅游胜地，新开了一家售卖印第安饰品的珠宝店。由于正值旅游旺季，珠宝店里总是顾客盈门，各种价格高昂的银饰、宝石首饰都卖得很好。唯独一批光泽莹润、价格低廉的绿松石总是无人问津。为了尽快脱手，老板试了很多方法，例如把绿松石摆在最显眼的地方、让店员进行强力推销等。

然而，所有这一切都徒劳无功。在一次到外地进货之前，不胜其烦的老板决定亏本处理掉这批绿松石。在出行前她给店员留下一张纸条："所有绿松石珠宝，价格乘二分之一。"等她进货归来，那批绿松石全部售罄。店员兴奋地告诉她，自从提价以后，那批绿松石成了店里的招牌货。"提价？"老板瞪大了眼睛。原来，粗心的店员把纸条中的"乘二分之一"看成了"乘二"。

这个例子表明：薄利多销未必一律正确，有时高价策略反而会促进销售。因为有些消费者习惯把价格同商品的品质联系起来思考，认为"一分钱一分货"，价格越低的商品其品质一定不怎么样，而高价商品之所以价格高，一定有其内在的原因。

2. 降价销售法

降价销售法是商家经常采用的一种方法，也是应用最广的一种方法。比如一本书定价19.8元，就比市面上同是20多元的同类书要好销售一些。

3. 馈赠销售法

馈赠促销是以较低的代价或免费向消费者提供一定的物品，以刺激顾客购买某一特定产品。现在，馈赠销售法在我国很常见，比如饮料买二送一，食品买大送小。饭店当顾客消费达到一定金额后能够回送两道菜，以期顾客再度光临。商场或超市给购买者有关票据，达到一定数额后，就可以获得某种礼品。

4. 易地销售法

商品有时候会有地域特征，在一个地方销售不出去的商品，换一个地方就会畅销。在一个地方畅销的商品，换一个地方就成了无人问津的"死货"。造成这一现象的原因是因为每一个地方都有可能具有不同的消费习惯或消费档次，比如在低收入人口集中的地方卖高档次商品，超出了顾客的消费能力，因此滞销的可能性就相当大。反之，结果也大同小异。

5. 网点销售法

在国外称为"二角销售法"。做法是如果某种商品有三个商店销售，那么，就要求三家要呈三角形布局。这样一来既有助于三家店铺形成良性竞争的格局，也能使消费者不致漏网，最大限度地发挥市场潜力。

6. 服务销售法

这一办法的核心是培育消费者的消费需求，通过举办培训班、讲座、现场咨询、技术辅导等方式让顾客了解商品的使用，解除消费者的后顾之忧，从而促使消费者购买商品。

比如美容美发店举办"美容知识讲座"，化妆品商店在卖出商品后为顾客免费做美容护理等方式，都能够有效地提高商品的销售或增加店铺的营业收入。

7. 示范销售法

示范销售法就是厂家或店铺的工作人员，现场示范某种商品的使用方法或演示，因为能让顾客看到实际的效果，顾客多半会花钱购买。

8. 反季销售法

比如，在高温的夏令时节，挑冬季的商品展销，专柜里羽绒服、皮风衣、皮大衣、皮夹克、皮套裙琳琅满目，而且销售情况良好。

9. 商品保险法

"保险法"是指有些商品在出售操作使用中涉及人身安全，如电热毯等，代为顾客办好人身安全保险，切实为顾客的利益着想，通过保险为顾客提供各种安全保障。这样不仅解除了顾客购买商品时的一些顾虑，更重要的是表现出了对顾客的高度负责精神。所以，在商品销售中顾客自然会选购保了险的商品，一张保险卡引发了消费者购买欲望，增加了消费者放心购买的信心。

不过值得注意的是，必须要有针对性地选择商品，不可滥用，同时一定要有保险公司的支持和协助，保险公司的承诺才能取信于民。

10. 眼球销售法

现代经济是眼球经济，在商品销售中，商品包装美不美直接影响消费者购买欲，对商品销售影响十分明显。因为消费者往往凭着"眼球"来购买，据美国杜邦化学公司在市场调查中得出的结论："有63%的消费者是根据商品的包装装潢来购买的。"这个观点在国外被称为"杜邦定律"。

11. 限购法

数量限购法是利用了消费者普遍存在的一种抢俏心理。多数商品的使用价值、质量优劣，很难从价格和外形上判断出来，所以很多人从销售冷热情况来判断。小米手机的饥饿营销方式就属于此类。

12. 以货易货法

在现代商品销售中，机动灵活地应用以旧货换新货，能够做活生意，扩大商品销售。

第十四招

创新之道：
没有创新一定会被市场淘汰

用创新开拓局面

绝大部分的小公司很难在规模上有所扩大，它们停留在小规模上。造成这一问题的根源在于，公司团队缺乏创新的思维和意识。那些大企业能取得今天的成就，很大程度上得益于他们对创新的领悟和把握。

小公司或许没有大公司的资金实力，没有雄厚的规模效应，但这并不能成为实践创新的借口。把创新渗透到骨子里，并在工作中孜孜以求，那么奇迹就会发生，公司就会进入以创意为支点的商业模式中，通过创造性完成自我超越。

"创新者生，墨守成规者死。"在商战如潮的当今市场，可见谋创新，求开拓至关重要。作为公司的领导者，必须永远以创造的姿态搏击风浪，必须成为思想活跃的，必须发挥无穷无尽的创造性和想象力。

小公司开始投资创业的时候，要坚持"不熟不做"的理念。后来，当生产规模逐渐扩大并且走上正轨后，就需要大胆创新了。

做生意要胆子大，敢于冒险，善于从创新中把握先机。另一方面，也要坚持"不熟不做"的生意经，表现出审慎的一面。两者貌似矛盾，却是一脉相承的。因为，大胆创新之前是谨慎的决策，谨慎投资是大胆创新的保护伞。

把企业做大，把业务做广，离不开商业上的创新。但是，这种创新离不开对旧有行业的清醒认识，成功者能够走正确的路，在于顺应了产业升级的趋势，主动适应了新变化。

公司的总经理必须懂得创新的力量。开公司绝对是身心与智力的考验，尤其是面对发展僵局的时候，唯有用创新来开拓新局面。

创新新对企业经营的意义，如同新鲜的空气对生命的意义。经营者应该不断地在管理上创新、产品上创新、技术上创新，以确保企业历经环境变化而永葆生机。

有一句老话，叫"一个和尚挑水吃，两个和尚抬水吃，三个和尚没水吃"。如今，这三个观点过时了。有三个庙，这三个庙离河边都比较远，怎么解决吃水问题呢？著名经济学家厉以宁用创新的观点，对此进行了生动的解读。

1. **机制创新**

第一个庙，和尚挑水路比较长，一天挑了一缸就累了。于是三个和尚商量，咱们来个接力赛吧，每人挑一段路。第一个和尚从河边挑到半路，第二个和尚继续挑，又转给第三个和尚，大家都不累，水很快就挑满了。这是协作的办法，这就是"机制创新"。

2. **管理创新**

第二个庙，老和尚把三个徒弟都叫来，说我们立下庙规，引进竞争机制。三个和尚都去挑水，谁挑得多，晚上吃饭加一道菜；谁水挑得少，吃白饭，没菜。三个和尚拼命去挑，一会儿水就挑满了。这个办法叫"管理创新"。

3. 技术创新

第三个庙也有三个小和尚，他们认为天天挑水太累，得想想办法。山上有竹子，把竹子砍下来连在一起，竹子中心是空的，然后买了一个辘轳。第一个和尚把一桶水摇上去，第二个和尚专管倒水，第三个和尚在地上休息。三个人轮流换班，一会儿水就灌满了。这叫"技术创新"。

创新缔造竞争力

综观当代企业，唯有不断创新，才能在竞争中处于主动，立于不败之地。也许一个好点子就能让一个公司起死回生，就能让一个公司由小壮大。

1901年的某个早晨，一个名不见经传的小推销员正在刮脸。当他将脸上涂满热肥皂后，突然闪过一个念头：何不生产一种可替换的刀片？

这种名为"吉利"的剃须刀，已成为全世界最著名的剃须刀品牌。而这一切，来源于当年推销员吉利所发现的一个小小的商机。而正是这个创新的小点子，带来了企业的蓬勃发展。

小公司不能忽视创新的重要作用，小点子照样能成就大事业。在所有的成功者眼中，最优秀之人永远都是那些善于创新的人。

1. 重视"小点子"

从成功的角度来讲，两点之间的最短距离并不一定是条直线，而可能是一条障碍最小的曲线。要找到这条曲线，需要一个时时寻找方法去处理事情和面对困难的大脑。优秀的员工必然善于创新，对于他们来说，再大的困难都会被他们用创新的手法彻底解决。

下面的例子有力地证明了这一点。

日本原松户市市长松本清，他不但扮演政治角色，还是一个头脑灵活的生意人。

他以开创"马上办服务中心"而名噪一时。他还拥有许多家连锁的药局。他将药局的店名称为"创意药局"。顾名思义，他的经营手法是具有独创性的。

松本先生曾将当时售价200元的膏药，以80元卖出。由于80元的价格实在太便宜了，所以"创意药局"连日生意兴隆，门庭若市。由于他以不顾赔血本的方式销售膏药，所以虽然这种膏药的销售量越来越大，其赤字也越来越高。但是，整个药局的经营却出现了前所未有的盈余。因为，前往购买膏药的人，几乎都会顺便买些其他药品。这些药品当然是有利可图的。靠着其他药品的利益，不但弥补了膏药的亏损，同时也使"创意药局"的生意做得有声有色。

松本清也让我们看到了"创新"所能产生的作用和能量。善于用创新的思路和方法去解决工作中的问题和困难，是一个人决胜的根本，更是一个企业保持旺盛竞争力的保障。企业永远呼唤主动寻找方法，创新地挑战困难的员工，这样的人才是企业最宝贵的财富。

2. 勇于开拓创新

现在有一句顺口溜：脑袋空空口袋空空，脑袋转转口袋满满。要想赚钱，就要勇于开拓、不断创新，为自身发展闯出更广阔的新天地。

戴高乐说："眼睛所到之处，是成功到达的地方，唯有伟大的人才能成就伟大的事，他们之所以伟大，是因为决心要做出伟大的事。"只有看到别人看不见的事物的人，才能做到别人做不到的事情。

美国有一家公司专门经销煤油及煤油炉。创立伊始，大量刊登广告，极力宣扬煤油炉的诸多好处，但收获甚微，其产品几乎无人问津，货物大量积压，公司濒临绝境。有一天，老板突然灵机一动，招来手下员工，让他们登门向住户无偿赠送煤油炉。员工们大惑不解，还以为老板愁疯了呢，看着老板那诡秘的神情，只得依令而行。

住户们得到无偿赠送的煤油炉，真是大喜过望，岂有拒收之理？知道消息的另外一些人也竞相给公司打电话，索要煤油炉，不久公司的煤油炉就赠送一空。

当时炉具还没有现代化，什么煤气、电饭锅、微波炉都没有，人们生火做饭只能用木柴和煤。这时，煤油炉的优越性明显地显现出来了，家庭主妇们简直一天也离不开它了。很快她们便发现煤油烧完了，只能自己到市场上去买，公司此时可是一毛不拔。当时煤油价格并不低，但已离不开煤油炉的人们也只得掏腰包了。再后来，煤油炉也渐渐用旧了，于是只好买新的。如此循环往复，这家公司的煤油和煤油炉便畅销不衰。

我们常常看到这样的情况：面对同一种工作，有的人认为无从下手，而有的人却可以做得很好，其中的关键差别就在于能不能用创新的眼光去看待问题，用创新的思维去思考问题，并积极地寻找解决问题的方法。如果这些能力都具备了，还愁公司做不好吗？

创新就是突破常规

美国著名管理大师杰弗里说："创新是做大公司的唯一之路。"没有创新，跟在其他公司的后面亦步亦趋，小公司根本不可能有继续做大的可能。

很多时候，创新不够是被既有的概念所束缚的，我们无法产生超越现有事物的各种想法，往往是因为我们把现有事物的特性误认为是一种潜在的规则线，不愿突破它。而实际上，只要突破这一规则线，我们就可以进入到一个全新的领域当中。

在一般情况下，人们总是惯用常规的思考方式。因为它可以使我们在思考同类或相似问题的时候，省去许多摸索和试探的步骤，不走或少走弯路，从而可以缩短思考的时间，减少精力的耗费，又可以提高思考的质量和成功率。

但是，这样的思维定式往往会起一种妨碍和束缚的作用，它会使人陷在旧的思维模式的无形框框中，难以进行新的探索和尝试。因此，我们应当敢于突破常规的想法，摆脱束缚思维的固有模式。

在现实中，有许多问题、情况是我们过去遇到过或是别人遇到过的，所以我们习惯按照常规的思路去解决。不错，经验的确能帮助我们省去许多麻烦，但是同样也会让我们走入一种思维定式，让我们忘记，其实有许多思路都能解决问题，甚至有的思路更快更好，只是因为我们不熟悉，没有采用过，只是因为我们习惯于用某种思路去解决困难。

1916年，犹他州的弗纳尔镇非常渴望修建一座砖砌的银行。这座银行将是小镇上的第一家银行。镇长买好了地，备好了建筑图纸，万事俱备，只差砖还没有着落。

这时，障碍出现了。这是一个致命的障碍，由于它，整个工程将毁于一旦：从盐湖城用火车运砖，每磅要2.5美元。这个昂贵的价格将断送掉一切：没有足够的砖，也就不会有银行了。

一位商人绞尽脑汁想出了一个近乎愚蠢的主意：邮寄砖！

结果是：包裹每磅1.05美元，比用火车运送便宜了一半的价钱。事实上，不仅价格便宜了一半，所谓邮寄过来的砖和火车货运过来所用的是同一班列车！而就是这么一个货运和邮递之间的价格差异使情况完全不同了。

几周之内，邮寄的包裹像洪水般涌入小镇。每个包裹7块砖，刚好可以不超重。这样，弗纳尔镇的居民很骄傲地拥有了他们的第一家银行。而且，这家银行全部是用邮寄过来的砖盖起来的。

可见，面对难题，换一种思路，则事事可为。一切"不可能"都有可能被你开动的大脑机器所粉碎。

创新者正是由于他们想到别人没想到的东西，走别人没走过的路，让自己跨越障碍直至成功。

许多时候，只要有创造意识，就会焕发创造行动，就会有活力。而呆板、凝滞足以扼杀人的任何创造性。

奥列佛·温特·怀斯曾说："人的智慧如果滋生为一个新点子时，它就永远超越了它原来的样子，不会恢复本来面目。"

一个人能在思维上创新，能想他人之不敢想，为他人之不敢为，就能发现他人视而不见的商机，创造出他人所没有的东西，可谓"观念一新，万两黄金"。

由此，我们不难看出，思路对我们的工作和生活有多么重要。思路决定出路，只有好的思路，对的思路，才能将出路铺向成功之路、理想之路。

每个人都会有"自身携带的栅栏"，若能及时地从中走出来，实在是一种可贵的警悟。独一无二的创造态度，绝不自损自贬的自爱意识，在学习、生活中勇于独立思考，在职业生活中精于自主创新，是能够从自我囚禁的"栅栏"里走出来的鲜明标志。

创造力自囚的"栅栏"的形成，通常有其内在的原因，即由于思维的知觉性障碍、判断力障碍以及常规思维的惯性障碍所导致的不知变通。知觉是接受信息的通道，知觉的领域狭窄，通道自然受阻，创造力也就无从激发。只有保持通道的顺畅，才能使信息流丰盈、多样，使新信息、新知识的获得成为可能。也才可能使得信息检索能力得到锻炼，不断增长其敏锐的接收能力、详略适度的筛选能力和信息精化的提炼能力，这是形成创新心态的重要前提。判断性障碍大多产生于心理偏见和观念偏离。要使判断恢复客观，首先需要矫正心理视觉，使之采取开放的态度，注意事物自身的特性而不囿于固有的见解或观念。这在新事物迅猛增殖、新知识快速增加的当今时代，尤其值得重视。常规思维的惯性，又可称之为"思维定式"，这是一种人人皆有的思维状态。当它在支配常态生活时，似乎还有某种"习惯成自然"的便利，所以不能说它的作用全不好。但是，当面对创新的事物时，如若仍受其约束，就会影响创造力的发挥。

可见，要从自囚的"栅栏"走出来，还创造力以自由，首先就要还思维状态以自由，突破常规思维。在此基础上，对日常生活保持开放的、积极的心态，对创新世界的人与事，持平视、平等的姿态，对创造活动持成败皆为收获、过程才最重要的精神状态。这样，我们将有望形成十分有利于创新生涯的心理品质，并使得有可能产生的形形色色的内在消极因素及时地得以克服。

传统的想法会冻结人的心灵，阻碍进一步创新的能力，干扰你的创造力。以下是对抗传统性思考的方法：

1. 乐于接受各种创意

要摒弃"不可行""办不到""没有用""那很愚蠢"等思想渣滓。

有一位非常杰出的推销员说："我并不想把自己装得精明干练，但我却是这个行业中最好的一块海绵。我尽我所能地去吸取所有良好的创意。"

2. 有实验精神

废除固定的例行事务，去尝试新餐馆、新书籍、新戏院以及新朋友，或是采取跟以前不同的上班路线，或过一个与往年不同的假期，或在这个周末做一件与以前不同的事情，等等。

如果从事销售工作，就试着培养对生产、会计、财务等的兴趣。这样会扩展你的能力，为以后担当更重要的责任做准备。

3. 主动前进

成功的人喜欢问："怎样才能做得更好？"

想一想，如果公司的经营者们总想："今年我们的产品产量已达极限，进一步发展是不可能的。因此，所有工程技术的实验以及设计活动都将永久性地停止。"用这种不思进取的态度进行管理，即便再强大的公司也会衰落。

优秀的经营者就像成功的企业一样，他总是带着问题而生存。"我怎么才能改进我的表现呢？我如何做得更好？"做任何事情总有改进的余地，认识到这一点，因此他总在探索一条更好的道路。

4. 敢于幻想

现在，让我们换一个角度来看，假设正如你自己所言，缺乏创造力。但因为每一个人都具有想象力，而想象力正是创造力的源泉。因此，试着将梦境中所见尽量描绘出来，就是一种想象力的运作，发明一样东西或创造一样东西，也都是在发挥想象力。想象力丰富的人，好奇心会比别人强十倍。

一个缺乏好奇心的人，如果想成为一位出色的实业家，那是相当困难的。好奇心强烈的人，不但对于吸收新知识抱有高度的热忱，并且经常搜寻处理事物的新方法。因此，如果没有了好奇心，就不可能花心思研究新事物，只是遵循前人的步伐原地踏步而已，更不用说会有惊人的成就了。

改革创新要敢为人先

与同类公司相比，改革创新是取得领跑地位的重要手段。阻碍我们成功的不是我们未知的东西，而是我们已知的东西。唯有不断地改革创新，走在别人的前面，才能在竞争中先人一步。

习以为常、耳熟能详、理所当然的事物充斥着我们的生活，使我们逐渐失去了对事物的热情和新鲜感。经验成了我们判断事物的"金科玉律"，存在的当然变成了合理的。随着知识的积累、经验的丰富，这些"金科玉律"使我们变得越来越循规蹈矩，越来越老成持重，要摆脱这种现象，我们就必须打破"墨守成规"，敢为人先地进行创新。

1. 实现盈利模式创新

淘宝网现在成为人们网上购物的主要去处之一，每天上淘宝网淘货的人有很多，网店开设不需要像现实生活中租用昂贵的门面，雇请大量的售货员，成本低，有的商家也因此发财致富。可有的人却按照这种思路，开了个现实版的淘宝店，这不也是一种创新吗？

小赵在大学学校门口开了家文具专卖店，主要经营一些特色的文具用品，当然，文具店也兼营一些打字、复印和学习资料销售的业务。小店的生意起色不大，每年的生意都很平稳。

如何才能将这间特色小店做大做强呢？小赵动起了脑筋。

有一天，小赵发现几个学生在摆跳蚤市场，将用过的学习资料和体育用品甩卖。但他发现学生们比较分散，成交率并不高。

一个点子闯进了他的脑海，每年学生考试后都会扔掉大量的课本和参考资料，有的甚至在毕业的时候将所有的课本都扔了。如果将这些学习用品收集起来，卖给下一届的学生，只要品相还好、价格便宜，应该会有一定的市场，而且大学教材一般更新比较慢，下一届或者几届都能用上。这样的生意以前没有人做过，只是在学校里的跳蚤市场零星地做。自己在学校门口有店，能长期销售，应该是一个好思路。

小赵回到家里，决定将店面腾出一个角落出来，做成一个个小格子，分成不同的区，专门卖学生的二手货。为了降低风险，所有的学生用品都让学生自己来标价，就像淘宝网一样标上一口价。小赵只收取成交金额的10%作为代理费。同时为了保持小店的租金也能分担下来，小赵按用品的占用面积每天收取一定的柜台费，这样学生为了尽快地将用品出手，定价上就比较合理了。

就是这样的一个创意，二手计算机、手机、文体用品卖得很好，尤其是学习资料类的更加受欢迎。小赵的店铺渐渐做出了特色，做出了名声，经营情况也越来越好了。

世界上有很多好的经营模式，这都可以看书、看电视、看报纸了解到。模式是固定的，变化是自己的。从别的地方得到启发，做生意就要善于创新，从而真正走在大多数人的前面。

2. 引领技术创新

李开复曾说，这个世纪有不少伟大的创业者，但是能够在多个领域（电脑、操作系统、音乐、动画）都有突破性创新的只有乔布斯一位。确实，乔布斯以他的创新精神赢得了产业界的尊重。

20世纪90年代，有一天，乔布斯走进一场设计会议，并把随手拿的电话簿扔在桌子上。乔布斯对设计人员说："这是麦金塔电脑能够做的最大尺寸，绝对不能更大。如果再大，消费者会受不了。"

"还有，我受够了所有这些方正、矮胖、类似箱子外观的电脑。为什么我们不能制造一台更高，而不是更宽的电脑呢？大家想一下。"

乔布斯的要求，震惊了房间里的所有人。因为那本电话簿只有过去出现过的电脑的一半大小，大家认为实现这样的外观是根本不可能的，电脑所需的配件、CPU等绝对无法放进那么小的箱子里。

麦金塔团队虽然觉得不可能，但是他们相信乔布斯，因为创新是乔布斯的风格，他就是要征服不可能。

随后麦金塔团队积极行动，最终实现了乔布斯的目标，从而翻开了计算机时代的新篇章。

没有创造力，何谈创新。对乔布斯来说，创造力就是整合事物的能力。创新是乔布斯身上最闪光的亮点，是苹果始终引领潮流的根本。

未必只有乔布斯这样的人才能引领创新，作为中小企业的管理者，必须上紧发条，学习乔布斯的创新力，时时刻刻准备着创新。

勇于突破旧有思想

心理学家们分析，我们心中容易产生"我不行"、"我办不到"等消极的念头，这些念头会一直羁绊我们的创新思维。

我们每个人都可以在一定的限度范围内学会创新。西方有句谚语说得好：上帝只拯救能够自救的人。如果你不想着突破旧思想，挣脱固有想法对你的限制，那么创新将永远与你无缘。

1. 不要"自我设限"

我们是否也为自己罩了一个玻璃罩呢？实际上，有很多人由于遭受了外界太多的批评、打击和挫折，于是奋发向上的热情、欲望变成了"自我设限"的观念，这就影响了自己潜能的开发，影响了个人的成长。"自我设限"只是你潜意识里的一种想法，只要你肯走出来，肯向外拓展，那么定能不断成长。

心理学家马斯洛在给他的研究生上课的时候，曾向他们提出过如下的问题："你们班上谁希望写出美国最伟大的小说？""谁渴望成为一位圣人？""谁将成为伟大的领导者？"等。根据马斯洛的观察和记录，他的学生们在这种情况下，通常的反应都是咯咯地笑，红着脸，显得不安。马斯洛又问："你们正在悄悄计划写一本伟大的心理学著作吗？"他们通常也都红着脸、结结巴巴地搪塞过去。马斯洛还问："你难道不打算成为心理学家吗？"有人小声地回答说："当然想啦。"马斯洛说："那么，你是想成为一位沉默寡言、谨小慎微的心理学家吗？那有什么好处？那并不是一条实现自我的理想途径。"

人类中普遍存在某种约拿情结，人们总是逃避卓越、成长。曾经有一家跨国企业在招聘中出了这样一道题："就你目前的水平，你认为十年后，自己的月薪应该是多少？你理想的月薪应该是多少？"

结果，有些人回答的数目奇高，而这样的应聘者全部被录用。其后主考官解释说："一个人认为自己十年后的月薪竟然和现在差不多或者高不了多少，这首先说明他对自己的学习、前进的步伐抱有怀疑的心态。他害怕自己走不出现在的圈子，甚至干得还不如现在好。这种人在工作中往往没什么激情，容易自我设限，做一天和尚撞一天钟。他对自己的未来都没有追求，拿什么让我们对他有信心呢？"

2. 不要迷信权威

对权威的尊崇、膜拜，常常会演变为迷信和神化，同时，我们大脑中的"自我思考、冲破权威、勇于创新"将日渐匮乏。

哥白尼的"日心说"发表之前，"地心说"在中世纪的欧洲一直居于统治地位。在古代欧洲，亚里士多德和托勒密主张"地心说"，认为地球是静止不动的，其他的星体都围着地球这一宇宙中心旋转。约在1515年前，哥白尼为阐述自己关于天体运动学说的基本思想撰写了一篇题为《浅说》的论文。在文中，哥白尼批判了托勒密的理论，科学地阐明了天体运行的现象，推翻了长期以来居于统治地位的地心说，从而实现了天文学中的根本变革。他正确地论述了地球绕其轴心运转、月亮绕地球运转、地球和其他所有行星都绕太阳运转的事实。作为近代自然科学的奠基人，哥白尼的历史功绩是伟大的。确认地球不是宇宙的中心，而是行星之一，从而掀起了一场天文学上根本性的革命，是人类探求客观真理道路上的里程碑。哥白尼的伟大成就，不仅铺平了通向近代天文学的道路，而且开创了整个自然界科学向前迈进的新时代。从哥白尼时代起，脱离教会束缚的自然科学和哲学开始获得飞跃的发展。

哥白尼不迷信于权威的地心说，而是根据自己的观察和思考，最终推翻了统治欧洲数千年的地心说。而哥白尼本人也成为天文学史上划时代的人物。

如果迷信权威，机械奉行权威的教条，那么我们便永远不会进步。只有思维活跃、富有胆识，不迷信权威，不崇拜偶像，不为过时的老观念、老框框所束缚，敢想、敢说、敢改革，不断探索新世界的奥秘，我们才可能走出新路子。

3. 勇敢尝试创新

只要你有一颗勇敢的心，那么无论在你身上发生什么事，都无法影响到你。当你意识到自己从伟大的造物主那里获得源源不断的能量时，能真正影响到你的事情根本没几件。因为，无论什么事情降临在你身上，你都可以保持你内心的平静，勇敢面对。

管理者在日常的工作生活中，一定不能缺乏的是挑战强者、挑战权威、挑战固有"神话"的勇气和意识。因为只有这样，我们才能在挑战中不断超越自己、完善自己。

一个勇于打破旧有秩序的管理者，他必定能激发自己的潜力，能很好地把一家企业带到新的高度。当管理者赋予企业挑战的气质，就是在一定程度上赋予企业竞争力。帮助企业学会在竞争中抓住机会，不断去打破那些固有的"神话"，在不断创新中不断壮大自己，直至成功。

保持公司的创新优势

一些在竞争市场上领先的公司，往往认为自己是"老大"，在制度、组织和管理上已很成熟、很成功，根本没有必要变革了。这是一种观念上的危险。

比尔·盖茨就一直也没有停下创新的脚步，他把创新当做企业的原动力，并把创新这个本身抽象的概念内化成可行性措施。让创新成为公司的核心文化，让每一个人走入自己可以创新的领域之内，发挥自己最大的才干。

在比尔·盖茨的眼中，每一项新技术的发展对于微软来说都是福音。因为利用这些新技术新产品，微软可以通过研发新软件的方式快速进入这些新的领域。比尔·盖茨说："微软的成功秘诀之一就是在条件允许的情况下提速，走到别人的前面去。"

2004年5月底，当病毒和信息安全问题一再困扰电脑用户时，微软宣布开始出售一种可由电脑制造商预装在服务器内的网络安全软件，从而正式拉开了自己进入网络安全软件市场的帷幕。出于对科技进步的关注，微软从来都不缺乏市场敏感。微软从2002年初开始不断提升操作系统的安全性与可靠性，并在2003年收购了一家罗马尼亚软件公司的反病毒技术，从此走上了开发杀毒软件的道路。

比尔·盖茨知道，杀毒并不是微软的优势。比尔·盖茨更清楚地知道，技术是主导市场的主要因素之一。作为企业，技术创新永远是生存必不可少的手段。追逐潮流的结果就是促动企业不断设计、生产出市场需求的各种新产品。

一个企业能否持续不断地进行技术创新、产品创新，开发出适合市场需求的新产品，成为决定该企业能否实现持续稳定发展的重要问题。尤其是在科学技术发展日新月异、产品生命周期大大缩短的新经济时代，企业产品面临的挑战更加严峻，不及时创新，就可能导致企业的灭亡。

那么，怎样建立并保持公司的创新优势呢？

1. 思维上永远创新

思维创新的前提是"思维解放"，就是把思维从传统模式的束缚中解脱出来。同时，再用先进的思想武装头脑。这一点说起来容易，但要落实到行动中确相当困难。传统的思想一旦在人的头脑中形成概念，便立即充斥了我们的大脑，并很快成为"天经地义"的必然。

2. 防止创新精神的衰退

以"延生护宝液"成名的沈阳飞龙集团，由于产品创新乏力而曾经折戟沙场。总裁姜伟后来这样反省："创新是公司发展的根本，一个发展了五年的公司没有创新，必然走向衰落，一个销售了三年的产品没有创新，必然走向死亡。这是无情的规律。"

创新是公司进步和发展的不竭动力，也是总经理的使命。海尔集团首席执行官张瑞敏表示："海尔再走日本家电公司发展的老路是行不通的，必须促使公司求新求变，这关键要看公司的内部机制能否产生强大的创新动力。"

3. 树立二次创业的心态

经营者要把成功当做新的起点，而不是炫耀的资本。公司发展到一定规模后，创业时"以攻为主"的经营方针往往会不知不觉被"以守为主"所代替，开始害怕失败，不敢向未知领域挑战。

一些国际知名公司从来就拒不承认自己已经成功，而是强调自己的公司"仅仅是生存了下来"。奥地利经济学家熊彼特说："创新就是一种创造性地破坏。"在"二次创业"的时候，尤其需要从头再来的精神。唯有如此，才能在自我超越中走向卓越。

找到企业创新的动力机制

创新作为企业的一项基本功能，是企业管理的一个根本特征。当代管理大师彼得·德鲁克说，创新和企业家精神是人类进入"开拓进取型经济"阶段后的"正常的、稳定的和连续不断的需要"。

创新是企业生命的本质，是企业不断成长的保证。在技术更新不断加快的今天，只有创新的企业才能不断分取更多的市场份额。于是，就出现了创新的企业日新日强，守旧的企业逐渐衰退的局面。

英特尔公司前总裁葛洛夫先生有一句话："当一个企业发展到一定规模后，就会面临一个战略转折点。"就是说当一个企业的人力资金达到一定规模的时候，就不能沿袭过去的老路子，就必须改变自己的管理方式和管理制度，并积极对产品、服务、制度等进行创新。否则就难以驾驭和掌控企业，更不用说永续经营了。

1. 创新是企业发展的动力

任何企业的发展，都要依靠一定的机制来运行，企业的创新也需要一定的动力机制的支撑。一个企业如果锐意改革，就要求它的管理者一定要能摸索出企业的改革动力所在，然后才能顺藤摸瓜，找到一条创新之路，谋得长久的发展。

张瑞敏曾经说："企业不断高速发展，风险非常大，好比行驶在高速公路上的汽车，稍微遇到一点屏障就会翻车。而要想不翻车，唯一的选择就是要不断创新。"创新就是要不断战胜自己，也就是确定目标，不断打破现有平衡，再建立一个新的不平衡：在新的不平衡的基础上，再建一个新的平衡。

张瑞敏是一个"创新论"的积极支持者和维护者，海尔也是一个培养创新人才、鼓励员工创新的企业。在海尔自己创造的"海尔词典"中，有一个"斜坡球体定律"，讲的是：企业好比斜坡上的球体，向下滑落是它的本性。要想使它往上移动，需要两个作用力——一个是止动力，保证它不向下滑，这好比企业的基础工作；一个是拉动力，促使它往上移动，这好比企业的创新能力。此两力缺一不可。止动力是企业发展的必要条件，不能保证企业在市场竞争当中一定会获胜；创新是企业发展的充分条件，有了止动力再有创新，就会在市场上获胜。

2. 创造性思考深入人心

在海尔，创新的理念已经深入每一个海尔人的头脑中，使得他们在工作中积极进行创造性思考，主动为企业解决发展中遇到的各种各样的问题。

一次，生产出口到澳大利亚的洗衣机，由于客户的特殊要求，生产工艺变得极其复杂，出现了不少问题。全班人员主动利用下班后的时间进行研究，人多方法多，最后把一项项复杂程序分解简化，果真彻底解决了瓶颈问题。

空调事业部在安装空调外机外壳时发现，所用螺丝的螺纹个数对固定的牢固程度起着决定作用。一般国际标准要求是10～12个，但空调事业部的人想，如果把标准提高到14个，不就超出国际标准了吗？但螺纹数提高，螺钉的内应力就会提高，要解决这个问题，就必须更换螺钉材料并做特殊的热处理。内机车间的几个班组长一商量，大家分头行动，很快有了结果。这种看似很小的改革，使海尔空调不论在什么恶劣的环境下，都能做到外壳绝不松动。

这些仅仅是海尔良好的创新氛围的几个例子，但就是这样一种创新的意识，一点点创新的行动，渗透到每一个海尔人的头脑和行为中，才铸就了海尔今日的辉煌。

海尔在创业的时候，没有任何资源：要钱，因为不是国有企业，没有银行贷款给你；要人才，因为它是个集体企业，在计划经济的情况下，不可能有大学生分配过来，大学生都是先分到国家的科研机构、军工企业、国有企业。也就是说，海尔人力的资源和资金的资源都没有。但是海尔就是靠创新，从无到有，从弱到强逐步发展起来的。

3. 强调创新文化

海尔的可贵之处在于，它树立了创新无止境的观念，强调创新的空间存在于每个地方、每个人、每件事上。张瑞敏曾以《创新无止境》为题，写下这样的文字：

1984年，海尔砸掉76台不合格的冰箱，以树立员工的质量意识；今天在德国，消费者购买海尔冰箱可以获得政府颁发的节能补贴。

1999年4月30日，我们在美国南卡罗来纳州打下了第一根桩；到现在，美国造的海尔冰箱正在向着美国本土化的名牌迈进。

昨天，我们还在为新世纪的到来而憧憬；今天，当我们站在新世纪的门口，想象中的画面已经变成看得见摸得着的存在。

太阳每天都是新的，在市场竞争下没有旧经济，只有守旧者。面对充满挑战和希望的明天，我们只有不断创新，挑战满足感，才能超越自我。

只有企业上下所有员工都按照同一个方向——即企业发展的方向出谋划策、开拓创新，我们的企业才能做大做强。

围绕市场来进行创新

创新能力是一家企业持续发展的基本要素，是企业提升竞争力的主要源泉。但是很多企业在强调创新时，遇到了这样的问题：虽然强调创新，并且也获得了一些成果，但对于提升企业的竞争力却没有产生明显效果，很多企业管理者认为是白白浪费了企业的人力、物力和时间。

这种问题的出现，将会使企业的创新积极性受到打击，会产生一种非常消极的影响。产生这种问题的根源就在于，没有在事前进行缜密的市场调查，导致创新成果与市场需求脱节，是企业创新工作收效甚微，无法形成企业的核心竞争力。

1. 创新需满足消费需求

在世界商业史上，根据市场需求而进行创新并最终大获成功的例子不胜枚举。

1980年前后，个人计算机被市场热捧，但与之相匹配的小型打印机却是市场空白。爱普生集团看到了这一创新契机，就迅速推出了世界上第一台个人电脑用针式打印机MP-80。该产品不仅为爱普生带来了巨大的经济利益，还使EPSON成为全球最有影响力的打印品牌。

在市场经济条件下，一个企业想要获得长远的发展，就需要有自己的核心竞争力，这样才能在激烈的市场角逐中满足消费者的需要，吸引消费者的眼球。不管是什么企业，最终目的都是要让自己的产品走向市场，拥有自己的消费人群。

1987年，美国铱星公司开始"铱星系统"计划，1998年11月1日投入运营，开创了全球个人通信的新时代。这是一系列尖、高技术的结晶，它的目标是建立一个把地球包起来的"卫星圈"。在铱星的广告词中，通话网络将会覆盖世界的每一个角落。但是，"铱星系统"计划不过最终还是没能逃脱失败的结局。2000年3月18日，铱星公司宣告破产，一个耗资50多亿美元的"铱星系统"从此也就淡出人们的视线。

铱星公司的确在走创新的路子，但是到2000年3月，铱星系统的全球用户只有5. 5万个，而中国的用户不到1000个，而在铱星方面的预计中，仅初期在中国市场就要做到10万用户。铱星要想实现盈利最少需要65万个用户，5. 5万与65万显然相差太大。所以，科技再新潮也要满足市场的需要，从消费者的真实需求出发，只能满足很小一部分人需要的产品难以占领一块市场。

2. 围绕市场进行产品创新

很多成功的企业都是围绕市场来进行产品创新的。

海尔公司的诀窍是：企业产品创新最重要的是要有市场效果。实验产品创新成功与否的重要标准是看市场效果。海尔在开发新产品时，总是认真研究来自用户的建议和意见，把用户的难题作为自己的科研课题，努力解决消费者的不满意点、遗憾点和希望点，把产品创新放在满足消费者的需求上。

中关村有一句十分流行的话，就是"卖出去才是硬道理"，可见他们都十分重视产品与市场的结合，把抢占市场作为生产的首要任务。

但从根本上说，企业的产品创新是一种经济和商业行为，如何进行创新，采用什么技术，关键要看它是否能满足用户需求，要让事实（为企业带来巨大的经济效益）来说话。

市场对产品创新主体具有一种导向和激励作用。如果产品创新的成果能够满足市场需求，产品创新主体就可以从创新中获取相应丰厚的回报。否则，产品创新的主体就会受到市场惩罚。

很多小公司一味追求创新，但是在追求技术进步时，犯了这样的错误，忽视了市场需求，造成技术与市场的脱节，结果投入了很多人力和物力，新产品上市却并不一定热销。正是因为市场的这种风险性使得众多企业必须以市场为导向不断进行创新。

3. 主动与市场需求对接

著名企业春兰集团在创新与市场对接方面，曾有过教训。

20世纪90年代初，春兰研制出了国内第一台变频空调，但考虑到当时市场对这种高端产品的需求不大，因而没有全面推向市场。实际上，这种高端产品的市场还是不小的，由于春兰当时没有全面推出，以致让后来的其他品牌的变频空调抢了先机。正是因为有了这样深刻的教训，春兰在此后的发展进程中加大了创新与市场对接的力度，并采取了三种对接策略。

一是市场需要什么就研发什么。市场需要健康、静音空调，春兰就研发具备长效灭菌功能、最静音的"静博士"空调；市场需要节能环保空调，春兰就开发达到国家新能效标准、对环境无污染的节能环保空调；市场需要小吨位的大载量卡车，春兰就开发双桥增压加强型轻卡，做到了始终与市场发展同步。

二是市场何时需要就何时提供。由于做到了预期研制和技术储备，因而，市场无论何时需要相关产品，春兰都能做到及时推出，确保供应。

三是主动引导市场的发展趋向。开发高能动力镍氢电池，引导汽车、电动机械和工具等产品市场向节能环保方向发展；开发移动式与卡式空调，以及镶有触摸屏的水晶彩色面板豪华和超豪华空调，引导消费者向往时尚和个性化特征的新生活。

广泛收集市场信息，及时分析、研究消费者提出的各方面意见和要求，为春兰科研人员的新产品开发注入了活力，这也是春兰自主创新体系能够高效对接市场的根底所在。

春兰集团负责人说，自主创新与市场发展并不矛盾，它们是互为基础、互为支撑的。创新成果物化为受消费者欢迎、让消费者满意的新产品，就能够稳固并拓展更大的市场；市场丰厚的回报又可为自主创新提供有力的物质保证，促进新的技术取得突破。企业自主创新说到底就是为产品的市场竞争力服务。

正是注重创新与市场的对接，春兰产品不仅销往世界120多个国家及地区，而且实现了海外投资与海外贸易同步增长、产品输出向技术输出、一般技术向核心技术、国内选才向全球揽才、适应标准向自主标准、价格竞争向品牌竞争的全方位提升。春兰企业在中国企业联合会、中国企业家协会联合发布的2006年度中国企业500强排名中名列第158，2007年度中国企业500强排名中名列第179。

只有根据市场需求进行创新，才能使创新保持在正确的方向上，才能促进企业将"创新力"

真正转化为"竞争力"。创新不能超越或滞后于市场需求的实际水平，不能忽视市场购买者的承受能力及其未来趋势。在创新中必须体现市场导向，创新成果最终需要在市场上检验，创新成本和收益完全有市场来埋单。必须充分认识市场对创新的重要影响作用，甚至是决定作用，只有这样，才能提高创新的成功率。

重视对创新人才的选拔

人的创造潜能是无限的，一个瞬间产生的创意也许就会使企业的流程优化、生产成本降低，工作效能提高，为企业带来巨大的经济效益。

海尔员工魏小娥用创新的方法解决了生产过程中的"毛边"问题，使过去脏乱不堪的卫浴生产车间现场变得十分整洁，将产品合格率提升到了100%，这一成就使魏小娥的"老师"日本模具专家宫川先生也为之赞叹不已。

海尔空调事业部的质检员戴戈，积极想办法解决了空调检验过程中用水浪费的问题。

联想集团的陈绍鹏顶着重重阻力，为联想打开了中国西南地区的市场，为联想公司挖掘了一个拥有巨大前景的市场，同事也都夸他具有"把冰激凌卖给北极熊的本领"。

海信集团的李砚泉，在短短一周的时间内对日本三洋机芯进行了改造，使之适应中国的市场。之后又自己设计电视主板，彻底代替了三洋的产品，为海信创造了很好的效益。

格兰仕公司的陈曙明，在格兰仕进军上海市场的时候，抓住上海人的心理特点，用创新的方式进行销售，不但打开了上海市场，而且很快就在全国市场占领了有利的位置。

还有许许多多的员工，他们都是普普通通的人，却用自己的创新思维和创新方法做出了不普通的成就。为企业化解了长期以来被认为无法解决的难题，为企业创造了超额的利润。

那么我们常说的那些创新人才，究竟有哪些特殊之处呢？

1. 勤于思考

创新型人才一般不隐藏自己的观点，敢于亮出观点，将其表达出来，供上司、同事、合作者参考。面对问题，喜欢钻研，以最快的速度反映问题，发散、逆向、形象、联想等多种思维方式并用。不迷信惯性思维，不人云亦云，多角度、多层次、多方面思考，务实地求解问题之道。

2. 重视灵感

因为经常思考，灵感也会经常在他们身上闪现。创新人才总是敏锐捕捉、及时记录、善加辨析、探根究底，并使之成为习惯。

3. 怀疑精神

"学而不思则罔，思而不学则殆"，创新伴随着疑问、疑难、质疑。要创新，就得一颗善疑的大脑。怀疑精神是建立在敏锐的观察和丰富的想象基础上的，养成细心观察，富于想象的性格是创新人才的重要特征。简而言之，小疑则小进，大疑则大进，不疑则无进，寡疑则少进。

4. 注重知识积累

创新不是凭空空想，他们既重视从实践获取真知，也重视汲取前人的研究成果。他们一般还有一个很重要的习惯是，跟踪和学习前沿理论。

5. 讲求专攻

人才并不是全能的，创新一般也多体现在某方面领域，他们会更多的在某些方面下更多功夫，花更多时间。

6. 执着精神

创新并不是轻易就能达到的，因此，创新者不轻言放弃，不达目的不罢休，孜孜以求，创新不止。他们总是积极主动去实践，去反复，不断探索，试验新方法，检验新思路，以求得正解。对于权威，不盲从；对于失败，不气馁。这种执着的精神是他们成功的法宝。

居里夫人克服生活的艰辛，在坚强意志力支持下，经过无数次艰苦、繁重的试验，用四年的日夜苦战，从8吨沥青铀矿残渣中，提炼出十分之一克镭，最终成为世界上第一位获得诺贝尔奖的女性。为培养第一代杂交稻，袁隆平用八年时间历经磨难的"过五关"（提高雄性不育率关、三系配套关、育性稳定关、杂交优势关、繁殖制种关），最终配制杂交水稻成功，为中国和世界的粮食问题做出巨大的贡献。

这样的例子还有很多，但是反映了一个普遍的道理，创新不是一蹴而就的，需要克服困难和曲折，不断在逆境和失败中积累经验，摸索道路，最终破解难题，实现创新。

7. 协作精神

随着竞争的激烈以，现代创新讲求合作精神。小组团队合作对集思广益、协同攻关有着显著的作用。

鼓励员工进行创意性思考

张维迎说："在这一充满变化的时代，要是社会财富的创造主体——企业基业常青，就要求我们的企业家、管理者把握创新本职，不断超越自己。"

企业只有在变革、创新中才能成长，也只有创新才能保证企业不断强大。我们经常听到员工这样自我安慰："没有功劳也有苦劳。"不主动创新的人，是管理者首先应该淘汰的对象。

1. 树立功劳意识

在我们的传统管理理念中，评价一个人的好坏常常用是否"任劳任怨"、"刻苦努力"来做标准，"苦劳意识"过于强烈，而很少去过问这个人为单位创造了怎样的价值，能否把一个好的结果带给单位。"苦劳意识"的泛滥和"功劳意识"的缺乏，使得员工在工作中缺乏活力。

秋天的一个早晨，N．C电子公司的董事长詹姆士·拉尔走在他的厂区里，经过一个正在清扫树叶的保洁员身旁。保洁员拿着一把长长的扫把，费力地扫着。而那把扫把实在太旧了，齿间稀疏，漏掉了许多的叶子。

詹姆士停下来问："先生，你的工具太不好用了吧，为什么不换一把？"

"我的操作间里只有这一把。"保洁员头也不抬地继续干着他的活。"你为什么不去仓库里找找呢？"

"没有，仓库离我的操作间实在太远了。"保洁员用手擦拭了一下发边的汗水，才发现和自己说话的竟是董事长，不禁有些不知所措。"噢，詹姆士先生，我不知道是您，我这就去仓库找找。"

看着保洁员离去的背影，詹姆士十分生气："这是在做工作吗？真不能理解！"

苦劳固然使人感动，但只有具备"功劳意识"，主动换脑袋创造价值的人，才会有更好的发展！

2. 不换脑袋就换人

身为企业的管理者，你不能感情用事，衡量一切的标准都应以企业的利益为主。作为企业，在变化的市场环境中，只有踏实肯干是不够的，思想古板必将使市场停滞不前，这样的员工最终只会被淘汰出局。用宏基集团董事长施振荣的理念来说，就是"不换脑袋就换人"。

所谓换脑袋，就是随着外界环境的变化而不断转变自己的思维方式，换掉习以为常的工作模式，在工作中积极思索、锐意创新、善于谋划、长于变通，不断在方法上、技术上和效率上寻求更新的突破和创造更大的业绩。

某家钟表厂，有一名工作非常卖力的工人，他的主要任务就是在生产线上给手表装配零件。这件简单的工作他一干就是10年，所以操作非常熟练，很少出差错，几乎每年的优秀员工奖都属于他。

可是后来，企业新上了一套完全由电脑操作的自动化生产线，许多工作都改由机器来完成，结果他失去了工作。原来，他本来文化水平就不高，在这10年中又没有掌握其他技术，对于电脑更是一窍不通，一下子，他从优秀员工变成了下岗员工。

在他离开工厂的时候，厂长先是对他多年的工作态度赞扬了一番，然后诚恳地对他说："其实引进新设备的计划我在几年前就告诉你们了，目的就是想让你们有个思想准备，去学习一下新技术和新设备的操作方法。你看和你干同样工作的小胡不仅自学了电脑，还对新设备的说明书进行了研究，现在他已经是车间主任了。我并不是没有给你准备的时间和机会，但你都放弃了。"

时代的前进是不会停止的，新设备、新技术、新方法会不断引入我们的工作中。管理者要时刻都把目光盯向那些掌握新技能、能为公司提高竞争力的员工，如果员工缺乏"换脑"思想，就请将他淘汰出局。

一个能够崇尚创新的企业，可以在瞬息万变的市场面前开拓全新的领域，永远立于强者之林；一个能够为自己不断换脑的员工，能够开启自己的智慧推动企业的发展，自己也会成为企业发展的最终受益者。

3. 鼓励和引导创新

好公司都是创新型的公司，经理们让创新意识在员工心中扎下了根。

要鼓励员工培养创意性思考，老板应随时注意倾听他们所表达的新观念。无论这些观念如何荒唐可笑，也不可妄下结论："这行不通！"要审慎地与当事人做进一步讨论，看看是否能发现该观点的好处。在你评估意见的时候，要先称赞员工提出意见的积极态度。若有需要批评的的地方，也应采用肯定的态度。例如：最好不要说："那太花钱了。"最好是说："你有没有先算一下费用？"如此一来，当事人自然会发现到费用的问题。说不定还能想出更好的方案。千万不要说："我们一向是这么做的。"这会扼杀了许多新的好主意。

对怯于发表自己的新观念的人，鼓励他们培养自信心，否则很难让他们的创造能力完全发挥出来。

老板可以协助员工克服发挥创意的障碍，其中之一便是"顺应环境"的习惯。他们不想有与众不同的思想，正如他们不想在衣着、言谈、举止方面与别人不同。我们要让这些人多多接触一些新思想。

假如老板能营造起接受新观念的气氛，鼓励员工读书或参加研讨会，让他们参与其他富有创意性的活动——都可鼓励员工发挥创造潜能。这些努力有朝一日必有收获，员工的创意性贡献必可促使公司成长。

不可进行盲目创新

对企业而言，创新更多意义上是指技术与管理方面的创新。创新的目的是为了给企业谋取更大的利益，它不是时装秀，不是赶时髦，专挑别人还没涉足的；也不是疯狂跟风，看到别人、别的企业的某一领域有所成就，也想在那一领域分一杯羹，结果投入重金去搞研发，也难以取得预想中的成绩。

中小企业虽然崇尚创新精神，但是反对盲目创新，反对不切实际的创新。网易创始人丁磊说："我认为很多企业的创新带有一定的盲目性，包括我们公司做产品，有些工程想出来的创新的点子带有一些盲目性，完全是为了创新而创新。我觉得创新应该是每家企业都有的一个本分，这家企业自身的一个DNA就是创新。一个企业的创新，我觉得应该是在满足消费者的基础上进行不断地改良和改进，应该是在继承前人的基础上进行提高的一个活动。"

对于很多的管理者而言，盲目创新的原因不外乎两点：一是没有经过认真的调查和估算，只是在脑子里把一个概念性的东西组织了一下，自己认为可行就行动了；二是盲目地自信，把自己的能力无限放大，结果在遇到实际问题时往往以失败而告终。

管理者的决策在很大程度上影响着一个企业的未来发展趋势。作为一个经营者，敢于创新是一件值得提倡与鼓励的事情，但要着眼于企业的发展目标，立足于实际，多在自己擅长的领域创新，而不能轻易涉足一个完全陌生的领域。

此外，技术创新上的盲目和过度，也是不可取的。技术并非越先进越好，技术的先进必须以市场为导向，以客户为目标，技术上的盲目创新和创新过度会导致产品的技术"过剩"，在市场上未必获得最佳的经济效益。

管理上的盲目创新更为危险。盲目创新会导致企业发展的失衡,创新过度会使创新成本远远大于创新的效益。

企业的创新必须始终以市场为导向。恰当的时候做恰当的事,不轻易采取盲目创新,技术创新或管理创新要量力而行,一定要慎之又慎。

管理者启动创新,必须认识到企业管理中的创新是需要条件和成本的,创新的成本,主要有以下几个方面:

1. 人力成本

大范围的企业创新,就必须投入人力,从制定实施方案入手,到广泛征求意见,再到修改完善,再到层层动员,最后再到具体实施、检查评估。这是一个封闭的体系,需要企业上下左右同心协力才能做好,否则难以取得创新的效果。

2. 资金成本

有些创新是需要投入大量资金的,譬如新产品的创新,技术产品的创新,并且这样的创新项目实施周期都比较长,回收期也相应较长。这就要求企业必须具备较强的实力,否则将无法完成创新的项目。

3. 间接成本

创新不仅仅有直接成本,还有间接成本,这包括对原来程序、秩序、体系打破的过程中。而新的程序、秩序、体系还没有建立起来的情况下,对企业生产系统、经营系统以及管理系统带来的冲击,以及给企业整体经营绩效带来的影响。

积极推动管理创新

管理观念比资金更重要。观念转变是创新的基础。一旦管理者意识到世界上没有一成不变的规则,就会更愿意抛弃传统的思维方式,从而标新立异,推动创新。

具体来说,管理创新应遵循以下的原则:

1. 还原原则

所谓管理创新的还原原则,就是打破现有事物的局限性,寻求其形成现有事物的基本创新原点,改用新的思路、新的方式实现管理创新。任何创新过程都有创新原点和起点。创新的原点是唯一的,而创新的起点则可以很多。

如在管理上,实现目标的手段是多种多样的。在当时的条件下,我们可能选择了一种最合适的解决方法,但是随着环境的变化,原来的方法并不一定是最好的,这就需要回到最初的目标上来重新制定一种更为合适的新方法。

我们现在所讨论的还原原则,就是要求创新主体在管理创新过程中,不要就事论事,就现有事物本身去研讨其管理创新的问题,而应进一步地寻求源头,寻找其创新的原始出发点。只有抓住这一始发点,所产生的创意才不容易受现有事物的结构、功能等方面的影响,在管理创新上才能有所突破。

2. 木桶原则

指由几块长短不一的木板所围成的一个水桶,水桶的最大盛水量是由最短的一块木板所决定的。木桶原则所要说明的是,在组成事物的诸因素中最为薄弱的因素就是瓶颈因素,事物的发展最终要受该因素的制约。在管理创新中,如果能抓住这个影响事物发展的最关键的环节,就会收到加长一块木板而导致整个水桶的总盛水量很快增加的目的。

木桶原则在企业管理创新中有很大用处。企业组织有不同的层次、不同的职能部门、不同的经营领域,而企业整体管理水平的高低既不是由董事长、总经理来决定,也不是由那些效率最高、人才济济的部门所决定,而只能由那些最薄弱的层次和部门来决定。因此,只有在最薄弱环节上取得突破性的创新,才能最终提高企业的整体管理水平。

另外，如果企业各个层次、各个部门的工作质量都符合企业整体的要求，那么加大木桶总盛水量的方法，也应该是先行拉长一块木板，然后再一块一块地补齐其他木板的高度。这种方式可以使木桶的总盛水量平稳增加。

3. 交叉综合原则

指管理创新活动的展开或创新意向的获得可以通过各种学科知识的交叉综合得到。目前，科学发展的趋势是综合和边缘交叉，许多科学家把目光放在这两个方面，以求创新。管理作为一门学科，它的创新过程也呈现出了这一态势。

从管理创新的历史过程来看，有两种创新方式是值得重视的。

一是用新的科学技术、新的学科知识来研究、分析现实管理问题。由于是用新的学科知识和技术来看待现实管理问题，即从一种新的角度来研究问题的，所在就可能得到不同于以往的看法和启示。如把数理统计方法运用到质量控制中，使质量控制从事后检验走向预防控制。

二是沿用以往的学科知识、方法与手段，但不是分别单一地去看一个现实的管理问题，而是将这些学科知识、方法、手段综合起来，系统地来看待管理问题，这样也能产生不同于以往的思路和看法。

4. 兼容性原则

管理创新要坚持"古为今用，洋为中用，取长补短，殊途同归"的原则。既要学习外国的先进经验，也要学习中国古代的管理思想，并结合中国企业的实际情况，创新出独具特色的管理理论与方法。

兼容性原则是指根据自身的实际情况，吸收别人先进的管理思想、管理方式、管理方法，进行综合、提炼。兼容性创新是在原有基础上的发展，因此要对原有的基础问题加以分析研究，把握深层原因，同时注意自己的特点与长处，进行深层思考。这样就可能发掘出许多新的创意，进行管理创新。

5. 不怕犯错误原则

最显而易见、具有常识性和令人深信不疑的信念之一，也是人人认为不言自明的信念是：最好把事情做对而不要做错。假如有人提倡相反的看法——认为犯错误是好事，多犯错误的人应该受到鼓励——可能会被视为傻子！而事实上，正是一些所谓的聪明人，为了避免犯错误，什么事情也不做，即使是好的决策也尽量少做。

结果，那些害怕犯错误的人做得少，取得的成也就少。管理者最大的错误在于不敢犯错误！另外，避免犯错误的另一种办法是不做标新立异的事情。如果致力于创新，那么，你也就有了可能犯错误的机会，因此尽量按原来办法做，还是墨守成规为好。没有新尝试，也就没有新作为。

要做到不怕犯错误是比较困难的，因为人们从小就养成了思维定势。学校根据学生们提供正确答案的能力来给他们评分。并因他们做错答案而惩罚他们。同样，几乎所有的组织原则都是惩罚失误者，而绝对不惩罚服从命令的人。就此，许多人养成了怕犯错误的恐惧心理，并竭力避免犯错误。人们学会要做得完美无缺，而不是要有创造性。

企业永远需要有能够创新、敢于行动、不怕犯错误、好学的员工。现在一些企业家开始避免犯不让企业犯错误的错误。如美国3M公司就提出了"允许犯错误，不允许不创新"、"允许犯错误，但不允许犯相同的错误"等企业理念，从而积极鼓励员工参与企业各类创新活动。

积极推动制度创新

采用创新机制的企业是拥有蓬勃生命力的企业，但构建企业的创新机制却不是一件简单的事，而是一个复杂的系统工程。

企业经营者要充分调动员工的积极性和创造性，推动企业的持续创新，必须要有一定的动力机制来做保证。否则，企业的创新就无法长期连贯进行，企业的发展目标也就很难实现了。

1. 制度创新是基础

制度创新是企业发展的基础，是企业整体创新的前提，同时也是实现一个企业不断创新的保障。没有一个创新的企业制度，企业的其他创新活动就不会有效和持久。

制度创新可使企业站在发展的前沿。企业的外部环境总处于不断发展变化之中，企业只有和外界保持良好的关系，才能长久不衰，站在发展的前沿。反之，企业体制僵化，创新不足，便会遭到毁灭性的打击。

制度创新主要包括产权制度、经营制度（经营机制）和管理制度三个层次不同方面的内容。产权制度是决定企业其他制度的根本性制度，它规定着企业所有者对企业的权利、利益和责任；经营制度（经营机制）是有关经营权的归属及行使权力的条件、范围、限制等方面的原则规定，它构成公司的"法人治理结构"，包括目标机制、激励机制和约束机制等；管理制度是行使经营权，组织企业日常经营的各项具体规则的总称，其中分配制度是其重要的内容之一。

制度创新是技术创新、市场创新、产品创新的前提。在激烈的市场竞争中，谁胜谁负关键在于创新，创新已成为企业的生存之本。企业必须在经历了"生产管理型"向"经营管理型"的转型后，适时转向"创新管理型"，形成有效的创新机制，将创新体现于企业制度当中，更好地发挥投资者、经营者、生产者甚至消费者创新的积极性。

2. 制度创新激励企业发展

管理者要利用各种制度激发员工认真思考、力求创新的积极性，并以此来使企业走上持续创新的道路，实现长期的发展目标。

企业制度创新就是实现企业制度的变革，通过调整和优化企业所有者、经营者和劳动者三者的关系，使各个方面的权利和利益得到充分的体现。不断调整企业的组织结构和修正完善企业内部的各项规章制度，使企业内部各种要素合理配置，并发挥最大限度的效能。

制度创新可发挥人才积极性。知识经济致力于通过智力资源开发创造新财富，逐步代替工业经济的命脉和已经短缺的自然资源。制度创新使企业制度满足企业内部一系列创新的要求，适应知识经济时代外部环境多变性的要求，从而使人才的积极性得到最大程度的发挥。

制度创新有多种实现途径，企业生产经营状况不同，所处经营环境不同，创新的主攻方向也不同。制度创新是科学也是艺术，在实现创新过程中，难以有统一的模式，规范的方法，一致的途径。

积极推动知识创新

创新并不是简单地指"创造新东西"，创新不同于"发现"和"发明"。发明可以申请专利，但不一定就能为社会带来利益。而创新是创造和执行一种新方案，以达到更高的社会效果。创新与发明的不同之处就在于它是一种具有经济和社会目标导向的行为。一般来说，为了使一项发明带来利润就需要创新，但一项创新不一定要基于一项发明。

以经济和社会利益为目标的创新是目前世界各国理论界和政府政策制定者主要关注的对象。从知识经济的角度来看，发明是一种知识生产活动，创新则表现为知识创新。创新与发明的区别，也就是知识创新与知识生产的区别。

知识经济时代的创新与工业经济时代的创新的最大区别，就是创新的核心已经从技术、组织、制度等拓展到了知识。知识不仅包括科学技术知识，还应包括人文社会科学知识、商业知识和工作中的经验知识，等等。知识创新是知识经济时代讨论创新的重点，它不是在过去的创新之外，而是新时代所有创新活动的共同实质。

1. 知识创新建立在各种因素之上

知识创新需要仔细地分析各种元素——社会元素、经济元素、知觉元素及知识本身。这个分析过程必须验证某些知识体系是否健全，然后，企业家才能决定能不能使知识变成产品。或者，企业家会决定顺延一段时间再试。莱特兄弟的例子是这个方法最佳的说明，他们先想清楚建造一架有人驾驶的飞机需要哪些知识。然后，他们弥补欠缺的知识，同时也学习可能会用到的知识。然后，再从理论上实验它。最后才进行实际飞行，一直得到他们所要的数学公式，再利用这些珍贵的公式来制造辅助翼及修正主翼等。

2. 知识创新要求战略清晰

在实际操作中，知识创新不能只是实验性的执行，它必须保证每个步骤都正确而不寄希望于第二次机会。在前述的各种创新中，即使在某一步骤失败，创新者也不忧虑会受到外界的干扰，这种现象不会在知识创新里出现。在这里，创新者有太多的朋友及对手，创新者只要跌倒一次，爬起来想要再追，恐怕就只有望尘莫及了。

基本上，知识创新有三个要点：一是发展出一个完全主宰创新范围的系统。二是知识创新可以创造自己的市场、自己的客户，而不受其他厂商干扰。它创造的这个市场不容易有外来者侵入。因为，它的产品是独一无二的。三是"占据一个商业据点"，集中精力在社会的某一层面实施创新。

知识创新者必须决定一个清晰的焦点。虽然所有的知识创新都含有某种程度的冒险性。但是，不决定一个焦点，或者多个焦点，是一件更危险的事。

3. 知识创新者需要管理者具备能力

因为，企业管理对知识创新者的重要性远超过其他行业。知识创新的风险较大，所以它的回报率也很高。但是，一般的知识创新者的管理知识普遍不足。大致上来说，知识创新的风险之所以这么高，主要的责任还是在于管理者本身。他们轻视高科技外的一切知识。他们为本身的高科技知识沾沾自喜，而变得目空一切。他们相信所谓"品质"的定义就是复杂的科技，而非满足客户价值观的产品。在这方面，他们只是19世纪的发明家，而不是21世纪的管理者。

第十五招

信息之道：

信息越快越准，赚钱越快越多

培养市场情报意识

一条有价值的信息救活一家小公司，一条有价值的信息使一个穷人变成富翁，这样的例子俯拾皆是。即使你白手起家，即使你的公司规模很小，缺乏资金、设备、厂房，只要你获得有价值的信息情报照样可以发家致富，把企业做大做强。

现代市场竞争中，信息已经与人才、物资、能源并列为发展的四大要素，号称"无形的财富"。因为信息的积累和传递，不能直接创造物质财富。说它是财富，是因为通过它作用于生产经营过程，就能够更好地利用和开发物质资源，获得经济效益。

小公司的发展必须重视信息的价值。信息化浪潮方兴未艾，唯有站在更高的起点上，有更大的作为。具体来说，信息化能给小公司成长带来多方面的效益。

信息的最主要价值体现在决策方面。决策本身就是处理信息的过程，推行信息化，可以把各种信息迅速地反映到总部，使总经理在第一时间得到大量有效的信息，从而提高了总经理的决策水平。

通常，小公司往往有几个人或十几人，大家从早到晚不停地加班加点王作，结果却是差错率高，事倍功半。信息化不但能够有效克服工作效率低下的问题，还能节省公司运营成本。此外，信息化降低了公司经营风险，特别是通过计算机管理软件的使用，公司在销售管理中的各项费用支出会大大降低。

经营者要使自己的公司立于不败之地，就必须通过各种途径了解与经营有关的信息，只有这样才能在激烈的市场上站住脚。忽略了信息，就如同盲人走路，因此必须重视信息情报的意识。

1. 掌握信息就掌握主动权

市场上常常出现这样一些情况，一方面消费者持币观望，抱怨买不到满意的商品，另一方面是商店、个体摊位、生产厂的产品卖不出去而大量积压。其根本原因就是产品不适销对路，造成产品生产与市场需求脱节，很多经营者缺乏信息意识，不做市场调查，凭着主观愿望盲目生产，或者仿制仿造他人的商品，结果在激烈的竞争中一败涂地。

公司要在竞争中立足，必须具备强烈的信息意识，通过各种手段捕捉有效信息，从而掌握市场主动权。一个经营者如果不能及时把握瞬息万变的经济情况和市场情况，往往会在市场竞争中败下阵来。

信息是经营者赚钱发财的特殊资源，如能加以正确地运用，将会给自己的生意带来勃勃生机和蓬勃发展的机会。现代社会是以信息传递为主要运行特征的，没有信息，就无法经营。如果不能正确地把握信息，将导致整个经营活动的失败。

2. 失去信息就失去了赚钱的机会

其实，经营者早就应该明白，自己所处的时代已经是信息时代。许多人都公认当今的时代是信息的时代，信息是干事业的灵魂，是获得成功的关键。

1973年，日本东京三菱公司总部收到了驻卢萨卡情报人员的报告，说扎伊尔发生了军事叛乱，叛军正向赞比亚的铜矿区移动。他们经过分析和推测，认为叛军一定会切断交通。那里出产的铜在世界市场上占有重要地位，如果交通一旦被切断，必然要影响国际市场上铜的价格。而这种情况尚未引起新闻界的注意，伦敦五金交易所铜的价格仍维持每吨860英镑。于是，三菱公司决定立即大量购铜。不久，叛军果然切断了交通，使得铜价迅速上涨至每吨921英镑。三菱公司抛出大量库存，因此赚了一大笔钱。

在信息时代，谁闭目塞听，谁就会吃亏，谁善于搜集信息，利用有利信息，谁就等于抓住了发财的机会。我们经常看到和听到这样的例子：一条信息救活了一个工厂，一条信息赚了很多的钱。其实反过来，如果不重视信息，也就意味着失去了赚钱的机会。

一条有价值的信息，一个准确的情报，会使一大笔生意成功。

3. 重视搜集信息

现实生活中，非常事件可以使市场的供求状况发生突然变化，重视搜集和了解有关信息，并把它当做市场预测时的一项重要内容，不但可以使经营者避免意外的损失，有时反而可以成为有利的市场机会。

不过，经营者参与市场竞争时还应明白，收集信息应包括广义的、来自各方的信息，切不可只收集具体的经济信息，看起来是信息灵通，而对其他方面的事情则不太感兴趣，实际上还只是闭目塞听。

当然，与闭目塞听者相比，经营者即使获得了信息，也必须对信息进行加工、分析、处理。不然的话就会被不准的、甚至错误的信息扰乱视线，卷入迷雾之中。因为信息往往扑朔迷离，变幻莫测，真假掺杂。事实告诉那些想发家的人切不可神经过敏，闻风而动，而应该在得到信息后头脑冷静，首先对信息的真假、价值等做出明智的判断，然后再根据自己的具体情况来决定取舍。

假若经营者只顾埋头进行具体经营，成天沉浸于自己的买入或卖出，盈利多少，资金周转等等具体的事情而对当时的形势不闻不问，忽视了信息的重要性，比如购进一批因政策变动而即将大幅度降价的商品或货物，那么肯定蚀本。

重视企业信息化建设

企业信息化实质上是将企业的业务过程数字化，通过各种信息系统网络加工生成新的信息资源，提供给各层次的人们洞悉、观察各类动态业务中的一切信息，以作出有利于生产要素组合优化的决策，使企业资源合理配置，以使企业能适应瞬息万变的市场经济竞争环境，求得最大的经济效益。

"信息化是手段，不是目的，其目的是提高管理水平，提升竞争力"，著名的工业工程与信息化专家齐二石这样说。

信息化可以挖掘使管理提升经营管理的潜能。要完成高效管理，不仅要解决理念上的认识问题，又要从信息化入手加强技术层面的建设。

信息化使得信息的传递速率成倍加速，节约了时间和精力。在企业流程中的各个环节所呈现出的不确定性，导致了整个流程的管理所受制约变量增多。而变量的纷繁复杂，都使得我们无法在第一时间内作出快速的响应，更谈不上高效的管理了。应用信息化，却可以在第一时间内知道企业所发生的变化，从而有的放矢。

在经理信息系统（EIS）出现之前，布鲁克斯公司的管理者几乎完全依靠读取报告来做决策。多重报告来源导致了数据的不一致，为了消除这种不一致，开发的EIS便是单一的、集中的、广泛的数据库。

最后的EIS系统包括220个不同变量类型的数据库，可以随时查到下列信息：销售量、标的价格、库存转移、退货、不同级别的收据和成本等。这些数据中的销售量可以按式样和颜色进行划分。比如，管理者实用EIS来完成每周的"最畅销商品报告"和"颜色分析报告"，以此区分哪些是要再订货的，哪些是要降价销售的。

传统的管理手段在已经越来越捉襟见肘了，企业必须依靠信息技术作为支撑，借助信息技术这双翅膀，才能不断走向科学管理。

从现代企业快速发展、市场激烈竞争、管理精细化、管理高效化等客观需要出发，我们企业当前和今后的发展都离不开信息化的支撑，中外大型企业的发展经验都充分证明了这一点。只有抓好信息化的建设与应用工作，精细化管理才能更好地发挥作用。实践证明，随着技术和管理水平的提高，信息化会有新的内涵和方法，需要我们去学习和应用。

企业信息化就是广泛利用信息技术，使企业在生产、管理等方面实现信息化。具体可以分为三个层次。

1. 生产信息化

企业在生产当中广泛运用电子信息技术，实现生产自动化。如生产设计自动化（CAD）、自动化控制、智能仪表、单板机的运用等等，凡是用到电子信息技术的都是企业信息化的一部分。

2. 数据信息化

企业数据的自动化、信息化。用电子信息技术对生产、销售、财务等数据进行处理，这是最基础的、大量的数据信息化过程。

3. 更高层次的信息化

Intranet、Extranet、制造资源计划（MRPII）、计算机集成制造系统（CIMS）、办公自动化（OA）等都是用来辅助管理、辅助决策的，这是更高层次的信息化。

借助信息化，人们可看到、听到、触觉到一些无法感知的失误，可以完成以前体能上无法承担的工作。例如，以前依靠大量使用现场指示仪表，依靠仪表盘认为的进行参数监视的传统手段难以适应精细化的要求。取而代之如现场元件、PLC、DCS、CIMS等一批先进的技术应用于自动化领域，大大提高了生产过程的自动化水平。使得管理人员可以对生产过程中每一个细节进行把控。

收集信息的四大原则

信息是为决策服务的，同样，只有当经营者利用信息做出了更好的决策时，信息才具有价值。

如果你全身心地睁大眼睛四处寻找，信息就会很自然地被你搜集到，因为信息总是处于一种很被动的状态，而你却把主动权掌握在手中。

如果没有信息意识，就会与众多信息失之交臂。那么对于企业来说，搜集信息时应注意哪些方面。

1. 要主动及时

在市场经济大潮中，尤其是在不断强化商品经济的市场观念形势的今天，市场竞争的残酷和激烈程度日趋增大。

处在这种市场情况下的企业，谁的竞争意识和竞争能力强、信息灵敏，谁就能在市场竞争中占优势。反之，谁就在竞争中处于被动地位。因此，市场信息搜集中首先要考虑到主动及时、快速灵活。

信息只有及时、迅速地提供给它的使用者才能有效地发挥作用。特别是决策对信息的要求是"事前"的消息和情报，而不是"马后炮"。所以，只有信息是"事前"的，对决策才是有效的。

2. 要真实可靠

企业搜集市场信息的目的，不外乎是应用这些信息作为企业进行发展经济决策的依据。

在信息空前繁多的时代里，市场信息涉及参与市场交换各有关方面的实际切身利益。对一个企业来说，虚假信息比没有信息造成的危害更大。所以，企业要想搜集到可靠、真实、准确的信息，做到实事求是。

要脚踏实地，深入实际进行详尽的搜集工作。这其中最怕进行不够全面的零碎信息去主观拼凑，把个别当做共性，将局部视为全局的做法。

3. 要全面系统

各类信息都是商品交换活动的表现和反映，它是不可能脱离商品交换活动的。因此，企业在搜集信息时，要以全面系统为前提做到更准确的侧重性、选择性。

企业搜集信息时千万要做到全面系统，不能以偏盖全、把局部当成总体。在搜集信息过程中，要用全面、发展、联系的观点来看待经济现象之间的本质性联系，力求使所得到的信息具有全面系统性。

4. 要有针对性

企业处在不同的经济发展环境，其需求信息的层次也会不同，一种信息不可能适合企业所有的发展情况。

企业在进行市场信息搜集工作时要从满足企业的信息需求出发，有所侧重、有针对性地搜集。要根据自己企业不同时期生产经营决策目标的实际需求，从铺天盖地的信息中搜集使用价值大、能够给企业带来明显经济效益的信息。有针对性地搜集信息，能给企业经济发展带来事半功倍的效果，既很好地满足了企业的信息需求，又提高了信息工作的投入产出效益。

要做到有针对性地搜集信息，企业必须对自己的生产经营能力、产品的优缺点、目前和未来的主要任务、主攻方向、薄弱环节做到心中有数。

接收信息时思考"为什么"

情报意识，对于一个经营者来说至关重要，当今的市场风云变换，竞争也愈发激烈，企业不仅要跟上市场的步伐，更要先于市场发现行业的趋势，只有这样才能先于竞争对手打开更为广阔的市场。因此，企业的经营者要培养情报意识。

培养情报意识的一个关键就是要提高对市场，甚至是周围的各种事物的敏感度和观察力。一个企业的老板能否成为成功者的关键，恰恰就在于他对事物是否有感受能力。拥有较强感受能力的人更容易对所见的事物和现象所印象，而且牢牢地刻印在大脑里，在恰当的时机会将头脑里的东西转化有利于企业发展的新想法，这种经营者是有心人，不断寻找新事业发展契机。而与之相反的是，有些人往往对于周遭事物采取麻木不仁的态度，他们观察事物也是漫无目的的或者是仅仅停留在事物表面上的，这样往往什么也感受不到。对于企业的经营者来讲，应当是有目的、有意识地去观察，并且把获得的信息当做是"情报"来接受，并且要由表及里地观察和思索，这样才能得到启示。

那么如何才能更深层次地观察事物呢？对于经营者来说要应多想想"为什么"。"为什么呢？"这样的疑问，正是一个经营者最必要的感受方法。"为什么"的思考是探究、摸清事物的本质的出发点。只对眼前的事物照原样接受，是不能看穿其本质的。对于一个经营者来讲，百货商场很可能就是一个很好的情报场所。

再如，一位成功经营咖啡店的经营者就有这样的经验。对于顾客来说，在咖啡店喝咖啡，觉得很好喝，很少有人思考"为什么"，即使稍微更有心的人，也至多是对朋友或亲人说："那儿的咖啡味道不错。"仅达到这样传播情报的程度。而经营则就不能仅此而已了，要有"为什么"的思考，这样就会去探究那种咖啡为什么好喝，确认其是用什么煮的，并探究咖啡豆的种类和搅拌方法，有机会时他们会直接询问老板的秘诀。进一步探究的话，还会明白咖啡其本身的味道。尽管如此，其实店内的气氛也有相当的影响。就这样，对"为什么"的思考挖掘下去，从感到咖啡好喝入手，自己会得到各种各样的情报。这位成功的咖啡店老板就是这样获取市场情报的，根据这些情报不断改进自己的产品，迎合市场的需求。

事实上，在商场上，深入思考能够带来的巨大不同就是这样的，差异会如实地在之后企业的经营之中凸现出来。有"为什么"的思考的经营者会发现异常现象，并且会力图去抓住其原因。他们更容易识破客户公司的经营危机，也更容易从部下的细微行动察知其生活上的异常。而对事物没有疑问的经营者对能够给市场带来潜在危机或者机会的事物感觉迟钝，更不会采取先下手的政策，往往被置于被动。这样的话，便做不了经营者。不管怎么说，生意都是先下手为强。

因此经营者要有一颗敏感的心，要保持对市场现状及变化趋势的强烈嗅觉。经营者要对身边发生的竞品变化、市场环境、媒介资源等许多动态甚至于相对静态的事物做出自己敏锐的判断。只有敏感，你才不会木然；只有敏感，你才不会保守；只有敏感，你能放下自傲；只有敏感，你才会放弃偏颇。你有一颗对市场敏感的心，你才会拥有对市场敏锐的目光和灵敏的嗅觉，你才能保证自己拥有敏捷的反应和明智的选择。

面临信息时，思考"为什么"是十分必要的，因为经过思考后的信息具有这样的功能：

（1）对抗性和针对性。企业的所需的情报是整个处于竞争当中的市场环境中获得的，而情报的最终用途是针对市场需求而言的，因此企业要寻找的情报对于企业的经营来说具有针对性和对抗性。

（2）商业性。取得情报的最终目的是为企业的经营带来更大的经济效益，这些情报的标新形式虽然不同，可能是与专利有关、与产品创新有关，但都具有商业性，能给企业带来更好的收益。

（3）市场预测性。企业获得的情报应当能够帮助企业预测市场的走势，具有一定的预测性。

（4）综合性。所得的情报既有可能是有关产品技术的，又有可能是企业经营管理方面的启示，还有可能是市场未来的发展，并非局限于经营的某一个方面。

（5）隐蔽性。企业所得的情报并非是直观的，需要企业经营者的观察、发现和深入思考，需要思维的加工分析。

（6）时效性。市场是瞬息万变的，尤其在当今这个经济全球化的时代，只有迅速获得准确及时的信息，才能够建立反映灵敏的战略决策支持系统。

（7）长期性。情报的获得和应用不仅是在创业的初期十分重要，研究和发展企业情报工作应当是一项长期的战略任务。

迅速获取准确的信息

聪明的公司经营者，一旦掌握了准确而有价值的信息，就会以最快的速度开发它，利用它。真正是"快一步天高地阔，慢一着满盘皆输"。进入信息化的时代，对信息的敏感度死掐着公司成长的咽喉，越来越多的公司重视获取信息的及时性和准确性。

市场的行情如同"六月的天"，说变就变，昨天还是非常有价值的信息，到今天也许就一文不值。所以，一定要趁着行情好的时机，赶快利用手中的信息，将信息变成货币。快速获取有价值的情报，掌握第一手信息，对任何企业而言的重要性是不言而喻的。

在纷繁的竞争环境中，小公司的领导者所能做到的，就是随时跟踪市场的发展变化，并根据这些特征来推导未来的市场走势，从而作出正确的判断。这种管理技巧就如同产品技术开发阶段中的技术跟踪，虽不直接从事该项技术开发，但不断跟踪国内外的最新成果与动态，记录和收集这些成果，然后再想办法获得最新技术成果。

作为优秀的老板，你必须清楚这样一个基本事实：你必须掌握足够的信息，你必须对自己从事行业的相关信息进行长期不懈的跟踪，随时了解该市场中的最新动态与热点，并根据这些观测结果作出未来走势判断，并相应采取合适的行动。

在把握市场这个问题上，老板们还应注意时效性这个问题。因为市场本身总是在不断变化的，当你根据前期跟踪结果形成分析结论后，然后经过反复讨论与酝酿，准备依据分析结论而采取行动时，市场可能又会发生变化。此时，采取该行动很可能会被认为是不明智和不恰当的。所以，你必须要快，尽量确保在市场变化前就采取相应的行动。

小公司的老板们应做的工作包括以下四个方面：

（1）行业分析。其中包括自身行业、还有相关行业，管理者最好找到大量相关的文章进行了解。

（2）竞争对手分析。管理者要将竞争对手进行分级，找出哪些是行业领先者，哪些是自己的主要竞争对手。

（3）自身产品分析。了解自身所在的公司的产品特性，找出与竞争对手的差异点，建议把差异点都总结出来，自己脑海里必须非常清楚。

（4）消费者分析。市场调查对创业起到什么样的作用？又会怎样影响企业经营呢？这些方面的分析对企业经营来说至关重要。

获取有助经营的信息

汇集到公司经营者的信息并不总是有用的，因此要做到有针对性地搜集信息，公司必须对自己的生产经营能力、产品的优缺点、当前和未来的主要任务、主攻方向、薄弱环节做到心中有数。

信息管理的目的，主要是为老板制定经营目标提供正确的决策信息，为其实现经营目标进行有效监控提供信息。我们每天接触各类信息，但对于小公司的经营者而言，哪些信息才是他们最值得关注的呢？那么，有助于公司经营的信息主要包含哪些内容呢？

1. 行业信息

特定的行业发展有其自身的特点，作为公司经营者，应该时刻关注本行业发展的相关信息。例如，从机械行业来看，不少公司的发展和国民经济的发展方针有关，过去是为基本建设服务的。由于国家压缩基本建设、控制银行贷款，而增加挖潜、革新、改造的资金，公司就要考虑转变服务方向，由为基建服务改为为革新、改造、挖潜服务。

2. 销售信息

这方面的信息主要包括产品销售情况、市场变化趋势、市场结构、产品市场占有率、市场价格、市场供求状况、市场法规、地理环境、市场购买等。

任何一个公司都不能满足消费者的所有需求，而只能在市场销售中占一定的份额。所谓市场占有率，就是本公司的产品销售量在市场上与同类产品的总销售量中所占比例。

了解产品市场供求状况，要弄清两个方面的问题：一是产品的市场需求量，即市场有支付能力的需求量，也叫产品的市场容量；二是产品的市场供应量，即市场上某一产品可供销售的数量。

只有弄清了产品的市场需求量和市场供应量，才能掌握产品的供求数量变化及其发展趋势，以指导产品的生产和销售。

3. 消费者信息

掌握消费者相关信息，就需要了解消费者消费心理和潜在需要。人的消费心理很复杂，对消费品的需求，在很大程度上取决于消费者的心理因素。

一个公司要时刻注意搜集这方面的信息，抓住消费者的心理变化，走到市场的前面，灵活安排生产和销售。要善于发现消费者的潜在需要。

消费者的潜在需要是公司发展的源泉，凡是发现了潜在需要，并且设法满足这种潜在需要，就可以焕发公司的活力。

4. 竞争对手信息

"知己知彼，方能百战不殆"。"知彼"，从某种程度上说便是了解竞争对手，主要是同行的信息。

了解竞争对手的信息，主要包括竞争对手的消费渠道、销售策略、广告宣传、销售网络、销售能力、销售收入、储运条件、售后服务、产品的开发能力、技术水平、性能、质量、产量、价值、外观、商标、信誉、未来的竞争优势，以及决策人员和销售人员的专业知识、资历、特长、习惯、技术力量的构成、经营战略思想。

要重点分析和研究同行业的公司经营发展变化情况，各竞争对手的潜力，以及有哪些潜在竞争对手或向该行业转产的公司等。

研读政策信息

如果公司经营者们能够时时刻刻关注政策的调整与变动，注重研究政策规定，善于借用鼓励性支持性优惠政策，就会获得许多商业机会，抢得经营发展的先机，甚至夺得市场竞争的独占优势和地位。商家应利用政策的张力和空间，做到收放有度，赚钱有道。

政策里面有黄金，就看你怎样发掘；政策里面有机会，就看你能否发现。透过政策变化揽商机，就是要在政策的变与不变中发现空当，乘隙而入抓住商机，利用政策的张力和空间，寻找到公司发展的机会。可以说，用活一项政策可以救活一个濒危的企业，用好一项政策可以使一个企业迅速发展壮大。

1. 读懂相关政策

事实上，商业和政治可以达成成熟的互惠关系。政界人士从商和商界人士从政的情形逐渐多了起来，这意味着商人已经认识到了政治在商业中所占据的重要地位及其所发挥的重要作用。经营者都有一个共识，那就是做企业的一定要搞清楚政府的政策导向。政府鼓励什么、抑制什么，对于企业的发展是极其重要的。一定要根据政府的政策来调整自己的发展战略。

经营者应抓住机遇，选择"突破口"并迅速行动。如在前几年中央宏观政策调整，资金向效益好的大中型企业集中的政策出台后，安徽合肥荣事达集团决策层，果断抓住发展大中型企业的绝好机遇，迅速调整市场发展战略和产品结构，使企业的经营更具竞争力。

2. 利用政策致富

经营者要吃透政策，用足政策，抓住机遇，不让机遇从面前滑过。作为企业的经营者，也应充分运用国家赋予企业的权利，放开经营，大胆深化改革，抓住一切发展机遇，搞活经营。

谢炳桥，温州瑞安人，体重不到45公斤，故别人戏称他为"小不点"。他在商海里几下几上、几起几落，多少带有点传奇色彩。

他16岁闯天下，16岁破产，从万元户倒过来一下子负债20万元。

1991年，经过"八年抗战"的谢炳桥终于还清债务并有了一定的原始积累。于是，他在北京、青岛等地开辟了食品加工、旅游用品和眼镜专柜等项目，但这些只能挂靠在别人的名下，生意运作十分不便。他一心想在北京注册一个属于自己的公司，参与市场的公平竞争。但那时，个体户这个字眼还没有被社会接受，尤其在首都，老百姓听到"个体户"就像听到"狼来了"一样，更何况一个来自"假冒骗"成风的温州的个体户，所以他频频受挫。

1992年春天谢炳桥南下广州进货，正巧遇上邓小平南行。平时爱读报纸的他在广州《羊城晚报》上看到一篇题为《东方风采满眼春》的文章，读过之后，兴奋不已，将报纸装入口袋，掉头就回到北京。他的爱人问他从广州进了什么货，他掏出那张（羊城晚报）说："你看，全在这。"之后的几天，谢炳桥就拿着这份报纸跑遍了崇文区有关批执照的职能部门，但还是被拒之门外。

当时北京市正在整顿公司，根本不可能再申报新的公司。谢炳桥去工商所死缠硬磨，拿出羊城晚报给工作人员看，念给工作人员听。

事后他回忆："我随身揣着这份从广州带来的报纸，去找当时抓我赶我的工作人员，我想把邓小平南行讲话的内容说给他们听。可是，还没等我开口就被他们训斥了一番：'现在都在整顿，你还凑什么热闹！'我被他训得呆呆地站在一边。后来我想，我身边不是有邓小平的讲话吗，我就把报纸掏出来给他们看。工商所里的同志看过这张报纸后态度有些两样，就跟我说：'先放这里。'接着就问我：'你想报什么公司？'我说：'我是瑞安人，待在北京很多年了，能否办一个带"京瑞"之类的什么贸易公司？''那经营范围呢？''什么都有，比如眼镜、钟表、照相器材等。''那么性质呢？''股份制嘛。''除了你的股份还有谁的？''我和我的姑父，有三个人就可以办股份公司了。''那你是外地人怎么办？''外地人怎么啦，外地人不是人啊！首都离得开外地人吗？'说完之后，那位工作人员还是不敢办理。我说：'过两天邓小平从南方回来，你们马上都会知道的。'后来我的第一个公司终于在北京合法注册。"

一个学问不高的普通商贩，竟比政府机关里的办事人员更早地理解了邓小平南行讲话的重要意义，更早地意识到了邓小平南行讲话对中国经济发展即将起到的作用，这不正说明了政策信息的重要性吗？

政策对整个国家、社会和每一个人都有深刻影响，特别是在改革开放中，新政策不断出台，新机遇也就不断出现。国家政策能给企业带来发展机遇，经营者应不失时机地利用这一机遇。

获取信息的有效渠道

搜集有效的信息，首先要掌握更多的信息，因此信息渠道至关重要。

企业的经营者们应该开辟尽量多渠道的信息源，下面是一些行之有效的信息搜集渠道。

1. 从报纸或新闻中获取信息

黑龙江联合肉类公司的老板邱明在一天阅报时看到：蒙古最近发现了疑似瘟疫的病例。这则消息在五花八门的新闻报道中很不起眼，注意的人不多。但邱明却想到，如果蒙古真的发生了瘟疫，一定会从内蒙古和黑龙江边境传入中国。这两个省是中国肉类供应基地，一旦有瘟疫发生，肉类供应一定成问题，肉价也一定猛涨。他派自己的医生去蒙古证实了疫情后，就马上集中资金购买内蒙古和黑龙江的肉牛和生猪，及时运到河北等地储存起来。不久，瘟疫果然蔓延到内蒙古和黑龙江。于是，北方的肉价飞涨。邱明把这批肉牛和生猪高价抛出来。

邱明正是从报纸上一条极不起眼的信息中创造了他事业中一个辉煌的时刻。

2. 从别人的闲谈中获取信息

每个人都是一个信息源，相同的信息在某个人那里没有用处，但是对于自己或许能排上大用场。说话的人往往也会给人提供重要的信息。经营者不妨多听，或许会发现对自己有用的信息。

树秀利是一位非常有经营才能的人，年轻时就是个勤于思考、善于思考的人。有一次，他在市场闲逛，听几个购买东西的家庭主妇议论现在的家用电器的电源插头是单用的，很不方便，如果一件多用，能够同时插上几种电器就好了。树秀利听到后灵机一动，产生了新的想法，回去后马上组织力量研究，不久便生产了"三通"电源插头，结果大受欢迎，一下子赚了大钱。就是这些小小的心计，不大的改动，方寸的产品，很少的追加投资，却为公司长远发展奠定了基础。

3. 派遣信息员收集信息

很多大公司有专门收集信息的人，他们被称为信息员。小公司即使没有专门的信息员岗位，也可采用兼职的形式让某几个员工专门收集信息。信息员的作用是显而易见的，我们不妨先举个例子来看。

辽宁省新民县，有一个个体帆布加工厂，该厂长为了早日打开产品销路，整天东奔西跑地推销产品，常常是白搭时间和旅费。有一次，他在上海住了十几天，一件产品也没推销出去。当他从上海回来时，收到了一个北京亲戚的电报，说某勘探队急需15件钻井塔衣。他把自己经营的塔衣发走不久，就收到了货款。通过这件事，他认识到了信息就是财富。于是他花了100元在《市场报》上登了一则招聘信息员的广告，不到两个月，省内外多人来信应聘。他还宣布每项信息成交后拿销售额的2%奖励信息员，同时，把自己的产品说明和所需原材料规格等材料寄给每个信息员，很快就有了反应。他不用东跑西奔就能随时掌握各地行情，使产品扩大了销路。

4. 在经营账目中收集信息

即使是小本经营的小公司，自己都会有清清楚楚一本账。而这本账恰恰就是提供信息的源泉。

从会计账单、销售记录和雇用的职工身上我们都可以找到有用的信息。会计账单和销售记录可以告诉我们从哪种产品和哪类顾客中获取最大利润。但实际上，小本经营者几乎从未对此进行过分析。

通过对高利润的商品和有关顾客的分析，首先可以使公司经营者了解，哪些方面影响了生意中的盈利，从而有针对性地加以改进。其次，能促使经营者转产新产品，或转销新货物，寻求新顾客。另外，还能告诉经营者哪些产品需要开发更新，哪些产品则应该逐渐淘汰。

高效地过滤信息

广播、电视、报纸、网络等信息铺天盖地而来。据美国某研究机构专门的统计，全世界仅一天正式发表的论文，如果要你一个人全部看完（假如你能将其全部看懂），大概要1100年！由此可见信息量的巨大。

但是，如果我们只会"占有"信息，而不将无用、无效的信息过滤掉，那么我们将淹没在无助的洪流中，永远也无法实现自己的目的。

1. 提取有效信息

然而，在这庞大的信息流里，真正对经营者有用、有价值的信息其实为数很少。以至许多企业家感慨："资料太多，资讯太少！"由此可见，我们要在信息社会达成自己的目的，不仅要懂得"占有"信息，还要懂得让你手头掌握的信息变得有意义，能够为己所用。

有则"九方皋相马"的故事。秦穆公对伯乐说："你的年纪大了，你能给我推荐相马的人吗？"伯乐说："我有个朋友叫九方皋，这个人对于马的识别能力，不在我之下，请您召见他。"穆公召见了九方皋，派他去寻找千里马。三个月以后九方皋返回，报告说："已经找到了，在沙丘那个地方。"穆公问："是什么样的马？"九方皋回答说："是黄色的母马。"

穆公派人去取马，却是纯黑色的公马。穆公很不高兴，召见伯乐，对他说："你推荐的人连马的颜色和雌雄都不能识别，又怎么能识别千里马呢？"伯乐叹气，长叹："九方皋所看见的是内在的素质，发现它的精髓而忽略其他方面，注意力在它的内在而忽略它的外表，关注他所应该关注的，不去注意他所不该注意的，像九方皋这样的相马方法，是比千里马还要珍贵的。"穆公试了试马，果然是千里马。

在纷繁复杂的信息中，获取最有价值的信息，这是企业的管理者——伯乐们的必备能力。

2. 过滤掉无用信息

过滤掉无用的信息，不让无用的信息扰乱你的思维，你就可以"占领高地"，化被动为主动。

把握市场先机，决胜千里之外。甚至，能让一个人、一个企业在生死存亡之际，化险为夷，成为领域中的领跑者。

上海一家食品制造业主要面向本地客户，正在酝酿战略转型，公司最终决定投入资金请一位知名的咨询专家王博士为他们把脉。

王博士接受委托后，并没有立即行动，而是着手对当地的垃圾进行研究。这在一般人看来似乎与他的工作毫不相干，但王博士就是在垃圾堆里为这个企业找到了有用的信息。

王博士与助手一道，采用抽样调查的方法，从每天收集上来的垃圾堆中挑出数袋，然后把垃圾的内容依其原产品的名称、重量、数量、形式等予以分类。

王博士还通过对垃圾内容的分析，准确地了解到人们消费各种食物的情况，并得知减肥清凉饮料与压榨的橘子汁属于高阶层人士的消费品。他认为："垃圾绝不会说谎和弄虚作假，查看人们所丢失的垃圾，往往是比调查市场更有效的一种行销研究方法。"

后来，这家企业根据王博士所提供的有效信息制定经营决策，组织生产，结果大获成功。

王博士不愧为一个高效能的专家，通过对信息进行有效过滤，最终帮助这家企业获得了成功。这就是高效过滤有效信息带来的效果。

反观很多管理者，很容易就陷入信息的泥淖之中，无形中，会把一部分有用的东西，自动归档为"垃圾"信息，又或者把一些根本无用的信息列入了有效信息之列。这为我们以后的工作带来了不少麻烦，很大程度上降低了我们工作的效率。

想要成为这样的高效能管理者，掌握高效过滤信息的能力是必不可少的。我们需要使用"信息过滤器"，将大量的信息层层过滤。现将"信息过滤器"示意如下：

海量的信息→相关信息→直接相关的信息→有用的信息

依照信息过滤器的所示流程，我们就可以迅速地筛去一些无关的信息，将自己的精力集中在自己的有效信息上，从而为高效工作打下坚实的基础。

坚持企业信息化战略

信息化战略是企业收集、利用信息，开展信息活动的整体性、长期性的方针政策和战略体系，它渗透于企业的各业务单元和企业战略中，目的在于通过信息化建设，提高企业各个方面的效率，从而更好、更快地实现企业的总体战略。

随着市场竞争的加剧，许多企业进入了微利时代，企业成本竞争的压力越来越大，通过信息化战略促进管理精细化、资源利用高效化，是企业降低成本、赢得竞争优势的有效途径。

信息化手段本身的快捷性、准确性和可靠性，以及在管理上所能达到的规范性、透明性和先进性等，是传统管理手段所无法比拟的。

早在20世纪中期，计算机技术已经在石油勘探领域得到较为广泛的应用，并收到了显著效果。从50年代的资源勘探二维地震数据处理到80年代的三维地震数据处理，再到现在的智能作业及企业资源计划系统（ERP），无论是发展油气主营业务、技术支持业务，还是增强集中管控能力，提高整体运营和管理水平，都已经离不开信息技术的全面支持。

在20世纪80年代初，国际石油巨头埃克森—美孚公司就以ERP系统整合了其全球加油站业务信息化管理，同时整合了欧洲和南美洲两个独立客户群的资源合并。壳牌奥地利公司ERP信息系统在1997年上线后第一年，就使企业经营成本下降了13%，而壳牌泰国公司则下降了40%。

目前，国内外绝大多数大型企业都在使用ERP系统作为企业的核心应用系统。其中，财富500强企业全部实施和使用了ERP系统。SAP公司ERP系统作为市场占有率最高的软件平台，国内外知名的石油公司如：ExxonMobil、Shell、TotalFinaElf、Chevron、BP、Texaco、中石化和中海油均采用了该软件作为企业的ERP系统平台，集团公司也采用了SAP系统作为ERP系统平台。通过ERP系统的实施，整合了石油天然气企业从勘探、开发、生产到炼化、储运、零售整个行业的价值链与信息链，最大程度地提高了石油企业及其客户、供应商等协同工作的能力。

为实现信息化战略，小公司也需要重视信息化建设。具体来说：

1．突出技术应用

信息化建设是一项复杂的系统工程，涉及面广，要充分发挥信息化传统和基础优势，整合专业技术队伍，从管理、技术、资源上提供保障，并建立信息化工作激励机制，设立信息化工作专项奖和成果奖，实现激励的常态化。

2．数据管理精细化

信息化是"三分技术、七分管理、十二分数据"，数据是信息系统的生命。应逐步加快信息资源开发、数据标准和信息资源管理相关制度体系等方面的建设，进一步加强信息资源的开发。

3．信息系统精细化

信息化建设成为了企业经营管理的重要手段。比如，电子公文系统实施后，公文传递的效率大大提高，在很大的程度上保证了政令畅通，现在已成为各级管理人员离不开的日常办公工具。

要注重用信息化手段实现管理创新，提升管理效率，夯实管理基础，促进企业本质安全和平稳运行。

4．加快信息化人才建设

要进行信息化建设，没有人才是不行的，精干的专业队伍是推进信息化建设的强大动力，要结合业务实际，抓好信息化人才队伍建设。在实践中锻炼和培养人才，打造一支高效、精干的专业化队伍。

搜集商业情报的秘诀

今天的信息浩如烟海，到底如何收集有价值的商业情报呢？这恐怕是每个公司的经营者都必须思考的问题。

搜集商业情报的主要方法不外乎以下几点：

1. 市场调查

不少大企业每年都会定期对其产品做一次或多次市场调查，小公司也需要做一些市场调查，应该说市场调查是最直接也是最有效地获取市场信息的途径，企业可以委托市场调研机构来完成调查工作，也可以建立自己的市场调研组织，以便及时、全面、系统地收集市场信息。

2. 在各种媒体收集

各种媒体包括报刊、广播、电视三大传统媒体及网络第四媒体，这里包含许多企业的广告、介绍等。在国外，企业常常求助于专业情报公司或加入专业情报网，借助第三者之手进行情报收集，如美国沃金哈特公司就是专门搜集经济科技情报的，国外情报中心通过计算机联网，构成多种多样的情报系统，实行情报联机检索。

3. 从专业机构中获取

从企业产品博览会、订货会、新闻发布会、有关的学术研讨会以及政府部门的有关会议上得到重要信息从这些会议上，企业的经营状况、生产技术、产品开发等信息可窥见一斑，而且可以得到企业新产品实体，对其进行研究以获得其秘密。

4. 借机套问

利用开会、参观、学术交流和业务往来及合法身份如记者、旅游、办事处人员等的有利条件作掩护以搜集对方的经济情报。主要有利用科技交流活动去骗取、利用参观骗取、利用贸易往来骗取、用物质名利引诱等方式。

对经济情报的获取，套问是个较为有效的方法。市场竞争的残酷激烈，使企业家绞尽脑汁采取种种措施对本企业的秘密严加保护，这使得获取情报的其他手段效果不大如前。而采取套问手段，则令对手防不胜防，于无意和不知不觉间将对方企业的有关秘密弄到手。

5. 金钱收买

独具慧眼的老板，为获得一份有价值的经济、技术情报，往往不惜重金。虽然为此付出了代价，但得到的却是数十倍的利润。

从新闻事件中嗅到商机

在现代社会中，新闻无时无刻不充斥着我们的生活。对于大多数人来说，新闻也仅仅是新闻罢了，但对企业经营者来说，新闻中往往蕴含着大量的商机，新闻是承载上商机的百宝箱。有时，就是一句话、一则消息、一件微不足道的小事，也隐藏了巨大的商机。

当今时代是一个信息时代，创业者只要留心，报纸、杂志、广播、电视、网络等媒体每天发布的大量新闻信息中往往蕴含着一定的商机。

1. 从新闻中看门道

新闻是对客观事实的报道，创业者如果能练就一双"新闻眼"，能从新闻中看出"门道"来，对报道的事件的发展趋势有个比较准确的判断和预测，做到未雨绸缪，就能抓住商机捷足先登，成功创业。

2003年，关于"非典"的报道成为几乎中国所有城市的新闻焦点，其热度甚至一度超过了对美国与伊拉克的战争事态的报道。就在全国人民为之动容之时，国内一些企业纷纷抓住这个"非典"具有强烈感染力的社会时事，迅速推出了新型产品和与之配套的宣传战略。

作为保健品业界策划水平一流的养生堂公司就是其中的一个。它抓住"非典"这一商机，于

2003年4月23日率先向国家卫生部捐赠价值500万元具有提高免疫力的新产品——成人维生素。同时向一些隔离区的医护人员大批量赠送其代表产品——龟鳖丸。同时，电视、报纸等媒体每次的广告宣传中，养生堂都紧扣这张公益牌，争取社会各方面的支援和信任，在全国上下的媒体进行消费教育和消费观念引导后，短短几天之内，其提高免疫力的产品龟鳖丸曾一度卖断货，其新产品成人维生素也取得较大的市场份额。同时，也真正拉开了国内维生素市场大战的序幕。经过这一次事件以后，国内消费者日常保健意识逐渐增强，健康习惯慢慢养成，尤其对维生素的认识更加增强，为养生堂新产品成人维生素进入市场无疑节省了一大笔广告费用。

养生堂之所以得到了长足的发展，就是因为它们嗅到了新闻时事中可以捕捉的机会，并开展了各式各样的公益活动来进行宣传，通过宣传战略巩固了企业的形象，并笼络了消费者的心。

李嘉诚说过："精明的商家可以将商业意识渗透到生活的每一件事中去，甚至是一举手一投足。充满商业细胞的商人，赚钱可以是无处不在、无时不在。"当某种事物或潮流将要来临的时候，聪明的创业者就已经提前预知到了，并且做好一切准备等着它的到来。这是一种积极的赚钱方法，能够让小公司在波涛汹涌的商海中始终立于不败之地。

2. 培养敏锐的目光

对新闻的关注，需要培养经营者敏锐的商业目光，最终让经营者在新闻事件中提取有效信息，并能审时度势，灵活地转变的经营策略。

温州人是深知新闻事件往往蕴藏着巨大的商机和财富的，他们坚信，没人的地方，水草最丰美，回报最丰厚。这个规律显然适用于开采政治矿藏。

温州人的成功尝试始于1977年。这一年，中国恢复高考。这是文化教育领域拨乱反正的标志性事件。恰恰是在这样一个事件中，温州苍南县金乡一名姓许的中年汉子觉得这是一个挣钱的好机会，他的脑子里开始拨起了算盘珠子，勾勒出了一幅创富的蓝图。

老许脑子里的算式是这样开列的：首次高招人数不会太多，但按全国招收40万学生计算，就是一项大生意，大得足以办起一个厂。一人一枚校徽，全国就要40万个，在校的教职工也有十多万。白校徽、红校徽加起来就是50万个，一个卖上两毛五，就有12.5万元的进项。12万元，在那个年头，对于一个家庭，可以说是一个令人晕眩的数字。蓝图虽大，还要靠一步步落实，靠吃苦，但温商从来都是想得到做得到的，老许也是说干就干。于是他揣了点盘缠就出了门，到全国各地高校招生办公室索要简章，还用照相机拍了各校的校牌。

不久，儿子也设计出了校徽图案，剩下的事便是向全国各大高校发出合作函。虽然事情并不像老许想的那样简单，但他的收获也不少。据说当时杭州一所名牌高校的办公室主任正为几千枚新生的校徽发愁，恰巧就看到了来自温州金乡的信函，打开时看到的正是他求之不得的校徽设计图。设计美观，设计稿上的校牌字体也无误，价格更是便宜，他没有理由拒绝，于是欣然回函，确定了此事。

老许从新闻报纸中"嗅"出生意，这一招教了苍南金乡不少的父老乡亲。成功的尝试极大地鼓舞了金乡后生们走出家门，开始了走南闯北的推销生涯。这些年来，无论是小平逝世、香港回归、江泽民访美……大胆的温州人甚至把订制纪念章的业务信直接寄到了中共中央办公厅和外交部，而且温州金乡的徽章业务已经开展到了美国的海陆空三军，甚至到了联合国。

对新闻保持敏锐的判断力，将有助于研判经济发展的风向，从中找到企业发展的着力点，有助于本公司的健康和良性发展。

从客户需求信息中获得机会

对于公司经营者而言，信息的来源是多样性的，但不可忽视的信息源来自客户需求信息。客户的需求是企业生产的最终目的，多和客户交流和接触，从客户的反应中获得最真实的信息，这才是企业发展的立足之本。

商场如战场，正确地发现商机，并争取时机主动出击才是真正的取胜之道。在激烈的市场竞争中，要善于从客户需求中获得机会，要做到这些应注意下面三点：

1. 以市场为标准

选择商业机会时不要去考虑自己熟悉与否，只需要考虑市场的前景如何。许多人倾向于选择自己熟悉的行业去做，这无可厚非，甚至在很多情况下是值得推崇的。但是，如果在企业市场决策中因经营者的专业限制而错失机会，那将会是很大的损失。所以，企业经营者要跳出自己的小圈子，从市场的角度来考虑问题。这样，才有可能发现极具市场前景的商业机会。

在美国宾夕法尼亚州，当时石油开采只有一年多，而且用途并不广泛，但洛克菲勒已十分敏锐地意识到，石油的生产与发展将有远大的前景。于是，21岁的他来到了宾州，考察研究石油行业的发展行情。

洛克菲勒并不盲目蛮干，他几次去产油区实地勘察，密切注视石油的涨落行情。最后，他认为此时介入石油行业为时尚早。洛克菲勒准确预测到油市的行情，虽然油市不再暴跌，但由于供过于求，只要稍微回升就要再跌，这正如他所分析的那样：石油的需求还很有限，受往外运输条件的限制，这样盲目乐观、不加限度的开采必定会带来生产的严重过剩。所以应该找准机会再动手，那样才会赚大钱。

美国南北战争爆发后，石油行情继续暴跌，但洛克菲勒不为所动。南北战争结束后，洛克菲勒了解到产油地正计划修筑铁路，他觉得时机到了，便立即找人合作。随后，洛克菲勒与他的合作伙伴安德鲁斯成立了"洛克菲勒—安德鲁斯公司"，不久，就成为这个行业的佼佼者。此时，洛克菲勒刚满26岁。

洛克菲勒很早就预见到石油行业的发展前景，但他并不急于出手，而是冷静地等待机会。洛克菲勒具备领导者、决策者所需要的最重要的能力，即善于观察和分析形势，拥有超出常人的战略眼光，谨慎的决策计划和强烈的冒险精神。他的思维方式非常特别，总是能从整体出发，系统思考，那些闪烁着智慧之光的超前思维能力都是任何一位管理者值得学习的。

2. 以顾客需求为核心

美国哈佛大学教授李维特曾指出，造成企业萎缩的真正原因是管理者目光短浅，把精力全部放在产品或技术上，而对市场需要关注很少。

在日本，多数企业的市场战略是对现有产品的更新换代和市场促销。然而，"花王"却采取了另一种市场战略。他们认为：市场永远存在机会，消费者的需求在不断变化，企业之间的竞争现在就看谁能发现需求的新趋势和新特点。为此，"花王"专门成立了"生活科学研究所"，从企业各处调来上百名经济专家和市场调研的能手，总经理常盘文克对他们说："你们的工作就是挖掘和发现新的需求，你们要为整个企业的发展迈出关键的第一步。"

研究所每年都要定期根据不同的年龄层发放调查问卷，问答项目达几百个，而且十分具体。他们把回收的各种答案存入计算机，用于新产品的开发。现在，研究所每个月要增加近一万个来自消费者的信息。另一层次的调查是邀请消费者担当"商品顾问"，让他们试用"花王"的新产品，然后"鸡蛋里挑骨头"，从他们那里收集各种改进的意见。

来自消费者的信息成千上万，如何分析研究、取其精华，"花王"有其独特的方法。他们把所有信息分为两类：一类是期望值高的信息，即希望商品达到某种程度，或希望某种新产品；另一类是具体的改进建议。"花王"十分重视前者，这类信息虽然没有具体意见，甚至很模糊，却反映了消费者的期望，是新产品开发的重要启示，而具体的改进意见一旦和高期望值信息结合起来，则能起到锦上添花的作用。

在日本市场最畅销的产品"多角度清扫器"就是这两类信息结合的产物。清扫用具迄今为止是笤帚和吸尘器的天下，但"花王"在调查中发现，消费者不仅对笤帚早已不满意，对吸尘器也颇有微词，比如后盖喷气使灰尘扬起，电线妨碍不能自由移动，最麻烦的是一些角落、缝隙、床底很难清扫到，消费者多次反映希望有一种能伸到任何地方清扫的用具。"花王"研究所集中了上百条有关信息，经过研究分析，提出了新产品的基本概念：多角度、无电线、不喷气、轻便等。几个月以后，新型的"多角度清扫器"终于问世，其销售量突飞猛进。

"花王"之所以能一举成功，主要归功于它在新产品上市前的信息调查。"花王"专门成立的"生活科学研究所"作为信息系统为企业收集并筛选出最有价值的信息，其中"多角度清扫器"抓住了市场机会，弥补了消费者需求的市场空白，它的成功验证了信息研究对企业举足轻重的作用。

从员工处获得有效信息

作为管理者，倾听员工的各种不同的声音，从中获取有效的信息。

作为一名领导者，在与员工的沟通过程中，首先应该主动听取意见并善于聆听，只有善于听取信息，才能成为有洞察力的领导者。

积极聆听是暂时忘掉自我的思想、期待、成见和愿望，全神贯注地理解讲话者的内容，与他一起去体验、感受整个过程。倾听是很重要的管理技巧，这里有几个简单的方法供管理者参考。

1. 态度要端正

千万不要摆出你是一个老总的架势，那样你的员工可能不会将他心中的真实想法表达出来，也很容易伤害他们的自尊。

2. 善于聆听弦外之音

经营者和员工的位置毕竟不同，有些时候，员工并不直接地向你表达，而是选择绕圈子的方式。因此，当你在倾听时，要特别注意说话者的语调，因为里面很可能隐藏着他们要表达的真正含义。

3. 要对所听到的情感作出反应

有时候，说话者所要表达的感情远比他们所表述的内容重要。仅仅理解说话者所表达的感情是不够的，还应当对说话者的情感作出适当的反应，这样才能使说话者知道他所要表达的内容对方都明白了。

4. 表现出你非常乐意的姿态

这个方法也许是最重要的，因为所有的倾听都开始于我们乐于参加的意愿。倾听的动作可能是人类最不自然的动作之一，因为我们得抛开自己的需要和时间表，来迎合他人的需求，但是这却违背基本的人性。这也就是良好的倾听习惯，需费一番工夫才能精通的原因。

5. 与你的倾诉者对话

倾听是一种尊重对方的方式，但是，如果只是一味地"听"而不发一言，则会让倾诉者逐渐丧失倾诉的意愿。所以，不仅要倾听，还要参与对话。

6. 注意力集中

这是尊敬说话者的最起码的表现。聆听者的尊敬会使说话者觉得有尊严。当你未全神贯注地倾听别人的说话时，你已在无意间冒犯了别人。尊敬说话者指的是，全神贯注于说话者，不打岔，不敷衍应答，这样才可能让对方将有用的信息告诉你。

7. 要有敏锐的观察力

根据一份报告指出，55%的沟通是根据我们所看到的事物。良好的倾听者会观察说话者的一举一动，在观察中获得言语之外的信息。

通过市场调查获取信息

市场调查之所以必要，是因为它可以减少公司的经营风险。如果没有调查，公司经营者进行决策时只能以少量的和不系统的信息为依据。这样进行的决策由于准确度不高，会使经营承担较大的风险。

市场调查是一项较为复杂、细致的工作。为了保证市场调查的质量，使整个调研工作有节奏、高效率地进行，必须遵循市场调查的程序。

在进行市场调查之前必须先确定调查目的，即明确为什么要进行此项调查，通过调查要了解哪些问题，调查结果的具体用途。在实际工作中，市场调查人员设想的市场调查，开始往往涉及面很宽，提出的问题也比较笼统。因此，先进行初步调查，通过初步调查找出市场的主要问题是必要的。

如在经营过程中，出现商品销售额持续下降现象，就需要对商品货源、经营的商品结构、服务质量、消费者购买力，以及促销等方面予以调查。它大致包括以下四个方面的内容。

1. 提炼主题

市场调查涉及面比较广，调查人员对定价、促销、产品开发等一般性的、大范围的知识背景比较熟悉。但以此作为调查主题，范围过大，需要进一步提炼，将调查主题提炼到一个较窄的领域，把握住调查的侧重点。

2. 选择目标

市场调查的目标具有多重性，在具体实施调查时还要转化为具体的目标。这些具体目标通常以研究问题的形式出现，将决策者所需信息的内容充分地表现出来。

3. 形成适当假设

确定了调查的具体目标后，就要针对市场上各种可能的情况形成一些适当的假设。不管假设是否成立，都会帮助研究者达到市场调查的目的。假设有两种形式：

（1）可以根据正规研究资料判断的陈述性假设。

（2）对要调查的各种可能的行动方案假设，目标是选择最合适的方案。

总的来说，为使资料的收集工作有较大的依据性，除了简单的事实收集研究不一定需要假设外，大多数市场调查都需要假设。

4. 识别所需信息

识别调查所需信息这项工作常被调查者忽视，实际上它对于设计问卷或调查提纲并保证达到研究目的有重要意义。另外，这项工作在调研初期就开始，并不局限于要等到作研究假设之后再进行。同时，在调查过程中有时还要根据实际情况进行调整。

通过学习交流获得信息

学习交流则是获得信息的最佳方式之一。优秀的经营者都懂得利用学习交流来达到获得的目的。

知识只是信息的载体，本身并不能带来价值。经营者必须结合市场、企业、消费者等各个方面的利益诉求，对知识管理加以整合利用，才能创造出价值。

当然，所有的学习交流活动只是搭一个平台，如果你想成为信息整合的高手，事后还必须思考如果使这些整合的资源效用最大化。

由此，我们可以看出交流学习对于获取信息的重要性。一般来说，学习交流主要有以下几种渠道。

（1）培训公司的课程。现在有很多的培训公司推出形式各样的课程。我们可以从中选择一些合适的参与。

（2）大学的课程，如长江商学院、北京光华管理学院、中欧商学院以及各种名牌大学的EMBA班、国学班等。

（3）政府或民间组织的论坛，如博鳌亚洲论坛、中国企业家杂志论坛等。

（4）各种协会、商会、俱乐部组织的各种活动，如商务考察、酒会、户外活动等。

（5）平时朋友同学之间的聚会、庆典。

在上面的这些渠道当中，参与的人员往往在经历、地位及兴趣爱好方面有一定的共同点，因此很容易在这些场合中结识人脉，获取经验与信息。

拓宽信息渠道

小公司由于规模小，资金薄弱，人手不足，因而不能像大公司那样设立专门的部门或由专职的机构来搜集和处理各种信息。

但由于小公司的组织系统非常简单，人与人之间的交流非常便捷，通过公司内部和外部由人建立起来的"网络"便可以有效地得到所需要的信息。

为了保证信息收集的质量，应主动拓宽信息渠道，以确保可靠信息的来源。

1. 确定信息的来源

（1）实物型信息源。实物型信息源，又称现场信息源，是指具体的观察对象在运动过程中直接产生的有关信息，包括事物运动现场、学术讨论会、展览会等。

（2）文献型信息源。文献型信息源主要是指承载着系统的知识信息的各种载体信息源，包括图书、报纸、期刊、专利文献、学位论文、公文等。

（3）电子型信息源。电子型信息源是指通过使用电子技术实现信息传播的信息源，包括广播、电视、电子刊物等。

（4）网络信息源。网络信息源是一种比较特殊的信息源，是指蕴藏在计算机网络，特别是因特网中的有关信息而形成的信息源。

2. 信息收集的过程

（1）制定收集计划。只有制定出周密、切实可行的信息收集计划，才能指导整个信息收集工作正常地开展。

（2）设计收集提纲和表格。为了便于以后的加工、贮存和传递，在进行信息收集以前，就要按照信息收集的目的和要求设计出合理的收集提纲和表格。

（3）明确信息收集的方式和方法。

（4）提供信息收集的成果。要以调查报告、资料摘编、数据图表等形式把获得的信息整理出来，并要将这些信息资料与收集计划进行对比分析，如不符合要求，还要进行补充收集。

3. 信息收集的范围

（1）内容范围。内容范围是指根据信息内容与信息收集目标和需求相关性特征所确定的范围，包括本身内容范围和环境内容范围。本身内容范围是由事物本身信息相关内容特征组成的范围；环境内容范围是由事物周边、与事物相关的信息的内容特征组成的范围。

（2）时间范围。时间范围是指在信息发生的时间上，根据与信息收集目标和需求具有一定相关性的特征所确定的范围，这是由信息的历史性和时效性所决定的。

（3）地域范围。地域范围是指在信息发生的地点上，根据与信息收集目标和需求具有一定相关性的特征所确定的范围。这是由信息的地域分布特征和信息收集的相关性要求所决定的。

第十六招

关系之道：
经营公司就是经营人脉关系

人脉关系是重要的资源

人际关系的重要性，有许多至理名言可以告诉你这个道理，如"朋友多了路好走"，"一个篱笆三个桩，一个好汉三个帮"，"在家靠父母，出门靠朋友"等等。这些名句背后的内涵都落足在了一点上：人脉关系是一种重要的资源。

人脉关系对小公司做大做强有重要的影响。才华横溢、经验丰富或技术过人固然能引领公司向更好的方向发展，但真正能让公司超越别人、成功制胜的，往往是它的关系网络。

作为小公司的老板，经营自己的公司时，拓展人脉关系是自己的必备功课。因为公司经营活动与外部环境存在着各种各样的联系，需要通过关系网，使自己的发展更顺畅。例如，有了良好的销售网络，公司的销售工作就能如鱼得水。

美国斯坦福研究中心曾经发布一份调查报告，结论指出：一个人赚的钱，12.5%来自知识，87.5%来自人际关系。这个结论或许让你震惊，但最重要的是你应该清醒。能够成事的那些看似巧合的"运气"，其实多半是努力经营人脉的结果。

1. 创建自己的人脉

在追求公司发展的过程中，人脉起着至关重要的作用。如果说血脉是人的生理生命的支持系统，那么人脉则是人的社会生命的支持系统。在今天的商业社会里，人脉就是机会，人脉就是前途，人脉就是财富。

随着全球网络的极速发展，整个世界日益成为一个脉络丰富的地球村，人与人之间的联系也随之更加密切。我们的学习、工作、生活、娱乐都紧密地与别人联系起来，整个世界已经形成一个有机脉络。你与别人之间的脉络越丰富，你的事业就越发达。因此，能成就大业者，除了要有一定的业务知识，最为关键的还是创建有利于自己发展的人脉关系。

1996年，王永庆看中了一项很有前途的生意——把山林废弃的树梢残材，经化学处理后变为高价值的纤维。这可是一本万利的好买卖，可是他手中的资金周转不过来，恰好他的朋友中小企业银行董事长陈逢源独具慧眼，也很看好化学纤维的前途，便果断地把在金融圈很有地位的丁瑞央介绍给王永庆。不过，没想到丁瑞央婉言谢绝了这份邀请。王永庆不灰心、不气馁，先后五次盛邀丁瑞央，最终用诚恳打动了他，同意到台塑任职。丁瑞央到台塑后，经他的策划与经营，使台塑企业开创了民营企业直接向国外银行取得长期贷款的先例。

王永庆在金融界拓展了人脉之后，获得了国外银行的长期贷款，才有了他的企业发展壮大。

人的精力毕竟是有限的，而且又有认识不完的人。你需要搞清楚自己需要怎样的关系，分清直接关系和间接关系的人，明确哪些关系需要重点维护，哪些则只需要一般保持联系和关照，从而决定自己的交际策略。

2. 善于利用已有的人脉

而在现代社会，想要做一番事业的人，大都选择了做企业，一个企业能否成功，关键还是在于是否占了"人和"之利。

我们都知道比尔·盖茨之所以能成为世界巨富，是因为他掌握了世界的大趋势和他在电脑上的智慧与执着。其实，比尔·盖茨之所以成功，除这些原因之外，还有一个关键的因素，那就是比尔·盖茨的人脉资源相当丰富。

比尔·盖茨20岁时签到了第一份合约，这份合约是跟当时全世界第一强的电脑公司——IBM签的。

当时，他还是位在大学读书的学生，根本不会有太多的人脉资源。那么他怎能钓到这么大的"鲸鱼"？原来，比尔·盖茨之所以可以签到这份合约，中间有一个十分关键的中介人———比尔·盖茨的母亲。比尔·盖茨的母亲是IBM的董事，妈妈介绍儿子认识自己的董事长，这不是很理所当然的事情吗？假如当初比尔·盖茨没有签到IBM这个大单，顺利地掘到第一桶金，迈出进军IT业的第一步，相信他今天绝对不可能拥有几百亿美元的个人资产。

那些成功经营企业的人，绝少是天赋异禀、恃才傲物的人，更多的还是朋友遍天下、行走可借力的人。挖掘人脉潜力、聚拢无穷人气，就能成就非凡人望，进而获得成功。有了强大的人脉关系资源，何愁不能成就一番事业。

先交朋友，再做生意

虽然说"生意场上无父子"，但是在实际的商务活动中，人们还是看重那些"重义气"的人。优秀的企业经营者往往懂得在生意中交朋友，同时在交朋友中做生意的技巧。他们总是生意好，朋友多；而朋友越多，生意越好。

"先交朋友，再做生意"，无疑是最具中国特色的商务人际交往模式。人是感情的动物，是生意交往中感情是否投合，是人们相互合作，相互接受的一个重要因素。在某种意义上说，它已经成为心照不宣的规则。作为公司经营者，只有洞悉这一规则，为自己赢得更多的朋友，才能在生意场上立于不败之地。

韩剧《商道》里有一句话："所谓的做生意，不是赚取金钱，而是赚取人心，并不是要获得利润，而是要获得人心，赚取人心获得人心，这就是做生意，到了那个时候，金钱自然随之而来。像你现在这样拼死追逐金钱，这不叫做生意，而是钱的奴隶。"

先交朋友，再做生意，这是每一个公司经营者都应该懂得的处事法则。具体来说，打造自己良好关系网的需要具备如下的原则：

1. 多团结人

公司经营者需要与不同人交往，包括客户、下属等，在与他们交往的过程中，你可能会碰到各种类型的人。其中，肯定有你喜欢的人，也有你不喜欢的人。对于你喜欢的人，交往亲近起来非常容易，因而团结这些人并不难。

但是，对于团结那些自己并不喜欢的人，可能就比较困难。那么，如何才能团结那些你不喜欢的人呢？你可以这样来做：首先尽量挖掘你不喜欢的人的优点，尽量用包容的心态对待他的缺点。但是你也许无法包容他的缺点，你也应该学会喜怒不形于色，做到不发生正面冲突。这样做也使得自己尽可能减少敌人。要知道，在任何时候都要以合作效益的最大化来考量问题。

2. 多结交成功人士

中国有句古话："近朱者赤，近墨者黑。"美国人也有句谚语："你能走多远，在于你与谁同行。"如果你想展翅高飞，那么请你多与雄鹰为伍，并成为其中的一员；如果你成天和小鸡混在一起，那你就不大可能高飞。曾经有人采访比尔·盖茨成功的秘诀，他说："因为有更多的成功人士在为我工作。"陈安之的"超级成功学"也有提到：先为成功的人工作，再与成功的人合作，最后是让成功的人为你工作。你与之交往的人就是你的未来。犹太经典《塔木德》里有句话：和狼生活在一起，你只能学会嗥叫。同样，和优秀的人接触，你就会受到他们良好的影响。

和比我们优秀的人做朋友，我们可以从他们身上学到很多对自己有益的东西：他们的优秀品质时时刻刻都能使我们的缺点暴露出来；他们可以成为我们一个很好的学习榜样；他们成功的事例能不断地激励我们在创业中前行。如果和这些成功者维持良好关系的话，他们还会伸出友谊之手在关键的时候拉我们一把。

3. 注重礼节

无论和谁交往，都要注意礼节，这也是打造关系网时必须遵守的一个原则。当然，与有身份的人交往时，这一点很容易就能做到，因为对方的权势、地位、实力足以使你为之敬畏，不自觉就注重礼节。但很多人在与人交往时，却往往陷入另一个方面，即认为对熟悉的客户无须讲礼节，甚至失却了原有的尊重。

实际上，哪怕关系再怎么亲密，用礼节体现尊重还是非常有必要的。尤其是在众人参加的聚会场合，千万不要冷落了自己的老朋友。

4. 不以利为唯一目的

目光短浅的人必然会忽视"朋友关系"所能带给他们的好处。他们想到，与在急于求成的谈判中节节让步、提供低廉的报价相比，与客户交朋友的代价实在太大。

生意场上唯有双方都能得利，生意才能做成，这也就使得商场上交朋友成为可能。有时候双方进行一些无利可图，但能使双方都感到愉悦的交际活动，如共同商讨一些问题、交流某方面的信息等，可以不断加深彼此的相互了解。或者当自己得利不大，或无力获得利益情况下，给别人提供机会和可能性。这就是所谓商场上的"帮一把"，使彼此的信任更进一层。

成为朋友之后，重要的不光是价格，还有他跟你的交情。客户看得到与你合作会给他带来哪些共同利益，他一般不会用"您的价钱太高"之类的话一口回绝你。他会明白坦率地告诉你，哪些要求和条件是他选择时的关键。他会努力与你一道争取一个双方有利可图的结果。

做中国式人情买卖

受中国传统文化的影响，"人"与"事"是不容易分开的。中国人的行事准则，其轨道一定是情、理、法。中国人一旦搬出人情问题，"焦点"会立刻转移，如果处理不当，不但买卖不成，而且仁义不在。

"既然您这么讲，我就没有什么话说了，钱赚不赚其次，但你这个朋友一定得交。一句话，照您的价钱给您！"这样的对白在商业交往中频频运用，正体现了中国式人情买卖的特点。

投资"人情生意"应该是经常性的，在任何时间、任何地点都应注重人情的培养。人是有情之灵物，难逃脱一个"情"字。尽管在商场上素来有"认钱不认人"之说，但是"人情生意"却从未间断过。小公司的经营者必须重视这一点。

1. 懂得播种人情

人都是一种情感型动物，人与人之间都需要一种情感的维护。重人情的人，才懂得去播种人情，也才能在关键时刻把人情作为我们获胜的筹码。

一个小渔村，由于地处偏僻，沿途人少，所以通往外界的公交只有两辆——101和102。开101的是一对夫妇，开102的也是一对夫妇。

坐车的大多是一些船民，由于他们长期在水上生活，因此，往往是一家老小一起进城。

101号的女主人为人很精明，她很少让船民给孩子买票，即使是一对夫妇带几个孩子，她也是熟视无睹，只要求船民买两张成人票。有的船民过意不去，执意要给大点的孩子买票，她就笑着对船民的孩子说："下次给带个小河蚌来，好吗？这次让你免费坐车。"

而102号的女主人恰恰相反，只要有带孩子的，大一点的要全票，小一点的也得买半票。她总是说，这车是承包的，每月要向客运公司交多少多少钱，哪个月不交足，马上就干不下去了。

船民们也理解，几个人就掏几张票的钱，因此，每次也都相安无事。

不过，三个月后，门口的102号不见了。听说停开了。因为搭她车的人少，真应验了她之前的那句话：马上就干不下去了。

故事中，101号的女主人是把人情作为她获胜的筹码，利用感情投资在这场竞争中笑到最后。作为一个优秀的生意人，也要懂得做人情生意。

2. 学会人情投资

当然，人情投资是一种长远的投资，所以不必急于收获这种投资所得的产出。比如作为优秀的销售员，你所要做的就是不断投资和耐心等待。终有一天，你会得到数倍的回报。很多取得卓越成绩的销售员，就是利用中国式的人情拿到了订单，提升了销售业绩。

人情投资可能是投入产出比最高的一种策略，这一点三国时期的刘备是我们学习的楷模！

三国时期的刘备，就非常注重对朋友的感情投资。当刘备还在私塾读书时，就非常讲义气，经常帮助同学。即使后来大家分开了，刘备还与同学常保持联系。其中有一个叫石全的朋友，为人真诚，但家中很贫苦。刘备不嫌石全家贫，常邀石全到自己家做客，谈论天下大势。

后来，刘备与群雄争夺天下时，在一次战役中，兵败受到敌人的追杀，就是石全冒着生命危险将刘备藏了起来，救了刘备一命。

刘备幸免于难，靠的不是运气，而是懂得把人情作为自己的筹码。

在经营场合中，客户需要的不仅仅是你的产品和服务，还有你的尊重和友谊，产品是许多人提供的，但是友谊和尊重并不是如此。因此，有人情味的老板才能赢得客户的口碑和订单。

一位精明的老板应当十分清楚该如何做人情，而哪些人情又是不必要做出的。例如：你帮助了某个生意伙伴，而对方却根本不知道这件事。既然他不明白为什么要感激你，你的人情也就算白做了。

当你为他人做出一件好事之后，应当设法让对方知道你帮了他的忙，当然，采用不经意的方式说出来最好。如果你做得太明显，就很容易被误解并造成亏欠的感觉。

3. 获得人情回报

1998年，牛根生被免去伊利集团生产经营副总裁一职后，成立了内蒙古蒙牛乳业集团，仅三年时间，蒙牛就从全国乳制品企业中的排名由第1116位升至第4位。牛根生的这场翻身之仗就是靠着他的人格魅力才实现的。

当牛根生被伊利扫地出门后，他在伊利的手下的几员"大将"也跟了出来，他们愿继续跟着牛根生一起干。他们把手中的伊利股票卖掉，凑了100多万元，在一间花200元租到的办公室里成立了内蒙古蒙牛乳业集团，牛根生任董事长兼总裁。业界某元老闻知此事，不由拍案大笑："100万元能干什么！"消息传开后，从伊利集团一下子跑过来三四百人，要和牛根生一起干。在这些人的带动下，他们的亲戚、朋友、所有业务关系都开始把钱投给牛根生，最终筹集到的钱达到了1300万元。

大家之所以愿意和牛根生干，愿意投资蒙牛，不仅是因为相信牛根生的经营能力，还因为信任牛根生。牛根生是个绝不会让人吃亏的人，他信奉"财散人聚，财聚人散"。

还有昔日的客户把钱压到牛根生身上，有人问他们"是否担心过风险"，他们说，在伊利时，他们和牛总是客户关系，可牛根生没有吃过他们一顿饭，没有抽过他们一支烟，没有喝过他们一杯茶。他们相信牛根生，所以即使赔了也心甘情愿。牛根生就是以他的真心换得了人心。他"喜欢把自己的钱分给兄弟们花"，所以在他最需要钱的时候，人人都肯把自己的钱拿出来，尽管这会冒很大风险。

蒙牛借着众人之力，开始了它大步迈进的成长之路。牛根生虽然失去了伊利这个大平台，但是他在乳业里的人脉还在，尽管他的钱也不足以启动创业，却在人脉的支持下，创造了一片属于自己的天地。

中国人懂得"知恩回报"，懂得并运用中国式人情，你将会享受中国式人情所带来的丰厚回报。

给人面子才能赢得人脉

面子是中国人在交往中很注重的。从"给面子"、"留面子"、"死要面子活受罪"，到"打狗还看主人面"、"不看僧面看佛面"，有关面子的种种说法在人们的言语中随处可见。甚至有人说，不了解面子，就不了解中国人。

面子也同时影响了商务领域的人际交往。作为企业经营者，必须战胜自己的虚荣心，必须要做到"即使我没面子，也要让别人有面子"。

1. 给所有的人留面子

鲁迅先生说过"面子是中国精神的纲领。"中国人爱面子，甚至死要面子，往往"打肿脸充胖子"，做事处世，最忌抹面子。"'面子'代表中国社会中广泛受重视的社会声誉，它是个人在人生历程中借由成就和夸耀所获得的名声，也是个人借由努力和刻意经营所积累起来的声誉。"

"人要脸，树要皮"，面子和一个人的社会地位和声望息息相关，"正"比"副"更有面子，于是"你给我面子，我给你面子"，大家互给面子。

既不要过于亲近地位比你高的人，也不要过于疏远那些地位比较低的人。尽管人们的社会角色和社会地位不同，但每个人都需要受到尊重，维护面子的精神需求是一致的。如果你忘记这一事实，与人们交际时，对重要人物谦卑有加，而对其他人却毫不在意，则会刺伤后者的自尊，日后有什么事要求人家帮忙，就要付出更大的代价，这样的做法是不值得的。

2. 给重要的人留面子

面子是否给足，氛围和感觉是否良好，往往是一笔生意成功与否、一桩合作成功与否、一个公司内部和谐与否的主要条件。

尤其在商场上，要想财源广进、飞黄腾达，还是需要靠人脉取胜，而收获人脉的关键在于给人留面子。王永庆从做生意开始就非常重视建立人脉。

王永庆在刚开始做木材生意的时候，对客户的条件放得很宽，往往都是等到客户卖出木材之后再结账，而且从不需要客户做任何担保。不过没有一个客户曾拖欠和赖账，原因就在于王永庆不但了解每一个客户的为人，也理解他们做生意的难处。正因为有了这份信任，客户很快就跟王永庆建立起了深厚的友谊。

华夏海湾塑料有限公司董事长赵廷箴，曾经与王永庆合作过建筑生意。有一次，赵廷箴需要大量资金周转，于是向王永庆表明自己的困难。王永庆二话不说，立刻借给他十几根金条，还不收分文利息。这样的举动不仅帮助了赵廷箴，还使得两人成了好朋友。从此后，赵廷箴营造的工程上所需要的木材全都向王永庆购买，成为王永庆最大的客户。

王永庆后来回忆这段往事的时候说道："正因为结识了木材界众多朋友，我才能在木材业迅速崛起，站稳脚步。"后来，王永庆一直在建筑业发展，并且木材厂的生意非常兴隆。到1946年，也就是王永庆30岁时，他已经积累了500万元的资本了。

所以，人是最大的资源，不管做什么事情，都有人的因素。

在生意往来、朋友交往中，你得将对方的位置摆得比自己高一点，如此一来便使人情得以积累，朋友得以增加，公司的生存环境和发展就会进入良性大循环的轨道。

学会人脉投资

人脉投资是一种长期投资，俗话说得好："平时多烧香，急时有人帮""晴天留人情，雨天好借伞。"真正善于经营公司的人都有长远的战略眼光，他们时刻懂得人脉投资的重要性。

我们必须在平时就让自己为人脉添柴加炭，只有不动声色地微火慢炖，人脉才会成熟起来，朋友才会纷至沓来，成为你取之不尽、用之不竭的"摇钱树"。这个时候，人脉的回报率将会是惊人的。

有些人过于功利，平时对人不冷不热，甚至还冷嘲热讽，有事时却像是换了副脸孔似的，显得特别热情，但这样的人做人往往很难成功。在聪明人的眼中，你只是把他当做了利用工具。如果你想比聪明人更聪明，就一定要用点"心机"，平时多多去"冷庙烧香"，急时便自有"神仙"相助。

在我们的工作和生活中会遇到很多问题，单单依靠个人的力量很难解决。但是朋友多了会帮你出主意、出人力、出物力、出财力，和你一起解决问题，那样你前方的路就变得宽广了。那么，我们该从那些方面去充实自己的人脉呢？

1. 个人关系

即家庭、亲友，一切青睐你的有"感情瓜葛"的人。在这些人的身边，你会感觉良好，浑身是劲。他们深爱着你，因为你的快乐而快乐。他们是你人际关系的核心部分，能在你需要的时候给你提供最贴心的帮助。

2. 专业网络

这个网络显然比别的关系更为疏远。它包括和你共事过的人，你的老板、导师和教授，和一些职业咨询者等。虽然他们不能马上给你带来实际的帮助，但是通过一些关系网的积累，它们会给你的事业和工作带来无限的可能。

3. 社交圈子

与个人关系相比，社交圈子比较大。你们拥有共同的志趣，比如散步、远足、骑单车或是看电影。假如你刚搬到一个小镇，你可以在你喜欢的地方，业余教育的课堂上或者在参加社区义工时结识你的良师益友，拓展你的社交圈。

4. 多认识一些有圈子的朋友

我们在结交朋友的时候，也可以选择简便有效的方法，迅速扩大自己的朋友圈子。那么怎样才可以做到这点呢？那就是多认识一些朋友，通过朋友再认识他们的朋友，由这个朋友圈子再结识另外一个朋友圈子，这比一个一个去认识朋友的效率要高多了。

所以，要想拥有成功的人生，一定要有选择地去结识有价值的朋友，回避没有价值的人际关系。如果能做到"交"到一个人，就"交"到了一个新的圈子，无疑是交友的最佳境界。

5. 经常打理人脉

人脉网也不是一天就能搭建起来的。每当你结识到一个新面孔，一定要努力地将他或她变为你的人脉大树中的一片叶子，这种逐渐的累积才能在你用得到的时候给你一个满意的结果。其实每个人都可能会遇到一些突发的状况，而当需要寻求帮助的时候，对方是否能够及时地"拉你一把"，就取决于你平时的积累了。

主动结识社会名流

在人脉关系中，结识社会名流往往对我们公司的发展壮大有着明显的效果。因此，在攀向事业高峰的过程中，打造自己的社会名流圈子，是每个人际高手的必由之路。

要想成功，广泛结交商界、政界和社会知名人士，就是拓展人脉的关键。在社会名流的庇护下，你可以抓住一切有利的优势与机遇为自己积累财富，这些政治敏锐的人往往可以带给你可靠的商业信息，帮助你做出正确决策。

1. 主动扎入名流的圈子

名流扎堆的地方往往蕴涵着无尽的"金矿"，努力打入其中，你就能收获意想不到的支持和帮助，让你的致富之旅如虎添翼。因此，要想成为一个成功的商人，你就应当尽量去结交社会名流，毕竟，始终在穷人圈子里混，是无法混出多大名堂的。

在自己所处的环境里，只有与站在顶点地位的一流人物交往，并学习其观念、优点、做法，才能引导自己向上。名流中固然有名不符实者，但比竟大多数人确有本事和才能，倘若能吸取他们的经验和观点中的精华，对你的生活和工作必将大有助益。而与那些远不及自己的人往来，最后很容易使自己落到那些人之后。

如果你立志在商界干出名堂来，首先就要想办法接近商界名流，与其交往，建立起良好的信赖关系。如果能跻身于名流的圈子，自己也就沾上了荣耀，在别人眼里也就身价大增了。

2. 掌握名流的各种关系

一般小公司的老板很难和名流比如大公司的老板或知名老板打上交道，但是，若能与他们合作或与他们交上朋友，那绝对是一件很荣幸的事。在他们那里，你会大开眼界，学到许多自己平常学不到的东西。要与名流交往，最基础的工作就是要掌握他们的各种关系。

名流也是人，不是神，也有各种社会关系，也有各种各样的喜好、性格特征。现代媒体经常关注一些他们的情况，你可以从中了解一二。你可以通过他的历史来认识他，看一看他的过去、他的经历，也可以通过他的亲属、他的朋友、他的子女认识并了解他。

如果他是行业内的名流，通过业务了解他们也是一条好途径。你可以去调查他经营的范围主要是哪些，次要是哪些；他的分公司、子公司分布在什么地方，这些公司的经营者是谁；他多长时间会查看分公司、子公司，等等。

你也可以从兴趣爱好上了解名流。例如，他喜好什么运动、什么物品、什么性格的人；他喜欢或经常参加什么聚会；他休闲、娱乐的方式有哪些，等等。

3. 赢得青睐的方法

如果你认识聚会中的那位认得所有在场人士的人，就可以跟着他穿梭全场，会见场内其他重要的人物。聚会的主办人、主客都可算是重要人物。

你要实现找出这些关键人物的愿望，就应在他们之前提早到场，站在主要出入口或签到处附近，上前自我介绍或跟在后面找机会上前认识他们。

和对方套上交情后，就让自己变成"资讯核心"，这是优秀人脉专家的关键角色。如何办到？你必须找出周围人想知道的资讯，有备而来。这些资讯可能包括业界的八卦、当地最棒的餐厅、私人派对等，让大家知道这些关键资讯，或让其他人知道如何取得这些资讯。当你成为资讯来源时，便变成了值得他人认识的对象。

通过中间人扩充人脉

请你认真思考这样一个问题：算算你现在一共有多少人脉资源？这些人脉资源都是通过何种渠道或方式认识的？

思考后，你一定会发现，自己现在的人脉资源最初都是别人介绍的朋友。也就是说，我们通过一些朋友作为"中间人"又认识了更多的朋友。其实，要想扩大人脉圈，就要善于发挥中间人的作用。

1. 利用合作伙伴做中间人

比尔·盖茨重要的合伙人——保罗·艾伦及史蒂夫·鲍默尔，不仅为微软贡献他们的聪明才智，也贡献他们的人脉资源。1973年，盖茨考进哈佛大学，与现在微软的CEO史蒂夫·鲍默尔结为好友，并与艾伦合作为第一台微型计算机开发了BASIC编程语言的第一个版本。大三时，盖茨离开哈佛，和好友保罗·艾伦创建微软，开发个人计算机软件。合作伙伴的人脉资源使微软能够找到更多的技术精英和大客户。1998年7月，史蒂夫·鲍默尔出任微软总裁，随即亲往美国硅谷约见自己熟知的10个公司的CEO，劝说他们与微软成为盟友。这一行动为微软扩大市场扫除了许多障碍。

我们在羡慕比尔·盖茨的成功时，也要向他好好学习一下利用中间人拓展人脉的方法。

2. 利用中间人拓展人脉的方法

谁都知道，没有特殊关系，一般人不会主动将自己的朋友介绍给别人，尤其是在大家非常忙的时候。所以，想认识谁就要主动找熟人，请他给予介绍。比如，当朋友与别人交谈时，你可以主动走上前去同朋友打声招呼，说几句客套话。在一般情况下，他会主动将他说话的对象介绍给你。如果他不介绍，你可随便问一句："这位是……"他告诉你后，便可与对方说点什么，但不要聊太长时间，这样做不但会耽误朋友的事情，对方也会认为你是个不礼貌的人。因此，简单地说两句之后，你应主动告辞，或者再加上一句："回头我们再聊，你俩先聊着吧。"

如果你去的场合是某单位或某人举办的活动，你可以主动请东道主给你介绍几位朋友。如果人不太多，你甚至可以让东道主把你介绍给大家，然后你就可以与任何一位新朋友谈话了。其他人以为你与东道主关系亲密，也会很高兴认识你。如果你与东道主关系一般，但他把你请来了，也就会对你的要求予以满足，但你必须主动提出来。

需要注意的是，你开口请人介绍认识他人之后，必须对中间人表示谢意。这样中间人才会乐于帮助你，乐于介绍更多的新朋友给你。

不以个人好恶为标准

以个人好恶来与人打交道，这是"性情中人"的自然反应。但是，对于公司经营者而言，服从于利益是商业本质内在的要求，而不能做个简单的"性情中人"。

俗话说："酒逢知己千杯少，话不投机半句多。"不少生意人都有这样的感受，和自己喜欢的人说话、谈生意，感到亲切、欢喜。而和自己不喜欢的人在一起，心里反感、嫌弃，或嗤之以鼻，或敬而远之，甚至形同陌路，横眉冷对。而这种做法，对自己的人际关系和事业的发展都将非常不利。

柯克和小沃森是老对手，IBM的上上下下都是知道的。柯克刚刚去世，所有人都认为伯肯斯托克在劫难逃。伯肯斯托克本人也这么认为，因此他破罐破摔，心想与其被小沃森赶跑，不如自己先辞职，这样还能够走得体面些。

有一天，IBM的总裁小沃森正在办公室里，伯肯斯托克闯了进来，并大声嚷道："我什么盼头都没有了！干着一份闲差，有什么意思？我不干了！"

但小沃森对伯肯斯托克说："如果你真的有能力，不仅在柯克手下能够很出色，在我和我父亲手下也照样能够成功。如果你认为我对你不公平，你可以走人，如果不是这样，那你就应该留下来，因为IBM需要你，这里有你发展的空间。"

伯肯斯托克扪心自问，觉得小沃森没有对他不公平的地方，并没有像别人想象的那样——柯克一死就收拾他。于是，伯肯斯托克留了下来。

事实上，小沃森留下伯肯斯托克是极其正确的。小沃森在促使IBM从事计算机业务方面，曾遭到公司高层的极力反对，只有伯肯斯托克全力支持他，正是有了伯肯斯托克与小沃森的共同努力，IBM才能渡过重重难关，才有了后来的辉煌。小沃森后来在回忆录中说："挽留伯肯斯托克，是我最有成就的行动之一。"

小沃森不仅留下伯肯斯托克，而且还重用他，在他执掌IBM帅印期间，他还提拔了一大批他不喜欢，但是具有真才实学的人。

实际上，擅长与自己不喜欢甚至是讨厌的人打交道，是合格经营者所应具备的一项基本素质。

那么，怎样和不喜欢的人相处呢？这时，一定要采取合适的方法。以下几个方法你可以作为参考：

1. 放平心态

生意场上，谁都会遇到自己不喜欢的人，此时心态放平和一点，不要总提醒自己他是你不喜欢的人，也不要表现出厌恶感。如果对方也有同样的回应，就会很容易造成互相敌对的局面。

心理学家认为，一个人对某类人喜欢或不喜欢，其实都是你主观意识在作祟，导致你排斥、不愿接触对方。可能起因于自己在过去生活、工作的经历中，在某一时刻心头停驻过不好的记忆，也可能是过去所养成的好恶，总之是一种自然的心理反射作用。告诉自己看开一点，把心理的感受放到一边，不要理会，坦然自若地相处。如果处理好了，一定能使你的生意人脉更为博大和成功。

2. 学会包容忍让

"人非圣贤孰能无过",每个人身上都有不足之处。因此,在生意交际中,不要强求别人处处完美或者揪住对方的缺点不放,也不要选择躲避这些人,多接触也许更能改善关系。同时,要以一颗包容、忍让的心,来对待出现在你面前的生意朋友。

在生意场上,如果你遇到的是一位沉默、呆板、孤僻的人,让你很不喜欢。但是,应该多和他交谈,或者侧面调查一下,你可能会了解到他个人生活经受了许多坎坷和磨难,甚至曾经受过严重的精神打击,或许你就会更多地理解他、体谅他、同情他,从而乐意和他接近。而他可能会十分感激你,愿意与你交往,成为生意和生活上的朋友。

在生意上,小的地方让步,可以保证大的方面取胜。但是当你善待对方,对方却对你态度不好的时候,你仍旧要继续保持与对方友好和善的态度,毕竟连草木、动物都有感情,更何况是人呢?只要心存善念不断地付出,对方一定会转变。

3. 学会求同存异

不同类型的人,为人处世的方式方法往往不同。因此,在生意交际中要承认差别,具体情况具体对待,对症下药,量体裁衣,善于在不同之中发现共同之处。

如,在生意场上,有些人沉默寡言、做事死板,不会对你的招呼、寒暄等有什么反应,与这种人打交道时,最好的应对方式是直截了当,明确自己的观点。同时,你要多花时间,从他的言行中寻找出他真正关心的事。再就他所关心的事展开话题,让他充分表达自己的意见。

例如,你是个性平和、处事慎重的人,你和人谈生意时,可能语气委婉圆滑,丝毫没有强烈、尖刻味儿。而你的生意伙伴是一个性格刚直暴躁、草率决断的同志,他可能语气尖锐、单刀直入,同时还可能埋怨你转弯抹角,不坦率。这种人,在生意场上常给人一种做事干练的印象。但由于他们多半性子比较急,经常会曲解他人意图,断章取义、妄下结论。与这种人做生意时,最好把谈话分成若干段,或者把事情分层次地讲给他听,随之征求他的意见,让他有充分的时间考虑。如果他没有什么意见,就继续进行。

如自私自利的人常常以自我为中心,凡事都先从自己的利益考虑。遇到这样的人,最好先按捺住自己的厌恶之情,用最恰当的方式来个顺水推舟、投其所好。对方一旦发现自己的利益被肯定了,心里自然高兴,如此一来,你的事情也就好办多了。

如果承认人与人的差异,就不会强求别人处处和自己一样,就可能消除"合不来"的感觉,缓解矛盾,减少一些反感和厌烦情绪,这样在生意上就容易形成良好的人际关系,在合作中达成共识。

借用父母的人脉

对不少年轻的经营者而言,自己创业不久,很少有成熟的社会关系。为了解决这个问题,除了开拓自己的关系网外,最好的办法莫过于使用父母的人脉网了。

1. 充分利用父母的关系

比尔·盖茨当初创业的时候,微软公司只不过是一个没有名气的小公司,公司虽然开发了一些新软件,但苦于找不到大客户,因此一直没有大的起色。但是在他20岁的时候,通过他母亲的关系网签到了一份大订单。这份订单改变了微软公司的命运,也改变了比尔·盖茨的命运。

与比尔·盖茨签订这份大订单的不是别的公司,而是当时全世界第一大电脑公司——IBM公司。比尔·盖茨是怎么钓到这条大鱼的呢?要知道他当时并没有什么强大的关系网。

当时,微软公司与IBM公司相比,简直就是小帆船与航空母舰,像微软这样的小公司,IBM根本就不屑一顾。但比尔·盖茨坚信他们公司所开发的软件一定具有广阔的市场前景,只是苦于找不到向IBM公司负责人展示这项技术的机会。怎么争取到与IBM公司高层负责人接触的机会呢?他突然想起了一个人,这个人不是别人,正是比尔·盖茨的母亲。

当时，比尔·盖茨的母亲是IBM的董事会董事，在IBM公司举办的一次联谊会上，母亲带上了比尔·盖茨，并且礼貌得体地向IBM公司董事长介绍了自己的儿子——比尔·盖茨。董事长面对同事的儿子自然显得十分热情，他还亲切地问起比尔·盖茨在哪所学校读书，或者在做些什么工作。比尔·盖茨都给予了礼貌的回答，当然他也没有忘记趁机向这位国际巨头推销自己。董事长对这位年轻而又有勇气的小伙子十分感兴趣，自然他们事后又安排了一次正式的会面。

正是这次会面，为比尔·盖茨提供了一个与IBM合作的机会，而他的介绍人正是她的母亲。也正是这次历史性的机遇最终为比尔·盖茨带来了几百亿美元的个人资产。

一般情况下，父母的人脉网要比自己的人脉网有效得多。因为父母的人脉网中多是父母的同龄人，他们与年轻人相比具有更深的阅历，更丰富的经验，更成熟的人际网络。因此，使用这些关系来办事，具有更强的可靠性，也更容易获得成功。

2. 了解父母的人脉网

要想有效地使用父母的人脉网，首先应当了解父母的人脉网。一般情况下，父母的人脉网也不外乎那几类：父母的朋友关系，父母的同学关系，父母的同事关系，父母的对外工作关系，等等。

对于父母的这些关系网，你一定要有所了解。而要了解这些信息，一是平常要多注意父母的谈话，必要时还可以向他们询问。另外，当你父母的同学或朋友到你家做客时，你一定要热情地招待他们，尽量给他们留下深刻的印象。当父母向他人介绍你时，你也一定要好好表现自己，尽量要把自己优秀的一面展现给对方，必要的时候还可以向对方请教一些问题，或者主动提出自己的愿望，希望对方多多关照等。当你遇到具体问题的时候，向父母的老朋友或者老同学求助，或者你遇到类似难题的时候，可以询问父母是否有这方面的朋友可以帮上忙。

你也可以把父母在相关行业的同学、同事、朋友的电话号码或其他联系方式记录下来，像为自己的朋友分类建档一样，也为父母的人脉网进行分类建档。这样你就可以对父母的人脉网了解得更清楚。关键的时候，这张关系网就可以成为你办事的得力助手。

3. 维护关系的方式

在办事之前我们一般要亲自到父母朋友家中拜访，紧急情况下也可以打电话向他们求助。但无论采用哪种方式，都应当安排妥善合理。因为父母的老朋友一般都是长辈，与他们交往要注意一定的礼节。

与其他关系网相比，向父母的老朋友求助也有一定的优势。经验告诉我们一个真理：向专家和领导求教，比向一般人求教更容易；向长者求教，比向你的同龄人求教更有效。因为大多数的专家、领导，在被问及任何意见时，都会有一种责任感和荣誉感。甚至一般的长辈，被年轻人请教时，也非常愿意把自己的人生经验和收获得失与年轻一代分享。

与同行搞好关系

中国有句古语叫"同行是冤家"，用以说明处于同一行业的企业或人，由于竞争的存在而使得利益受损，使得彼此各方为自身利益而拔剑弩张。事实的确如此，在现代市场中，一个公司不去与同行竞争，就无法生存。

其实，作为企业老板，你要知道，在为公司的发展与对手作生死相搏时，别忘了他也有能帮你的地方。你只有与同行业的人交上朋友、进行合作，才能增强自己的实力，获取其他情况下得不到的优势，从而保持住自己占有的市场份额。

聪明的公司经营者，不仅能看到竞争对手给自己的压力，还能看到对方给自己带来的好处。他们从不拒绝与竞争对手交往，更不会把对手看做敌人。相反，他们在良性竞争的同时，会尽自己的最大努力与对手成为朋友，与他们在某些方面加强合作，以保证自己在市场竞争中的有利地位。

1. 必要时联合起来

商场如战场，市场竞争自然不可避免。如何才能在竞争中实现"双赢"，在这方面，李嘉诚为我们树立了榜样，他说："没有绝对的竞争，也没有绝对的合作，因为二者是可以转化的。"

九龙仓是香港最大的货运港，包括九龙尖沙咀、新界及港岛上的大部分码头、仓库，以及酒店、大厦、有轨电车和天星小轮。但是，九龙仓的经营者却陷入财政危机，为解危机，大量出售债券套取现金，又使得集团债台高筑，信誉下降，股票贬值。

李嘉诚非常看好九龙仓，他不动声色，一直在收购九龙仓股票，买下约2000万股散户持有的九仓股，意欲进入九龙仓董事局。但是，怡和洋行也计入了收购行列。与此同时，船王包玉刚也加入到收购行列。包玉刚的加入，一时间使得强手角逐，硝烟四起，逼得九龙仓向汇丰银行求救。李嘉诚考虑到日后长时的发展还期望获得汇丰的支持，趁机卖了一个人情给汇丰银行大班，答应不再收购。

1978年8月底的一天下午，香港上演了一幕传奇故事。李嘉诚密会包玉刚，提出把手中的1000万股九龙仓股票转让给他。包玉刚略一思索，立即同意了。

从包玉刚这方面来说，他一下子从李嘉诚手中接受了九龙仓的1000万股股票，再加上他原来所拥有的部分股票，他已经可以与怡和洋行进行公开竞购。如果收购成功，他就可以稳稳地控制资产雄厚的九龙仓。李嘉诚将自己的九龙仓股票直接脱手给包玉刚，一下子可以获利数千万元。

于是两个同样精明的人一拍即合，秘密地签订了一个对于双方来说都划算的协议：李嘉诚把手中的1000万股九龙仓股票以三亿多港元的价钱，转让给包玉刚；包玉刚协助李嘉诚从汇丰银行承接和记黄埔的9000万股股票。

表示自己退出"龙虎斗"，却通过包玉刚取得与汇丰银行合作的机会。在此番商战中，李嘉诚是最大的赢家。

曾有记者问李嘉诚成功的奥秘，李嘉诚表示：奥秘实在谈不上，他认为重要的是首先得顾及对方的利益，不可为自己斤斤计较。对方无利，自己也就无利。要舍得让利使对方得利，这样，最终会为自己带来较大的利益。李嘉诚从来不进行恶意竞争，不管这其中的利益有多大，他也从来不搞无原则的合作。在他这里，竞争往往成为合作的契机。

现代企业管理者要信奉"商者无域，相容共生"的商业哲学。与狼共舞，实现双赢，不仅实现了既得利益，还能够招来更多的合作伙伴，使你的财源滚滚而来。

2. 借助对方之力弥补不足

当然，既然是同行，必然会在一些问题上呈现出"冤家"关系，但千万不要仅仅看成是竞争对手的关系。

合作与竞争看似水火不相容，实则是相依相伴的。在知识经济时代，竞争与合作已经成为不可逆转的大趋势。

在公司经营管理中，经常会遇到这样的情况：通过不懈努力争取到了一宗很大的业务，但客户却要求在很短的时限内完成。面对这种情况，最笨的做法就是放弃这笔生意。这种做法，不仅使公司失去商业机遇，还使自身形象受损，对公司以后的经济发展将产生不可估量的影响。最好的办法是什么呢？借助同行业朋友的力量来完成。

越来越多的公司经营者已经认识到这一点，在中国当今社会中，同行业联谊组织是很多的，因为他们清楚与同行进行必要交往的重要性。

在激烈的市场竞争中，选择是否与对手合作，主要动因包括如下两个方面：

（1）开拓市场。企业的首要目标就是开拓市场，占领市场。例如，美国摩托罗拉公司与日本东芝电器公司建立战略联盟，就是为了使自己的产品能更大规模地进入日本市场，美国通用汽车公司和日本丰田汽车公司合资在美国生产汽车，也是如此。

（2）有利竞争。弱弱联合，可以击败更强的公司。很多二流公司，由于想保持它们的独立性，减少同一流公司之间的竞争差距，所采取的策略是建立合作而不是合并——它们依靠同别的公司进行合作有效地参与市场竞争。

与银行搞好关系

作为小公司，也应该与银行搞好关系，因为公司或多或少都要与银行打交道。银行如果不知道企业的经营状况，可能会惜贷。如果企业的经营状况良好，那么银行自然会给予支持。

对于和银行已经有了一定基础的企业，维持良好关系自然相对简单一些，而对于创业期的企业来说，跟银行建立起关系，可能就比较困难了。

无论如何，都要搞好与银行的关系，下面是一些经验总结：

1. 向银行展示自己

跟银行打交道实际就是一个沟通的过程，好像合作一样，只有你了解他的需求，他知道你的情况，双方才有合作的可能。要想获得贷款，首先得了解清楚银行对企业的要求是什么，什么能够打动银行，银行最担心什么？然后才能"对症下药"、"投其所好"地向银行展示。

在这个过程中，企业本身的弱点也应适当地展示。这是因为，将企业的弱点、面临的风险或困难展示给银行，可以让银行觉得企业更为坦荡，从而更容易获得他们的信任和支持。而银行关心的风险也正是企业自己的风险，将各种信息全面介绍给银行有助于他们了解、认可企业，还有利于获得银行的贷款，更为重要的是对企业自己的经营也有好处。贷款比例、资产负债率、现金流量、担保比例、主营业务收入增长率等指标最好都在银行的要求范围内，还有企业的财务制度、财务报表、财务结构等都要根据银行的正规要求作出调整，这些都有利于银行对企业的经营状况进行评估。

如果有机会，最好邀请银行相关工作人员到企业参观，进一步展现企业良好的经营实力和潜力，正所谓"眼见为实"。而企业的战略、规模，近期发展长期规划、经营理念，甚至良好工作作风、员工精神面貌等等，都可能成为为企业加分的因素。

一位小微企业的董事长所说："企业越小，就越要与银行保持良好沟通，取得银行的支持。"

2. 不要失信于银行

与银行打交道中最忌讳的是什么呢？就是失信于银行。对于企业而言，特别是创业企业，银行是非常重要的重要财源，在企业的资金周转当中起到了重要的作用，使银行对自己有信心，是融资的关键的，这就要求在于银行打交道的过程中不能失信于银行。

按照下面五个准则来做，会使企业给银行留下诚实信用的好印象。

（1）千万不能对银行撒谎。企业可以让银行得知关于自己的一切情况，但已经告知的就必须是真实的。

（2）企业的年终结算上报银行必须及时，应当在经营年度后第三个月交给银行。

（3）对于企业经营中遇到的各种问题，一旦银行从各种途径得知后，企业就应当及时向银行汇报这些情况，不得有所隐瞒。

（4）不要轻易向银行承诺。因为一旦企业不能完成所承诺的指标，银行就会认为企业缺乏远见和判断力，夸夸其谈。

与同乡搞好关系

俗话说得好"老乡见老乡，两眼泪汪汪"，中国人特别重视乡情，来自一个地方的两个人会因此在他乡乃至异国彼此扶助而建立深厚的感情或长久的关系。这种难忘乡情的行为自古已有之。

在经营活动中，老乡关系是绕不过去的载体。重视老乡关系，利用老乡资源，是取得公司发展的重要入口。

既然同乡观念在人们头脑中根深蒂固，足可影响个人及公司的发展和前途，那么我们在运用人脉关系网办事时就不可忽视它。不妨从下面五点来入手。

1. 确认老乡资源

一般人的人脉关系可以分成以下三种类型：个人网络（家人与朋友，或是与你最亲近的人）、社会网络（单位的同事或是主管，邻居或是一般朋友）、专业网络（专业协会、俱乐部等组织）。在你的人脉资源名单里，应把"老乡"这一属性作为重点属性标注上去，比如个人的基本资料、兴趣嗜好、专长、性格特质等。透过这份人脉资源名单，可以看出自己的人脉关系组合特性，以后沟通时可作为交往的突破口。

2. 抓住老乡中的机遇

现代中国城市的移民化程度相当高，在任何一个单位、任何一个级别、任何一个场所，都可能有你的老乡。

"甜不甜家乡水，亲不亲故乡人"，自古以来中国人就对故乡有一种特殊的感情，所以往往爱屋及乌，爱故乡，自然也爱那里的人。于是，同乡之间也就有着一种特殊的情感关系。如果都是背井离乡、外出谋生者，则同乡之间必然会互相照应的。在涉及某种实际利益的时候，往往也是"肥水不流外人田"，只能让"老乡圈子"内的人"近水楼台先得月"。也就是说大多会按照"资源共享"的原则，给予适当的"照顾"。

3. 与老乡多沟通

"老乡"可以是人际交往时良好的突破口，但在与老乡沟通的过程中，应该注意以下四点。

（1）在交谈中尽量寻找双方地域上的交集，越近越好，这要求你对故乡的地理位置和风俗习惯比较熟悉。

（2）不妨扩大地域概念的范围，比如你们是邻省、你的亲戚与对方是老乡等。

（3）要善于评价对方老家所在地，给予对方深刻印象。

（4）别忘记给他你的名片，名片就等于是你个人的营销档案，万万忘记不得。

4. 与老乡勤联系

尤其是在外地发展，某些地区也会在他乡建立老乡会，如北京就有宁波老乡会等许多组织（此类组织一般由当地企业资助）。要积极寻找组织，拓展人脉。如时间、精力允许，应在此类组织中担任义工。如果没有合适的组织，可在网络上寻找相关组织。网络中的大型社区一般都有按地区分类的BBS、聊天室等，可适当地涉猎，参与其中。

经过第一次的接触之后，记得利用电话或是E-mail、短信表达你的感受，同时也要让对方了解你会持续保持联络。后续的联系目的主要是让对方了解你的最新状况，并取得最新的资讯。在节日、对方的生日等时刻应给予祝福。同一城市中的老乡应找机会聚会，如能以组织者身份出现最好。

5. 不要急功近利

老乡仅仅是交往的一个突破口，对待老乡的交往，不要抱以功利心态。与你是老乡，并不意味着他就一定会帮你，重要的是与之建立长久的互惠关系，而非为了特定的目的而进行交往。互利才是增进关系最重要的法门。从老乡这一简单的关系，转变为可交往的朋友是一个持续的过程，也许这些人无法立即介绍营销单子给你，但是我们应常保持联络，互帮互助。

与同学搞好关系

同学资源作为个人人脉圈中的重要一项，必须有效加以运用，使每个同学都成为你生命中的贵人。

很多成功经营者的经历告诉我们一个道理：有钱不如"有人"。而在这些成功者的人际资源中，同学资源已经成为必不可少的。

现在社会上同学会很盛行，仅北京大学，各种各样的同学会就不下几十个，其中有一个由金融投资家进修班学员组成的同学会，仅有200余人，控制的资金却高达1200个亿，殊为惊人。据说中国最好的工商管理学院之一的上海中欧工商管理学院，除了在上海本部有一个学友俱乐部外，在北京还有个学友俱乐部分部。人大、北大、清华等名牌大学在北京、上海、广州、深圳都有同学会或校友会分会，在这些地方，形形色色的同学会多如恒河之沙。

1. 重视与同学的友谊

在这个缺乏诚信的年代，同学、朋友就成了人际关系中十分稀缺的人际网络了，同时，这也是维护成本最低的人际关系。同学能在关键时刻互相帮忙的却不少。因为源于共同的经历或学历，很容易就产生信任感。即使平时不联系，必要时一样可以找同学帮，而不必非得打着草稿拐弯抹角。

研究人员在研究了数千个创业者案例后发现，在许多成功者的身后都可以清楚地看到他们同学的身影，有的是少年时代的同学，有的是大学时代的同学，还有各种成人班级如进修班、研修班上的同学。

赫赫有名的《福布斯》中国富豪南存辉和胡成中就是小学和中学时的同学，一个是班长，一个是体育委员，后来两人合伙创业，在企业做大以后才分了家，分别成立正泰集团和德力西集团。一位创业者曾说，他到中关村创立公司前，曾经花了半年时间到北大企业家特训班上学、交朋友。他开始的十几单生意，都是同学之间做的，或是由同学帮着做的。同学的帮助，在他创业的起步阶段起了很大的作用。

2. 维护与同学的关系

虽说同学是维护成本最低的人际关系，但利用和使用价值与感情深浅无关，与维护成本也无关。与一般的纯商业和纯感情交往不同，介乎两者之间的同学关系更适合运用的是倍增法则（双方都有受益的机会）。从"同学"含义由同窗、同班、同系扩展到同届、同校，甚至更广就可见一斑。或许，这就是同学关系较为玄妙的一面吧。

毕业后同学们奔向五湖四海，彼此之间在一起的时间少了，但是必要的联系还是要保持的。

如果，你在学生时期不太引人注目，想必交往的范围也很有限度。因为，每个人踏入社会后，所接受的磨炼是不相同的，绝大多数的人会受到洗礼，而变得相当注意人脉资源的重要性，因此即使与完全陌生的人来往，通常也能相处得好。由于这种缘故，再加上曾经拥有的同学关系，你可以完全重新展开人脉资源的塑造。换言之，不要拘泥于学生时期的自己，而要以目前的身份来展开交往。

此外，不论本身所属的行业领域如何，应与最易联络的同学（初中、高中、大学等）建立关系。然后，从这里扩大交往范围。不妨多运用同学身边的人脉圈，来为自己的成功找到助力。

与亲戚搞好关系

俗话说："是亲三分向。"当经营公司遇到困难时，大概首先想到的就是找亲戚帮忙。作为亲戚，对方也大都会很热情地向你伸出救援之手。从根本上说，亲戚关系是一种不会改变的比较稳固的关系。

亲戚是我们重要的资源，如果不懂得好好地运用是很大的浪费。因此，不要忽略"亲戚"这一关键的人脉因素，维持好亲戚关系，关系到我们以后各方面的发展。维持好亲戚关系很重要。

与亲戚经常走动，这样才可以在关键时刻帮助自己，解脱自己求助无门的烦恼。具体方法有以下几种：

1. 先"报李"后"投桃"

在传统的亲戚交往中，往往存在着一种误区，那就是：亲戚关系是一种血缘、亲情关系，彼此都是一家人，七大姑给八大姨帮忙办事都是应该的，没必要像其他关系那样客套。其实，这种想法是错误的。血缘的关系虽说是"打断骨头连着筋"，但亲情的维护更多在于彼此之间的相互帮助上。

在求关系疏远的亲戚办事时，你可充分运用自己的真诚去打动对方，然后做出诺言，让对方能够相信自己，这样，才可能先得到亲戚的"报李"。

但有一点是要注意的，就是在做出"投桃"的允诺之后，就必须要对得起自己的良心，及时兑现自己的诺言，千万不要做出"小人"行径，暗中坑了亲戚一把，那时"亲情"这两字也将变得一钱不值了。

所以，有诺必践，有"报李"必有"投桃"，这是继续保持良好亲戚关系的非常重要的前提，切不可"一次性处理"。否则，在今后的社会中，再想利用亲戚办事那真是难上加难了。

2. 一视同仁

每个人都会有一些"穷亲戚"和"富亲戚"，在对待上都要一视同仁。还有亲戚之间的辈分问题十分复杂，但不管如何复杂，但我们一定要懂得相互尊重，平等对待。尤其是在地位、职务存在着明显的差距的情况下，更要这么做。

只有一视同仁才不会把亲戚关系弄僵。谁都不知道在某天会有谁能帮到自己，所以不要小看任何一个亲戚。

对于亲戚的帮助，一定要记得感谢和回报，在中国这种感谢和回报总是少不了举办宴席，以示答谢。

对亲戚的慷慨行为给予由衷的惠谢和赞扬，作为受益的一方在道义上是必要的。如果把这种支持和帮助看成理所应该，不做一点表示，对方肯定会对你有看法，从而影响双方的关系。再遇到需要亲戚帮助的事情，则将很难从亲戚那里得到支援，同样会使双方的亲戚关系蒙上一层阴影。

3. 循序渐进

遇到麻烦事，一般首先想到的是利用亲戚关系来解决。亲戚有远亲和近亲，对于近亲，一般都能尽力帮助解决问题。而对于远亲或关系已经疏远了的近亲，如果要求其帮忙办事就要考虑好巧妙的对策了。

这时，一蹴而就的办法不仅起不到好的作用，反而会使人产生厌烦情绪，"有事情了才来找我"。而采用循序渐进的方法，逐步使其能够接纳你，会收到较好的效果。

4. 多来往

即使是亲戚，也应该彼此照顾，多多来往，互问寒暖，以增进情谊。不要想当然地以为亲戚就是天然的人脉，不需要维系也可以枝繁叶茂。因此，我们需要在一些特定的日子举办家宴，为亲戚关系的升温添柴加火。

在求亲戚帮助的时候，一定要注意，再密切的关系也需要用真诚来打动对方，只有这样才能使亲情充分发挥作用，不可虚假用情，带来适得其反的效果。

亲戚之间相处，总的原则是把握好分寸，在亲密的关系中双方又要保持一定的距离，这不失为一种和谐。现实中，凡过分亲密者，必然容易产生摩擦，弄得反而疏远了关系。

第十七招

文化之道：
积极向上的文化是最高层次的竞争力

文化是最核心的竞争力

海尔首席执行官张瑞敏说过："企业文化是海尔的核心竞争力。"凡深入探究公司做大做强的原因，都会发现企业文化的作用十分明显。

在公司发展初期，企业经营者的人格魅力往往发挥着决定性的作用。而当公司继续发展壮大以后，就会进入用文化维系和促进发展的阶段。

1. 文化是最高层次的竞争力

海尔集团总裁张瑞敏说："公司发展从根本上讲靠的是文化，公司最根本的竞争力是文化竞争力，公司的一切是由文化这个核心派生出来的。"

对企业而言，企业竞争力的第一个层次是企业的产品和服务，第二个层次是企业的研发能力和品牌优势，第三个层次就是企业的文化。

因为研发和品牌归根结底是依靠人去做的，企业只有形或自己独特的企业文化，有明确的经营理念，包括企业宗旨、目标、价值观和行为规范，才能有强大的凝聚力，使每个员工都能贡献自己的智能，从而使企业持续稳定的发展。

2. 文化促进公司发展

世界著名的企业家韦尔奇曾说："如果你想让列车再快10公里，只需要加大油门；而若想使车速增加一倍，你就必须要更换铁轨了。只有文化上的改变，才能维持高生产力的发展。健康向上的企业文化是一个企业战无不胜的动力之源。"

宝洁自1837年成立以来，走过了100多年的时间。它何以历经这么多年而不倒，注重企业文化建设是最为重要的一条。宝洁前董事长艾德·哈尼斯的解释是："虽然我们最大的资产是我们的员工，但指引我们方向的却是原则及理念的一致性。"

宝洁的企业文化建设，最为重要的是强调内部高度统一的价值观。为了保证价值观的统一，宝洁甚至做到了中高层只从内部选拔，从CEO到一般管理人员，宝洁基本上没有空降兵。宝洁打造宝洁文化有不少特有的做法，例如，仔细筛选有潜力的新进人员，雇用年轻人做基层工作，严格塑造他们遵行宝洁的思想和行为方式，清除不适合的人，中级和高层的职位只限于由忠心不二在公司内部成长的宝洁人担任。

宝洁前CEO约翰·斯梅尔1986年在一次公司的聚会上也说过意义类似的话："全世界的宝洁人拥有共同的锁链，虽然有文化和个性的差异，可是我们却说同样的语言。我和宝洁人会面时，不论他们是波士顿的销售人员、象牙谷技术中心的产品开发人员，还是罗马的管理委员会成员，我都觉得是和同一种人说话，是我认识、我信任的宝洁人。"

实际上，用企业文化来指导工作，是一门深邃的管理艺术，同时也是团队塑造未来的一种有效方法，成功的企业文化确实具有唤起成员行动的力量。

在实际中，企业文化并不仅仅是一种口号，它具有重要的作用：团结员工。使之产生归属感。它是一种无形的行为准则，当出现危机或突发事件时，可以有助于员工作出最快最有效的反应；它是一种品牌，一种标识，有别于其他的企业，消费者可以明确地辨别出企业的差别。

3. 用文化来"化人"

随着企业发展成熟、壮大，企业文化逐渐定格，反过来成为一种独特的力量，开始影响人，感染人，激励人。这时侯，就是一个"化人"的过程了。也就说，经过企业文化熏陶的新员工，能够快速融入团队，真正成为组织的一员。

当企业在长期的发展中，形成了具有自身特点的企业文化，并且被员工能接受，使得员工可以明显地反映出企业文化特点时，该企业的文化就成为了企业的核心竞争力。

企业文化，尤其是一家企业独特的企业文化的形成往往需要较长的时期，在逐步的发展中，文化慢慢地成型，与企业自身融为一体。这种企业文化更容易被员工接受、执行，发挥出重大的作用。

世界大多数成功的企业，不是物质技术设备优越，更重要的是企业文化的成功。企业文化才是第一竞争力，谁拥有正确的、不断创新的理念，谁就具有最强的竞争力。

树立企业的文化愿景

对小公司而言，文化建设首当其冲的就是树立企业的文化愿景。不可否认，大多数小公司的愿景目前总体上仍处于"唯利是图"的初级阶段，很多公司在制定战略规划时，只想到了表象上的做大和做强，缺乏对存在理由、意义和价值等企业哲学的思考。

一家公司的总裁曾说过："我们要求员工应该认同公司的使命和经营理念，与公司的核心愿景和宗旨一致。每次新员工进公司时，我都给他们讲，进一个公司很重要的一点就是认同公司愿景和宗旨。对企业而言，认同感就是一种强大的凝聚力，让大家可以朝一处使力。我会直截了当地对他们讲，大家到公司来，如果不认同公司的愿景和宗旨和经营理念，还不如趁早离开"。愿景和宗旨的重要性体现在以下几个方面：

1. 认同愿景等于认同整个企业

每一个企业，都有一个发展的愿景。一个人认同了企业的核心愿景和宗旨，就代表他认同了企业文化中最本质的部分。"愿景"是企业中所共同持有的"我们想要创造什么"的图像。当这种愿景成为企业全体成员一种执着的追求和内心的一种强烈信念时，它就成了企业凝聚力、动力和创造力的源泉。

稻盛和夫27岁时，与七条硬汉创立京都制陶公司。公司成立之初，业务发展迅速，为了赶工期，实现自己技术报国的理想，他经常要求员工加班到深夜，星期天也经常不休息。慢慢地，年轻的员工开始不满，一次加班后，年轻的员工提出了抗议，要求加薪加奖金，并以集体辞职相威胁，稻盛和夫花费了三天三夜说服这些员工留下来。

这件事使稻盛和夫陷入了深深的思考："本来以为创立京都制陶是为了让我们的技术闻名于世，现在看来，应该有更为重要的事。公司究竟是什么？公司的目的和信誉是什么？"

经过思考他得出结论："让技术闻名于世其实只是低层次的价值观，是次要的事情，那种想法应该把它抛得远远的。经营公司的目的是为员工谋求物质和精神方面的幸福，为人类社会进步贡献力量。"

从此以后，"为全体员工谋幸福，为社会进步贡献力量"就成为京都制陶公司的价值观，成为全体员工共同的使命。

直到现在，京都制陶公司的员工干到晚上10点，也没有人会视为"加班"，为了赶工期，全厂干到晚上12点也是经常的事。而京都制陶也以"工作狂"著称全日本。

正是基于对企业宗旨和愿景的认同，京都制陶的员工才甘愿奉献自己的力量，才赢得"工作狂"的赞誉。

2. 愿景能促进员工的忠诚

愿景能够帮助企业得到员工真正的忠诚。一个卓越的领导者必须首先明确自己对未来愿景的认识，然后才能争取下属接受共同的愿景。

斯巴达克斯领导一群奴隶起义，战败被俘虏。对方说："你们曾经是奴隶，将来还是奴隶。只要你们把斯巴达克斯交给我，就不会死。"在一段长时间的沉默之后，斯巴达克斯站起来说："我是斯巴达克斯。"之后他旁边的人站起来说："不，我是。"一分钟之内，被俘虏军队的几千人都站了起来。每一个站起来的人都选择受死。这个部队所忠于的并非斯巴达克斯，而是由他所激发的"共同愿景"，即有朝一日可以成为自由之身。这个愿景如此让人难以抗拒，以至于没有人愿意放弃它。

一个人做某事的动机分为外在和内在两种，外在的动机不可能让人把工作本身当做一种使命和事业，只有内在动机产生的动力才能成就超常的结果，而一个组织的内在动力就是来自于组织的共同愿景。

管理者必须明确，一个企业的愿景必须是共同的，是员工普遍接受和认同的。如果没有共同的愿景，企业就不可能基业长青。共同愿景就如企业的灵魂，唤起每一个人的希望，令人欢欣鼓舞，使每一个人都能激发出一种力量，为实现愿景而更加努力。一个没有共同愿景的企业很难强大，即使强大了也难以持久，而一个真正有共同愿景的企业会更容易获得成功。

3. 愿景激励员工的积极性和凝聚性

如果员工知道他们的公司代表什么，知道他们所拥护和追求的是什么，就能够主动做好公司需要的事，自觉维护公司的利益。也就是说，愿景和宗旨认同对于员工来说也是一种激励。在认同公司愿景和宗旨的基础上，员工的积极性和创新精神会得到充分发挥。当每一个员工都能自觉地坚持在自己的岗位上做好应该做的事情时，管理就变得十分容易了。

如果没有认同感，企业就很可能成为一盘散沙，山头林立，各个小集团小集体为了自己的利益而扯皮、推诿、攻击、拆台。像这样内部分裂的状况，怎么能够在激烈的竞争中与齐心协力的企业比拼？不但企业的合力没有得到发挥，而且企业更可能因为内耗而消亡。

公司的愿景和宗旨还能够给让员工把工作当成一项共同的事业。愿景和宗旨可以为员工注入强烈的责任感，在这种责任感的支持下，员工将会把工作看作是一项神圣的"共同事业"。这也使得公司里许多互不相干的业务、技术和人才紧密地结合成一个整体，将一个广泛的多元化的公司团结在一起，大家都能够为了一个共同的目标而奋斗。

用核心价值观聚众

文化是一种较"软"的东西，但正是靠这种软文化凝聚起企业的人气，它起到精神聚众的作用。而企业的文化集中体现为企业的核心价值观。

一位南美洲的企业总裁谈及企业核心价值时说："我的企业制造并销售塑料管，我告诉员工，我们不仅仅是卖塑料管，更重要的是帮助南美众多穷人说服政府把水管接到他们所在的偏远地区，改善他们的生活质量。我也时时与南美的塑料管同业沟通，看可不可以约定不再向地方官僚行贿，这么做绝不仅是道德的考虑，也帮助南美人民提升生活水平，让所有同业更有利可图。帮助穷人与正直经商，是我的企业和我的行业的核心价值。"

1. 核心价值观体现凝聚力

企业价值观提供了衡量凝聚力的尺度，这种共同的规则体系和评判准则决定了企业全体人员共同的行为取向。没有共同价值观的企业必定是松散而没有竞争力的，如同大海中失去航向的船只。企业价值观中包含的价值理想，这种永恒的追求信念赋予企业员工以神圣感和使命感，并鼓舞企业员工为崇高的信念而奋斗。

企业价值观最大的作用便是强调企业目标和企业每个成员目标的一致性，强调群体成员的信念，价值观的趋同，强调企业成员之间的吸引力和企业对成员的向心力。

企业价值观是一个方向盘，企业提倡什么崇尚什么，员工就追寻什么。

一种价值观可以长期引导员工为实现企业目标而自觉努力，使之向着企业有利的方向进行。此外，企业还可以直接引导员工的性格、心理和行为，通过整体的价值认同来引导员工，为企业发展而努力。

以种种微妙的方式来沟通人们的思想感情，融合人们的理想、信念、作风，培养和激发人们的群体意识。在特定的信念氛围之下，员工们通过自己的切身感受，产生出对本职工作的自豪感和使命感以及对本企业的认同感和归属感，使员工把自己的思想、感情、行为与整个企业联系起来，从而使企业产生一种强大的凝聚力，发挥出巨大的整体效应。

2. 核心价值观需要被认同

每个企业都有自己的价值理念和行为准则，如果员工不能认同自己企业的价值理念，最终的结果只有两种：一是让他主动离开，二是被企业辞退。

杰克·韦尔奇1981年担任GE的首席执行官后，首先强调的就是干部和员工对企业核心价值观的认同。现在企业管理中有一个观点，叫做"赢在中层"。中层的战斗力从哪里来呢？关键在于选人，韦尔奇对待中层经理人员有四种办法：第一种人，认同公司的核心价值观，又很有成绩，这种人一路飙升。第二种人，认同公司的核心价值观，但是能力不足，可以培养。第三种人，不认同公司的核心价值观，又没有成绩，这种人要离开企业。第四种人，很有成绩，但是不认同公司的核心价值观，对待的办法是：利用，但是绝不能容忍这种人动摇公司的核心价值观，否则，要请他走人。

优秀者的行为虽然看起来也许与其他员工并无太大的差别，但是在公司价值观的引领下，他们做事的出发点，往往会落在公司利益上。

3. 员工的企业价值观建设

培养员工对企业价值观的认同感是相当重要和必要的。一名优秀的员工应从以下几方面和企业的价值观保持一致：

（1）增强对企业的认同感。心理学研究认为，人对自己所认同的东西会产生极大的热情。管理学则进一步强调，人只有在为自己所认同的目标工作时，才能全身心地投入其间，并充分发挥其创造力。

（2）增强对企业的信任感。在社会化大生产的今天，没有一个人能够孤立的生存，他必须依托一定的组织，归属于一定的集体，这样才能满足其精神、物质、心理和社会的需求。而对组织或一个团体的选择，取决于人们对它的信任度。企业是员工的工作场所，这就为它成为员工所依托的归属组织提供了可能。

（3）培养自己对于企业的自豪感。每个人都希望自己有值得自豪的地方，并以此为荣。当一个人乐于在他人面前眉飞色舞地介绍自己的公司如何不同凡响时，可以说员工的价值观已经和公司的价值观密切地融为一体了。这种"值得骄傲"的企业形象，一方面可以有力地促进员工在企业中的工作热情，另一方面能够使员工成为企业正面宣传的重要媒介，同时可以证明员工作为"人"的价值。

实现以企业文化化人

文化管理是通过企业文化的培育来实现文化管理模式的提升，使员工形成共同的价值观和共同的行为规范，进而成为"企业人"。

很多优秀的企业能吸引人才，在于它的企业文化吸引各方人才汇集。现在企业最高层次的竞争已经不再是人、财、物的竞争，而是文化的竞争，最先进的管理思想是用企业文化进行管理。

1. 以文化汇聚人心

企业文化建设就是在回答一个问题：除了基本的工资福利，你的企业凭什么凝聚人心？这是企业管理者需要思考的内容。大道无形，企业文化是个看不见、摸不着的东西，但却回答了"工作到底是为了什么"。因此，企业文化的好坏直接关系到员工的忠诚度，管理者必须明确一点，你有几流的企业文化，你就有几流的追随者；你有几流的追随者，你就有几流的企业。

因此，企业管理者越来越注重企业文化的建设和价值观的塑造，最明智的管理者一定是具备将企业文化融于员工血液中的能力的人。只有建设有一流的企业文化，企业才能引来和留住一流的人才。

1984年，联想在中科院的一间小平房里成立，11个科技人员靠中科院计算所20万元投资起家。那时侯联想人常说的是"要把5%的可能变成100%的现实"。这是在当时的环境下所表现出来的一种非常坚定的创业文化。

经历了艰难创业的阶段后，联想的企业文化走向了规则导向。联想人向规则要"精准和效率"，希望人人都能够"严格、认真、主动、高效"，把很多事情都放到一个个流程制度里去规范它。他们讲"做事三原则"，讲"围着规则转"，员工的行为需要规范，业务怎么开展需要规范，企业怎么管理也需要规范，联想文化进入了"严格"文化时期。

联想发展步入更大的规模后，提倡的是团队意识、"亲情"文化，是要使联想公司内部多一些利于协作的"湿润空气"。"亲情"文化提倡互相支持，提倡互动客户理念，推行矩阵式管理模式，要求各部门和层次之间互相配合，资源共享，实行"称谓无总"、倡导"平等、信任、欣赏、亲情"。所以这时的文化导向是支持导向。

由此，联想的巨大成功，在某种意义上说，是文化建设的成功。也正如哈佛商学院的著名教授约翰·科特的这样一句话：企业文化对企业长期经营业绩有着重大的作用，在下一个10年内企业文化很可能成为决定企业兴衰的关键因素。

可见，一流的企业文化吸引一流人才。因此，作为企业的经营者，必须成为企业文化的建筑师和第一推动者。

2. 用文化管理人心

在人性化管理阶段，单靠资本已无法为企业找到管理的动力。这时候，企业经营者必须从企业文化那里寻找智慧。

企业经营者需要把企业看成有机的"人的组织"，用文化管理人心，增加其对企业价值观的认同。

IBM拥有40多万员工，年营业额超过500亿美元，几乎在全球各国都有分公司，所取得的成就令人惊叹。一套人性化的企业文化，促使这个庞大的企业取得如此大的成就。

老托马斯·沃森在1914年创办IBM公司时设立过"行为准则"。正如每一位有野心的企业家一样，他希望他的公司一要财源滚滚，二要反映出他的个人价值观。因此，他把这些标准和准则写出来，作为公司的基石，任何为他工作的人，都明白公司要求的是什么。

小托马斯·沃森时代，企业文化建设继续推进。小托马斯·沃森在1956年任IBM公司的总裁，老沃森所规定的"行为准则"，由总裁至收发室，没有一个人不知晓，如：必须尊重个人；必须尽可能给予顾客最好的服务；必须追求优异的工作表现。

这些准则一直牢记在公司每位人员的心中，任何一个行动及政策都直接受到这三条准则的影响。全体员工都知道，不仅是公司的成功，即使是个人的成功，也一样都是取决于员工对以"沃森原则"为基础的企业文化的遵循。而IBM的企业文化不仅让员工忠诚追随，更是吸引着许多非常优秀的人才，而IBM也因此取得越来越伟大的成就。

一旦建立被员工认可的强大的企业文化，企业在任何一方面都将受益无穷。企业要想发展壮大，应先从文化建设入手，用文化化人。

让企业充满温情

在现实中，无论你是大企业的管理者，还是小企业的老板，如果你希望你的企业人人都能守规矩，仅仅靠冷酷的制度约束是不够的，这样只会打压员工的工作的积极性和主动性。

一个充满温情的企业往往具有极强的生命力。具体来说，企业经营者可以在如下方面做出努力：

1. 让员工以公司为家

中国人素来对"家"怀有深厚的感情，这是五千年的文化积淀，流淌在中国人的血液中，不可割舍。是的，"家"是人们渴望长久驻足的地方。而工作是人们不得不为之，如果能够将企业塑造出一种家庭的氛围，让员工在工作中也能够感觉到家一样的温暖，自然会更有归属感，也更愿意努力和付出。

这也是为什么很多优秀的企业都拥有强大的血浓于水的团队的原因。企业为员工创造家的氛围的基础是对员工真正去关爱。

微软公司为了营造家环境，想尽办法让员工工作中有家的感觉。

方法一：每位员工都有一间单独的办公室，里面可以听音乐、调整灯光，做自己的工作。可以在墙壁上随意贴自己喜欢的海报，或在桌上摆置自己喜欢的东西，让这间办公室更像自己的一个家。

方法二：在微软不需穿制服，员工可以任意穿他们自认为最舒适的服装上班，短裤或汗衫都可以。公司对员工是以其工作表现好坏而非穿着好坏作评估的。

方法三：公司提供无限的免费饮料，包括汽水、咖啡、果汁、牛奶和矿泉水，让员工口渴就可以喝，使其能够专心地工作。

方法四：公司的材料室公开，公司信任员工去拿他们所需的材料，包括文具、办公用品等，不必填表格或排队等待。

方法五：微软没有设定工作时间表，而是让员工自己选择工作时间。结果，大多数人为了完成工作，都比一般按常规上下班的人工作的时间更长。微软要求的是完成工作，而非工作时间长短。

可见，不仅仅是心理上的关怀，微软所创造的办公环境同样是让员工感觉自由自在、被尊重和信任。可见，不管是"软件"环境还是"硬件"环境，只要让员工感受到家的温暖关爱或温馨舒适，都会让员工更加专注于工作，进而提高效率。

2. 在管理中融入感情

在制度化管理当中，不仅仅强调理的理性化，对人的情感也需要进行管理。通用电气公司的管理经验表明，情感管理方式创造了员工与企业之间的相互信任，从而更有利于提高劳动生产率。

而如果你能在管理过程中适当地融入一些感情的因素，员工就能够在体味温暖的同时，发挥出其积极性和创造性。

管理者如果能将制度之外的管理融入一些人情味，管理者能够时时一心为员工着想，让企业充满温情，那么，就会让员工产生归属感、认同感，能够产生强大的凝聚力。

很多优秀的领导者都愿意将自己的企业建设成一个和睦的"大家庭"，在这个大家庭中，领导者与员工之间的"和亲一致"是企业发展的内在动力。领导者不仅要承认和尊重员工的个人价值，培养员工对企业的认同感、归属感，还要对员工处处表现出关怀，只有这样才能赢得员工的爱戴。领导者要利用各种时机与员工进行情感上的沟通，从而创造出和谐的企业环境。

3. 在精神方面感化员工

企业经营者应当注重在精神方面感化员工，使他们感受到企业的关怀、信任和尊重，以及企业努力为他们营造的公平、融洽的工作环境，从而使他们感受到自己的工作单位就如同一个大家庭一样，获得家庭式的温暖感和归属感。必须做到以下几点：

（1）关心下属。在现代企业中，领导者关心下属越来越多地体现在关心下属的个人发展方面。领导者一方面应尽量为下属寻找能充分发挥其潜能的职位，另一方面，应为下属提供各种培训和接受继续教育的机会。这样一来，不但提高了下属的工作绩效，而且还可以提高在职员工的工作满意度和对公司的忠诚度。

（2）信任下属。一个员工，如果感受不到他所在集体对他的信任，他就不可能信赖这个集体，更不可能在内心深处将自己融入到这个集体中去。领导者对下属做到"用人不疑，疑人不用"，确定人选后，就要大胆授权，放手让他工作。当然，这种授权是建立在对下属的了解的基础上的，否则就必然导致管理的混乱和绩效的下降。

（3）尊重下属。领导者在与下属的日常工作交流中，应注意语气的温和、用语的委婉，时刻提醒自己是在与下属商讨问题，而不是命令下属去做什么。另外，在决定下属的职责、奖惩时，应尽可能地征求下属的意见，给予下属更多的选择权。

（4）营造公平、融洽的工作环境。当员工感受到所在企业是一个公平世界时，就会对企业产生高度的信任，并表现出较强的奉献精神。这种信任和奉献自然有利于提高企业的绩效。

让员工树立主人翁精神

企业文化的重要作用是让员工能融入到企业的发展中。公司的成员都应该树立主人翁精神，把公司的事当成自己家的事干，为公司的发展贡献心力。

公司经营者必须培养员工的主人翁精神，让员工真正忠诚于公司，与公司的发展悲喜同步，倘能做到这些，这样的公司不愁发展壮大。具体来说包括以下三点：

1. 让员工成为企业文化践行者

美国一家报社记者采访时问张瑞敏："你在这个企业中应当是什么角色？"张瑞敏回答道："第一应是设计师，在企业发展过程中使组织结构适应于企业的发展；第二应是牧师，不断地布道，使员工接受企业文化，把员工自身价值的体现和企业目标的实现结合起来。"

如果管理者总感觉企业文化是为了激励和约束员工，这是不正确的。其实恰好相反，恰恰是那些企业文化的塑造者最应该成为被激励和约束的对象，因为你的一言一行都对企业文化的形成起着至关重要的作用。企业文化首先是企业家本人思想的浓缩。先将自己塑造成企业文化的楷模是企业文化建设中最关键的一点。

2. 让员工树立过门意识

1997年6月，当迈克尔·阿伯拉肖夫接管美国导弹驱逐舰"本福尔德号"的时候，船上的水兵士气消沉，甚至很多士兵准备退役。

迈克尔·阿伯拉肖夫接管"本福尔德号"后，告诉士兵："这是你的船，所以你要对它负责，你要与这艘船共命运，你要对自己的行为负责。因为你是这艘船的主人，而不是乘客。"

从那以后，所有的水兵都将管理好"本福尔德号"作为自己的职责。两年之后，"本福尔德号"成了美国海军的一艘王牌驱逐舰。

其实，公司何尝不是一艘船。不妨看看，我们所在公司这艘船上的水手们——自己或周围的同事们是否也如迈克尔·阿伯拉肖夫接管之前"本福尔德号"上的士兵一样，把自己当成了乘客。

"过门"意识就是融入组织的一种表现，对于一个企业的竞争力来讲，这种意识是非常重要的。如果每一个人都有"家意识"，都把企业内部的事当做自己的事来做的话，企业无形当中会产生强大的竞争力。企业产生的所有可能的成本，包括信息的成本、合约的成本、监督的成本、实施的成本，都可以大幅度地下降。对于企业的发展，大家也能够献计献策，对自己的工作也能够尽职尽责，这一切，都保证了企业的竞争力。

优秀的企业文化具备这样的功能：员工脑中就应该有一个信念——"这里是我的家"，然后不找任何借口，投入自己的忠诚和责任心，将身心彻底融入公司，尽职尽责，处处为公司着想。

具备"过门"意识，当一个人真正把自己当成主人的时候，家里还有哪件事情不是自己分内的事情呢？做自己分内的事情还需不需要有人提示、监督呢？这就是责任心、责任感，也就是融入组织的具体体现，它决定了一个人事业的发展趋势。李嘉诚说过，用人最主要是看其责任心和忠诚可靠程度，对于这样的员工，企业将会给他最大的发展机会。

3. 培养员工的过门意识

那么，如何让心"过门"把员工当做企业的管家的呢？一位管理学讲师曾对此做出如下阐释，他认为，具备了以下几个因素，才可能称得上拥有了"过门意识"，很值得我们借鉴：

（1）从"我"到"我们"。很多情况下，你可以用"我们"一词代替"我"，这样可以缩短你和同事的心理距离，促进彼此之间的感情交流。例如："我建议，今天下午……"可以改成："今天下午，我们……好吗？"

（2）维护企业形象和利益。维护企业的形象和利益是我们每个员工的责任。我们就是企业的代言人，我们的形象在某种程度上就代表了企业的形象。我们在任何时候不能做有损企业利益和形象的事情。这也是作为一个员工最起码的责任。

（3）忠诚于自己的公司。任何时候，忠诚永远是企业生存和发展的精神。只有忠诚于自己的企业，才有权利享受企业给个人带来的一切。

留意"小圈子"文化

公司内部往往存在各种各样的"小圈子"。这种小圈子一般是寄生于公司内部的各类非正式团体，这是员工在共同的工作过程中自然形成的以感情、喜好等情绪为基础的松散的、没有正式规定的群体。

由于工作性质相近、社会地位相当、对某些具体问题的认识基本一致、观点基本相同，或者在性格、业余爱好相同的基础上，形成一些被其他成员共同接受并遵守的行为规则，从而使原来松散、随机形成的群体逐渐成为趋向固定的非正式团体。

某公司是一家生产服装的小型企业，公司一直都保持着稳定的发展，但因为资金链的关系，公司的经营形势也并不太好。最近，在公司内部此时流传着各种消息，如：刚做的一单又要返工；这个月的工资老板会压着不发；老板准备放弃这家企业。

而这时公司的老总正在和深圳的一家贸易公司谈判，希望能获得一个100万元的海外订单。在离开公司之前虽然他也知道公司内部人心不稳，但他认为只要能签到大额的订单就可以稳住员工的心，然后生产也会走向正常。

当公司给员工发了上个月的工资，有40%的员工在领到工资后集体辞职。经调查发现，这些一起离开的员工大多是来自同一个省份，或者以前在同一家公司工作过。

公司中的"小圈子"大都是比较松散性的，在正常的状态下，对企业的管理并不会显示出很大的影响，在企业蓬勃发展的时候，它更不容易被感知和发现。但当企业出现变化和转折的时候，这类圈子的力量就会突然地壮大，并且可能会以各种方式对组织进行冲击和对抗。

公司经营者在管理过程中应该充分重视各种类型的小圈子，引导它们向有利于团队稳定和团结的方向发展。

1. 谋求与小圈子领袖的合作

小圈子中的领袖人物的实际影响力往往很大，他们的思想和行动直接影响着小圈子的思想和行动。管理者应对小圈子中领袖的影响给予高度重视，积极谋求与他们在各个层面上进行有效沟通。

2. 迅速建立通畅的正式沟通渠道

非正式沟通往往是由于缺乏正式的信息沟通才产生的，当通过这种非正式的渠道所传递的信息严重失真，并引起组织内部的人心涣散、惶恐时，它就会对组织造成极大的危害。为此，作为管理者，应致力于迅速在组织内部建立起权威的、正式的信息沟通渠道。当组织内的员工对组织的任何情况产生疑问时，有一个合法的渠道获取真实的信息，这样就能把非正式沟通给企业所带来的损失减少到最低限度。

3. 迅速采取内部公关政策

当团队内部成员产生与管理者对抗的情况时，管理者可以利用企业的公共场所，进行坦诚、公开的交流，以取得广大员工的信任。同时运用企业中的舆论工具、媒体、事件等，对小圈子群体成员的共同意见进行有计划、有目的引导，循序渐进地使小圈子成员的意见与企业的组织目标相一致。

4. 坚决清除极具破坏性的人物

有些人抱着极端的个人主义，违背组织原则，严重阻碍组织的发展，损害组织和组织内其他成员的利益，或者在小圈子内传播谣言，煽风点火，蛊惑人心。对于这类害群之马，在进行说服改造无效的情况下，要坚决予以开除，使其接受应有的惩罚。

树立责任文化

我们经常可以见到这样的员工，他们在谈到自己的公司时，使用的代名词通常都是"他们"而不是"我们"。这是一种缺乏责任感的典型表现，这样的公司至少表明责任文化没有深入到每个员工的心里。

缺失责任文化，就容易引起企业内部相互扯皮，浪费的不仅是金钱，还有稍纵即逝的发展机会，而后者对企业来说是最宝贵的。对公司而言，建立责任文化势在必行。

1. 对工作负责

每个人都有自己的位置和角色，不论是在家庭中、工作中还是学习中，都承担着角色赋予的责任。你的工作意味着责任，你的所作所为都与责任联系到了一起。责任是我们必须承担和无法逃避的，无论何时何地，我们都要始终如一地对自己的工作负责，不折不扣地履行职责。

有一则令人深受启发的故事：

一个老木匠将要退休，临走之前老板请求他再建一座房子，他答应了。但是在工作的时候已经很没有耐心了，他草草盖完了房子向老板交差。老板很诚恳地把这座房子的钥匙交给了他，对他说："这是你的房子，我送给你的礼物。"面对着眼前粗糙不堪的房子，木匠悔恨不已，自己盖了一辈子的房子，没想到盖的最不称心的一座房子留给了自己。

同样一个人，可以盖出豪宅华亭，也可以造出粗糙的房子，这背后的区别在于有没有履行职责。事实上，我们也在工作中建设自己的人生大厦。倘若在工作中没有倾注责任，没有付出责任，收获的也将是"粗糙不堪的房子"。

2. 对公司负责

任何一名员工，在享受公司给自己带来的荣誉的同时，也不要忘记对公司的责任和使命。如果你只是把公司当成谋生的手段，把公司当成谋生的场所，把本应彼此协作的关系看成简单的劳资关系，那么你就不会拥有这样的机会了。

尚德设计公司有几个才华出众的设计人员，在开始进入设计公司时，他们都能够齐心合力，以公司的发展为目标，因此，公司的业务一天天地扩大。但是随着公司的成长，利润的分配出现了问题，几个有才华的人都认为自己为公司创造了高利润，可是公司给自己的回报却微乎其微。于是就出现了极端的行为，有的人因为在公司中不能得到自己想要的那些利益，竟然在外面接私活干，以取得心理的平衡，另一些人也纷纷效仿。时间长了，设计公司的正式工作反而被荒废了。设计公司经理苦劝这些设计师，希望他们不要再干私活，但是效果并不明显。事情被经理揭穿后，这些设计师反而肆无忌惮，更加追求高利益回报，最后设计公司在经理的一声哀叹中倒闭了。这些设计师们才纷纷寻找自己的客户，想要跳槽，但是他们这种只顾个人利益的行为却深深让他们的客户反感，客户们认为："你在那个公司只想着自己的利益而不顾公司的兴亡，在我们的公司难道会替公司的利益着想？"这是他们遭拒绝的理由。可叹这些设计师虽然才华出众，却因为只顾自己的私利而毁了前程。

对公司负责就是对自己负责，如果说公司是一艘船的话，那么这艘船将载着老板和所有员工共同驶向茫茫的事业之海，只不过老板扮演的是船长的角色，而员工则是船员。为了到达目的地，在行驶途中，船员必须与船长共同面对海上的狂风、巨浪以及暗礁。

自从公司存在以来，它就一直扮演着工作者根基的角色，工作者以它为归宿并依托它逐步成长。它又在培养工作者成长的同时，不断提升整体团队的水平。于是，就形成了一种个人进步带动公司成长、公司成长促进个人发展的双赢循环模式。

3. 责任落实到位

如果公司总希望大家认真做事，但是相应的岗位设计、职能分工又不是很完善。那么，对小公司而言，公司里琐事很多，情况也复杂，很难都落实到人，这就留下了隐患。

有一家企业准备从国外引进一条先进的生产线，生产线价格昂贵，企业领导对此十分重视。为此，企业专门成立了一个"设备引进团队"，团队的成员包括总经理、总工程师和其他一些相关的领导。在开赴国外前，他们之间约定了一条工作原则：决策由集体决定，责任由集体承担。

经过考察，总工程师发现，这条生产线不符合企业的要求，于是提出不要引进这条生产线。谁知，其他的领导都不同意他的意见，他们之间产生了严重的分歧。最后，本着"决策依照民主集中制"的原则，总工程师的意见被放在一边，引进了生产线。

可是引进之后，才发现生产线与企业现有的机器设备不兼容，花了大价钱买来的设备最后只能躺在企业的仓库里睡大觉。

最后，依照"责任由集体承担"的原则，整个小组承担共同责任。他们是如何承担的呢？每个人都被扣除1~2个月的奖金。

很明显，这是一个以"集体责任"的名义将责任悄然分解的典型案例。企业经营者要想避免这种情况，就需要实施岗位责任制，设定每个人必须承担的责任。比如，承担生产线价格谈判的责任，承担技术鉴定的责任，承担最终决策的责任等等，让每个人都承担起自己的岗位责任。否则，人人都会形成这样的依赖心理：反正天塌了有其他人和我一起顶着，大不了责任分摊！最后导致工作目标和效果无法实现。

消除管理低效率、消除扯皮推诿、消除责任真空，最佳的办法就是将所有职责一次划分到岗位。这也是实现"人人有事做，事事有人管"的不二选择。岗位责任制的建设是一个有效的方法，其关键在于责任的落实、责权利的统一和执行力的提高。

只要明确了参与人员的责任，让他们清晰地认识到哪些责任是不可推卸的，他们就无法找到推卸的借口了。

培养敬业精神

敬业是一个人对社会负起一种责任、使命的具体体现。敬业是付出，敬业也是收获。敬业是积极向上的人生态度，忠于职守、热爱本职、兢兢业业、精益求精、一丝不苟，等等，都是敬业的具体表现。

人生的最大价值，就是对工作抱持一种敬业的态度。优秀的企业都拥有一大批敬业的人才，小公司要着力培养公司的敬业氛围。

1. 敬业才能让人心安

阿根廷作家博尔赫斯曾说："我写作，不是为了名声，也不是为了特定的读者，我写作是为了光阴流逝使我心安。"可见，敬业工作除了能使你得到活下去外，还带给我们生活的意义，让自己充实，让我们充满温馨和安宁。

作为诺贝尔经济学奖得主的布堪纳特别迷恋美式足球，是一位铁杆球迷，他从不错过每年1月间的季后赛。原本一场60分钟的比赛，少不了犯规、换场、中场休息、伤停补时、教练叫停，等等，这样要耗费很多时间。花这么长的时间在电视机前看比赛，布堪纳感到很浪费时间，竟至产生了罪恶感。然而，球赛又不能不看，为了在心理上找到平衡，他决定给自己找点事干。他记得曾经从后院捡了两大桶核桃，于是就把这些核桃搬到客厅里，一边看电视，一边敲核桃，这样或许能心安理得一些。

布堪纳边看球边敲核桃，还在不停地思考：为什么自己长时间坐在电视机前会有罪恶感？为什么自己这么一会儿没工作就心里觉得不踏实？布堪纳在不断地敲核桃的过程中悟出一个道理：社会赞许工作，工作不仅对个人有好处，对其他人也有好处。如果一个人饱食终日，无所事事，那么除了他自己会感到怅然若失以外，别人也无法享受到他带来的乐趣和价值。

2. 在敬业中寻找幸福

著名经济学家茅于轼认为，现代人之所以不快乐，是没有意识到工作中的高尚感和愉快感。所以才会感到劳累、郁闷和浮躁。很多人一直在抱怨工作不合心意，但这不是人们能完全控制的事情，而是事情改变人，既然不能改变工作，那就改变自己——停止抱怨，敬业工作。

哲人有言："幸福不是指你拥有了多少东西，而是指你如何看待你所拥有的东西。"工作让我们找到自己的位置，发挥自己的作用，提升自己的价值，让我们的每一天变得充实起来，让我们的每一分付出变得更加有意义。

要让员工明白，无论在做什么工作，处于什么职位，只要敬业做事、兢兢业业，多付出一点，而不是鄙视、厌恶自己的工作，对它投以冷淡的目光，那么，即使从事的是最普通的工作，也能最终收获成功。

有句话说得很好："愚人向远方寻找幸福，智者则在身旁寻找幸福。"实现自己在工作中的"幸福"，在很大程度上需要我们在敬业上的挖掘。

3. 越敬业，越幸福

某报曾登载有则"史上最敬业送奶工"的新闻故事。在沈阳市铁西新区有位送奶工叫王秀珍，家中父亲因病去世，她急需回老家操办丧事。在回家前，她手写了165份通知，委托17岁的孩子冒着寒冷的天气摸黑挨家挨户去通知订奶户——因父亲去世从11月30日至12月6日暂停送奶，12月7日恢复送奶。

看似简单的165份通知，其背后其实包含着重要的关键词——敬业！王秀珍为什么会如此敬业？也许只是源自其认真的工作态度。古人坚持"一日不做，一日不食"，勤勤恳恳地把工作做好，把它当作与生命意义密切相关的问题来看待。也正是如此，敬业的人，一生都绽放着活力和光彩，他们觉得自己是幸福的。

有"马班邮路上的忠诚信使"称号的王顺友，他二十多年如一日，背负"信使"的责任在自己的乡邮之路上做出了令世人感动的成绩。

敬业精神在现代人生活中的分量愈来愈重，甚至成为衡量一个人是否具备基本职业道德的重要准则。

敬业能使我们平淡的生活得以充实，能让我们平凡的人生得以升华。用积极向上的敬业态度来对待工作，那么，即使在小公司工作，也会取得意想不到的成就。

树立学习文化

现代社会里知识、信息、技术更新换代的速度越来越快。企业经营者必须引导企业员工树立不断学习的文化氛围。

要让他们明白，也许今天有着一份心满意足、得心应手的工作，明天一觉醒来却发现那份工作已经不属于你了。人们在从事今天的工作的同时，还得为明天将要面对的竞争、挑战做好准备。只有积极进取、善于学习、主动提升自我的人，才能跟上这个时代的步伐。

培根曾说过："知识就是力量"，知识能点燃一个人的智慧明灯，今天好好学习，明天会百事如意、自立自强，既有尊严又有幸福。

1. 保持现状就是落伍

在这个知识与科技发展一日千里的时代，每个人都要保持一种随时都在进步的状态，而不能在一个位置上用同一套方式做事，否则很快就有被取而代之的危险。只有不断成长，才能保持永远的胜利。

"保持现状就是落伍。"但是，"保持现状就是落伍"这句话本身就已经落伍了，这个年代是"进步比别人少就是落伍"。

我们要想有持久的竞争力，唯一的办法就是不断更新自我，提升能力。从某种程度上说，你的成长程度与速度决定了你在公司能走多远、做多久。当一个人不愿意升级自己的知识库与能力时，他的事业之路也就停止了。

美国职业专家指出，现在职业半衰期越来越短，高薪者若不学习，不出5年就会变成低薪者。就业竞争加剧是知识折旧的重要原因，据统计，25周岁以下的从业人员，职业更新周期是人均一年零四个月。当10个人中只有1个人拥有电脑初级证书时，他的优势是明显的，而当10个人中已有9个人拥有同一种证书时，那么原有的优势便不复存在。未来社会只有两种人：一种是忙着为自己充电的人，另外一种是找不到工作的人。

在知识经济时代，竞争日趋激烈，信息瞬息万变，盛衰可能只是一夜之间的事情，学习已经成为一种生存的必须。这是对工作公司的责任，更是对自己人生的一种负责。

现在的社会是知识经济时代的社会，这就意味着"学力时代"即将代替"学历时代"。所以衡量职业人水平的标准，已经不能依据证明学校教育知识水平的文凭，而是在实践工作中能够不断地更新知识，适应变化，迅速掌握知识的学习能力。

2. 工作就是学习

工作就是学习。任正非曾再三表示："我们提倡自觉地学习，特别是在实践中学习。你自觉地归纳和总结，就会很快地提升自己。"

对于职场人士来说，每天工作占据生活中的大部分时间，不是没时间学习，而是对于学习的理解本来就存在误区。其实，工作是学习最丰富、最生动的课堂。虽然不见得在书本里出现，工作中的经验也是很好的学习对象。在企业的工作中学习是提升自己的很好途径。

一个人想要在自己的岗位上做出不平凡的业绩，首先就要懂得立足于本职工作，在工作中不断学习，提升自我能力。当他从朴实的工作中不断学到新东西时，也恰是他不断成长、走向成功的过程。

3. 活到老，学到老

面对环境的不断变迁，我们若想不被时代的大潮所淘汰，就要把学习当做一种信仰，通过学习不断地更新自己、提升自己，只有这样我们才能永远站在时代的前沿。终生学习是每个人经营生命的重要途径，在今日动荡变化激烈的年代，终生学习所代表的是活到老、学到老，积极的把握人生中的每一刻快速学习及学以致用。

终生学习不但是一生中不间断的学习，打破自我设限，进行无限学习，而且是在生活中、在工作中的每一个当下的用心学习。学习不仅是为了适应目前的工作需要，还要为你未来的职业目标而学习。职场中没有永远的红人，只有不断地学习新知才能适应环境的变化，才能在工作中成长。学习是一个不断进行知识更新、知识创新的过程，我们每个人必须有能力在自己工作和生活中利用各种机会，去更新、深化和进一步充实获得的知识，使自己适应快速发展的社会。每个人必须具备自我发展、自我完善的能力，不断地提高自我素质，不断地接受新的知识和新的技术，不断更新自己的观念、专业知识和能力结构，以使自己的观念、知识体系跟上时代的变化。

冰心说："冠冕，是暂时的光辉，是永久的束缚。"一个人只有摆脱了历史的束缚，才能不断地向前迈进。作为员工，要学会"自我革命"，只有努力学习，不断地突破自我，才能够不断成长。

让员工认同企业文化

目前，不少公司的所谓企业文化建设，仅仅是写在纸上，挂在墙上，就是没有深入到员工的思想深处，没有被员工认同。企业文化建设的核心是员工认同，要让员工清楚地知道为什么这是我们的文化、我们的文化如何解释、我究竟如何做才能符合企业属性？

建立全员参与的企业文化可以有效地提高员工的凝聚力，也是提高执行力最根本和最有效的途径之一。企业文化的建立是一个长期发展的过程，企业经营者如何才能建立让大家认同的企业文化呢？主要可以从以下几个方面努力：

1. 员工参与文化建设

很多人把企业文化认为是老板文化、高层文化，这是片面的，企业文化并非只是高层的一己之见，而是整个企业的价值观和行为方式，只有得到大家认同的企业文化，才是有价值的企业文化。

要得到大家的认同，首先要征求大家的意见。企业经营者应该创造各种机会让全体员工参与进来，共同探讨并参与公司的文化建设。

2. 确保自己全力投入

一些人总是认为企业文化是拿来激励和约束员工的，这种看法是错误的。作为企业文化的建筑师，高经营者承担着企业文化建设最重要也最直接的工作。经营者要确保自己能全心投入到企业文化的建设中，并能在实践企业文化的过程中身体力行。

3. 与员工的日常工作结合起来

企业确定了新的企业文化理念后，就要进行导入，其实也就是把理念转化为行动的过程。在进行导入时，不要采取强压式的，要让大家先结合每个员工自己的具体工作进行讨论。首先必须明确公司为什么要树立这样的理念，接下来是我们每个人应如何改变观念，使自己的工作与文化相结合。

4. 要改进和提高企业文化的宣传方式

宣传是让企业文化得到员工认同的一个重要方面，如何改进和提高宣传方式呢？

首先，要学会理念故事化。企业文化的理念大都比较抽象，因此，企业领导者需要把这些理念变成生动活泼的寓言和故事，并进行宣传。

其次，要学会故事理念化。在企业文化的长期建设中，先进人物的评选和宣传要以理念为核心，注重从理念方面对先进的人物和事迹进行提炼，对符合企业文化的人物和事迹进行宣传报道。

再次，畅通员工沟通渠道。企业文化理念要得到员工的认同，必须在企业的各个沟通渠道进行宣传和阐释，企业内刊、板报、宣传栏、各种会议、研讨会、局域网，都应该成为企业文化宣传的工具，要让员工深刻理解公司的文化是什么，怎么做才符合公司的文化。

塑造企业文化的几项原则

在企业文化塑造的过程中，管理层必须遵循一定的原则，使价值观伴随着企业的发展而不断完善。具体来说，塑造企业价值的基本原则如下：

1. 以人为本

以人为本是确立企业价值观的首要原则。日本著名的索尼公司董事长盛田昭夫说过："如果说日本式的经营真有什么秘诀的话，那么，我觉得人就是一切秘诀最根本的出发点。"企业文化强调以人为中心的管理，强调把人放在企业的中心地位，在管理中要尊重人、理解人、关心人、爱护人。

首先，把人放在企业的中心地位，就是要确立员工在企业中的主人翁地位，使工人真正成为企业的主人，参与企业管理，行使企业主人的权利，尽到企业主人的责任和义务，最大限度地调动起他们的积极性、主动性和创造性。

其次，尊重人的尊严、权利和价值，满足人的需要，从而调动人的积极性。人的积极性，在很大程度上是指人的行为的积极性。而人的行为是由动机引起的，动机又源于需要。因此，最大限度地调动人的积极性，必须从尊重人和满足人的需要入手。

人的需要是一个由对物质条件的渴求必然上升为对精神生活的追求和升华的发展过程。因此，企业首先要满足和维持员工的物质需要，为员工提供基本的生存、工作环境和物质保障。员工的基本物质需求和自尊得到满足，才会真诚地与人分享这种感觉并体现在工作中。

再次，要刺激、引导需要，即提供激励因素，引导需要向更高层次发展，如确立科学的价值观、培育员工崇高的精神和道德理想追求等等。总之，现代企业须以人为中心，通过对人的需要的不断激发和满足，来最大限度地调动人的积极性，使企业价值观得到丰富和发展。

2. 顾客至上

企业的生存和发展离不开消费者，只有消费者购买产品企业才会有效益。因此，顾客至上、消费者优先是塑造企业价值观的又一基本原则。

企业要坚持"顾客至上"原则的前提条件是对顾客有正确的认识。美国本纳公司是最成功的邮购商行之一，他们对顾客界定是：顾客永远是最重要的人，是企业的依靠，是企业员工工作的目的。由此可见，顾客或消费者与生产者的关系绝不是相互敌对的关系，而是互为一体、相互统一的关系。企业只有把消费者看做自己的衣食父母、看做自己的亲人，才能真诚地对待消费者，以优质的产品和良好的服务获得消费者的信任。企业也只有得到消费者的信任，才能在激烈的市场竞争中立于不败之地。海尔集团的成功就是一个很好的实例。

在海尔的成功经验中，最值得称道的是海尔集团在国内企业中率先提出的服务竞争理念，首次推出的"海尔国际星级服务"。海尔的每一台冰箱从上生产线到进入用户用地，它所有的信息都详尽输入微机，在30秒内，所需信息即一览无余。"真诚到永远"，这不仅仅是海尔集团的广告词，更是海尔人日复一日、年复一年以真诚对待每一位顾客所赢得的盛誉。海尔集团正是以自己的真诚，急用户所急，想用户所想，营造起厂家和顾客之间血肉相连的密切关系，不仅使顾客真正获得"上帝"的体验，更使海尔获得广泛而牢固的信任和支持，为海尔的发展奠定了广阔的市场基础。

3. 注重社会责任

现代企业在塑造企业价值观的过程中，必须坚持企业利益和企业社会责任相统一的原则。企业通过生产经营活动的目的是获取最大的利润，这是企业得以生存和发展的基础，没有企业利润的获得，企业就失去了生存的保障。

但是，追求利润并非是企业的最终目的，企业的最终目的在于以事业提升人民共同生活的水准，促进社会的进步。企业只有在承担社会责任的基础上追求利润最大化，才会取得长足发展。这就要求企业不仅要关注自身利益的实现，同时还要关注自身之外的社会利益，承担企业的社会责任。

所谓企业社会责任是指在提高自身利润的同时，对保护和增加整个社会福利方面所承担的责任，即对社会长远目标所承担的责任，既包括强制的法律责任，也包括自觉的道义责任。履行企业社会责任有可能会损害企业的短期利益，但它有助于企业的长远利益。另一方面，企业履行社会责任，有利于树立良好的企业形象。企业拥有良好的外部环境和较高的员工士气，就能更好地促进企业的发展。

第十八招

成本之道：

降低成本就是为公司增加利润

关注企业的成本

对公司发展而言，销售和利润的增长自然很重要，但同时不能缺乏成本意识。成本率是上升还是下降等等，必须经常装在大脑里。现在的企业竞争以成本决胜负已变得非常迫切，成本控制成为企业兴衰的重要意义不容忽视。

经营的成功就是以较少的成本获得较大的销售额。这正如事物的两个方面，一方面销售额不论怎么提高，成本花费过大，不出丝毫利润的经营毫无意义。相反，只关心降低成本，疏忽了增大销售额也会让人伤脑筋。

企业降低成本的努力，是为了在扩大利润幅度的同时，提高销售。企业经营者应倾注全力降低成本，而不是一个劲地喊："要降低成本"。那么，经营者必须重点关注什么成本呢？

1. 固定成本

所谓固定成本，就是指在短期内是固定不变的，又叫不变成本。或者说，该成本不随产量的变动而变动。

假设你经营着一家炸鸡店，每块炸鸡的平均成本是10元。若售价是每块12元，每块炸鸡可以赚2元。若售价是每块10元，则不赔不赚，收支相抵。虽然利润是零，可是成本中包括了机会成本和会计利润，依旧可以继续经营。假如因为某种意外情况每块炸鸡的售价需要降到8元。每卖一块炸鸡就要赔2元。

在这个经营成本里面，固定成本必须包括租赁店面的租金、开店所需资金的利息、炸鸡设备的折旧，还有员工工资等。

在上面的例子中，就算你一块鸡都不炸，短期中你的店面无法退租，设备不能转卖，租金与设备的折旧费依旧要支出，更别说贷款利息了。但是若产量增加，例如生意非常好，一天炸了几百块，该成本也依旧不会增加。而平均固定成本会随着产量的增加而不断减少。比如固定成本是每月6000元，若只炸100块，那么每块鸡的平均固定成本是60元，若炸1000块鸡，那么每块鸡的平均固定成本就是6元，若炸一万块，则每块鸡的平均固定成本就是0.6元了。固定成本指在刚开始时它就支出了，一旦支出就收不回了。

2. 可变成本

而可变成本包括用于可变投入的开支，例如用于炸鸡原料的开支、燃料开支以及临时雇小工的工资等。

可变成本是指在短期内可以随产量的变动而发生变动的成本，当没有产量时就无可变成本，当产量增加时它也就会随之增加。不过需要注意的是，平均可变成本的变动和可变成本并不一样。可变成本随着产量的增加而不断增加，而平均可变成本却和它不一样。当产量开始增加时，平均可变成本反而减少。

在做经营决策时，不必考虑固定成本或者平均固定成本，仅仅需要考虑可变成本和平均可变成本。在上面的例子中，假设在正常情况下，每月炸1000块鸡，总成本是1万元，其中6000元是固定成本，4000元是可变成本，那么每块鸡的平均固定成本是6元，平均可变成本是4元。但是如每月炸2000块鸡，还是6元的固定成本，但平均可变成本可能只有3元，平均成本就大大降低了。

努力实现成本最小化

在市场经济中，利润最大化与成本最小化是企业永恒的主题。一个企业要达到利润最大化，就必须对投入要素进行最优组合以使成本最小，进而才能在激烈的市场竞争中赢得先机。

对于作为市场主体的企业来说，有一个鲜明的目标："利润最大化。"而利润无疑是建立在成本管理的基础上。成本管理，则是企业管理者的重要能力，管理者需树立成本观念。

1. 对成本控制要斤斤计较

对于企业而言，控制成本是一项重要任务，"斤斤计较"的成本观念更是知名企业跻身行业前列的杀手锏。

美国西南航空公司是一家非常注重成本控制的公司，之所以能够在亏损严重的航空业中一枝独秀，与他们的成本控制理念有很大的关系。

西南航空公司每年花在每个工会工人身上的工资和福利费，平均为43707美元，相比之下，德尔塔航空公司为58816美元，而产业的平均水平为45692美元。此外，今天的大多数航空公司都背负着沉重的债务，而西南航空公司的资产负债比仅为49%，是美国的航空公司中最低的。公司还享有航空运输产业中最高的标准–普尔资信等级。

西南航空公司的成本控制体现在方方面面。他们专门计算过，如果每个航班节省地面时间5分钟，那么每架飞机每天就能增加一个小时的飞行时间。30多年来，西南航空公司总是使用各种办法让他们的飞机尽可能在天上长时间地飞行。

与其他航空公司相比，西南航空公司从来不设头等舱和公务舱，也从来不实行"对号入座"，他们把飞机当做公共汽车，鼓励乘客先到先坐，这样的安排大大缩短了乘客的登机等候时间。一般说来，这个时间在半小时左右。

西南航空公司为了节省顾客等候领取托运行李的时间，他们连飞行员都派上用场，人们常常可以看见西南航空公司的飞行员在满头大汗地帮助乘客装卸行李，这样顾客既节省时间，又获得优质服务。

为了提高机组的出勤率和配备率，西南航空公司全部采用波音737客机，这样做有一个最大的好处，那就是任何一名空乘人员都熟悉飞机上的设备，最大化提高效率。

西南航空公司能省则省，最大限度地降低飞机运营成本，并为顾客创造更多的价值。成本的降低是为了降低顾客的使用成本，为顾客提供货真价实的好"产品"。

2. 全方位控制成本

控制成本是全方位的，并且只有由公司上下各个部门同理配合才能行之有效。管理学大师德鲁克认为：企业家和管理者要加强组织成本控制，重要的并不是成本控制的方法，而是成本控制的理念。企业能不能有效地控制成本，取决于决策者和管理者建立了怎样的成本理念，绝大多数的成本问题都是观念上的认识差距造成的。

著名的石油大王洛克菲勒十分重视成本控制，将成本控制的意识渗透至生产的每一个细节当中，完成资本的原始积累的。

洛克菲勒创办自己的公司后，十分注重公司的运营成本。提炼加工原油的成本，他也要计算到第3位小数点。

为有效控制企业的经营成本。洛克菲勒每天早上一上班，就要求公司各部门将一份有关净值的报表送上来。经过多年的商业训练，洛克菲勒已经能够准确地查阅报上来的成本开支、销售以及损益等各项数字，以此来考核部门的工作。

洛克菲勒死抠企业成本。曾经有一次，他质问一个炼油的经理："为什么你们提炼1加仑原油要花1分8厘2毫，而东部的一个炼油厂干同样的工作只要9厘1毫？"

洛克菲勒对成本控制严格到什么程度呢？甚至连一个价值极微的油桶塞子他也不放过。他曾给炼油厂写过这样一封信："上个月你厂汇报手头有1119个塞子，本月初送去你厂10000个，一月你厂使用9527个，而现在报告剩余912个，那么其他的680个塞子哪里去了？"他洞察如微，追根究底，不容别人打半点马虎眼。正是这样严格的成本控制，才有助于他成为日后的石油大王。

对企业经营而言，几乎任何地方都能够节省成本。除了生产、销售这些核心环节能够节省成本之外，一些细节更不能忽视。

3. 管理者时刻关注成本

对不少企业而言，成本管理困境在于很多管理者对成本控制的理念认识不足，他们认为成本控制是财务部门的事，与自己并没有太大的关系。因此可以发现很多企业建立了完善的成本控制系统后，成本控制却没有起到良好的效果。这是因为成本控制并非一个人能达到的，而是要求全员参与，尤其是企业管理者对这方面的重视。

对管理层而言，要以身作则，严格控制企业的各项成本。此外，管理者要将成本控制的观念灌输到员工头脑里，使其正确理解并有效控制成本，降低成本。

企业管理者只有将成本控制管理作为经营企业的一项根本，并从自身做起，才能达到上行下效，真正实现成本控制的目标。

树立节约成本的理念

现代市场竞争非常激烈，企业经营早已经迈入到微利时代。节约是公司经营者必须掌握的一门技能，因为它关系着公司的成败。在节约成本的方面，公司应该培养节约的理念。节约作为降低成本的最直接体现形式，已经成为众多企业降低运营成本的重要手段。

1. 节约的都是利润

因为对于企业来说，节约的都是利润。控制好成本，把本来需要支出的部分节省下来，实际上就等于是赚到的利润，这同时也成了一个新兴的利润点。

凭借节约，可以创造尽可能多的利润。古今中外，从小作坊到跨国公司，无一不注重"节俭"的经营理念。很多名人名企得以成功的背后都是与"节约"分不开的。

被誉为台湾的"经营之神"的王永庆，尽管他掌管着台塑这个商业帝国，但他勤俭的一面并未随着他的企业的壮大而有所改变。

王永庆说："多争取一块钱生意，也许要受到外界环境的限制，但节约一块钱，可以靠自己努力。节省一块钱就等于净赚一块钱。"

王永庆对成本的控制可谓不遗余力。1981年，台塑以3500万美元向日本购买了两艘化学船，实行原料自运。在此之前，台塑一直租船从美国和加拿大运原料。如果以5年时间来计算，租船的费用高达1.2亿美元，而用自己的船只需要6500万美元，可以节省5500万美元。台塑把节省下来的运费用在降低产品价格上，从而使客户能买到更具价值的台塑产品。

作为农家出身的王永庆认为，最有效的摒除惰性的方法就是保持节俭。节俭可以使公司领导者和员工冷静、理智、勤劳，从而使公司获得成功。

凭借节约，也可以降低企业的生产经营成本，也可以创造尽可能多的利润。在生产性资源日益紧张的今天，厉行节约就显得更加重要。像台塑这么一个如此看重节约的公司，在微利时代，怎么可能会倒下，怎么可能不获得利润，怎么可能不成为具有世界影响力的公司呢？

企业经营的目的就是赢得利润，因此不但要会开源，更要会节流，努力降低各方面的成本。降低了成本，就等于提高了利润，节约一分钱就等于挖掘出了一分利。因此，企业在经营过程中，必须将成本意识时刻牢记心中，尽力节约以降低企业的生产经营成本。

2. 节约就是创造价值

利润不仅来自于企业创造的价值，同样来自于企业节约的成本。要想获得巨大的利润空间，就得想方设法地去降低成本，就像挤海绵里的水一样去挤，通过降低成本来增加利润。

要想更好地获利就必须节约，尽量减少不必要的开支。美国戴尔公司的前首席执行官凯文·罗林斯称："在其他公司，如果你发明了一个新产品，你就会被当成英雄。而在戴尔公司，你要想成为英雄，就得先学会如何为公司省钱。"

为了降低成本，增强企业的市场竞争力，戴尔公司推行强制性成本削减计划，要求在业绩上台阶的同时，把运营成本降下来。戴尔公司采取双重考核指标，让各部门、各分支机构既要完成比较高的业绩指标，又要持续地降低运营成本。

在戴尔公司，经理人的任务是"更高的利润指标，更低的运营成本"。为确保合理的利润回报，2001年，戴尔公司曾要求下属机构在将运营成本压缩10亿美元。2002年，戴尔公司又下达了10亿美元削减成本计划。

中国客户中心也被戴尔公司总部下达了在外人看来不能够完成的任务。1998年戴尔公司在厦门建厂的时候，运营成本只有IT厂商平均水平的50%左右。在最近几年间，戴尔公司生产流程中的工艺步骤已经削减了一半。而戴尔的厦门工厂每年都很好地完成压缩成本的任务。到2003年戴尔厦门工厂的运营成本跟1998年刚投产时相比，只有当初的1／3。2004年，戴尔厦门工厂在产品运输方面采取措施来降低成本，每年又节省1000多万美元。

戴尔的兴起及发展究竟靠什么？有人说是靠直销，有人说是靠供应链的快速整合。实际上，这和戴尔节约成本的企业管理方式是不分不开的。这就是一个在微利时代，本着节约的精神铸造出的辉煌的戴尔。

3. 养成节约的习惯

培养节约习惯和成本意识固然重要，但是更重要的是将理念付诸于行动，那么究竟如何做呢？

（1）处处节约。降低成本不仅仅是生产制造部门或财务部门的事情，每个人在各项活动中都有义务参与。认识到自己在成本改进方面尚待提高的地方，然后积极努力地去提高它。

（2）日常节约。节约涉及管理的方方面面，追求全过程的，尤其是细节的节约。有的管理者认为一滴水、一度电并不算什么，但长期积累下来的浪费是惊人的。

（3）制度化节约。将节约等纳入公司的章程当中。这样一来，节约就像我们每个人身体里的DNA一样，伴随我们每一天的工作生活，让我们在工作过程中，不断地、自觉地去挖掘可以改进的地方，寻找一切可能的机会，这样就能够把成本领先的精髓贯彻到每一项价值活动中去。

（4）培养节约文化。节约文化和成本文化是任何一个要打造强有力竞争力的公司不能忽视的部分。"涓涓细流，汇成海洋。"形成节约文化，企业才能最大限度地节约成本，才能获得更多的利润。

降低生产成本的途径

不注重成本控制，看不到企业中的浪费现象，使得许多明星企业由盛转衰、由强变弱，甚至消失得无影无踪。

降低生产成本对公司经营者而言是必备之功，需要通过各个途径切实降低生产成本，具体来说：

1. 人员不能过剩

许多企业都不同程度地存在潜在的过剩人员，从而增加生产成本。比如：两个人能做的工作却由三个人来承担，就会发生1/3的过剩人员的损失。同理，一个人能干100%的活，但是只发挥50%的能力，那他的50%能力就浪费了。人事费用方面的损失是不容低估的，在中小公司必须要发现并且淘汰掉潜在的过剩人员。

2. 不增加过多的间接人员

所谓间接人员，主要是指不从事生产工作的事务人员、监督人员、管理人员之类的人。不可否认，这类人员都是生产经营不可缺乏的，但在经营过程中，不少企业存在这样的倾向：间接人员越来越多，大大增加了企业的负担。

间接人员开支增加的比例往往会超过生产增长的比例，从而导致公司生产成本上升，经济效益相对下降。公司的间接人员之所以呈大幅度增加的趋势，除了公司生产扩大需要相应增加间接人员的原因外，还因为组织膨胀的惯性使然。

对于中小公司而言，要想降低生产成本，就必须克服间接人员大量增加的趋势，尽可能控制间接人员增加的幅度和比例，使其低于生产本身的增长。

3. 尽可能精简工作

对公司无益或益处不大的工作做到精简，只有这样，才可能真正减少过剩人员。比如：办公室好几个秘书，成天认真地写各种报告书、材料，但是很多报告、材料都是形式主义，这种情况下就可以省略一些工作内容，那些最为必要的报告、材料可以交给办公室秘书来写，有些工作内容就可以省略一些，这样也可减少一些潜在的过剩人员。

4. 在原料上精打细算

公司经营者必须对原材料购买引起足够的重视，要时刻关注购买过程中是否存在浪费。

对一个公司来说，不管生产与销售如何增加，要是在购买原材料方面发生损失，购买一些质次价高的原材料，企业流失的利润不可小视。所以，公司要降低生产成本，对在制造成本中占极大比例的原材料费要精打细算，严加控制。

5. 清除亏本产品和服务

一个企业通常会生产几种或数十种产品。在经济形势好时，为了扩大几种不同类型的产品，有的产品有高收益，有的产品是低收益甚至是不赚钱反而亏本的亏本产品。

低收益的一般产品和亏本的产品，会腐蚀整个公司的利润，使整个企业的利润降低。因此，企业要降低生产成本，提高利润率，必须采用少数精锐产品政策，重点生产少数高收益产品，清除亏本产品和服务。

6. 尽量避免倒账损失

在销售方面的最大损失是倒账的损失。比如：一家企业向另一家企业提供原材料产品，在货款回收前，接受原材料产品的那家企业倒闭了，于是，所交付的货物就变成了倒账。要弥补此损失，需要有相当长时间的努力。

如果发生10万元的倒账损失的话，当经济不景气销售利润率降低到4%时，如果没有重新获得10万元的销售额，是无法挽回损失的。

对中小企业而言，倒账是致命伤。因此，企业必须尽量避免倒账损失，为此，应加强肘往来客户的信用管理。

7. 加快货款回收

回收的货款迟延，厂家要背负那部分的成本负担。比如：100万元的货款回收如果迟延了90天的话，100万元的资金在这些天内都是死的。该资金如果有效利用的话，每月可获得2%的营业利润。如此一来，在90天内就会发生6万元的损失。

8. 削减库存品

产品的库存如果过多，会造成资金流通的不通畅，此外，还会造成为了保管库存产品所开支的保管费、为推销库存产品所打的折扣等等。

为此，必须将库存的损失减少到最小。其方法是将库存的产品按品目加以分类，花主要精力清除占最大库存比例的少数几个库存产品。

有效控制采购成本

减少采购成本对一个企业的经营管理状况能产生巨大的效益。对大多数企业而言，都没有给予采购环节以恰当的重视。降低企业运营成本，必须首先从加强采购管理开始。

管理者必须重视采购成本的控制，采购是大手大脚还是斤斤计较，是疏忽大意还是谨慎细心，是迁就对方还是坚守原则，这对企业经营影响很大。

1. 设法降低采购价格

采购人员在采购过程中，如果在与供应商的价格之争中退一小步，或者是对采购物品的质量检验粗心马虎，或者是经不起市场促销的利益诱惑而损公肥私，那么，就会给企业造成重大的经济利益损失。

低价是努力争取的，别指望供货商会主动给你最低价。向供货商展示自己的实力，要让供货商知道你的企业是个大客户，可以长期并且大量要货。与此同时，要向供货商说明自己经营的困难，最大化程度获得供应商的让步。

日本松下公司十分重视采购工作，每次采购时都要求供货商降价。松下采购人员总是这样说："你们的利润太高了，再降一步怎样？"或者说："你们的某项支出太高了，控制一下还可以降低！"

作为一家大型企业，松下要求供货商提供年度结算资料让其审查，如果供货商拿着掺了水分的资料说："如果再降价，我们就会亏本了。"松下电器就会使出杀手铜："那你们就不用交货了！"当然，松下并非盲目一味压价，这样做是建立在科学分析的基础上。

实际情况是，产品的价格并不一定依成本而定，而是由市场承受力决定的。对很多商品而言，砍掉15%的价格是有可能的，而在服务业，可以砍掉更多——30%。

狠抓采购部门，对采购成本进行有效控制，是企业获得利润的第一关。

日本的大荣公司原本只是一家小店，但是中内功，这家小店的持有者却是一个雄心勃勃的人。因为他的商品比其他同类店的商品便宜，所以他的店内每天都积满了顾客，货架上的货物每隔两小时就被抢购一空。

可能有人会有疑问，为什么他的价格比别人的低呢？这是因为，中内功积极地与产地合作，在国内畜牧业发达的地区投资牧场，采取委托经营的方式。这一招使他在通货膨胀的年代保证了大荣公司的繁荣发展。

大荣公司发展壮大后，为了保证货源充足，中内功建立了世界性的商品采购网，从来不依赖日本的商社，而是派采购员到世界各地寻找价廉物美的商品。比如冬笋，他会在春季去中国台湾采购，夏季在日本本土采购，秋季在加拿大和新西兰采购，冬季到美国加州采购。所以一年四季都能保证有新鲜、物美价廉的冬笋上架。

2. 重视采购人员的管理

众所周知，一些知名的大企业，比如松下、通用汽车、戴尔、惠普等，都精心打造出一支强大的采购"军团"，力图最大化降低采购成本。这样的做法是值得称道的，因为采购可以说是企业最大的支出和成本投入之一。

全球IT业巨擘IBM公司过去也是用"土办法"采购：员工填单子、领导审批、投入采购收集箱、采购部定期取单子。企业的管理层惊讶地发现，这是一个巨大的漏洞——烦琐的环节、不确定的流程、质量和速度无法衡量、无法提高，非业务前线的采购环节已经完全失控了，甚至要降低。

西门子移动通信的供应商分布在全球的各个角落，实施全球集约化采购，是西门子进行供应链管理、节约采购成本的关键。

西门子在实施全球采购之前的很长一段时间里，其各个产业部门如通讯、能源、交通、医疗、照明、自动化与控制等在采购方面完全自主。随着西门子公司的逐渐扩大和发展，采购部门发现不少的元部件需求是重叠的。同时，由于购买数额的差异，使得选择的供应商、产品质量、产品价格与服务有着极大的差异。

西门子公司很快发现采购当中的巨大浪费，它们设立了一个全球采购委员会，委员会直接管理全球各材料经理，而每位材料经理只负责特定领域的全球性采购。同时，它还对全球的采购需求进行协调，把六大产业部门所有公司的采购需求汇总起来，这样，西门子可以用一个声音同供应商进行沟通。经过对采购流程的变革，使得西门子公司能吸引全球的供应商进行角逐。

西门子公司经过对采购流程进行这样的变革，创造出一种充分竞争和协调的环境，从而实现高效率地管理自己的供应链，节约采购成本。

3. 砍掉采购成本的方法

如何砍掉采购成本，最大限度地降低采购成本，以下几个建议，或许能对采购工作的顺利进行提供一些帮助。

（1）进行材料分类，把握主要的控制方向。进行材料分类，确定重点材料，然后在询价、比价、谈判、验货等各个环节上加以控制，最终使所采购的材料价格降至最低。

（2）选择合适的采购方式。根据企业需采购的物料及采购量，结合该物料的市场供应情况，选择合适的采购方式，能集中采购的不分散采购，并尽量利用联合采购的优势。

（3）采购标准材料。标准材料因为大量制造、大量供应，其价格都不会太贵，如果订做则价格往往会高出很多，使采购成本上升。

（4）公开采购，引入竞争机制。企业应公开采购的清单，广泛接触各供应商的业务人员，形成供应商之间的竞争，这样有利于压低材料价格。

有效降低固定成本

企业在筹资和经营活动中，经常会产生大量的现金，这些现金在转入资本投资和其他业务活动之前，通常会闲置一段时间。这段时间往往不长，有时甚至只有几天时间。即便如此，如果对于这些暂时闲置的资金采取积极的现金管理，超短期也可以为企业创造可观的收益。

进行现代生产管理就要有现代意识，要克服小生产观念，要能够充分和巧妙利用社会经济条件，在算好经济账的前提下做出正确的选择。

在进行生产资源组织时，可能会遇到下面两种情况：有些设备是必需的，却不经常使用，甚至只是偶尔使用一次；有些设备是必需的，而且是关键的，但因市价昂贵，企业一时买不起。

前一种情况造成的直接结果是设备长期闲置不用，增加企业的成本；后一种情况造成的直接结果是影响生产率，影响产品质量，不但影响到成本，而且会影响到信誉。解决上述两个问题就是考虑如何降低固定成本。

如今很多企业的资金链绷紧并非因为绝对的资金紧缺，而是未能有效利用。只要合理地运用现金流，多数企业都可以摆脱资金链紧张的状态。

对企业来说，闲置资产还有一部分属于固定资产。由于闲置固定性资产相对于闲置资金流动性较差，所以在处置这部分资产时，应从多个方面来入手。

1. 开展租赁业务

企业重组改制造成的闲置资产，可以通过寻找租赁市场，开展租赁业务，进行闲置资产再利用。资产租赁不仅可以解决重组后的存续企业和股份公司所面临的资金短缺问题，而且可以提高集团公司整体的经济效益，加快企业的发展。

2. 实行个人承包

对于闲置的资产整体完好无损的、有可利用价值的，但对于企业生产的前沿产品来说已不需用的设备，以及因企业改制造成的不需用的房屋、场地等，可实行个人承包，减少企业投入。

3. 加强对外投资

对于内部不需用的，但整体完好的、无损失的闲置资产，可以采取对外投资，积极寻找合作伙伴，尽量把闲置资产利用起来，并取得相应的投资收益。

4. 适当进行资产置换

对于生产上需要的存货或设备，可以利用现有的闲置资产进行置换，以节约企业的货币资金。现代企业用资产换资产的非货币性交易已成为企业优化资产结构的一个重要手段。例如，某省某轻工进出口公司以一批轻工物资交换俄罗斯某公司的一批钢材；湖北某汽车销售公司以数辆汽车交换木器加工公司的一批办公家具等。

5. 申请报废，确认损失

通过采取一定措施，仍不能给企业带来预期经济利益，且无变现价值的闲置资产，可进行申请报废，以减少人工费，场地费的支出等。

在闲置资产的处理过程中，还要看企业当时所处的具体环境来具体对待。如果闲置资产处理好了，企业可以甩掉包袱，轻装上阵，使企业现有资产高速、高效运转。同时，降低企业的经营风险，并使财务信息更具有真实性、可信性，以利于股东、企业经营者、债权人、投资者等信息使用人的投资、经营决策，从而树立企业的良好形象。

有效控制制造成本

在企业经营的总成本的构成中，生产成本所占的比重最大，因此，降低制造成本是降低企业经营总成本的最主要的途径，直接影响着企业的竞争能力。

企业的生产过程，需要投入大量的人力、物力与财力，需要消耗大量的材料、能源和工时。因此，在生产过程中，降低材料与能源的消耗就是低碳，增加材料与能源的使用就是高碳。

那么，如何有效地降低企业的生产成本呢？具体举措有以下几个方面：

1. 建立原料用量定额标准

原料消耗定额，是指在一定的生产和技术条件下，企业生产单位产品或完成单位工作量应该合理消耗的原材料标准数量。

原料用量定额标准是其他成本控制手段的基准，对原料采购、库存、资金利用等有制约作用，消耗定额"合不合理"即意味着企业成本水平"合不合理"。

原料用量定额标准的订立原则如下：

（1）材料消耗定额应通过具体制造公式加以确定；

（2）成熟产品设计和工艺是定额制订的基础；

（3）制造程序、步骤和方法的标准化；

（4）定额是生产部门、设计部门、财务部门以及公司管理层多方面参与的结果。

2. 建立人工耗用量定额标准

人工耗用量定额标准，是规定完成每单位产品所需耗用的人工时间，或每单位人工时间所能完成的产品数量。建立人工耗用量定额标准必须注意以下几点：

（1）以现在和过去的实绩相比较，测定所定的人工耗用定额是否代表了优良效率。

（2）直接人工成本属于变动成本，其中直接人工成本可以通过产量乘变动率求得，而后与实际成本相比较。但间接人工成本往往属于半变动成本，必须将其固定和变动部分加以划分，而后计算不同量杆下的限额，再与实际成本比较。

（3）每人工耗用定额，须考虑机器停顿、终了、修理以及正常休息的时间。

3. 控制制造费用

制造费用是一种间接成本，其分摊、归属和控制，因此要想在企业中制订统一的制造费用定额标准是一件困难的事。如无法用科学或精密方法衡量在一定的时间下，究竟需要多少成本。

针对上述困难，制造费用的控制不适宜用定额标准来控制，而须采用弹性控制，必须借弹性预算和责任会计的实施，方可实现。预算金额，是依据过去经验并参照未来趋势，或按标准成本原理来制订限额。

为适应固定和变动成本性质的不同，应就不同的生产能力规定不同的费用限额。

制造费用既不像直接材料和直接人工那样有耗用材料数量和人工时数等单位用以计量，控制时也没有实体资料可利用。因此，制造费用控制的时机，主要在费用发生之前和发生当时，会计报告，只是事后控制的手段。

在小规模企业，实施运营控制，可能足以削减浪费。但在大规模企业，会计控制甚为必要。

4. 控制其他有关制造成本

其他有关制造成本的控制主要有以下几个方面：

（1）材料收储成本的控制。材料的采购、库存、搬运成本，往往数量可观，是控制制造成本的重点。材料收储成本的控制方法，可以用弹性预算，也可以用标准成本。实施标准成本控制时，先要把材料管理过程标准化，而后制定各项有关材料工作的标准费率，再依标准费率将收储成本摊入材料成本或产品成本。

（2）材料损耗的控制。企业存料价值，往往超过现金，由于材料损耗造成的损失往往是相当严重的。因此，对材料损耗的控制，成为企业成本控制的一项重要课题。

（3）奖酬制度。奖酬制度，是提高工人工作效率，降低人工成本的有效手段。所谓奖酬制度，简单说来，就是按照工人的工作量或生产力分别给予不同的报酬，借以增加工人收入，同时提高工作效率降低成本的一种制度。

有效降低库存成本

采用科学的库存管理策略，尽可能减少库存，甚至消除库存，对企业降低成本，提高适应现代市场能力，树立现代企业形象，最终提高经济效益有十分重要的意义。

某些公司，如苹果公司，现今库存的运作时间甚至只有6~8天。那他们是怎么做到的呢？

1. 直接送到生产线

如果企业的原材料是本地供应商所生产的，让供应商根据生产的要求，在指定的时间直接送到生产线上去生产。这样，因为不进入原材料库，所以保持了很低或接近于"零"的库存，省去大量的资金占用。

2. 循环取货

每个供应商供货量比较小但供应商较多的情况，将他们在运输过程中加以整合。让你的运货车每天早晨从厂家出发。到第一个供应商那里装上准备的原材料，然后到第二家、第三家，以此类推，直到装上所有的材料，然后再返回。

3. 聘请第三方物流

不同供应商的送货缺乏统一的标准化管理，在信息交流、运输安全等方面，都会带来各种各样的问题。聘请第三方物流，能有效节省自身的资源。

4. 与供应商保持信息沟通

让供应商看到你的计划，根据你的计划安排自己的存货和生产计划。如果供应商在供应上出现问题，你也要让他提前给你提供预警。

5. 确保供应商优先送货

通过与供应商建立良好关系，确保优先送货，从而缩短了等待购买的时间。

6. 探索供应商付费

供应商也会为某些库存付费，应该探索这种可能性。比如说，卖不出去退货，为了换取长期或优先考虑的承诺，他们往往愿意商讨类似的建议。

7. 定货与需求的一致性

定货时间尽量接近需求时间，定货量尽量接近需求量。改善需求预测，缩短定货周期与生产周期，减少供应的不稳定性，增加设备、人员的柔性，这种方法通过生产运作能力的缓冲、培养多面手人员等来实现。

8. 采取互惠政策

与其他非本地区的竞争对手共享库存（也就是遇到紧急情况时，把货卖给外地的同行，在成本价上稍微加一点儿并支付处理费用）。

9. 转移库存

对于那种有季节性特别是持续时间比较短暂的产品，在旺季来临时往往需要有大量的存货以应对骤增的销量，这就会对库存产生极大的压力，同时占用大笔流动资金。曾经有一个内衣企业，其解决办法就是：要求各经销商在旺季来临前如果提前两个月提货付款，内衣按原出厂价的70%计算；如果提前一个月提货付款，按原出厂价的85%计算；如果到了旺季时再提货，就必须按原出厂价的全价付款。这种办法只要折扣收益低于库存成本和资金成本，就有利可图，而且还一同解决了应收账款的难题，加快了资金周转。

有效控制营销成本

一直以来，采购、生产、财务等前端和职能部门对成本控制比较重视，而销售部门通常被认为是创收的部门，成本意识不强。所导致的直接后果，就是销售部门所获得的资源远远大于研发、生产部门获得的资源。

水、电、煤等能源需要节约，那么营销是否需要节约呢？很多企业都会步入这样一个误区：那就是只要可以增加销售收入，费用投入多少都可以，导致对销售费用的控制和敏感度远远低于对财务费用和办公费用的控制和敏感度。其实这些都是普遍的错误观念。营销中的成本支出，如果不认真分析，严格控制，那么就有可能变成"洪水猛兽"。

1. 目标的浪费

不切实际的目标设定也是一种浪费，很简单，此种目标设定会促使企业为此付出巨大的资源浪费而最终却无法实现，这种浪费是致命的。现在很多企业一成立就为自己制定了"全国第一"、"行业第一"、甚至"世界500强"的宏伟目标，而完全忽视企业本身的资源能力和当前行业竞争状况，企图短时间内就做大做强。这也正反映了战略思想的盲动，最终的结果是企业资源和社会资源的巨大浪费，从而导致企业的迅速夭折。

2. 包装的浪费

不可否认，包装在营销中的重要作用，它是产品的重要组成部分，是促成销售的十分关键的一环。于是很多企业在包装上费尽心机，包装就越来越豪华，越来越奢侈，很多产品其包装的价值远远超过了产品本身的价值，这本身就是一种浪费。

3. 广告的浪费

很多广告是一种盲目和疯狂的浪费。不知道自己的目标群和目标市场之所在，天女散花式的投放广告，或者广告铺天盖地，轮番轰炸，勇夺标王等等，企图一击而成。虽然有的企业获得了成功，但更多的是失败者给我们的警示，广告真的需要这样投放才能取得成功吗？其实广告的盲目和疯狂无异于自杀。

4. 促销的浪费

促销的浪费主要表现在促销物料和促销活动上，由于没有一个合理的规划和执行的不到位，很多企业制作了大量的促销物料，但最后大部分都留在了仓库里。促销活动很明显的表现是为促销而促销，企业管理者们只是突然觉得该促销了，于是促销就开始了。没有弄清促销目的的促销当然不会有什么效果。

有效控制管理成本

小公司如果规模扩大了，不可避免增加管理层次，增加管理人员，这样管理成本也不可避免地增加了。

因为管理层级增加，信息传递失真，决策链加长，组织效率自然大打折扣，管理成本也会大大增加。

1. 管理扁平化

自工业革命以来，英国经济学家亚当·斯密的劳动分工理论几乎一直成为传统的西方企业组织结构设计的核心，并由此逐步形成了具有绝对统治地位的传统的企业组织形式——科层制组织。这种组织形式，以提高劳动生产率为目标，特别强调分工，其组织结构形式。从纵向看，是一个等级分明的权力金字塔，组织被划分为若干层次，处在金字塔塔顶的高层管理人员通过管理的"等级链"控制着整个组织；从横向看，组织被分解为若干个并列部门，每一个部门负责一个专门的工作，按照部门的职能，各司其职，各自独立。

20世纪90年代以来，西方企业面临的经营环境也发生了巨大变化，多层次的金字塔型科层组织已显得笨重、迟缓而缺乏灵活性和人情味。而扁平化组织是组织模式的根本性改变，通过减少管理层次、压缩职能机构、裁减冗余人员而建立企业的纵横向都比较紧凑的扁平化结构，使得组织变得灵活、敏捷、快速、高效，从而使企业在变化莫测的市场经济竞争中立于不败之地。正如著名领导力与企业文化专家约翰·科特所评价的那样："一个有更多代理即有一个平坦层次结构的组织，比一个在结构中层有臃肿结构的组织处于更有利的竞争地位。"

惠普公司是美国硅谷最早的创业公司之一，也是世界上主要的计算机设计和制造商，在激光打印和喷墨打印机设计生产方面居世界领先地位。自20世纪90年代以来，公司一直保持着高速的增长势头。

惠普的企业文化核心之一，就是"鼓励灵活性和创造新精神"，而惠普的横向组织结构为员工们充分发挥创新精神提供了有力保证。

在公司发展过程中，惠普起初采取分权的横向组织结构，并获得了很大发展。分权的横向组织结构是：企业组织按产品划分为十七个大类，每个产品部门都有一个属于自己的研究开发部，各个产品部门都拥有独立运作的自主权。这种组织模式在惠普发展过程中一度发挥了重要的作用，使产品创新速度得到了提高。

但是随着企业的发展，这种组织结构形式造成各部门各自争取顾客，浪费公司资源，使整体战略定位变得模糊。

针对这种情况，惠普提出全面客户服务模式，将所有的组织重组，把条块打散，把众多的部门重新整合在一起，按照客户种类和需求进行划分。重组后的组织机构中将研发部门分为三个大的部门，分别是与计算机和计算机设备相关的计算系统部、与图像处理及打印相关的图像及打印系统部、与信息终端有关的电子产品部。由于重新划分的组织机构中，很多业务部门间实现了资源共享，技术力量因为集中而得以加强，横向组织内部由于建立了有效的横向系统而实现了紧密联系，优势倍增。

在市场经济环境下，企业的目标是追求收入的最大化，同时将成本降至最低点。它的实现需要相当高的生产率，必须把效率放在第一位。一个组织结构，能以最小的失误或代价来实现目的，就是高效率。也就是说以最小的投入获得最大的产出，或者说在投入一定的情况下使产出最大，或者说，在产出一定的情况下使投入最小。

在新的经济时代，面对不断变化的外部环境，高耸型、多层次的企业组织已无法应对，只有通过减少管理层次，压缩职能结构，建立一种紧凑而富有弹性的新型扁平化组织，才能加快决策速度，提高企业对市场的快速反应能力，促进组织内部全方位运转。

2. 扁平化的益处

不少大公司已经认识到扁平化的好处，如埃默森公司、施伦伯格公司、达纳公司的年营业额都在3亿～6亿美元之间，而每个公司总部的员工都不超过100人。这些公司都明白，只要安排得当，5个层次的管理当然要比15个层次的管理要好。

实施扁平化趋势表现在：渠道层级减少，渠道缩短，而渠道宽度大大增加。扁平化销售渠道最显著的特点，一是渠道直营化，二是渠道短宽化。

以产品销售渠道的扁平化为例，传统的销售渠道是多层次批发，渠道层次多，环节多，渠道长，渠道链上的经销商数目呈指数级数发散，这是一种典型的层级结构组织形式。但当前大多数优秀企业已经摒弃了这种渠道形式，而代之以扁平化的渠道形式。

简化管理层次，鼓励人们减少不必要的工作，是优化管理的核心。管理层次减少，人员精简，加上发挥计算机辅助与替代功能，实现高效决策、顺畅沟通，可以大幅减少企业的内部成本。

有效控制人力成本

企业的资源包括有形资源、无形资源、人力资源、组织能力等，还包括企业在生产经营过程中的各种投入。企业需要从各个方面寻求降低成本，其中在控制人力成本方面也是不可忽视的。

1. 不要让企业出现"不拉马的士兵"

根据战略大师迈克尔·波特的观点，企业的每项生产经营活动都可以创造价值，这些相互关联的活动便构成了创造价值的一个动态过程，即价值链。对价值链上的经营活动进行协调和最优安排，可以形成企业的竞争优势。因此，如何充分运用现有的资源，形成企业的竞争优势，是战略管理的一个重要问题。

"不拉马的士兵"是管理界流传很久的故事，说的是一位年轻有为的炮兵军官上任伊始，到下属部队视察操练情况，他在几个部队发现了相同的情况：在一个单位操练中，总有一名士兵自始至终站在大炮的炮管下面纹丝不动。军官不解，询问原因，得到的答案是：操练条例就是这样要求的。军官回去后反复查阅了军事文献，终于发现长期以来，炮兵的操练条例仍因循非机械化时代的规则，站在炮管下士兵的任务是负责拉住马的缰绳。在那个时代，大炮是由马车运载到前线的，以便在大炮发射后调整由于后坐力产生的距离偏差，减少再次瞄准所需的时间。现在大炮的自动化和机械化程度很高，已经不再需要这样一个角色了。但操练条例没有及时调整，因此才出现了"不拉马的士兵"，军官的这一发现使他获得了国防部的嘉奖。

在一个企业里，"不拉马的士兵"直接占用了企业的资源，降低了企业组织的运作效率。这同价值链管理的本质是相违背的。价值链管理的本质就是要通过核心业务流程的优化，以达到降低企业的组织和经营成本，提升企业竞争力的目的。

2. 一定要因事设人

同样，当企业在组建部门或确定某个岗位的人选时，也不能违背价值链管理的理论。必须有一个清晰的职能诉求，因事设人是用人的基础。挑选员工时，必须挑选有能力或潜质胜任岗位的人，这样的员工能迅速进入职责范围内，迅速为自己和企业创造效益，以积极的心态服务客户和企业。否则，企业将在等待中损失效率。越是重要的、具有不可替代的职位，越是要迅速找到正确的人。

李·艾柯卡是美国汽车业的传奇人物：他从一文不名的推销员做起，登上了美国福特公司总经理的宝座，后遭到排挤，离开了福特公司。在自己即将退休的年龄，他临危受命，来到濒临破产边缘的克莱斯勒公司出任总裁，承担起重振公司的重任。艾柯卡来到克莱斯勒汽车公司后主动出击，大刀阔斧地对公司进行整改，并向政府寻求支持。他利用一切机会说服国会议员，取得了巨额贷款，从而使公司得到了重振的绝佳机会。

在艾柯卡的率领下，克莱斯勒汽车公司在经营最惨淡的那段日子里推出了K型车。K型车计划的成功，使克莱斯勒汽车公司起死回生，成为仅次于通用汽车公司、福特汽车公司的美国第三大汽车公司。终于到了这一天，作为克莱斯勒汽车公司总裁的艾柯卡，把一张面额高达8.13亿美元的支票交到银行代表手里。至此，克莱斯勒汽车公司还清了所有债务。这比他们当初预计的日期整整提前了12年。

用一个身价昂贵但正确的人，比用无数个身价一般但不恰当的人，往往能节约更多的成本，前者使投入与产出成正比，而后者则使投入与产出成反比。正因如此，优秀企业家在经营企业时，会合理控制人力成本，但他在遇到优秀的人才时也绝不会迟疑。

有效控制会议成本

开会是行政工作的重要手段，任何一个企业，都要召开各种各样的会议，这对推动企业经营目标的实现有重要作用。但有一些企业的会议耗时长、效率低、开支大，对企业的发展意义不大，成为巨大浪费。会议中的无形浪费，不亚于费电、费水、费粮、费钱。

根据一项问卷调查显示，有3/4的企业员工认为，会议时间有一半以上是完全浪费的。低效甚至无效的会议增加了企业的开支、占用了工作时间、耗费了企业的各种资源，是企业经营中的巨大浪费。一项大型的会议可能包括的开支较广，不仅包括会议宣传、会议场地、会议办公等固定开支外，还包括印刷品、膳食、酒水、饮料等可变开支。

我们经常能发现，一场会议结束后，与会者离开了，但也有不少东西被留下了：喝了一半的瓶装水、写了几行字的纸张、吃剩的水果等等。这些遗留物品大多只能被扔掉，造成了大量的垃圾。

开一次会议，特别是大型会议和活动中，除了纸张外，会议请柬、会场横幅和背景板、鲜花、一次性毛巾、瓶装水饮料、气球等都是常用的物品，而这些物品大多在会后被丢弃，造成的浪费同样惊人。

会议造成的浪费现象理应受到企业的重视，应该有效控制会议浪费现象。

1. 提高会议效率

尽量以最少的人数做出决定，要开短会，直击会议中心议题，砍掉不必要的讨论。对小公司而言，会议越少越好。

2. 节约第一

很多会议筹划人员不喜欢从事会议节约方面的工作，但是这项工作是非常关键的。本着节约的精神，总会有收获。起步也许是艰难的，但是随着时间的变化，任何事情都会有改观。

3. 采用现代方式开会

企业开会往往耗费大量的时间和金钱，尤其当与会者来自不同地区时，时间和金钱支出会迅速上升。在高科技通讯发达的今天，采用如电话会议，远程会议等新形式开会，可以使会议成本大幅度下降。

一家电子通讯企业在全国各地都设有分公司，但沟通业务的例会都是以电话会议为主，有时候人数很多的话还会采取网络会议、QQ会议等形式，有的时候用电子邮件能传达的事情，就不再开会通知。这样不仅减去了组织会议的烦琐，还省下了来往的机票和餐饮住宿费用，为公司节省了成本，老板员工都很支持。

有效控制行政成本

对不少公司而言，随着企业的不断发展壮大，行政成本愈来愈高已是不争的事实。造成这个问题的主要原因是很多人还没有"行政成本"的概念。

英国人在节约行政成本方面耍了一个非常实用的"小聪明"——把垃圾桶"请"出办公室。在把形形色色、大大小小的垃圾桶移出办公室后，人们要是想扔张纸，就要绕上好远的道儿，跑到唯一仅存的"中央垃圾桶"去扔。看似折腾公务人员的"小智谋"，其中却折射出见微知著的行政智慧。这个办法起作用的原因很简单：要是不愿意为扔张纸就折腾一番跑远道儿，您最好是把这张纸接着用，一直用到纸上没有空白为止。

日本是世界上第二经济强国，然而无论政府，还是民间，都有一种清醒认识自身资源不足的基础上树立的忧患意识，因此节约成了日本民族的传统。

在东京、大阪、石川、小松等都县市政府，你都能感觉到政府部门在资源节约方面起到的示范作用。为节约办公资源，方便民众办事，大多数地方政府都实行集中办公。公务员的办公面积有严格规定，不搞特殊化。部门与部门之间，同一级别的公务员之间基本没有差别。政府的办公用品很普通，甚至比较简陋。会议室的椅子、桌子都十分轻巧、结实，设计也很人性化、舒适度高。而更让人难以理解的是，包括计算机在内的许多办公设备是租借社会专业租赁公司的。其目的只有一个，就是节约开支，控制行政成本。

在发展的浪潮中，任何一家企业赢得了总成本领先的地位，就可以获得更强的竞争力，更大的利润空间。在微利竞争时代，实现有效的资源配置，遵循节约行政成本的理念，已经成了企业获得竞争优势的"杀手锏"。

行政成本的一般包括如下：

1. 维持成本

这部分成本在整个行政成本结构中处于核心地位，功能是维持行政机构存在，基本构成包括人员的工资、津贴、福利等。

2. 组织成本

这部分成本是行政机构所谓的"开门费"，基本功能是适应行政机构内部需要，在组织建设、人员培训、物质技术手段配制上给以经费支持，包括办公费、组织活动费、人员培训费等。

3. 公务成本

这部分成本的主要项目有会议费、差旅费、通信费、交通工具使用费，以及用于各种专门项目的费用等。

4. 业务成本

主要指属于上述事务之外的、行政机构介入经济活动的成本。主要分为两个部分：一是赢利性业务成本，像政府投资或经营公有制企业或混合所有制企业，由此发生成本。二是政策性业务成本，如政府为经济调节、指导经济活动而举办的事业和发生的成本。这两类成本均可由广义企业成本计算它们的开支。

这四个层次的成本可以归类为两大成本项目。即由第一层和第二层组成的"生理成本"，第三层和第四层组成的"功能成本"或称"有效成本"，或称"产出成本"。

由此可见，压缩生理成本、提高功能成本的产出率无疑是降低成本、有效节约的重要途径。

让科学预算遏制浪费

似乎没人算过浪费与节约在速度和数量上的比率，实际上对于很多企业来说，采购的增长率和浪费的加重度远远超过节约的程度。某些企业因为规模较大，业务发展较快，所以浪费起来也就显得无所谓。因为浪费得快，无效消耗得多，因此导致需求量增大，所以采购规模也就自然扩大。

有些集中采购实现的节约率竟高达50%~70%，这远非"节约"能够实现的，而是实际应该的支出远远小于预算支出。其实我们沾沾自喜的"节约"，原本就是我们不该花销而过度列支或超支的部分。也就是说，是过度预算或虚报多领预算造成了"浪费"，而减少了预算实现了"节约"。

几乎每一家企业都要做预算，但是如果预算仅仅是在去年的数字上添加通货膨胀的百分比，预算反而会在某种程度上鼓励浪费。建立低碳型和节约型企业，必须首先从预算开始。

资金预算管理是指基于历史数据和经验，结合企业当前经营的实际环境，合理预测企业资金的需求量，并科学分配资金到企业经营的各环节和部门的管理活动。资金预算的内容，包括资金流入、资金流出、资金多余或不足的计算，以及不足部分的筹措方案和多余部分的利用方案等。

预算经过规划、分析，并加以数量化，可避免浪费与无效率的产生。由于预算的实施，每一部门与员工多所分配的资源必能善加使用，因此可使资源浪费或经营不利因素降到最低程度。

企业要达到既定目标，各部门必须同心协力，团结合作，摒除门户之见及本位主义，以企业整体利益为核心。也只有通过预算，才能加强各部门之间的联系，并系统运用企业的有限资源，以发挥最大的增值效益。

企业要做好全面预算管理工作，应在学习其他单位经验的同时，结合自身的实际情况，明确工作思路，科学制定措施。

1．财务预算的数据要符合实际

编制财务预算应遵循"统筹兼顾、量入为出"的原则，对企业各部门在预算期内的各项经济活动作出全面测算，克服预算过程中的片面性，避免财务数据出现失真现象。严格监控财务预算管理的各个环节，把财务预算变成实时预算。

2．加强预算审计，强化预算监督

内部预算审计与监督不应仅仅是对财务会计信息和企业经营业绩真实性与合法性的审计与监督，更重要的是对预算制度和预算贯彻执行情况的审计与监督。企业应制定内部预算审计实施办法，将预算的编制、执行、考核、奖惩等列入审计监督范围，充分发挥内部预算审计在推进全面预算管理、完善企业内部控制制度、提高经营管理水平等方面的作用。

3．建立健全财务预算考核体系

按照"公开、公平、可控"的原则，制定全面预算管理考核办法，明确预算管理考核的指标、程序、标准和内容，将预算编制的科学性、合理性和预算执行程序的规范性、准确性作为考核重点，强化对预算过程的管理和控制。

不要造成公物浪费

在工作中，我们会用到很多公物，由于员工就有可能在不经意间造成浪费。反之，如对公物往往没有节约的意识，如果在每个细节上都不注意，那么长期累计下来，也会浪费不小的财富。

节约就是创造，对于企业而言，并不是单纯的口号，也并不意味着非要从大处着眼。如果每个企业、每个员工都能牢固树立开源节流、节能降耗、节约就是创造的意识，在日常生产生活中自觉养成节约的良好习惯，企业省的是钱，创造的是价值。在办公室公物使用方面，就应该树立能省则省的观念，尽量减少不必要的公物使用，以此践行低碳的企业理念。

以下是针对办公室公物使用的几种节约办法：

1．适当使用二手的办公用品

工作中常用到的桌椅、屏风、电脑、复印机等设备，如果选用二手的，可以节约许多办公费用。

此外，节约办公用品还需注意以下一些小方面：

废旧物回收利用。发起办公室废旧资源（如玻璃、废纸、铁铝罐）回收，主动设置回收箱，收集、变卖废旧物品的钱还可以再次购买办公用品。

2．养成"四关"的习惯

下班后或不使用的时候及时关闭用电设备，如空调、电灯、电脑、打印机等，减少不必要的耗电。资料显示，电脑、打印机等电器的待机功耗为5瓦左右，下班后不关闭电源开关，一晚待机10小时，全年下来也会浪费数十度的电。

3．省下公司观赏植物费用

为了改善公司的内部环境，一般会购买一些观赏用植物。如果公司规模很大的话，这也是一笔不小的支出。

我们可以先购买一些观赏用植物，用心培育，然后将其分棵移植，以增加数量，从而达到改善环境的目的。

4．办公用品最好批量采购

易耗的办公物品可以批量订购，能降低价格。对存在季节性的物品（如节日贺卡）可以提早订货，以便争取到更好的价格。

实现成本精细化管理

当企业迅速成长后，应当清醒地认清现实，抓住机会以加强对企业的管理，使成本控制落到管理的每个环节上。像通用电气这样的公司经历了多次风浪，企业都没有垮掉，这正是精细化管理增强了企业抵御强劲风险的能力。

节约精神是企业抵御市场风险的"护身符"，是企业生财获利的"催化剂"，更是企业发展壮大的"加速器"。

因此，成本控制也是企业取得竞争优势的重要条件，成本管理应该包括七个环节。

1．成本预测

通过成本预测，有助于了解成本发展的前景，减少生产经营管理的盲目性，从而达到降低成本的目的。

在成本预测时，既要分析研究企业内部环境的发展变化，如参考历史成本资料、研究构成成本的料工费价格变化趋势等，又要分析研究企业外部环境的发展变化，如与同行业同类型企业的有关成本资料进行分析比较、考察产品销售市场的情况与前景。所有这些因素，都要进行周密的调查，进行具体的计算，以期作出尽可能正确的预测。

2．成本决策

成本决策一般是对若干个成本预测方案经比较分析后择优决定的。作出最优的成本决策，是制订成本计划的前提，对于提高企业的生产经营管理水平和经济效益具有重要的意义。

3．编制成本计划

编制企业的成本计划，使企业员工明确降低成本的目标和挖掘成本的潜力，是确保企业取得最优经济效益的关键之一。有效的成本计划应与收入计划、现金流量计划等财务计划协调一致，此外还应与生产计划、供应计划等生产经营计划协调一致，最后由企业决策部门加以综合平衡，成为全企业的成本目标。

4．在过程中控制成本

在过程中控制成本，是指根据成本计划，制定生产经营过程中所发生各项费用的限额，对各项实际发生的成本费用进行严格审查，及时揭示执行过程中的差异，并分析其原因。

通过成本控制，可以及时揭示存在的问题，消除生产中的损失，实现成本目标的要求。成本控制是成本管理工作中的重要环节。成本控制的实施应贯穿全过程，既有事前控制，也有事中控制，还有事后控制。

5．进行成本核算

成本核算是成本管理工作的核心，是履行成本管理职责的最基本要求。成本核算所提供的资料，必须是客观的、真实的。成本核算要求准确及时，所采用的成本计算方法要符合企业的生产类型和生产工艺过程的特点。加强成本核算，对于有效地开展成本预测、成本计划、成本控制、成本分析和成本考核具有极为重要的基础作用。

6．深入进行成本分析

通过成本分析，深入了解成本变动的规律，寻求降低成本的途径，并为新的经营决策提供依据。在进行成本分析时，尤其要注重产品成本的技术经济分析，还应注意分析企业管理水平和内部控制制度，及时总结工作中的经验和教训，以提高企业的经济效益。

7．成本考核

进行成本考核，目的是调动各个管理层搞好成本管理的积极性，使之为不断降低成本、提高经济效益作出贡献。成本考核要将责、权、利紧密结合起来，以调动各责任者完成目标成本的积极性。

第十九招

财务之道：
让公司的每一分钱都产生价值

经营者一定要懂财务

身为公司的当家人，懂得财务才能做到知己知彼，心中有数。企业经营者应当将自己的各项收入、支出、业绩等各种数据建立相应的档案。这些数据的积累，可以为以后相关分析和决策提供依据，从而使项目发展建立在更为科学与理性的基础之上。

对于企业经营管理者来说，需要有什么样的要求呢？

1. 把数字和百分比放在心上

掌握了财务报表之后，你可以骄傲地说，任何财务就别想蒙我。不过，先收敛起你的骄傲，我们再来看几个数字，让你知道什么是真正的数字管理。仅能看懂不行，你要学会从报表中看出一些端倪，通过数字与一些比率分析，来观察企业的财务状况。

财务报表的分析主要是三大块：

（1）运营能力：你实际的经营能力、运行能力。

（2）获利能力：你挣钱的能力。

（3）偿债能力：保证债权人利益的一种能力。

运营能力反映的是资金使用情况，获利能力反映的是投资的结果，偿债能力体现的是筹资。

在财务分析中，最常用的是比率分析和趋势分析，就是用数字加百分比的方式来描述分析企业的各种能力和机能。

比率分析是用除法将某一个项目与另一个项目相比。比如说毛利率，就是你相应的利润比上你的收入。

趋势分析有两种，一个是纵向，一个是横向。单个一张表，孤零零一个数字，可能看不出任何问题，我企业今年盈利100万元，是好是坏，你不知道。通过比较，我去年盈利50万元，同样的机器、厂房、设备，人员也没扩大多少，我今年一下盈利200万元，与去年一比，说明我是进步了。还有一个比较方法是与同行业比。同样是搞印刷的，我这个印刷厂和别人的印刷厂相比，我的利润率是多高？别人的利润是多高？行业的基本利润是多高？这样一比，你就知道自己的位置了。

2. 运营能力象征速度

运营能力是企业在经营中，你的存货周转速度和应收账款周转速度。主要体现在资产负债表上，存货和应收账款。有两个比率：存货周转率和应收账款周转率。

存货周转率=销售成本÷平均存货

有了这个数字，你可以把今年的存货周转率与去年，与上个季度，与上年同期相比，如果高了，说明你的库存控制得不错；如果低了，是什么原因？是不是应该砍库存了？

应收账款周转率=销售收入÷应收账款平均额

看你的应收账款收得是不是很好，主要看应收账款周转率。我们前面谈到砍客户，如果你发现这个应收账款周转率变低了，一定是你的客户"阴收款"多了，你就知道，你又该向客户开刀了。

通过这两个指标，你结合内外部的因素，就清楚了你在企业管理过程中，哪些因素控制得好，哪些因素控制得不好，你该从哪个地方开刀。

3. 获利能力体现效率

我们再看获利能力。第一个是销售毛利率。

销售毛利率=（销售收入-销售成本）÷销售收入

这就是损益表中的主营业收入减去成本，然后除以你的收入。

毛利率是在没有交税之前，还没有扣除费用之前算的。那么这笔钱还得扣除税钱，扣除损益表的相关费用，比如营业费用、管理费用，还有财务费用。扣除这个以后，有了毛利率不一定有利润。所以，别拿着毛利率暗自庆幸。

销售净利率=净利润÷销售收入

这个看你是否真正赚钱了。没有再扣除的东西了，所以这个叫净利率。这个利润率与你的销售收入相关，就是说不只要看有多大的销售收入，你还要看有多大的利润。

4. 偿债能力反映质量

偿债能力有短期偿债能力和长期偿债能力，它有两个指标，一个是流动比率，一个是速动比率。这个指标谁来看？是你的债权人看的，谁借你钱谁关心这两个指标。

流动比率=流动资产÷流动负债

流动资产可以在资产负债表里找到，在资产负债表左边的资产部分有一个流动资产合计。流动负债是在资产负债表的负债当中，有一个流动负债合计。

流动比率的标准值是2∶1，也就是说，你的流动负债要用流动资产来偿还，出于最安全的考虑，流动资产应该是流动负债的两倍。这样，你的债权人通过资产负债表，马上就能看出你的偿债能力是比较好的，他就放心了。

速动比率=速动资产÷速动负债

流动资产中有一部分资产不是马上就能流动起来变现的，那么，我们把它的主要部分存货排出去，剩下那部分流动资产就是比较好流动的东西了，就是变现能力更强的，这个叫速动资产。它与负债之间是1∶1的关系，也就是说，一旦短期负债到期，马上变现就能还给债权人。

你在资产负债表上把这个数一找，很快就能算出来，你的企业流动比率是多少？是2∶1，还是1．5∶1，还是1∶1？你可以根据情况采取相应的措施，提高你的比例。或者，我的速动比率是多少？是零点几还是1∶1？你分析同行业中，它的流动比率是多少？速动比率是多少？你与它之间有多大的差异？并明白什么原因在背后产生这些差异，你再决定砍哪一部分。

另外一个是长期偿债能力，就是指偿还长期负债的能力。它主要有一个常用的指标，叫资产负债率。

资产负债率=负债总额÷资产总额

这两个数字在资产负债表中全有，算出来以后就看出你的负债率。有些企业负债率高达100%，就是说，你的所有负债总额等于你的总资产。这种情况下，你的企业哪有钱还啊？那么，总资产中既包括流动资产，还包括固定资产，还包括无形资产和流动性更差的资产。这些资产加起来，本来变现能力就低，加在一起才相当于你的流动负债，对于这样的企业，很少人敢借给你钱了。那么，当然，你的首要任务是砍债务。

不过，负债率没有确定指标，没有说负债率50%就好，70%就不好，看你的企业所在的行业和实际经营情况。其中，需要企业家进行具体分析。我还是那句话，不要盲目相信借鸡就能生蛋，借鸡是有成本的，有压力、负担、风险的，不是白借的。

就财务指标来看，你得与同行业进行比较。比如说，你的利润站在什么位置上；你的运营能力与同行业比较，站在什么位置上；偿债能力与同行业比较，站在什么位置上。将这三个报表结合起来之后，你再去确定，在这个行业当中，我主要抓住哪个目标市场，我吃哪碗饭。

避免陷入财务误区

财务管理作为公司经营的重要环节，任何一个经营者都不敢掉以轻心。但在财务管理的过程中，不少经营者或多或少还存在一定的误区，主要有以下几个方面内容：

1. 不进行财务核算

小本经营者通常很少对公司的财务做整体的规划。小本经营者在开业前很少会预估营业额，也不拟订年度预算和销售计划，因此在成本和利润的控制上，往往不得要领。

以一家花店为例，店主一直觉得花店生意很好，每天都有现金盈余，所以每个月都慷慨地发奖金给员工，但年终一结算，却发现亏损不少。探究其中原因，原来是未将当初投入的设备和人力（老板本身的薪资）费用算进成本。好的财务管理不只可以避免亏损，还可能使原来预期的盈余实现增加。开店前正确预估所需资金，以便有效控制成本，是私营公司财务管理的第一步。

2. 赊账过多

开公司做生意，以现金交易为好，不宜赊销。如果卖出1000元的货是赊销的，不如卖800元的货是现金交易的好。千万不要被账面上的利润所吸引，记住，任何时候都是"现金为王"。

优秀的商人认定唯有现金才能保障他们生命和生活，以对抗天灾人祸。做生意说千道万的诀窍，归根结底要讲现金。

3. 不重视资金周转

资金是公司的血液。人体要靠血液在周身循环流动，为全身的器官提供营养。公司生产经营的各个环节，也必须有一定的资金作保证，才能维持正常的运行。资金周转速度慢，将给小本经营者带来很大的被动。

4. 开支过大

有不少公司的老板一味地追求豪华舒适的办公室、办公桌，出入豪华汽车，在高级饭店里摆宴，再加上一些名誉性的花销，开支巨大，将宝贵的资金用在消费而不是用在生产上。资金管理盲目，成本高，销路缩小，利润不可能提高。

他们不知道如何管理资金，忽视对资金的控制，造成费用节节上升，而利润却不断不降，直接影响了公司的可持续发展。

5. 铺张浪费

商品经营中的浪费是人们不易觉察到的，它就像一个无形的黑洞，随时都可以把整个公司吞噬掉。作为资金十分有限的小本经营者如果不注意这一点，必然会造成经营上的失败。作为小本经营者，要养成良好的习惯和制定良好的制度来降低成本。

6. 认为负债都是坏事

实际上，负债有时是件好事，在企业经营中，这是千真万确的事实。从根本上讲，有两种负债：消费负债和投资负债。消费负债指你为出去度假或买一只新手表而借钱；投资负债却是另一回事了，这时你借钱不是为满足近期需要，而是为了最终创造财富。

比如说，经过认真评估和财务咨询之后，你胸有成竹地认定，如果买上一台电脑操纵的印刷机，就能大大提高产量，招来新的生意，那么就大胆借贷，尽快购进产品。如果等有钱时再扩大业务，发展的机遇也许就已经错过了。

弄清资金周转不灵的原因

资金不足、周转不灵，是公司经营者最头痛的事。许多企业的经营状况并不差，账面上也有可观的利润，但却经常感到资金短缺，进而造成经营困难。

作为企业经营者，必须要把资金周转放到头等重要的位置。细究起来造成资金周转不灵的主要原因不外乎以下几种：

1. 产品滞销

产品制成后不适合市场需要，储存于仓库，收不回投入的资金，自然发生资金困难，无法继续生产和经营。在经济不景气时，许多企业因产品滞销，无法维持而倒闭。生产了产品却卖不出去，自然会影响资金的回笼，如有的商场，商品卖不出，资金入不敷出，会形成资金短缺的境况。

2. 库存过多

经营的目的是为了迅速制成产品，销售出去，收回现金，以便循环使用。倘若如购入材料过多，或公司产品库存过多，必然造成运营困难。

3. 固定资产过多

有的公司所从事的行业特性造成固定资产投资过多，如拼命扩充设备，投产后回收成本还需要一定的时间，回款较慢，造成资金周转困难。

4. 负债过重

企业负债过多，利息负担过重。当营业不能获得相当利益时，负债到期无法清偿，势必形成以债养债，利息增加的恶性循环，营运更陷于困境。

5. 货款收回太慢

产品售出应及时收回货款，资金才能周转，如应收货款过多、长期收不回来，甚至造成呆账、坏账，必然导致资金周转不灵。

6. 经营发生亏损

在经营过程中发生亏损，入不敷出，资金越来越少，长期下去，企业将无资金可用，最终导致资金周转不灵。

7. 盈余无适当保留

公司发展每年都是盈利的，但每年都将盈余全部分光，无适当保留。如果经营过程中需要扩大再生产或遇到危机事件，往往会造成资金周转不灵的情况。

8. 虚盈实亏

在物价持续上涨的情况下，企业的盈利有些是涨价因素所形成。因为账面记录与成本计算是按历史成本计算的，而售价是按现时价计算，两者之差转化为利润，除去止交所得税后，再去购买实物也不能补偿已耗用实物，越周转盈利越多，而实物量越少，造成账面上盈余，实质上亏本。时间一久，资金困难的问题就更为严重。

聘用优秀的财务主管

任何一个公司，财务都是其生存的命脉之一。因此，公司中负责财务运作的财务主管这个位置，就显得尤为重要。事实上，公司的任何决策都与财务主管有直接或间接的联系。因此，为了能使自己的公司更好地发展，公司经营者务必要为自己找一个优秀的财务主管。

公司的财务管理工作烦琐且重要，公司经营者必须聘用真正有素质、有能力、可信任的人充当财务主管。

具体来说，一名优秀的财务主管应具备两方面的能力。

1. 道德方面

财务主管是公司核心部门的负责人，由于其所处位置的重要性，他的品德素质对公司的发展至关重要。财务主管的道德素质主要有以下几个方面：

（1）作风正派。一个优秀的财务主管应当具有良好的工作作风，不论做人还是做事都实事求是、光明磊落。在财务管理工作中遵纪守法，廉洁奉公，严格按规章制度办事，坚持原则。

（2）有敬业精神。一名优秀的财务主管应当热爱本职工作，把工作视为一种需要和自我价值的实现。在工作中，勤恳忠实，不断追求创新，自觉学习相关工作知识与技能，不断提高自身业务水平。

（3）对企业忠诚。主要表现在：视公司的利益高于自身利益，不做任何不利于公司的事情，针对公司财务工作中的各种商业机密，财务主管应当严格保守，并自觉维护公司形象，并为公司的发展积极出谋划策。

2. 业务方面

公司财务管理是一项专业性很强的工作，财务主管作为公司财务部门的负责人，必须掌握一定的专业知识，才能做好公司的理财工作。

（1）具备专业知识。这些知识给财务主管以正确的思维方法，使人能比较好的把握经济形势对公司经营的影响。要分析经济环境经济形势，离不开宏观经济学政府政策的知识。而微观经济学中边际成本与边际效益以及市场运作原理，对于正确地进行公司财务决策又至关重要。

（2）掌握会计知识。财务主管进行财务管理活动的最重要的信息来源便是会计账目。公司的一切活动和营运情况都在会计账目中有所体现。财务主管在进行各种财务经营决策时，都要用到会计账目所提供的各种信息。

（3）了解本公司产品。产品性质不同，其所需资金运转情况便不一致。财务主管不应局限于关注数字上的内容，其心中应对整个公司各个方面有全盘的认识，这样才能更好地开展工作。

（4）了解相关政策法规。此外，一名优秀的账务主管必须掌握相关的专业知识以及国家有关账务、会计工作的政策法规。例如，《企业账务管理》《审计》《管理会计》《责任会计》《税收会计》等专业知识是财务主管开展工作的基础，而对《公司法》《票据法》《企业会计准则》等国家的政策法规，也应当熟悉其规定。

制定可行的利润目标

利润目标是指企业在未来一段时间内，经过努力应该达到的最优化控制目标，它是企业未来经营必须考虑的重要战略目标之一。目标利润一经确定，便成为企业生产经营活动的行动依据，企业要根据目标利润来组织销售收入，控制销售成本的资金占用。

制定目标利润，具体包括：

1. 制定目标利润

按照下一年度的经营方针，制定企业下一年度的目标利润。

根据以前年度的实际成本费率以及当年的经营业绩的估计值，根据企业下一年度的经营方针，估计下一年度各项成本费用的增长比例，预估出下一年度的工资、制造成本、销售费用、管理费用等等固定费用。

根据下一年度的经营方针，估计下一年度的企业整体的利润率。

2. 初步制定目标利润和目标成本费用

根据以上制定的目标利润、预估成本费用、预估利润率，加以分解到企业的各个部门，作为各个部门制定目标利润和目标成本费用的基础。

3. 制订细分到企业的每个人的利润计划

（1）细分销售计划。

（2）细分各项生产成本计划。

（3）细分各项费用计划。

（4）综合制定利润预算。

4. 制订资金计划

（1）制订设备投资计划。按照下一年度的生产计划，制订下一年度的所需要的设备投资预算和计划。对照企业所掌握的自有资金数额，计算出下一年度设备投资所需要的借款数量，制订设备投资的资金调度预算和计划。

（2）制订资金周转计划。根据下一年度的生产计划、销售收入计划、经营计划，计算出因此产生的销售收入现金流入、应收账款、进货支出、产品库存的计划和预算，并以此制订出资金周转预算和计划。

（3）制订投资融资计划。根据经营计划制定下一年度的银行贷款及其偿还计划、借款及其偿还计划、投资计划、融资计划等。

（4）综合资金运用计划。根据设备投资计划、资金周转计划、投融资计划，加以汇总，制订下一年度的预估资产负债表、预估现金流量表。这两个预估的财务报表可以有助于企业的管理层决策层综合性的掌握资金的运用动向。

避免资金链出问题

每个企业在发展过程中，资金链可能都会存在这样那样的问题，但与企业存在的其他问题相比较，在企业中呈现的关系不大，经营者没有重视这个方面的问题。当企业发展到一定程度，问题就会暴露出来。一些资金链的断裂导致企业失败，表面看是问题的直接反映，其核心是企业缺乏管理财务风险和控制现金流的能力。

资金链，是一个企业的鲜血，几乎所有的企业稍做大一点，就会违背企业经营效率这个根本。因此，如何保证资金链的连续性发展，可以说是企业经营的根本。当一个企业核心业务趋于成熟，或者转向其他领域的时候，以资金链为主的财务风险会徒然增大，管理者必须谨慎对待。

如何避免资金链出问题呢？我们可以从以下几个方面着手：

1. 保证主链的资金充分宽裕

要保证这一点，必须有相当的融资能力，包括政府、银行等非常手段，资金链必须畅通。

2. 保证企业财务会计工作的有效性

由于种种原因，存货和应收账款上的阻力是特别大的，容易降低企业的资金周转率，也会大量出现腐败现象。所以企业要以资金管理为中心，提高资金使用率；做好应收账款管理，防止坏账发生，加强对原始单据的审核，保证会计资料的真实性、完整性及合法性；坚持稳健原则，防范财务风险，建立财务风险防范与财务预警体系，及时化解财务危机；开展财务分析活动，为企业运营提供决策依据；建立财务监控体系，防止财务失控，建立内部稽核制度，保证会计业务的及时、完整、准确、合法。

3. 尤其要关注应收账款

对项目而言，现金流就是血液，账面上的数字盈亏固然重要，但如果盈利大多不体现为现金而是应收账款，则即使盈利，也容易出问题。企业运营，信用销售必不可少，但必须实施科学的信用管理制度，将应收账款控制在一定范围内。在我们周围不乏这样的例子：一些项目看上去生意非常红火，利润空间很大，但没有坚持多久，就关门大吉。出现类似情况，其原因固然很多，但非常重要的一个因素就是信用销售比例太大，导致项目缺乏资金，难以周转，最终因血管堵塞而被迫死亡。

4. 比较特殊的中小企业掌控现金流的做法

（1）下游原料企业先货后款。除了第一次合作，为了表示诚意，需要提前支付货款外，要尽量先货后款。当然，一定要按章办事，不要压款，以免影响付款信用。

（2）对于客户先款后货。尤其是新客户一定要求对方先款后货。要随时记录各个客户的付款情况，制定相应的付款条款。一旦客户拖欠，其信用水平就要立即降低，马上提升预付款的比例。这样，给客户以警示，并能把风险降到最低。

（3）尽量租用大型生产设备。购买必然会占用大量的现金。如果采用租用的方式，虽然短期内支付的租金相应多些，但能保留下足够的现金流，支撑企业良性运转。

（4）不要接超过公司生产能力15%以上的大单。如果接受到超越自身生产能力的订单，一定要学会分包的策略。通过与别人的联合来完成订单，避免使自己力不从心。

应收账款的管理和控制

企业财务管理是企业经营管理中的重要一环，而应收账款管理又是财务管理的重要环节之一，所以说应收账款的管理与控制是企业运营过程中必须重点关注与加强管理的重要工作内容。尽可能缩短应收账款的回收期对于一个企业的发展有着巨大的意义。

那么，企业经营者为了提早的收回应收账款，就要发现当前这项工作中最常见的问题。

1. 树立正确的应收账款目标

片面追求利润最大化，而忽视了企业的现金流量。一个很重要的原因就是对企业管理者的考核过于强调利润指标，而并没有设置"应收账款回收率"这样的指标。利润最大化不应是应收账款管理的目标，如果以利润最大化作为目标，可能会导致对风险的忽视和企业长远利益的牺牲。应收账款管理的总目标应以企业价值最大化为理念，不能忽视资金的良好周转。

2. 加强会计监督

（1）没有建立应收账款台账管理制度，没有对应收账款进行辅助管理或者仅按账龄进行辅助管理。许多企业仅仅是在其资产负债表的补充资料中按账龄对应收账款的数额进行简单的分类，平时则没有对应收账款进行辅助管理。在企业回款好的情况下，基本能满足需要，但在企业回款不畅的情况下就无法满足管理的需要了。

（2）没有建立应收账款定期清查制度，长期不对账。由于交易过程中货物与资金流动在时间和空间上的差异以及票据传递、记录等都有发生误差的可能，所以债权债务的双方就经济往来中的未了事项进行定期对账，可以明晰双方的权利和义务。而现实中有的企业长期不对账，有的即便是对了账，也没有形成合法有效的对账依据，只是口头上的承诺，起不到应有的作用。

（3）未建立坏账核销管理制度。有些企业对没有收回的应收账款长期挂账，账龄甚至多达十余年，而这部分资产其实早已无法收回。

3. 建立完善的客户信用制度

营销过程中对客户资信的调查和管理对应收账款的回收具有很重要的作用。但该公司在商品销售过程中，往往在未弄清客户的资信程度的情况下，就急于和对方成交。这样虽然使公司销售额在不断攀升，但是反而会出现少赚钱或赚不到钱，甚至赔本的现象。例如，未对客户进行详细的资信调查，就给对方发货，待付款期限到时，对方无力付款，经调查才知该公司濒临破产，早已资不抵债了，结果给公司造成了巨大的损失，使公司的经营状况陡然下滑。

4. 明确应收账款管理的直接责任

应收账款的直接责任者并不仅仅指个人，还包括相应的部门。很多公司的应收账款的日常管理没有专人负责，没有建立一套合理的管理制度和程序。一方面是在向客户赊销产品或收回欠款的同时，没有专人对其应收款项进行及时增添或勾销。产生欠款后，催收工作没有具体的措施，一般是由产品销售人员负责催收，而销售人员的精力往往顾不过来。另一方面财务人员对应收账款的账龄分析不够详细，这样一来就不能及时发现问题，提前采取对策，尽可能减少坏账损失。另一个主要原因是没有明确由哪个部门来管理应收账款，没有建立起相应的管理办法，缺少必要的内部控制，导致对损失的应收账款无法追究责任。

5. 成本控制精细化

应收账款是一种短期投资行为，是为了扩大销售提高盈利而进行的投资。而任何投资都是有成本的，应收账款投资也不例外。这就需要在应收账款所增加的利润和所增加的成本之间作出权衡。只有当应收账款所增加的利润超过所增加的成本时，才应当实施赊销。如果应收账款赊销有着良好的盈利前景，就应当放宽信用条件增加赊销量，否则就减少赊销量。那么，与之相关的成本是一定要相应增加的，这就要求必须全面地计算与之相关的付现成本和机会成本。目前，我国很多的企业应收账款的管理基本上还是粗放式的管理，没有真正确立成本效益对比分析的精细管理办法。

完善应收账款管理体系

构建资金良性运转循环机制是企业提高营利能力的关键，应收账款是企业营运资金管理的重要环节。面对日益激烈的市场竞争，建立安全、有效的应收账款管理体系是关系企业健康发展乃至生存的大事。

许多企业缺乏资金风险意识，重视市场开拓和生产运行，轻视货款回收和资金管理，对合同中有关资金支付条款不够重视；注重生产成本，却忽视资金成本；生产部门只负责组织生产运行，而货款回收却是财务部门的事，经常造成财务部门拿到收款单据却找不到债务方。由于生产运行和货款回收流程不畅，使得资金回笼周期较长，造成资金恶性循环。

为了防范应收账款管理过程中的各种风险，减少坏账损失，提高企业资金的使用效率。完善应收账款管理体系，需要从以下几个方面作出努力。

1. 明确责任

针对应收账款管理的现状，应该树立"谁经办谁负责收款"的应收账款终身责任制。同时明确生产、经营和财务部门各自的责任和义务，规定信用政策、信用额度、应收款项的处理业务流程以及坏账处理、责任追究程序等。

将清欠指标（应收账款当年回收率、历年账款的回收率和应收款项的年末余额额度）纳入对各领导、各部门负责人及所属单位的绩效考核当中。建立清欠激励制度，对收回呆账、坏账的人员给予适当奖励。

2. 加强合同管理

企业销售业务应实行合同管理制度，授权有关人同客户签订销售合同。对于金额重大的订购合同应当通过法律顾问等专业人员审核把关。未经授权，任何人不得随意签订销售合同。企业应认真开展合同评审工作，对客户提出的标的、数量、质量、交货期、交货地点、付款方式及违约责任进行认真审查，并决定是否接受订单。一旦接受，企业要按合同要求组织生产与交货，确保全面履行合同。

3. 做好应收账款日常管理

首先，企业财务部门应按赊销客户名称进行明细核算，定期统计客户的赊销金额、账龄及增减变动情况。信用部门也要经常计算账款回收期、账龄结构、逾期账款率、坏账率等指标，并将结果反馈给企业主管领导，为评估、调整客户的信用等级、信用政策提供依据，同时也能了解赊销总情况。

其次，企业财务部门应定期向客户寄送对账单，对账单应由双方当事人和财务人员确认无误并签章。作为有效地对账依据，如发生差错应及时处理。对于逾期拖欠的应收账款应编制账龄分析表进行账龄分析，并加紧催收。

4. 及时处理呆坏账

财务人员应严格按有关法律法规的要求对应收账款进行核算，及时清算债权债务、对账等工作，对可能破产、倒闭的客户，要积极采取保全债权措施。事实上已难以收回的逾期货款，报经有关部门审批后，予以核销。

当然，只要存在着商业信用行为，坏账损失的发生总是不可避免的。因此，企业应遵循谨慎性原则，建立坏账准备金制度，采用应收账款余额百分比法或其他的方法计提坏账准备金。

做好公司财务预算

所有的公司都要作预算，估计出一年里一个大概的开支，经营者不要借口"业务变化太快"、"没时间"、"公司太小不需要"、"没有资源或没人来做"，把预算抛在脑后。连自己花多少钱都不清楚的公司，不可能生存太久。

上到国家，中到企业，下到个人，每一个主体都会与预算打交道。随着市场经济的发展，企业制定科学的预算制度，也是其竞争力的一个重要体现。

企业经营管理者建立科学预算制度主要从以下几方面入手：

1. 强化资金预算管理

俗话说：资金是企业的"血液"，是保证企业有效运转的不竭源泉，如何用好资金，提高资金使用效率成为企业财务人员面临的一项重要课题。尤其是在目前市场变化无常情况下，科学合理的资金预算是企业统筹安排资金，降低资金成本的有效途径。在以企业负责人为首的资金预算委员会的领导下，采取了一系列强化资金预算管理的措施：

（1）以周资金预算为重点保月资金预算。企业应在总结了以前资金管理成功经验的基础上，进一步加强资金预算管理，建立了年、季、月、周的资金预算管理体系，做到以日资金调控保周资金预算，以周资金预算保月资金预算，使企业的资金始终保持良性循环状态。

（2）建立各个业务部门共同参与、全过程控制的全面月资金预算体系。一个科学的预算需要企业各部门的协调配合。企业各部门在每月某日前提供本部门的生产计划，如：生产办提供原料采购计划和物资采购计划，基建科提供固定资产的工程用款计划，销售公司提供产品销售计划和应收账款控制计划等。报主管领导审批后，将有关资料及时提供给财务部门，再由预算委员会办公室于每月月底前将资金预算进行汇总、预审并报资金预算委员会审批。

（3）建立预算变动报告及执行情况反馈制度。企业里的实际资金流转不可能与预算完全相同，对于有变动的资金预算，必须提供书面报告，并提交资金预算管理委员会审批，以便资金管理人员及时调整预算和调度资金，经批准后方可办理付款手续。对周、月度资金预算执行完后，要及时进行资金预算执行情况分析，及时查找形成差异的原因，然后将分析结果及时反馈给各业务单位，以指导今后预算的编制。

2. 加强成本预算管理

作为企业来说，成本控制是一个非常重要的环节，如何加强企业的成本控制，提高企业经济效益呢？为了加强各个生产环节的成本管理，应在全面二级核算的基础上，深化、细化班组核算，推行全面成本预算和目标成本管理，具体情况如下：

（1）加强企业的成本预算，强化目标成本管理。为了加强对预算工作的组织领导，企业应成立预算管理委员会实行统一管理。每年某月（定期）预算管理委员会要召集生产、销售、计划、财务等部门，根据上级下达的相关指标，结合本年实际编制来年的生产计划、销售计划，预算委员会办公室再根据相关计划编制来年的成本预算，报企业预算管理委员会讨论、审定，然后将成本预算逐项进行分解，并建立相配套的考核办法。同时各二级单位建立各级成本责任制。按照"纵向到底"的要求，将各项成本预算指标逐一细化分解到车间、班组、工段、以及个人，真正形成"千斤重担人人挑，人人肩上有指标"的预算指标体系，做到一级对一级负责，一级对一级考核，保证效益目标落到实处。

（2）加强经济活动分析，及时跟踪预算执行情况。预算指标一经下达，不得随意更改，为了及时了解预算执行情况，以及实际执行过程中出现的偏差，企业应建立定期预算分析和报告制度。每月组织生产经营、计划、财务等部门对本月、年累计预算期工作量完成情况、成本费用控制指标完成情况、利润完成情况、财务情况、现金流量、市场需求价格变动趋势进行分析，将预算执行结果与预算数据对比，找出差异并分析形成差异的原因，对发现的突出问题，进行专题分析，及时解决预算执行过程中出现的问题，在执行和分析过程中，不断完善预算管理制度，提高预算管理水平。

3. 加强绩效考评

根据分解下达年度、季度、月度预算指标，企业应制定一套比较完整的配套考核办法和奖励办法，实行成本一票否决制度，职工个人利益与预算指标挂钩。同时根据不同单位对成本节约的大小，实行系数分配制度，就是将各单位预算指标考核结果再乘以一个系数作为最终的奖金分配依据。这样一方面可以适当拉开收入差距，体现向一线倾斜和按贡献大小来分配的公平原则，另一方面是将月度预算指标与年度预算指标相挂钩，激励各单位以月保年，切实保证年度预算指标的完成。

加强预算管理尤其是资金预算、成本预算管理，目的要真正实行全面预算管理，从根本上提高管理水平，最终实现企业效益最大化的目标。

4. 预算要有"法律效力"

一旦你的预算确定下来，各部门在生产、营销和各项活动中，就要严格执行，围绕预算开展活动。年度预算有了，还要从年度预算再细分到月度预算，而且每个月都要对预算执行情况进行分析。如果在哪个环节上的花费当月超出了预算，马上分析原因，是因为一次性费用，还是因为控制不当，如果是控制不当引起的，马上追究责任，然后再找将要采取的改进措施。让相关责任人立下保证，不能达成的，追究责任。要让员工把预算当成公司的"法律"，"法"不容情，违"法"必究。

关注资金周转效率

资金周转效率这个指标，在很大程度上决定了你的项目能发展到什么程度。

不少公司的经营者，项目运作了五六年，虽然一直都在赢利，但就是做不大。倘若问及这其中的原因，他们往往会回答说，自己也想通过追加投入和雇用员工来实现规模上的扩张，结果发现不雇人自己还能赚一些钱，一旦雇人，自己还没有员工赚得多，自己承担了很大风险，受苦受累，最终反而给员工打工了，心中多多少少有些不情愿，许多年过去了，一直突破不了这个困局。

在现实当中，这种现象非常普遍。出现这种情况的原因固然很多，但最为核心的还是资金周转效率和资金利润贡献率。这两个指标，直接决定了限定时间内，在人员数量和人力资本投入相同的情况下，你的利润水平如何。举一个简单的例子，假定你流动资金投入2万元，一个月周转3次，每次可获利2000元，每个月下来经营所得利润就是6000元，倘若一个月周转仅仅只有1次，则利润只有2000元。如果你的项目雇用了两名员工，每人月薪1500元，在资金不同循环周期下，盈亏情况差异就变得相当大了。

再举一个例子，项目流动资金的投入还是2万元，资金一个月周转2次，你经营甲产品每次周转可获利1000元，5%的毛利率；经营乙产品每次周转可获利2000元，10%的毛利率；经营丙产品每次周转可获利4000元，20%的毛利率。在这三种不同的利润空间下，每月分别能够获得2000元、4000元或者8000元的利润。倘若你聘请了三名员工，月薪都是1000元，在不同的利润空间下，项目盈亏情况同样差异巨大。

以上是两个非常简单的例子，现实中的情况往往会复杂得多，基本上都是两个变量同时在发生变化。事实上，影响资金周转效率的因素很多，不同种类的产品，同类产品不同牌子，产品之间的不同组合，不同的经营地段，以及不同的客户定位，指标上的差异都非常大。说白了，商业模式的不同，直接决定了资源周转效率。

有效提高资金周转率，从而提高资源对企业的利润贡献率主要有八个方面需要企业经营管理者注意：

1. 要货计划的制订

许多经销商组织在要货计划制订上没有详细的作业流程，控制程序相当随意。有的由仓库管理员做，有的由业务员做，也有让财务人员来做，这些其实都是欠妥的行为。仓库人员会考虑自己的现有库容和工作强度，对市场和财务很少考虑；业务员主要从市场角度考虑，货是越多越好；财务则以上期或同期数据为参考，时效性和市场感觉较差。

合理的做法建议是：业务负责做出一份下个周期（选择周、旬、月、季等为单位均可）市场要货数量和重要客户要货频次，由仓库管理员结合现有库存状况进行部分产品要货量调整，再由财务根据上期或去年同期实际销售数据以及财务资金状况进行修正，最后由经销商组织负责人通盘考虑进行核定。（特别提醒：要货时必须注意非正常要货的配载，有时为了匹配供应商的经济运输单量，随意增加一些计划外的非正常要货。实际上，这部分配载货最后都成为积压库存，退换都成问题。）

多要货则容易占用周转资金，降低资金周转效率；少要货可能因缺货被终端客户锁码和经济处罚，得不偿失。要货计划做不好，资金回转率提高只能是幻想。

2. 配送管理

在传统经销商那里，配送是一项极其简单的工作，根本算不上管理项目。这是认识的误区，配送管理得好不好，将直接影响物流效率，从而影响资金周转率。

订单意味着交易机会，但若错过订单交付时间，则会断送这次交易机会，还会对客户关系产生负面影响。

配送管理不复杂，然而就是因为轻视而导致配送效率低甚至混乱的现象频频在经销商组织里发生。

例如：某经销商在某KA客户的订单下单期是每周二、四，次日送货。若是周四的订单延误一次，即使不处罚，也要到下周二重新下订单，下周三送货。期间要耽误周六、周日以及下周一、二的四天销售。这批产品的理论库存期就增加了四天，实际操作中肯定还要大于四天。如果恰好又过了结账期，这批产品要挪到下月结算，则更是降低资金回转率。

3. 账期管理

零售客户的账期只会每年延长不太可能缩短，从账期上寻求变通来提高资金回转速度的可行性不高。有的零售商允许提前结算，但经销商的贴息成本高，除非急需资金周转顾不上考虑财务成本增加。

我们这里的账期管理主要体现在对实际结账期与合同账期是否在正常偏差区间。比如，合同约定账期为45天，终端对账期恰逢十一假期，因此经销商对终端开具税票期距终端支票实际出票期为50天。此间的5天偏差是能接受的，若这个区间大于5天就有问题了。

有一家经销商财务在笔者的提示下将去年一年的某卖场出入账期进行汇总分析，发现平均结算账期为82天（法定节假日未作回避），而与该卖场签订的合同账期为60天。

账期管理不能只是停留在合同谈判上，更要把重心摆在执行上。尽量避免给零售商客户拖延付款的理由，使己方始终处于主动状态。

4. 社会库存控制

有一个经销商老板这样说过，他很有钱，但钱都在货里。他这里说的货就是我们常说的社会库存，即在下游客户那里赊销的产品。

做终端的经销商都明白一个道理：没有一定的社会库存，就没有陈列效果，也就不能增加销售机会。但过高的社会库存又是资金回转率的黑洞，如何做好对社会库存的控制就变得尤其重要。

只有合适的库存，没有合理的库存。做生意不同于理论设想，合理的东西往往不合情。比如，做两家终端，A店300平方米，B店1000平方米，从陈列空间来看，B店的货架库存应该要大于A店才合理。但A店该品类只做两个品牌，B店有七个品牌，在A店做的两个品牌的销量略高于在B店这两个品牌的销量。从经销商经营的角度，社会库存给A店比给B店更有价值。

经销商不同于实力强大的制造商，不能盲目追求所谓的数值铺货率，更不能注重所谓的机会总量（那相当于空中楼阁，潜力是有，但竞争成本更大）。

5. 促销执行

卖得越快回转率越高，这是显而易见的规律。促销的效果标准有很多，但作为经销商组织来说，销售出去多少是硬道理。

（1）促销的根本是促进销售，帮经销商创造更多溢价收入。经销商最正常的交易行为是加价行为，尽管现在通过加价产生盈利的难度越来越大，但这是经销本质。正常的结果是促销越合适，销量越大，资金回转率越高。

（2）促销可以保持经销商对下游客户的控制。现今的商业流通发达，渠道客户可以轻易买到几乎所有的产品，但却无法得到促销支持，这是经销商天然的优势。有忠诚度高、稳定的下游客户，无形中会帮助经销商提高资金效率。

（3）促销是经销商掌握主动性的为数不多的权力之一。没有一个下游客户不对促销感兴趣的，如果促销力度超出常规，连"脾气大"的零售卖场采购也会变得亲切易处。在账期管理的回旋余地也就增加。尽管有账期要求，如果能够有较大折扣的促销，与卖场做现金交易也是非常可能的。

但是经销商群体中有不少人把厂方促销当成唐僧肉，据为己有。有人将促销当成利润来源，一个劲地向上游厂方申请促销费用或者虚报费用，这种本末倒置的做法最终是害人又不利己。促销上的投入一分不能省，促销上的资源一分不能贪，好钢都得用到刀刃上。

6. 残滞库存处理

残滞库存在每个经销商处都有，有商业以后就有这个问题，可以说是顽疾。既然不可避免，就应当积极妥善处理。

残滞库存不是资产，反而是负债。建议经销商组织要时刻注意残滞库存的产生和处理，不要积压，企图有朝一日能够原价折算给上游供应商。如果残次库存已经与上游供应商交涉无果的话，还不如早些处理变现出来，哪怕真是"十分不当一分卖"。

7. 客户管理

每个客户对资金回转的要求都不会相同，这时经销商应该对每一个客户资金回转率给予评估。回转率越高的客户比例要保持在一定的水平线以上，遵循"现金为王"的经营理念。适时淘汰一些结算信誉差的客户，不是每个客户都值得往来。过分要求客户铺货率是会大幅降低资金回转率的，这个结果已经无数次得到验证。

8. 品项管理

品项管理已经不是一个陌生的概念，对于以商贸为主的经销商来说，品项管理势在必行。

经销商品项管理包括以下内容：

（1）品牌侧重：一个经销商往往经营几个品牌，每个品牌的投资收益和资金回转率都有是差异的。

（2）品类划分：按当地市场消费水平和消费结构划分，保证资金投向的有效性。不是每个制造商都能做好手中所有的品类，所以经销商更要注意自己的区域特点。

（3）小品项调整：回转率与毛利率走向恰好相反，经销商必须权衡利润与回转率的选择侧重。

（4）季节性产品：季节性产品的资金需求是不均衡的，经销商要计划好季节性产品与常销产品的资金使用状况，既要关注季节性产品，又要防止对常销产品的资金过多占用。

重视公司的问题账款

问题账款指本企业销售业务员销售过程中所发生被骗、被倒账、收回票据无法如期兑现或部分货款未能如期收回等情况所涉账款。问题账款一般包括呆账和坏账。三年以上既不增加也不减少的无法收回的往来账，并且不能确定将来是否能收回的往来账，应该确定为呆账；已经确定不能收回的往来账，应该确定为坏账。

部分经营困难，甚至倒闭的企业并不是没有获利的能力，而是缺乏收款能力。大量问题账款的产生，使企业面临极大风险。

现代市场经济是风险经济，企业销售成功并不等于经营成功，成功的经营是商品转变成现金，而不是商品转变成债权。债权在手不是胜券在握，一旦应收账款成为问题账款，将给企业的发展带来很多障碍。

账款管理如果控制得好（呆账损失、账款管理费用支出小于销售额扩大带来的额外收益）就可以提升销售，提升竞争力、增加利润。如果管理不当则会陷入泥潭，失去竞争力。甚至一分钱的账款要以10倍、20倍的销售来弥补。

问题账款犹如洪水猛兽，侵吞着企业的利润。因此，有效的账款管理是避免出现问题账款的重要途径。

造成回款难的原因很多，只要有任何一种情况发生，都可能导致应收账款回收的速度变慢，或者根本就收不回来。寻求有效的应对方法，如何才能提高收款绩效。常见方法如下：

1. 做好客户分级管理

最好事先对客户做好分级，可以选择不同的标准。这些标准分别是：

客户的付款状况。就是企业统计客户最近一年的付款情况是否及时，有无拖延，拖延的天数与原因等，然后根据这些因素，来判定客户的级别。

客户的下单量。统计客户近一年的下单量，然后，按照从大到小的顺序进行排列。不要以为订单量大的客户就是大客户，判断大客户的标准不仅要看其订单量的大小，更要评估其真正的偿债能力。

客户对企业利润的贡献率。统计一年内客户的下单量及其购买产品的利润率，然后算出对本企业利润的贡献率，再以这个贡献率的大小进行排名。

客户的发展前景。企业通过了解考察，挖掘客户的潜在价值，然后，客观地判断其重要性。

2. 及时、频繁和有力度地催款

（1）动作要快。可以向客户要求一旦其销售回款进账，就必须优先付款给你，然后向对方询问何时有进账、金额多少、其中可支付给本公司的约有多少等具体细节，并记录在案，便于需要时查询。同时，随时保持密切的联系，当对方的款项一进账，就立即下手。

（2）催收要勤。适度频繁的催讨是快速回款的有效策略。对于已经欠下账款的客户而言，如果催收的频率不高，就会让客户错误地认为这笔账款不是很重要。所以要每隔一段时间，就要向客户提个醒，让客户记住还有多长时间就该付款了。

（3）要有力度。如果本企业在市场上有很强的竞争力，就可以暗示若不按时付款就将中止双方的合作关系，以此让对方感觉到压力。

3. 要在合同中明确各项条款

在与客户签订销售合同时，一定要注意以下事项，以避免日后处理应收账款时与客户产生分歧，给企业带来经营风险：

（1）明确主要交易条件，如价格、付款方式、付款日期、运输方式等；

（2）明确双方的权利和违约责任；

（3）确定合同期限，合同结束后视情况再行签订；

（4）加盖客户的合同专用章。

加大力度催收欠款

对于企业，如果有大量资金没有能收回，自己企业的资金运转便会出现断层，那势必会影响一个企业的正常运营，给自己企业带来巨大的损失。因此，为了自己企业更好的发展，催收账款时千万不能心太软。

若在货款到期日还没有收到客户的付款，就应该立刻着手采取各种方式进行追讨应付账款，一般有以下两种追讨方式：

1. 公司自行追讨

这是处置拖欠时间不长的应收账款的首选方式。普通有电话收款、信函催收和上门追讨三种。这种经过双方协商清偿债务的方式主要适用于债权债务关系比拟明晰，各方对拖欠债务的事实无争议或争议不大的状况，而且这种方式烦琐、易行，可以及时地处理问题。

公司自行追讨，追账本钱最小，也利于维护双方当事人的良好业务关系，但是自行追讨的缺陷也很明显，它的追讨力度不大，对歹意拖欠客户的作用不太明显，因此作为自行上门追讨的工作人员一定要注意以下几点：

（1）信念坚定。一些人在催款中会表现出某种程度的怯弱，这里一个很重要的问题是必须要有坚定的信念。

一个人在催收货款时，若能信心满怀，遇事有主见，往往能出奇制胜，把本来已经没有希望的欠款追回。反之，则会被对方牵着鼻子走，本来能够收回的货款也有可能收不回来。因此，催款人员的精神状态是非常重要的。还有的收款人员认为催收太紧会使对方不愉快，影响以后的交易。如果这样认为，你不但永远收不到货款，而且也保不住以后的交易。客户所欠货款越多，支付越困难，越容易转向他方（第三方）购买，你就越不能稳住这一客户，所以还是加紧催收才是上策。

（2）提前上门。到了合同规定的收款日，上门的时间一定要提早，这是收款的一个诀窍。否则客户有时还会反咬一口，说我等了你好久，你没来，我要去做其他更要紧的事，你就无话好说。登门催款时，不要看到客户处有另外的客人就走开，一定要说明来意，专门在旁边等候，这本身就是一种很有效的催款方式。因为客户不希望他的客人看到债主登门，这样做会搞砸他别的生意，或者在亲朋好友面前没有面子。在这种情况下，只要所欠不多，一般会赶快还款，打发你了事。收款人员在旁边等候的时候，还可听听客户与其客人交谈的内容，并观察对方内部的情况，也可找机会从对方员工口中了解对方现状到底如何，说不定你会有所收获。

（3）直截了当。对于付款情况不佳的客户，一碰面不必跟他寒暄太久，应直截了当地告诉他你来的目的就是专程收款。如果收款人员吞吞吐吐、羞羞答答的，反而会使对方在精神上处于主动地位，在时间上做好如何对付你的思想准备。一般来说，欠款的客户也知道这是不应该的，他们一面感到欠债的内疚，一面又找出各种理由要求延期还款。一开始就认为延期还款是理所当然的，这种客户结清这笔货款后，最好不要再跟他来往。

（4）预防其金蝉脱壳。如果客户一见面就开始讨好你，或请你稍等一下，他马上去某处取钱还你（对方说去某处取钱，这个钱十有八、九是取不回来的，并且对方还会有"最充分"的理由，满嘴的"对不住"）。这时，一定要揭穿对方的"把戏"，根据当时的具体情况，采取实质性的措施，迫其还款。

（5）及早离开。如果你的运气好，在一个付款情况不好的客户处出乎意料地收到很多货款时，就要及早离开，以免他觉得心疼，并告诉他××产品现在正是进货的好机会，再过10天就要涨价若干元，请速做决定以免失去机会等等，还要告诉他与自己联系的时间和方法，再度谢谢他之后，马上就走。

（6）死缠烂打。如果经过多次催讨，对方还是拖拖拉拉不肯还款，一定要表现出相当的缠劲功夫，或者在侦知对方手头有现金时，或对方账户上刚好进一笔款项时，就即刻赶去，逮个正着。

2. 拜托专业机构追讨

在公司自行追讨无果又不想马上诉诸法律的状况下，公司能够拜托专业机构代为追讨。这些机构包括律师事务所、会计师事务所、收账公司等专业机构。拜托专业机构代为追讨有以下益处：

（1）有专业的顾问。专业收账机构具有丰厚的收账经历和学问，对每一类的拖欠都会制定一套有效的措施，手腕多样化，对客户的压力也较大，远远大于公司自行追讨的力度。

（2）节约本钱和费用。公司在产生逾期账款拖欠后，曾经担负了相当大的损失，从心理上说，就不愿支付过多的追讨费用，形成更大的损失。而专业收账机构除收取小比例的手续费外，普通都采用"不追回账款，不收取佣金"的收费政策，这对客户来说，是一种减少损失而又不用冒额外损失风险的办法。

（3）有利于维护客户关系。拜托专业机构收款，由第三方与客户停止沟通、交涉，双方贸易纠葛并没有公开，较之诉讼等形成与债务人关系恶化的法律手腕，不严重损伤买卖双方的协作关系，便于日后与客户修复业务关系，为未来的再次协作留有余地。

确保充足的现金流

可以说，现金流决定着企业的生存和运作的"血脉"。因此，经营者应该保证在任何时候，企业都要确保有充足的流动资金，这样，才能为企业的正常运转提供了基本的保障。

现金流是指企业在一定会计期间按照现金收付实现制，通过一定经济活动而产生的现金流入、现金流出及其总量情况的总称。从产品的市场调研到售后服务的整个过程，任何环节都与企业的现金流交织在一起。

那么企业管理者应该如何管好现金流，使它支出和收入保持平衡呢？

1. 培养管理层的现金流量管理意识

企业的决策者必须具备足够的现金流量管理意识，从企业战略的高度来审视企业的现金流量管理活动。

2. 注重流动性与收益性的权衡

现金是对企业来说非常重要，那是否意味着账面上现金越多越好？答案是否定的，创业者更要注意流动性与收益性的权衡。要根据企业的经营状况、商品市场状况、金融市场状况，在流动性与收益性之间进行权衡，做出抉择。现金的持有固然可以使公司具有一定的流动性即支付能力，但库存现金的收益率为零，银行存款的利率也极低，因此，持有现金资产数量越多，机会成本越高。如果减少现金的持有量，将暂时不用的现金投资于债券、股票或一个短期项目，固然可以增加收入，降低现金持有成本，但也会由此产生交易成本以及产生流动性是否充足的问题。

因此，创业者要在保证流动性的基础上，尽可能降低现金机会成本，提高收益性。

3. 合理规划、控制企业现金流

企业现金管理主要可以从规划现金流、控制现金流出发。规划现金流主要是通过运用现金预算的手段，并结合企业以往的经验，来确定一个合理的现金预算额度和最佳现金持有量。如果企业能够精确的预测现金流，就可以保证充足的流动性。同时企业的现金流预测还可以现金的流入和流出两方面的出发，来推断一个合理的现金存量。

控制现金流量是对企业现金流的内部控制。控制企业的现金流是在正确规划的基础上展开的，主要包括企业现金流的集中控制、收付款的控制等。现金的集中管理将更有利于企业资金管理者了解企业资金的整体情况，在更广的范围内迅速而有效地控制好这部分现金流，从而使这些现金的保存和运用达到最佳状态。

4. 用好现金预算工具，做好现金管理工作

对于刚刚起步、处于创业初期阶段的企业来说，现金流量估计（或现金预算）是一个强有力的计划工具，它有助于你做出重要的决策。首先要注意确定现金最低需要量，起步企业的初期阶段现金流出量会远大于现金流入量。

待初创企业公司达到一定规模时，可以逐步扩展到规范的现金流管理，它包括现金结算管理、现金的流入与流出的管理等内容。在任何情况下，合理、科学地估计现金需求都是融资的重要依据。

5. 建立以现金流量管理为核心的管理信息系统

将企业的物流、信息流、工作流、资金流等集成在一起，使得管理者可以准确、及时地获得各种财务、管理信息。

在纳税上少花冤枉钱

合理避税是指在尊重税法、依法纳税的前提下，在现行的制度、法律框架内，纳税人合理地利用有关政策，采取适当的手段对纳税义务的规避，减少税务上的支出。

合理避税并不是逃税漏税，它是一种正常合法的活动。合理的避税可以使企业创造的利润有更多的部分合法留归企业，也能大大增加企业的获利能力。

在长期的商业活动中，成功的商人总结出了很多合情合理的避税方法。常见的避税方法有以下几种：

1. 转换企业资产构成性质

每到一国做生意，事先详细了解该国的投资环境和该国的一些优惠政策。如有些国家为了吸引外资，对外商投资企业一直实行税收优惠政策，这其中就包括外商独资企业、中外合资企业。

这是因为，国内企业所有者如果不能以外商身份进行注册，应想方设法将自己的企业转换为中外合资、合作经营企业，以便能够合理、有效地获取享受减税、免税或缓税的方法。

2. 企业注册地的选择

每个国家在制定本国经济政策的过程中，对一些亟待发展的的确都会有一些政策上的倾斜，所以在企业注册地的选择上，要尽量利用相关的政策优惠。如在我国相关法律有规定，凡在经济特区、沿海经济开发区、经济特区和经济技术开发区所在城市的老市区以及国家认定的高新技术产业区、保税区设立的生产、经营、服务型企业和从事高新技术开发的企业，均可享受较大程度的税收优惠。因此注册公司的时候尽量要选择这些地区而作为注册地。

3. 选择合适的行业

为了照顾弱势群体和特殊群体，为弱势群体和特殊群体谋取福利，国家对一些特殊行业有免税规定，这其中就包括托儿所、幼儿园、养老院、残疾人福利机构、婚姻介绍、殡葬服务、医院、诊所和其他医疗机构等，都免缴营业税。

4. 安置"四残人员"

为了照顾残疾人群，鼓励企业多用残疾人群，国家相关政策规定，占企业生产人员35%以上的民政福利企业，其经营属于营业税"服务业"税目范围内（广告业除外）的业务，免缴营业税。残疾人员个人提供的劳务，免缴营业税。

5. 充分利用税收优惠政策

全国各地对不同的企业都会有不同的税收政策，会对一些当地支持的行业进行税收优惠。例如，有些高新技术开发区的高新技术企业减按15%的税率征收所得税；利用"三废"作为主要原料的企业可在5年内减征或免征所得税等。

6. 借贷筹资

企业资金来源于三个方面：自我积累、借贷、股票发行。自我积累是企业税后分配的利润，股票发行支付的股利也是税后利润分配的一种方式，二者都不足以抵减应交纳的所得税。而借贷的利息支出是从税前利润中扣减，可以冲减利润而最终避税，所以经理人可选择借贷的方式为企业筹集资金。

第二十招

专业之道：

先做专做精，后才能做大做强

实现专业化标准

现代社会经济运行的一个突出特点，是专业化分工明显存在。从社会与科技的发展趋势来看，专业化分工越来越细，专业化标准越来越高。

分析一个企业的业务，会发现不同的业务对公司的价值有很大的差异。一般说来，企业的业务活动可以分为四类：

1. 必须自己做

只有自己可以做，或者必须自己做，并且通过它们使公司区别于竞争对手的业务，这是公司存在的根本，没有这些业务公司根本就没有存在的必要，因此这些业务往往是战略性的，属于核心业务的范畴，是公司竞争力的主要载体。例如英特尔的芯片研发与制造、耐克的产品研发与品牌管理、三星的数码业务等。

2. 可以自己做

非得公司自己做，别人无法替代，但难于和竞争对手区别开来的业务。这是公司经营的"保健性"因素，也就是说，做得不好就直接给公司造成负面影响，做好了也不大可能在顾客心目中留下深刻的印象。当然，如果与竞争对手相比做得特别好，这些业务可能提升公司的竞争力，形成竞争优势。例如美国西南航空的快捷服务等都成为了它们的核心竞争力。

3. 自己做有优势

可以形成公司的竞争力，同时别人做比自己做更有优势的业务。例如制造公司非关键零部件的供应、直销公司的物流配送服务等。这类业务往往不是公司的核心业务和主营业务，但它对核心业务和主营业务有较大的支持作用。

4. 自己做没有优势

专业公司更有优势，同时对公司核心业务及竞争优势无关痛痒的业务。例如工厂环境卫生及绿化服务、员工上下班班车服务等。

企业正确的做法是：牢牢抓住第一类核心业务，加强核心业务领域的竞争力；认真管理好第二类业务活动，使其充分发挥对核心业务的支持作用，或直接转化为公司的竞争优势；对于第三类、第四类活动则要积极主动地外包给合格的供应商，所不同的是对于第三类业务的外部供应商或服务商更应加强管理与协作。采用这种由内外部专家装配而形成的商业模式的企业称为"专业化企业"。

做最熟悉的领域

所谓隔行如隔山，每个行业都有其独特的规则和规律，当进入一个不熟悉的领域，选择了不熟悉的生意，无疑给自己制造了巨大的障碍。

作为公司经营者，你需要一心一意地去做你熟悉、你懂行的行业，千万不要人云亦云，盲目跟风，不要好高骛远，也不要打一枪换一个地方。如果能做到这一点，你经营的公司最终可能会做大做强。

随着市场越来越成熟，做生意越来越讲究专业，内行的人更能抓住市场的命脉，获得丰厚的回报。

1. 探索熟悉的领域

小公司经营者探索自己的喜好和熟悉的领域是非常重要的。其实无论是什么背景的人，开公司最好要从自己最熟悉的行业开始。进入熟悉的行业就不用在一个陌生的领域从头学起，而在不熟悉的领域"交学费"是在所难免的，而公司经营经不起这样的折腾。

要想在一个个行业获利，首先要对这个行业熟悉，如果是外行就要先变成内行。做生意要有长远的打算和规划，任何项目、任何行业都不是三天两天可以摸透的，如果把一个行业想得太简单是无法从中淘到金的。相关的行业经验非常重要，如果你对某个领域不熟悉，无论看到别人赚多少钱都不要眼红盲目跟风，到头来可能就是做别人的垫脚石。

林先生在一家电脑公司做销售，工作压力比较大，一直希望能够自己开店。正好一个朋友的店铺出让，他就接手下来开了家咖啡厅。林先生觉得产品基本都是一样的，没有太大的差异，能够卖得好是因为销售人员做得好，产品才会卖得好。

于是在咖啡厅的产品研发方面，他并没有投入太多资金和精力，只是将工作交给新来的厨师。自己心思花在招揽顾客上了。然而咖啡厅卖的毕竟不是速溶咖啡，开水一冲就好了。对于咖啡的品种，如何研磨、冲泡，林先生根本一窍不通，顾客抱怨咖啡的口感不好，点心也不对味。开店之后的顾客主要都是以前的合作伙伴和朋友的帮衬，一个月下来的营业额连支付房租都不够。一次订购时还被蒙骗，花了优质咖啡豆的钱拿到的却是劣质咖啡豆，损失惨重。朋友提醒他，你原来不是销售电脑的吗，为什么要做咖啡呢？一语点醒了林先生，他立刻将店铺进行改装，与以前合作过的生意伙伴联系订购等事宜，专门经营电脑及周边产品，生意逐渐开始好转，扭亏为盈了。

在生意场上，如果对自己所从事的行业不了解，往往就意味着血本无归。每个行当都有自己的核心内容，如果不熟悉就掌握不了这些东西，也使公司丧失了基本生存条件，无法具备充足的竞争力。

2. 坚持不熟不做的原则

不熟就意味着在同业竞争中就处于劣势，所以不管做哪一行，一定是坚持不熟不做的原则。

小本经营本身就是以收益为第一位的，如果对一类生意熟悉、懂得，做的过程中遇到问题时，就能自己解决，省去咨询别人的成本和风险，还能很好地预测以后的市场行情走势。同时熟悉意味着在该行业已建立了人际网络，在生意往来和客源方面有一定的基础和保障。开店要在稳健中求发展，在做任何一项投资前都要仔细调研，自己没有了解透、想明白前不要仓促决策。很多人在网上开店卖服装，一些人就想当然地认为自己绝对有实力做服装生意，但是等真正开起了服装店却发现什么都不懂，尺码到底怎么划分，当下的流行款式是哪些都不了解，怎么可能赚得到钱呢？

在一个行业做熟之后就能掌握规律和要领，对其他类似的相关的行业就有了变通的基础。公司经营就是要在熟悉的基础上，慢慢将不熟悉变为熟悉。

公司经营一定要建立在自己熟悉的基础上，完全生疏的行业是决不能涉足的。比如著名的奔驰汽车公司，就是由世界上最早的两家汽车生产商在自身的基础上合作发展而成的，正是在熟悉领域的深入发展才造就了奔驰汽车的辉煌。再如比尔·盖茨，作为信息业的巨头，无论是在车库里办公的小公司还是今天影响广泛的微软公司，他从未涉足其他不熟悉的领域，而是不断在自己熟悉的领域取得更大发展。

3. 把精力放到熟悉的行业

公司经营者最好从自己熟悉的行业做起。因为你对这个行业的资金周转率、应收账款情况、固定设备和流动资产投资额，对投资效益如何、最大费用在哪里，都有一个比较完整清晰的认识，对可能遇到的问题风险都有一定准备，能少走许多弯路。

选择熟悉的行业，能有效规避风险，节省时间，减少行业的间距，有利于横向发展。有很多人觉得自己店铺经营不善是因为运气不好，事实上往往是离开自己熟悉的领域，涉足那些热门的、流行的领域想要"一夜暴富"，那是很不实际的想法。在资本不够充裕，实力也不雄厚的时候，不要去盲目追赶流行开发新的领域，流行的产品都要经过一定磨合期并且要花费大量的人力、物力、金钱，而市场的占有率如何也是未知的，不是所有人都能承担这样的风险的。从最熟悉的领域入手，往往能够事半功倍。

有这样一家手工定制服装店，在流水批量生产的服装充斥市面的时代，店主一直坚持手工制作，每一件衣服都量身定做独一无二。然而由于制作时间长，价格又比市面上的服装昂贵许多，销量一直不好，店主开始怀疑难道非得要卖知名度高、大批量生产的服装，生意才能做得下去。但是由于独特的设计是自己的专长，店主并没有轻易放弃。这家店决定定期发放服装设计目录，内容包括设计的效果图，以及阐述设计理念和制作过程。慢慢的，那些追求个性与品质的顾客对这家店的关注多了起来，生意有了转机。

如果这个店主放弃了自己熟悉的设计领域，而贸然转向不熟悉的代理知名品牌的领域，既违背了自己的心意，也不能保证店铺生意的好转。

不盲目追随流行，坚持将自己熟悉的做到最好，甚至自己来创造流行，小公司照样能经营得风生水起。

坚持走专业化方向

将那些能为公司赢得最大竞争力和最大化利润的业务归类为核心业务，然后重点围绕这些业务功能培育专业化能力。对于那些不能提供竞争优势或对利润不能发挥关键杠杆作用的业务功能，则摈弃掉。

今天，全球竞争中的成功者已经学会把精力集中在经过仔细挑选的少数核心本领上，也就是集中在那些使他们真正区别于竞争对手的技能与知识上。

1. 不要分散化经营

"散"是乱之源，弱之根，败之先。很多公司在产业、布局和管理等方面都存在着相当分散的状况。有些公司虽然小，但产业跨度从第一产业到第三产业、从地上到天上，几乎无所不包，许多产业与主业关联不大，"大而全"、"小而全"的弊端仍不同程度地存在。

另外一些公司主业的产业布局分散，集中度不高。特别是一些加工行业，远离资源和市场，存在布局不合理、产供销脱节等问题。

不要分散化经营，是公司由大而强的必由之路。当经营者把公司的资源整合起来以后，才能集中力量办大事，把公司的事情做好，把公司做强。

2. 专业化经营的益处

实现专业化一方面增强了企业的竞争力。例如，一个生产企业，如果为了原材料及产品运输而组织一个车队，在两个方面其成本会大大增加：管理成本增加，因为它在运输领域不具备管理经验；因管理不善，运输环节严重影响生产和销售环节的工作，从而导致生产和销售环节的成本增加。如果把运输业务外包给专业的运输企业，则可以大幅度降低上述成本。另一方面，企业也因市场竞争的激烈面临巨大的挑战。市场竞争的加剧，使专注于自己的核心业务成为了企业最重要的生存法则之一。

3. 向专业化方向迈进

可以预见，无视专业化经营，将使许多公司逐渐丧失竞争优势，一步步落后于竞争对手。为了避免在不久的将来被市场淘汰，企业必须考虑向专业化演变。

著名的石油勘探和输送公司——英国石油集团公司（BP）前些年的发展有目共睹，其获得发展的重要因素是实现专业化。公司的第一步工作是识别战略性业务能力，包括营销、生产、油田资产和加油站的强大网络。基于这些优势，BP开始采取内外部专业化措施。

结合自己公司的实际情况，根据不同项目的特点和规模，大胆探索，勇于实践，选择适合自己的专业化道路。

许多中国公司也在沿着专业化道路前进，虽然它们还称不上是专业化企业的典范，但其成功经验值得今天准备走向专业化道路的企业参考。

坚持自己的经营项目

一些人选择经营项目极为草率，不做细心考察，就轻率地把资金投下去，没过多久赔了，结果又匆匆忙忙把余资抽出来投向另一个行业。这种说开张就开张，说关门就关门，东试西试，干什么都浅尝辄止，结果会一事无成。

这类人选择行当没有自己的主见，要么随大流，哪里热，哪里利润高，就往哪里挤。要么看到某项生意投资少，经营难度小，不假思索就匆匆投入。按说这样选择在道理上是不错的，但遗憾的是，在你看来是不错的选择，别人也会这样认为。你可以进入，人家也可以进入。在这些人们生意中，竞争往往是非常激烈的。市场只有这么大，竞争的人多了，当然淘汰率也就高起来。

唯有坚持自己的经营项目，并且做到内行，才能成就自己的专业和专长，超越竞争对手。如果水平不够，不能在同行中占有一席之地，自然难以在市场上立足。

1. 看准的项目要坚持下去

李彦宏曾表示，多年来坚持做一件事情，并且跟着公司不断成长，"最根本的原因，还是自己心目当中的一个理想，想把一件事情做成。"在追逐理想的过程中会发生各种各样的变化，这时是否还能坚持理想，是成功与否的关键。

美国哈佛大学对一批大学毕业生进行了关于人生目标的调查，结果如下：

27%的人，没有目标；60%的人，目标模糊；10%的人，有清晰而短期目标；3%的人，有清晰而长远的目标。

哈佛大学在25年后再次对这批学生进行了跟踪调查，结果是：

那3%的人几乎都成为社会各界的成功人士、行业领袖和社会精英，因为他们始终朝着一个长远的目标不断努力；10%的人，成为各个领域中的专业人士，大都生活在社会中上层，他们的短期目标不断实现；60%的人，他们过着安稳的生活，也有着稳定的工作，却没有什么特别的成绩；剩下27%的人，生活没有目标，并且还在抱怨他人，抱怨社会不给他们机会。

这对经营者的启示在于，坚持是决定一个人乃至一个公司未来发展乃至最终成败的关键因素。

那些成功的企业人士在事业的道路上深谙目标"恒一性"的益处。

2. 对从事的行业精益求精

人一辈子不可能什么行业都精通，什么道理都明白。一辈子只要做好一件事，那就是很了不起的。马云刚创业时，面对的都是别人的长处，显露的是自己的短处。但是马云说，第一次创业的时候，你想做什么，到底要做什么？不要受外界影响，你自己就要确定你今天就是要做这个事情。马云正是坚持着多年来一直在做的一件事——电子商务，才获得了阿里巴巴今天的辉煌。

当在某个经营项目上经营多年，只要这个项目不亏钱，前景看好，全体员工就应为运营好这个项目而努力。如果管理者在目标确定之后还随意地更改，就会给员工的实际工作带来极大的不利影响。正所谓"牵一发而动全身"，朝令夕改的目标会让员工在执行的进程中产生疑虑，也会让执行力大大降低。

随意更换跑到，会让你一事无成，瞄准了一个目标后，就要全力以赴。

专注于优势领域

马来西亚著名实业家刘玉波说："任何一个生意人都要有自己的优势，否则就难以在商场立足。专注于优势，才会做成功。"

聪明的公司经营者不会不分轻重，把有限的资源"天女散花"般搞小而全，而是会集中优势兵力打歼灭战，抓住一个商机带动全局。集中于自己的优势领域，才能做出门道，从而创造利润。

1. 专注于主打业务

小公司在设计自己的盈利最强的业务时，要注意分清自发的主打业务和自觉派生业务。毕竟一个企业的精力是有限的，企业进行多元化的扩张，不仅要考虑资金实力的问题，更重要的是要想一下你的企业是否具有多元化扩张的管理体制。

有些小公司的发展就陷入了这样的陷阱，自己的主业还没做好就急于向其他领域发展，没有钱也要借钱往里扔，结果统统被套牢。

无论在企业的任何发展阶段，企业一定要清楚自己的发展重心，国外成功的企业，大多数只投资一个行业，在这个行业里夯实自己的根基，然后再图谋扩张。

2. 专注于竞争优势的业务

《孙子兵法》说："无所不备，则无所不寡。"意思是说："处处防备，就处处兵力薄弱。"言外之意是要发挥自己的长处，而不是掩饰自己的短处。而已经成为业内翘楚的许多商人就是专注发展的典型代表。

人们都已经淡忘万科曾经是一家以电器贸易起家的小公司。1993年春节后，当其他企业谋求多产业发展时，王石发现，万科利润的30%来源于房地产，在他带领下，最终决定将房地产作为公司的发展方向。

这个发展方向在业内引起广泛争议。而王石始终认为将来市场发展趋势是专业化。他一步步减掉万科正在盈利的各种业务：零售、广告、货运、服装、家电、手表、影视等数十个行业。曾经长袖善舞的万科选择轻装上阵，单盯着一条住宅开发的路往下走。2008年，在他提出专业化发展的第十四年，万科成为中国房地产行业内的龙头老大，其规模之大令其他企业难以抗衡。

哈佛大学商学研究院著名教授，对于企业竞争战略理论做出了重要贡献的迈克尔·波特认为"如果企业的基本目标不止一个，则这些方面的资源将被分散"的战略后果。正因此，许多企业在商战中选择和确定了自己的专一化发展战略，并且运用这种发展战略取得了明显的经济效益。

3. 集中化市场战略

在全球经济一体化的今天，所有企业都面临着高新技术、信息化、全球化的挑战。市场的竞争频次越来越快，市场留给企业调整的时间越来越少，企业犯错误的成本越来越大。

要想抗拒带刺玫瑰的诱惑，企业经营者者就要清醒认知自己的长处在哪儿，并发力于自己最擅长的领域。企业只有专注于一个领域，才能劲往一处使，从而长久保持自己强大的市场竞争力。

日本尼西奇公司起初是一个生产雨衣、尿布、游泳帽、卫生带等多种橡胶制品的小厂，由于市场不景气，订货不足，企业生存艰难，面临破产。

面对不容乐观的市场形势，尼西奇公司总经理多川博也很是焦虑。然而，在一个偶然的机会，多川博从一份人口普查表中发现，日本每年约出生250万个婴儿。这一普通的调查数据却给了多川博巨大的启发。试想，如果每个婴儿用两条尿布，一年就需要500万条。如果尼西奇公司能在尿布市场打下市场，取得较高的占有率，那还何愁订单不足呢？

于是，尼西奇公司果断决定放弃尿布以外的产品，实行尿布专业化生产。一炮打响后，又不断研制新材料、开发新品种，不仅垄断了日本尿布市场，还远销世界70多个国家和地区，成为闻名于世的"尿布大王"。

采用集中化市场战略的企业，一般集中力量推出一种或少数几种产品，采用一种或少数几种市场营销组合手段，对一个或几个市场加以满足的策略。集中力量为某一市场服务，有利于企业发挥特长，增强竞争力。

因此，这种策略适合于一些资源有限、实力不强、不可能分头出击与大企业相抗衡的小企业。对尚处于创业初始阶段的中小企业来说，资金实力难以与大企业相比，常常是股东顾不了西，顾西就顾不了东，在派生方面花费较多，势必会影响核心领域的投入，在核心领域花费的多了，同样也会影响派生方面的投入。

在这种情况下，经营者与其将资源分散，在任何方面都难以取得理想效果，倒不如采取聚焦策略，把各种资源主要集中在一个方面，匹配到最盈利的业务与模式上。

外包不重要的业务

工作时代流水线所体现出的企业分工协作已经扩展到企业、行业之间，那种传统的纵向一体化和自给自足的组织模式可以说不灵了。将公司部分业务或机能委托给外部公司的正成为一种重要的商业组织方式和竞争手段。

1. 外包促进专业化

实际上，外包的方式在企业中应用最为广泛。外包将企业解放出来以更专注于核心业务。外包合作伙伴为企业带来知识，增加后备管理时间。在执行者专注于其特长业务时，为其改善产品的整体质量。外包协会曾经进行的一项研究显示：外包协议使企事业节省9%的成本，而能力与质量则上升了15%。

外包以其有效减低成本、增强企业的核心竞争力等特性成了越来越多企业采取的一项重要的商业措施。如经济不景气时，企业会裁掉一些非核心业务的部门，这往往是不得已而为之，负面影响很大，如团队的稳定、额外支出等，但如果一开始这些非核心业务就是外包给专业的组织去做，那么损失一定会减少到最小。

2. 走出"外包"的误区

但是，在现实应用中，有些企业或人对外包产生了错误的认识。他们认为"把不懂的业务全部包出去已经成为企业管理新思潮"。这是一个非常普遍又危险的误区。

企业把部分业务外包出去，可以获得的好处有很多。一方面可以降低成本，另一方面可以专注于自身核心能力的发展，但绝对不是把"租户不懂的业务"，花点钱一包了之。企业层面的业务外包并不是生活中普遍意义的接受服务。一提到服务，很多人有这样的感觉：所有的事情都由服务商来搞定，自己只用等现成的就行了，比如修理家用电器，到医院看病等，自己不懂，花钱让专业的人搞定。

但是，对于企业，自身对包出去的业务，可以"不专"，但不能"不懂"。如果企业对外包出去的业务"不懂"，很容易就会丧失对业务的监控、管理和对结果的考核能力，最终所得到的结果就会与初衷背道而驰。"不懂业务"从另一个层面来说是指不具备和服务供应商的议价能力，如此一来又如何达成降低成本和专业化发展的目的呢？

接受外包这种新的经营理念是一种必然趋势，外包服务势在必行。企业可以充分利用外包，甩掉不必要的包袱，抓住核心，从而得到又快又好的发展。

牢记自己的核心优势

对于自己的核心优势，俞敏洪有自己的认知："在教育行业中，你的优势就是你在某一个方面能做得更好。这个方面肯定既不是教学设备，也不是楼有多好，而是老师。"

营销大师科特勒说过，"每一种品牌应该在其选择的利益方面成为'第一名'"。在利润越来越透明的市场环境中，公司要想不断做大做强，则必须拥有引以为傲的技术和优势。不断的技术创新支持的差异优势，是企业保持长久市场竞争优势的重要途径。

1. 明确公司的核心优势

企业应把发展核心的竞争力，放在最重要的位置。比如对互联网企业而言，要想在日趋激烈的市场竞争中占有一席之地，必须从市场环境的变化出发，不断进行技术、管理、制度、市场、战略等诸多方面的创新，其中又以技术创新为核心。尤其在以互联网等技术性行业，只有以技术作为核心竞争力，企业才能不断向市场推出新产品，改进生产技术，降低成本，进而提高顾客价值，提高企业的综合竞争力。

2007年，乔布斯介绍第一代iPhone时，他充满自豪地说，今天我们要推出三款革命性产品，第一个，带有触控的宽屏的iPod，第二个是一台具有革命性的电话，第三个是一个具有突破性技术的上网设备。其实，这三个都是一个设备，也许这是单独看上去三个常见的技术可以实现的功能，但之前从来没有人想过要合而为一。iPhone的出现，的确可以说是革命性的产品。对比当时已有的智能手机，包括诺基亚、摩托罗拉和黑莓等产品，他们拥有的是小屏幕、塑料键盘，一般来说是全键盘的手机，将电话、邮件和上网整合到一个设备中，iPhone完全抛弃了这些传统智能手机的特征。从此之后，全触屏手机风靡全球。

2. 坚持公司的核心优势

企业经营者应该知道，通过技术保持自己的核心竞争力，这比防守一个已有的市场地位要稳妥得多。只有保持自己的核心优势，才可能实现持续领先。

都是"搞技术"出身，但能以技术为基础，将企业做大做强的，却是屈指可数。这就是说，搞技术的人有时候会忽略一件事，就是自己认为的好技术和消费者认为的好技术是有差别的，所以要研发的是能让消费者满意的好技术。

卓越的技术技能和产品的创新，有利于提高企业的影响力，有利于增强市场竞争力，扩大市场覆盖面，创造稳定的市场和客户关系。

企业应把发展核心的竞争力，即核心优势放在重要的位置。

辩证看多元化之路

不少企业因多元化经营吃了苦头，这导致许多人认为多元化经营与核心竞争力是相抵触的。实际上核心竞争力和多元化经营并不矛盾。核心竞争力的企业战略，并非一定就是专业化经营的战略。有的企业虽然走上了专业化经营的道路，形成了产品上的差异，也不一定有核心竞争力。

企业决策的关键，在于所经营的业务是否建立在自己的核心竞争力的基础之上。

1. 多元化与专业化之辩

企业能不能多元化经营不能一概而论。德鲁克说，无论专业化是多么可取，可能也必须有多元化来予以协调，否则，可能会过分专业化。另一方面，无论多元化多么可取，或事实上不可避免，也必须有可能的专业化，否则就会分裂和混乱。因此，能否多元化的关键就在于企业是具有核心竞争力。

2. 多元化取决于核心竞争力

德鲁克说，只有两种方式能够让多元化经营协调一致，一是企业所有业务都是在一个共同市场中，二是企业所有业务都是由一种共同技术在贯穿。无论是共有市场，还是共有技术，对多元化发展能否成功起决定性作用的是企业的核心竞争力。没有核心竞争力，企业无论规模再大，也是难逃多元化陷阱。

在进行多元化经营的企业中，一般有两种方式培育核心竞争力：一种是从多元化经营中，经过修剪和取舍，形成核心业务，再形成核心竞争力；另一种是先在某项业务上形成核心竞争力，然后利用核心竞争力的可扩展性，向其他业务领域延伸。在这方面，佳能公司提供了一个很好的例子。

以照相机起家的佳能公司，经过专注经营，以独特的影像技术为核心，集成了最先进的精密机械技术、光学技术的微电子技术，构成了图像化方面的核心竞争力。在此基础上，把业务领域从原来单一的照相机业务，延伸到复印机、打印机、传真机等新行业，取得了多元化经营的巨大成功。

同时，进入新业务领域的成功，并未影响照相机的技术和市场地位，反而促进了照相机产品的更新换代和继续发展。1988年，该公司提出了"二次创业"，再次以自身的核心竞争力为基础，进入信息机器、映像机器和液晶装置、半导体这三大发展潜力大的新领域。如今，该公司已经实现了从"影像的佳能"到"信息的佳能"的过渡，并开始迈向"社会生存学的佳能"。

不要盲目多元化

企业在进行多元化的产业扩展中，每一个产业都需要专业化的人才和技术来支持。没有一定的专业人才和技术积累，盲目地扩张必然要付出很大的代价。

对于小公司而言，走专业化之路是切实可行的选择。在没有发展壮大之前，妄言多元化只会阻碍企业的成长。

1. 小心多元化的陷阱

现在有不少企业，主营业务还没有发展成型，就在叫嚣多元化，但是在多元化的过程中，原本发展良好的企业却陷入了缺钱、缺人、不适应市场等障碍，多元化成了企业发展的大"陷阱"。

在巨人集团倒下的时候，曾有一位大学生给他写信说："史玉柱，你必须站起来！你知道吗？你的倒下伤害了我们这代人的感情。"史玉柱是一个靠卖电脑软件而发家致富的年轻人，但是他没有安心立志于电脑行业。

1995年5月18日，巨人以整版的广告形式，在全国多家主要的报纸上一次性推出电脑、保健品、药品三大系列的30个新品，它的子公司从三十多家发展到了二百多家，人员从200多人猛增了十倍。这一年也是史玉柱最辉煌的一年，他被《富布斯》列为内地富豪第八位。

但是，也是这一年，史玉柱和他的巨人集团走上了下坡路。巨人集团涉足电脑业、房地产、保健品等，行业跨度太大，新进入的领域并非优势所在，却急于铺摊子，资金流无法周转，有限的资金被牢牢套死了。

盲目追求多元化经营是巨人集团的倒闭的主要原因。多元化不是摊大饼，通过多元化战略来降低经营的风险，需要付出一定的代价。

2. 慎重走多元化之路

走多元化经营是要有前提的：首先要对多元化有充分认识，其次要了解企业主产业的发展是否达到非常的程度，市场管理水平、技术水平、占有率是否无懈可击，有没有形成核心竞争优势，有没有大量的剩余资金。这两个条件缺一不可，在不满足条件的情况下不要轻易幻想成为某个帝国。

实施多元化战略一方面应该考虑企业自身的优势，把眼光放得更长远一些，考虑企业该不该走多元化，什么时候走最合适，往哪个方向发展最好；另一方面要考虑市场形势，在市场机会很多的时候，走多元化可以使企业短时期迅速发展。但是，当市场环境极其复杂时候，企业一定要慎重决策，避免因为打造成为某种商业帝国而使企业陷入多元化发展泥潭。

经营要一以贯之

任何一个优秀的经营管理者，在企业的经营过程中都会确立近期和长远的目标，并为了达到经营目标而不断奋斗与坚持，直到成功达成目标。在经营过程中，对目标的坚持非常重要，一旦通过审慎规划确定了目标，就要一以贯之，而不能三天打鱼两天晒网。否则，经营目标是不可能不打折扣地达成的。

经营企业，都必须先树立正确合理的目标，具有自己的经营原则，逐渐形成自己的经营哲学。有了目标、原则和哲学作为经营的指导，企业的经营才有成功的可能。无论是在创业期间，还是稳步发展时期，甚至已经做强做大，公司的经营必须以正确合理的目标为灯塔。

就像运动员打棒球，球飞来的方向是不确定的，运动员必须随时调整自己的方向，准确击球。所以，企业必须有一个目标来让经营活动来作为参考，以便随时根据与目标的差距来调整具体的经营方法与方向，只有这样才能保证成功。如果企业在一种无序、无目标的状态下简单经营、粗放经营，不止不会得到市场的青睐，还必然会以失败而告终。

1. 树立长期目标

企业的经营目标并不是制定好了就一劳永逸了，更重要的是坚持下去，直至目标达成。同时，随着旧的目标的完成，企业也会不断有新的目标，来融入自身的长远的战略发展，以完成长期目标。

那么，对于既定经营目标和符合公司长远发展战略的未来目标，企业在经营过程中都要认真对待，一以贯之，而不能三天打鱼两天晒网，更不能随意变更目标。在企业马拉松跨栏的过程中，不仅要当跨完一个栏以后看下一个栏在哪里，如无特别需要，就要坚持既定的目标。

2. 不盲目跟风

因为各个行业的周期都不尽相同，那么既然选择了某个行业，确定了经营目标，就要坚持下去。在企业经营过程中，不盲目跟风，不随意转行，任凭风吹雨打都能够坚守自己的领地，是企业经营管理者应当遵循的一大法则。

这似乎是经营中最笨的一个办法，但又是走向成功非常有效和成本较低的一个方式。虽然从表面上看，什么热门经营什么，是聪明人的所为，但是，拥有这样看法的人都忽略了一个极为重要的现象，那就是每一次新的选择都意味着重新投入，每一次放弃都意味着血本无归。对于资金本来就不太宽裕的企业而言，不断更换项目、更改目标，无异于给企业一次次放血，大量"失血"对企业来说也是非常致命的。即使对于财力雄厚的公司，也禁不起长期三天打鱼两天晒网导致的慢性"失血"。

有的经营者总是不断抱怨自己运气很差，总是在不断变换自己的经营思路，在不断的失败中，他们究竟有没有反思自己呢？

3. 一定要选择坚持

有人在下海经商后的二十多年的时间里，搞过石化、保健品、饮料、采矿和白酒等七八个项目，每个项目都过了导入期，但还在盈亏线上挣扎的时候，就被弃置一边了。其实，每个项目坚持下去，还是有成功和做大的机会的，但他总是感觉这样赚钱太辛苦，于是不断寻找高利润和来钱快的产品。为此，不惜转战大江南北，跑遍了长城内外，还赢得了"行行通"的美誉，但终究是一个不太成功的商人。

试图通过不断更换项目，来取得创业成功，不但容易造成资金上极大浪费，使得无效投入倍增，还会使经营者的能力无法得到真正的提升，这也是一个巨大而严重的隐性危害。如果企业管理者在经营过程中，三天打鱼两天晒网，左顾右盼不断寻找更易赚钱的项目，一旦觉得有利可图就放弃手头上现在的项目，那么经营者就会老处于"半罐子醋"的低水平轮回状态之中，而自己却浑然不觉，即使历经沧桑，也未必能够成熟与干练。这不仅其事业发展道路之上的一大杀手，还会给企业带来极大的危害。

因此，拥有一以贯之的精神，是企业的经营管理中最需要的。也许在前进的道路上会遇到各种各样的困难，但是如果确信前途是光明的，这时候继续坚持走下去，最终会收获成功的。

让专业的人做专业的事

公司经营的精髓之一就是分解工作，分配各种资源，把工作指派给最为合适的人。让专业的人做专业的事，只有这样，才能达到工作效果的最大化。

1. 授权要大胆

优秀的经营者懂得授权的重要性，他们不会事必躬亲，但他们忠实履行了自己的管理和经营角色。

井深大刚是索尼企业的一名功臣，他刚进索尼公司时，索尼还是一个小企业，总共才有二十多名员工。老板盛田昭夫信心百倍地对他说："你是一名难得的电子技术专家，你是我们的领袖，好钢用在刀刃上，我把你安排在最重要的岗位上——由你来全权负责新产品的研发，对于你的任何工作我都不会干涉。我只希望你能发挥带头作用，充分地调动全体人员的积极性。你成功了，企业就成功了！"

这让井深大刚感受到了巨大压力，同时也付出了巨大了努力。终于在1954年试制成功了日本最早的晶体管收音机，并成功地推向市场。索尼公司凭借这个产品，傲视群雄，进入了一个引爆企业发展速度的新纪元。

井深大刚取得了伟大的成就，成了索尼公司历史上无可替代的优秀人物。在这个事例中，我们应该注意到最为重要的环节：盛田昭夫放权给井深大刚，让这个专业的人做专业的事，最终成就了索尼。

2. 授权专业的人

作为一个经营者来说，把任务授权给最专业的人是最重要的。用最简洁的话来讲这个观点，就是指经营者让最专业的人做最专业的事，促成企业的专业化。

有一个证券公司的经理曾经非常困惑，很多工作十分努力、工作能力突出的员工，在接受他委派的任务后却不能圆满完成，这使他百思不得其解。最终，一个离职员工的话使他茅塞顿开。

这个员工对他说："经理，我很喜欢咱们公司的工作环境和工作氛围，但是我发现这里的工作并不适合我。开始您让我去跑销售，别人很轻松就完成的任务，我很多天都无从下手。那个时候我非常不开心，觉得自己很笨，甚至非常灰心。后来一次偶然的机会，我进行了职业测评。测评的结果让我很惊讶，原来我不是比别人笨，也不是我不愿意干好，而是我在做一个不适合自己的工作。我以前一直在证券、期货、市场里面辗转，但是越干越不顺心。经过职业测评我发现，我是一个内向气质的人，与人沟通的能力和意愿较弱，回避失败的倾向非常高，而冒险和争取成功的倾向非常低。但是同时我处理细节的能力非常强。因此专家建议我应该去做财务、库管之类，需要细心、操作性强的工作。所以我决定重新调整自己的人生。"

听完这个员工的话以后，经理顿时觉得如同醍醐灌顶。

在经营者决定授权的时候，想要又快又好地完成任务，实现目标，该授权给那些最专业的人，让他们从事自己专业领域的事。

经营者在授权时，一定要考虑将专业的事情交由专业的人做，这样的授权才能真正激发员工的工作效能，实现良好的授权效果。

第二十一招

竞争之道：
不要惧怕竞争，在竞争中超越对手

保持竞争的压力

竞争是促进社会进步和商业发展的源泉，没有竞争压力的公司一定会走向没落和衰亡。

微软的创始人比尔·盖茨曾说："多想一下竞争对手。"这句话就是要提醒我们时刻保持竞争压力，只有这样才能找到动力的源泉，为了公司更加辉煌努力奋斗。

1. 拒绝太平意识

一个企业的成长不能总是沉浸在太平意识当中，需要时刻保持竞争的压力，才能赢得最终的成功。

狼的一生就在竞争中度过，竞争是深藏在狼骨里的一种绝对意识，是狼族永不变更的天条。在中国古代就有竞争之说。《庄子·齐物论》中曾有"有竞有争"之说，后人郭象把此说注为："并逐曰竞，对辩曰争。"竞争存在于人类生活的各个领域，尤其在商场竞争中更是表现得淋漓尽致。

竞争是社会发展和个人成长的推动力量。它激励人们努力奋斗，促进个人的发展和整个社会的进步。如果企业不懂得竞争的压力，对生存环境的变化浑然不觉，就会失去竞争力，待意识到危机来临，已无力应变，最终被市场淘汰。

2. 必须保持危机感

活生生的案例一再告诉我们，一个人、一个企业如果不想着如何谋发展，缺乏危机感是很快便会被淘汰的。每一年，我们都可以看到许多企业在突如其来的危机面前不知所措，其中也不乏一些实力雄厚的企业。

1999年6月9日，比利时120人（其中有40人是学生）在饮用可口可乐之后发生呕吐、头昏眼花及头痛的症状，与此同时，法国也有802人出现类似的症状。已经拥有113年历史的可口可乐公司遭遇了历史上罕见的重大危机。

但是，可口可乐公司事发后并没有意识到此次的严重性，表现在：没有立即采取积极的姿态声明自己的态度；甚至没有宣布要收回受污染的产品，以免连累其他市场的可口可乐的产品信誉；一再声明自己产品的安全可靠。消费者并不买账，可口可乐针对此事的态度激怒了消费者，最后造成比利时和其他临近国家饮料零售商采取局部或全部停售可口可乐产品。

可口可乐公司在这场危机中的表现令公司的形象遭到前所未有的损害。

作为经营者，需要在危机出现时做出正确的判断，而不能心存侥幸。否则的话，一个本不会产生多大影响的事件也有可能被放大，给企业带来极大的损失。

实际上，那些能够在很长一段时间内保持竞争优势的企业都有着强烈的危机意识和完善的危机处理措施，当危机真正出现的时候，便能够有效地将其化解，最大程度地减少危机给企业带来的影响。

3. 给自己加压

必须时时刻刻保持适当的张力，从外部引入竞争、引入冲突、引入动力，才能发挥其最大的整体效能。一个公司要想得以发展，必须时刻保持竞争压力，这样才会为了目标不懈奋斗。

美国思科公司总裁钱伯斯说："面对同样的竞争，为什么有的企业成为过眼烟云，而有的企业却能生存下来，甚至上升为实力雄厚的大企业呢？关键就在于生存下来的企业和它的员工都具有很强的竞争意识和较强的竞争力。"

商场上确实不可避免地存在着竞争，有的公司遭遇了失败，但有的人却在竞争中脱颖而出。既然竞争是不可避免的，那我们就要积极地面对竞争，给自己加压，主动融入竞争的氛围中，以不服输的心态去竞争。只有这样，才能最终战胜各竞争对手，稳坐成功的钓鱼台。

掌握必要的竞争谋略

竞争，是市场经济发展的客观要求，优胜劣汰是竞争的必然产物。中小公司作为自主经营、自负盈亏的单位，如何在日益激烈的市场竞争中占据优势，立于不败之地，求得生存和发展，是每个经营者都必须要面对的问题。

以下几种竞争谋略可供参考：

1. 重视市场信息

市场信息，对于经营者来讲是成功的基础。作为经营者应该善于捕捉各种信息，及时了解市场变化，特别是一旦获得有价值的信息，应当马上进行决策，及时抓住机遇，一举取得胜利。

2. 决策更快更准

决策，尤其是重大决策，关系到公司的兴衰。作为一个经营者，要有胆有谋，在市场飞速变化发展的今天，一旦遇到机遇，必须坚决果断，根据市场状况，制定出成功之策。

3. 降低生产成本

在竞争激烈的今天，公司必须千方百计减少自己的成本消耗，提高劳动生产率，这样才能增强本公司商品的竞争能力。

4. 加快资金周转

从事生产经营，资金是必不可少的一个重要因素。有的时候你明明抓住一条可以使你一举获利的信息，但手头资金缺乏，周转不开，以致丧失良机。因此作为公司必须时时考虑如何调用自己手头有限的资金，合理分配使用，特别是如何减少资金的占用。

5. 提升产品质量

消费者购买的商品，虽然千差万别，但有一个共同的标准，就是物美价廉。质量相同的产品人们会去买廉价的。相反，价格相同的物品人们一定会选择质量好的。因此，公司成功与产品质量好坏有非常大的关系。公司必须不断创造生产优质产品，才能赢得市场。

6. 体现实用功能

产品必须有其实用价值。对于消费者来说，购买一件物品是为了解决实际生活中某一方面的需要，因此那些华而不实的东西很难获得普通消费者的欢迎。当然随着生活水乎的提高，人们对消费品的要求也提高了，但经济实用的产品其市场仍是最大的。

7. 销售价格低廉

价格是最有效的竞争手段。每一个消费者都希望以最合理的价格买到称心如意的产品。因此生产经营者应坚持薄利多销的战略方针，对需求弹性大的商品尤其要采取以廉价取胜的竞争策略。

8. 主动推销产品

商品生产出来以后，是等待买主上门，还是主动出击，前后两者所带来的结果是不一样的。在对手如林、竞争激烈的条件下，必须积极开拓市场、采取各种销售方法，不能只依靠柜台销售，还要走到用户中去，另外采用刺激消费的方法等等。只有这样，才能占领广阔的销售市场。

9. 以诚服务客户

公司不仅要向用户销售各种优质商品，而且要向用户提供各种优质服务。如果有较完善的保修计划，相信大多数消费者会买账，从而赢得用户的信赖。

10. 经营策略多种多样

面对复杂多变的市场，公司必须有较强的应变能力。作为一个经营者必须随时注意市场变化，了解市场动态和发展趋势，根据市场，在服务方向、产品经营等方面采取灵活的经营策略。另外在经营过程中，经营者还应该充分利用广告宣传、推销促销等手段来打开市场，灵活经营。

时刻准备着赛跑

著名经济学家厉以宁教授说："当你处在劣势的时候，不要气馁、不要松懈，要坚持到底，等待对手犯错。第一次赛跑的时候，兔子跑在前面，乌龟想，完了，我怎么也追不上它了，我弃权了，不跑了。就是兔子睡觉醒过来，它跑了第一，果然兔子犯错误了，睡觉了。"

厉以宁教授的这个故事，给企业管理者们以启示：你可以"睡觉"，但你的竞争对手不会，你就会输。对于公司的经营者而言，必须做到以下两点：

1. 在竞争中成长

市场的竞争是残酷的，一次失误就可能导致一个企业退出行业领域的争夺，在市场上销声匿迹。市场的竞争也是公平的，你可以拒绝进步，但你的竞争对手不会。

在物竞天择、适者生存的市场规则下，唯有在竞争中不断成长，壮大，才能在市场竞争中勇立潮头。由于竞争对手的存在，我们才能够在一次次的竞争中学会反思，变得成熟，逐渐走向强大。任何一个希望变得更强的企业都应该正视对手，正视竞争。在竞争中不断成长，必须要做到比对手更优秀。

市场竞争无比激烈，如果在竞争中落后，跟不上市场的需求，产品得不到客户的认可，那么任凭你曾是业界霸主，还是龙头老大，你的结局就是退出市场，退出舞台。

2. 正视你的竞争对手

市场离不开竞争对手的参与。有竞争对手并不可怕，反倒更有助于组织的成长。没有谁比竞争对手更了解我们，正如罗素所说："如果需要让人复述我的哲学思想，我宁愿选一个懂哲学的死敌，也不会选择一个不懂哲学的好友。"竞争对手每天都会思考如何战胜我们，而我们如果不想落败，就必须不断进步，战胜对手。

竞争是商业市场的常态，企业只有在竞争中才能得到生存和发展的空间。市场是残酷的，弱肉强食，如果不想被对手所吞噬，就要千方百计将对手彻底打败。在竞争超越对手是任何企业在走向卓越的必经阶段，不能超越对手，你永远不能成为领先者，只有超越了所有对手，你才能成就伟大，铸就辉煌。

在市场经济环境里竞争无时不有，无处不在，永恒的竞争推动着市场经济的繁荣。竞争是真理，竞争是自然法则，我们要遵循它，要掌握它、更要运用它，在竞争中不断追求进步，最终战胜对手。

比竞争者更快

俞敏洪说："在这个社会上，任何行业都存在竞争。害怕不是解决问题的方法，勇敢地接受竞争对手的挑战，才能在竞争中占得自己的一席之地。"

小公司从事的行业不少都是进入门槛低、壁垒少的行业。对他们而言，其进入动作一定要快，通过一系列的策略迅速建立自己在这一领域的优势，才能在竞争中取得先机。

1. 以速度赢得优势

如果商业模式进入的瓶颈比较低，小公司参与的竞争往往会比较激烈，因为此类项目很可能会如雨后春笋一样地出来，但是经营者可以做得比别人快，以速度赢得竞争优势。

比如服装加工业处于产业链的最低端，进入门槛很低，因此相对而言，进入此行业的小公司就比较多。瓶颈低的商业模式动作要比别人快，企业应树立正确的客户价值观念，其中的关键在于取得先发优势。

阻止不了别人参与，就要动作要比别人快。不要害怕与人竞争，只有积极参与竞争，与竞争者共同创造更多顾客，扩宽更大市场。

一个优秀的企业后面总会出现一大批模仿者和跟随者，一个重要的原因是占领市场的速度不够快，没有及时地把应该占领的市场占领住。这往往是没有办法的，比如销售网络不够健全，所以，只能吃掉附近某些区域的蛋糕，却不能吃掉外省市的蛋糕。

分析形成竞争优势的原因，很大程度上是因为这类企业快速地占领市场、快速地挣钱、快速地发展。

2. 建立先行者优势

先行者优势是指企业通过首先进入一个新市场，取得对其实际和潜在对手的优势。如果只跟在竞争对手屁股后面做出改变，或者在竞争对手改变以后自己才改变，那么企业是不可能获得先行者优势的。

只有对市场反应最灵敏、冲在最前面的企业才能够占据最佳位置，从而最先获得市场机会，赚得超额利润。

福特科蒂娜轿车曾经拥有12%的市场占有率，而通用骑士轿车只拥有4%的市场。在1982年两家汽车公司都计划推出新型轿车，以此扩大市场规模。由于前轮驱动技术的难题迟迟没有得到很好的解决，福特汽车的新车推出时间整整比通用汽车晚了一年。结果"先行者"通用公司的市场占有率迅速上升，一下子超过了福特公司。福特公司一直到几年后才逐步收复了部分市场。

但若是在需求变化快、产品寿命周期短、技术创新速度快的今天，福特公司的产品推出节奏一旦比其竞争对手通用公司慢一拍，其市场占有率就很可能永久地被通用公司所侵占，而无法达到最开始时的市场占有率的优势了。1986年，美国市场营销者厄班（Urban）对经常购买的34大类消费品中的95种品牌进行了分析，发现：市场第二进入者的平均市场占有率只有市场首入者的71%，而第三位进入者的平均市场占有率只有首入者的58%。

事实上，"速度经济"时代将替代传统的"规模经济"时代，对市场反应最快、冲在最前面的企业往往能够占据最佳位置，从而能够最先获得市场机会，获取"先行者优势"，赚取"超额利润"。

市场竞争是公平的，当有模仿家们出现时，你如果没有一些真本事，那么，就算整天地抱怨、整夜地哭泣，又有什么用呢？市场不相信眼泪，市场只知道"胜者为王，败者为寇"的道理。

3. 不要害怕被模仿

经营者们最心烦的事，是自己率先开发出来的新产品很快被竞争对手们模仿，如何对付竞争者的模仿与跟随，是许多企业急需解答的困惑。

自己辛辛苦苦研发出来的走红产品，还没等到自己享受到足够的利益时，就被竞争对手们模仿了。市场上总是存在这些懒惰的模仿者，他们一旦看到好产品、好路子、好模式，便马上照抄照搬，而他们也往往能搭上"便车"。

其实，经营者不要因为模仿者的跟进而丧气，恰恰相反，你要暗暗地高兴，因为作为行业的领头者，你有成为行业领袖的好机会。有个企业家说："我不怕你们模仿我，因为只要我确实做得比你们好，那么，你们越模仿我，我的名气就越大，我的牌子也就越响亮。这样，我就会遥遥领先了。"

不要只是指责模仿者们如何地可恶，要把精力用到思考如何让他们跟不上来的问题上去，也就是如何比他们跑得更快！

提升核心竞争力

在与人竞争的过程中，首先要解决"我有什么"的问题。只有与人竞争的资本，才能在竞争中立于不败之地。

核心竞争力是在某一组织内部经过整合了的知识和技能，是企业在经营过程中形成的不易被竞争对手效仿的、能带来超额利润的、独特的资源及能力。核心竞争力有助于公司进入不同的市场，它是公司扩大经营的能力基础；核心竞争力对创造公司最终产品和服务的顾客价值贡献巨大，它的贡献在于实现顾客最为关注的、核心的、根本的利益，而不仅仅是一些普通的、短期的好处。另外，公司的核心竞争力是难以被竞争对手所复制和模仿的。核心竞争力可以维系企业或组织的可持续发展。

核心竞争力从低到高，可以分为以下四个层次：

资源竞争力：如人力资源、信息资源、品牌资源、垄断资源。

功能竞争力：如研发能力、管理能力、创新能力、应变能力、市场开发能力、市场推广能力。

多功能竞争力：在多个功能方面都具有核心竞争力。

系统整合能力：系统整合能力是一个企业最高级的能力。可能它本身不具有很强的功能竞争力，却具有把很强的资源及功能竞争力的企业整合到自身的系统中的能力。

从具体方面来讲，核心竞争力有外因及内因两种基本结构。

在传统上，以外因为本的核心竞争力有：产品（垄断）；技术（21世纪三大技术：纳米、信息、生物技术）；资本（国际金融）；渠道（营销）；政策（公共关系）；制度（固化管理）。

在创新上，以人为本的内因核心竞争力有：人才与团队（以人为本）；思维模式（思想库）；企业文化（共同精神）；创新精神（创造力）；学习与变革能力（改变）；激励与工具（潜能）。

那么，在公司发展过程中我们要怎么打造核心竞争力呢？下面有三种策略可以参考一下。

1. **学习进化**

就是通过学习从而变革思维来打造核心竞争力，具体操作方法有以下几种：

（1）变革组织思维；

（2）建设学习型组织；

（3）打造完美团队；

（4）拓展组织激励。

2. **孵化培育**

就是通过孵化培育改变公司能力来打造核心竞争力，具体的方法有以下几种：

（1）以采购赢得竞争；

（2）以生产管理赢得竞争；

（3）以客户及渠道管理赢得竞争；

（4）以财务管理赢得竞争；

（5）以制度赢得竞争：体系化、模块化、流程化、标准化；

（6）以企业文化赢得竞争：软实力。

3. **并购、整合**

就是通过并购、整合其他具有核心竞争力的企业来提升原有公司的核心竞争力。

对竞争要知己知彼

唯有了解自己的竞争对手，才能在激烈的竞争中立于不败之地。孙子兵法云："知彼知己，百战不殆"。

要想成功，必须要想找出对手的劣势，就必须要从熟知敌情的人那里获得情报，探索对方的详细情况。

1. 了解竞争对手的基本情况

了解对方的基本情况，比如竞争对手的财务状况如何、员工人数多少、生产何种产品、产品有哪些市场？购买对手的产品并解剖它，弄清对手的制造成本。这些就是事实——它们给你提供了进行分析的基础。

这些信息可以从对手本身获得，从诸如它的年报、季报、广告、公告中获悉，商业杂志和商业报刊也是信息的来源。经理们喜欢向记者炫耀他们的策略是多么杰出以及他们将如何实施，你可以根据这些信息来了解他们的计划。而且，要仔细观察对手以往的行为，过去它对攻击是如何反应的？它是怎样发动和实施攻击的？它在采取行动之前，管理层发出过什么信号？事先是否有通告？他们进行了什么投资？是否招进了新的人才？应该努力寻找这些信号。

若从上述各个方面对竞争对手有一个透彻的了解，我们将能对竞争对手的行为作出预测，前景作出预测，攻防能力作出预测。有了这些信息，我们现在能不能够攻击竞争对手，我们将来能不能够攻击竞争对手。若竞争对手对我们发起攻击，其杀伤力有多大，我们能不能够抵御。这样一来，我们在激烈的市场竞争中就有了充分的主动权。

2. 针对对方弱点进行竞争

很多时候，竞争是建立在对对手认识不清的基础上，由此形成的竞争策略并不一定能奏效。

凯马特是现代超市型零售企业的鼻祖。从1990年开始，为了与前景看好的沃尔玛进行较量，它斥资30亿美元，花了三年的时间对原有的800家商店进行了翻新，又设立了153家新的折扣商店。

当时，沃尔玛正从乡村地区向凯马特所在的市区扩张。作为回应，凯马特的CEO也效仿沃尔玛，用降低数千种商品的价格来提高自己的竞争力，进而发起了针对沃尔玛的直接进攻。为了弥补其他商品的降价损失，凯马特开始增加能够给企业带来较高利润的服装的销售。

五年之后，这个付出巨大代价的降价战略被证明是不成功的。凯马特的新店在执行该战略的最初三年里，每平方英尺的销售额由167美元下降到了141美元。凯马特所采购的服装要么积压在库，要么清仓大甩卖。

某些类型的企业在了解竞争对手的实力和思想方面比别的企业做得更好。对于那些完全不关注竞争对手的企业，在你采取行动的时候，等着你的也许将是失败。

走差异化的路子

很多热衷于价格战的企业认为要想追求利润最大化，必须占领住市场的支配地位。但他们忽略了价格战带来的严重负面影响，一个企业发起的价格战将会迫使竞争者跟随降价，甚至带来全行业价格向下的形势。不幸的是这是一个不可逆过程。

现今的社会是一个复制品横行的局面，一旦有某个新产品上市，很快就会被模仿。因此，企业想成长就必须以产出"特别"的东西来吸引消费者，而这个特别的东西，就是差异化产品。差异化是生产者向市场提供有独特利益，并取得竞争优势产品的过程及结果。

由于差异化所带来的结果是为市场提供具有独特利益的产品，所以它不仅能避免商家之间正面碰撞和竞争带来的负面影响，还可以给消费者带来质量更好，价格更低的产品，让消费者的需求得到更贴切的满足。

对于一些中小企业来说，如何避免价格战使自己陷入不利于的局面呢？

1. 不要轻易降价

当企业的某个产品失掉市场份额而滞销时，价格不是首先需要考虑的。而是要先考虑是不是产品本身出现了问题，无法满足顾客的需求，并且要通过市场推广和分销策略等方面投入足够的力量来引导消费者。换句话说，不要随时准备降价而是从市场营销角度来提高消费者意愿支付能力。

2. 创新产生差异化

商家可以通过不断地创新手法来产生差异化的经营策略。创新可以在许多方面体现，包括技术创新、新产品导入、付款条件、便利性、服务水平等等。从价格竞争到差异化竞争，商家可以通过提供不同程度的服务与产品，使其转变成为用不同的歧视性价格把差异化的产品销售给不同需求的消费者。这样一来，竞争被淡化，更多的不同品质的产品或服务被提供给消费者，商家的利润也得到相应提高。

3. 与竞争对手合作

不要企图将你的竞争对手置于死地来取得更多的市场份额，应该学习怎样和他们共同生存。就算你在某场竞争是打败了对手，但你也可能会牺牲在另一个竞争者的手下。在价格战中被置于死地的竞争者被迫低价出售资产给胜利的竞争者，从而使得这些新的竞争者变得愈加具有竞争和侵略性，从而造成无休止的价格战。

任何有理性的竞争者都会意识到发起价格战不会得到额外的市场占有率。因此，不要纠缠于价格战，和竞争者共同生存并学习怎样和他们有效地进行合作是明智的。实际上，当企业转入差异化竞争时，有竞争者是个很好的事情。因为竞争者会服务于不同的细分市场，从而使公司产品对目标市场更具吸引力。

保护自己的商业秘密

公司在发展的过程中，或多或少都存在自己的商业秘密，是公司的核心竞争力之一。商业秘密是公司在投入大量资金、设备、人力的基础上获得的，凝聚着公司员工的劳动和汗水，理应受到社会的尊重和保护。

在现实生活中，这些具有保密性质的技术经济信息被非法获取的情况日趋严重，一些公司的商业秘密被某些利欲熏心的人采取各种手段非法窃取，给公司造成了不可估量的损失。公司经营者必须重视保护自己的商业秘密，不能轻易为竞争对手所获取。

商业秘密作为公司的宝贵财富和市场竞争中谋生存、求发展的重要法宝，一旦流失，不仅给非法追逐者带来了巨额利润，也会使公司失去竞争能力和生存条件，蒙受难以估量的经济损失，甚至断了公司的命根子。

因此，保护公司的商业秘密，应当引起公司的重视。

1. 强化内部保密工作

作为公司，一方面应进一步强化商业秘密的保护观念，不断完善有关保护措施和制度，堵塞各种可能泄密的漏洞。特别是在对外交往时，更应慎之又慎，认真审查，严格把关，防止泄密。另一方面，要妥善处理职工择业自由与保护商业秘密的关系，在与职工订立劳动合同时，应增加有关保护商业秘密的条款，明确职工的权利和义务，做到既保证人才的合理流动，又有效地保护公司的商业秘密；既防止外来的侵权活动，又搞好内控，谨防内奸。

2. 拿起法律武器

《反不正当竞争法》中规定了经营者不得以非法手段侵犯商业秘密，在二十五条中规定了侵犯商业秘密应承担的法律责任，即监督检查部门有权责令其停止违法行为，可以根据情节处以一万元以上二十万元以下的罚款。这些法律的实施，为有效保护商业秘密提供了一定的法律保障。

公司对侵犯商业秘密这一破坏市场经济的行为，以相应的法律为基准，必要时候用法律手段打击非法窃取公司商业秘密的行为。

一家国内著名的旅行社的几个职工，以各种理由辞去所在职务，应聘到另一家旅行社任职，同时带走了所在旅行社有关的客户资料，并利用这些资料与客户联系，将原来所在旅行社的一部分客户拉到了新应聘的旅行社，以此开展业务，造成原旅行社的部分固定客源流失，造成了经济损失和商业信用的损害。为此，原旅行社一纸诉状将这几个职工和后一家旅行社送上了法庭，法院经调查后，作出了被告侵犯了原告的商业秘密权的裁决，判令被告赔偿原告因此所遭受的经济损失。原旅行社通过运用法律武器，维护了自己的合法权益。

3. 建立保密制度

为了保证公司商业秘密和安全，不少国外公司有其成功的经验：美国可口可乐饮料公司高度保密的饮料配方，一直是竞争对手公司窥测的目标，该配方被认为是世界上保守得最严的秘密之一；法国的CHOMSON公司只准对部分车间的部分设备拍照，并约定在拍照前要征得他们的同意，对它自称欧洲第一的石蜡铸造车间则不准拍照；英国的PLEKSSY公司，参观时不准拍照，不准录音，参观者的相机要放在门卫处。这些公司在技术保密的范围和界限上规定很严，在广告上，可对产品的性能指标比如功率、频率等进行介绍，如有意购买，则随着谈判的进展，经详细一点的资料合成协议后，经政府有关部门批准，才提供使用文件。对设计思想、方案论证的资料也实行严格的保密。

小公司的商业保密制度虽不用如此严格，但绝不能掉以轻心，公司应善于借鉴国外企业保密的成功做法，建立适合自己的保密制度。

合理利用集聚效应

在竞争日益发展的今天，与同行打交道的机会越来越多。因此，经营者需重视与同行的关系，处理好自己与同行的关系。

作为同行，如果绞尽脑汁相互拼杀，最后只能是两败俱伤。作为同行，也犯不着"老死不相往来"。恶性竞争的结果是负和博弈，良性竞争的结果才是正和博弈。

竞争者为了不断地从对手那里得到信息和激励，不断地改进管理，以更加有效的方式组织生产，不断地发现新的市场机会。

1. 同行集聚效应

麦当劳和肯德基是世界餐饮行业中的两大巨头，分别在快餐业中占据第一和第二的位置。其中，麦当劳有30000多家门店，肯德基有11000多家分店。原本是相互针锋相对的对手，但是在经营上有异曲同工之处。例如，经常光顾麦当劳或肯德基的人们不难发现这样一种现象，麦当劳与肯德基这两家店一般在同一条街上选址，或在相隔不到100米的对面，或同街相邻门面。若按常理，这样的竞争会造成更剧烈的市场争夺，以至于各个商家利润下降，但为什么两家偏偏还要凑作一堆？

事实上，平常人往往想象不到的是，不仅消费者愿意扎堆凑热闹，商家也愿意扎堆。至于扎堆的原因，就在于有"集聚效应"。

同是竞争对手，集聚在一起也能带动消费，最典型的例子当数美国硅谷，聚集了几十家全球IT巨头和数不清的中小型高科技公司。国内的例子也不少见，在浙江，诸如小家电、制鞋、制衣、制扣、打火机等行业都各自聚集在特定的地区，形成一种地区集中化的制造业布局。

2. 同行集聚有助于产生竞争优势

产业集聚是创新因素的集聚和竞争动力的放大。麦克尔·波特认为，产业在地理上的集聚，能够对产业的竞争优势产生广泛而积极的影响。

同行在地理上的集中，能够使得公司更有效率地得到供应商的服务，能够物色招聘到符合自己意图的员工、能够及时得到本行业竞争所需要的信息，能够比较容易地获得配套的产品和服务。这些都使群聚区内的企业能以更高的生产率来生产产品或提供服务，有利于其获得相对于群聚区域以外的企业更多的竞争优势。

许多同行业的企业集聚一起，为各种投入品的供应商提供了稳定的市场。集聚意味着更多的机会和较低的流动风险，带来人才的集聚。企业为此所付出的搜寻成本和交易成本都大为降低。

企业的地理集中，能够获得政府及其他公共机构的投资，可以在基础设施等公共物品上降低成本。除了政府投资之外，与群聚区同时产生的一些中介服务性的机构、行会组织、教育培训机构、检验认证机构，也对企业的生产率带来积极的作用。

竞争是企业获得竞争优势的重要来源。同居一地，同行业相互比较有了业绩评价的标尺，也为企业带来了竞争的压力。绩效好的企业能够从中获得成功的荣誉，而绩效差的甚或平庸的企业会因此感受到压力，不断的比较产生了不断的激励。同行业企业的聚集，导致剧烈的竞争，竞争对手的存在是有积极意义的。

实现"以退为进"

"有一种胜利叫撤退，有一种失败叫占领。"对企业经营来说，这却是一种极大的智慧。

古语说，"临渊羡鱼，不如退而结网。"退，不代表不作为，而是以退为进，做一些着眼于长远的事，通过"退"为企业长远的"进"奠定坚实的基础。

1. 策略性地规避竞争

当市场上有太多的同质化产品与你企业的产品在进行惨烈竞争的时候，当利润被越挤越薄的时候，作为企业经营者，要懂得以退为进，学会避开对手的锋芒。

与其在竞争残酷的空间中厮杀，不如策略性地规避竞争，在规避的过程中，发现新的空间。用创新的产品创造竞争差异性，让消费者看到产品的独特和不可替代，激发消费者购买的需求。

松下就懂得"撤退"的妙用，谈及松下的经营史，就有过数次的撤退。

第二次世界大战之后不久，松下便接手了一家面临倒闭的缝纫机公司。当时，他信心十足地想让公司死灰复燃，但由于他不善长于此方向的业务、加之竞争对手强力，自感无力抗争，便立即撤了回来。当然，费了一番工夫以后退出来，财力、物力、人力都会有些损失，但总比继续毫无希望地撑下去来得划算。

松下最为震惊的"撤退"，是从大型电脑领域的撤退。故事还得从1964年说起。那时，松下在大型电脑的制造方面投注了十几个亿日元的资金，并且已经研制了样机，达到了实用化的程度。可是，松下却毅然从此领域里退了出来。当时的情形是，小小的日本，有包括松下在内的7家公司都在从事大型电脑的科研开发，而市场却远不是那么乐观。如果松下要继续进行下去，势必形成恶性竞争的局面。与其两败俱伤，不如毅然放弃。经后来的事实证明，松下的这步棋走得很正确：直到今天，家用、小型电脑大大发展了，唯独大型电脑却十分冷清。

是进是退，关键在于分析当时的大势，把握时机。然而，这一切都是不容易的。松下认为，准确地把握时机，全靠第六感觉。这并不神秘，因为这种第六感觉是经过长期的修炼得来的，是历尽沧桑而获得的心得。特别是对于大公司来说，更要如履薄冰，及时悟道。对此，松下的经营理念是经常向前辈、批发商、零售商、顾客等讨教，以他们的观点来检验自己的想法。

2. 撤退的目的是为了进步

不成功绝不罢休固然是真理，但敢于撤退才是最伟大的将军。商场如战场，有进就有退。

"以退为进，天空海阔"是哲学思想的两分法在产品营销上的实践应用。换句更直接的话说，就是失与得的关系，是放弃与占有的关系，成败尽在取舍之间。

那些只盯着自己的主要竞争对手不放，采取马拉松式的利润消耗竞赛的企业，最后只会与对手两败俱伤。既然如此，何不学学打太极拳，借力打力、以退为进呢？硬碰硬是打，以柔克刚也是打，殊途同归罢了。

市场竞争越来越激烈，在这个时候，企业管理者更要懂得"以退为进"，在双方旗鼓相当或者不如对方的市场竞争情况下，要学会退一步，避其锋芒，避免两败俱伤的局面。寻找更佳的突破口，提升自身的竞争力，这样才能以新的视角研究竞争市场、发现更有利的位置和市场、找到自己的竞争真空，在商战中获得成功。

竞争要扬长避短

面对竞争，很多企业首先想到的是大打价格战，一定要打到己方战败，甚至是整个行业的衰亡。例如，中国的家电业等足以证明，中国企业缺乏文化理念的支撑，因此，所谓的企业品牌也只能昙花一现而没有生命力。

公司要在激烈的竞争中求得一席立足之地，需要在竞争中充分发挥扬长避短的功力。

1. 充分发挥自己的长处

我们如果能从企业的实际出发，真正了解我们的竞争对手的优势，充分展现自己的长处，扬长避短、以柔克刚，不仅能很好地在市场上培育自己的品牌，而且能保持一种企业间的良性竞争。当一个企业能真正地发挥自己长处，那就有了企业的个性，市场消费者就会承认你这个品牌。理念决定未来，理念决定策略。

丰田，经历了辉煌的发展，跻身于世界名企之列。是什么因素让这个企业成功的呢？丰田系统的最有魅力之处就在于其持续改进的柔性精神，永不满足，不断改进，持续累积企业成长的能力。

持续改进的背后就是不间断的累积，对于一个企业来说，一次，两次，若干次的持续改进可以做到，而长期坚持又谁可以保证呢？而丰田做到了。丰田系统的持续改进是日本武士道精神的体现，是在市场强压之下的生存之道，更是抗拒市场劲敌的柔性手腕，无论是丰田系统的初创时期，还是创造的过程都在向业界证明，丰田的柔性足以与劲敌一比高下。"以柔克刚"不失为企业发展的良策。为什么说其是"以柔克刚"呢？一方面作为日本的企业，它有强烈的爱国情怀，面对国土和国力的有限，它有自知之明，硬碰硬，于是避其锋芒，选择适合本土人员和企业特点的生产和管理系统。另一方面，创业之初一个名不见经传的卡车生产商，没有政府支撑，没有资金保证，处于极端弱势的地位，这样的境况让企业迫不得已实行较为灵活和柔性的生存之道。

成功在于细节，同样的，丰田意识到必须充分地利用每一份，甚至看起来微不足道的资源。不仅如此，在资源有限的情况下，要提高资源的使用效率，杜绝浪费，杜绝一切无价值的活动，消除一切不增值的环节，丰田也确实一直都坚持这样的理念，并付诸持续改进之中。正是注重流程的有效性和价值的充分性，丰田才可以完完全全地发挥优势。当然，成功绝不是因为一个偶然的因素，而是多种因素共同作用的结果，因素的相互交叉影响与促进，才有真正特色鲜明的丰田系统。流程的改进在于持续，无价值活动的剔除需要持续，这些所有的改进让丰田从一个摇摇欲坠的卡车生产企业变成了世界上汽车行业巨头之一，它将自己创造的丰田模式变成了汽车行业的标杆，而至今都让竞争对手无法超越。

2. 打造企业的个性文化

对于公司的经营者来说，战胜竞争对手并不一定是与其在市场上硬碰硬的较量，还有一种更加智慧的方式是，回过头来，改进自己，积蓄自己的能量，以"润物细无声"的姿态影响和改变着企业经营和产品。当企业足够强大，产品足够强大的时候，你就赢得了市场。

我国市场经济发展过程中，从不规则的无序状态逐步发展成规则清晰，高度市场化的今天，企业作为市场的细胞也从过去被市场推着走，变为以积极的心态，平稳的发展为主题。

作为管理者，必须清楚企业的核心能力，以滴水穿石的精神与耐性来打造企业自身特有的个性文化，而不是以短兵相接的方式与竞争对手大打擂台，企业只有具有独特的品牌个性特征和丰富的文化内涵才能在市场中具有知名度，也才能被消费者记住。当被消费者接受以后，企业要不断地将企业品牌的故事丰富起来，从而培育消费者的忠诚度，这也就是企业如何依据自身特点实现差异化经营。

参与新市场的竞争

新市场就是指一个相对冷门的行业。新兴市场虽然可能竞争较少，但也存在着经营风险大，投资大，营销经验不足等问题。

新市场的同行关系，开始时应当是合作优先于竞争。因为市场根本没有开发出来，不存在市场份额不足的问题，没有必要开展无意义的竞争，更没有必要弄得两败俱伤。有头脑的商家应该能认识到这一点，并达成共识与默契。

但是，这种平静的局面，不可能永远地持续下去，一旦新市场初具规模，其他商家也逐步卷入时，市场竞争还是不可避免的，而且会逐渐加剧。因此，一个老练的商家，必然会做好迎接新的竞争心理、物质准备。

1. 正确评价新市场的前景和特点

很多市场之所以有空当、有空缺、有机会，并非人们没有注意到，只是因为这个新市场的风险太大了，或者前景难以预料，或者前期的投资较多。所以，最要紧的不是看到冷门行业就自作聪明，只看见了潜力和未来的收益，而没有看见其中的风险，决不要冒冒失失地切入。

2. 正确理性地审视自己

正确估量自己的竞争和经营实效，看你能否有能力高人一等，把握住机遇和市场，站稳脚跟。例如，现在的确涌现出许多新市场、新科技、新机遇。但这种新市场需要较多的初始资金，或是很高的技术含量。

3. 时刻注意"东风"

即使百业俱兴，一切就绪，还要等待"东风"。恰当的时机来进入市场。太早了，新产品被视为异类，成为少数高档侈奢"消费品"，被广大民众拒之门外就不好了，还提供给对手经验和技术学习机会。过迟，你又不占优势了。

4. 设法让消费者接受新产品

切入新市场后，如何使新产品为市场所接受，就成为头等大事。因此必须花费大量时间和金钱来宣传新产品，这时的广告费用是惊人的。

如何在新市场上推销新产品，大家都没有现成的经验。必须打破过去的老框框，而用新思想和新观念，来策划新产品的营销。在这里，创造性是打开成功之门的钥匙。好在新的市场上，同行很少，竞争开始并不激烈，大家都是新手，都需要探索和研究。

如何击败竞争对手

在激烈的市场竞争中，必须要想尽办法战胜竞争对手，在市场上取得一席之地。

那么，如何在激烈的竞争中找到生存的夹缝呢？

1. 找对手软肋

在和对手竞争时，首要做的工作是评估竞争，尤其要看对手的弊端或软肋，千万不能光凭表面现象看问题，需要进行切实的市场调查研究和全面分析。例如，一些处于上升势头的小公司老板，总是喜欢把自己尚未遇到竞争对手的新构思视之为极大的优势。其实不然，说不定有可能成为某种弊端或弱点。

在分析竞争对手的实力时，还要充分考虑到其中已经发生的或可能将要发生的变化。例如，有些厂家或商家在当地市场上占有相当大的份额，看起来实力非常雄厚，实际上并非想象中的如何了得，但细细分析也许并非如此，也许顾客早已对他们的销售产品和服务质量甚为反感，只是一时间没有合适的替代产品。而这有可能成为自己可利用的致命弱点。

为此，更需要自己与顾客进行广泛接触和对话，充分了解有关的反应和要求，做到心中有数，以便正确判断和决策。

2. 捡对方遗漏

对众多的中小公司的老板，能否与大公司进行竞争，或怎样与大公司进行竞争，是经常会遇到的一个令人感到十分棘手的问题。但一定要对此找出合理答案，并且在作出决策之后才能开张营业，否则，难免失败。

有些人认为凡与大公司进行竞争，结果只能是鸡蛋碰石头，死路一条，但现实生活大量事例表明并非一定如此。

有时候，一些小本经营的生意人由此也可以在大公司漏掉的生意中发大财。作为顾客未必都能忍受大公司那种缺乏人情味的服务方式，或者为求方便、避免浪费太多时间，于是乎就会给小公司以发展的机会了。而这也是小公司得以生存和发展的基础之一。

3. 吸引顾客，取信顾客

"不怕不识货，就怕货比货"。站在顾客的立场上将自己所销售的商品与别的竞争商家现行商品做一番比较，找出销售成功的原因或差距所在。

在分析有关销售商品或服务的竞争情况时，无论经营什么项目，要想做成生意，吸引顾客和取信于顾客这一关是必须要过好。

如果发现有某些竞争对手无暇顾及或鞭长莫及的空缺品种，并由此也可成就某项大业的话，更应毫不犹豫地充分利用此种机会，力求合理加以垄断。

4. 多种多样的竞争方法

商业竞争的手法是多种多样的。一般常见的有减价、更新产品、改进服务、改变销售渠道、宣传广告等等。

采用什么样的竞争手法，经常受到销售产品或服务性质的制约。例如推销汽车大都采用形形色色的优惠价格手法进行竞争。除此之外，一般还可以向顾客多做些宣传工作，以求吸引顾客买货。

认真研究竞争对手现在正采用的营销方法总是很有必要的。其中办法之一，就是逐一研究他们使用各种营销措施的历史情况。看其中某种营销法是否被长期使用、经常重复使用。按常理来说，如果某种方法被长期重复使用的话，其效果一定会很好。

打造超强竞争力的因素

优秀的企业之所以拥有超强的竞争力，其背后一定拥有成功的基因。向优秀的企业学习，也能从中获得启发和经验。

通用电气已经走过了120多年的历程，它的成功绝不仅仅是源于某个人，而是其百年基业的积累。正如曾任通用电气高级战略顾问的威廉·E·罗思柴尔德所说："通用电气从来不会错过最佳时机，它永远在扻握有市场主动权的时候，就能给作出富有远见的调整，而无须等到江河日下再去伤筋动骨。"

通用电气是当今世界上综合提供先进技术和服务的最大的跨国公司之一，其创始人是赫赫有名的大发明家爱迪生。自1896年道·琼斯工业股票指数榜设立初始，通用电气就是当时榜上的12家公司之一。时至今日，在其他11家公司大多已经销声匿迹之时，它是唯一仍在指数榜上的公司。

从爱迪生，到韦尔奇，再到伊梅尔特，通用电气120多年的历程，成功的秘诀绝不只有一个。其中，最重要的五个因素成为其百年基业成功的关键。

1. 领导力

通用公司成功地创建了一个连贯的领导者继任体系，使其能够在企业发展的适当时期选出适当的领军人物。

多年来，通用电气都能够选出一些愿意分享权力和利益的领导者。在它所有的领导者中，他们的平均任期为12.6年。通用电气的每一位领导者都有着不同的人格、技能和能力，这些特点与公司在其特定发展阶段的特殊要求相吻合。事实上，在通用电气公司成立之初，它就采用了集体领导的方式。运用这种方式有效地、系统地发掘出其领导团队成员各种各样的见解和建议。这样的有效性显而易见，但许多公司都未能成功地运用这种方式。

此外，当通用电气的领导者退休时，他们会退出公司的董事会并彻底离开公司，这样可以使继任者免受任何干扰，以自己的风格和方式管理企业。

2. 适应性

通用公司的管理层深谙变化思维的重要性，没有一成不变的战略，即使是那些表面上看似成功的战略也是需要时间和修正的。在任何时候都要未雨绸缪。

通用电气的管理层对于市场的重大变化都能够预见并成功地应对。凭借其长期积累的资源和优势，通用电气已经从一个具有领先的电气系统和产品的企业，成长为一个高度多元化并实现多种经营方式的全球化公司。

当它的获利能力和满足投资者期望受到挑战时，通用电气通常会采取"战略投资组合"的管理及决策方式。这种方式能使其寻找到并采用最有利于公司发展的机会，而放弃那些并不适合企业发展的机会。

3. 人才

通用公司致力于发展一个有效的培训体系，培育出一支具有深厚专业技能和职业精神，并对公司精神文化认同，对公司忠心耿耿的管理和技术人员团队，为企业进一步的发展做好人才力量的储备。

通用电气从成立之初就认识到人才是公司最具价值的资源和财富，而不是来消耗公司财富的。因此，公司对于人才一直保持着非常简单和一致的理念。通用电气的领导者注重所有关键职能领域员工的职业生涯发展，并且通过不断地投入和不懈地努力来开发这些人才的潜能。这使得通用电气拥有丰富而又极具潜力和竞争力的人才储备，积累了丰富的人才资源——公司可以在合适的时机，选择合适的具有高水准的人才。

通用电气在人才的培养方面不只是进行简单的培训，还不断提升其采用"人力资源组合"方式的能力和意愿。通用电气用这种方式来评价公司的主要专业人员和管理人员，并且重点关注那些高素质的人才。换言之，通用电气成功的关键基因之一，就是在业务的各个方面都精挑细选，包括人力资源方面。

4. 影响力

通用公司对主要利益相关者的影响力，公司一直坚决抵制那些有可能妨碍企业独立发展的社会、政治及经济政策。

所有的组织都存在各种各样的利益相关集团，如投资者、股东、管理层、雇员、顾客、供应商、政府、工会和社区等。每一个利益相关集团都拥有一定的权力并能影响公司战略的实施，某些利益相关集团比其他利益相关集团对公司更具有影响力，一些利益相关集团支持公司的领导层，另一些则站在相反的立场上。

通用电气在漫长的经营史上，始终关注其利益相关者的权力，并且根据公司发展所处的阶段和处境的具体情况，对其中一些利益相关者进行排序。投资者、股东、顾客和雇员在公司优先等级列表中一直位居前列，而且历任通用电气的领导者都在努力满足这些群体的利益。

5. 网络化

通用公司拥有一套完善的网络系统，使其能够有效运用企业独特的资金、战略规划和人力资源管理体系，使组织在保持稳定的基础上向其总的既定目标迈进。

通用电气从成立开始就坚持高度保守、严格的财务政策，这一政策为公司赢得了AAA的信用等级。通用电气通过一整套的管理网络系统来贯彻实施这些财务政策，这些网络都是非常牢固而严谨的。正是这些网络使得日益成长并且复杂的通用电气公司，能够始终遵守为满足主要利益相关者的期望而许下的承诺。

不得不说，通用电气是一家伟大的公司，其优秀的管理理念值得很多企业学习和借鉴。智慧的企业管理者能够在通用电气长期成功和持续繁荣的基因中，找到适合自己借鉴的部分，带入自己的企业中，从而使自己的企业更加自信地走向市场化竞争中。

第二十二招

整合之道：
小公司发展要善于资源整合

最好的经营者是最好的整合者

可以说，经营活动的过程实际上就是对资源的开发、组织、配置、利用的过程，也可以说把散乱无序的资源有序地组织配合起来，让它们发挥整体的效能，这就是整合。

正如曾获"世界优秀华人企业家"、"中国优秀民营企业家"称号的河南庆安化工高科技股份有限公司董事长司俊杰所说的，企业的核心竞争力就是对资源的整合能力，对资源的整合能力越强，核心竞争力越强。

1. 用"少"得"多"

整合就是交换，即用更少，得更多。通俗地来看，整合也是一种借术，即"借用"自己（既指个人也指某个组织）以外的各种力量，帮助自己解决问题或者克服仅仅依靠自己之力难以完成的事情。整合资源，创造价值，是目前企业界、营销界普遍认同的价值观，"借力共赢"是企业整合资源的另一种诠释。

比如，很多人都会从网上下载各种游戏、电子书等，并且随着时间的推移来寻找最时尚的游戏等娱乐方式。这些娱乐方式并不是电信公司提供的，而是由许多与电信公司合作的专门提供游戏、电子书等娱乐工具下载的公司提供的。

这就是关于手机的一种资源整合方式。在手机的资源整合过程中，游戏、电子书等娱乐工具借助手机得到了功能体现，不仅获取了最佳的效益，还使得资源优化配置，手机得到了更好的应用。

在资源优化配置的过程中，就像拥有26项影响全世界重要发明的巴吉明尼斯克·富勒博士所说的，"你为越多人提供服务，你就可以创造越多的财富"，整合也是一个让多方受益的途径。

2. 以"共赢"为基础

现在是互利的时代，"共赢"和"多赢"已成为人们的共识。我们在经营事业的时候，通过资源整合，就可以让彼此的事业都做大做强，彼此的发展都越来越好，彼此的财富也越来越多。

一位培训师讲过这样的经历：

台湾最大的美容美发集团年营业额可达台币30亿元。一次，这家公司的老板想举办一个顾客回馈活动，请我做演讲。

与此同时，另外一家有50多个健身房的健康产业公司，以及有100多家连锁店的房屋中介公司也打算举办类似的活动。

这三大企业都是拥有很多连锁店的特许经营企业，假如各自举办活动，同样都要支付讲师的出场费和场地的租用费，而来宾也是企业原有的顾客。

现在，因为这三家公司都是我的客户，经过我的撮合，这个活动由三家联办，场地租用费和讲师出场费由三家分摊，每一家只需付出原计划的三分之一，来宾却是三方企业加起来，可达原来的三倍，并且不只限于企业的固有顾客。

这个例子清楚地说明资源整合可以带来多么大的不同：本来是一比一的关系，三家合作就得到九倍的收获。以此类推，如果是四家合作、五家合作，就变成一比十六、一比二十五，十家就是一百倍的效益……

所以，在现在这个时代，我们要清楚：整合不仅使资源优化配置，还要创造共同利益。在整合的时代，多赢已经成为资源整合的目标之一，我们通过资源的整合，不仅要达到资源优化配置的目的，还要为大家创造共同的利益。

3. 随时随地都可以整合

自然界和社会各种资源都是客观存在的，它可以供任何创业者围绕自己的目标进行资源整合，经营成功与否就看你如何资源整合。运用之妙，存乎一心。

资源无处不在，资源无处不有。有人说资源在于发现，更在于挖掘，更在于利用。经过巧妙的整合，万物都可以用来赚钱致富。

加拿大的一个年轻小伙子哥米，因企业破产失业，处境很艰难，但是他坚信自己有丰富的想象力，有敏锐的眼光，能找出赚钱的门路。有一天早晨，他仍像往常一样，迎着初春的阳光，到自己家附近的河畔散步。他忽然发现，河边奇形怪状的各种鹅卵石在阳光的照耀下，折射出各种色彩斑斓的霞光。他的头脑中立即闪出一个念头：如今人们不是喜欢宠物吗？什么猫啊、虫啊、鱼啊、鸟啊，为什么不能有宠石，这些鹅卵石通过装饰和合理的组合，一定会成为人们喜爱的玩物，这可是一个赚钱的商机啊！

说干就干，他立即加工出一批古色古香、精致的小木盒，把各种各样的鹅卵石分别装入木盒中，底下铺些稻草、树枝，再附上一本如何爱护宠石的小册子：告诉你，它是你在世界上最理想的伙伴，不吃不喝，比猫啊、狗啊听话得多；它也是一种有限的资源，既可以点缀你的居室，给你温馨，又有一定的收藏价值，而且价廉物美，每件只卖5美元。果然一上市，成了热门礼品，半年之内赚了140万美元。

哥米把原本沉睡在河畔的鹅卵石，经过有效的整合，变成了人们竞相购买的礼品，真可谓点石成金。

哥米为什么能点石成金？一个关键的原因是他能够围绕消费者的需要，通过对鹅卵石等资源进行整合，把它变成人们的玩物和居家点缀的装饰品，变成人们交友的小礼品，为人们丰富精神生活和增进友谊提供了价值。

通过整合实现质变

在现代社会经济发展中，企业的资源配置既是一个理论问题，也是一个需要在实践中解决好的社会课题。

那些具备优秀头脑的经营者都在利用整合促使企业得到更好更快的发展。

1. 实现资源优化配置

在企业发展过程中，各种生产要素的优化配置与否，往往决定着经营的成败。谁不重视资源的优化配置，一旦资源配置决策失误，就要遭受重大的经济损失。

《史记》中记载了"田忌赛马"的故事：

田忌经常与齐威王及诸公子赛马，设重金赌注。但每次田忌和齐王赛马都会输，原因是田忌的马比齐王的马稍逊一筹。孙膑通过观察发现，齐王和田忌的马大致可分为上、中、下三等，于是，孙膑对田忌说："您只管下大赌注，我能让您取胜。"田忌相信并答应了他，与齐王和诸公子用千金来赌胜。比赛即将开始，孙膑说："现在用您的下等马对付他们的上等马，拿您的上等马对付他们的中等马，拿您的中等马对付他们的下等马。"三场比赛过后，田忌一场落败而两场得胜，最终赢得齐王的千金赌注。

后来，田忌把孙膑推荐给齐威王。齐威王向他请教兵法后，就请他当自己的老师，孙膑的才学有了更宽广的用武之地。

田忌接受孙膑的建议，同样是原来的三匹马，只是调换一下出场顺序，就取得了胜利，这实际上就是通过资源的优化合理配置，实现了胜利的目标。资源还是原来的资源，没有增加任何新的投入，只是通过优化配置的方法就能转败为胜。这种资源优化配置的范例，对于搞好企业在现代市场经济中资源的合理配置，具有十分重要的借鉴意义。

企业的起步和发展都需要各种资源。有用的资源往往都具有一种以上的用途。如土地可以用来耕种，可以用来建造房屋，也可以用来建娱乐场所；劳动力可以用来做司机，也可以用来当营业员，也可以用来做管理。因为稀缺资源的多种用途只有进行比较权衡，才能找到更有利于增值，更有利于效率和利润最大化的配置，这就需要资源配置的优化。

好比混凝土浇灌，黄沙、水泥、钢筋、石子只有按最佳的比例实现优化配置，浇灌出的梁柱、楼板才能达到理想的抗压抗拉强度。

当然，不仅仅是生产要素的优化配置，各种软体资源的整合也要以优化配置为原则。就如一个领导团队的组建，就是资源优化配置的一个方面。其实，维持和发展一个企业，需要对各种企业生产经营要素进行优化配置。比如，资金投入、生产设备、技术、劳动力，都存在一个优化配置问题。凡是成功的经营者皆是资源配置的高手，各种生产经营资源到他手里都可以发挥巨大的能量。反之，再好的资源也像一盘散沙。

2. 实现资源的优化配合

无论是什么行业，都需要企业家拿出魄力，跟有创意的人一起合作，设计出与众不同的产品，整合资源，走出不平凡的发展之路。

事实也证明，顺应整合趋势的企业，才是最终获得财富的人。也许有人会觉得，资源整合好像是大企业的事，和自己的小企业似乎没什么关系。其实，即使你是开小餐馆的，同样也可以应用资源整合的概念，创造出新的发展机遇。甚至连路边摊都可以进行资源整合。

有一个人，他给自己摆的路边摊起了一个有趣的名字——街头小吃，还制作了一个不错的彩色广告页，上面写着：古老的味道，童年的记忆，用心的经营，最好的服务，尽在街头小吃！

不仅如此，他还联合其他小摊贩，制作了一个集点卡。比如，你在这个摊口买个馒头，盖个戳；你到那个摊口买杯豆浆，盖个戳；你再到另外一个摊口买个包子，盖个戳……只要盖满十个戳印，就可以换一张街头小吃的兑换券，免费送一份小吃。

连小摊贩都可以进行资源整合，所以企业无论大小，都可以通过这种方法创造更多的机会，根据各自的情况进行适合自身的资源整合。

实现整合的基本条件

如果拥有了自己的资源，接下来就可以找到拥有资源的一方，然后进行整合吗？但是这种整合并不是一帆风顺的，实现整合必须满足一定的条件。

那么，资源整合需要遵循什么样的原则呢？

1. 相需

相需，就是互相需要。《易经》上所言："同声相应，同气相求；水流湿，火就燥；云从龙，风从虎。"同声才会相应，同气才会相求。资源的整合必须是双方都需要的，如果只有一方需要另一方，另一方不需要对方的话，那就整合不起来。

在相需的条件下，被整合方才能心甘情愿拿出自己的资源。因此，相需原则指导我们，在与他人整合之前，首先应考虑对方的需求是什么，我们的资源能不能满足对方的需求。当然，这个需求有时是明显的，有时是潜在没有被发掘出来的。如果是明显的，我们当然容易发现，对方也很容易和你对接。但往往我们能给对方的，他不一定能意识到自己的需求，这时就需要我们帮他分析并挖掘他的需求。

2. 相交

相交，就是双方要互相了解，有交情。

我们常讲"无交而求，自取其辱"，没有交情就请求人家做事情，能不自取其辱吗？由此也可见交情在整合中的重要意义。

那怎样才能建立交情呢？我们说相交从相知来，那相知又从哪来呢？从相识来。

在资源整合前，双方必须先有一个相识，相知到相交的过程。这就是双方之间相互的拜访、沟通、谈判、协调。特别是通过这些交往，双方的友谊及信任度不断加深，那么资源整合也就是自然而然的事了。

因此，在相识、相知阶段，我们就要展开攻势，建立和培养交情。建立交情要注意三个问题：

（1）态度端正，要付出真心实意的感情，通过实实在在的关心和帮助，建立交情。

（2）言而有信，不论交情大小，交情长短，应承帮助的就要兑现，如果办不到也要及时向对方说明原因，取得谅解。

（3）经常自我反省，看自己在与对方交往中有无失当之处，如果有就要设法弥补，不能因为一件小事而影响相互的信赖。

具体来说如何才能建立交情呢？我们可以从帮助对方做一些不起眼的事情开始，比如帮助对方打听信息、在需要的时候为对方筹集资金等。但要注意，培养交情不能刻意帮助对方，要在自然而然之中助其成事。过分明显的帮助行为容易引起误解，使对方觉得有回报的义务。在不了解对方真正需要和意愿的时候，自以为是，可能帮倒忙，所造成的后果比不帮忙还糟糕。另外，为避免对方忘却已有的交情，我们需要经常花点时间与其沟通。我们要知道，深厚的交情需要长时间的培养，只要建立长期交情的帮忙方式，才可能赢得对方持久的信赖和支持。

3. 相利

相利，就是多赢。墨子曰："兼相爱"、"交相利"、"夫爱人者，人必从而爱之；利人者，人必从而利之；恶人者，人必从而恶之；害人者，人必从而害之。"

资源的整合不是市场竞争，而是为了促进及提升彼此资源的效应而进行的。它不是你赢我输或零和的游戏，必须各方都从中受益。这个收益可能表现为更低的成本，更多的效益或者两者兼有。

因此，在资源整合中，我们必须要考虑对方的利益点在哪里，在整合的过程中如何保障对方利益的实现。只有这样，双方的整合才可能长久并形成一种战略上的伙伴关系。

那么，既然是整合具有多赢的功能，我们在寻求合作伙伴的过程中，也可以此作为说服对方的条件，让对方了解相利的原则，这样一来，整合成功的概率自然也会增加。

需要整合的四种资源

企业发展离不开资源整合，任何企业家自己能占用和支配的资源都是有限的。因此，要实现特定的发展目标，必须解决特定资源需求问题，这就需要利用自己能够占用和支配的资源与他人交换自己所需要的资源。这也是整合资源的一个重要法则。

无论是有形资源还是无形资源，交换好了，都可能成为你创业成功或白手起家的助推器。

每个经营者无论地位高低，无论家财多寡，都有很多资源可以用来交换企业发展所需的资源。一般来讲，包括以下几个方面。

1. 人脉资源

即个人在社会生活中与同学、老乡、战友、亲戚、朋友等交往中，形成的社会网络资源。

2. 物质资源

即拥有所有权、使用权或经营权的资金、房地产、运输工具、仪器设备、收藏品等以物质形式存在的资源。

3. 人力资源

即通过教育、学习、培训、锻炼等形式获得的智慧、知识、经验、技能和强健的体魄，有的体现为社会有关鉴定部门发放的证书、资格认定等。人才的管理知识、技术知识和具有知识产权的专利发明，可以通过以生产要素入股的形式变为物质财富，这些往往表现为非物质资源。它与物质资源的最大差别是不能与所有者分离。

4. 信息资源

即创业者通过各种形式和渠道掌握的对创业有用的信息。

个人能够用来交换的资源，还不仅仅是这些，但这些资源只要结合市场的需求和自己创业的需要，进行有价值的交换，并通过有效的整合，就能够帮助自己走上创业致富之路。

把创造资源变为整合资源

对经营者而言，公司要做大做强是建立在自身资源不断壮大的基础上，但还有更加便捷的方式，就是不断整合资源。也就是说，把创造资源变为整合资源。

1. 拥有多少资源不重要

公司经营的过程中，常常会有"巧妇难为无米之炊"、"心有余而力不足"之感。由于没有足够的经验，产品也不突出，公司发展总是举步维艰，这个时候不妨整合他人的"钱袋"、"脑袋"，来壮大自己，让自己拥有充足的资源，这不仅需要胆识，更需要技巧。

犹太人有一句名言："如果你有1元钱，却不能换来10元甚至100元，你永远成不了真正的成功人士。"怎样让1元钱变成10元、100元，不能指望魔术，而是要利用整合。想让1元增值的方法很多，但最有效最简单的无疑是整合，如果我出1元钱，别人出9元钱，就有了10元钱，用这10元钱就有可能帮你挣回来10元、100元。

成功的经营者并不是需要最初就拥有多少资源，而是要巧妙地整合于他人的智慧和金钱，以获得事业上的惊人成就。有些人之所以失败，是因为他们不知不觉地狂妄自大，以为自己是无所不能的超人，拒绝向外界整合。他们凡事以个人构想为中心，漠视了其他人的意见，无形中把所有人的智慧抹杀了，倒退至一个人支撑的局面。假如有雄心在职场上大干一番，就必须借用别人的资源，固守个人风格，只会困于自己的圈子，永远不会有宏大的成就。在会借的人眼中，成功就是这样的简单，借用他人的力量来积累自己的"第一桶金"，达到自己的目标，这是一条成功的捷径。

我们都知道，世界上有许多成功人士都在负债经营，可见借钱、借资源、贷款并非坏事，负债者并非都是揭不开锅者，也有若干家大业大者。对于打拼的人来说，这一点也是非常重要的，巧妇难为无米之炊，借米下锅也能做出一锅好饭，没有米再大的本事也无济于事。善借和善用他人之力，才能成为生意场上的"巧妇"。

2. 整合多少资源才重要

大多数人或已经被资源短缺吓退了脚步，却不敢整合别人拥有的资源，或者找不到整合的方法，结果他们遭遇了失败，却不知道自己才是"成功路上的绊脚石"。

一天，年轻的希尔顿在繁华的达拉斯商业区大街处找到一块适合做旅店的用地。他找到这块土地的所有者——老德米克。经过协商，老德米克开价30万美元出售这块地皮。

希尔顿来了建筑设计师和房地产评估师给"他"的旅馆进行测算，如果按他设想的那样去建一个旅馆起码需要100万美元。而当时，希尔顿东拼西凑也只有10万美元。

按一般人的思维，要实现希尔顿的想法简直是不可能的事。但我们知道，希尔顿没有却步，他是如何做到的呢？

他再次找到老德米克签订了买卖土地的协议，土地出让费为30万美元。

希尔顿还告诉老德米克说："我想买你的土地，是想建造一座大型旅店，而我的钱只够建造一般的旅馆，所以我现在不想买你的地，只想租借你的地。"老德米克有点发火，希尔顿认真地说："如果我可以只租借你的土地的话，我的租期为90年，分期付款，每年的租金为3万美元，你可以保留土地所有权，如果我不能按期付款，那么就请你收回你的土地和在这块土地上我建造的饭店。"老德米克一听，转怒为喜，"世界上还有这样的好事，30万美元的土地出让费没有了，却换来270万美元的未来收益和自己土地的所有权，还有可能包括土地上的饭店。"于是，这笔交易就谈成了，希尔顿第一年只需支付给老德米克3万美元就可以，而不用一次性支付昂贵的30万美元。这样希尔顿省下了27万美元，但是这与建造旅店需要的100万美元相比，差距还是很大。

后来，希尔顿有以老德米克的土地作为抵押去贷款，从银行顺利地获得了30万美元，加上他剩下的7万美元，就有了37万美元。可是这笔资金离100万美元还是相差很远，于是他又找到一个土地开发商，请求他一起开发这个旅馆，这个开发商给了他20万美元，这样他的资金就达到了57万美元。

1924年5月，希尔顿旅店在资金缺口已不太大的情况下开工了。但是当旅店建设了一半的时候，他的57万美元就全部用光了，希尔顿还是来找老德米克，此时的老德米克已经被套牢了，只能出资继续完成旅店剩下的工程。

1925年8月4日，以希尔顿名字命名的"希尔顿旅店"建成开业，他的人生开始步入辉煌时期。

希尔顿不愧为成功的整合者，他不惧怕一无所有，而是勇于整合，并善于整合别人的资源，为我所用，为我创造价值。而且这种"拿来"不一定要付出代价，可以用投机取巧但是不触犯法律的方法，廉价地"拿来"，甚至免费地"拿来"，拿来之后，再改头换面，高价地"拿去"，这就是智慧和成功。

个体的力量是有限的，但在现代社会里，社会的协同性给整合提供了广阔的空间，善于整合者完全可以从他人身上整合自己缺少的资源。

盘点自己所需要的资源

只有知道自己缺的资源在谁那里，我们才能跟据不同的人，不同的爱好、价值观，才能把我们自己要的资源整合回来。

公司经营者在整合资源之前，需要盘点自己有什么资源，这是进行资源整合的前提条件。

1. 需要什么资源

我们缺什么样的资源，想要什么资源。这里有两个方法可以来确定我们所需要的资源。

一个方法是在微笑曲线上找出我们所需的上下游方面的资源。

假如我们是制造企业，那么上游我们需要产品研发、原辅材料等资源，下游我们需要客户、品牌、物流等资源。如果我们是品牌运营，上游我们需要产品研发、产品等资源，下游我们需要物流等资源。这些上下游的配套资源就是我们想要的资源。

另一个方法是列出我们的资源表，也就是以下几种资源，看看我们需要什么。

（1）知识资源：包括资讯、经验、技术等。

（2）人脉资源。

（3）品牌与渠道资源。

（4）产品。

（5）人力资源。

（6）资金与设备。

在以上的资源中，每家企业都不可能全部拥有。即使你的企业拥有，也不可能均衡。所以，我们的企业只能在每一个资源上比其他的资源更有优势。在这种情况下，我们必须思考我们的企业要在哪个资源上突出优势，而其他的资源可以在外部来整合。

可能你拥有资金，其他方面则没有优势，或者你有产品，但缺乏资金、渠道等。

这些我们没有优势的资源就是我们需要寻找的资源。

明确了所需资源的前提下，我们才可以有针对性地开展下面的工作，比如找合适的人，寻找合适的资源等。

2. 找到需要的资源

面对同样的资源，为什么有些人找得到，有些人找不到呢？简单地说，就是因为他们的眼睛被蒙住了。所以，要找到我们所要的资源，应注意以下两点。

（1）要善于发现。

很多人想找资源，却总找不到。其实在我们的身边，有很多资源的信息，只是我们没有去发现而已，下面就是几种去发现资源的主要渠道。

互联网：在现今的网络时代，我们几乎可以在网上找到任何我们想要的信息。

报刊杂志：特别是一些专业的报刊杂志，上面有很多当前的信息。

展销会：展销会上不仅可以获得很多行业的动态、新产品、竞争对手的情况等大量的信息资源，还可以发现很多的客户及上下游供应商、服务商等资源。

朋友聚会、学习培训课程及论坛：在这样的场所不仅可以结识很多的人脉资源，还可以获得大量的信息及提升自身素质。

协会：分行业协会或跨行业的协会。协会是寻找资源的最佳场所。一般来说协会都由一些有相同经历及爱好的人组成的组织，并且有定期不定期的各种活动。在协会里，资源各种各样，丰富多彩。

"千里马常有，而伯乐不常有"，感叹的就是这个道理。我们想拥有资源，就要善于当个好伯乐。

（2）要主动出击。

乔·吉拉德是世界上最伟大的销售员，他连续12年荣登世界吉尼斯纪录大全世界销售第一的宝座，他所保持的世界汽车销售纪录：连续12年平均每天销售6辆车，至今无人能破。

他成功的秘诀是什么呢？就在于他独特的发名片法。

每一个人都使用名片，但乔·吉拉德的做法却与众不同：他到处递送名片，在餐馆就餐付账时，他把名片夹在账单中；在运动场上，他把名片大把大把地抛向空中，名片漫天飞舞，就像雪花一样，飘散在运动场的每一个角落；坐公共汽车时，一上车就给每人先发一张名片；参加朋友宴会，也是四处发名片。

通过发名片的方法，主动出击进行宣传整合，乔·吉拉德成为卖车的一个代名词。想买车的自然而然都会找到他。

其实，在我们周围也有这样的人，如果我们想到电脑软件时，我们会想到比尔·盖茨；想到电子商务会自然会想到马云；想到卖牛奶的会想到牛根生；想到卖计算机的，就会想到柳传志；想到生产家电的，就自然会想到张瑞敏……为什么，因为他们四处宣传，整合各种媒体手段宣传企业及个人，让他们个人生成企业业务的代名词。

资源是很少会主动找上门来的，只有我们自动出击，让大家了解我们的资源，了解我们是做什么的。当我们与某一种产品或服务挂上钩时，我们想不成功都难。

采用合伙的方式进行整合

为什么不单干而采用合伙的方式，就是想把合伙人的资源整合进来。合伙一方面可以获得较高的启动资本，而且合伙人之间也可以互相增强信心，并能分担责任。另外，各合伙人之间还能形成技能互补，弥补不足。

最近取得成功的很多企业都是采用合伙的形式，如蒙牛、阿里巴巴、携程、如家等。在合伙的过程中，我们务必注意以下几个事项：

1. 明确合伙的目标

商业合作需要相同的目的和目标。当你有了任何一种资源的时候，再选择合伙者，看中的合作伙伴必然有很好的可合作资源，这种资源就是你的合作目的，有了清楚的合作目的和目标，合作才能成立。

2. 双方的理念要一致

合伙人的选择是至关重要的，现在我总结了四条选择合伙人的标准：人品第一、价值观第二、工作态度第三、能力第四，这四个条件缺一不可。

3. 要有一套明确的分工合作模式

这个机制主要包括：投入及股份比例、合作过程摩擦的预防方案、退出机制、各自的职责及奖罚机制。这些东西必须用书面的形式给予确认，避免以后的互相扯皮。

4. 财务要透明

合伙做生意就是为了赚钱，如果财务都不清不楚，大家都不知谁贪污了谁，那么最终也一定是失败的。

5. 在合作中建立良好的沟通

合伙人在合作过程中最为忌讳的是互相猜忌，打自己的小算盘，这样的合作是肯定不会长久的。出现问题要本着真诚、互信、公平的心态度来解决，有什么事情放到桌面上来讨论，就事论事，大家如果都是出于公心，分歧是很容易得到解决的。

采用结盟的方式进行整合

随着市场分工的不断细化，一个企业必须也只能关注于其中的一个或若干个细分市场，并在选定的细分市场做得最好。而当一个企业拓展自己的竞争地位时，往往需要某些补充优势。联盟可以帮助企业达到这个目的。

战略联盟可以不需要大量资金投入，既节省了时间，同时又可获取市场上最好或最适合自己的能力。企业联盟已经成为企业制定发展战略中必不可少的一部分。

1. 上下游联盟

众所周知，微软公司的超常发展，很大程度上得益于微软与英特尔公司的战略联盟。著名的Wintel联盟把两家公司分别推上各自行业的领头地位。这个联盟的纽带是个人电脑的核心芯片和操作系统。和微软与英特尔两家公司的联盟不同，"环宇里程优惠计划"是由荷兰皇家航空、Budget租车、香格里拉以及花旗银行等40多家公司组成，涉及航空（包括中国国际航空）、汽车出租、酒店和信用卡行业。该里程计划可以算作是最庞大的企业战略联盟之一。通过里程积累作为纽带，把旅行者与这些企业的服务联系了起来。

产业链竞争其实整个产业链也就是一个联盟，一个共同服务于客户的联盟，而你的企业就是联盟中的一员。这种联盟往往通过契约式联结在一起。各自分工合作，形成一个完整的产业链。

企业除了在自己的产业链中处于联盟的一名，在企业外部也可以组成各种松散式的联盟。如我们现在所讲的行业协会及跨行业协会，国家与国家间的资源整合更多采用的模式就是联盟。如东盟、欧盟、北大西洋公约组织、阿拉伯国家联盟、地中海国家联盟、上海合作组织等。

随着全球经济一体化和信息技术的飞速发展，国际上越来越多的制造企业不断地将大量常规业务"外包"给发展中国家，而自己只保留最核心的业务。

2. 同业联盟

我们所知道的强强联合一般是指同业的联合，目的是把两个以上的同业企业公司的资源形成合力，做大做强。类似的联合有很多，行业协会就是这样的联盟。

但异业联盟与之不同的是，同业联盟间是存在相互竞争的，因而并不是每一个加入同业联盟的企业都能获得理想的利益。异业联盟与之明显的不同是，其成员企业间是相互资源利用、供应的关系，不存在同业那样的竞争。联盟间大量的信息使各商业主体的知名度和品牌也得以相互反复的传播，广告的效应非常突出。联盟使得联盟者的影响在更大的范围内扩大，其经营成本会有所下降，况且信息量的增加使经营有更大的市场发展空间。这样的联盟使消费方的利益也得到最大化。将异业的商业主体整合在一起的实质是将分散的各大利益主体共置在一个公共的平台上，消费的一方和产出的一方在这个平台上，均能实现自己的利益。

3. 异业联盟

在商业领域，相对于上下游企业之间的联盟，对于资源整合来说，另一种模式对大家更有启示，那就是异业联盟。

异业联盟主要是指，包括公司、企业等不同行业、不同档次的商业主体通过联盟的方式组成的利益共同体。它是专注于跨行业联盟经营的企业联盟，它的组织形式目前有自己独特的特点，传统的行业协会或商会一般是为联络商务信息，加强行业之间的交流而建立的，其组织很松散。异业联盟的组织形式则相对紧密，有的异业联盟虽以商会的模式存在，但组织紧密，与普通商会不同；有的是以网络公司商业网站的形式存在的，其会员制的形式也很严密。

银行和通信企业发起的消费性异业联盟，网络与普通商家建立的商业平台等关联或者非关联行业之间的合作，都属于异业联盟的范畴。

从本质上讲，异业联盟就是一种利用虚拟平台进行的资源运作，主要是让各结盟商业主体之间实现资源共享、信息共享；各结盟企业之间的业务紧密相关，相互支援，创建一个支持共赢的成功系统。

采用置换的形式进行整合

置换是一种有效的资源整合形式，就是给人东西的同时从他那里取得别的东西，就是用我的资源换你的资源而不涉及现金交换。

置换在日常生活中还表现为闲置资产的置换，如库存产品置换、旧车置换、房产置换。

置换的前提是双方要置换的资源为另一方所急需。相比现金交易来说，出让方出让的资产具有较高的市场价值，但由于是自己库存或自己生产的产品，其成本较低，所以对于出让方来说，他心目中置换得来的资产的价格为自己的成本，心中会觉得更划算。而对于另一方来说，他得到的是按市场价格评估的资源，他也会觉得划算。因此，更有利于双方资源的整合。

企业置换可以根据企业的资产规模和具体置换对象的实际情况，采取以下方式：

1. 一次置换

受让人一次出资置换企业。凡盈利小企业通过产权交易市场竞价进行且由本企业职工出资购买的，可按成交价享受九折优惠。凡连续三年亏损、产品缺乏市场竞争力的小企业由本企业职工出资购买的，可按成交价享受八折优惠。

2. 分期置换

对置换总价受让人一次出资置换确有困难的，允许一次置换，分期出资。但首次支付不得低于置换总价的20%，其余部分须有相应的抵押或担保人担保，分期出资时间由置换双方协议商定。尚未出资置换的资产额受让人按年付相当于银行同期流动资金贷款利息的资产占用费。

3. 结零置换

对资债基本持平的小企业，可以"零"价向企业职工出让，对资不抵债、债大于资的小企业可用本企业公有资产置换收益予以弥补，以资产、负债轧抵"结零"，实行零置换。

4. 虚拟置换

对长期严重亏损的小企业，受让人暂不出资即可虚拟取得现有资产50%的股权，当经营获利抵补完亏损后，原虚拟股权转为实股。同时，鼓励受让人以现金方式出资购买其余50%股权，在完成全额置换前，未置换部分按规定支付资产占用费。

采用租用的方式进行整合

租用就是付给一定代价而使用别人的东西，用后归还原主。也就是当你没办法自己购买你所要的资源时，你以支付一定代价而取得使用权的方法。这种方法广泛运用于我们日常的生活及工作中。如我们租用厂房、重大设备，在国外，设备租用是一种很普遍的做法，而且有很多设备租赁公司。

作为资源整合的高手，当我们发现我们所需的资源时，首先要考虑的并不是需不需要购买，而是考虑可不可以租用。

我们在租用时可以参考以下模式：

1. 融资性租赁

出租人根据承租人的请求，向承租人指定的出卖人，按承租人同意的条件，购买承租人指定的租赁物，并以承租人支付租金为条件，将该租赁物的占有权、使用权和收益权转让给承租人。

2. 经营性租赁

中长期经营性租赁是融资物高级阶段，是指租赁资产反映在出租人资产账上，租赁物所有权归属出租人，由出租人承担一定的租赁物残值处置风险的交易，从承租人角度看，租人设备的成本（租金）可以摊入当期费用的租赁交易。

3. 杠杆租赁

指在一项租赁交易中，出租人只需投资租赁物购置项的20%~40%的金额。即可以此作为财务杠杆，带动其他债权人对该项目60%~80%的款项提供无追索权的贷款，但需出租人以租赁物作抵押，以转让租赁合同和收取租金的权利做担保的一种租赁交易。

4. 委托租赁

指出租人接受委托人的资金或租赁标的物，根据委托人指定的承租人办理融资租赁业务。

5. 转租赁

指以同一物件为标的物的融资租赁业务。在转租赁业务中，上一租赁合同的承租人同时是下一租赁合同的出租人，称为转租人。转租人从其他出租人处租人租赁物件再转租给第三人，转租人以收取租金差为目的，租赁物的所有权归第一出租方。

6. 回租

指承租人将自有物件出卖给出租人，同时与出租人签订一份融资租赁合同，再将该物件从出租人处租回的租赁形式。

7. 结构共享租赁

一般用于大型项目。租赁公司提供项目所需的全部资金，包括购置设备、运输、建筑安装、技术服务等资金。除约定租金外，项目建成产生效益后，租赁公司分享项目效益。在项目成本和预定收益收回后，租赁公司仍将按一定比例长期享有项目收益的分配权。

8. 分成租赁

承租方向出租方所交纳的租金根据营业收入的定比例确定。这种租赁形式中，全部或部分租金直接同承租方经营租赁设备的收入挂钩，承租方没有债务风险，因此积极性很高，这是最具灵活性的一种租赁方式。租期结束后，租赁设备可以优惠的价格转让给承租方。

有效整合信息资源

现代经济社会，市场就是战场。谁占据信息优势，提前占领了市场谁就得以生存；谁失去了市场，谁就意味着灭亡。整合商业信息的作用是举足轻重的，甚至是决定性的。

好的产品和营销计划都是从对顾客需求的彻底了解开始的。因此，公司为了生产优异的价值并让顾客满意就需要可靠充足的信息。公司也需要有关竞争者、转售商和市场中其他角色与力量的信息。越来越多的营销人员不仅将信息视为一种对做出较好决策的投入，而且也是一种重要的战略资产和营销工具。

温州人是最会经营的中国人，这一点是毋庸置疑的。有个夸张的说法是这样的，温州人往大街上一站，用鼻子左闻闻、右嗅嗅，就能找到赚钱的机会。虽然有的温州人当初发展事业的时候，是盲目地跟着感觉走，走到哪里算哪里。那是因为改革开放之后的中国到处都充满商机，而当时只有温州人敢于走出去做生意，所以他们能乱撞乱发财。

1983年前后，温州农民卢毕泽和卢毕良兄弟俩在内蒙古包头经营服装亏了本，回家途中路过北京。兄弟俩走南闯北就是没有进过京城，于是便在北京站下了火车，想第二天看一眼天安门也算到过北京了。走在大街上，兄弟俩发现北京城竟没有他们想象中管治得那么严，街头巷尾到处可见敞着嗓子叫卖的商贩，于是两人索性把打好包的上百件服装打开，也摆起摊来，谁知这一堆在包头卖不掉的衣服却在北京成了抢手货，转眼间就一件不剩了。

"北京的生意好做"。卢家兄弟凭直觉得出了这样的结论。第二天，他们东摸西拐地到了南面的丰台区，租了间农民房，买了一台缝纫机，搭起了裁剪台，就这样开起了一个专门生产时髦温州服装的小作坊。很快，消息一传十、十传百，越来越多的温州老乡尾随而来。

当年，温州人就是这样跟着信息走，哪个地方赚钱就去哪里，什么行业赚钱就做什么。在信息的引导下，成功的可能性就大，这就是温州人经营事业成功率高的原因。

谁善于收集信息、谁善于开发有价值的信息，谁就掌握了商战主动权。作为企业经营者应该具有眼观六路、耳听八方、审时度势、灵活善变的本领，才能成为商战中的常胜将军。

1. 善于收集信息

信息就好像空气一样铺天盖地，无处不在，无处不有，对于企业经营者来说，这真是一个难题：如何才能从这些多如牛毛又真假难辨的信息中，找到真正的商机呢？信息是为决策服务的，也只有当企业经营者利用信息做出了更好的决策时，营销信息才具有价值。在现代企业中，营销经理们或其他营销决策人员，需要定期的业绩报告、最新情报、有关调查结果的报告，甚至一些针对特殊场合和现场决策的非日常信息来做出营销决策。同时，信息技术的迅速发展，也为营销信息的获取带来了革命性的进步。例如，现在的营销经理可以在任何时间、从任何实际场所直接接触到信息系统，能从公司数据库或外部信息服务公司获得信息。

2. 善用利用信息

作为一个企业经营者，既要善于收集信息，更要善于对来自不同渠道、不同方法获取的信息进行加工、整理、合理保存、有效使用，才能使信息发挥应有的作用。能够对来自各方面的信息资料进行"去伪存真，去粗取精"的处理。去掉虚假的、不确切的成分，留下真实可靠、有用的信息；去掉粗糙的，相关性不大的成分，留下有价值的信息。对信息如此消化、吸收之后，自然就容易发现商机了。在当今这个信息爆炸的时代，对信息的处理也提出了更高的要求。面对海量的信息，企业的处理效率也往往不尽如人意，以至于营销人员经常抱怨缺少足够的合适信息，或者得到太多无用的信息。然而有时更糟糕的是，我们对于营销信息的处理总是不够精细，从而会做出一些偏颇的决策。营销信息处理的精细与否，决定了营销决策的正确与否。

有好多普通的信息人们司空见惯，当然一般的人对此也会视而不见，但如果仔细分析其中蕴藏的商机，也会成为一个赚钱的机会。

有位大学生就利用别人不在意的身边信息，做了一桩漂亮的生意。收购大学生军训后的衣服和鞋子，卖到农村去，消费品市场需求的差异性及层次性决定了他这桩买卖肯定能赚钱。

大学生军训后的军训服和鞋子通常是闲置的，这是大家都知道的信息，没人会细细研究其中蕴藏的商机。但该大学生分析到：军训的服装对经济条件稍好的学生均无用处，而在农村却有广阔的市场，这物美价廉的军装和鞋子做劳动服还是受欢迎的。这种买卖既有供应者大学生又有顾客农民，而且几乎没有竞争者。于是，他以平均单价15元收回来几百套军训服，以21元～25元的价格卖给家乡的村民，仅用了两个月的时间就把军服全部卖完了。

法无定法，万法归宗，企业经营者要广辟信息渠道，并善于发掘获取最有价值的信息。因为有时候，一句闲话、一丝灵感、一个点子就会改变一个企业经营者的命运。

有效整合技术资源

小公司成长和成功的关键是首先寻找成功的创业技术。美国的微软公司和苹果公司，最初创业资本都不过几千美元，创业人员也只有几人，它们之所以走向成功，就是因为它们拥有独特的创业技术。

创业企业成功的关键是首先寻找到成功的创业技术，进行技术资源的整合。

1. 技术资源十分重要

为什么技术资源对于创业企业来说如此重要呢？其原因有三：一是创业技术是决定创业产品的市场竞争力和获利能力的根本因素；二是创业技术核心与否决定了所需创业资本的大小。对于在技术上非根本创新的创业企业来说，创业资本只要保持较小的规模便可维持企业的正常运营。三是从创业阶段来说，由于企业规模较小，因此管理及对人才的需求度不像成长期那样高，创业者的企业家意识和素质是创业阶段最关键的创业人才和创业管理资源。

1989年桂林广陆数字测控股份有限公司前身桂林广陆量具厂建立，2001年整体变更为股份制公司。桂林广陆目前是全国生产测量范围在500MM以上的专用（非标产品）电子数显量具量仪的主要厂家。公司为国家机电产品出口生产基地，拥有自营进出口权，被中国银行评为AA级信用单位，是全国数显协会理事长单位。

桂林广陆从无到有，从原先年产值约200万元的小企业做大做强，公司董事长兼总经理彭朋感慨地说，这一切成就的取得都离不开技术资源的整合，以高新技术改造传统产业，以信息化推动产业化，探索产学研结合的新道路。

桂林广陆在建设一支139人的专业技术人员队伍的同时，还主要采取了请进来走出去的方针，整合科研院所大专院校的各种技术资源。目前，广陆已与中国计量学院、航天部303所、101所、合肥微机所、桂林电子工业学院、广西电子研究所、上海交大、哈工大等十多家院校、研究所都有着密切的合作联系。并根据市场需要，已投资研发新型电涡流传感器及防水型电子数显长尺研制，以及新型电感式传感器及高精度电子测量显示仪等科研课题。

整合不是最终的目标，整合是为了创新，为了进行国产化自主研发并拥有自主知识产权。"为打破外国的技术垄断，我们对该核心部件进行了多年的攻关研发，在1996年获得成功，并取得国家专利。在此基础上，又研发出高精度容栅角位移传感器，主要用于对角度的精密测量。"彭朋说，这项再次获得国家专利的技术，表明桂林广陆在掌握容栅式数显量具的核心技术方面同世界先进国家已站在同一平台上，从此摆脱了在别人后面被动尾随、受制于人的局面。这些辉煌成就的取得与合作科研院所的技术资源是分不开的。

2. 如何整合技术资源

做成功企业的核心是要有好的产品，而企业的产品必须做到专业化，这非常重要。要做到产品专一，在同一领域内做到最专，技术上要一直领先。一个企业，特别是中小企业没有实力一直保持这样技术优势，那中小企业该如何突破技术这个发展瓶颈呢？桂林广陆启示我们必须整合企业之外的技术资源，尽可能地与科研院所大专院校合作。因为那里有技术上前沿人才，而且科研院所大专院校的人才也很愿意把自己的技术资源转化为产品，实现技术成果的转化。

技术资源的主要来源是人才资源，重视技术资源的整合同时也就是注重人才资源的整合。技术资源的整合，不仅要整合、积聚企业内部的技术资源，还要整合外部的可资利用的技术资源。整合技术资源只是起点，技术资源整合是为了技术的不断创新，自主研发并拥有自主知识产权，保持技术的领先，占领市场，壮大企业。

有效整合人才资源

企业经营的最大障碍是什么？是经营者对人才的不够重视！

为什么这么说？因为企业所有的事情都是人做出来的。一流的企业之所以一流，是因为他有一流的人才；二流的企业之所以二流，因为它只有二流的人才；三流的企业之所以三流，因为它只有三流的人才。

企业经营最重要的是人才的整合，关于人才整合主要有以下几个方面：

1. 人才不限于空间

从空间的方面，要放眼全球用人思维，也就是用天下人才思维，很多经营者在人才的使用上，有些放不开，他们只能用局部区域的人才，这样一来公司的发展可能也就局部区域化了。

历史给了我们可以使用全球人才的机会，当然我们也得改变我们过去的用人思维，大胆的使用不受地域限制的人才。当华尔街的金融人才都可以用20~30万美金的年薪请到的时候，我们在用人的地域上和行业上已经没有任何障碍。

2. 用比自己优秀的人

能力上，我们要大胆的整合比我们自己有能力的专业人才，成功者最大的特点就是，他们敢于整合那些在某些方面比他们自己厉害的人才。这一点我们可以在我们非常熟悉的三国演义和西游记上看到或学到，刘备跟唐僧这两人有一个共同的特点，就是使用比他们厉害的人才，所以他们能成事。

3. 善于整合高端人才

专家、业内顶尖高手等人，在整合他们的时候，不完全是要他们到我们公司来上班，但如果那些高端人才我们不能用全年，我们就一年用他一个月，如果不能用一个月就用他一周，不能用一周就用一天，不能用一天就用一小时。有了这种整合的理念，就能很容易借他们的智来促进公司的发展。

有效整合政策资源

政府资源对创业者而言是不可多得的成功创业的助推器。掌握并充分整合政府资源、享受政府扶持政策，可使你的创业少走许多弯路，达到事半功倍之效。特别是对于一个创业企业来说，整合政府资源是创业成功的一个重要途径。

政府资源亦即是各项优惠扶持政策，包括以下九个方面：

1. 财政扶持政策

中央财政预算设立中小企业科目，安排扶持中小企业发展专项资金；地方政府根据实际情况为中小企业提供财政支持。

2. 融资政策

人民银行加强信贷政策指导，改善中小企业融资环境；鼓励商业银行调整信贷结构，加大对中小企业的信贷支持。各商业银行在其业务范围内提高对中小企业的融资比例，扩展服务领域。国家政策性金融机构采取多种形式为中小企业提供金融服务。县级以上人民政府和有关部门推进和组织建立中小企业信用担保体系，推动中小企业的信用担保。

3. 税收政策

国务院和省级人民政府对符合下列条件之一的中小企业，在一定期限内给予税收优惠：一是由失业人员开办，初期经营困难的；二是吸纳社会再就业人员比例较高的；三是设立在少数民族地区、边远地区和贫困地区的；四是从事高科技产品的研究开发的；五是从事资源综合利用和环保产业的；六是国家产业政策规定需要扶持的。

4. 科技政策

国家制定政策鼓励中小企业按照市场需要，开发新产品，采用先进的技术、生产工艺和设备，提高产品质量。国家实施了一系列的科技计划，包括：科技攻关计划、星火计划、重点新产品计划、"863"计划、科技型中小企业技术创新基金。

5. 产业政策

对我国境内新办软件生产企业、集成电路设计企业和生产线宽小于0．8微米（含0．8微米）的集成电路生产企业，经认定后，自开始获利年度起，第1年和第2年免征企业所得税，第3年至第5年减半征收企业所得税……

6. 中介服务政策

政府有关部门在规划、用地、财政等方面提供政策支持，推进建立各类技术服务机构，建立生产力促进中心和科技企业孵化基地。国家鼓励社会各方面力量建立健全培训、信息、咨询、人才交流、信用担保、市场开拓等服务体系。

7. 创业扶持政策

政府有关部门在城乡建设规划中合理安排必要的场地和设施，支持创办中小企业；地方政府应为创业人员提供工商、财税、融资、劳动用工、社会保障等方面的政策咨询和信息服务；国家鼓励引进国外资金、先进技术和管理经验，创办中外合资（合作）企业；鼓励依法以工业产权或者非专利技术等投资参与创办中小企业。为促进中小企业发展，科技部及地方政府大力发展科技创业服务中心即企业孵化器，为创业提供全方位的服务，并实行优惠政策鼓励其为中小企业提供良好的创业服务。

8. 对外经济技术合作与交流政策

政府有关部门和机构为中小企业提供指导和帮助，促进中小企业产品出口。国家制定政策，鼓励符合条件的中小企业到境外投资，开拓国际市场。国家有关政策性金融机构应当通过开展进出口信贷、出口信用保险等业务，支持中小企业开拓国外市场。

9. 政府采购政策

政府采购应优先安排向中小企业购买商品或者服务。政府是最大的消费者，各级政府每年要采购大量的商品和服务，你要注意政府采购信息，向当地政府采购管理机构了解政府采购如何向中小企业倾斜。

走出整合的误区

企业整合是否真正成功，很大程度上取决于能否判定在发展过程的某一个特定阶段，最缺乏的是什么，最需要的是什么。然而，在确定这些因素的过程中，决策者往往会走进一些误区，从而导致整合方向和过程的失误，给整合带来了很多负面的影响。规避这些陷阱，走出误区，自然是整合成功的法宝。

一般来说，在整合过程中，应该避免走入这样几个误区：

1. 资金是第一重要的

资金是指以货币形式表现出来的公司资产的价值。资金如同人的血液，具有重要的意义。一定的资金是必要的，但是并非资金越多越好，一定的资金加上合理的运用才是重要的。在个人的发展过程中，人们总觉得资金是最重要的，资金是个人发展的决定因素。其实一个人的观念、智慧等往往更为重要。资金的缺乏是一个很棘手的问题，一个很大的障碍，但是并不是唯一的因素。有了资金也并不意味着个人能发展，"自古纨绔少伟男"，而没有资金或者资金不足也并不意味着将一事无成，白手起家的企业家也不在少数。

资金是个人发展的一个条件，不同的行业对资金的需要程度也是不一样的。著名的"点子专家"何阳就是依靠智慧来赚钱的，而"打假专家"王海就是靠为消费者打假而声名显赫。中关村的许多电脑公司就是依靠智慧和技术起家、发展的。整合钱是要紧的，可以解决技术、设备、原材料等问题，但是有时候个人和企业的发展最需要的可能不是资金，而是先进的观念和风险意识等"软件"。

2. 对自身情况估计不足

有的人过高估计自己，觉得什么都比人家强，而有的人觉得什么都比别人差。这两种观点都是不对的。人贵有自知之明，对自己实力的估计往往比了解别人更重要。和别人交往可能只是一时，也可能是很长时间，但是跟自己打交道则是一生。"闻道有先后，术业有专攻"，每个人都有优点和缺点，扬长避短是个人成功的基础。在下海的过程中，不少人不知深浅地进入商海，有的呛了水，狼狈地上了岸。而有的人总是怀疑自己，错过了许多机会，这样缩手缩脚也成不了事。你到底需要整合什么？整合多少数量？自己到底需要多少？别人会整合给你多少，这需要你自己对自己有一个清楚的估计。

人的一生其实就是一个不断寻找自己坐标的过程，如果找到了适合自己干的事业，其实也就是成功了，或者说成功与否的标志就是你能否寻找到最切合自己的职业。如果对自己都无法把握，对多彩的世界就更加难以把握了。

3. 眉毛胡子一把抓

在整合的过程中，要整合有用的东西，防止眉毛胡子一把抓。

美国是最早开展质量管理活动的，经过几十年的理论研究和实践，已经有一套比较完整的理论和方法。第二次世界大战以后，世界上很多国家都采用了质量管理，其中不少国家把美国的质量管理理论和方法原封不动地借用，在质量管理中并没有起到多大的作用。

而日本是20世纪50年代从美国引进质量管理理论的，他们注意结合自己的国情，不生搬硬套，借其精华部分，发扬自身的经验，取得了显著效果。日本质量管理专家石川馨博士在总结日本质量管理理论时分析得相当精辟。日本在向美国借智的过程中，借来了美国的质量管理理论和经验，吸收了其精华部分，那就是：开展全公司性的质量管理；强调质量管理的教育和训练；开展质量管理小组活动，并把它作为全公司性质量管理活动的一个组成部分；质量管理论断方法。除此之外，日本质量管理专家都加以摒弃。

遇到了困难，自己暂时没有办法解决，有时会向人求助，整合他人之智，请人出主意，想办法。解决困难的办法总是有的，别人经过一番深思熟虑，给你列出了几种办法。在这几种办法中，有的不失为良策，但也有的不乏"馊"主意。摆在你面前的几种办法，你用哪一种呢？整合对了，问题就会迎刃而解。反之，也可能把事办成，但麻烦太多，有时会让你陷进去。那么，面对这种情况，我们就要多分析，多比较，正面看看，反面想想，借其精华之计，否定其糟粕之策了。

4. 见好就收

人们总愿意保持现状，不想失去已得到的东西。当干部的千方百计地想保住自己的位置，小企业主想保持住自己的摊位，名人想保住自己的名誉，家长想保住自己的权威，富人想保持自己的财产……但是事实却往往与人的愿望相反。因此，最好的方法是主动地去迎接挑战。中国人传统地认为见好就收，急流勇退，而少一种拼争和冒险的精神。这种心态就是害怕竞争和失败，目光短浅的表现。许多人本来能够赚更多的钱，由于保守却只赚了一点点，这也是一些企业家的通病。见好就收可能会丧失许多商业良机，否则，可能在竞争中获得更好的成绩。如果见好就收，就可能无法最充分地运用整合的手段来发展自己。

5. 不懂业务，盲目乐观或悲观

如果在整合的过程中不懂业务，就可能对客观形势产生盲目乐观，也可能无端地悲观。个人的发展可以由自己控制，而站在企业高度的经营者必须从更高的视点审时度势，不能盲目悲观或乐观。整合要建立在对自己准确的判断和全局的把握上，否则很难选择好整合的时机。

第二十三招

权术之道：
管理的成败决定公司的兴衰

与下属保持适当的距离

管理的权术也是一种艺术，既要让员工感受到亲和力，但是又不能与员工走得太近。有些管理者认为，越平易近人，越和下属打成一片、称兄道弟就越好。这种想法不仅是错误的，而且是可笑的。

孔子曾说："临之一庄，则敬。"意思是说管理者不要和下属过分亲密，要保持一点的距离，给下属一个庄重的面孔，这样才可以获得他们的尊敬。有些管理者认为，越显得平易近人，越和下属打成一片，越能赢得下属的尊敬。但结果却往往是恰恰相反。

1. 注意"刺猬"法则

如果你是个主管，你可以反思一下，你是否想要把下属团结成一家人？你是否经常与你的下属共同出入各种社交场合？你是否对某一位知心的下属无话不谈？你的下属是否当着其他人的面与你称兄道弟？如果上述几种情况已经在你身上出现，那么就应该引起你警惕了，你需要立即采取行动，与你的下属保持一定的距离。

管理学中有这样一则寓言故事：

曾经有两只困倦的刺猬，由于寒冷而拥在一起。可因为各自身上都长着刺，它们离开了一段距离，但又冷得受不了，于是又凑到一起。几经折腾，两只刺猬终于找到了一个合适的距离：既能互相获得对方的温暖又不至于被扎。

"刺猬"法则就是人际交往中的"心理距离效应"。领导者要搞好工作，应该与下属保持亲密关系，这样做可以获得下属的尊重。但也要与下属保持心理距离，以避免下属之间的嫉妒和紧张，可以减少下属对自己的恭维、奉承、送礼、行贿等行为，防止在工作中丧失原则。

2. 维护自己的权威

"近则庸，疏则威"，与下属保持一定的距离，可以树立并维护领导者的权威。适度的距离对管理者是有益的。即使你再民主，再平易近人，也需要有一定的威严。

"仆人眼里无伟人"，这是法国历史上的伟人戴高乐的一句名言。此话怎讲呢？因为所谓的伟人，如果他的一点一滴，甚至每个毛孔都呈现在你眼前时，你不仅会发现他只是个凡人，或许某些方面比较突出的凡人，更有甚者，你会发现在暗角里，他也有那么多可耻的、不为人所知的缺点。

你可以是下属事业上的伙伴，工作上的朋友，但你千万不要成为他的"哥们"。当众与下属称兄道弟只能降低你的威信，使人觉得你与他的关系已不再是上下级的关系，而是哥们了，于是其他下属也开始对你的命令不当一回事。

领导者与下属保持一定的距离才能树立威严。适度的距离对于领导者管理工作的开展是有好处的。

3. 做到亲疏有度

在日常的管理中，你是否会听到下属这样议论你：王头这些天是怎么了，前天还与我们有说有笑地吃晚饭，今天又把我叫到办公室给训了一顿，一会儿把我们当朋友，一会又要做我们的领导，真没想到领导会这样对待我们，太令人失望了。

领导者与下属等级还是有别的，扮演的角色更是截然不同。作为一名上级，最不讨好的事情就是纠正下属的行为，尤其是在工作进展不顺利时。如果你一方面想当下属的好朋友，另一方面又想当好管理者，同时想扮好这两个角色需要掌握好一个度。最好的办法就是"工作时保持距离，生活中保持亲和"的方式了。

作为管理者，必须摆正自己与下属的位置。与下属保持适当的距离，不即不离，亲疏有度。

4. 不要只顾虑员工的想法

作为领导者，最重要的就是运用自己的权力去影响别人。这不是说擅用职权，强迫员工接受管理者的命令，而是管理者有最后的决策权，决定什么事情应该做，必须去做。

员工个人的想法当然需要考量，但是过度顾虑的结果，却有可能因此伤害员工。管理者应该要求员工接受指派的工作，但是很重要的一点，管理者必须提供应有的协助，尽量帮助他解决工作过程中的困难。

管理者不应该担心自己与员工的意见相左，许多时候管理者必须去要求，而不是完全让员工自己决定。

全方位了解自己的下属

在管理者与下属关系上，没有令对方与下属感到畏惧的震慑力，是不容易行使职责的。只是有一张和蔼的脸、一番美丽动听的言辞，有时起的恰恰是反作用。

领导要全方位了解自己的下属，必须注意策略和方法的问题。

1. 远距离透析

所谓远距离透析，就是在广泛接触交往的基础上，利用辩证唯物的观点看待一个人，是源于接触又高于接触，透过交往来看其本质。这就是说，要全面、辩证、实质地观察、衡量、看待一个人。就是不仅看到一个人的现处地位或社会氛围的表现，而且要看其作为一个普通人的政治品行、性格修养、处世态度及一贯作风；不仅要有个别分析个人的所思所想、所作所为，而且要进行一般透视，透析单个人在团队群体中的表现状况，特别是在群众当中，在"八小时以外"的威望和评价。

进行远距离观察，可以避免主观因素的掺和，因个人好恶丧失原则，凭一时一事成败对错分良莠。

2. 近距离交流

交流是尊重人格、平等待人、消除隔阂、增进友谊、相互启迪、达成共识的一把钥匙，也是领导干部了解部属、掌握主动的一种方法。因此领导必须学会、善用这一"专利"，做到言尽心至，不留缝隙。既然是交流，就应当平等相待、倾心相交，没必要隐隐藏藏、心存戒备。这就是所谓的零距离。

首先，坦坦荡荡以诚相见。交心、谈话、议事，坦诚为上。用诚心，才能见真情，即便是平时不敢谈、不能谈、不便谈的话，只要彼此真诚，总能找到交流的效果，并且这种坦诚要贯穿交流的全过程。

其次，充分信任，全盘托出。领导要鼓励部属讲实话、讲真话、讲心里话，部属也希望领导不端架子、不甩官腔、不讲套话，在彼此充分信任的基础上，把各自的想法全盘托出，做到知无不言、言无不尽。

再次，鼓励发表，求同存异。既然是交流，就应当允许对问题有不同的看法，甚至是完全相左的意见。领导干部应该也必须注意倾听各种不同的声音，因为不同的声音中，不乏金玉良言。当然，不同的声音中，也会有错误的东西，领导干部也应有气度、有雅量批判地吸收、辩证地看待。只有多交流，才能共同完成任务。交流的过程，既是倾心交流的过程，也是换位思考的过程。因此，领导与部属都要学会换位思考，设身处地地为对方考虑。这样，既能很快地拉近距离，又能较好地产生共鸣，从而达到交流的目的。

3. 等距离沟通

此点强调不以领导主观意见判断人事。提倡等距离沟通，就是要广泛而平等地与部属沟通，从而寻找更大范围的沟通空间，求得更大程度的理解和拥护，形成以领导干部为圆心，以与各部属平等沟通为半径的一个圆。否则，只能形成以领导个人和个别人为点的一条线或几条线。只有等距离沟通，才能广泛做好领导的本职工作，形成自己的凝聚力。

既要授权又要控权

真正的授权是指"放手但不放弃，支持但不放纵，指导但不干预"。企业管理者的授权，将权力下放给员工，并不意味着自己完全做个"甩手掌柜"，就可以对下放的事不管不问。

优秀的企业管理者懂得既要授权又要控权，牢牢掌控下属：

1. 给员工以足够的权力

授权要像放风筝一般，既给予员工足够的空间，让他拥有一定范围的自主权。同时又能用"线"牵住他，不至于偏离太多，最终的控制权仍在领导的把握中。

监督监控其实是对授权的度的平衡与把握，在给予足够权力的基础上，强调责任，将监督、监控做到位，授权的效果才会实现最大化。

很多人都知道"八佰伴"这个名字，作为著名的日本连锁企业，它曾经盛极一时，光在中国就拥有了很多家分店。可是庞大的商业帝国"八佰伴"为什么顷刻间便宣告倒闭了呢？

"八佰伴"到了后期时，其创始人禾田一夫把公司的日常事务全都授权给自己的弟弟处理，而自己却天天窝在家里看报告或公文。他弟弟送来的财务报告每次做得很好，但事实上，他弟弟背地里做了假账来蒙蔽他。

最后，八佰伴集团的倒闭，禾田一夫"从一位拥有四百家跨国百货店和超市集团的总裁，变成一位穷光蛋"。几年后，禾田一夫在中央电视台《对话》栏目接受采访，主持人问他："您回顾过去得到的教训是什么？"他的回答是："不要轻信别人的话。一切责任都在于最高责任者。作为公司的最高领导者，你不能说，那些是交给部下管的事情，这些话，责任是无法逃避的。"

禾田一夫的破产在于他没有意识到监控的重要性。时代的进步需要更多的头脑来武装企业，家族式的管理已经不利于企业的发展。禾田一夫让其弟弟禾田晃昌做日本八佰伴的总裁，这本身就是一个典型的失败。在这种的管理体制下，报假账已经成为难以拔出的毒瘤。

2. 自己掌握控制权

"撒手授权"必然引发企业运营混乱。管理者应该懂得，真正的授权就是让员工放手工作，但是放手绝不等于放弃控制和监督。

海生公司隶属于一家民营集团公司。由于集团公司业务经营规模的扩大，从2002年开始，集团公司老板决定把海生公司交给新聘请过来的总经理和他的经营管理层全权负责。授权过后，公司老板很少过问海生企业的日常经营事务。但是，集团公司老板既没有对经营管理层的经营目标作任何明确要求，也没有要求企业的经营管理层定期向集团公司汇报经营情况，只是非正式承诺，假如企业盈利了将给企业的经营管理层一些奖励，但是具体的奖励金额和奖励办法并没有确定下来。

海生公司由于没有制定完善的规章制度，企业总经理全权负责采购、生产、销售、财务。经过两年的经营，到2004年年底，集团公司老板发现，由于没有具体的监督监控制度，海生企业的生产管理一片混乱，账务不清，在生产中经常出现次品率过高、用错料、员工生产纪律松散等现象，甚至在采购中出现一些业务员私拿回扣、加工费不入账、收取外企业委托等问题。

同时，因为财务混乱，老板和企业经营管理层之间对企业是否盈利也纠缠不清，老板认为这两年公司投入了几千万元，但是没有得到回报，所以属于企业经营管理不善，不能给予奖励。而企业经营管理层则认为老板失信于自己，因为这两年企业已经减亏增盈了。他们认为老板应该履行当初的承诺，兑现奖励。双方一度为奖金问题暗中较劲。

面对企业管理中存在的诸多问题，老板决定将企业的经营管理权全部收回，重新由自己来负责企业的经营管理。这样一来，企业原有的经营管理层认为自己的付出付诸东流，没有回报，工作激情受挫，工作情绪陷入低谷。另外，他们觉得老板收回经营权，是对自己的不信任和不尊重，内心顿生负面情绪。有的人甚至利用自己培养的亲信，在员工中有意散布一些对企业不利的消息，使得企业有如一盘散沙，经营陷入困境。

海生公司是一种典型的"撒手授权"。这种授权必然引发企业运营混乱。

授权与控权是一种艺术，要掌握其中的度。不论是领导者还是员工，绝不能把控制看做是消极行为，而是应该正确认清它的积极意义。

有功则赏，有过则罚

身为管理者，不能只考虑员工愿意接受与否，而减弱惩罚力度。尤其是对那些工作不努力、绩效不佳、迟到早退及不守秩序的下属，要严格按照奖惩制度执行，该奖励的及时兑现，应当处罚的决不手软。

奖赏和惩罚是管理者手中的一把双刃剑。作为管理者，必须掌握好奖惩的方式与分寸，进而激励下属为实现组织目标而努力奋斗。

1. 有效奖励

对于一个企业，首先要对忠诚合作者进行奖励。每个企业都需要忠诚，但事实上许多公司在教导人们不忠诚。如当别的企业向某人提供更好的工作机会和优惠的报酬时，上司才想起给其提升和增加报酬。很多企业里的管理首先从"稳定"、"平衡"出发，安抚、照顾的是"刺头"、"厉害的人"，而不是首先考虑那些忠诚老实、默默奉献的人。

奖励是行动的魔方，当你的管理陷入疑惑之中时，请想一想这个策略。

作为管理者，要以心换心，以诚换诚。要保持信息渠道的公开和透明，以建立相互的信任。最重要的是，要奖励忠诚者，给忠诚的职员更好的职位，这等于告诉每一位职员：忠诚就会得到奖励。

一个公司在其内部坚持合理冲突的情况下，首先奖励的应是协调一致，团队精神和全力工作。工作中每一个人的工作都是模糊的，只有当所有的人都致力的工作成功地完成后，才能看清自己的成绩，确定一个只有相互合作才能达到的共同目标。在实行目标的过程中，根据人们或组织对全局作出的贡献和相互帮助的情况给予奖励，只有这样，才能建立和创造一个良好的合作气氛，使团队具有更为坚强的战斗力。

应确立这样的观念，奖励的运用必须彻底解决问题，而不是不顾长远利益的临时应付。你应在较长的时间内评价人，对表现一贯良好的人给予重奖；确定对组织成功至关重要的、战略性的一两个因素，并奖励为这一两个因素作出贡献的人。另外，要奖励着眼于长远发展并为之作出贡献的人。

风险永远伴随成功。优秀的组织总是鼓励人们冒险并允许人们犯错误。但要奖励机智的冒险，切不可去嘉奖那些愚蠢的行为。要及时鼓励失误者，告诉他们：当一个项目失败时，只不过是推迟了庆祝成功的时间。

在一个组织中，你总能找出以下几种类型的人：希望别人干活的人；说得很多干得很少的人；对别人所做的事评论没完的人；默默奉献的人。我们都希望拥有最后一种人，少有或没有其他类型的人。但是，默默奉献的无名英雄的功绩常常被喋喋不休、怨天尤人、哗众取宠的人所掩盖。不注重奖励默默奉献的无名英雄，而是用大量时间去安抚叽叽喳喳者的管理者，很快就会看到很多人都在叽叽喳喳而不再认真工作。我们应有意识地发现下属好的行为，并鼓励他们做得更好；平时要提防投机者，决不纵容他们；要善于找出手下的无名英雄，要及时奖励他们，不要让老实人吃亏。在工作中越有压力越能做好，能一直高质量地完成工作，愿意为集体而牺牲个人利益，在组织最需要时刻出现的人，就是无名英雄，如不奖励他们，实在难以服众。

最恰当的奖励是奖励创新。对于你来说，最重要的资本不是金钱，也不是厂房、设备，而是主意。奖励实用性创造，就先要创设一个有利于创造的工作环境，让每个人都确定一项创新目标。在工作中鼓励竞争，以竞争促新。当然，别忘记了，对成功的创新请支付一定的费用。

2. 慎重处罚

惩罚一般分为批评、处分、处罚和法律制裁等种类。奖励一样，也是激励的一种方法，其目的是为了限制、制止或纠正某些不正确的行为。奖功必须罚过，奖勤必须罚懒，奖能必须罚庸。只奖不罚，就不能激浊扬清，儆恶扬善，也就不能达到是非分明，功过两清，调动积极性的目的。与奖励相比，惩罚是一种更难运用的管理艺术，掌握得好，会起到与表扬同等，甚至更大的作用；掌握得不好，也可能会伤害人的感情，影响群众或下属的积极性。

惩罚的目的是为了教育人，帮助人，因此，一定要从关心爱护的愿望出发，开诚心，布公道。坚持"惩前毖后，治病救人"的方针，达到既弄清思想又团结下属的目的。

惩罚要及时准确，公正合理。一旦发现有违法乱纪者应当立即处罚，毫不含糊。这样，能收到立竿见影之效，能使违法之人和未违法之人立刻看到，不遵纪守法的害处和损失，起到警戒的作用。否则，惩罚的效果就难以奏效。

由于惩罚是一件非常严肃的事情，领导者在作出惩罚决定之前，必须以负责的态度，弄清被惩罚者的错误事实、原因、结果甚至每一个细节，然后再根据有无犯错误的动机，错误带来的后果，改正错误的态度等客观情况，决定惩罚的方式。管理者绝不能道听途说，捕风捉影；也不能偏听个别人的反映，或攻其一点，不及其余。很重要的一点是，管理者对下属要一视同仁，纪律面前，人人平等，不能搞亲亲疏疏那一套。古人讲："王子犯法，与庶民同罪。"如果不分是非，因人而异，一味庇护自己的人，管理者就会失去群众，威信扫地。另外，要在惩之有据的前提下做到罚之有度。根据犯错误的情节和后果，该批评的批评，该处理的处理。一般来说，只要错误不太严重，就不宜给重处罚。

在处罚过程中，要讲究情罚交融，要教重于罚。无情未必真豪杰。管理者对有过失的部下，也要尊重、理解、关心，要关心他们的实际生活，为其排忧解难，让其充分体会到管理的温暖。但这不能以丧失原则为代价，也就是说既要讲人情味，又不能失去原则性。切不可把人情味庸俗化。人情味要讲，原则性更要讲。讲人情只有在坚持原则的前提下，只有坚持了原则性，人情味才能更有效。进行惩罚，应把教育与惩处紧密结合起来。一定要坚持思想教育在先，惩罚在后；要坚持以思想教育为主，以惩罚为辅。实施惩罚时，要"重重举起，轻轻打下"，平时教育从严，处罚从宽，思想批判从严，组织处理从宽，重教轻罚。运用惩罚前，如果不预告警示，势必使下属产生无过受罚之感，弄得人心惶惶，进而离心离德，背道而驰。所以，管理者要先教后罚，多教少罚，这样不仅能使犯错误的人减少，而且还能使人们心服口服，真正调动下属工作的积极性。

处理好"窝里斗"

在公司内部，有可能出现成员因为一些私人之间的恩怨，不顾大局利益，出现"窝里斗"。最终使得个人能力都很强的团队出现内耗而没有取得本来可以取得的业绩。

在我们日常工作中，由于个性和性格不同，员工之间会有一些小矛盾和小误会产生。管理者切不可对这种小矛盾等闲视之。有了矛盾，一定要尽快加以解决而不是逃避。

1. 认识员工矛盾的类型

我们首先来要了解员工冲突及矛盾的类型：

（1）目标冲突。在工作中，不同的员工所希望获得的结果互不相容时，就会产生目标冲突。比如，一位员工希望有一个轻松的工作环境，而组织却准备派他出差去跑销售，这时就会产生目标冲突。这种冲突是最常见的冲突类型，由于涉及冲突双方的利益问题，该类型的冲突也是最难处理的。

（2）认识冲突。当员工的建议、意见和想法，与他人或组织的认识产生矛盾时，会产生认识冲突。比如，员工认为公司的工作考评方式不太合理，而管理者认为这种考评方式是适用的，这就产生了认识冲突。比较好的处理方式是在不严重影响团体利益的情况下，求同存异，相互包容，尊重个人的价值观和信仰。

（3）情感冲突。当员工在情感或情绪上无法与他人或组织相一致时，会产生情感冲突。情感冲突一定有产生的背景事件，有时找到了背景事件，能够很好地解决就能缓解情感冲突。但当情感已经成为一种定式时，单靠具体问题的解决是无能为力的。这就需要冲突双方或借助第三方进行充分的沟通，使相互之间取得信任，从而解决情感冲突。

2. 树立全局观

管理要运用全局观来化解一切矛盾和分歧。只靠和谐管理并不能真正消解管理者和员工之间所有的矛盾和分歧。如果管理者在注重全局利益的观念下，能够对矛盾和分歧进行协调，使之得到较好的化解。从而使每一位员工都为企业的整体利益服务，那这样的管理就是成功的管理，就能够使整个企业实现和谐运转。

要使员工树立全局观念，管理者就明确每个人的工作对整体目标的意义。

在工作中，不同的人对利益的需求也各有差异，利益需求的差异性是矛盾形成的因素。身为管理者，必须站在全局和战略的高度，对各种因素间的关系及时进行协调。不协调，就必然会造成工作力量的分散，影响工作目标的实现。因为人们之间都是相互依赖的，个人利益和集体利益、全局利益的实现都是互为前提的。

3. 协调矛盾要注意的问题

因此，管理者在协调矛盾时，要特别注意三个问题：

（1）明确协调的基础。管理者要坚持求同存异的原则，从大局出发，以组织的共同目标和共同利益来统一认识，消除矛盾。同时，充分尊重个人的合理需求，实现个人利益与集体利益的统一。

（2）掌握协调的时机。任何矛盾都会经历一个产生、发展和激化的过程。什么时候协调矛盾，要看解决矛盾的条件是否成熟。从一般意义上来说，协调的最佳时机是当矛盾处在萌芽状态之时。否则，一旦矛盾激化再着手协调，就会增加难度。

（3）灵活运用协调的方法。不同的矛盾有着不同的协调方法。管理者要善于因事、因人、因条件的不同运用不同的方法来协调矛盾。

一般来说，重大问题的协调要在坚持全局利益的前提下，主要采取行政手段予以协调。非原则性问题，则主要采用思想工作或妥协的方法予以协调。

化解员工的抵触心理

经营者在开展经营活动中，有时会遇到员工的抵触，比如推行一项新的管理措施、试行新的作业方法、进行工作轮换等。但是无论管理者如何努力想要做出改变，却经常会在与员工沟通时碰壁。

但是同样的话，换个领导跟员工讲，员工就能欣然接受，其他的领导也没有三头六臂，原因无他，就是管理者与员工之间已经有不可逾越的鸿沟。

管理者不应将员工的抵触视为障碍。面对员工的抵触，管理者不应该不断地向员工强调改变的必要性，而是要正视员工的反应，去了解背后的原因，化解员工的抵触心理。

1. 化解员工的疑虑

面对员工的抵触时，不要想着采取安抚的态度，这样解决不了问题，事实上，员工需要的不是安抚，而是化解心中的疑虑。管理者与员工之间时常存在信息不对称的状况，许多信息只有管理者知道，员工却一无所知。这会让员工觉得不公平，更会对改变本身产生质疑。管理者应该做到以下两点：

向员工解释清楚。员工对于如何改变完全不了解，会自然产生一种抵触的心理。做到信息透明后，员工会知道为什么需要改变，对解除抵触心理有很大的促进作用。

倾听员工的声音。许多时候管理者认为有必要改变的事情，员工并不这么认为；管理者认为改变会带来好的结果，员工却认为只会带来负面的结果。管理者可以选择倾听员工的声音，在决策的过程中让员工的意见也有表达的机会。

2. 沟通具体的事实

在具体的沟通过程中，口号、价值观、愿景都不重要，员工真正想知道的是到底他该怎么做。管理者要沟通改变所带来的结果时，不要对员工说希望要成为第一名，而是具体地说出下一个月产量能比这个月增长多少等较为具体的目标。

管理者除了清楚表达自己对于改变的期望之外，还应说明具体的作为，如要表达质量目标具体应该怎么操作等。

3. 不要刻意隐瞒

管理者通常只看到变好的一面，却忽略过程中可能遇到的困难或阻碍。不要忘了，员工是真正执行改变的人，对于整个过程他们是有亲身体验的。员工心里明白，事实上改变过程并不如管理者所说的那么顺利和容易。

唯有确实反映事实，才能取得员工的信任。如果管理者为了让员工接受自己的想法而刻意忽略负面信息，只会适得其反。况且，管理者把困难说明，也代表了管理者确实能明白员工必须做出极大的努力去达成目标，这让员工感受到管理者与他是站在一起的。

学会赞扬下属

当管理者希望激励下属员工提高工作效率时，他需要做的事情很简单，就是：赞扬他。因为，赞扬是达到这一目的最行之有效的办法。人人都有得到别人承认、信任、重视和赏识的渴望，受人重视、被人赞扬的愿望，已成为人们内心最强有力的动力。

有管理者深感赞扬一个人很困难，他们抱怨没有在下属身上发现值得赞扬的"闪光点"。其实，每个员工都是一块闪亮的金子，只要管理者愿意睁大双眼，就能很容易地在每个人身上找到值得赞扬的地方。

有人说，赞扬本身就是一门艺术。事实的确如此，管理者赞扬员工并非一定要给予壮志凌云般的鼓励，但一定要注意表扬下属的技巧：

1. 表扬要有具体，不要含糊其辞

表扬本来是激发热情的有效方法，但有时运用不适宜则会使下级反感。因此，管理者在谈话中表扬下属应斟酌词句，要明确具体。

2. 表扬应抓住合适时机

管理者与下级的谈话中能把握住有利时机去表扬对方，其效果可能是事半功倍，而失掉有利时机，其效果则可能是事倍功半。

3. 表扬要实事求是

对于一位管理者来说，要做到实事求是论功行善，首先必须把握公正这一原则。不管是谁，只要他出色地完成了一项工作甚至仅仅提供了一条有创意的思路，都应该受到表扬。

4. 表扬要放下"架子"

放下"架子"表扬下属可以用谦虚、真诚的姿态来表现，还可以把自己置于次要的位置，突出下属，表达自己对下属的赞扬之情。

5. 表扬要有实际行动

管理者对下属的长处和优点表示赏识和肯定，仅凭表扬的话是不够的，还要求关心和体贴下属，让人觉得他在充分地表达对人才的尊重。

6. 表扬可以借口于人

借人之口表扬人，其中微妙的心理不仅让下属感到惊奇，更会令其陶醉在表扬的高超技术中。

7. 多表扬对方才干

每个人总是对自己的才华十分关注，多表扬他独特的才华，会产生激励的效果。

8. 赞美别人的前途和未来

赞美下属的前途和未来，应该要结合下属具体的奋斗目标。不过这种赞扬不宜太具体，并且要加一定的附加条件，如"通过努力，你一定可以成为公司的明星员工"。

奖励一定要及时

古人提倡"赏不逾时"，这就说明及时激励的核心是一个"快"字。激励只有及时才能使人们立刻意识到做好事的利益或做坏事的恶果，所以给人奖赏不能错过好的时机，"雪中送炭"和"雨后送伞"的效果是不一样的。

企业以追求效益最大化为目的，而员工业绩的最大化本身就是企业效益最大化的基础，因此管理者必须把握激励的及时原则，以使员工业绩最大化。

1. 奖励不宜拖延

如果你的某个下属这个月的任务完成得很好，那么你就应该按照制度当月兑现你给予他的奖金承诺，不要拖到下个月或者下下个月，更不能闭口不谈兑现奖金的事。否则员工的工作热情会因为出色的工作表现而没有得到上司的及时肯定或者奖励而衰退。

福克斯波罗是美国的一家公司，专门生产高技术产品，如一些精密仪器设备等。在一次技术改造上碰到了一个难题。公司内很多人都束手无策，公司总裁也很苦恼。一天晚上，当总裁为此冥思苦想时，一位科学家闯进办公室告诉总裁他有了解决办法，接着详细地说给总裁听，结果总裁觉得很有道理，便想立即给予这位科学家奖励。

可是他在抽屉中翻找了好久，只找到一只香蕉，于是他只有把只香蕉给了这位科学家。他说，这是他当时所能找到的唯一奖品了，科学家为此十分感动。因为这表示他所取得的成果得到了领导的认可。从此以后，该公司对攻克重大技术难题的技术人员，总是授予一只金制香蕉形别针。

总裁在没有别的东西做奖品的情况下，用一只香蕉作为奖品，这也是对员工的一个认可和激励。行为和肯定性激励的适时性表现为它的及时性。当事人的行为在适当的时候受到肯定后，有利于他继续重复所希望出现的行为。也让其他人看到领导是可信赖的，从而激起大家工作的热情，争相努力，以获得肯定性的奖赏。

激励的作用往往是瞬间的，激励要及时。一旦发现你的员工表现出色，要立即予以表扬，不要等到年末总结时再做，不要"秋后算账"，让员工能在被激励中更加鼓起干劲。

2. 主动及时地激励员工

管理者要具有一双善于发现的眼睛，他们往往可以一周内就发现员工至少一项工作出色之处，并予以表扬。在这样经年累月的表扬下，员工的表现愈发出色，整个公司的发展愈发表现出活力。

有位国外名将认为在战斗中表现突出的部队，应给予迅速表彰，奖励可以立即进行，向媒体宣布。随后再办理文书工作，不能因为各种报表的填写而造成时间上的延误，致使激励的效果减到最低。那种认为"有了成绩跑不了，年终算账晚不了"的想法和做法，只能使奖励本有的激励作用随着时机的延误而丧失，造成奖励走过场的结局。

海尔集团总裁张瑞敏曾经讲过一个开年终总结会的例子，他说："比如今天下午开会，那么中午的时候就一定要把奖金给大家发了，下午的会才会开得有效。如果某个员工工作很出色，应该给其加薪或者予以奖励，结果拖了半年才真正兑现，虽然花了钱，也起不到应有的激励作用。"

批评下属要讲究方法

批评是管理过程中不可避免的，但管理者由于方式不当而造成双方不愉快的情况时有发生。管理者批评下属一定要讲究方法，以下列举一些禁忌：

1. 勿指责人的弱点

人与人之间是有差别的。当别人指责其弱点时，犹如短刀插心般痛苦。例如，在个子矮的女性面前说"你是矮冬瓜"，她心中一定像沸水翻滚一般。对学历低的人说"学历太低的人没有用"，都是不适当的话，就算是事实也该避免触及他人的短处。

2. 不要忽视人生攻击

"你是骗子""你太没有信用"等话也会刺伤对方。只要评论事实即可，即使是对方没有信用，也不能如此当面斥责。

3. 不要否定下属的将来

"你这人以后不会有多大出息""你这样做没有人敢嫁给你""你实在不行"等，领导是不该说出这样的话。须以事实为根据，就事说事，就部下目前情形而论，不要否定部属的将来。

4. 不要干涉私人事情

公司生活和个人生活有很大关联，但是个人私生活有不愿为人所知之事。"你只知打麻将，当然会发生那种错误！""晚上玩得太过分了吧！""你和那个女孩子作朋友不好吧！""你的家庭名声不佳，首先要从家庭整顿做起，怎么样？"等等私人问题应该避免介入，因那只会引起员工的反感，公司并没有连家庭一起雇用。这种好事的老板，也许在自己看来是事事关心，但随着时代的进步，不少员工特别是年轻的员工，他们的私生活一旦被人干涉大都会引起强烈的反感。

5. 不翻旧账

对于今天该指责的事项，引用过去的事例是不适当的。如果牵扯了人的问题、感情的问题，那么"都已经过去的事了，现在追根问底真是过分"之类的心情就会产生。例如像"你以前也犯过同样的错误，不是发誓不再犯了吗？"这种话都是多余的。揭人疮疤只能让人勾起一段不愉快的回忆，于事无补。有些记忆力很好的领导，连下属初入公司所发生的事都记得清清楚楚，甚至大家都已忘掉的事都牢记着，这实在没必要。

6. 不使用戏谑言语

对接受批评的员工来说，批评或多或少会使自尊心受损伤。管理人员以庄重严肃的态度所做的批评较容易为员工所接受，因为这种态度被员工视为对他尊重的表示。若管理人员以戏谑的口吻进行批评，则不论其动机如何友善，终将引起员工的不满，因为戏谑口吻被员工视为对他讽刺的表示。世上真正具有幽默感的人并不多，因此在批评时切忌使用戏谑的言词。

7. 不夸大其辞

管理人员在批评员工时应避免使用夸张的字眼。例如"您老是本末倒置"中的"老是"，"您从未站在公司的立场去看问题"中的"从未"等。含夸张字眼的批评通常都是过度严厉的批评，这对被批评者来说是不公平的。

8. 不吹毛求疵

对下级批评主要应针对妨碍工作、损害国家和人民利益方面的问题，对与此无关的事项不要过多干涉。不能以个人的好恶为标准，对不合自己心意的行为横加指责，对一些琐事喋喋不休，那样会使下级谨小慎微，只注意小事，忽视大目标，这对于完成总体任务是十分不利的。

奖励默默付出的人

公司的经营者必须要在公司内部树立正确的用人导向，尤其要注意奖励那些默默付出的人。他们是公司发展最坚实的奠基群体，管理者要时刻关注他们。

1. 有意识地发现和奖励良好的行为

这点并非建议你一见到干活不错的人就称赞并奖励他们。如果那样，人们将认为你失去理智。列出和你一起工作的人的名单，以及你喜欢他们做些什么，在适当的时候，私下告诉每一个人你认为他的工作干得怎么样，并鼓励他们干得更好。

2. 鼓励和奖励幕后英雄

一些管理者往往忽视那些忠实可靠的人？而他们恰恰是一个企业成功的精英。回答下面的问题，可以帮助领导们识别他们。谁很少旷工？谁在压力之下仍工作出色？谁一直按时完成高质量的工作？谁愿意在集体需要时再作一次努力？有人未上班时，你会想到谁去代班？谁不经常缠住别人要求提供建议和指导？谁默默无闻、为人谦逊，除了出色工作以外，你根本不知道他在哪里？当管理者不在时，谁照样很好地工作，令人放心？谁帮助别人使之工作得更好？谁经常改进工作方法？谁能排除纠纷，建立合作关系并培养员工士气？谁无论什么时候你需要他，他都在你身边？

"谁"即是领导者们所要识别的幕后英雄。激励这些英雄们的另一种奖励方式是对他们工作表现出真诚的兴趣——不仅仅把他们当作雇员，而是视为与你同等的人。听他们讲诉自己的希望与恐惧，喜好与憎恶，欢乐与苦恼。时时准备帮助他们解决问题。当他们产生自我否定心理时，应重新唤起他们的自信心。

3. 称赞正确的做法，批评错误的工作

谁都不喜欢自己在将时间、努力和情感付诸工作之后，别人对我们的工作进行挑剔。然而，指出错误，提出表扬是领导者工作中的基本法则之一。当你提出批评时，要谨慎小心，就像在通过有地雷的地方时一样。迈错一步，就会造成无法挽回的损失。不要一针见血地指出员工的错误，这样会使人产生反感。如果你要批评一个员工，开始时称赞他的工作优点和成绩，并表明你怎样赞赏他的努力和能力。然后将重点转向告诫他为了把事情做好或防止将来工作的出错，他应该做些什么。最后，再次表扬他的努力，提出你的看法并表明你对他充满信心，由此结束你的批评。

4. 不要纵容那些叫嚷抱怨者

不要花费时间去解决那些抱怨者故意造成的困境，告诉他们那是自己的责任，并把它贯穿到他们的工作任务之中。不要拒绝把工作交给那些故意把事情弄糟的人去做，让他们也承担起责任。如果你认为某些人习惯于无理抱怨，就不要去理会他，别把时间浪费在耍花招者身上，他们时时刻刻都在想办法无事生非。你最好把你的行为焦点集中于期望和鼓励你所要求的行为之上。

如何对付下属中的"小人"

"小人"类型的下属会给领导的事业造成破坏性的影响。那么，如何管理下属中的小人呢？

1. 杀鸡儆猴

面对众多的下属中的小人，全部处理很难办。为求简便，就要运用"杀鸡儆猴、敲山震虎"的策略，集中精力抓住个别害群之马，严肃处理，以告诫其他人服从指挥，保证整个领导活动顺利地进行。

2. 容短护短

美国管理学家杜拉克在《有效的管理者》一书中曾鲜明地指出："须知任何人都会有很多弱点，而弱点几乎是不可能改变的。"下属中的小人下属则更是如此，领导与其将自己的主要精力用于改变这些积习上，不如想法让他们的积习起不了作用，这样才是务实有效的用人方法。容短

护短的方法如果运用得好，可以发挥他们的长处，使工作得以顺利地完成，可以赢得人心，融洽与下属的关系，并为自己树立良好的领导形象。

3. 以柔克刚

如果领导遇到下属中的小人与领导的决策作对，表达他们的抵触或不满，这不仅会分散领导的精力，也很可能损害领导的威信。在这种情况下，不加以处理是绝对不行的，但如果用强硬的行政手段去压服他们，往往会使事态扩大，矛盾激化，因为下属中的小人通常具有常人没有的能量。这就需要运用以柔克刚的策略，这也是成熟老练的领导常用的手段。

4. 分而治之

倘若领导面对的情况是：下属中的小人互相勾结，狼狈为奸，成为集团似的组织，那么，领导的处理就应当慎重了。这个时候，领导就应该采取分而治之的策略。这种策略的高明之处就在于通过各种灵活巧妙的方式方法，将下属中的小人群体划归成若干个互相连接、又互相制约的子系统，从而避重就轻，使庞大的规模效应消失于无形之中，从而能对他们实行有效地治理和控制。一个领导如果运用这种方法，可以同时管理几个刁顽的下属。

5. 调虎离山

下属中的小人并非全是怯懦无能，相反，他们往往依附于某些有权势的人并代表着某些人的利益，且其自身也可能具备一定的能力。领导如果运用权力来压服他们，会付出很大的代价。因为这"虎"不同于杀鸡儆猴中的"鸡"，"鸡"是领导和下属都讨厌的人，而"虎"则有着一定的群众基础，所以运用调虎离山策略可以收到事半功倍的效果。

驾驭那些"嚼舌头"的人

几乎每个公司老板的手下，都会有那么几个爱"嚼舌头"的下属。一个公司里面如果有这么几个人，而公司管理者又不懂得如何驾驭他们，将会鸡犬不宁，严重影响公司的工作秩序和工作效率。

他们总是喜欢在背后说别人的坏话、挑拨离间，唯恐天下不乱，时间一长，直接影响团队的融洽氛围。和这样的人相处，的确很难，但生活中这号人又客观存在着，领导者和他们相处，必须掌握一些诀窍。尤其是，当有下属在背地议论领导的是非时，这时，管理者更要慎重对待。

对于长舌下属的背后议论，管理者首先要以"自重"的形象去"说服"负面的是非。这就要求你平日待人处事诚恳、虚心，与不如自己的人交往，需要谦和、平等……和那些搬弄是非的人交往，则需要正直、坦荡。换句话说，就是对闲言碎语不听、不信、不传。看问题要全面，要有自己的见解。

除了"自重"外，"互重"也是很重要的。背后议论别人是一种不道德的行为，帮助别人改正这种习惯是应该的。帮助他人改变这种恶习行之有效的方法是：尊重对方，以朋友式的态度善意地规劝对方，想法巧妙地引导对方获得正确的认识人的方法。比如，当对方谈论他人时，可以先顺着对方的话，谈谈这个人确实存在的缺点，然后再谈谈他的长处，从而形成正确的结论。

除此之外，对付舌头长的下属还有几种常见而有效的方法：

1. 反应冷淡

不要以为把是非告诉你的人便是你的朋友，他们很可能希望从中得到更多的谈话材料，从你的反应中再编造故事。所以，聪明的领导者不会与这种人推心置腹。令他远离你的办法，是对任何有关你的传闻反应冷淡，无须作答。

2. 与"长舌"者保持距离

如对方总是不厌其烦地把有关你的是非辗转相告，以致对你的情绪造成负面影响，你应拒绝和他见面或不接他来的电话，此类人不宜过多交往。

3. 勿冲动

尽管你听到关于自己的是非后感到愤慨，你还须努力控制自己的情绪，保持头脑冷静。你可以这样回答："啊，是吗？让他们去说好了。"或者说："谢谢你告诉我这个消息，请放心，我不会与他们一般见识的。"如此，对方会感到无空子可钻，他也不会再来纠缠不休了。

实现"无为管理"

春秋末期，道家学派创始人老子在《道德经》中提出了这样一种无为而治的统治思想："我无为而民自化，我好静而民自正，我无事而民自富，我无欲而民自朴"、"为无为，则无不治"。

按照老子的解释，治国应当奉行"无为而治"的原则，只有无为，才能无不为。对企业来讲也是一样，这是企业家追求的目标。

Google搜索引擎是一个用来在互联网上搜索信息的简单快捷的工具，它能够使用户访问一个包含超过80亿个网址的索引。在Google独特的企业制度当中，有一项最为人称道的制度——给予员工20%的自由时间。这个制度让Google在条件许可的范围内，最大限度地把工作变成一种兴趣。在Google工作的员工，感觉自己不像是在一家大公司上班，而更像是在一个大学或研究机构做什么有趣的研究。同样，Google则可以从这些享受自由的员工大脑中，源源不断地提取新的创意和新的商业计划，这让我们不得不感慨，Google的做法实在是太聪明了。

Google的聪明就在于它知道，即使不给员工自由时间，员工也同样会想办法偷懒，与其偷偷摸摸，弄得大家都不开心，何不让员工公开地、自由地支配一段时间呢？更重要的是，20%的自由时间会使员工的感受完全不同，那不再被定义为20%的偷懒时间，员工就会感到自己被尊重，感到自己在为兴趣工作。在Google公司良好的环境中，员工所具有的创造力是不言而喻的。

想成为"无为而治"的管理最高境界，应建立在下列几个前提之上。

1. 科学的公司管理体系

建立系统化、制度化、规范化、科学实用的运作体系。科学的运作体系是企业高效运行的基础，用科学有效的制度来规范员工的行为，来约束和激励大家对企业管理非常重要。

2. 卓越的高绩效团队

卓越的领导者组成的一个高绩效的团队。总经理要会发挥自己的影响力，要会激励下属，辅导下属，又会有效地授权。他既要有高瞻远瞩的战略眼光，制定中长短期战略目标，又要有强的执行力，把组织制定的目标落实到位，这样才会有好的结果。

3. 优秀的企业文化

建构好的企业文化，用好的文化理念来统领员工的行为。企业既是军队、学校，又是家庭，提高自己的职业素养和综合性的素质能力，又能体会到大家庭的温暖。企业更具凝聚力、团队精神，能留住员工的心，使企业与员工能共同发展，共同进步，基业长青。

第二十四招

防败之道：
在危机和忧患中不断成长壮大

最大的风险是没有危机意识

小公司由于竞争力较弱，受市场和外部冲击的影响很大，在经营上稍有不注意，就有可能破产倒闭。对于小公司来说，必须具备危机意识，这就需要小公司能居安思危。

如今公司更新、淘汰的速度越来越快，市场竞争从某种意义上可以说是一场不进则退的竞赛。面对这样的形势，高度的危机意识已经成为一个优秀公司管理者的必备意识。同样，小公司的老板更要保持高度的危机意识。

1. 时刻想着"消失的奶酪"

斯宾塞的《谁动了我的奶酪》一书给管理者以深刻的启示。当习惯了奶酪C站的奶酪时，两个小矮人和两只小老鼠都守着奶酪。当有一天奶酪消失时，两个小老鼠把靴子挂在胸前，他们立即出发，开始寻找新的奶酪。而两个小矮人则不愿面对奶酪消失的现实。究其根源，在于小老鼠有危机意识。他们早已明白，事情早晚会发生变化，而小矮人则在安逸的生活中忘记了，或者根本就不愿去考虑有的变化，所以当安逸的生活不再有时，便不知所措，不愿接受现实。

社会是不断变化发展的。在这样一个日新月异的社会中，我们也必须保持忧患意识，适应社会的发展，否则只能面临被淘汰。

有的管理者认为，自己的企业处于辉煌发展阶段，不可能会有破产的可能。殊不知，没有谁可以做永远的强者，国家如此，企业也是如此。

2. 居安要思危

例如，如果你的公司在一某个县域占有30%的市场，而你的最强竞争对手只占10%。此时，你就可能因竞争差距大而感到自满，但你要注意，往往就是这样的竞争者能将你的公司搞垮。

在竞争中，即使你的公司处于领先地位也不应放松。对于一个不能居安思危的老板来说，真正的危机来得比他想象得还要快。大多数公司都有一种危险的倾向：在业务顺利时便洋洋得意，似乎认为成功是想当然的事。在顺境时，他们往往想象不到逆境是什么样子，以为自己现在的成功机会继续，或自己可以不断地重复成功。

这种盲目乐观，认为成功会不断继续的人，往往忽略了最为关键的因素——竞争对手。你的竞争对手已经想出了很多办法，来打断你的好梦。在激烈的竞争中，你今天胜利而明天就可能被打败。因此，小公司应该时刻提醒自己居安思危，避免危机。

3. 一定要树立危机意识

对于每个企业来说，危机都也许都是不期而遇的，因此，最重要的就是要树立危机意识。在一个多变的环境中生存，谁准备得更为充分，谁就能够第一个崛起。这也就是说，必须具备危机意识，就是当危险来袭时，可以化腐朽为神奇，可以将别人所认为的危险转化为你发展壮大的机遇。

危机的突然来临的确很可怕，但是，比危机更可怕的是缺乏危机意识。就像温水煮青蛙一般，很多企业都是生于忧患，死于安乐。

作为企业管理者，一定要时时拥有危机意识，让危机意识时刻给我们以警醒。要明白，我们今天所担心的可能就是明天将要发生的，这样才能提前做好防患措施。

事实上，从某种程度上来说，小公司最大的危机不是来自外部，不是来自竞争对手，而是来自内部。一家小公司，只有时刻保持一种危机感，它才不会被时代所抛弃，才能永远处于发展的前列。

创业艰难守业更难

相对于创业来说，守业显得更为重要和困难。有位企业管理者说："创业后如果不去想怎么去继续发展，也许接下来就倒退，甚至灭亡，用'生于忧患，死于安乐'来形容一点都不过分。"

创业艰难、毁业容易，作为一个公司的领导者和管理者，失却了创业时的拼劲，更容易引发生存危机。很多企业在各种风险面前处置措施不当，导致最后的惨败。

分析诸如一些企业帝国陨落的原因等，因为它们很有借鉴意义，可以避免更多的企业重蹈覆辙。像安然、世界通信公司、宝丽来等大型企业，就是在事业达到巅峰之后陨落的。正在发展中的企业遇到危机会瞬间崩塌，其实也是长期积重难返的结果。一般来说，企业在发展过程中，因为没有危机意识，企业的发展也会遭遇滑坡。

公司经营者带领公司进入正轨后，参照如下的发展阶段，一定要时刻保持发展的危机意识。

1. 傲慢自负

当企业管理者面对企业持久的发展，会变得傲慢自负，故步自封，而这种心态也孕育着危机。这时候，企业衰落的第一阶段已经悄然降临了。这时，所表现出来的一些现象是：管理者经常将"我们之所以成功，是因为我们做了什么特别的事情"之类的话挂在嘴边，却不能深入思考和发掘你之所以做这些特别的事情的原因和最初的想法。狂妄自大、故步自封只是衰落的第一阶段。所以，有时候尽管企业管理者缺乏了进取的勇气，企业却拥有良好的运行机制，管理者一时也是很难察觉公司的危机。

2. 盲目扩张

丧失了创业时的激情后，就容易滋生狂妄自大、目空一切的情绪，会让企业的管理者觉得自己有能力去做任何事情，这种情绪就会使企业走进衰落的第二阶段。企业的管理者越来越希望听到赞美之词，希望企业发展得越来越快，规模越来越大，希望自己头顶上成功的光环越来越耀眼。如果不考虑自身实力、脱离实际的情况而盲目地扩张，就意味着危险近在眼前。

3. 对危机视而不见

危机现象往往会在企业内部最先显现出来。这时候，一些企业的管理者会被企业外部"固若金汤"的表象所迷惑，而对企业业绩不佳的现状视而不见，对内部所表现出来的危机也不理会。

在这个阶段，企业管理者面对负面的数据，往往半信半疑；对于正面的数据，则选择夸大其词地强调自己的优势；而对于那些模棱两可的数据，却潜意识地解读成好的方面。

4. 病急乱投医

当企业最终由风险转变成现实中的危机局面时，企业的危机境况也就尽人皆知了。这时候，就会有一个关键的问题摆在管理者面前：怎样去解决危机？有很多管理者会在这个阶段为自己寻找一根救命的稻草，病急乱投医。不能针对危机找到切实的解决办法，注定危机只会愈加严重。

5. 轰然崩塌

在遭遇危机后，应对方法也不能对症下药，必然让企业饱受挫折，财政上往往入不敷出，员工们士气低沉，很多管理者开始放弃努力。等到了最后，有的企业会被其他企业收购，有的则会慢慢地被人们遗忘，还有的甚至会因为遇到一些极端的境况而彻底破产。

让公司立于不败之地

"人无远虑，必有近忧"。在这个竞争残酷的时代，一切都是瞬息万变的，任何企业都不能保证自己在任何时候都立于不败之地，保持危机感、实现超前管理才是高明之举。当代管理革命已经公认，有效的组织现在已不强调"有反应能力"，而应强调"超前管理"。

作为小公司的老板，要能够及早发现危机前兆，针对可能出现的隐患，在思想上加强防范外，还要制定具体、详细、妥善的防范措施，这样才可能让危机化解于无形。

1. 看到潜伏的危机

在市场中，许多企业虽有过辉煌的历史，但由于管理者忽视危机的存在，没能让危机意识在企业内部长久存留，使企业最终会陷入危机中。电脑界的蓝色巨人IBM当年的"惨败"就是一个生动的实例。

当大型电脑为IBM带来丰厚利润，使IBM品尝到辉煌的甜头后，整个IBM都沉浸在绝对安逸氛围里，危机感尽失。在市场环境慢慢发生变化，更多的人们青睐于小型电脑时，IBM却对市场出现的新情况不予理睬，麻木不仁，没有意识到市场危机的降临。或者说，在企业不断成长的过程中，IBM没有注意到企业危机管理的重要性，依然沉醉于大型主机电脑铸就的辉煌中，按部就班，继续加大大型主机电脑的市场比重，最终自己打倒了自己。

如果企业满足眼前的一时辉煌，没有看到潜伏的危机，最后的结果只能是被市场所抛弃。可见，危机感不但是医治人类惰性和盲目性的良药，也是促成变革的最大动力之一。富于前瞻性、挑战性和创造性的危机制造以及危机解决，可以有效引导员工，强化凝聚力，有效提高企业竞争力。

在管理的过程中，我们经常会说"创业容易守业难"，在一个商机遍地的时代，虽然创业也不是一件简单的事情，需要长期努力与投入才有机会取得成功，但守业却是一件更不容易的事情。许多曾经优秀的企业照样从我们的视野中消失，看似风光无限的一些企业，却总是潜藏着许多危机。

2. 任何时候都要防微杜渐

管理者需要强调在任何时候都需要做到防微杜渐。曾经有许多名噪一时的大企业在人们的注视下悄然而逝，退出了历史的舞台；一些人们眼中的小企业不断强大，取而代之。百年老字号都不免有被淘汰的结局，作为管理者，怎能被眼下的辉煌蒙住自己的眼睛？

危机无处不在，无论是对于一个人，还是一个企业，都要增强自身的危机意识，尤其是在企业的辉煌阶段，更不能掉链子。要知道，站得越高，摔得越疼。

巨人集团作为一个曾经红遍全国的知名企业，在不到两年的时间里就实现销售额近4亿元，员工更是达到了2000多人，然而在不到四年的时间里，便沉陷危机之中。

1993年到1996年，巨人集团放弃了自己的专业化发展之路，开始在房地产、生物工程和保健品等领域朝多元化方向发展。但是，这让巨人集团自身的弊端一下子便暴露出来，公司落后的管理制度和财务战略上的重大失误最终使巨人集团身陷困境。

史玉柱并非没有意识到企业存在危机。在1995年的时候，为此，他走访了太平天国起义的旧址——金田，仔细研究了洪秀全的成败得失。他来到大渡河，面对滔滔河水，仰天长叹："我们面前就横着一条大渡河呀！"

像巨人集团这种在当时十分成功的企业，最终也不免陷入危机之中。在当时，电脑还是朝阳产业，巨人集团在这方面还远没有成熟，可以将其作为核心业务来发展，在其他业务上不必投入过快。但巨人集团却反其道而行之，使企业陷入难以自拔的地步。

"兵无常势，水无常形"，管理者如果不思进取，或是盲目发展，都会给企业带来不利的影响，甚至使企业淡出人们的视线。尽管后来巨人集团重新站了起来，但上世纪的危机无疑给新世纪企业的发展敲响了警钟。

作为管理者，要居安思危，这样才能让自己不满足于眼前的所得，保持不断努力奋斗的良好状态，让自己、让企业走得更远，不至于昙花一现，如流星般光耀一时。

3. 切不可盲目进取

在激烈与残酷的竞争中，没有一个企业能在一成不变或盲目进取的基础上保持永恒的竞争力和领先优势。

在一个企业的创业阶段，管理者总是在考虑该怎样把企业做大做好。但是，当企业取得一定的业绩后，管理者便有可能过高地评估了眼下所取得的辉煌成绩，沾沾自喜，难免滋生骄傲之心。尤其是一些在行业内颇有影响的企业，似乎更容易以为自己是一枝独秀，以为其他企业在很长一段时间内不可能对自己形成威胁。更有甚者，会认为自己将在此领域永远充满竞争力，以至于故步自封，难觅更大的发展。

作为管理者，千万不要被一些繁荣的表象所迷惑，那么多优秀的企业一夜间轰然崩塌，带给我们多少启示？越是在企业做大做强的时候，管理者越要保持谨慎，反思自己、企业在成功的过程中还存在的一些不足，以待改进，让潜在的危机得到及时的处理，让危机消失在萌芽阶段。

对隐患要未雨绸缪

企业危机前的隐性信号有哪些呢？在众多的案例中我们可以总结出这样几个方面，如企业有少部分优秀的人才流失、所占的市场份额逐渐萎缩、企业的获利能力相对较差、执行力差、信息沟通与传递不畅、创造力低下、缺乏发展后劲等。

任何危机的发生都会有一个酝酿的过程，不要对潜在的危机视而不见，更不要纵容危机！作为管理者，在发现一些不好的苗头、认识到危机前的隐性信号的时候，就要采取有效的措施进行处理，把可能出现的危机消灭于萌芽阶段。

1. 找出危机的源头

沙子虽小，不能像巨石般挡道，甚至把人绊上一脚也不可能，但在登山途中却成了勇士无法战胜的"高峰"。同样，每一个岗位、每一个流程都有可能成为管理中的沙子，如果我们看不到其中潜藏的危机，不能及时将其取出，危机就不可避免。

企业经常面对的都是看似琐碎简单却最容易被忽略，最容易错漏百出的事情。一个企业有着辉煌的目标，但如果在某一个环节连接上，某一个处理上不能够到位，都会导致最终的失败。

企业在不断发展壮大的过程中，很越容易出现各种各样的沙子。因为人们很容易忽略一些小的方面，就如登山的勇士一样，无暇去顾及鞋内的一粒沙子。小疏忽往往会带来大灾难。所以我们要尽量在危机发展过程中准确地辨认出危机并有效地解决它，这样可以避免不必要的损失。

2. 要设法防范危机

其实，对于危机前的信号只有防而不实，没有防不胜防。预见和防范危机才能更好地避免危机。很多悲剧和意外事件的发生都是因为人们没有很好地防范而造成的。

熟悉航海的人都知道，由于船舶运行的故障和磨损、海水较强的腐蚀性、海洋生物强烈的附着力和快速的生长力，使得船体很容易出现问题，产生难以清除的锈斑、锈皮，严重影响船舶的行使效率和行驶安全。所以必须对船舶进行定期检修，这样才能不出问题或者少出问题。

作为管理者，对危机前的隐性信号不予重视已然是失职，而危机前的显性信号还不能引起重视更是无法原谅。危机给企业的危害是不容忽视的，当管理者已经发觉的时候，一定要马上采取行动，冷静地面对危机。

3. 要做到对症下药

造成企业危机的原因会有很多，有来自企业内部的，如产品质量问题、服务问题、管理问题等，也有可能是一些外部原因，如恶意竞争、虚假消息等。作为管理者，要找到危机的源头，找出使企业陷入危机的真正原因，这样才能让企业在处理危机时做到有的放矢。

针对危机发生的原因，便能够在危机中对症下药，采取有针对性的措施解决危机。如果危机的原因在于企业内部，便进一步完善；如果危机的原因在于外部不实的报道或恶意竞争等，则快速澄清事实，最大程度地减轻危机给企业带去的损害。

疏忽容易导致危险的发生，麻痹大意就容易犯错误。所以，我们在工作中必须时刻保持警惕，认真对待每一件事情。

"千里之堤，溃于蚁穴"，联想到那些重大事件的起因往往都是微小的，容易被疏忽的小错误，也正是这些很难察觉，让人容易麻痹大意的小错误导致了无法收场的严重后果。

很多人和企业在认为危机是突发性的，面临危机时并不知道为什么企业会突然面临危机。不要去抱怨，而是要积极采取有关行动，在企业出现危机前，找出危机的源头，把危机消灭在萌芽状态。

为企业发展把脉

正如人的成长一般，企业的发展并不是一帆风顺的。人的寿命受自然生理因素的限制是有限的，历史上长寿的企业却并不多见。

更多的企业的生命周期是很短的。正像在战场上没有常胜将军一样，在商战中也没有永远挂"顺风旗"的企业。危机无处不在，看似轰然倒塌的企业，其实是由无数的经营管理上的失误将其一步一步地拖入泥潭的。

1. 诊断企业发展现状

"冰冻三尺，非一日之寒"，带病运转的企业，如果未能及时看清存在的问题，衰亡将是必然的结果。企业的领导者常有这样的困惑：

（1）为什么企业发展到一定阶段会遭遇瓶颈？

（2）企业现行的管理制度是否能够与企业的发展相匹配？

（3）企业现有的组织结构是否合理，部门划分是否适当？

（4）企业现有的组织结构能否适应企业规模的不断扩张？

（5）如何及时、有效地发现企业生产经营中存在的问题？

（6）如何找到产生上述问题的原因？

然而单凭企业领导者的个人力量，是很难解决这些问题的。这时，企业领导者需借助于企业诊断。企业诊断可帮助企业领导者针对存在问题及时调整经营战略，采取对策措施。因此，企业诊断是一项关系到企业生存和发展的重要活动。特别是对处于改革逐步深化、市场经济体制不断健全的中小企业，更有其特殊的重要意义。

2. 怎样进行企业诊断

企业诊断的内容主要有三项：一是帮助企业找出或判断生产经营上的主要问题，找出主要原因，提出切实可行的改进方案；二是指导实施改进方案；三是传授经营管理理论和科学方法，培训各级管理人员，从根本上提高企业素质。

企业诊断的方式，一般可分为企业内部人员的诊断和企业外部人员的诊断。企业内部人员诊断，即自我诊断，具有费用低，企业能自主安排诊断时间，介绍情况的时间短等优点。其最大的缺点是对企业生产经营上的问题往往习以为常，视而不见，不易发现问题。

企业外部人员诊断，即聘请咨询公司，其优点是客观公正，冷眼观察，易于发现问题；其缺点是费用昂贵，诊断时间需协商，介绍情况的时间长。特别是现在国内有些咨询机构的咨询人员，缺乏实践经验，提出的改进方案缺乏可操作性和有效性，致使企业花了人力、物力、财力、时间而得不到预期的效果。

一般的管理问题，企业可以通过内部人员的诊断，通过自我调整来解决。但是当环境发生较大的变化，企业经营管理中出现重大失误的时候，管理者应立即采取措施，通过聘请"外脑"——管理咨询公司来进行调查研究，为企业做经营管理上的诊断，针对问题的症结，提出相应的治理方法及具体的改善意见，并在此基础上对改善意见的落实给予指导和辅助实施，从而确保企业持续快速、健康地发展。

不要轻易惹上官司

市场经济是法制经济，那么经营者作为经营主体，其经营活动就有合法和不合法的经营之分。

与"上医治未病"同理，企业应在平时就注意法律"保健"，堵上各种事务中的法律漏洞，就能避免打官司这样的"大手术"。因为，一打官司，即便维护了企业利益，也会大伤元气，尤其对于尚在襁褓中的创业企业而言，甚至会就此夭折。

1. 不要动辄打官司

我们这里告诫企业在市场经济的新形势下要懂得打官司，并没有要求企业遇事就打官司，因为打官司是要花费时间和精力的。很多官司，即使有理，没有大量的时间和精力是打不赢的。在光明磊落的争执中，如果做一些让步就能解决争端，节省许多时间和金钱，那何乐而不为呢？如果你向某人吹起战斗的号角，你必然把所有的注意力都集中在双方的争执之中，竭尽全力把对手打倒在地，这么一来，你也就无暇顾及你的生意了。如果官司打起来不那么顺利，焦躁和愤怒的情绪一起向你袭来，再加上旷日持久的争战之后出现疲惫，哪里还有心思做生意呢？

2. 采用法律手段

少打官司并不是不打官司，万不得已的情况下，企业要学会用法律的武器保护自己。最后，还是告诫企业，遇到麻烦、解决问题时，首先看能否依"情""理"双方进行正当的和解，实在不行时，应果断地拿起法律这项武器，维护自身的正当利益。

如果企业不懂得打官司，就无法在市场经济体制下生存。这样，不仅很难适应现代市场上的竞争，而且会使自己在创业活动中受到很大损失而无法追回。

是社会主义市场经济得以生存和发展的"保护神"，企业学会运用法律武器来保护自己，懂得打官司，就能拿法律作为自己生产、经营、管理的"护身符"，不学法律，不懂打官司，企业就得不到这个"护身符"，就要遭人欺负。现在的企业应该知道，应该懂得，学会运用法律武器，学会打官司，对于自己来说是搞好经营管理的重要一环。

3. 具备法律意识

大量的事实说明，企业要经营管理好自己的企业、公司，就必须具备法律意识，要知法守法，更应懂得用法律武器、懂得以打官司来保护自己。俗话说，害人之心不可有，防之心不可无。在商场上，在"利"字当头的个别企业身边，随时都可能遭遇侵害，除了需要经常防人外，最好的办法，就是打官司，让法律惩治这些不法分子。

在今天的商场上，人情的运用、情谊的迎合以及"买卖算分、相请不论"的生意道德，依然是小本买卖交易双方往来的基本原则。但是，由于现代社会的法制观念日益加强，同时一些真正能做到一言九鼎、视信用为资本的企业往往吃亏上当。

因此，要保证自身的正当利益不受侵害，企业在经营过程中，除了秉持"情""理"原则外，还必须注意法律的运用。

不要无故欠缴税款

依法纳税是公司应当履行的义务，每一个公司都应该如实申报收入、缴纳税款。这也是体现公司社会责任感的最基本的行为。任何一个想要稳步发展的公司，都一定要注意，千万别在税收上留下污点，惹上"税事缠身"的麻烦，陷入十分尴尬的境地。

在市场经济大潮中，极个别的商人想通过偷税、漏税和逃税，挖国家税收的"墙脚"。但是在税务部门、会计师事务所和国家审计部门的通力协作下，他们往往是竹篮打水一场空，赔了夫人又折兵，不义之财没发成，还被罚款、吊销执照等。

1．欠缴税款的情形

在我国的法律体系中，关于欠缴税款一般有以下几种情形：

（1）漏税：是指纳税人并非故意未缴或者少缴税款的行为；

（2）欠税：是指纳税人因故超过税务机关核定的纳税期限，未缴或者少缴税款的行为；

（3）偷税：是指纳税人使用欺骗、隐瞒等手段，逃避纳税的行为；

（4）抗税：是指纳税人拒绝遵照税收法规履行纳税义务的行为。

对于以上行为，国家又有不同的行政处罚手段。

2．纳税是企业责任

相反，有的企业在纳税问题上却并不这么老实，不管是在收入申报还是税款缴纳上都绞尽脑汁、想尽各种办法来进行偷税漏税。

纳税是责任，诚信是美德。企业要想在税收上不留下污点，避免法律风险，唯一的途径是就是根据法律的要求进行诚信纳税，并在此基础上进行合理避税来为企业争取更多的发展资金。

那些妄图偷税漏税的企业，无论使出什么样的花招，都不可能永远逃过监管机关的眼睛。而一旦偷税漏税行为被发现，那么这些企业不仅会得到法律的制裁，还不可避免地使自身蒙上了难以洗掉的污点，给企业的名誉、形象和未来发展造成难以预计的不良影响。如此说来，企业这种只顾蝇头微利而"拣了芝麻丢了西瓜"的做法，实在是不可取。

3．诚信纳税有助于企业发展

诚信纳税本身就能产生效益。对纳税信誉好的企业，税务部门会充分满足其服务需求，信任其申报资料，这样企业可以享受最少的税收检查和稽核频次，在无形中为自己减轻了负担。企业依法如实纳税，可以增强自己的纳税信誉等级评定的内在"效益"，增强了企业的效益。

此外，通过诚信纳税，企业还能够提升企业的可信赖度，铸就自己的金字招牌，有望成为"百年老店"。纳税指标是商业信誉中的一项重要指标，在商业实践中越来越被重视。纳税企业是否如实提供涉税信息，是否足额缴纳应缴税款，就成为合作伙伴和公众检验企业诚信状况的重要参考标准。企业只有诚实纳税，才能更容易获得商业伙伴的信赖和公众的支持，为自己赢得更为广阔的发展空间。

重视法律风险

企业在经营和交易中常常因缺乏法律常识而导致企业陷于高风险的法律隐患中，这种法律上的安全隐患会给企业经营带来致命损害和惨痛教训。企业经营中常见的法律上的安全隐患包括：投资前不作法律可行性论证，合同诈骗，应收账款拖欠，债务纠纷，盲目担保，轻率抵押，不能识别保险单和票据真伪，疏于防范信用证风险，不注意保护企业商标、专利、商业秘密等工业产权，劳动纠纷中败诉，不正当竞争中败诉等。

市场经济就是法制经济，企业依赖于社会一定的政治经济和法律而存续发展，并受其制约。这种制约的本身就要求企业不仅要在国家法律的限度内行使自主经营权，而且要有自我保护意识。唯有这样，企业的生产经营才可能正常进行，并有效实现资产的保值和增值。

企业要建立依法管理的内部运行机制。企业建立依法管理机制就是要在企业内部形成依法经营决策、依法完善管理制度，并依法理顺内部管理环节，保证管理顺畅和有效。对外形成依法维护企业合法权益的保护网，保证企业生产经营的合法、有效运行的管理机制。

企业依法管理机制的建立不是以企业是否拥有相应的组织机构和人员为标志，而是以其是否在企业生产经营中发挥了真正的保驾护航作用和功能为标志。即以是否真正的依法进行经营决策、理顺管理层次和环节、维护企业的合法权益为标志，来体现企业是否建立了依法管理的机制。

任何企业在经营中都会遇到法律问题，如何处理这些问题，企业有多种解决方案。

1．完全依靠内部非法律专业人员

这一方案的法律风险巨大，企业可能会被随时出现的法律方面的"小"问题拖垮。

2. 将企业法律事务完全外包给外部律师

若将企业所有法律事务都一揽子交给外部律师，则费用过高，且法律事务的处理质量并不一定得到有效保证。并非任何法律事务都适于外包给外部律师。随着企业业务的成长，法律事务外包比例应逐步下降。若只是在迫不得已的情况下，雇用外部律师处理某些棘手的法律事务（如诉讼、上市等），法律费用开销相对较小。

但是，企业面临的法律风险与第一种模式的实质相同，因为企业实际上要先由非法律专业人员分析与评估法律风险之后，才决定是否委托外部律师，这样做出的判断多数情况下是不准确的，有时还可能是错误的。

3. 设立兼职或专职法律顾问岗位

在企业法律事务管理系统建设的初级阶段，将日常法律事务留给法律顾问负责，节约了费用。同时，法律顾问可配合与监控外部律师的工作，提高了企业法律事务的处理质量与效率。

4. 在企业内部设立二级部门

多数企业的日常法律事务工作都可处理，比如合同审核、企业法律事务、知识产权初步保护措施等。

5. 设立准一级法律事务中心

随着企业规模的扩大，法律事务处理体系（包括机构、人员、费用预算、职权等）亦应相应地合理扩大。可以在合同流程化与标准管理、知识产权的全面保护等方面有所作为。

6. 设立一级法律事务机构

以集团内部"法律事务垂直管理"为特征，企业法律事务管理体系得以全面建立。此模式的缺点是成本较高。

防备合同上的陷阱

王先生与一家装修公司签订了装修合同。合同中有这么一条规定：合同签订了，工程开工后，如甲方（王先生）要求减少合同规定的项目，视为部分违约，须向乙方（装修公司）支付减项金额25%的违约金，还须按减项金额比例支付乙方设计费（60元／平方米）。

在实际装修中，王先生觉得客厅里吧台设计的不够理想，就要求装修公司取消了吧台的设计和装修。这本来是减少了家装公司的活，但家装公司依据上述合同条款，要收取近千元的减项费。对此，王先生觉得很"冤"，便找消协和家装协会投诉。但是因为有合同的明文规定，王先生的请求和主张并没有得到消协的支持。王先生最终只好自认倒霉。

市场竞争中，企业间的交易难以避免，而交易中总会存在一定风险，因而任何企业的对外交易活动，都需要由合同来规范。合同的规范会让企业面对的风险大为减少，不过很多不规范甚至无效的合同，反而会给企业带来更大的麻烦。因此，在企业的合同管理上，管理者要了解一些常见的合同风险，提高企业的法律意识，尽量减少和避免企业在交易中受损。

1. 缺乏对合同方的基本了解

企业在进行商业合作前，通常需要对交易方的经营状况进行调查，不能盲目行动。如果在未查验对方营业执照或工商登记，对交易方企业的性质、经营范围、注册资金等基本信息都不了解的情况下，匆忙签下合同，就会为以后的合作埋下隐患。

2. 不能确定对方是否具备合同主体资格

企业中未经授权的部门等内部部门，或者是未正式取得营业执照和已经被注销、撤销的企业本身都不具备对外签订合同的主体资格。除非事先得到法人授权、事后得到法人追认或事后取得了法人资格，否则其签订的合同是无效的。

3. 对抵押财产查验不严

有些企业为了赢得合同方的信任，将企业的某一项财产实行多个抵押权或重复抵押。这样一来，抵押财产的价值便远远大于被担保的财产价值，在不知情的情况下，合同债权人的资产便会流失，抵押权名存实亡。还有些企业会将自身并没有所有权的财产设定抵押，或者是抵押标的物本身不符合国家法律规定，这样的抵押合同是无效的。

4. 对合同担保人的审查

有些担保企业自身就存在问题，比如企业负债，甚至已被吊销资格或面临破产。如果合同方无法履行合同内容，企业根本无法从担保人那里获得补偿。另外，根据《担保法》有关规定，行政机关及事业单位不具有对外担保资格。如果遇到这样的担保人，应不予考虑。

5. 口头变更合同后未以书面形式确认

根据合同实际履行情况以及市场变化，合同双方会对原合同的部分内容进行变更。企业在订立合同时，会注重采用书面形式，而在对合同进行变更时却往往以口头协定代替书面协议。如果对方在合同变更后拒不承认变更内容，企业会处于尴尬境地。

6. 合同条款不清晰

合同是确定合作双方权利与义务的最根本依据，因此在签订合同时，必须认真对待每一条款，尽量将可能出现争议的地方提前说明。

解决完谈判问题后，双方就会面临签约的问题。对合同进行审查，是每个管理者在签约前必须做的工作，也是规避合同风险的重要方法。对于需要审查的合同，管理者应当阅读合同的全部条款，准确把握合同项下所涉法律关系的性质，以确定该合同适用的法律法规。在审查合同前，必须认真查阅相关的法律法规及司法解释。同时，注意平时收集有关的合同范本，尽量根据权威部门推荐的示范文本，并结合法律法规的规定进行审查。

要尽量减少内耗

对个体而言，内耗是指个体之间由于不协调或无序而引起的互相干扰，互相抑制作用的一种现象。由于内耗往往是无规则或按照潜规则隐蔽地进行，个体全力通过阻碍、干扰其他个体而达到自己的目的，其结果是负面的。对个体而言，损人不利己，费时又费力，毫无益处，对企业则会造成长久的消极甚至是致命的影响。

内耗所造成的危害是显而易见的。中国有句"有则改之，无则加勉"，鼓励鞭策了不少人捕风捉影地打各类小报告。让想干事的人没法干，能干事的人干不成。比较普遍的现象是：在一个企业，会做的不如会说的，做得好不如说得好。

由于内耗的存在，往往使得决策的时间过长，机会就不断地错失。勿庸讳言，有时内耗所导致的损失和危害甚至比贪污腐败还要严重，这必须引起我们的重视。

要说外部竞争危机重重，就算是拼个你死我活还能为日后的发展积累经验。而恰恰相反的是，导致很多企业特别是民营企业垮掉或发展艰难的原因，不是来自于外部市场激烈的竞争，而是无休止的内部消耗。这种内耗，在企业管理中普遍存在，不痛不痒地、不清不楚地消耗企业的资源。这是企业家或老板们最为痛心的一件事。

总之，内耗效应是由于认识因素、情感因素、行为因素与个性因素的不同而引发的。因此，要想克服内耗效应就必须协调上述的四种影响因素，尽可能得到统一，以减少内耗，避免负面效应。

1. 优化管理体制和运行机制

通过建立健全完善的竞争体系，真正做到"干部能上能下，员工能进能出，薪酬能高能低"，则时加强企业文化建设，树立统一的核心价值观，增强员工对企业的认同感，强化员工对企业的归属感，从体制和文化两个方面减少内耗的产生。

2. 互相之间多做交流、沟通

畅所欲言，让各方都充分表达自己的意见和观点，同时要求相关人员特别是主要领导做到仔细聆听，理解对方的观点和意图，对各方面的意见都进行认真讨论和分析，形成统一意见，最后确定行之有效、又能兼顾多数利益的方案。

3. 树立领导权威

树立领导权威和个人崇拜、一言堂又有根本的区别。要求作为领导，必须言行一致，做遵守各项规章制度的表率，并做到在执行各项制度中的人人平等。除此之外，在具体的实施中，领导者还应从提供安全的工作环境和提高工人劳动积极性等方面入手，保证干好工作、干成事业的人能得到肯定和重用。

4. 倡导规范透明的决策机制

对于企业的重大决策，除做好详细的调查研究，制订可行性实施报告外，还应倡导规范透明的决策机制，推行权力的阳光运行。针对决策中存在的问题，纪检、监察部门要做到既打击违法违纪者，又保护支持改革者，既保护好反映情况的人，更要依法处置诬告者，树正气，压歪风。

5. 建立决策的风险抵押机制

以经济杠杆来控制决策风险，降低内耗产生的损失，减少决策失误。

解决企业的接班人问题

优秀的接班人直接关系到企业的未来。如何选择企业的继承人，是企业生死存亡的大问题。据研究，家族企业接班人存在三个变数：有没有子女？子女愿不愿从事父业的管理？子女有没有能力管理？这三个变数的组合会有多种结果，理想结果是很少的。

如何解决好家族企业的接班人问题，直接关系着家族企业的未来发展。总结那些在这方面比较成功的企业的经验，不外乎两种模式：一是子承父业，这要求管理者的后代必须具备一个优秀管理者的才干，如李嘉诚的儿子李泽楷就已经显示了他在这方面的能力；二是成立家族委员会，这个委员会不仅有家族成员，还包括职业管理者和独立董事，由家族委员会选定接班人。

1. 子承父业

提到子承父业，很多人都认为这是家族企业走向衰败的开始。面对家族企业子承父业的现象，很多人忧虑的是，如果儿子是扶不起的阿斗怎么办？其实，如果儿子众多且个个独当一面，也会产生另一个危机，即当父辈淡出权力中心后，子辈争权夺利，同样会导致企业分崩离析。但是，如果儿子能真正担负起接班人的责任，那么子承父业也未尝不是一种好的选择。

李嘉诚在培育家族企业的接班人上就表现得高人一筹。李嘉诚对儿子的未来深谋远虑，一方面让长子李泽钜守成，承接和记黄埔的重任；另一方面又全力支持次子李泽楷自行创业。如今，李泽楷在商界已取得傲人成就，不少人说，李氏父子也许会打破中国"富不过三代"的预言。

2. 设立家族委员会

家族企业中，家族成员间特有的信任关系和相对很低的沟通成本是其取得竞争优势的一个有力源泉。有学者认为应该设立一个家族委员会，在这个委员会上把家族内部有关企业发展计划和家族发展计划之间的一些矛盾以及家族成员之间的一些分歧解决好。

在家族委员会上，处理好家庭消费和企业积累之间的矛盾，以及企业投资方向确定问题，形成一个一致的意见，通过正式的渠道传递到企业中去，可以在一定程度上预防和化解家庭政治对企业运作的影响。

聘请外部专家组建一个公司治理咨询委员会，帮助家族企业系统地诊断和有战略眼光地预防性处理家族企业在不同发展阶段上存在的问题，是一个非常有效的选择。

建立一个家族成员、职业管理者和独立董事各占1/3比例的董事会，使董事会成为有关企业重大问题的集体自由讨论和决策场所，可以帮助家族企业的所有权人和管理者之间建立和发展信任关系，并能在一定程度上保证家族企业所有权人和管理者相互之间承诺的实现。董事会在提高家族企业战略决策能力和提高管理决策质量，以及家族企业接班人培养等方面都能发挥有效的作用。董事会成员可以为家族企业的下一代提供家族企业之外的工作和生活经验，关系网络，充当下一代事业发展的导师等。

促进公司的良性沟通

沟通在管理的任何时候都十分重要，缺乏良好的沟通，任何的管理行为都无法有效地实施。因为企业的活动经常是通过人与人之间的合作来完成的，而人与人之间的合作需要沟通，人与人之间的合作越紧密，就越需要加强沟通。

尤其是在危机中，由于危机的破坏性和时间紧迫性，更需要人们之间的团结合作，以共渡难关，因此快速而准确的沟通就显得更为重要了。

1. 加强内部沟通

我们可以看到建立有效的内部沟通包括下面几个方面的内容：

（1）不要向员工隐瞒坏消息。大多数企业乐于将好的消息告诉员工。当坏消息出现时，却变成了很困难的决定。企业可以利用这个机会反复强调企业的产品和服务的高标准。如果对于企业的缺点及赢得的赞美都能够非常坦率和诚实，企业就能提高员工对它的信任。

（2）用各种方式和员工进行沟通。这个公司认识到了用各种方式与员工沟通的益处。它通过办公室的公告牌和给员工家里写信告诉了员工有关的情况。公司简讯讨论了质量过程，并推广新制造工艺的成功，回答员工可能想到的问题。在员工工资信封里加进附件，以及在分厂和办公地召开由主要决策者参加的小组会议。还有建立免费电话，以便员工询问有关调查的问题。一些人喜欢以书面的形式获得信息，而另一些人则更喜欢别人告诉他。运用多种媒介以确保公司能同每个人进行沟通，并在这个过程中通过反复的方式来加强公司的核心信息。

（3）在危机中保证员工能够及时得到有关信息，并不断更新信息的内容。汽车供应商知道应当让员工随时了解有关情势的最新信息。因为不同的员工关注危机的方面不同，企业对不同的员工提供的信息应有不同的侧重点。

由于人们一般认为朋友和亲人不会欺骗自己，因此非正式组织成员之间有更高的信任度。也就是说，非正式组织可以抵抗沟通中不信任或不重视造成的内部噪音。在危机开始阶段和提高危机意识的教育中，信任起着重要的作用，使用非正式组织进行沟通可以产生更好的效果。

2. 加强外部沟通

在危机中，企业应该把顾客所关注的核心内容告诉他们。这主要包括以下几点：

（1）企业出现了什么问题？危害性有多大？对顾客的影响如何？

（2）问题是如何发生的？到底发生了什么？有多严重？

（3）危机对企业应对顾客承担的责任有什么影响（服务，产品，承诺，最后期限）？企业的前景如何？

（4）企业采取了哪些措施以防止问题再次发生？哪些步骤会对顾客有所影响？

（5）企业是否采取了别的措施来表明形势已经得到很好的控制？

（6）顾客一般应该找谁提出疑问和批评？如果他们想提供帮助，他们应该如何提供这种帮助？如果需要，他们是否可以找到负责的人？

（7）顾客什么时候会从企业那里再得到消息？以后企业会以何种方式与顾客联系？企业怎样决定什么时候与顾客再次联系最恰当？

（8）企业会要求顾客做什么？什么时候应该完成？

（9）企业是否对顾客一如既往的支持表示感谢？是否采取了一些措施以减轻危机对顾客所造成的负面影响？

3. 沟通促进企业正常运转

（1）沟通过程要细分。

信息沟通应至少细分为企业内部沟通和企业外部沟通两个过程，而不能用内部沟通的思想去判断外部沟通，三株公司就是犯了这样的错误。

在三株的"人命官司"中，三株公司认为人命案与公司的产品质量无关，需要向公众表明它的无辜。但是，消费者并不是这样思考问题的，消费者认为三株公司既然有"人命官司"，那么公司产品的质量就值得怀疑，于是就启动了上面所说的消费者对产品质量问题的沟通过程。而三株公司则无视这个过程，以自己的思维方式行事，忽视有关产品质量的企业内部沟通过程与企业外部沟通过程的差别，结果给三株公司造成了巨大的损失，三株公司没有使危机得到控制，反而使危机加重了。

（2）建设促进沟通的企业文化。

企业文化不但要内容丰富，而且要有利于促进沟通。企业文化鼓励企业成员的创新则会激励企业成员去沟通，因为创新难以通过闭门造车来实现，需要与别人交流，吸收他人的观点，或者与他人合作才能成功。企业要有容忍失败的文化，这种文化使企业成员不会因为失败或提出错误、离奇的观点受到打击，而停止与别人的沟通。

企业文化不要过于强调权威的作用，这样企业成员就敢于提出自己的观点和看法，从而加强企业成员间的交流，不会因为权威的压制而保持沉默。企业中如果有很浓的合作和竞争的文化氛围，那么企业成员就不会为了竞争放弃合作，也不会为了合作放弃竞争，而是在合作与竞争的动态平衡中进行有效的沟通。

（3）通过培训提高员工的沟通技能。

危机管理中需要对员工进行培训以加强沟通能力，沟通并不是双方的技能越强就越好，而是双方的技能能够匹配，使沟通能够顺利地进行。例如，使用双方都能理解的词语，选择合适的沟通环境等。

（4）选择合适的沟通通道。

沟通通道选择因危机的不同而不同，要根据不同的危机采用不同的沟通通道，以防止沟通的中断。在爆炸事故中，爆炸可能使现场所有的有线通讯线路中断，使爆炸现场的人员不能与危机管理者沟通，向危机管理者报告危机的发生和危机的动态发展状况。因此在爆炸事故中，就应选择无线通讯进行沟通。而如果在深水之中，则应选择可视方式进行沟通。

（5）减少由情绪失控导致的内部噪音的干扰。

危机会对企业的内部人员或外部人员造成伤害，使人产生逆反心理。因而，无论在日常危机管理还是在危机事件管理中，都要充分考虑到人们的情绪所导致的内部噪音。

日常危机管理的危机沟通中，要采取适当的沟通策略，以减少内部噪音。如描述危机的危害时不要过分地渲染，使得人们提高危机意识的同时，又不会产生对危机的过度恐惧。或者使人们相信，只要采取合适的措施，危机是可以避免或可以被有效控制的，以提高人们在危机面前的自信心，从而在有关危机的沟通中减少心理上的抵触。

制订危机应对计划

在企业发生危机前，企业有必要制订危机计划，这是为了更好地应对危机，把危机所造成的损失减小到最低限度，以保证企业继续向前发展。

1. 为什么要制订危机计划

每一个企业都会发生危机。许多危机都能够加以预防或极大地减少它所造成的影响——当然最好是在它们造成严重破坏之前。当危机发生时，做了适当准备的企业可能会更加集中精力，决策更明确有效。当危机发生时，需要做很多决策，需要采取行动，需要准备很多材料，而计划中很大一部分工作能够提前做好。

2. 制订危机计划的最佳方式

（1）明确负责人。除非某人被明确专门负责此事，否则这项工作是不会有人来做的。在一些大型企业里，可以由二号人物或其他高级经理来做负责人。但最高领导者至少在一年内要参加一次危机管理会议，以检查并批准小组计划。

（2）做出预算。尽管制订危机计划并不会花费很多，但也会涉及一些时间和与预算的分配问题。如果能提前做好预算，事情就会变得更容易、更快、更简单。

（3）年度经营计划中要包括危机管理计划。危机计划和危机管理应该是企业年度经营计划中的重要元素。应该把它们放在优先位置，并指定专人负责实施和结果评价。

（4）在企业中建立危机管理团队。企业应该建立一个由决策者和员工组成的特定团队，以帮助企业进行危机计划工作和相关的沟通活动。

（5）每年至少在企业中进行一次弱点分析。弱点分析将有助于识别哪一种危机更可能发生，也有助于指导制订危机计划的工作。

（6）为在企业中最可能发生的几种危机做最坏的打算，并制订计划来防范和管理。考虑一下最可能发生和最可能对企业声誉造成严重损害的危机，并采取相应方法来减少潜在的损害。

（7）每年更新危机管理计划。危机计划要保持与企业的内、外部环境相适应，否则当企业需要的时候它也许会不起作用。

（8）为企业中能够帮助进行危机管理的人员准备个人危机反应手册，并每年进行修订负责管理危机的人员需要确切知道他们应该在危机发生时做什么。为每个人具体编制的危机反应手册应该定期加以补充和修改。

（9）准备一些能在危机中迅速加以修改并使用的事实背景资料、备忘录、信件和主要信息的草稿，在危机发生前就拟出需要的草稿。尽管结合到具体情况，这些材料毫无疑问都需要修改，但提前拟订出来会极大地节约时间，避免混乱。

（10）取得企业外部有水平的顾问的参与和建议，包括在法律和危机管理方面有实际经验的人聘请一些法律顾问和危机管理专家，以获得他们的帮助来为不可避免的危机制订计划。他们将有助于确保企业已经真正为那些最可能发生和造成最大危害的危机做好有效管理的准备。

灵活处理不同危机事件

随着现代经济发展水平的不断提高，企业可能随时都要准备迎接各种各样的挑战，于是，"危机"的不可避免成为一个不争的事实，那么，学会应对危机也就成了企业必须具备的一种素质。

管理学大师彼得·德鲁克曾在其所著的《21世纪的管理挑战》一书中作过粗略统计：美国大约有85%的企业在危机发生一年后就会处在倒闭破产的边缘，或者根本已经消失，这实在是一个让人警醒的数字。

对于企业管理者来讲，不仅要从根本上树立危机管理意识，更要全力打造全面的危机管理体系。不论国内还是国外，一些大公司在危机发生时之所以能够应付自如，其关键之一是建立了危机管理体系。比如，强生公司在康泰克危机中应付自如，创维集团在黄宏生被捕后能够及时化解危机，红牛集团在假红牛事件发生后能够果断处理，都离不开他们预防危机的意识和平时的危机管理机构的建立。

很多时候，不管你如何防范，危机该来时还是会来，挡也挡不住，在预防上所做努力只能起到延缓其发生、尽量减轻一些损失的作用。而且，由于危机往往具有突发性，面对这样的"不速之客"，有些管理者便显得不知如何是好。

对于一个企业而言，它能取得不凡的成绩不在于它没有经历过危机，而是当危机降临的时候，它能及时采取有效的措施，将危机带来的影响降到最小。

虽然每个企业危机发生的概率和造成的破坏程度不同，但是危机管理都要遵循一定的原则。

处理危源在无法消除时就要严格控制，并根据可能发生危机的严重程度来确定控制办法。

危机事件根据其性质和情况不同，一般分为三级：一般事件、紧急事件和重大事件。

1. 一般事件

包括由于产品或者包装等一般性质量问题，服务不够规范、消费者使用产品不当等非产品质量问题引起的消费者投诉等。

2. 紧急事件

包括产品质量问题引起消费者生病或向消费者协会投诉，新闻媒介接到消费者的举报向公司进行查询，受到地方政府的查询，不利于公司形象和品牌信誉的谣言存在等。

3. 重大事件

包括产品质量问题致消费者死亡，新闻媒体的曝光，严重损害组织形象的谣言，各种司法诉讼和重大突发事件。

如果危机事件尚未在媒体曝光，则必须控制事件的影响，做出适当的让步，争取牺牲小利换来事件的快速处理。如果危机事件被媒介公开并已造成广泛影响，则危机处理应将重点转到媒介公关上来。

使危机转化为机遇

我们应该看到，危险可以转化为机遇，机遇也可能在危险中丧失，没有绝对的危机，也没有永恒的机遇，正是危险与机遇的如影随形，才让我们真正认识到企业管理与经营的大智慧、高境界。

1. 危机中孕育着机遇

每一次危机既包含导致失败的根源，又孕育着成功的种子。发现、拯救、培育，以便收获这个潜在成功的机会，便是危机管理的精髓。

商场风云变幻，总经理难免会碰到出乎意料的危机，如果能够在危机中寻求和把握住有利因素，那么必定能够创造出新的市场奇迹。

1998年东南亚金融危机时，海尔在印尼和马来西亚都建有企业，都不景气。海尔经过严格的市场分析发现，东南亚的家电消费是持币待购，是因为发生了金融危机才不敢消费，并不是说市场饱和，消费者家中不需要电器。于是，海尔便不失时机地在这些国家做了许多的广告，而且都在非常优良的广告位置，广告的价钱还不到金融危机前的三分之一。等到金融危机过去之后，市场对家电的需求量很快直线上升。正如海尔集团所预言的那样：当东南亚金融危机过去之后，市场重新启动时，人们看到最多的便是海尔，海尔已深深扎根东南亚。

2. 着眼于未来

狄更斯有句名言："这是最好的时候，这是最坏的时候。"对于企业家而言，我们身处这样的时代，必须适应时代的变化，过去的成功经验，可能恰恰就是埋葬你明天的坟墓。所以，要变革，首先就要打破条条框框，不迷信过去，而是着眼于未来，将危机转化为良机。

很多时候，危机就是良机，只要改变观念，重新评估，找准机会出手，就能把危机变成良机。管理者必须具备这种能力，否则企业最终将失败。

天津中美史克生产的药品康泰克自20世纪90年代初进入中国市场以来，成功占据了感冒药市场40%的份额。但是，当时康泰克和其他一些感冒药中含有PPA成分。美国耶鲁大学的一个医学研究小组经过研究发现，过量服用PPA会使患者血压升高、肾功能衰竭、心律紊乱，严重的可能导致因中风、心脏病而丧生。康泰克与PPA成为媒体和公众关注的焦点。2001年11月，中国政府出于谨慎考虑，决定暂停含PPA成分药物的使用和销售。

中美史克在中国的销售面临着巨大的危机。中美史克公司在接到通知后，迅速反应，变被动为主动，立即成立了危机管理领导小组、沟通小组、市场小组和生产小组。危机管理领导小组的职责是制定应对危机的立场基调，统一口径，以免引起信息混乱，并协调各小组工作；沟通小组则负责信息发布和内外的信息沟通，是所有信息的发布者；市场小组负责加快新产品开发；生产小组负责组织调整生产，并处理正在生产线上的中间产品。

针对新闻媒体的一些不准确宣传，中美史克并没有过多的追究，只是尽力争取媒体的正面宣传，以维护企业形象。之后，中美史克投资1.45亿元用于不含PPA的新感冒药的研制，新康泰克很快上市，重新被市场接纳，三个月时间恢复了原有市场份额的70%。

企业危机无处不在，我们只能最大限度地避免危机、减少损失，但无法完全杜绝危机。危机给管理者带来的不应该是灾难，而是千载难逢的机会，变危机为机遇，就能使企业立于不败之地。

一个优秀的管理者，不仅要有危机意识，还必须在企业发生危机时，高瞻远瞩，放弃一些眼前的利益，看准时机，勇于承担责任和风险，才能为企业以后的发展铺平道路。

建设学习型企业

21世纪是知识经济时代，只有终身学习才能保证企业和个人的可持续进步。在新的经济背景下，企业要持续发展，应对各种危机，必须增强企业的整体能力，提高整体素质。也就是说，未来真正立于不败之地的企业将是能够设法使各阶层人员全新投入并有能力不断学习的组织——学习型企业。

成功的学习型组织应具备六个要素：一是拥有终身学习的理念和机制，重在形成终身学习的步骤；二是多元反馈和开放的学习系统，重在开创多种学习途径，运用各种方法引进知识；三是形成学习共享与互动的组织氛围，重在企业文化；四是具有实现共同目标的不断增长的动力，重在共同目标不断创新；五是工作学习化，重在激发人的潜能，提升人生价值；六是学习工作化使企业不断创新发展，重在提升应变能力。

学习型组织有着它不同凡响的作用和意义。它的真谛在于：学习一方面是为了保证企业的生存，使企业组织具备不断改进的能力，提高企业组织的竞争力；另一方面学习更是为了实现个人与工作的真正融合，使人们在工作中活出生命的意义。

在具体的工作中，如何将一个普通企业创建为学习型企业呢？可以从以下几个方面入手：

1. 树立企业共同愿景

要创建学习型企业，首先必须要有组织成员共同认可的企业共同愿景。确立企业共同的愿景，必须是在企业个人愿景的基础上高度提炼出来，代表企业全体人员意志。

2. 改善员工心智模式

管理者从改变员工的心智模式入手，引导企业员工改变心智模式。原来一些不利于学习型企业建设的想法在人们心中根深蒂固，一些不良的习惯逐渐演变成为标准，主导着员工的思维，制约着人们的行动，如果不打破这层坚冰，学习型企业创建就无从谈起。

3. 善于不断学习

这是学习型企业的本质特征。所谓"善于不断学习"，主要有四点含义：

一是强调"终身学习"。即企业中的成员均应养成终身学习的习惯，这样才能形成组织良好的学习气氛，促使其成员在工作中不断学习。

二是强调"全员学习"。即企业内的所有人都要全心投入学习，尤其是管理者，作为"兵头将尾"的他们，因而更需要学习。

三是强调"全过程学习"。即学习必须贯彻于组织系统运行的整个过程之中。学习型企业不应该是先学习然后进行准备、计划、推行，不要把学习和工作分割开，应强调边学习边准备、边学习边计划、边学习边推行。

四是强调"团队学习"。即不但重视个人学习和个人智力的开发，更强调组织成员的合作学习和群体智力（组织智力）的开发。在学习型企业中，形成知识共享的氛围。

4. 实施自主管理

自主管理是使企业成员能边工作边学习，使工作和学习紧密结合的方法。通过自主管理，可由组织成员自己发现工作中的问题，自己选择伙伴组成团队，自己选定改革进取的目标，自己进行现状调查，自己分析原因，自己制定对策，自己组织实施。自己检查效果，自己评定总结。

在"自主管理"的过程中，能以开放求实的心态互相切磋，不断学习新知识，不断进行创新，从而增加组织快速应变、创造未来的能量。一个聪明的管理者不仅要让员工的手动起来，还要让他们的脑动起来，给他们以自主管理的机会，肯定他们的工作成果，让他们体会到人生价值，这样他们就乐于工作。

第二十五招

自强之道：
老板素质是小公司做强的核心动力

做企业就是做人

孔子说："修己以安人。"作为一个企业的经营管理者，如果你能够首先将自己管好，然后使你的追随者感到心安，你的企业能真正走上轨道。

"惟贤惟德，能服于人"，做企业的过程实际上就是做人的过程，如果想要他人心服于你，就一定要具备贤德之能。做管理更要如此，只有让人心安的管理者，才可得到他人的追随。

经营者若想成为合格的企业领袖，就必须培养以下重要的性格特质。

1. 诚信

如果将"无商不奸"奉为信条，这样的人不会受到欢迎，这样的公司不会获得持久发展。

人无信不立，诚信是立身处世的准则，亦是衡量个人品行的标准之一，诚信的人给人一种正直、务实、有道德的感觉。

要做到"诚信"，就必须在道德缺失的社会中绝不会随波逐流，具有极高的品牌价值且不会崩塌。这样一来，永远不会缺少老客户的信赖，永远也不会缺乏员工的支持。

因此，管理者做不了的事情不轻易承诺，答应了就要做到。不经常喊虚的口号，停止一切"不道德"的手段，产品或服务的诚信代价就是品牌的成本。

2. 积极

积极的思想产生积极的行动，内心积极的人会给人坚持、投入和认真的感觉。

这就要求管理者做任何事情一定会主动出击，绝不会在计划实施的过程中半途而废，遇到不顺有能力扭转形势，在被人赏识时不会表现平平、错失良机。即使在公司或团队士气低落时展示阳光乐观的个性，遇到不顺马上重新寻找突破口。

3. 沉稳

人的外在与内在息息相关，内在有什么样的素质，外在就会有什么样的表现。一个内心沉稳的人，一定会给人镇定、冷静、坦然的感觉。

作为企业的管理者，遇到公司危机不会惊慌失措，面临有人"叛变"，不会一筹莫展，遇到市场逆境不会无计可施，面对重要投资决策不会草率从事。在困难的时候，不要轻易显露你的情绪，做到凡事处之泰然。不要逢人便讲你的困难及遭遇，更不要抱怨。

4. 胆识

一个人有胆识，其外在表现就是强势、果断、冒险。敢于冒险才能成就不凡的事业。

有"胆识"管理者，在需要力排众议的时候不会瞻前顾后，不会在发现难得机遇时犹豫不决，绝不会一再容忍不能再用的人，在应该果断处置的当下不会畏首畏尾。

5. 细心

细心之人，给人的感觉一定是谨慎、缜密、专业和完美。细心的管理者不会空喊目标和口号，而是制定策略贯彻执行，不但把事情做对，还会把事情做好。

管理者要经常思考身边所发生之事的因果关系，对于执行不到位的问题，要去挖掘其根本原因，要善于对习以为常的做事方法提出改进或优化建议，养成有条不紊和井然有序的习惯。

6. 担当

面对难事大事，总是推卸责任或消极逃避的人，如何能承担重任？能成大事者，一定是勇于担当的人。有担当的人给人的感觉是负责、明快和直率。

有"担当"管理者出现任何问题都不会逃避，遇到慌乱不会临阵脱逃，不会粉饰太平，下属犯错依然会承担起责任，是公司的主心骨。

7. 大度

胸怀的大小决定了成就的大小和品牌的高低。海纳百川，有容乃大，内心大度的人表现出来的是一种宽容、慷慨、谦和与分享。

大度的管理者，遇到不同的声音或意见，绝不刻意打压，下属会非常忠诚，不会纷纷离开，在竞争激励的市场中不会到处树敌。

多与自己较劲

很多经营者在企业运营出现问题的时候，首先想到的是改变别人，这一点我在很长一段时间内也不例外。

改变自己的确是一件困难的事，于是指责别人、希望别人做出改变就是非常自然的事情。但改变自己更具有可行性，更具有操作性，也更具有主动性。因为，你虽然不能控制别人的行为，但自己的行为还是由你自己做主的，你是完全可以与自己"较劲"的。

美国著名人士罗兹说："生活的最大成就是不断地改造自己，以使自己悟出生活之道。"改变了自己，相当于为自己提供了更多的生存和发展机会，为事业的成功增添了砝码。

有一天，原一平来到东京附近的一座寺庙推销保险。他口若悬河地向一位老和尚介绍投保的好处。老和尚一言不发，很有耐心地听他把话讲完，然后以平静的语气说："听了你的介绍之后，丝毫引不起我的投保兴趣。年轻人，先努力去改造自己吧！""改造自己？"原一平大吃一惊。"是的，你可以去诚恳地请教你的投保户，请他们帮助你改造自己。我看你有慧根，倘若你按照我的话去做，他日必有所成。"

从寺庙里出来，原一平一路想着老和尚的话，若有所悟。接下来，他组织了专门针对自己的"批评会"，请同事或客户吃饭，目的是为让他们指出自己的缺点。

原一平把大家的看法一一记录下来。通过一次次的"批评会"，他把自己身上的劣根性一点点消除了。

与此同时，他总结出了含义不同的39种笑容，并一一列出各种笑容要表达的心情与意义，然后对着镜子反复练习。

他像一条成长的蚕，悄悄地蜕变。最终，他成功了，并被日本国民誉为"练出价值百万美金笑容的小个子"，且被美国著名作家奥格·曼狄诺称为"世界上最伟大的推销员"。

"我们这一代最伟大的发现是，人类可以由改变自己而改变命运。"原一平用自己的行动印证了这句话。也许你不能改变别人、改变世界，但你可以改变自己。幸福、成功，从改变自己开始。

要让结果改变，首先要改变自己，多与自己较劲。要让结果更好的话，自己必须变得更好。只有人进步了，事情才有进步。我们成功和进步的关键就在于：改变自己、完善自我。

所以，做一切事、解决一切问题，我们都必须随着客观情况的变化而不断地调整自己，不断地采取与之相适应的方法，做到以"己"变应万变，才能够使自己的职业之树常青。

以下是提高管理者提升自我管理水平的五个建议。

1. 考虑你的核心价值观和人生使命

一种目标感对于成功和效力来说是必要的，而那些不清楚自己在干什么和为什么这么做的人，在面对变化时，就没有前进的基础。

2. 要学会坚持

成功通常和天生的不屈不挠有很大关系。当你清楚你的价值观时，当你有能力在目标的基础上发展时，坚持是唯一的可能。在变化面前，成功的人会继续前进，并找到新的创造性的方法来获取肯定的结果。

3. 要灵活和富有创造性

坚持并不是说用力量来获得。如果你用一种方法不能成功时，试试另一种，然后另一种。找到更多创造性的解决方法并有新意地处理问题。

4. 跳出框框思考

广泛阅读，不要把自己局限在擅长的领域。试着在你的生活和经验上的那些明显的，不同的部分上，找出联系。

5. 接受不确定性并乐观

生活本质上是不确定的，所以不要在预测未来上耗费你的能量。在所有可能的结果里，注重最有把握的一个。不是说做个"盲目乐观的人"，而是当你处理很好并以你最好的能力去做时，一个好的结果可能像其他的结果一样。这时，要接受它，不要过于消极。

要经常反省

"吾日三省吾身。"中国古代圣贤就非常重视自省的重要性。反思是一个管理者不断前进的动力。身为企业的经营者，要善于反思自己，是一个人不断走向成熟、走向卓越的重要方式。

1. 学会时时反省

人做一次自我检查很容易，难就难在时时进行自我反省，时时给自己一点压力、一点提醒。尤其是对管理者而言，在有空的时候，多反省一下自己，它会使你在人际关系上多一些自如，少一些摩擦，也会使你在人生路上多一些成功，少一些失败。有了这样的心态，一个人、一个企业才会无往而不胜。

孟子有这样一句话："权，然后知轻重；度，然后知长短。物皆然，心为甚。"意思是说，称完才知道轻重，量完才知道长短。世间万物都是这样，而心灵则更需要反复的衡量，这样才能不断地认识自己，改善自己。

宋代的朱熹说："日省其身，有则改之，无则加勉。"其意皆在反省。反省可以"自知己短"，弥补短处，纠正过失。在古代的先贤那里，反思与自省是一种不可或缺的行为，它应时刻伴随身旁，不断地对自己的灵魂进行拷问。

季羡林先生在一篇名为《反躬自省》的文章中提到，自省要从认识自我开始。他在剖析自己的时候说，自己并不是天才，也不是蠢材，资质中等，喜爱绘画和音乐，但中学的时候，他的绘画水平已落后其他同学，他曾深深地为此无奈。季先生觉得自己是个谨小慎微、性格内向之人。有自己的私心，也为别人着想。曾经犯过错误，伤害过一些人。但在大是大非面前，会挺身而出，不计较个人利害。所以，季先生觉得自己是个好人，是个讲原则的人。

反思令人知得失，晓进退，不必总是马不停蹄地奔跑，偶尔停下来想一想你的人生、生活，或许这样更能让你明白生活的真谛。

2. 反思自己的错误

古希腊哲学家伊壁鸠鲁说："认识错误是拯救自己的第一步。"人难免有错，有了错误并不可怕，可怕的是不懂得反省自己，改正错误，这样很容易就迷失了真正的自我。所以，反省是砥砺自己的最好魔石，是自我认识水平进步的动力。反省可以对自我的言行进行客观的评价，认识到自我存在的问题，修正偏离的行走航线。

晚清名臣曾国藩一生都在反省自己。他留下的百万字的日记里，大多数都是对自己行为的反省。初到京师为官的曾国藩耽于应酬交际，而忽略了学习，于是，曾国藩在日记里痛批自己的行为，并决定谢绝应酬，减少交游。曾国藩年轻得志，因而高傲，喜欢与人争论，结果经常使得朋友之间不欢而散，于是曾国藩也在日记里反省这样的行为。创办团练的时候曾国藩一时急功近利，伸手向朝廷要官，结果被雪藏了起来。这让曾国藩后悔不已，在他的日记里也有这方面的自我反省。

曾国藩几乎每天都对自己的行为进行反省。这些使得他不断改过迁善，优化自己的行为，在官场中也越来越顺畅，终成一代中兴之臣。

经常有人说："不能被同一块石头绊倒两次"，这话句话说起来容易，做起来却很难。因为我们被绊倒之后，往往是立刻起身就离开了，根本就没有看到底是什么把自己绊倒了。等到下一次遇到的时候，照旧还是要被绊倒。所以，当我们做错了某件事，或者某一件事情失败的时候，一定要认真反省，认真总结，争取以后不再犯同样的错误。

3. 反思促进进步

作为管理者，没有反思就不会有进步。从这个意义上说，进步是由反省诞生的。不能因为业绩的上升，就认定昨天和以前的做法是对的。企业管理者一定要知道，今天的做法并不能得到满分，一定还有值得改进的地方，每个人都应以100分为目标去努力。即便做不到，也要经常保持这种反省的态度。

可以说，反省的过程，就是学习的过程。有没有自我反省的能力，是否具备反省的精神，决定了企业管理者能否认识到自己所犯的错误，能否改正所犯的错误，能否不断地学到新的东西。要知道，企业在任何时候都可能会遭遇挫折或遇上低潮，在这种时候，企业管理者的反省能力和自我反省精神决定了企业最终能否走出低谷、渡过难关。

保持旺盛的激情

在工作中，热情的表现就是：视热情如同生命，毫不保留，有多少力出多少力，要做就做最好的，哪怕是1%的小事也要用100%的热情投入其中。

人一旦有热情就会受到鼓舞，鼓舞为热情提供能量，工作也因此充满乐趣。即使工作有些乏味，只要善于从中寻找意义和目的，热情也会应运而生。而且，当一个人对自己的工作充满干劲时，他便会全身心地投入到工作之中。这时候，他的自发性、创造性、专注精神就会体现出来。

比尔·盖茨有这样一句名言："每天早晨醒来，一想到所从事的工作和所开发的技术将会给人类生活带来的巨大影响和变化，我就会无比兴奋和激动。"这句话阐释了他对工作的激情，这也是作为一名优秀的管理者应该具备的最重要的素质。乔布斯也是这样一个对工作倾注了自己热情的人。

在NeXT公司的时候，乔布斯对细节和完美的追求近乎疯狂。他在决定NeXT机箱外该使用何种黑色颜料时，不厌其烦地比对几十种不同的黑色颜料样本，又几乎对每一种都不满意。这把负责机箱制造的员工折腾得苦不堪言。

他还要求工程师把NeXT机箱内部的电路板设计得漂亮、吸引人。工程师不解地问："电路板只要清晰、容易维护就好了，为什么要吸引人呢？谁会去看机箱里的电路板呢？"

"我会。"乔布斯说。

事实证明，一个人能够在工作中创造出怎样的成绩，关键不在于这个人的能力是否卓越，也不在于外界的环境是否优越，关键在于他是否竭尽全力。一个人只要竭尽全力，即使他所从事的只是简单平凡的工作，即使外界条件并不有利，他仍然可以在工作中创造出骄人的成绩。

能力、责任等条件是作为优秀管理者应具备的，但是如果没有对工作的热情，这一切都将会黯然失色。作为管理者，对工作的热情是必不可少的，这样才能让自己的才能真正地发挥出来，才能让自己真正感受到工作所能带来的快乐。

很多人工作没有做好，总是能给自己找到借口："我已经尽力了啊！"殊不知，做任何事情要想获得好的结果，就不能仅仅尽力而为，而必须全力以赴，在每件小事上投入100%的热情。

毫无生气的语言，足以使得一个保险推销员业绩惨淡。每一件小事，都是能够影响我们工作成果的大事。

如果我们在工作中无论做什么事都追求尽善尽美，不给自己留丝毫松懈的余地，那么无论我们做什么工作，身陷怎样的困境，处于怎样平凡底层的岗位，都能在最短的时间获得成长和发展的机会。

现实中许多人都会不可避免地遇到这样严酷的事实：即使不喜欢的工作，也必须长期、努力地工作，因为很难改变什么。遇到这种境况，我们必须调节自己的心态，把它当作值得做的事去做，否则这份工作势必会成为我们的负担，长期下去将使心情压抑，甚至身心疲惫。但面对小事情时，我们也应该拿出百分百的精力，哪怕中间的过程很艰难，也要饱含激情，攻克一切困难。

管理者提升激情可以遵循以下几个步骤。

1. 从内心出发

迈出第一小步总是最难的。坦承和接受这样的思想内心。我们必须先克服对感情和欲望的成见，并且肯定它们具有无比的威力。我们必须跨越自己所画的框框，如恐惧、怀疑、不安全感，放手拥抱我们的潜能。

2. 发掘激情

发掘激情，包括接触可以激发激情的事物，辨识伴随而来的感受。发掘是一种渐进的过程，可能找到已被遗忘的激情和发掘到新的激情，或确认目前已感受到却不了解的激情。在这个过程当中，你必须面对自己的弱点——自我怀疑、恐惧——找到让激情燃烧生命的勇气。

3. 澄清目的

一旦发现和确定自己的激情后，必须弄清楚发挥激情的目的所在，是追求名利、个人成长，还是丰富人生、追求世界和谐。你所界定的目的，将决定你追求激情的方式，也将提供执行激情计划的理由。

4. 确定行动

在确定目的后，须拟定行动计划，确定采取哪些行动来实现目的。有人或许会认为，激情是一股不受限制、自然发生的力量，似乎不可能跟着计划走。的确，激情的威力强大无比，但为了让它生生不息，需要赋予它一个结构，借着激情的扩大，可增强激情的威力。

行动计划能够、事实上也必须涵盖生活或事业的不同层面。这不是让你按部就班执行的一连串步骤，而是兼顾许多不同领域的一张蓝图。

5. 热心推动

一旦计划拟定，下一个步骤就是执行，这个步骤让你的激情开始接受考验。发现、确认激情，并拟好计划后，除非你能将激情融入生活，否则一切都徒劳无功。

一旦你投入激情去执行计划，你看到的将是机会、可能性，而不是障碍、限制，你将亲眼目睹激情的威力，并了解什么是推动成功和改变的一股重要力量，你会开始创造自我的成功模式。简单地说，你会成为激情者。

6. 传播愉悦

一旦激情成为生命的主宰力量，你会有很大的改变，连别人也会感受到。沃尔玛创始人山姆·沃尔顿坚信："如果你热爱工作，你每天都力求完美，你周围的每一个人也会从你这里感染这种热情。"在他的一生中，一直被一种追求卓越的念头所驱使，几十年如一日，每天起床开始就有一大堆事情干，他在对工作的热爱中找到了一条使生命一直激越和更加充实的阳光大道。

7. 持续追求激情

不管你多么富有激情，执行计划时仍会面临阻碍和挑战。当你面临这些困境时，就回到改变的源头——激情，它会提供你实现目标所需的精力和激励。

对人要宽容大度

佛教八大菩萨之一弥勒佛说："大肚能容，容天容地，于己何所不容；启齿便笑，笑古笑今，凡事一笑置之。"

有了宽容的襟怀，才有容天容地容江海的高尚和广博，才能让自己保持豁达的一面，这也将有助于自己成为员工心中的正磁场。

1. 宽容是一种美德

宽容是一种莫大的美德，是一种豁达；宽容能够容纳万物，能够包含太虚。心胸坦荡，不以世俗荣辱为念，不为世俗荣辱所累，不为凡尘琐事所扰，不为痛苦烦闷所惊，就会活得轻松、潇洒、磊落、舒心。

宽容他人，信任他人，是对人性的肯定，也是对人的帮助在于心理上道义的重建。要做到胸襟开阔，就要意识到"人无完人"，做到"得理让人"，"宽容别人"。

能宽容别人的人是可敬的，生命的意义在于彼此接纳的和谐之中，饶恕是一种极高的美德，一个饶恕别人的人自己的内心也会得到释放。平时打交道的时候，多用理解、同情和爱心去影响别人，不计较小事，不苛求别人，多注意别人的好处，尊重每个人的思维、工作、学习、生活习惯。大海因为能够容纳百川，所以可以成为浩瀚的海洋。处处宽容别人，绝不是代表软弱，绝不是面对现实的无可奈何。在短暂的生命历程中，学会宽容，可谓成就了人的最高修养。

在竞争激烈的现代社会，磕磕碰碰的事情在所难免。我们在社会交往中，吃亏、被误解、受委屈一类的事也是经常发生的。我们当然希望不要遇到这些事情，但一旦发生了，最明智的选择就是宽容。

2. 宽容促进团队人和

古人说："欲谋胜败，先谋人和。""人和"有两层含义：一是营造亲密、和美的氛围。二是营造包容个性、和谐发展的生动局面。我们不能因为强调严格管理而排斥员工个性，不能因为强调集体利益而忽视员工正当权益。要把尊重个性、维护权益、促进员工全面发展作为领导的新理念、育人的新追求。这样员工的创造智慧就会竞相迸发，团队的生机活力就能充分展现。

在实际生产过程中，我们经常发现这样一种现象：有的管理者能将企业管理得井井有条，员工都愿意跟着他干，其中不可忽视的一个原因是管理的宽容大度为自己赢得了威信。海纳百川，有容乃大，大度容人，是一个成功管理者的基本素质。管理者要胸怀大度，不要对任何人抱有偏见。任何人都有优缺点，要创造条件让每个人的积极性都得到充分的发挥，同时也要改造环境使所有人的消极成分始终处于休眠状态。

3. 宽容促进公司发展

"人非圣贤，孰能无过。"很多时候，我们都需要宽容，宽容不仅是给别人机会，更是为自己创造机会。

熟悉俞敏洪的人都知道，他有一副招牌式的微笑，他的微笑总能让人如浴春风，减少距离感。他自己都说："我从来不发火，总是笑眯眯的，所以我说话稍微严肃一点儿，下面人就受不了了，觉得出了什么事情。"俞敏洪的这种人格魅力正是新东方的成功之道。

俞敏洪将宽容巧妙融入团队建设中，才有新东方今天的成就。如果你是一个管理者，就必须学会在团体里与人相处，遵守在一个团体里的做人规则。因为你是一个领导者，你做人的好坏就决定了你在一个地方的地位和威望。

同样在管理中，管理者面对下属的微小过失，则应有所容忍和掩盖，这样做是为了保全他人的体面和企业的利益，这样管理者也能获得知心的朋友和支持者。

"金无足赤，人无完人。"任何人都难免有些小毛病，只要无伤大雅，何必过分计较呢？最重要的是发现他最大的优点，能够为企业带来怎样的利益。现代化管理学主张对人实行功能分析："能"，是指一个人能力的强弱，长处短处的综合；"功"，是指这些能力是否可转化为工作成果。结果表明：宁可使用有缺点的能人，也不用没有缺点的平庸的"完人"。

如果一个管理者，老是挑剔下属的毛病，就会极大地削弱他们的工作热情，甚至会使他们产生反感。这样就会影响他们的积极性、主动性和创造性，以及在工作中的发挥，从而对企业发展产生不利的影响。所以，每一位管理者都应该努力做到"严于律己，宽以待人"。

树立积极心态

一个公司的成功与否与经营者的心态息息相关。一般来说，持积极心态的人，他会努力奋斗，最终很可能成为真正的成功者。

成功的经营者总是运用积极心态去支配自己的人生，用积极的心态来面对这个世界，面对一切可能出现的困难和险阻。

1. 保持昂扬的斗志

心态在很大程度上决定了我们人生的成败。生意场中更是如此，拥有积极的心态，便打开了一扇成功的大门。

作为老板，在面对危机时，要能够保持健康的心理和稳定的情绪，这样才能在商战中取胜时不趾高气昂，受挫时也不垂头丧气，一蹶不振。

机遇青睐时刻保持乐观心态的人。面对工作中的困难和挫败，只有始终保持昂扬的斗志、屡败屡战的人才能笑到最后，赢得机遇之神的垂青。日本大企业家松下幸之助说过："跌倒了就要站起来，而且更要往前走。跌倒了站起来只是半个人，站起来后再往前走才是完整的一个人。"

与积极心态相对的是消极心态。消极的心态是造成失败的主要原因，因此，要换脑袋首先必须转换心态，变消极心态为积极心态，战胜惰性与不如意。持有积极心态的人，对任何事都要表示积极肯定的主张。而这种把积极想法说出来的做法，具有相当于在内心中呼应的积极力量，因此它能使人感到一切都将顺利地进行，给人增添自信。

2. 积极的心理暗示

我们每个人都应该给自己以积极的心理暗示。任何时候，都别忘记对自己说一声："我天生就是奇迹。"本着上天所赐予我们的最伟大的馈赠，积极暗示自己，你便开始了成功的旅程。

拿破仑·希尔给我们提供了一个自我暗示公式，他提醒渴望成功的人们，要不断地对自己说："在每一天，在我的生命里面，我都有进步。"也就是说，一个人的心理暗示是怎样的，他就会真的变成那样。所以，我们要调整自己的情绪心理，充分利用积极的心理暗示。

积极的心态能够催人上进，激发人潜在的力量。时刻鼓励自己，给自己积极的暗示，有助于我们走出困境，保持积极进取的精神。

自我暗示是世界上最神奇的力量，积极的自我暗示往往能唤醒人的潜在能量，将他提升到人生更高的境界。因此，每天清晨不妨去告诉自己今天会有个好心情。每当有重大选择和决定的时候，暗示自己的选择和决策是明智的。选择积极的自我暗示，等于选择幸福生活，选择与成功人生为伴，用心享用它所带来的魔术般的奇迹。

3. 树立积极心态的方法

为了避免消极心理，永远保持主动、积极、向上的心态，通常采用以下做法：

（1）以积极的态度面对一切，摒除担惊受怕的心理。越担惊受怕，就越遭灾祸，一定要懂得积极态度所带来的力量，要相信希望和乐观能引导你走向胜利。

（2）即使处境危难，也要寻找积极因素。不要放弃取得微小胜利的努力。越乐观，克服困难的勇气就越会倍增。

（3）以幽默的态度来接受现实中的失败。有幽默感的人，才有能力轻松地克服厄运，排除随之而来的倒霉念头。

（4）既不要被逆境困扰，也不要幻想出现奇迹，要脚踏实地，全力以赴去争取胜利。

（5）不管形势多么严峻，也要努力去发现有利的因素，这样就会发现自己到处都有一些小的成功，自信心自然也就增长了。

（6）时刻保持乐观，不要把悲观作为保护失望情绪的缓冲器。乐观是希望之花，能赐人以力量。

（7）失败的时候，要想到曾经多次获得过成功，这才是值得庆幸的。

（8）在闲暇时间，要努力接近乐观的人，观察他们的行为。通过观察，培养自己乐观的态度，乐观的火种会慢慢地在内心点燃。

（9）悲观不是天生的。就像人类的其他态度一样，悲观不但可以减轻，而且通过努力还能转变成一种新的态度——乐观。

（10）如果乐观态度使你成功地克服了困难，那么你就应该相信这样的结论：乐观是成功之源。

秉持感恩之心

身为企业的管理者，应该对客户、对员工时刻保持一颗感恩之心，以谦卑的态度感谢他们的支持和付出。在感恩心态下，公司才能获得更多的支持和厚爱。

1. 感恩带来吸引力

生活中，存在着一种无形的力量，那便是个人的魅力。它不同于能力，能让其他人在短期的实践中感觉到；更不同于智力，大家可以评估出来。魅力时时刻刻影响着我们，并且给予对方一种莫名其妙的力量，甚至可以影响身边的人终生。

这些具有魅力的人，就像是一个个活的磁场，通过思想和行为信息的传播，吸引着周围具有成功素质的人士。这就像是默默形成的一种"吸引力法则"，将富有主见、阅历丰富的人聚集在一起。其实，综观这些最具有魅力的人的特点可以发现，他们绝大多数都是懂得感恩的人。也就是说，身怀一颗感恩之心，是这些人的特质，是他们产生吸引力的原因之一。

因为，要想让别人和你产生共鸣，想吸引别人，就首先让别人感受到你的想法，你心理情绪的"各种频率"。只有当这些"频率"能和他人发生共振的时候，才会产生最深刻的呼应。感恩是人们源于爱的一种情绪，而爱是在人群中最能引起人们共鸣的频率，它能带来正面的电磁波，化解他人的负面心态。所以，它也就能吸引更多的人。相反，如果一个人没有感恩之心，一切所发出的思想和感觉都是负面的，自然无法吸引别人。

每个有感恩的人，他们对自己的言行负责，他们把握自己的行为，做自我的主宰。这一过程中，折射出来的就是一种巨大的人格魅力。感恩，是具有吸引力的标志，而具备必定具备非凡的吸引力。

2. 保持感恩的心态

感恩的人的这种特质，不仅使自己活在快乐的氛围中，还会对周围产生积极的影响力。只要每天都保持一种感恩的心态，感谢周围的一切人和事物，你这就会发现，神奇的吸引力法则会在你身上得到验证！生活中的所有事物都被吸引过来，你将会拥有心里想的最多的事物，你的生活，也将变成你心里最经常想象的样子。那时，你就会感慨，用感恩引领的生活原来如此美好！久而久之，当感恩的感觉渗透到我们内心时，它会化为生活习惯的一部分，消除你身边的一切抱怨和忧虑，让你开朗地面对每一个人和事物，让你的生活也更充实。

培养感恩的心态，绝对会让你成为公司中独一无二的"发光体"。感恩传递的积极信息，会深入到他人的内心，为你赢得独特的吸引力。

坚持勤奋刻苦的品性

亚历山大曾经说过："虽有卓越的才能，而无一心不断的勤勉、百折不挠的忍耐，亦不能立身于世。"成功人士知道"无限风光在险峰"，只有努力攀登，才能有"一览众山小"的豪情。

在将小公司引领成为大公司的过程中，优秀的企业管理者未必都很完美，但他们有项特质是常人所没有的，那就是勤奋。

1. 勤奋是成功的捷径

一勤天下无难事。人们在年轻时，就培养出"勤勉努力"的品性，并且在工作中永远不减勤勉且更加努力，那么这种无形的财产和力量将会成为你终生受用的法宝。

成功没有多少捷径可走，勤奋就是捷径！职场中有很多人渴望赢得成功，但又不愿意去努力工作，这些人都希望工作轻轻松松、一帆风顺，可是天下哪有这么便宜的事？在当今竞争十分激烈的时代，要想在职场中获得成功，必须保持勤奋的工作态度，要像蚂蚁一样勤劳，你才会因此拥有辉煌而充实的生活。

早起的鸟儿有虫吃。勤奋是一种需要长久坚持的人生信念，只有将"勤奋"二字作为自己永久的座右铭，才能成就伟业。

日本"推销之神"原一平，是营销界的杰出人物。然而，原一平本人却其貌不扬，个子很矮，只有1.50米左右。推销员是一个直接和客户打交道的职业，一个人的相貌势必会影响到销售业绩，然而正是这样一个人，却超过了无数个相貌英俊、仪表堂堂的推销员成为行业中的巨人。不是靠运气，更不是家庭背景，而是靠自己的勤奋走到了最前方。

1972年，已经69岁的原一平应国泰人寿保险公司的邀请，到中国台湾做公开演说。在演讲会上，有人问他推销的秘诀时，他当场脱掉鞋袜，对提问者说："请你摸摸我的脚板。"提问者按照他的要求去做了，十分惊讶地说："您脚底的老茧好厚呀！"原一平说："因为我走的路比别人多，跑得比别人勤，所以脚茧特别厚。"

其实，这不是虚言。在工作期间，原一平平均每个月要用掉1000张名片，每天固定要访问15位准客户。有时候访问的客户不在，他往往要跑上好几趟，所以常工作到半夜才能回家。

"推销之神"原一平的故事给我们这样的启示：人生中任何一种成功的获取，都始之于勤并且成之于勤。勤奋是成功的根本，既是基础，也是秘诀。没有勤奋，任何一项成功都不可能唾手即得。

一位哲人曾经说过："世界上能登上金字塔顶端的生物只有两种：一种是鹰，一种是蜗牛。不管是天资极高的鹰，还是资质平庸的蜗牛，能登上塔尖，俯视万里，都离不开两个字——勤奋。"

勤奋刻苦是一所高贵的学校，所有想有所成就的人都必须进入其中，在那里可以学到有用的知识，培养独立的精神和坚忍不拔的习惯。其实，勤劳本身就是财富，如果你是一个勤劳、肯干、刻苦的人，就能像蜜蜂一样，采的花越多，酿的蜜也越多，你享受到的甜美也越多。

2. 付出比别人更多的努力

没有一个人的才华和成功是与生俱来的。在追求成功的道路上，除了勤奋，没有什么捷径。勤奋是职业人士走向成功必不可少的优良品质。在人才竞争日益激烈的职场中，唯有依靠勤奋，认真对待自己的工作，在工作中不断进取，才能成功。尤其对于刚参加工作的人来说，这一点尤为重要，必须在刚刚工作时，就懂得这些在职场中立足的法则。在这个人才辈出的时代，要想使自己脱颖而出，就必须付出比别人更多的勤奋和努力。

邵逸夫是一个传奇，他叱咤娱乐圈大半个世纪，打造邵氏、无线两个电影、电视王国，培育了数之不尽的演艺人才，更是香港乃至全球最高龄的在任上市公司主席，以他的名字命名的校园建筑遍布中国各个城市。

1926年，刚从中学毕业的邵逸夫赶到了新加坡，协助三哥开拓南洋电影市场。创业的时日里，最使邵逸夫难忘的，是和哥哥一起到新加坡和马来西亚搞流动放映。他们像苦力一样，扛着电影机和影片，在烈日下长途跋涉，深入到华侨众多的农场去放露天电影。那时的放映设备还很落后，要用手工一格格地摇片子，一场电影放下来，放映人都累得腰酸手痛。邵逸夫对这些困难并不放在心上，因为成功从来不会轻易取得。

1931年，邵逸夫前往美国购买有声电影器材。途中轮船触礁沉没，他有幸抱到一块小舢板，在茫茫大海上漂了一夜后获救，并从美国好莱坞买回所需的"讲话机器"。

邵逸夫从美国回到新加坡后，放映设备有了，但有声影片还没拍出来。邵逸夫不得不自己坐下来写剧本，两只腿被蚊虫咬得吃不消，他只好打上一桶水，把脚泡在水里。一写半个月，可是都不满意。他一边继续拍无声片，一边摸索有声片的拍摄技术，训练人员，包括他自己。那段时间的艰辛，恐怕是他最难忘的一段经历了。

"天才来自于勤奋！"几乎所有的成功人士都认可这一说法。邵逸夫的成功不仅得益于他的眼光和魄力，也来自于他的勤奋与努力。

勤奋是走向成功必备的美德。每一个成功者背后都是一部拼搏、努力、勤奋成就的创业史，他们只是把自己成功的一面展现给了世人。许多人只看到了他们成功的结果，却不知道取得成功的艰辛。

一个人的进取与成才，环境、机遇、天赋、学识等外部因素固然重要，但更重要的是自身的勤奋与努力。缺少勤奋的精神，哪怕是天资奇佳的雄鹰也只能空振双翅；有了勤奋的精神，哪怕是行动迟缓的蜗牛也能雄踞塔顶。

培养抗挫折心理

《圣经》上说：天堂在你的心中，当然地狱也在。所以，到底是生活在天堂还是地狱，完全取决于你自己。

面对挫折，每个人的态度迥然不同。有人积极，有人消沉，有人陷入苦恼不堪的恶性循环中不能自拔，有人却能迅速从不良状态中跳出来更加奋发进取。可以说，挫折是人生的一块试金石。法国前总统戴高乐说："挫折，特别吸引坚强的人。因为他只有在拥抱挫折时，才会真正认识自己。"

身为公司的掌舵人，必须注意培养自己抗挫折的能力，一旦挫折产生，要敢于正视，而不能怨天尤人；要冷静地找出产生挫折的原因，并进行客观的分析；要积极地寻求恰当的方式方法战胜自我。

具体来讲，要战胜困难，培养抗挫折心态，应该做到下面的几个方面。

1. 靠自己拯救自己

更多的时候，人们不是败给外界，而是败给自己。

有两个人同时到医院去看病，并且分别拍了X光片，其中一个原本就生了大病，得了癌症，另一个只是做例行的健康检查。但是由于医生取错了底片，结果给了他们相反的诊断，那一位病况不佳的人，听到身体已恢复，满心欢喜，经过一段时间的调养，居然真的完全康复了。而另一位本来没病的人，看到医生的诊断，内心起了很大的波动，整天焦虑不安，失去了生活的勇气，意志消沉，抵抗力也跟着减弱，结果还真的生了重病。看到这则故事，真的是令人哭笑不得，因心理压力而得重病的人是该怨医生还是怨自己呢？

乌斯蒂诺夫曾经说过："自认命中注定逃不出心灵监狱的人，会把布置牢房当作唯一的工作。"以为自己得了癌症，于是便陷入不治之症的恐慌中，脑子里考虑的更多的是"后事"，哪里还有心思寻开心，结果被自己打败。而真的癌症患者却用乐观的力量战胜了疾病，战胜了自己。

俗话说"哀莫大于心死"，绝望和悲观是死亡的代名词，只有挑战自我，永不言败者才是人生最大的赢家。

2. 增加对成功的体验

一个人如果经常遭到挫折，他的自信心就会减弱。所以，要多发现自己的长处，多运用自己的优势，做一些自己力所能及的事情，从中取得成功的经验，然后增强自己的自信心，战胜挫折。要变通进取，从挫折中不断总结经验，产生创造性的变迁。补偿是一种有用的变通进取的方式，此处受到挫折，到彼处得到补偿，碰上挫折，胸怀宽广些，给自己留的余地大一些。

3. 把挫折当做难得的人生考验

在真正坚强的人眼里，挫折不是一种打击，而是一次考验，一次磨砺的机会。他们清楚，在挫折的后面有着自己苦苦追求的目标。这种人在挫折降临之后，首先会用他冷静、理智的头脑，认真分析挫折产生的原因及眼前的处境，审时度势。例如，原来确定的目标是否恰当、客观条件是否成熟、操作方法是否正确、自己努力的程度是否足够。在分析过程中发现合理的因素，在挫折中看到希望，然后满怀信心地、自觉地促进挫折向好的方面转化，最终战胜挫折，走向成功。

当遇到困难时，你应该暗暗对自己说：这正是考验我的时候，正是体现我生命本色的时候。对于那些无法实现的目标，可以用新的目标来代替。只要不服输，失败就不是定局。

4. 树立正确的人生观

法国微生物学家巴斯德，在青年时代就已经正确地认识到了立志、工作、成功三者之间的关系，他说："立志是一件很重要的事情。工作随着志向走，成功随着工作来，这是一定的规律。立志、工作、成功是人类活动的三大要素。立志是事业的大门，工作是登堂入室的旅程，这旅程的尽头有个成功在等待着，来庆祝你的努力结果。立志的关键，是要树立正确的人生观。"

拥有正确的人生观、世界观，拥有远大理想，并且能用正确、积极的眼光去看社会、看生活的人，往往更能够承受挫折带来的影响。

5. 培养自信心与意志力

一个人若对自己丧失了信心，他就会失去前进的勇气。在挫折面前，要做最好的准备，做最坏的打算，对前景要抱有积极乐观的态度，相信"冬天已经来了，春天还会远吗"。只要不失去信心，不丧失意志力，就没有失败，就有逆境顺转的机会，就会看到希望之光。因此要经常给自己打气，鼓励自己。平时应该多参加一些竞赛的活动，大胆地表现自己，抱着积极参与的精神，不斤斤计较眼前的得失。

6. 学会适当的发泄

把痛苦和忧伤埋在心里，会给人带来一种沉重和压抑的感觉。如果能将这种感觉向亲朋好友痛快淋漓地倾诉出来，得到他们的关心和慰藉，或者通过剧烈运动，把某些无用的东西当做泄愤的对象，那么过后心情会舒畅许多。但必须注意不能采用不正当的宣泄方式，否则会造成不良的后果，适得其反。

远离工作焦虑感

莫名的烦恼，无端的焦躁、忧郁；白天坐立不安，心烦意乱，到了晚上还会失眠多梦……你是否有其中的某些症状？这其实是大部分人都存在着的焦虑现象。

一般来说，职场焦虑分别来自于工作、人际、家庭以及自身职业发展等四个方面，是一种情感的表现。据专家统计分析，对自身职业发展产生疑虑的职场人占到职场焦虑人群的73%。可见，自身职业发展的不确定性，是职场人士产生焦虑的主要因素之一。心理专家分析说，适当的焦虑可以催人奋进，但过于苛求则会使职场人士的身心健康受到影响。所以，我们在生活中要保持积极向上的心态。

焦虑是危害身心健康的万恶之源。首先它可能诱发神经系统症状，包括恐惧症、强迫症甚至癔症等。而对年轻人来说，长期的过度焦虑危害更大。虽然二十多岁的人人格已初步成型，但还具有很大的不稳定性，在遭受重大挫折或某段时间的过度疲劳后，可能会因此导致人格扭曲，出现理性、智慧水平下降，工作、思考能力下滑等现象。在人格改变后要进行调整、治疗，是相当困难的。

因此，为了更好地帮助人们远离这种不健康的心理现象，现在给职场人士推荐几种高效能人士远离焦虑的途径：

1. 认识自己，接受自己

自我认识的肤浅是心理异常形成的主要因素之一。作为自然界的一个生物体，必须要遵循不可抗拒的自然规律，每个人都要经历童年、青年、中年、老年几个时期，有些人却不能接受自我衰退现象，并由此导致情绪低沉，进而束缚自己，贬低自己，产生焦虑情绪。自信自强者对自己有适当的估计，总是充满信心，对他人也深怀尊重。他们认为，在认识自己的前提下，没有什么是不可以战胜的，这能让一个人发挥最大潜力，欣然接受自己，于是避免了心理冲突和情绪焦虑。

2. 寻觅成就感

有人说，成就感是化解焦虑的良方。当一个人有成就感的时候，他的内心也会充实。如何让自己有成就感呢？不断地提高自我可以说是一个不错的方法。与其每天承受焦虑的困扰，不如静下心来制订一份自我提升计划，可以为自己制订充电计划，如果能将充电成果运用在你的工作中，这种成就感自然而然就找到了。

3. 保持平常心

工作中领导的眼神是否都会让你浮想联翩？其实没必要这样，无论什么时候，都要保持一颗平常心，凡事只要尽力就好，以平和的心态面对生活和工作。同时，在我们的事业之外，健康、家庭、亲人等同样需要关注。这样，保持一颗平常的心，才不至于面对激烈的竞争时产生心理失衡。

4. 安排好时间

如果年终前你感到自己需要做的事情非常多，很多事情又没有头绪，紧张焦虑的情绪自然就会产生。所以，不妨找个安静的地方，整理一下自己的时间。可以罗列出自己所要做的事情，根据轻重缓急进行安排，按部就班去做，这样就会发现你的职场会平静许多。

5. 向别人倾诉

当意识到自己的情绪不太好时，不妨找到自己的好友、同事，大家敞开心扉聊聊天，把压力和苦闷倾诉一下，你会发现自己的内心轻松了许多，这样，职场焦虑症自然也就消失了。

6. 用知识"充电"

如果你热爱自己的工作，随时都可以在身边发现值得学习的东西，而且是最有用的、最适合你选择的充电内容。通过基础与后续努力相结合，必定会适应不断变化的环境，达到充电的良性循环。

具有乐观心态

乐观的人无论在什么时候，都感到光明、美丽和快乐的生活就在身边。他们眼睛里流露出来的光彩使整个世界都溢彩流光。

具有乐观心态的人，会是把眼光盯在未来的希望上，把烦恼抛在脑后。培养乐观、豁达的心态，对企业管理者至关重要。那么，乐观心态该如何培养呢？

1. 凡事朝好的方向想

有时，人们变得焦躁不安是由于碰到自己所无法控制的局面。此时，你应承认现实，然后设法创造条件，使之向着有利的方向转化。此外，还可以把思路转到其他事情上，诸如回忆一段令人愉快的往事。

2. 不要太挑剔

大凡乐观的人往往是"憨厚"的人，而愁容满面的人，又总是那些不够宽容的人。他们看不惯社会上的一切，希望人世间的一切都符合自己的理想模式，这才感到顺心。

挑剔的人常给自己戴上是非分明的桂冠，其实是在消极地干涉他人。怨恨、挑剔、干涉是心理软弱、"老化"的表现。

3. 学会适时屈服

当你遇到重创时，往往变得浮躁、悲观。但是，浮躁、悲观是无济于事的。你不如冷静地承认发生的一切，放弃生活中已成为你负担的东西，终止不能取得的活动希望，并重新设计新的生活。大丈夫能屈能伸，只要不是原则问题，不必过分固执。

4. 学会体悟自己的幸福

有些想不开的人，在烦恼袭来时，总觉得自己是天底下最不幸的人，谁都比自己强。其实，事情并不完全是这样，也许你在某方面是不幸的，在其他方面依然是很幸运的。如上帝把某人塑造成矮子，但却给他一个十分聪颖的大脑。请记住一句风趣的话："我在遇到没有双足的人之前，一直为自己没有鞋而感到不幸。"生活就是这样捉弄人，但又充满着幽默，想到这些，你也许会感到轻松和愉快。

5. 要保持一颗快乐的心

快乐的人身边总是不乏家人和朋友，他们不关心自己是否能跟得上富有的邻居的脚步。最重要的是，他们有一颗快乐的心。正如《真正的快乐》的作者塞利格曼所说，快乐的人很少感到孤单。他们追求个人成长和与别人建立亲密关系；他们以自己的标准来衡量自己，从来不管别人做什么或拥有什么。快乐的人以家人、朋友为中心，而那些不快乐的人在生活中，时不时地冷落了这些东西，在这个时候他们就会倍感孤单。

6. 学会微笑

微笑是世界上最美的表情。面对一个微笑着的人，你会感到他的自信、友好，同时这种自信和友好也会感染你，使你油然而生出友好来，使你和对方亲切起来。正如英国谚语所说："一副好的面孔就是一封介绍信。"微笑，将为你打开通向友谊之门，发展良好的人际关系，建立乐观的心态。

7. 将情绪低沉的想法甩到一边

如果你因出现情况而无法做什么事，不必和他人商议，以免使你更痛苦。当低沉的情绪一进入你的脑内时，立即想其他的事。

8. 拥有一个感激的心情

感激的心情与乐观心态也有很大关系。心理学研究显示，把自己感激的事物说出来和写出来能够扩大一个成年人的快乐。感激自己健康地活着，感激自己是自由的，感激自己还有一个美好的未来，感激过去他人赠予你的一切。

9. 与乐观者为伍

尽可能选择具有积极氛围的环境，选择积极乐观的朋友。避免受到不良情绪的感染，是保持乐观心态的一个重要方法。

10. 学会释然

有些问题根本没有解决办法，因此你必须让它按自身的方式发展。思想控制情感，因此，如果你设想烦恼消失了，实际上你就会感到豁然开朗，坏心情随之一扫而光。

11. 甩掉肩上的包袱

工作过多而感到不胜负荷可能是郁闷心情产生的根源。最好的解决办法就是尽量减少工作表上的内容，到环境幽雅的地方解决晚餐，让家里人自己洗衣服（你只要花上5分钟时间告诉他们怎样操作就够了）。用5分钟时间把该做的事情列个清单，这样你就会感到一切尽在掌握之中。

拥有归零心态

"归零"的心态就是空杯、谦虚的心态，就是重新开始。成功仅仅代表过去，如果一个员工沉迷于以往过去的成功业绩，那他就再也不会进步。

如果你的"杯子"里面装满了太多的"知识""优秀""经验"，等等，便再难装入更多的东西。

1. 敢于"归零"

想要发展，必须倒空杯中水，敢于"归零"。每一天都是新的，每一天都应从零开始，每个任务都应以一种崭新的心态去开始。

古时候有一个佛学造诣很深的人，某天他去拜访一个寺庙里有位德高望重的老禅师。老禅师的徒弟接待他时，心想自己是佛学造诣很深的人，态度不免有点傲慢，后来老禅师十分恭敬地接待了他，并为他沏茶。可在倒水时，明明杯子已经满了，老禅师还不停地倒。他不解地问："大师，为什么杯子已经满了，还要往里倒？"大师说："是啊，既然已满了，干吗还倒呢？"禅师的意思是，既然你已经很有学问了，干吗还要到我这里求教？

心灵已经满了，当然什么都装不进去。其实，学习也是一样。学习的前提是先要有好心态，这个故事运用到终身学习的过程中，也就是告诉我们应该保持一种"空杯心态"。

2. 不要让优秀成为阻碍

前几年，美国当代杰出的管理学家柯林斯，在全世界十分畅销的书《从优秀到卓越》的第一章就提出了一个明确的观点：优秀是卓越的大敌。

这句话十分耐人寻味。原来，有不少这样的管理者，由于自己优秀，就开始觉得自己了不起，于是越来越听不进别人意见、越来越不尊重企业的发展规律，最后结果在企业发展的大好时段却带企业走向下坡路。

今天，你可能是一个很优秀的人，但如果环境变化了，你却不懂得用能力展现自己，不能将自己的能力发挥出来。明天，你的优秀就会不被认同，被一个又一个敢于倒空自己的"优秀"的人超越。躺在过去的"优秀"上而不思进取，你将永远不再有"优秀"的机遇。

冰心说："冠冕，是暂时的光辉，是永久的束缚。"一个人只有摆脱了历史的束缚，才能不断地向前迈进。作为员工，我们要学会"自我革命"，只有从自身开始融入企业，不断地突破自我，才能够不断成长。

3. 学会放空自己

不管自己的才能有多高，自己掌握的知识有多少，一个人都必须把自己的心放空，让自己回归到零，如此才能保持适度的职业恐惧感，也才能使自己随时处于一种学习状态。有归零心态的人将每一次工作都视为一个新的开始、一次新的体验，他们不计较一时的得失，才能实现更大的进步，才能在优秀基础上做到更加优秀。

反思我们的成长过程，是否做到了"归零心态"呢？

你是否把不断学习更多的知识作为你的职责？

你是否有一种习惯：对你不熟悉的问题发表"意见"？

当你需要知识时，你知道如何寻找吗？

你是否谦虚的讨教别人？

你是否有一切归零的勇气？

如果这些问题的答案都是肯定的，那么恭喜你，你有可能在成长的道路上继续超越自己。

把姿态放低，把心态放平，才能收获更多。在攀登者的心目中，下一座山峰才是最有魅力的。攀越的过程最让人沉醉，因为这个过程充满了新奇和挑战。登山途中，不要去想已经走了多少路，要把每一步都看成第一步，这样会更有力量向前方追逐。只有保持空杯心态，才能攀上那座最高的山峰。

养成好学的习惯

在企业管理中，管理者特别注重自身的学习能力。因为顽强的学习力是个人奋进的一股强劲动力，它能够使自己在工作中遇到困难时表现出一种超乎寻常的斗志，分析、判断、解决事情，从而渡过难关。

联合国教科文组织出版的《学会生存》一书中指出："未来的文盲，不再是不识字的人，而是没有学会怎样学习的人。"专家也断言，未来的竞争，必将逐渐从知识竞争转向学习能力的竞争。

英国科学家詹姆斯·马丁研究表明：人类科学知识在19世纪每50年增长一倍；20世纪中期，每10年增长一倍；20世纪70年代每5年增长一倍；目前估计每2~3年增长一倍。所以，只有强化学习意识，提高员工学习力，不断进行知识、技能创新，提高员工整体素质，才能够在未来的高度激烈的竞争时代具备高度的战斗力，使企业永葆活力，在竞争中利于不败之地。

朱熹曾经说过："无一事而不学，无一时而不学，无一处而不学"，只有以"受教者"的姿态对待自己，进行终身学习才能够让自己不断进步。那么，应该如何做到终身学习呢？

1. 自我学习

我们每一个必须明白命运是操之在自己手中，那么读自己就是其中一把重要的钥匙。学习的真正精义在于培育自己的能力，把各种资源有效转化，产生最大效能。因此读自己可说是个人成功的核心专长，不仅是身体、头脑、心灵的学习，还包括各种创造性的学习，可说是多彩多姿的学习，透彻读自己，将发现自己有无限的成长空间。

2. 向别人学习

人不能只局限于自我的学习，必须透过人际互动、组织手法、借力使力，来提升学习的速度与效果。有一句话说，"站在别人的肩膀，可以看得更远"，就充分说明善用别人长处与资源，善于读别人，可以帮助自己获得更大成长。

3. 向环境学习

可让人顺势成长，人在自然环境和社会环境中磨炼成长，环境对人的发展有很大影响。对环境的认识要明确其层次——国际化的竞争环境、企业内部竞争环境、社会环境等，对于环境之趋势变化如有正确的解读能力，可从中获得许多成长的启示与动力。

面对环境的不断变迁，我们若想不被时代的大潮所淘汰，就要把学习当做一种信仰，通过学习不断地更新自己、提升自己，只有这样我们才能永远站在时代的前沿。终生学习是每个人经营生命的重要途径，在今日动荡变化激烈的年代，终生学习所代表的是活到老、学到老，积极地把握人生中的每一刻快速学习及学以致用。

及时清空坏情绪

情绪的控制完全在于自己，完全把握自己的情绪，积极主动，使得自己的情绪不会被别人所左右。很多乐观的人都善于控制自己的情绪，让自己活在快乐之中。人生在世，总会遇到很多悲伤与痛苦，如果不能掌控自己的情绪，就会成为情绪的奴隶。斯摩尔曾经说过："做情绪的主人，驾驭和把握自己的方向。"

据专家调查表明，坐办公室的人们有3 / 10的时间会脾气古怪，爱发牢骚、易怒。那么如何清空自己的坏情绪，不妨试试以下几种"坏心情清除术"。

1. 说出你的想法

如果确信别人的某个请求是不合理的，你就得说出来。例如说，当人们请求你帮他们做事情而给你造成不快时，你通常很难说"不"。考虑一下你是否能够做或者愿意做他们要求你做的事情。如果你不能做或不想做，就要学会有效地拒绝他人的请求。

2. 适当发泄

有时摆脱坏心情的最明智做法就是别抑制它，而是任其发泄3~5分钟。但要设定好自我放纵的界限，趁办公室无人时哭上几声，或拍打一下桌椅，踩一踩脚。

3. 强制自己微笑

有时伪装好心情也会让你的坏情绪在不觉间悄悄溜走。当你的坏情绪涌上心头时，不妨努力伸一下懒腰，做几次深呼吸，去打一个短暂的电话，试着强制自己微笑3分钟。

4. 用工作转移注意力

当不愉快的事情降临到头上时，不妨迅速进入工作角色。实在不能投入工作，就去帮同事的忙，烦心事很快会被你的忙乱冲掉。

5. 为自己唱首歌

音乐可有效平息人的坏情绪，当你意识到自己的情绪很糟糕时，不妨听一段舒缓的音乐，或者花5分钟哼唱你最爱的那首古老而经典的曲儿，感受新的自我。无他人在时可大胆地高声唱出来。

6. 多想美好的事

回忆美好时光是释去坏心情的一剂良药。回忆你的衣着打扮赢得同事赞美、当老板征求你的意见时，你有多么骄傲等。

7. 喝水能消除紧张感

当你紧张得不知所措时，先泡上一杯茶，慢慢地一小口一小口地啜饮，在品味茶香的过程中，紧张顿消。每天你的身体需要大约8杯水才能保持精力充沛，别等到你感觉口渴时才喝水。

8. 学会释然，正视现实

面对一个无法改变的事实的最好办法就是接受它。不管发生什么事情，哪怕是天大的事情，也要对自己说："不要紧！"记住，积极乐观的态度是解决任何问题和战胜任何困难的第一步。要知道风雨之后总会有彩虹，因为天不会总是阴的。自然界是这样，生活也是这样。

不断挑战自我

一名称职的管理者不应当满足于当前的自我，而是应当不断地突破自我。这是实现自我提升、挖掘个人潜力的重要步骤。罗素·康威尔说过："成功就是一个人能力极致的发挥"。他认为一个人的成功是一个不断打破自我极限，充分发挥自我潜能，不断追求自身最完美表现的过程。一个人只有不断打破自我认知和能力上的局限，只有敢于主动超越自我，才能够不断地超越自我，才能让自己取得更新、更大的成功。

然而超越自我并不是一件简单的事情。美国大发明家爱迪生有过1000多项发明，被誉为发明大王，但他晚年却固执地反对交流输电，一味主张直流输电。电影艺术大师卓别林创造了生动而深刻的喜剧形象，但他却极力反对有声电影。爱迪生和卓别林都是大师，但很可惜，他们都没有能够做到超越自我。由此可见，要做到超越自我，是非常难的一件事。

我们的每个方面都是通过自我挑战进行激发潜能，挑战自我主要从以下三个方面进行：

1. 挑战自己的优势

优势是一个人的能力在他所擅长的领域的具体表现，它往往能使人们产生自信。一个人在自己的优势方面取得突破，能使自己的优势更优、优势更强。因此，自己的优势未必永远是优势，唯有挑战自己，才能将优势永远保存。不故步自封，才能在自己的优势上走得更远。

贝多芬，这位耳熟能详的世界著名的音乐家，在他很年轻的时候，他的音乐就为他带来了声誉。但是造化弄人，这位天才的音乐家在26岁时失去了听力，这对于一个音乐家来说，失聪对音乐事业几乎是一个毁灭性的打击。

但是奇迹在贝多芬身上出现了，他用自己对音乐的深刻理解和热爱，走过了一段痛苦的时光后，又毅然决然地在音乐的道路上继续跋涉。他的那些最出色作品，那些驰名中外、至今不衰的传世名曲，几乎都是在失聪后完成的。

贝多芬的经历启示我们，即使是在逆境中，也要有不断挑战自我的精神，不断地发现更优秀的自己，实现自我的最大价值。

2. 挑战自己的弱势

在古希腊，演说家德摩斯梯尼天生口吃，嗓音微弱，还有耸肩的坏习惯。在常人看来，他似乎没有一点当演说家的天赋，因为在当时的雅典，一名出色的演说家必须声音洪亮，发音清晰，姿势优美，富有辩才。

德摩斯梯尼最初的政治演说是很不成功的，他第一次登台演讲的时候，观众把他哄下台去。讲得实在是不行。讲着讲着，耸肩，肩膀往上耸。

但是，德摩斯梯尼并不气馁，他回来以后，为了克服自己耸肩，他把棚上吊了两把剑，剑尖正好对着自己的肩膀，如果一耸肩就扎着他了。经过这样长期的练习，耸肩的毛病克服掉了。说话不清楚，怎么练？他虚心向著名的演员请教发音的方法。他找一个小鹅卵石含在自己的嘴里。他本来说话就不清，再含着鹅卵石是更不清了。经过艰苦的努力和训练，最后含着鹅卵石说话都非常清楚。

气不够用，怎么办？他边朗诵诗歌，边往山上跑。最后，终于三个毛病都克服掉了。德摩斯梯尼不仅训练自己的发音，而且努力提高政治、文学修养。他研究古希腊的诗歌、神话，背诵优秀的悲剧和喜剧，探讨著名历史学家的文体和风格。柏拉图是当时公认的独具风格的演讲大师，他的每次演讲，德摩斯梯尼都前去聆听，并用心琢磨大师的演讲技巧……

经过十多年的磨炼，德摩斯梯尼终于成为一位出色的演说家。

德摩斯梯尼勇于向自己的弱势发起挑战，最终战胜了自我。我们也要勇于挑战自己的弱势，相信通过自己的努力，一定会激发自己的潜力，改正自己的缺点，把弱势变为优势。

3. 向别人的成功发出挑战

人生活在社会群体中，唯有通过横向的对比，才能激发出自己的潜力。对于自卑自怜的人来说，别人的成功是他痛苦的源泉；对于自信自强的人来说，别人的成功既是他奋斗的坐标，也是有力的鞭策和鼓舞。

我们要敢于正视别人的成功，也敢于向别人的成功发出挑战。分析对方之所以成功的原因，并且找出自己与成功者的差距，然后努力地向他们学习，最终赶上并试图超过自己的榜样。以他人的成功作为参照标准，在对别人的超越中也在不断超越自我，成为最优秀的人。

我们的人生志向并不是超越别人，而是在于超越自己——刷新自己的纪录，使自己能够达到自身的极致境界。